Kunstreiseführer

# Württemberg und Hohenzollern

# Kunstreiseführer
# Württemberg und Hohenzollern

Begründet von Professor Dr. Eugen Gradmann
unter Mitwirkung von
Professor Dr. Hans Christ
Professor Dr. Hans Kaiber
Vorwort
Cord Meckseper

Gondrom

Sonderausgabe für den Gondrom Verlag, Bindlach 1989

Unveränderter Nachdruck der „Belser Kunstwanderungen,
Württemberg und Hohenzollern“
Umschlaggestaltung: Creativ Werbe- und Verlagsgesellschaft mbH, Stuttgart
Umschlagfoto: BAVARIA Bildagentur, Gauting, Geopress
(Schloß Sigmaringen)
ISBN: 3-8112-0591-9

## Vorwort zur vierten Auflage

Seit der Grundkonzeption der Kunstwanderungen sind so viele Änderungen eingetreten – man denke nur an die erfreulich hohe Zahl der Restaurierungen und Renovierungen in den letzten beiden Jahrzehnten und an die verschiedenen Grabungen –, so daß eine völlige Neubearbeitung erforderlich wurde, wenn das bewährte Buch den Ansprüchen der heutigen Kunstwanderer gerecht werden soll.

In den vorliegenden Band neu aufgenommen wurde eine größere Anzahl Orte, die ein bisher weniger beachtetes kirchliches Baudenkmal besitzen; es besteht heute die erfreuliche Neigung, auch kleinere Kunstdenkmäler zu schätzen, zumal so viele bedeutende durch die Zeitläufte, besonders den letzten Krieg, zugrunde gingen. Vor allem aber ist Bad Wimpfen, der ehemals hessische Ort und seit 1951 zu Württemberg gehörig, ausführlich behandelt.

Ferner wurden vereinzelt neu aufgenommen Denkmäler der Vorgeschichte, soweit sie aus historischen Gründen und der guten Erhaltung wegen einen Besuch lohnen (Kleinaspergle, Heuneburg u. ä.). Bei den größeren Städten wurde versucht, mit zusätzlichen Daten und Fakten – wenigstens in großen Zügen – auf die geschichtliche Entwicklung einzugehen. Besonderes Augenmerk wurde bei der Durchsicht auf die typologisch interessanten Burgen des Landes gelegt, deren wissenschaftliche Erforschung noch weitgehend in den Anfängen steckt.

Der Bearbeiter war insbesondere darum bemüht, den Text daraufhin zu überprüfen, inwieweit er dem heutigen Zustand der Objekte und dem Stand der Wissenschaften entspricht.

Bei der Bearbeitung zeigte es sich, daß bei vielen, selbst der wichtigsten Bauten des Landes grundsätzliche Fragen noch nicht gelöst sind (Hirsau!). Es schien angebracht, diese Forschungslage nicht zu verschleiern und daher bisweilen manche in den bisherigen Auflagen allzu sicher vorgebrachten Antworten in ein „möglicherweise“ abzuschwächen. Bei neuartigen Forschungsergebnissen wurden die Namen des Urhebers in Klammern beigefügt. Ein Kunstführer ist andererseits nicht der Ort, wissenschaftliche Thesen allzu fachgebunden vorzu-

tragen oder zu diskutieren. Aus diesem Grund wurden vor allem einige Abschnitte zur Romanik gekürzt (wissenschaftlich Interessierte seien hier auf die vorausgehenden Auflagen verwiesen).
Die Neuauflage der Kunstwanderungen erscheint in einer Zeit, da unser Siedlungs- und Landschaftsbild einem grundsätzlichen Wandel unterworfen ist. In begrenztem Umfang wird daher in der jetzigen Ausgabe auch auf Bauten des 20. Jahrhunderts eingegangen, soweit sie entwicklungsgeschichtlich bedeutsam oder als gute Lösung wichtig sind. Es ist nicht möglich, in einem einzigen Band alle in den Rahmen der Kunst- und Baugeschichte fallenden Objekte zu behandeln. Der Benützer des Buches möge immer wieder auch selbst auf Entdeckungsreise gehen.
Topographisch gesehen, wurde das Buch völlig neu gegliedert. Zwar blieb die Grundeinteilung in sechs große Gebiete beibehalten – Hohenzollern wurde den Gebieten Schwäbische Alb und Oberschwaben zugeschlagen –, das ganze Land jedoch wurde in Wanderrouten eingeteilt – 89 an der Zahl –, in größere und kleinere, aber immer geeignet für Fuß- und Autowanderer.
Die Routen lassen sich auch beliebig anders einteilen, doch wurden sie vorwiegend nach Flußläufen als den landschaftlich reizvollsten Wegen angelegt. Die große Schwierigkeit erwies sich darin, alle Orte mit Baudenkmälern in Routen einzubeziehen, auch die weitabliegenden. Der Wanderer möge deshalb nachsichtig sein, wenn die Route mitunter erhebliche Seitensprünge macht. Dem Buch beigegebene Übersichtskarten, auf denen alle im Text behandelten Orte verzeichnet sind, lassen den Kunstwanderer leicht auf der eigenen Wanderkarte das begehrte Ziel finden. Diese Neuerung erfüllt viele geäußerten Wünsche.
Den Text ergänzen zahlreiche Grundrisse; der Abbildungsteil wurde neu zusammengestellt, wobei dem weniger oft Abgebildeten der Vorzug gegeben wurde.
Die Neubearbeitung hielt sich an die Grundsätze, nach denen Eugen Gradmann und seine Mitarbeiter Hans Klaiber und Hans Christ die erste Auflage verfaßt haben und die das Charakteristikum aller Kunstwanderungen geworden sind: Sie „leiten zum Verständnis der Schönheit und Bedeutung der Kunstdenkmäler an“, wecken und schärfen „den Sinn für die Bildwirkung der Bauwerke, für Verhältniswirkungen im Zusammenhang mit der

Umgebung" und steigern „die Freude an historischen Ortsbildern, an den Architekturbildern der Städte".
Bei der wissenschaftlichen Überprüfung mußte vor allem auf Einzelveröffentlichungen zurückgegriffen werden. Als wertvolle Hilfe erwiesen sich die Arbeiten von A. Kasper und A. Schahl sowie das Dehio-Handbuch. Besonderer Dank gebührt Herrn Professor H. Wentzel für sein Entgegenkommen, dem Bearbeiter Einsicht in das Manuskript des noch unveröffentlichten Corpuswerkes zur spätgotischen Glasmalerei in Schwaben zu gewähren. Angeschlossen sei hier der Dank an eine große Zahl von Personen, Institutionen und Ämtern, die dem Bearbeiter mit wertvollen Hinweisen und Auskünften behilflich waren.
Verlag und Bearbeiter begrüßen dankbar alle Hinweise aus den Kreisen der „Kunstwanderer", die hiermit angeregt seien, etwa festgestellte Veränderungen dem Verlag mitzuteilen, damit diese bei einer Neuauflage berücksichtigt werden können.

Cord Meckseper

## Aus den Vorworten zu den bisherigen Auflagen

Dies Büchlein soll die bedeutenderen Kunstdenkmäler des Landes weisen und in Kürze zum Verständnis ihrer Schönheit und Bedeutung anleiten. Nicht auf lückenlose Aufzählung aller möglichen Orte und Gegenstände kommt es an, sondern auf umsichtige Auswahl, unter Berücksichtigung aller Landesteile. Der praktische Zweck gebot Beschränkung in verschiedener Hinsicht. Wer sich mit den Dingen näher beschäftigen will, wird immer zu den größeren amtlichen Veröffentlichungen greifen müssen. Das weite Gebiet der volkstümlichen Kunst und der nur malerischen – natürlichen und zufälligen – Schönheiten ist im allgemeinen ausgeschlossen. Doch soll das Typische und für die Gegend Bezeichnende angezeigt werden. Auf die Baudenkmäler ist es vornehmlich abgesehen, in dem doppelten Sinne von Denkmälern der Baukunst und baulichen Denkmälern der Geschichte. Neben den monumentalen Eindrücken sollen auch intimere, idyllische zum Wort kommen. Das eigentlich Geschichtliche ist übergangen; nur das, was die geschichtliche Stimmung eines Ortes ausmacht, angedeutet. Sie gehört ja auch zum ästhetischen Eindruck und ist besonders wertvoll für den Heimatsinn. Daß Lage und Umgebung, Ausstattung und Benützung den künstlerischen Eindruck eines Baudenkmals im Äußeren und Inneren wesentlich bedingen, bedarf keiner Begründung. Malerische Schönheit, Bildwirkung im Zusammenhang mit der Umwelt, wird heute mehr denn je an den Baudenkmälern geschätzt. Und die Freude an historischen Ortsbildern, die zur Zeit der naturalistischen Landschaftsmalerei fast als unkünstlerisch verpönt war, ist heute wieder allgemein. Dieser Sinn für Bildwirkung der Bauwerke, für Verhältniswirkungen im Zusammenhang hat der jüngstvergangenen Baukunst, namentlich den Bauherren, gefehlt. Kein Neubau nahm Rücksicht auf die Nachbarschaft. Daher der Tiefstand der Städtebaukunst. Darum sollen hier nicht nur die einzelnen Baudenkmäler für sich betrachtet werden, sondern auch die Architekturbilder der Städte, angefangen von ihrem Lageplan und Grundriß. Das fehlt meist in den Reisebüchern. Und mehr als in den Kunsthandbüchern soll von Wiederherstellungen die Rede sein, überhaupt von solchen öffentlich-künstlerischen Fragen, wie sie im Zeitalter des Heimatschutzes Verwaltungen und Volk beschäftigen. Das Kunstgeschichtliche ist hier nur Mittel zum Zweck. Was der Künstler wollte und sollte, muß der wissen, der die Kunst genießen will. Die einschlägigen Angaben entsprechen, wie es selbstverständlich geboten ist, dem neuesten Stand, bringen hier und da auch Neues und Eigenes, natürlich ohne es zu begründen. Um die Veröffentlichung nach Wunsch beschleunigen zu können, hat der Herausgeber Mitarbeiter aus seinem Fachkreise herangezogen.

Dem Herausgeber erschien es geboten, auch das Frühmittelalter, die Römerzeit und vorgeschichtlichen Altertümer wenigstens so weit zu berücksichtigen, als es den Kunst- und Heimatwanderer anziehen mag. Um Wiederholungen zu vermeiden, hat er dabei versucht, das Allgemeingültige schon bei Cannstatt vorzutragen.

## Inhaltsverzeichnis

**Das Kapitel ‚Im altwürttembergischen Unterland‘ umfaßt folgende Wanderrouten:**



*Wir verweisen auf die dem Buch beiliegenden Übersichtskarten.*

# I. Im altwürttembergischen Unterland

## 1. Stuttgart

Der eigentliche Reiz von STUTTGART als einer der landschaftlich schönstgelegenen Großstädte Deutschlands beruht in seinem Ursprung auf dem Grund eines großen Talkessels, bis an dessen Rand noch heute weite Wälder greifen und dessen Abhänge an manchen Stellen noch bis in die Innenstadt mit Weinstöcken bebaut werden. Die Lage der Stadt erlaubt es zugleich, daß sie von den Höhen ständig als Ganzes gesehen werden kann und dem Besucher sich die Stadtlandschaft vor allem als räumliches Erlebnis einprägt. Die Entstehung der modernen Großstadt im Lauf der letzten hundert Jahre hat diese Eigenart nicht zerstört, sondern hat ihr durch die vielen typischen Treppenaufgänge an den Berghängen vielmehr noch eine charakteristische Note gegeben – nicht ohne Grund tragen die Stuttgarter den Necknamen „Stäffelesrutscher". Reizvoll ist es, wie beim Werden jeder Großstadt, die geschichtlichen Voraussetzungen zu verfolgen, die zur Gründung der Stadt führten; später dann den typischen Vorgang, wie der fest umrissene, mit Mauern wohlbehütete Stadtkörper zu Beginn des 19. Jh. aufgebrochen wird und sich zur umgebenden Landschaft öffnet, wie der Ort gegen Ende des Jahrhunderts in städtebaulich bis dahin unbekannten neuen Dimensionen und Maßstäben erweitert wird und der Stadtbegriff sich dabei mit ganz neuen Inhalten füllt. Nicht mehr eine anschauliche, räumlich in sich geschlossene Einheit steht am Ende dieser Entwicklung, sondern eine nach allen Seiten hin offene Stadtlandschaft. Durch eine große Zahl von Eingemeindungen wurde die Grenze zum Umland in unserem Jahrhundert geographisch vollends verwischt, heute ist die Stadt in ihrer Gesamtheit nur noch als abstrakte Verwaltungseinheit faßbar. Hat bei den meisten deutschen Großstädten diese Entwicklung zu einem Verlust der Anschaulichkeit des Stadtganzen geführt, so liegt die unverwechselbare Eigenart von Stuttgart darin, daß die Stadt auch in ihrer heutigen Größe immer wieder als landschaftliches Erlebnis bildhaft und räumlich Gestalt gewinnt.

Die einer Stadtgründung vorausgehende Geschichte darf im allgemeinen nicht isoliert betrachtet werden, sondern muß – gerade auch in Stuttgart – zu ihrem tieferen Verständnis als Teil eines Geschehens in einem sehr viel umfassenderen Landschaftsraum gesehen werden. In unserem Fall liegt der eigentliche historische Ausgangspunkt im ehem. Römerlager auf der Altenburg über dem Neckar, gegenüber von

Cannstatt. Darüber Näheres im Kapitel Bad Cannstatt. Die mittelalterliche Geschichte Stuttgarts hat durch neuere Untersuchungen einige höchst überraschende neue Züge bekommen (H. Decker-Hauff). Bereits seit der späten Keltenzeit wurde der Talkessel von einem Fernweg durchzogen, den wir, in seiner charakteristischen geraden Führung über Berg und Tal, im Zug des Feuerbacher Wegs – von Feuerbach bis zum Kriegsberg und Kaisemer – noch wohlerhalten vor uns haben. Im Bereich um das Alte Schloß überquerte er den Nesenbach und zog dann über Wilhelmsplatz, Heusteig (= Höhensteig!) und Bopser an der später zu seiner Deckung angelegten Weißenburg vorbei auf die Hochfläche der Fildern. Erst nach der Römerzeit treffen wir im Talgrund zwei Siedlungen, Tunzhofen und Immenhofen – heute nur noch als Platz- und Straßennamen in Erinnerung gehalten. In fränkischer Zeit, wohl gleich nach 746, entstand dann eine Siedlung Frankenbach, die etwa gegenüber dem Alten Schloß südlich jenseits des ursprünglich gleichnamigen, später Nesenbach genannten Wasserlaufs lag. Die eigentliche Entstehungsgeschichte der Stadt beginnt mit der Gründung eines Gestüts um 950 durch Herzog Ludolf von Schwaben, einem Sohn Kaiser Ottos d. Gr. Einem in unserer Zeit abgebrochenen wehrhaften Steinhaus hatte die Tradition den Namen „Stuthaus" gegeben. Das Gestüt war durch Abtrennung eines Teils des Tiergartens (Wildgehege) entstanden, der ursprünglich zu einem alemannischen Herzogssitz in Cannstatt gehörte und etwa dem Zug der heutigen Schloßanlagen zum Neckar hin entsprach. Zwischen 1030 und 1038 wurde das alte Frankenbach unter Hermann IV. von Schwaben – einem Stiefsohn des Saliers Kaiser Konrad II. – verlegt und mit dem Gestüt zu einer neuen Siedlung vereinigt. Ihr Name ist uns erstmals in der Zeit zwischen 1156 und 1164 in den sog. Traditiones Hirsaugienses überliefert. Dieses Jahrtagsverzeichnis des Klosters Hirsau nennt einen Hugo von Stuockarten, der allem Anschein nach ein Verwandter der im Stuttgarter Grund reich begüterten Grafen von Calw war. Ein vielleicht ebenfalls aus dieser Familie stammender Bruno hatte dort schon gegen 1100 eine Burg (Vorgängerin des Alten Schlosses?) errichtet. In der 2. Hälfte des 12. Jh. ist möglicherweise im Bereich der heutigen Schulstraße eine Kaufmannssiedlung um einen seines Grundrisses wegen sog. Dreiecksmarkt (typische Form solcher frühen Anlagen) entstanden, dessen Bedeutung in dem jüngeren Namen „Bürgerhof" fortlebte und der später durch Überbauten zur Gasse verengt wurde. Als die eigentlichen Gründer Stuttgarts aber müssen Markgraf Hermann V. von Baden und seine Gemahlin Irmgard von der Pfalz angesehen werden, an die der Ort in der Folge gekommen war und die ihn um 1219 zur

Stadt erweiterten (vielleicht nach dem Vorbild Pforzheims), befestigten und mit dem Stadtrecht auszeichneten. Die älteste Stadt umfaßte den Bereich, der heute von der auf ihren Gräben und Wällen angelegten König-, Eberhard- und Karlstraße umschlossen wird und an dessen einer Ecke, allgemein typisch, die große Burg des Stadtherren steht, das Alte Schloß. Noch vor 1259 kommt Stuttgart in den Besitz Graf Ulrichs I. von Württemberg, der mit dem Daumen (später auch der Stifter) genannt, der eine Tochter des badischen Markgrafen geheiratet hatte. Erst jetzt beginnt die eigentlich württembergische Geschichte der Stadt. 1286/87 wird sie von König Rudolf von Habsburg erfolglos belagert (die „Wagenburg" erinnert noch an den Standort seines Heerlagers). Es kommt aber zu einem Vergleich und zur Schleifung der Befestigungen, denen später ein Neubau folgte. – Eine erste große Stadterweiterung erfährt die Stadt unter Graf Eberhard dem Milden gleich nach 1393 durch die Anlage der *Neustadt* um die St.-Leonhards-Kirche, seit etwa 1475 *Esslinger Vorstadt* genannt. Ihr Rückgrat ist der breite Zug der Hauptstätter Straße, die ihren Namen nach der vor dem Tor gelegenen Hinrichtungsstätte hatte. Die Vorstadt war vielleicht nach dem Vorbild des Prager Wenzelsplatzes angelegt, eines Teils jener größten Stadterweiterung einer mittelalterlichen Stadt unter Kaiser Karl IV. Es handelt sich hier weniger um eine Straße, als vielmehr um einen straßenartigen Platzmarkt. – Eine zweite, ungewöhnlich umfangreiche Vergrößerung erfuhr Stuttgart 1453 und 1460 durch Graf Ulrich den Vielgeliebten: Die nördliche *Turnierackervorstadt* wurde geschaffen, auch Obere oder Reiche Vorstadt genannt, in einer quadratrasterartigen Grundrißform, die städtebaulich noch heute den etwa durch Fürsten-, Schloß- und Fritz-Elsas-Straße umgrenzten Bereich prägt. Es ist vermutet worden, daß hier über Ulrichs Gemahlin Margaretha von Savoyen das Vorbild Turins wirksam geworden sei. Die regelmäßige Reihung von quadratähnlich gedrungenen Baublöcken läßt sich in unserem Raum jedoch schon früher nachweisen, so z.B. bei den Stadterweiterungen von Esslingen, Ulm und Ravensburg. Pfarrkirche dieser Vorstadt wurde die spätere Hospitalkirche. – Für über 350 Jahre ruhte nun die Entwicklung der Stadt, ja ihre Bedeutung sank zu Beginn des 18. Jh. zeitweilig, als die Konkurrentin Ludwigsburg gegründet wurde. Erst mit dem 19. Jh. setzt jener Vorgang ein, der zur Auflösung der überlieferten Form der Stadtgestalt führen sollte. Seit 1806, dem Jahr, als Herzog Friedrich von Württemberg die Königswürde erhielt, begannen die mittelalterlichen Mauern, Türme und Tore zu fallen – heute sind nur noch zwei spätgotische Turmreste erhalten –, gleichzeitig wurde nach den Plänen von N. Thouret die neue königliche

Bebauung an der unteren Königstraße geschaffen. Eine städtisch-bürgerliche Erweiterung entstand seit 1817 in der *Tübinger Vorstadt.* Große Generalbaupläne N. THOURETS (1818) und E. ETZELS (1831) bestimmten vor allem stilistisch die Gestalt des Stadtgrundrisses im weiteren 19. Jh. durch die strenge Regelmäßigkeit und Größe der Baublöcke; die Stadt wuchs – zunächst vor allem nach Westen in die Tiefe des Talkessels – bald über diese Pläne hinaus. Ein reizvolles Stück dieser späteren Bebauung hat sich in der Achse der von Bäumen gesäumten *Johannesstraße* erhalten, die auf den Zielpunkt der gleichnamigen Kirche, halbinselartig in einem künstlichen See (Feuersee) gelegen, zuläuft. Aufschlußreich ist auch ein Gang entlang mancher der großen Straßen in diesem Stadtteil, er führt uns in konsequenter Reihenfolge die Stilentwicklung im Wohnhausbau vor, vom späten Klassizismus über die Gründerjahre, den Eklektizismus mit Neugotik und Neurenaissance, bis hin zum Jugendstil und den ersten sachlichen Formen des 20. Jh. Die Zeit nach der Jahrhundertwende hatte ein neues Gefühl für die Reize mittelalterlicher Stadtformen wie für die Werte der Natur gewonnen, das sich in den Planungen unter dem zeitweiligen Stadtbaumeister TH. FISCHER niederschlug: Man kehrte bei der Vergrößerung der Stadt vom starren Schema des rechten Winkels ab und paßte die neu erschlossenen Straßen ganz dem Gelände an, achtete zunächst auch darauf, sie nur auf der Bergseite zu bebauen, um den Blick ins Tal freizuhalten. Zugleich fand die Sanierung eines Teils der ältesten Altstadt statt, wobei die Gassen zwar verbreitert, die romantische Winkligkeit ihres Verlaufs wie die malerischen Plätzchen jedoch beibehalten wurden. Um den Hans-im-Glück-Brunnen haben sich Reste jener Zeit erhalten (1906–1909).

Wenden wir uns nach diesem kurzen Überblick den einzelnen Bauwerken zu, zunächst in ihren städtebaulichen Zusammenhängen innerhalb der Innenstadt. Noch heute vermag sich im Stadtbild die *Stiftskirche* zu behaupten, denn trotz ihrer bescheidenen Größe ist sie monumental, wohl würdig ihrer geschichtlichen Bedeutung. Zu den eindrucksvollsten Architekturbildern des Landes gehört die Choransicht (Abb. 81) vom Schillerplatz, so asymmetrisch sie ist; und ebenso im Fernbild vom Schloßplatz aus die Silhouette mit den beiden ungleichen Türmen, die doch so gut zusammenpassen. Der Südturm verdankt seine nach dem letzten Krieg vereinfacht erneuerte Krönung mit dem Kranz der Renaissancezeit (1578; vgl. Hospitalkirche). Der Westturm ist in seiner unvollendeten Gestalt mit dem stumpfen Zeltdach und den drei Steinkränzen ums Achteck ein Wahrzeichen Stuttgarts, das man für alle Zeiten unverändert erhalten sehen möchte (vgl. Schorndorf, Urach, Rottweil, Tübingen, Schwäb. Hall).

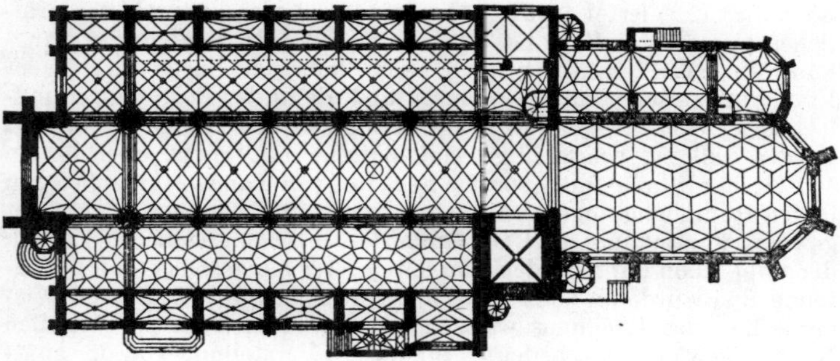

*Stuttgart, Stiftskirche, Grundriß (vor dem Wiederaufbau)*

Zwischen die Chorstrebepfeiler waren früher Kramläden eingebaut. Der Kirchhof lag teilweise erhöht auf Stützmauern. Vielfältig kompliziert und für die Frühzeit im einzelnen noch nicht endgültig geklärt ist die Baugeschichte der Kirche. Eine älteste Kapelle wird im Bereich der dem Südturm gegenüberliegenden Urbanskapelle vermutet. In der 2. Hälfte des 12. Jh. wurde mit dem Bau einer größeren Anlage begonnen, von der als einziger Überrest noch sichtbar der Unterbau des Südturms ist. Ihr folgte, wohl im 1. Drittel des 13. Jh., eine spätromanische Basilika, vielleicht mit einem westwerkartigen Stirnabschluß ähnlich der Pforzheimer Schloßkirche St. Michael. Aus jener Zeit stammen die Geschosse des Südturms mit den Rundbogenfriesen, die in ihrer teilweisen Füllung mit Bildwerk zugleich auf eine Verwandtschaft mit Bauten wie in Faurndau oder Weinsberg verweisen. Im Erdgeschoß eine kreuzgewölbte Kapelle mit schweren Wulstrippen mit Nase (beginnendes Birnstabprofil). Der Mittelschiffbreite dieser Kirche entsprach die des spätgotischen Baus. 1321 wird ein in Beutelsbach bestehendes Stift, zugleich Erbbegräbnis der württembergischen Grafen, nach Stuttgart verlegt, und damit in Zusammenhang steht der hochgotische Neubau des Chors bis etwa 1350. Überliefert ist der Name eines Steinmetzen Walther. Die kargen, ungegliederten Flächen des Chors sind ganz von den Bauten der Bettelorden (Franziskanerchor Esslingen!) geprägt, an die auch die hohen steilen Fensterbahnen erinnern. Ihr Maßwerk kann als reduzierte Ableitung der südlichen Querhausfassade von der Wimpfener Ritterstiftskirche beschrieben werden. An der südlichen Außenseite im Bogenfeld einer vermauerten kleinen Türöffnung ein skulptiertes Tympanon: Christus am Astkreuz (darüber Pelikan) zwischen Maria und

Johannes (2. Viertel 14. Jh.; Abb. 83). 1433 wurde durch den gräflichen Baumeister Hänslin Jörg d. Ä. mit dem Neubau des Langhauses und des Turms begonnen, nach Plänen, die durch die Frauenkirche in Esslingen angeregt waren und die in der Folge von grundlegender Bedeutung für die spätgotische Baukunst Altwürttembergs werden sollten: dreischiffige Hallenkirche mit leicht überhöhtem Mittelschiff (Staffelhalle), seitlich begleitet von Kapellen zwischen den in den Raum eingezogenen Strebepfeilern; alle Teile netz- oder sterngewölbt. Fortsetzung des Baus durch Hänslins Sohn Aberlin († 1493), der wohl schon um 1450 den Bau leitete. Der baugeschichtlich bedeutende Bau wurde im letzten Krieg teilweise zerstört. Daß beim Wiederaufbau das Langhaus weitgehend einem durchaus provinziellen Neubau gewichen ist, bedeutet für unsere Vorstellung von der spätgotischen Architektur im Altwürttembergischen einen unersetzlichen Verlust, der auf jeden Fall hätte verhindert werden müssen (vgl. dagegen die Wiederherstellung der Kilianskirche in Heilbronn). Auf der Südseite des Langhauses befand sich die Fassade des Aposteltors, eine Stiftung der Baumeisterfamilie der Jörg, an das die wiederaufgestellten Apostelreihen erinnern (um 1495; Kopien). Ab 1490 Bau des Westturms, der 1531 durch Meister Marx vollendet wird. Steinfiguren der vier Evangelisten um 1500. Neben der Chornordseite zweigeschossige Sakristei, ursprünglich aus hoch- und spätgotischer Zeit; an sie westlich anschließend, dem Südturm gegenüber, die zum Schiff geöffnete Urbanskapelle, nach außen durch ihr Satteldach querhausartig in Erscheinung tretend. Die *Ausstattung* enthält auch heute noch einige bedeutende Werke der Bildhauerei. In der Turmkapelle – wohl aus Beutelsbach übertragen – die frühgotische Tumba mit den Gestalten Graf Ulrichs des Stifters und seiner zweiten Gemahlin, Agnes von Liegnitz, beide † 1265. Das Grabmal (Abb. 82) ist nach Ausweis der Majuskeltype der Umschrift, der steifen, wie in Metall geschnittenen Gewandfalten, die das plastische Relief der gotischen Gewandstatue noch nicht erreicht haben, bald nach 1265 entstanden. Ergänzt sind beide Hände, das Schwert und der vordere Teil der Krone des Grafen, ebenso beide Hände der Gräfin samt dem Kirchenmodell und der Kopf des rechten Hundes zu ihren Füßen. Dennoch stellt die Gruppe ein einzigartiges Beispiel für die figürliche Großplastik im innerschwäbischen Gebiet jener Zeit dar. In der gleichen Kapelle die Grabplatten der Markgräfin Elisabeth von Baden († 1518), Bronze, und des Hans Bexter von und zu Hertneck († 1563). Im Chor Grabmäler des Landhofmeisters Hermann von Sachsenheim († 1508) und des Ludwig Vergenhans († 1512), Rotmarmor. Das wichtigste Denkmal aber an der Nordwand die monumentale Reihe von elf Standbildern der württembergischen Grafen von Ulrich dem Stifter († 1265) bis Heinrich von Mömpelgard († 1519), durch SIMON SCHLÖR etwa um 1580–1590 geschaffen. Die Standbilder, jedes auf einem Löwen, stehen vor flachen, von Hermen flankierten Rundbogennischen; darüber ein durchlaufender ornamentierter Architrav und als oberer Abschluß epitaphartige, von durchbrochenem Bandelwerk umrahmte Schildaufsätze, mit Inschrift und Wappen zwischen schildhaltenden Genien. Die Gestalten z. T. noch in unsicher balancierenden gotischen Stellungen mit unbeholfenen Versuchen zur Unterscheidung von Stand- und Spielbein. Das rhythmisch-monumentale Gesamtbild dieser vor allem geschichtlich bedeutenden Reihe von Standbildern kann als Anlage mit dem freilich künstlerisch höherstehenden Grabmal Kaiser Maximilians I. in der Innsbrucker Hofkirche verglichen werden. In einer ehem. Wandkapelle der Langhausnordseite bemerkenswert die seltene Darstellung eines spätgotischen Schutzmantelchristus. Die Werke der modernen Kunst ragen nur in Einzelfällen über den Durchschnitt ihrer Zeit hinaus. Auf dem Turm die alte Torglocke von 1285.

Die beiden anderen spätgotischen Kirchen der Stadt haben den letzten Krieg ebenfalls nur teilweise überstanden. Die *Leonhardskirche* wurde gleich nach 1460 f. von ABERLIN JÖRG unter Verwendung eines 1409 vollendeten, älteren Chors errichtet, aus dessen Zeit der Seitenturm, gegen 1470 vollendet; Netzgewölbe im Chor von A. JÖRG. Vom Hallenschiff blieben nur die Arkaden des nördlichen Seitenschiffs erhalten, erhielten jedoch eine neue Wölbung. Der übrige Raum sonst schlicht flachgedeckt. Teile eines Chorgestühls (1493), spätgotische Holzbildwerke. Das Äußere wirkt malerisch auf der Chorseite mit dem schlanken Turm und dem großen Kreuzberg (Kopie; Original in der Hospitalkirche). Etwas abseits der neue Nachtwächterbrunnen (A. FREMD u. H. HALMHUBER, 1900). Gegenüber der etwas leeren Westseite mit dem gewaltigen Giebel die Fassade des *Gustav-Siegle-Hauses*, 1912 von TH. FISCHER errichtet, mit doppelläufiger Treppe hinter einem hohen Säulenportikus (innen erneuert). – Von der *Hospitalkirche* wurden lediglich Chor und Turm wiederhergestellt. Die Kirche war baulich dadurch interessant, daß sie nicht nur als Pfarrkapelle für die gleichnamige Vorstadt (ursprünglich Turnierackervorstadt), sondern auch als Kirche für das 1473 gegründete Dominikanerkloster diente und daher zunächst turmlos war. Begonnen 1471 f. als Hallenkirche durch ABERLIN JÖRG und weitergeführt vermutlich durch KONRAD VON GUNDELSHEIM (H. Koepf). Der Turm erst 1730 bis 1738; in einer Form, die auf die Renaissancezeit zurückgeht (vgl. Stiftskirche sowie Cannstatter und Metzinger Stadtkirche) und für das ev. Altwürttemberg bezeichnend wurde. Im Chor heute die groß-

artig eindrucksvolle Kreuzgruppe aus Stein von HANS SEYFFER, gestiftet 1501. Grabdenkmäler aus der 1. Hälfte des 17. Jh. Das Langhaus nur in einer Außenmauer erhalten (Reformationsdenkmal 1917). An Kreuzgang und Kloster erinnert nur noch die Stellung der modernen Bebauung um einen Gartenhof.
Entlang der einstigen Stadtmauer nördlich der Stiftskirche standen einst fünf adelige Steinhäuser, von denen das Stuthaus als eine der Kernzellen der Stadtentwicklung galt. Sie sind heute spurlos verschwunden; das letzte wurde 1953 – obgleich gut wiederherstellbar – abgebrochen. Östlich der Kirche der *Schillerplatz*, zu Anfang des 17. Jh. durch Erweiterung eines freien Platzes der Vorburg zum Alten Schloß entstanden, heute der geschlossenste und geborgenste Platz der Stadt. In seiner Mitte das *Schillerdenkmal* (Abb. 81) von B. THORWALDSEN, 1839; Sockel von N. THOURET. Südlich das *Alte Schloß*. In neuester Zeit zweimal zerstört, verändert und entstellt, vermag es sich doch immer noch als eines der beherrschenden Kernwerke der Stadt zu behaupten. In seiner burgartigen Geschlossenheit und mit seinen wehrhaften Ecktürmen enthält es noch einen guten Teil Mittelalterlichkeit. Malerisch romantisch und am ursprünglichsten erhalten ist die Seite zur Markthalle hin: links die Schloßkirche mit vorspringendem polygonalem Chor, zurückgesetzt dann rechts die Schmalseite des Dürnitzbaus, das Ganze flankiert von zwei mächtigen Rundtürmen. Durch den Hauptzugang vom Schillerplatz gelangen wir in den galerienumzogenen Innenhof (Abb. 84), um den sich die vier Flügel der Anlage legen. Die Baugeschichte ist verwickelt und durch die vielen Veränderungen nur schwer zu erforschen. Neuere Untersuchungen und die noch unveröffentlichten Ergebnisse einer Grabung 1967 haben die bisherigen Vorstellungen weitgehend überholt (G. Wein). Offensichtlich wurde das Schloß um einen ältesten, in seiner Bausubstanz allerdings noch nicht nachgewiesenen Kern errichtet, der höchstwahrscheinlich eine um die Mitte des 10. Jh. angelegte sog. Motte war, d. h. ein künstlich aufgeschütteter Hügel, auf dem die eigentliche Burg – ursprünglich wohl nur ein fester Turm – gestanden hat. Eine überlieferte Nachricht über einen Burgbau um 1100 ließ sich bisher mit keinem der bekannt gewordenen Bauteile sicher verbinden. Auch muß vorerst ungelöst bleiben, welchem Bauteil das eindeutig erst nachträglich in die Sakristei der Schloßkapelle versetzte, wohl spätromanische Kapitell angehörte. Zeitlich festeren Boden erreichen wir erst mit dem Ostflügel der Anlage zum Karlsplatz hin, dem ungewöhnlich großen *Dürnitzbau*, der im 2. Viertel des 14. Jh. wahrscheinlich wie der Chor der Stiftskirche von einem Steinmetzen WALTHER erbaut worden ist. Der Keller des rund 57 m langen und

23 m breiten Baus war durch eine Reihe von sieben mächtigen Pfeilern in zwei Schiffe geteilt, die mit flachen Tonnengewölben gedeckt sind. Die Dürnitz selbst war ursprünglich ein 6 m hoher, großer flachgedeckter Saal, der durch eine Reihe von neun kräftigen Säulen ebenfalls in zwei Schiffe geteilt wurde (heute vollständiger Neubau in nur entfernter Anlehnung an die ursprüngliche Gestalt). An den drei Außenseiten war der Dürnitzbau von einem überdachten Wehrgang umgeben, der ihm erst nachträglich, frühestens um die Mitte des 14. Jh., vorgelegt wurde. Von der weiteren Gestalt dieser hochmittelalterlichen Burg haben wir nur eine sehr ungefähre Vorstellung. Die sich der Dürnitz westlich anschließenden Bauteile wurden 1553–1560 durch den dreiflügeligen Renaissanceneubau unter Herzog Christoph ersetzt. Baumeister war Aberlin Tretsch mit den Steinmetzen Blasius und Martin Berwart. Tretschs Werk sind vor allem die (wiederhergestellten) *Laubengänge*, welche die neuen Flügel auf der Hofseite in drei Stockwerken umziehen. Sie sind aus Stein und kunstvoll gewölbt. Derbe, gerillte Säulen mit mannigfachen Phantasiekapitellen tragen die Stichbögen und treten vor die Wandflächen vor. Ein Portal auf der Galerie barock, von Chr. Jelin. Die Gänge biegen sich als unterwölbte Balkone um die Wendeltreppen, die in den Ecken vorstehen und Meisterwerke der Steinmetzkunst nach Überlieferungen der Spätgotik waren: hohle Spindeln, maßwerkartig verzierte Unterflächen; hie und da ein humoristisches Bildwerk als überraschender Schmuck, wie der Küchenmeister Georg Millar auf dem Sockel der nordwestlichen (heute durch einfache Neubauten ersetzt; die Sockelfigur im Museum). Tretsch ist noch ein Baumeister vom Handwerkerschlag, kein Akademiker. Gerade die naive Mischung gotischer und italienischer Formen und die unbekümmerte Anwendung und Abwandlung der letzteren gibt dieser deutschen Frührenaissance ihren Reiz. Von Tretsch rührt auch die eigenartige Anlage der *Schloßkapelle*, 1560–1562, her, die für andere ev. Schloßkirchen vorbildlich und durch K. Geroks Predigten berühmt geworden ist. Sie ist ein Quersaal mit einem Chor in der Mitte der äußeren Längsseite. In diesem der Altar, an einer Ecke davor die Kanzel, gegenüber an drei Seiten die Empore. Die starken Mauern der Kapelle lassen vermuten, daß ursprünglich eine massive Wölbung geplant war. Das schöne flache Netzgewölbe mit Wappen-Schlußstein wurde jedoch aus Holz und Stuck hergestellt (1865 erneuert; ebenso die Emporen). Die Bildhauerarbeiten der Kapelle waren von S. Schlör, dessen Stil schon in die Hochrenaissance hinübergeht. Sie befanden sich am Altar und an der Kanzel und außen über den Pforten in den Gängen. Die Türbildwerke sind erhalten; die von der Kanzel jetzt am

Altar; der große Christus am Kreuz heute in Neuhausen a.d.F. Die Ornamente der einfassenden Pilaster sind schöner als die biblischen Flachbilder selbst. Auch die Wappentafel über dem Schloßtor am Schillerplatz ist von S. Schlör (1563). Die große, zweiarmige Reitrampe mit Kreuzgewölben wurde von B. Berwart errichtet (1560; wiederhergestellt). Etwas später das Kellertreppenhaus mit Altan. 1558 wurde für das Archiv ein Saalgebäude an die äußere Langseite der Dürnitz errichtet, dessen flache Decke ein Altan für die Schloßherrschaft bildete. Der erkerartige Vorbau darauf, der die Initialen Herzog Eberhards III. trägt, ist von Matthias Weiss erbaut. Erst fast am Ende seiner Bauzeit erhielt das Schloß seine runden Türme: 1572 den Westturm am Schillerplatz, 1578 den Ostturm zur Planie hin und 1687 den Südturm zur Markthalle durch M. Weiss. Bis 1777 war das Alte Schloß von Gräben umgeben. 1931 wurde der Bau fast zur Hälfte durch Brand zerstört und wiederum im letzten Krieg 1944. Beide Male verändernder Wiederaufbau durch P. Schmitthenner. Das Schloß beherbergt heute die reichhaltigen Vorgeschichtssammlungen und wertvollen Kunstschätze des Württembergischen Landesmuseums. – Die Platzecke zwischen Altem Schloß und Stiftskirche wird heute durch einen gut proportionierten und städtebaulich nicht schlecht gestellten Neubau an Stelle eines alten Fachwerkbaus (Gasthof *König von England*) geschlossen. Neben dem Chor der Stiftskirche der ehem. *Stiftsfruchtkasten*, ein spätgotisches Steinhaus, das – wie es scheint, nach Abbruch eines vorderen Teils – 1592 eine Renaissancefassade von H. Schickhardt bekam. Ihr Schmuck beschränkt sich auf Stockwerksgurten, kleine Schnecken mit Zapfen auf den Enden der Gurten und einen Aufsatz von Voluten mit einer Figur des Bacchus, der auf einem Fasse reitet, ein unbefangener Schmuck für das geistliche Kellereigebäude. In seinem Innern jetzt das Lapidarium, das die römische Geschichte des Landes mit einer ganzen Anzahl interessanter Funde dokumentiert. – Gegenüber die *Alte Kanzlei*, nach dem Krieg erneuert, ursprünglich ein Bau der Herzöge Ulrich und Christoph, war ein altdeutsches, burgartiges Doppelhaus mit kleinen Fenstern, dem die zwei Renaissanceportale um so mehr zur Zierde gereichen. Das eine stammt noch aus Herzog Ulrichs Zeit (1543) und erinnert an die inneren Portale des Tübinger Schlosses. Das andere ist 1634 von M. Weiss errichtet worden (in neuerer Zeit mit einem Aufsatz im Stil des 16. Jh. wiederhergestellt). Eine Merkwürdigkeit ist die große Säule an der Ecke gegen Osten mit dem verschnörkelten Kapitell von 1598, nach einem Entwurf Wendel Dieterlins (Merkurstatue 1862 nach Giov. da Bologna). Die Säule ist eigentlich ein Wasserturm, früher mit turmförmigem Abschluß, gewesen. Der große, einfache,

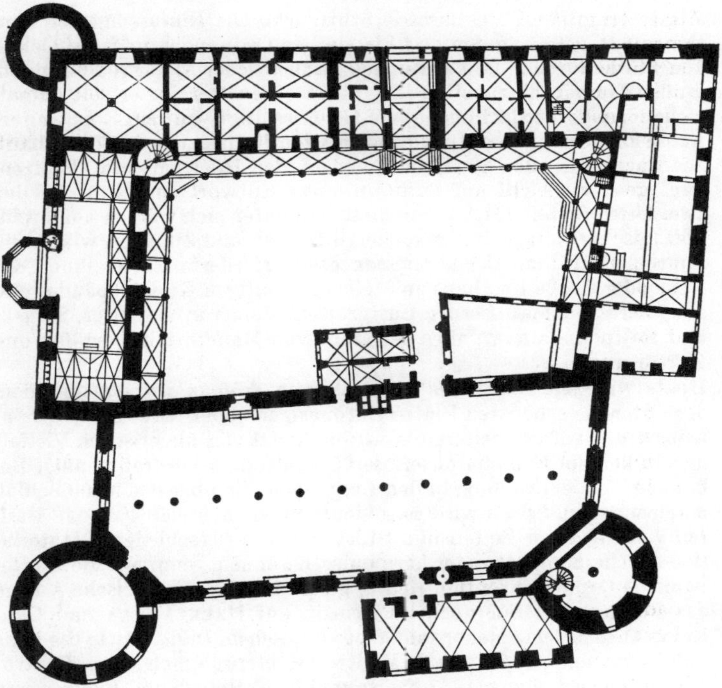

*Stuttgart, Altes Schloß, Grundriß (vor dem Wiederaufbau)*

aber wirkungsvolle Eckbrunnen („Kosakenbrünnele") gegen den Königsbau ist 1787 durch R. F. H. Fischer entstanden. – Der *Prinzenbau* wurde 1607 von H. Schickhardt begonnen und sollte noch prächtiger werden als sein nicht mehr erhaltener Neuer Bau (an der Stelle der heutigen Markthalle). Schickhardt selber aber vollendete nur den schönen Keller (daher die Luken unten an der Rückseite). Das Erdgeschoß ist 1663f. von dem in den Niederlanden klassizistisch geschulten Festungsbaumeister M. Weiss aus Kassel erbaut; von ihm auch das Säulenportal (1678), der Balkon im zweiten Obergeschoß, die zweiteiligen Fenster mit Rahmen und Ohren, und überhaupt die Verhältnisse der Schauseite, welche die Breitenausdehnung und die waagrechte Teilung betonen. Der Prinzenbau bietet uns die älteste erhaltene Palastfassade Stuttgarts. Die Einfassung der Fenster mit Pilastern in den drei klassischen Ordnungen und mit Gebälken wurde durch J. F. Nette nach „italienischer Art" 1707 bei einem großen Umbau hinzugefügt. Die oberste Fensterreihe erhielt damals giebelförmige Verdachungen, die 1850 beseitigt wurden. Eine weitere Achse als Verbindungsstück mit der Alten Kanzlei wurde 1775 erbaut. Die durchlaufende Pilasterordnung an der Rückseite des Prinzenbaus geht vielleicht auf Schickhardts Entwurf zurück. – An den zwei freien Seiten des Alten Schlosses dehnten sich Gärten von architektonischer Anlage, mit mancherlei Bauten und Zubehör, wie sie ein fürstlicher Hofhalt der Renaissancezeit erforderte. Unter ihnen das Neue oder Große Lusthaus an Stelle des heutigen Kunstgebäudes und ein älteres Kleines. Ferner Lustgrotten, Pomeranzenhäuser, Schieß- und Reitbahnen usw., alles eingefaßt von Mauern mit Portalen und Ecktürmen.

Heute wird ein Teil dieses Bereichs vom *Schloßplatz* eingenommen, der unter die schönsten Plätze Europas gerechnet wird. Seine Schönheit beruht auf der heiteren Weiträumigkeit, der malerischen Vielfalt und in keinem Fall charakterlosen Gestaltung seiner rahmenden Bebauung, schließlich auch in den Berghöhen, die über das Neue Schloß hereinschauen. Selten wird es so deutlich wie hier sichtbar, daß Bauten verschiedener Zeiten und Stilstufen und verschiedener Materialien durchaus miteinander harmonieren können, wenn nur die städtebauliche Grundkonzeption richtig gelöst ist. Die gärtnerische Anlage des Platzes geht nur noch im Prinzip auf Hackländer und Chr. Leins zurück; eine Neuordnung ist vorgesehen. In der Mitte die hohe Jubiläumssäule, 1844 von J. M. Knapp, ursprünglich ohne die krönende Concordiafigur (1863, L. Hofer); ihre Reliefs und Figuren von Th. Wagner. Unglücklich in die Nähe gestellt das Standbild Herzog Christophs, 1889 von P. Müller. Malerisch ein Musiktempel, wie die beiden Springbrunnen gußeisern. – Ausgangspunkt der Platzentwicklung ist das *Neue Schloß* (Abb. 85). Behäbig und breit gelagert ruhen seine drei Flügel um den großen Ehrenhof, der sich in voller Weite zum Platz hin öffnet, nur das Hauptstück eines Gesamtplans darstellend, der einst den ganzen Platz umfassen wollte: An den asymmetrischen Stirnseiten der Flügel gegen den Platz sind Ansätze zu erkennen von Säulengängen, die bis zur Königstraße vorlaufen sollten und dort mit zwei großen Eckgebäuden, einem Opernhaus und einem Wacht- und Kanzleigebäude geendigt hätten. Die Hauptentwürfe stammen von Leopoldo Retti, der damit im Jahr 1745 als Sieger aus Wettbewerben hervorgegangen ist. An diesem haben sich außer dem württembergischen Militärarchitekten Leger auch fremde

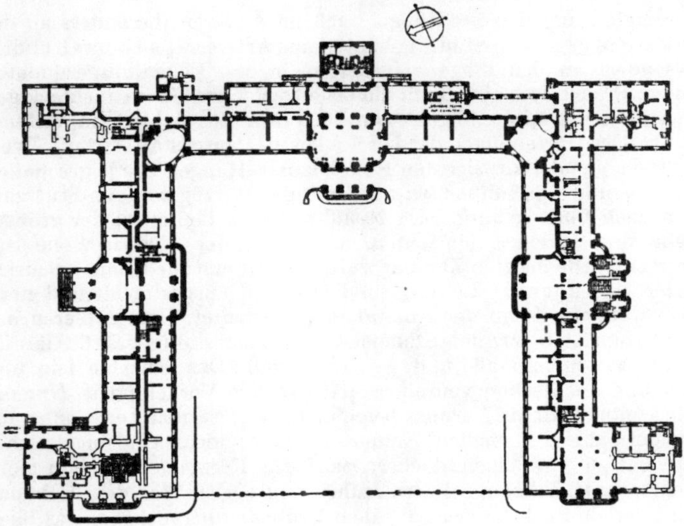

*Stuttgart, Neues Schloß, Grundriß (vor dem Wiederaufbau)*

Künstler von Ruf beteiligt: BIBIENA, PEDETTI und – verspätet, 1747 – BALTHASAR NEUMANN. Dieser wollte das schon angefangene Hauptgebäude als Seitenflügel benützen und das Schloß mit der Vorderseite der Stadt, mit der Rückseite dem Hofgarten zukehren. RETTI war ein Neffe FRISONIS und Vetter PEDETTIS. Unter den vier Künstlerbrüdern, die alle in Ludwigsburg ansässig wurden, ist er der bedeutendste. Er war in Ludwigsburg von FRISONI und dann in Paris ausgebildet; in Ansbach angestellt (wo er die Gumbertikirche umgebaut und die Orangerie errichtet hat). Von dort hat er 1744 die ersten Entwürfe für das Stuttgarter Schloß vorgelegt. Mit dem Bau wurde 1746 begonnen. Der Lageplan richtete sich nach der schon vorhandenen Kaserne (die jetzt abgebrochene spätere „Akademie"), die als Nebengebäude für das Schloß in Beschlag genommen wurde. RETTI starb schon 1751. Sein weniger genialer, aber hochgeschulter Nachfolger wurde der Pariser Architekt PHILIPPE DE LA GUÊPIÈRE, einer der besten französischen Baukünstler auf deutschem Boden. Er hat am hiesigen Schloß namentlich die innere Einteilung verbessert, die Treppenhäuser und den Marmorsaal, z. T. auch noch den Weißen Saal geschaffen und den Stadtflügel auch im Äußeren (besonders an der Rückseite gegen die Stadt) gebaut. Seine Art verrät sich im Grundriß besonders an den diagonal gelegten, in den Ecken ausgerundeten Sälen. Französisch sind auch die scheitrecht gewölbten rechteckigen Fenster des Südwestflügels. Um 1760 war das Schloß im Rohbau fertig. Der Gartenflügel, der bereits kostbar ausgestattet war — vermutlich eine der köstlichsten Rokokoausstattungen, die je geschaffen worden sind –, brannte 1762 aus; und der Herzog zog von Stuttgart weg nach Ludwigsburg. Erst 20 Jahre später ließ er wieder größere Teile des Schlosses einrichten, als längst der klassizistische Stil herrschte. Die meisten Zimmer wurden sogar erst für König Friedrich unter N. Thourets Leitung im Empirestil ausgestattet, und noch im 20. Jh. wurde an der Ausstattung gearbeitet. Dem Äußeren hat wohl zumeist Retti den Stempel seines Geistes aufgeprägt. Alles ist wohlabgewogen, maß- und geschmackvoll. Das einzelne fein und zart und doch schon von einer spätbarocken Vornehmheit. Nur die Rückseiten sind auf Verputz berechnet. Die Fassaden sonst ganz aus Quadern hiesigen hellen Keupersandsteins, dessen grüngelblicher Ton gut zu den Schieferdächern paßt. Die Formen sind schon nicht mehr echtes Rokoko, sondern frühes Louis XVI. Was dem Gebäude fehlt, ist ein Sockel, der es aus dem Erdboden heraushöbe. Das blieb auch den Erbauern nachweislich nicht verborgen; es waren aber wohl höfische Rücksichten zu nehmen auf die bequeme Verbindung des Gartenflügels mit dem Garten. Die inneren Ecken sind weich ausgerundet; die Ecken des vorspringenden Mittelstücks am Hauptgebäude abgerundet. Das Dach ist als Mansardendach nach oben abgeschrägt, im ganzen ziemlich flach. Alle vorderen Fenster des Hauptgeschosses sind Balkontüren mit Brüstungsgittern. An den Eckzimmern im Hof werden sie zu Balkonen. Schon klassizistisch kühl wirken die langen durchlaufenden Dachlinien. Wieviel lebhafter ist die rhythmische Gruppierung eines echten Barockschlosses; man denke an Ludwigsburg. Zwar sind an den Hauptstellen Halbstockwerke mit Attiken aufgesetzt, aber in bescheidener Form, nur als Dachstöcke, die das Dach nicht höher heben. Auch das System der Fenster und der Wandgliederung ist an diesen Stellen zu hohen Rundbogen- und Säulenstellungen gesteigert. Das Beste ist wohl die anmutige Gartenfront mit Freitreppe. Besonders sie verrät die Pariser Schule. Im Giebelfeld Allegorie des Frühlings und Sommers von D. Ferretti. In dem des Hauptpavillons zum Ehrenhof hin vom gleichen Meister das württembergische Wappen mit allegorischen Figuren (Athena und Mars). Der Rückseite dieses Bauteils wurde nach dem letzten Krieg eine Attika aufgesetzt und der Front nach einem vorher nicht verwirklichten Entwurf de la Guêpières Portal und Freitreppe gegeben. Die Dachbrüstungen sind an den Hauptteilen des Schlosses mit Figuren besetzt, die sich in ihren bewegten Umrissen gegen den Himmel stellen (heute freie Nachbildungen). Die Zeichnung der gedrückten Kuppel mit Umgang und einst mit Krone entbehrte nicht der Eigenart. Das *Innere* fiel vollständig einem Brand im zweiten Weltkrieg zum Opfer. Wurde es beim Wiederaufbau zumeist vollständig modernisiert, so sind doch einige wichtige Repräsentationsräume im Hauptflügel teils wiederhergestellt, teils nach alten Plänen neu ausgestattet worden. Durch den schönen Portikus mit seinen Doppelsäulen betreten wir Vor- und Haupthalle des großen Treppenhauses, dem jetzt das einstige Deckenbild von Nic. Guibal fehlt. Über den Gardesaal gelangen wir in den Marmorsaal, ebenfalls ohne das ursprüngliche Fresko. In der Äneasgalerie wurde aufgrund einer lavierten Federzeichnung und einer Ölskizze M. Günthers und nach farbigen Fotos das Deckenbild, von dem der ganze Raum eigentlich geprägt wird, in der originalen Freskotechnik wiederhergestellt. Eine denkmalpflegerische Kuriosität stellen zwei Nebenräume des Marmorsaals dar, in denen nicht die etwas magere Dekoration A. Isopis rekonstruiert wurde, sondern die nach noch vorhandenen, aber nie ausgeführten Entwürfen L. Rettis ausgestattet wurden. Das dazugehörige Vorzimmer erhielt die Dekoration N. Thourets wieder. Der Weiße Saal am Kopfende des Stadtflügels wurde ohne die Zutaten des 19. Jh. in ursprünglichen Formen erneuert. – Gegenüber dem Neuen Schloß durchaus glücklich gelegen der langgestreckte ionische Säulenportikus des *Königsbaus*, gegliedert durch zwei korinthische Risalite. Errichtet 1855–1859 nach stark veränderten Entwürfen von J. M. Knapp durch Chr. Leins. Der Attikaaufsatz, nach dem Krieg ohne die Flammenreihe der Akroterien wiederhergestellt, wirkt dadurch heute etwas kalt. Verändert auch die hinter den Säulen liegenden Ladenfassaden. Räumlich besitzt der Bau durch die lichte Höhe der Passage hinter der Säulenfront, durch die Läden und Cafés, aber vor allem durch seine Funktion als natürlicher Durchgang des Passantenstroms große Urbanität. – Gegenüber der Front der Alten Kanzlei, anschließend an den Nordflügel des Neuen Schlosses die anmutige Architektur des *Kunstgebäudes*, 1912 von Th. Fischer geschaffen; Wiederaufbau, im Detail z.T. verändernd, durch P. Bonatz und G. Wilhelm; von letzterem auch der moderne Ausstellungssaal auf der Rückseite. Von großer Leichtigkeit die platzseitige Loggia, schon fast ans Leere grenzend. Im ganzen ein entschiedener Versuch, sich von den historisierenden Bindungen an frühere Architekturen zu lösen, ohne dabei das Schloß zu beeinträchtigen. – Der Neubau des ehem. *Olgabaus* (Dresdner Bank), 1951f. von P. Schmitthenner, durchaus anachronistisch mit seinen Fensterläden und der die Betonkonstruktion verbergenden Travertinverkleidung, und doch Dokument jener unverwechselbar eigenständigen Gesinnung, die eine Großzahl von Architekten aus der sog. Stuttgarter Schule eine ganze Generation lang prägte.

Urbanen Charakter mit ganz anderen Mitteln als beim Königsbau zu erreichen, wurde auf dem seitlich an diesen anschließenden *Kleinen Schloßplatz* versucht. Vorgegeben und den Architekten (M. Bächer, W. Belz, H. Kammerer; 1968) nicht vorzuwerfen war die verkehrstechnisch bedingte städtebauliche Situation einer großen Platte über der Mündung unterirdischer Verkehrswege, die auf der unteren Ebene leider keine räumliche Differenzierung und Nutzung auch für die Fußgänger erfuhr. Eine Freitreppe und eine weitvorgezogene Treppe mit balkonartigem Umgang vermitteln zur oberen Ebene. Auf dieser sind niedrige Flachbauten für Läden und Kioske, durch Passagen, Durchgänge und Niveausprünge räumlich zu gliedern versucht. Der Platz leidet dadurch, daß er indirekt aufgesucht werden muß, also keinen natürlichen Durchgangsverkehr besitzt, nach hinten sogar ins Leere mündet. Als Eckpfeiler dort der Bau der *Württ. Bank* von R. Gutbrod (1968), trotz einfacher Grundkonstruktion nicht nur in der Fassade, sondern vor allem räumlich durchgegliedert und organisch entwickelt – einer der qualitätvollsten Bauten der Moderne im Stadtzentrum, bei dem auch die Vielfalt verwendeter Materialien nicht zur auswechselbaren Dekoration, sondern zum Ausdrucksträger architektonischer Sinnfülle geworden ist. – Ein Bogenstück erinnert zu Füßen des Platzes an das einst hier stehende *Kronprinzenpalais*, das 1842 von L. Gaab nach einem Münchner Vorbild errichtet worden war und die Geschlossenheit des Schloßplatzes gebildet hatte, aber, im Kriege ausgebrannt, wegen der Verkehrsplanung abgerissen wurde.

Über die traditionsreiche Vorgeschichte der Schloßgartenanlagen wurde oben in der Übersicht zur Stadtgeschichte schon berichtet. In der Grundform ihrer heutigen Gestalt gehen sie auf die Könige Friedrich (1805) und Wilhelm I. zurück (19. Jh.). Durch die Neugestaltung der *Oberen Anlagen* (1960/61) hat sich Stuttgart ein seinem Ruf als Gartenstadt würdiges Zentrum gegeben, dem in seiner räumlichen Qualität weithin in den Großstädten Deutschlands nichts Gleichwertiges zur Seite gestellt werden kann. Nicht Platzwände schließen hier den Raum ein, sondern frei sich entwickelnde Baukörper und Baumgruppen markieren seine Grenze, öffnen ihn zugleich in alle Richtungen dem Publikum, das, eingeladen zu flanieren und zu ruhen, überall die Stadt in ihren charakteristischen Bauten, weiter entfernt in den grünen Höhen des Talkessels, gegenwärtig vor sich hat. Bauten der Wirtschaft, Kultur und Regierung sind hier vereint, wie die vielfältigsten Möglichkeiten des Bauens, ohne daß das eine das andere stört. Die weite Fläche eines asymmetrisch angelegten Sees verbindet die einzelnen Baugruppen und schafft selber ruhende Mitte und Raum. – Ausgangspunkt wie Ziel der Anlagen ist der Gartenflügel des Neuen Schlosses. Er wird flankiert auf der einen Seite vom Kunstgebäude mit dem durch einen gläsernen Zwischenbau abgetrennten modernen Erweiterungsbau. Vor dessen geschlossener fensterloser Wand die Bronzefigur der *Liegenden*, 1957 von Henry Moore geschaffen, in ihrer archaischen Vereinfachung von urbildhafter und monumentaler Größe. Zum Bahnhof hin die modernen Nachfolgebauten des ehem. Marstalls. Auf der Gegenseite, dem Neuen Schloß nächstbenachbart, der kristalline Kubus des *Landtagsgebäudes* (1958–1961 von K. Viertel, H. Linde und E. Heinle), ein Stahlbetonskelettbau mit vorgehängter Bronzefassade (dunkles Sonnenschutzglas). Die Wurzeln dieser Bauform liegen in der Architektur Mies van der Rohes. Deutlich wird, zu welch abgeklärter Gestaltbildung die moderne Architektur auch bei der Lösung repräsentativer Bauaufgaben zu kommen vermag. Vornehm, ohne lastend und schwer zu wirken, vielmehr in schwebender Leichtigkeit ruht der zweigeschossige Block, den Plenarsaal umfassend, auf den weißen Stützen. Es folgen die *Staatstheater*, ein in der Bautradition seltenes Beispiel eines Doppeltheaters, das in beiden Zentren gleichermaßen der Oper und dem Schauspiel dienen sollte. Die ursprüngliche Baugruppe 1909–1912 von M. Littmann gebaut. Erhalten das Große Haus, eines der besten Werke des Theaterbaus seiner Zeit, errichtet in den großen Formen eines späten Klassizismus in durchaus eigenständiger, von allen Vorbildern gelöster Ausprägung. In den Einzelformen spiegelt sich teilweise bereits der Stil der neuen Zeit. Der in breiter Rundung sich zum Park hin öffnenden Fassade entsprach kontrapunktisch die durch einen zurückhaltenden Verbindungsbau getrennte schmalere Giebelfront des Kleinen Hauses, das im letzten Krieg zerstört, einem nicht sehr glücklichen Neubau gewichen ist (H. Volkart, 1959–1962). Hier hätte zumindest in der Wahl des Materials die Einheit des Gesamtwerks gewahrt bleiben müssen. Davor eine gegenstandslose Plastik von Bertoni. Seitlich der qualitätvolle Schicksalsbrunnen von A. v. Donndorf, einst hinter dem Großen Haus stehend. – Über einen Stahlsteg, aufgehängt an einem asymmetrisch stehenden, hohen Pylon (F. Leonhardt), gelangen wir in die *Mittleren Anlagen*, ebenfalls in den letzten Jahren einfallsreich neugestaltet. Gleich zur Rechten die *Eberhardsgruppe* (P. Müller, 1881) – Graf Eberhard im Schoße eines Hirten ruhend, vgl. die Gedichte L. Uhlands und J. Kerners –, von jeher mehr durch den Gegenstand als durch die künstlerische Gestaltung anziehend. Weiter abwärts ein Bruchstück von der Langwand des *Lusthauses*, das einen der interessantesten Teile des Ganzen enthält: die doppelte Freitreppe, deren Podest ein von Säulen getragener Erker überdeckte, samt dem anliegenden Abschnitt des Umgangs. Das Lusthaus stand einst an der Stelle des Kunstgebäudes und zählte zu den bedeutendsten Bauwerken der deutschen Renaissance. 1584–1593 war es von Georg Beer nach einem Vorbild in Kassel erbaut worden. – Am Eingang zu den *Unteren Anlagen* die Pferdebändigergruppe von L. Hofer, 1842–1847 aus einem umständlich von Carrara herbeigeschafften Marmorblock geschlagen. An ihrem unteren Ende gehen die Anlagen in den Rosensteinpark über. Dieser ist mit seinen Bauten jedoch historisch ganz mit Cannstatt verbunden, so daß er im Abschnitt Bad Cannstatt behandelt wird.

Was an Hof- und Staatsgebäuden im 19. Jh. geleistet wurde, sah man einst am besten in der oberen *Neckarstraße* (heute Konrad-Adenauer-Straße), die in kleinerem Maßstab städtebaulich der Ludwigstraße in München vergleichbar war. Das meiste ist zerstört, und neue Planungen nach dem Krieg haben aus ihr primär eine Verkehrsader gemacht, die etwas unglücklich einige wichtige Kulturbauten vom Stadtinnern abtrennt. Von den einst vornehmen Wohnbauten im unteren Teil der Straße hat sich nichts mehr erhalten. Einer der vornehmsten und in seiner feindetaillierten und wohlproportionierten Gestaltung qualitätvollsten Bauten des Stuttgarter Klassizismus ist das Gebäude der *Staatsgalerie*, 1838–1842 von G. G. Barth errichtet. Drei Flügel legen sich um einen zur Straße hin geöffneten Hof (Reiterstandbild König Wilhelms I., 1884 von L. Hofer). Im Innern nach Kriegszerstörung vollständig erneuert. Abgebrochen sind die Münze (1842, A. F. Gross) und das ursprüngliche Archivgebäude (1821, G. G. Barth). An letzterer Stelle entstehen seit 1966 Neubauten für die *Landesbibliothek* und das neue *Staatsarchiv*. Daneben das *Wilhelmspalais*, 1834–1840 von G. Salucci erbaut, im Kriege ausgebrannt, hat durch den Wiederaufbau 1963f. (W. Tiedje) seine feineren Züge des späten Klassizismus verloren und eine etwas unwohnliche Monumentalität bekommen (jetzt Stadtbibliothek und Stadtarchiv). Ein kühner Steg – dessen architektonische Qualität lediglich in seinem geglückten Querschnitt liegt – verbindet diese Straßenseite mit dem *Akademiegarten* auf der Rückseite des Neuen Schlosses. Hier standen einst die als Kaserne 1740 erbauten, dann für die herzogliche Akademie durch R. F. H. Fischer 1774/75 umgebauten Trakte der Hohen Karlsschule; jener bedeutenden Einrichtung, die, von Herzog

Carl Eugen gegründet, eine große Zahl bedeutender Männer hervorbrachte und europäischen Ruf als modernste und umfassendste Erziehungsanstalt ihrer Zeit erwarb. Die nach den Kriegszerstörungen übriggebliebenen Reste wurden vollends abgetragen. Heute erinnert nur noch ein Platanenrund um den schönen *Löwenbrunnen* N. THOURETS (1811) an den Hof der Anlage.

Das eigentliche Rückgrat der City Stuttgarts bildet heute die *Königstraße.* An ihrem unteren Ende der *Hauptbahnhof*, 1914–1927 von P. BONATZ und E. F. SCHOLER errichtet, bemerkenswert als ein früher repräsentativer Großbau, der ganz mit der historisierenden Architektur gebrochen hat, vornehmlich sich aus einfachen kubischen Bauteilen zusammenfügt und auf jedes überflüssige Ornament nahezu vollständig verzichtet. Die Monumentalität des Bauwerks wird noch unterstrichen durch die grobe Rustikastruktur seiner Wandflächen. Geschickt ist das Gefälle im Gelände zu einer funktionellen Trennung in zwei Ebenen ausgenützt: Die Gleise enden in einer Art Obergeschoß, das durch große Freitreppen im Innern des Gebäudes mit der unteren Ebene der Gepäckabfertigung und dem davorliegenden Bahnhofsplatz verbunden ist. Als jüngerer Bauteil gibt sich die vom Turm abgekehrte Seite zu erkennen; hier öffnet sich das Portal nicht wie zur Königstraße in einem hohen Rundbogen, sondern – dem statischen Kräfteverlauf angemessener – als Parabelbogen. Hauptkennzeichen und weiteres Wahrzeichen der Stadt ist der 56 m hohe Turm, der den Bahnhof optisch doch noch mit der Hauptstraße der Stadt, der Königstraße, verbindet, von der aus er sonst kaum zu bemerken wäre. Der Bahnhofsfront gegenüber der *Hindenburgbau* (1927f.; nach dem Krieg erhöht), dessen einladende Bögen seiner Mittelöffnung leider ins Leere münden, eine verpaßte städtebauliche Möglichkeit. Die untere Königstraße bietet heute keine baulichen Besonderheiten mehr. Am Eingang zur Lautenschlagerstraße das von P. BONATZ 1929–1931 erbaute *Zeppelinhotel.* Weiter oben die städtebaulich eindrucksvoll gruppierte Architektur der *Oberpostdirektion* (1926/27 von LUZ) mit dem in drei turmartige Bauteile gegliederten Hochhaus und dem davorliegenden Flachbau, einer der bemerkenswertesten Großbauten und Architekturbilder der zwanziger Jahre in Stuttgart. Am Ende der beim Königsbau beginnenden Bolzstraße die Portalfront des *Alten Bahnhofs*, die einfache spätklassizistische Fassade des ersten Baus von ETZEL; daneben, in einen jüngeren Bau einbezogen, die Säulenstellung des Erweiterungsbaus von 1863–1867 (MORLOCK und WOLFF). Unter den Bauten auf der oberen Königstraße sei nur der *Mittnachtbau* von 1927/28 genannt. Ihm gegenüber mündet die *Schulstraße.* Nach dem Krieg als zweigeschossige, nur den Fuß-

gängern vorbehaltene Ladenstraße neu angelegt, ist sie wenigstens städtebaulich beachtenswert, in der Einzelarchitektur nicht über den provinziellen Durchschnitt ragend. Immerhin möge man sich hier an den obengenannten ältesten Markt der Stadt erinnern. Die Straße mündet auf den *Marktplatz*, dessen Einzelbauten einen Versuch darstellen, mit modernen Mitteln die Erinnerung an die einstige kleinteilige Fachwerkbauweise wachzuhalten, dessen Rathaus aber (1954 f., unter Einbeziehung eines neugotischen Kerns) lediglich groß ist.
Vor allem durch seine glückliche städtebauliche Stellung innerhalb einer im Grundriß noch mittelalterlichen, im Aufriß durch die Architektur der Jahrhundertwende bestimmten Umgebung wirkt der 1924 bis 1927 durch O. E. Oswald errichtete 61 m hohe *Tagblatturm* in der Eberhardstraße, das erste moderne Hochhaus der Stadt. Seine tragende Konstruktion ist ein Stahlbetongerüst. Die Gliederung und Proportionierung des Baukörpers läßt ihn größer erscheinen, als er tatsächlich ist. Der dynamische Baukörper des gegenüber von E. Mendelsohn errichteten Kaufhauses, ganz Gegenstück zu den ruhigen Baukuben der Weißenhofsiedlung, 1926 errichtet, wurde vor einigen Jahren aus rein wirtschaftlichen Überlegungen abgebrochen und durch einen Neubau von E. Eiermann ersetzt. – Das *Landesgewerbeamt* dokumentiert als letzter Großbau den selbstbewußten Eklektizismus des ausgehenden 19. Jh. (1896 f. von dem Dänen Neckelmann). Gleicht der Baukörper einer spätmittelalterlichen Festung mit runden Ecktürmen, so setzt sich die Architektur der Fassaden aus frei und großzügig addierten Elementen vor allem altrömischer Pomparchitektur und der Renaissance zusammen (Vereinfachungen beim Wiederaufbau), als Ganzes so unverwechselbar charakteristisch ein Werk seiner Zeit, daß es schon deshalb erhalten werden sollte. – Von anderem Geist und Qualität ist ein modernes Bauwerk, die 1954–1956 nach den Plänen von A. Abel und R. Gutbrod entstandene *Liederhalle*, ein Bau, der sich nicht aus nur anspruchsvollen Fassaden zusammensetzt, sondern vornehmlich bewältigte Raumgestaltung sein will und seine Hüllen durch überaus sensibel ausdrucksstark verwendete Materialien wirken läßt. Jeweils eigenständig konzipiert, setzen sich die Hauptkörper drei verschiedenen Zwecken dienender Saalbauten gegeneinander ab, nur zusammengehalten durch ein gemeinsames Foyer, das nicht Wandelgang, sondern festliche Mitte ist. Unnachahmlich, wie im großen Beethovensaal die sorgfältig wie ein Musikinstrument entworfene Holzarchitektur der Bühne sich mit der durch wenig Mittel lebendig gewordenen, in den Raum vorschwingenden Betonwand verbindet. Der bunte Kristall des Mozartsaals, mit kleinen überraschenden Mosaikbildern, zeigt, daß nicht der Wert eines

Materials, sondern rein die Art seiner Verwendung zu architektonischer Wirkung führt (Gestaltung hier von B. Spreng).
Die erste neugotische Kirche im weiteren Stuttgarter Stadtbereich war die burgartig schön gelegene Dorfkirche zu Berg (L. F. Gaab, 1853–1855), noch ganz von klassizistischem Geist geprägt, dem die Gotik zunächst nur Ornament bedeutete (wiederhergestellt). Unter den ihr folgenden Kirchen verdient städtebaulich den Preis die *Johanneskirche* am Feuersee, erbaut von Chr. Leins 1866–1876, ganz im orthodoxen Stil der frühen Hochgotik als verkleinerte Kathedrale mit Einturm im Westen konzipiert. Als Beispiel des reinen Historismus wie der hohen handwerklichen Qualität ein wichtiges Dokument für die Kultur des 19. Jh. Es ist deshalb ein wieder sehenswertes Architekturstück (Turmhelm nicht wiederhergestellt). Ein anderes Meisterwerk dieser Art ist die kath. *Marienkirche* von J. Egle, 1871–1879 frei nach der Elisabethkirche in Marburg. Ein ebenso konsequentes wie für uns heute kurioses Dokument jener Baugesinnung die *Russische Kirche*, 1895 von Eisenlohr und Weigle. Dollingers *Friedenskirche* war der erste Versuch einer selbständigen Raumgestaltung im ev. Geist, nur in den Einzelformen noch romanisch. Im Sinne des protestantischen Kirchenbaus sind die für ihre Zeit modern gestalteten Saalkirchen wie die *Markuskirche*, von H. Dolmetsch 1906f. einschließlich des Turms im Kern aus Stahlbeton errichtet, und vor allem die ganz auf eine unverbaute Lage am Hang hin konzipierte *Erlöserkirche* von Th. Fischer (1906–1908) vorzuziehen. Ansprechend in Barockformen die *Gaisburger Kirche* von M. Elsässer. Ganz in den modernen Formen der zwanziger Jahre ist die kath. *St.-Georgs-Kirche* geschaffen (1930 von Schlösser). Die ursprünglich im Stil der Weißenhofsiedlung gestaltete *Brenzkirche* (1933 von Daiber) wurde bereits sechs Jahre später mit Steildach und Veränderung der Fenster ins Belanglose verdorben.
Der moderne Kirchenbau der Nachkriegszeit ist häufig zu einem Experimentierfeld formalistischer Strömungen geworden. Überzeugender als das Äußere der Neubauten wirken im allgemeinen die Innenräume. Niedrige Raumbildungen erzeugen hier bisweilen eine gewissermaßen urchristlich wirkende Atmosphäre. Dabei geht die Tendenz einmal zu indirekter Beleuchtung des Inneren, zum andern zu großflächigen Farbverglasungen. Unter den qualitätvollen Beispielen sei das 1964–1966 entstandene ev. Gemeindezentrum in Stuttgart-Sonnenberg von E. Giesel aus Zürich genannt. Umfangreichere Neubauten sind dann vor allem in den neuen Siedlungsgebieten im Randgebiet der Stuttgarter Markung zu finden (vgl. Cannstatt, Fellbach, Mönchfeld).

Die älteren *Friedhöfe* sind schön bewachsen und angefüllt mit denkwürdigen Gräbern und mit klassizistischen Grabmälern von Scheffauer, Isopi, Th. Wagner u.a., denen sich die Werke der Romantik und Neurenaissance anschließen. Auf dem Heslacher Friedhof eine Grabkapelle von G. Salucci (1823, mit Bildwerk von J. H. Dannecker). Der Fangelsbachfriedhof hat ein schlicht schönes Portal von 1823. Auf dem ehem. Hoppenlaufriedhof, der nach dem letzten Weltkrieg eine neue gärtnerische Gestaltung erfahren hat, eine mannigfaltige Sammlung älterer Grabmäler, darunter die Ruhestätten von schwäbischen und eingebürgerten Dichtern, Denkern und Künstlern (u.a. J. H. Dannecker). Auch auf dem neueren Pragfriedhof liegen Gräber einer großen Zahl bedeutender Schwaben und Stuttgarter (u.a. E. Mörike, Graf F. v. Zeppelin).
Als technisches Meisterwerk galt zu ihrer Zeit die *Neue Weinsteige*, die 1823–1831 von E. Etzel geschaffen wurde und auch städtebaulich ihrer prachtvollen Aussicht wegen eine Leistung darstellt (1931–1934 verbreitert). Ein Denkmal an der Straße erinnert an ihren Erbauer.
Eine wesentliche Station in der Entwicklung der modernen Architektur stellt die leider nur noch entstellt überkommene *Weißenhofsiedlung* auf einer der Höhen über der Stadt dar. Die Siedlung wurde 1927 als Mustersiedlung des Deutschen Werkbunds nach den Plänen deutscher und ausländischer Architekten errichtet und sollte dokumentieren, was L. Mies van der Rohe in einem Leitgedanken zusammengefaßt hat: „Die Probleme der Neuen Wohnung wurzeln in der veränderten materiellen, sozialen und geistigen Struktur unserer Zeit; nur von hier aus sind diese Probleme zu begreifen." In aussichtsreicher Spornlage wird sie architektonisch zusammengehalten durch den langen Riegel („Stadtkrone") eines mehrgeschossigen Mietshausblocks von L. Mies van der Rohe, dessen Wohnungen fest eingebaut nur Küche und Bad besaßen, in den übrigen Wänden aber verstellbar waren. Das nach einem neuartigen Betongußverfahren hergestellte Haus des Holländers J. J. P. Oud (Pankokweg 1–9) ist ein Reihenhaus mit geschlossenen Wirtschaftshöfchen und gegeneinander versetzten Geschossen im Innern. Die beiden Bauten von Le Corbusier mit P. Jeanneret (Bruckmannweg 2, Rathenaustraße 1–3) stellen den Versuch dar, ein Haus auf Pfosten vom Erdboden zu lösen, im Innern durch neuartige Konstruktionsweise zu einer freien, ständig veränderbaren Grundrißgestaltung zu kommen und durch Anlage eines Dachgartens das überbaute Gelände wiederzugewinnen. Wert ist vor allem auf eine gute Ausleuchtung der Räume gelegt. Das Haus von H. Scharoun (Hölzelweg 1) ist das einzige, das nicht nur dem rechten

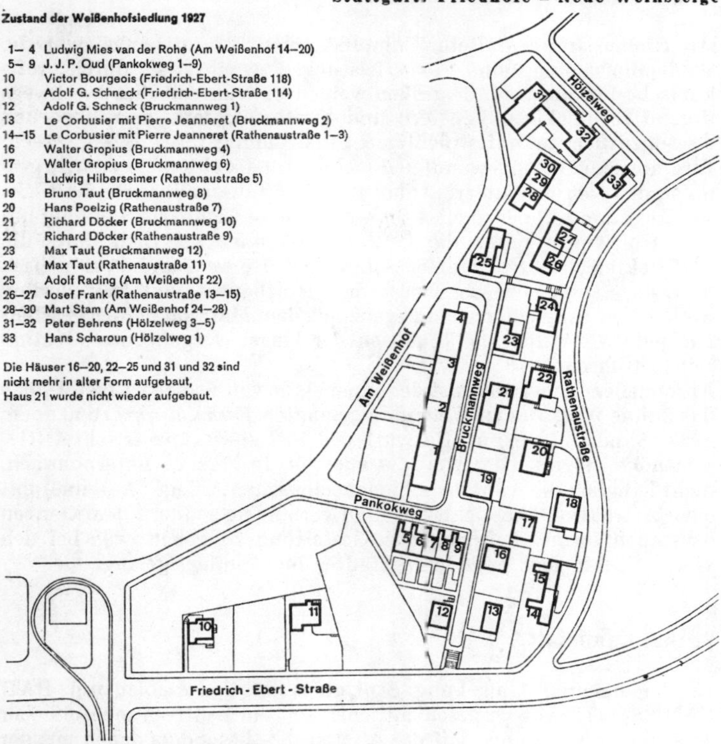


*Stuttgart, Weißenhofsiedlung, Lageplan*

Winkel gehorcht, sondern in starkem Maße mit Rundungen arbeitet. Erhalten auch noch die Häuser von M. Stam (Am Weißenhof 24–28), V. Bourgeois (Fr.-Ebert-Str. 118), J. Frank (Rathenaustr. 13–15) und A. G. Schneck (Fr.-Ebert-Str. 114, Bruckmannweg 1). Verloren sind die Bauten von W. Gropius, L. Hilbersheimer, B. und M. Taut, H. Poelzig, R. Döcker, A. Rading und P. Behrens. Wenn von Le Corbusier gefordert wurde, „Wohnmaschinen" zu bauen, so war damit gemeint, daß die Wohnungen nicht wie bisher Gesetzen der Tradition und der nur formalen Ästhetik folgen sollten, sondern vielmehr endlich wieder ihren Funktionen, d.h. lebenswürdige und ihren auf den Menschen hinbezogenen Aufgaben gerecht werdende Räume erhalten müßten. Als der Versuch, mit neuen Baustoffen und Kon-

struktionen frei gestaltete Wohnungsgrundrisse zu bauen, war die Weißenhofsiedlung eine Pionierleistung. Formal ist sie durch große kubische Formen und die großen weißen Flächen mit den durchwegs liegend rechteckigen Fenstern und Fensterbändern ganz Ausdruck der eigentlich zukunftsträchtigen Stilströmung ihrer Zeit gewesen. Ihre konsequent angewandten Flachdächer machten sie zum Ärgernis und waren der äußere Anlaß für häufig unqualifizierte Kritik. – Als Reaktion im mehrfachen Sinn darf die benachbarte Siedlung um den „Holzwurm" gelten, die, 1932/33 entstanden, vor allem durch die Architekten der „Stuttgarter Schule", P. Bonatz und P. Schmitthenner, geprägt wurde. Durchwegs Holzbauten, mit kultiviertem Raum- und Proportionsgefühl ganz aus dem Material heraus geschaffen, jedoch letztlich die Tradition der längst vergangenen Goethezeit fortführend.
Abschließend zur Baukunst der Innenstadt von Stuttgart bleibt noch das kühne Werk des zu Weltruhm gelangten *Fernsehturms* zu nennen, 1955/56 nach Idee und Entwurf von F. Leonhardt errichtet (Gesamthöhe 217 m). Hier wurde der geglückte Versuch unternommen, nicht lediglich die Apparatur einer technischen Anlage (Antenne) mit einer Attraktion (Aussichtsturm) zu verbinden, sondern dem Ganzen eine auch formal befriedigende Gestaltung zu geben, was bei den vielen Nachfolgern in anderen Städten nicht immer gelang.

## 2. Bad Cannstatt

In der näheren Umgebung Stuttgarts ist das Gebiet um BAD CANNSTATT seit vorgeschichtlicher Zeit ein Zentrum menschlicher Ansiedlung, wie Funde seit der Altsteinzeit, besonders denen aus der Hallstattzeit (Fürstengräber auf dem Steinhaldenfeld, um 500 v. Chr.) und der anschließenden keltischen Periode, bezeugen (Stuttgarter Landesmuseum). Auf letztere geht vielleicht der Name der Stadt zurück, wie auch der des ihr auf dem anderen Neckarufer gegenüberliegenden Brie (= Furt?). Seine erste historisch faßbare und für die weitere Entwicklung folgenreiche Bedeutung erhielt der Ort durch die Römer. Er blieb bis in neuere Zeit immer wieder bevorzugt wegen seiner schon im Altertum bekannten Heilquellen und wegen der ausnehmenden Fruchtbarkeit seiner Äcker, Weideländer und Wiesen, Gärten und Weinberge, aber auch wegen seiner Wasserwege für Flöße und Boote sowie seiner Lage als natürlicher Straßenknotenpunkt. Schon Leibniz meinte in einem Gutachten, hier sei der von Natur gegebene Ort für eine Landeshauptstadt, und König Wilhelm I. von

Württemberg hat vielfach danach gehandelt. Hier befand sich z.B. auch das Hauptpostamt des alten deutschen Reiches für Südwestdeutschland.
Seit den Jahren 85–90 lag ein römisches Reiterkastell auf einer Terrasse über dem linken Neckarufer, deren Name „Altenburger Feld“ noch daran erinnert. Zwei Tempel und ein Mithräum sind für das römische Cannstatt nachgewiesen, mehrere Bäder auf der rechten Neckarseite, große Villen namentlich in der Gegend gegen Zazenhausen. Der Ort war keine Stadt, sondern gehörte zu der Gaugemeinde Sumelocenna (vgl. Rottenburg). Villen, Meierhöfe, Mansionen lagen zerstreut an den Hängen. Über den Neckar führte mindestens eine Brücke aus Holz, Straßen gingen nach allen Seiten. – 259/60 stießen die Alemannen über den römischen Limes auch in dieses Gebiet vor und beendeten die römische Herrschaft. Die folgende Zeit ist dunkel, es scheint aber, daß der Ort für den alemannisch-schwäbischen Herzog ein sehr bedeutender Stützpunkt wurde. Nach 536 kam das Zentrum unter fränkischen Einfluß. Gerichtsort für einen größeren Bezirk war der in seiner Lage noch nicht eindeutig bestimmbare „Stein“, vielleicht auf dem Burgholzhof. Dorthin wurde im Jahre 746 vom fränkischen Hausmeier Karlmann der schwäbische Adel verräterisch eingeladen und angeblich zu Hunderten niedergemacht. – Unter fränkischer Herrschaft wurde Cannstatt auch Kirchort, und zwar doppelter. Auf dem heute noch vorhandenen Steigfriedhof, also oben beim ehem. Römerkastell, lag die fränkische Martinskirche von Altenburg; und an der Waiblinger Straße auf dem Uffkirchhof als Filiale davon eine Marienkirche. Zu jener gehörte ein weiter Sprengel links des Neckars vom Hedelfinger Tal bis zum Feuerbach, mitsamt dem Nesenbachtal; zu diesem ein ebenso großer Sprengel rechts des Neckars vom Uhlbacher Tal bis zur Remsmündung mit dem Feld auf den Höhen darüber. Cannstatt war offenbar einer der Ausgangspunkte des Christentums im Lande. – Die Altstadt Cannstatt entstand im hohen Mittelalter als Markt- und Bürgerstadt, vermutlich an einer Brücke, die als Nachfolgerin einer Furt seit der Römerzeit von Altenburg herüberführte. Erst im Anfang des 14. Jh. befestigt, erhielt Cannstatt 1330 durch Ludwig den Bayern Esslinger Stadtrecht. Mauer und Graben der Stadt liefen entlang der heutigen Bad-, Wilhelm- und Überkinger Straße. Zur Stadtmarkung von Cannstatt gehörte Berg, Gaisburg und Gablenberg. Rosenstein, Wilhelma, Villa Berg und ein Teil der Stuttgarter Anlagen sind auf Cannstatter Boden entstanden und vermehrten den Glanz der Gartenstadt und die Annehmlichkeit der Bäderstadt, die seit Beginn der Neuzeit zeitweise zu internationalem Ruf gekommen war.

Die *Martinskirche* wurde bereits 1536 abgetragen und steht heute als Neubau an anderer Stelle. – Die *Uffkirche*, ursprünglich eine romanische Chorturmkirche, ist jetzt ein einschiffiges, spätgotisches Saalkirchlein mit eingezogenem Rechteckturmchor. Die Umfassungsmauern sind wohl älter als die gotischen Tür- und Fensteröffnungen. Über der Südpforte mit Meisterschild aus A. Jörgs Kreis steht 1494 und unter einer leeren Bildnische 1500, ebenfalls mit Meisterschild. Außen Grabmäler für einen Steinmetzen (1597), zwei Bürgermeister (1613 und 1635) und für einen Reichspostmeister aus dem 18. Jh. – Die *Stadtkirche*, ehem. St. Cosmas und Damian, ist nach Aberlin Jörgs Plan als dreischiffige Hallenkirche unter Verwendung älterer Bauteile (Chorseitenturm) erbaut worden; der Chor wurde 1471 fertig, das Schiff etwas später. Es fehlen die Seitenkapellen zwischen den Strebepfeilern und das etwas überhöhte Mittelschiff. Das Netzrippengewölbe im Chor ist noch ursprünglich, in den Schiffen dagegen 1791 abgeschlagen und 1858 durch eine Holzkonstruktion ersetzt worden (z.T. alte Schlußsteine). Gut gestaltet die Giebelfassade mit ihren Strebepfeilern, aus denen langgestreckte Fialaufsätze herauswachsen. Der prächtige Turm im oberen Teil mit seinen kraftvollen Fensterarchitekturen und dem malerischen Turmaufsatz aus der Renaissance von H. Schickhardt 1612f. Wiederherstellungen nach dem letzten Krieg. Von Vorgängerbauten ist nachgewiesen: am Eingang des Chors eine schmälere runde Apsis in der Achse der heutigen Kirche, dahinter – jünger – eine zweite, schon in der Breite des heutigen Chors, die innen rund und außen dreiseitig polygonal ausgebildet war, mit Strebepfeilern. – Um die Stadtkirche hat Cannstatt noch etwas vom Aussehen eines altwürttembergischen Landstädtchens (Rathausglocke 13. Jh.). Ihr zweites Gesicht erhielt die Stadt im 19. Jh. unter den Königen Friedrich und Wilhelm. Der Stadtteil gegen den Kursaal erinnert in manchen Bauten noch an das vornehme Gepräge der Bäderstadt. Der *Kursaal* wurde von König Friedrichs Hofbaumeister N. Thouret 1825–1827 geschaffen (Seitenflügel 1834/35); daneben steht ein zweiter aus neuerer Zeit. Das eherne Reiterstandbild König Wilhelms I. von dem Münchner J. Halbig, 1875. Schöne Gartenanlagen modernen Stils. Ein qualitätvoller Kirchenneubau ist die *Stephanuskirche* von H. Rall und H. Röper (1960).

Auf dem Kahlenstein, über steilem Abfall zum Neckar, beabsichtigte König Friedrich ein Lustschloß zu erbauen, konnte aber wegen Napoleons Rückkehr von Elba den Plan nicht mehr ausführen. Den dort angelegten Aussichtsplatz zeigte er 1816 den Kaisern von Österreich und Rußland. Das Lustschloß baute dann 1825–1829 nach anderen Plänen König Wilhelm I. und nannte es *Rosenstein;* sein Hofbau-

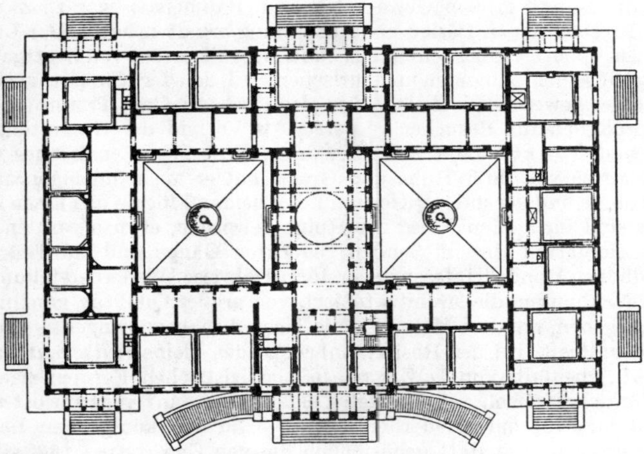

*Stuttgart-Bad Cannstatt, Schloß Rosenstein, Grundriß (vor dem Wiederaufbau)*

meister GIOVANNI SALUCCI hielt sich an das Vorbild italienischer Villen. Das Schloß hat nur ein über den Erdboden erhöhtes Stockwerk auf einem Unterbau mit Freitreppen. Es umschließt zwei Lichthöfe und öffnet sich mit Säulenportiken auf den Park. Gruppierung und Verhältnisse sind gelungen und edel; der Eindruck ruhig, aber nicht einförmig, besonders wegen der verschieden abgestuften Höhe der Portiken, wovon einige auch in die Wandfläche eingezogen sind. Die Bildhauerarbeiten, von einheimischen Künstlern wie DISTELBARTH, MACK, WAGNER u.a. stimmen ausgezeichnet mit dem Bauwerk überein, ein Charakteristikum jener ungemein stilsicheren und für echte Monumentalität empfänglichen Zeit. Die Aussicht ist frei nach allen Seiten. Der Hauptsaal, der die Mitte des Gebäudes einnimmt, war an seiner tonnen- und kuppelgewölbten Decke früher mit farbenstarken Fresken bemalt. Darunter zieht sich ringsum der entzückende Relieffries der „Vier Jahreszeiten" von KONRAD WEITBRECHT. – Im letzten Krieg wurde das ganze Schloß bis auf die Umfassungsmauern zerstört; heute – wiederaufgebaut – beherbergt es das Naturkundemuseum. – Der im Landschaftsstil angelegte Rosensteinpark besitzt gegen die Prag ein schönes Steinportal, das sog. *Löwentor*. Am Abhang gegen Nordosten schließt sich an den Rosenstein der ebenfalls von Wilhelm I. 1842–1851 erbaute Stufengarten der *Wilhelma* an, mit

Landhaus und großen Gewächshäusern. Baumeister war L. ZANTH aus Breslau, der in Paris seine Ausbildung erhalten hatte. Der Lustgarten – heute vielbesuchter Tier- und Botanikgarten von Stuttgart – ist samt seinen Gebäuden in maurischem Stil, den der König wünschte, errichtet gewesen. Die Anlage war als märchenhaftes „Traumschloß" ursprünglich für Besucher gesperrt. Als Vorbild der Gesamtanlage schwebten ZANTH die Landhäuser der italienischen Renaissance vor, und etwas von ihrer Ruhe und Grazie hat er auch hineingebracht. Der obere und der untere Kiosk mit den beiden Flügeln aus Eisen und Glas sind im letzten Krieg zur Ruine geworden, ebenso wurden die den Ziergarten einschließenden gedeckten Gänge und ein Teil der nördlichen Rondelleinfassung zerstört. Teilweise Wiederherstellungen und Neubauten, die, architektonisch von großer Qualität, ganz neue Wege gehen, um dem Menschen die Tierwelt nahezubringen. – Unten an der Straße bei der Rosensteinbrücke das kleine *Wilhelmatheater*, 1839f., ebenfalls von L. ZANTH, in klassizistischen Formen zierlich und geschmackvoll ausgestaltet. Leider heute ganz verwahrlost und ohne Aussicht auf Wiederherstellung. – Zu den königlichen Landhäusern von Cannstatt gehört auch die von CHR. LEINS 1845–1853 erbaute *Villa Berg*, Erstling der Neurenaissance im 19. Jh., die auf italienische Vorbilder zurückgeht. Uns kommt sie heute mehr pariserisch als altflorentinisch vor; aber die Plangestaltung verrät die Freiheit eines schöpferischen Geistes. Die Villa steht auf dem Scheitel eines kleinen Hügels, die Hauptachse des Ganzen ist auf den Rosenstein, den Zielpunkt der Durchblicke, ausgerichtet. Das im Krieg zerstörte und danach vereinfacht wiederaufgebaute Gebäude dient heute dem Rundfunk und Fernsehen. Die Neubauten von R. GUTBROD. Auf dem *Steigfriedhof* klassizistische Grabdenkmäler.

## 3. Vororte Stuttgarts

### a) Neckarabwärts

MÜNSTER verrät im Ortsbild von Süden, mit Kirche, Pfarrhaus und Schlößchen, noch etwas von der alten lorchischen Klostersiedlung auf sonnigem Hügelrücken. – MÜHLHAUSEN a.N. hat zwei Kirchen und ehem. zwei zu beiden Seiten des Feuerbachs einander gegenüberliegende Burgen. An Stelle der Engelburg das neuere Schloß („Kastenbau"), 1732 und jünger. An Stelle der „Heidenburg", über hohen Stützmauern, die Ruine der im letzten Krieg zerstörten *Oberen Kirche* (Walpurgis, 1783 erneuert), mit einem alten Turm, ehem. Wehrturm (vgl. den hochliegenden Eingang). Die Untere Kirche, d.h.

die kunstgeschichtlich außerordentlich bedeutende *Veitskapelle* (Abb. 87), wurde 1380 mit Anklängen an böhmische PARLER-Bauten errichtet und später kaum verändert; ein Idyll mit ihrem Schirm von Weinreben und ihrem Mauerring. Sie wurde gestiftet von einem Adeligen, Reinhart von Mühlhausen, der im fernen Prag, damals Residenz des deutschen Kaisers, zu großem Reichtum und Ansehen gekommen war, und stellt kunstgeographisch als Exklave unverwechselbar böhmischer Kunst eine Besonderheit dar. Sie lohnt einen Besuch schon wegen der großen Ursprünglichkeit und Vollständigkeit der Ausstattung. Schöne Pforten mit Wappenschmuck und Maßwerkfenster. Innen umfangreiche Reste der Ausmalung aus dem Ende des 14. und Anfang des 15. Jh. (1428, Veitslegende an den Chorwänden); die älteren, strengeren (wiederhergestellt) am Triumphbogen (Jüngstes Gericht) und Chorgewölbe; ornamentale (erneuerte) Malereien um 1488 an der spätgotischen Bretterdecke des Schiffs und der Westempore; weitere Gemälde an den Rückwänden über den Seitenaltären, die von steinernen Dachgehäusen überdeckt sind: davor aufgestellt spätgotische Altarschreine. Auch der Schrein des Chors (Anfang 16. Jh.) ist erhalten. Der ursprüngliche Hochaltaraufsatz von 1385, mit Gemälden aus der Prager Schule (jetzt in der Stuttgarter Staatsgalerie). Grabdenkmäler, darunter eines von J. WOLLER und eines in S. SCHLÖRS Art. Andere liegen noch im Fußboden. Chorgestühl und Altarschranken sind zugrunde gegangen.

HOFEN liegt Mühlhausen am Neckar gegenüber; die einstige Überfahrt hat L. Uhland besungen. Die *Burg* ist ein sehr regelmäßiges Mauerviereck wohl des späten 13. Jh., an der Bergseite verstärkt und erhöht zur Schildmauer. Auf dem hinterlegten Spornpfeiler saß ein Türmchen. Schmaler Zwinger, dessen Mauern bis zum Flußufer hinabliefen. Bei der *Kirche*, der einzigen Barockkirche auf Stuttgarter Markung (1783), Grabmäler von fremden Künstlern aus dem 18. und 19. Jh.

Das Pfarrdorf ÖFFINGEN, uralter Klosterbesitz von Lorsch im Rheintal, hat ein ehem. *Amtshaus* des Domkapitels Augsburg aus dem 18. Jh. An der *Kirche* ist der Chor alt (1457). Spätgotische Holzbildwerke. Auf dem Kirchhof steht ein (nicht einheitliches) Barockgrabmal der Künstlerfamilien FRISONI und RETTI. Der nahe *Tennhof* (Tunne, kelt. dunum, Zaun von eingetriebenen Baumstämmen, Burg?), nördlich vom Dorf, bietet mit seiner Ringmauer immer noch ein bemerkenswertes Siedlungsbild. Im Mittelalter stand hier eine zweite Kirche. – SCHMIDEN hat noch einige alte Bauernhöfe und einen romanischen, eingewölbten Kirchturm (einst Chorturm) neben einem spätgotischen Chor. Wichtig dessen Ausmalung mit Fresken

aus der Zeit um 1470–1480 (Dionysiuszyklus u.a.). Die Fresken im Langhaus Anfang 16. Jh.
FELLBACH hat noch etwas von dem altwürttembergischen behäbigen Weingärtnerdorf, mit steinernen und gezimmerten Giebelhäusern neben Hoftorbögen. Die *Kirche* hat ihre alten Festungswerke – Graben und Ringmauer mit vier Halbtürmen – verloren. An der 1779 mit neuem Schiff versehenen Kirche sind aus früherer Zeit der Westturm mit gewölbter Eingangshalle und fialenbesetzten Staffelgiebeln, 1519 erbaut von Meister PETER VON LAHN, und die Umfassungsmauer des Chors (1524). Ein Glockentürmchen reitet auf dem First des Turmdachs. Auf dem Friedhof ist ein großes steinernes Kruzifix zwischen Adam und Eva von 1611 erhalten, kunstlos, aber eigenartig. Architektonisch ungewöhnlich das moderne *kath. Gemeindezentrum Maria Regina*, 1963–1967, von K. FRANZ. Die Kirche besteht aus dem Stumpf eines leicht geneigten Kegels, besitzt also einen elliptischen Grundriß. Das Licht gelangt lediglich durch die Kegelspitze in das Innere.

## b) Neckaraufwärts

UNTERTÜRKHEIM, benannt nach hier in der Frankenzeit angesiedelten Thüringern, hat noch in manchen Gassen das Gepräge des Weingärtnerdorfes, mit behäbigen Fachwerkhäusern über einem Mauerstock mit Steinmetzenwerk an Tür und Ecken. Die *Kirche* ist 1634 erneuert, 1803 erweitert; der Turm, unten noch romanisch, wohlgelungen in seiner gedrungenen Gestalt. An dem ehem. *Rathaus* eine Türkenfigur aus der Barockzeit von B. GRÜNWALD (vom Marktbrunnen, der hier stand).
Das Dörfchen ROTENBERG bildet mit seinem bescheidenen Kirchturm unter lustiger Haube einen freundlichen Gegensatz zu dem klassisch schönen Grabtempel. Die Rotenberger Kirche ist ursprünglich spätgotisch. Die *Grabkapelle* (Abb. 88) auf dem WIRTEMBERG wurde 1820–1824 an Stelle der abgebrochenen Stammburg der Grafen v. Wirtemberg von GIOVANNI SALUCCI als Mausoleum für die königliche Familie nach Vorbildern von PALLADIOS Villa Rotonda bei Vicenza und des Pantheons in Rom ausgeführt. Eine kreisförmige kuppelgedeckte Rotunde mit drei axial vorgestellten Säulenportiken. Gruft im Sockelstock. Die geschlossene Form des Architekturkörpers, die einfache Größe des Raums, die feine Proportion im ganzen wie im einzelnen kennzeichnen den künstlerischen Rang des Baus. In dem für russisch-orthodoxen Gottesdienst eingerichteten Kuppelraum vier

Marmorstandbilder der Evangelisten; davon eines – Johannes – J. DANNECKERS Werk, die anderen von B. THORWALDSEN entworfen und von TH. WAGNER mit seinen Mitarbeitern ausgeführt. Im hinteren Raum ist eine Weiheinschrift (1083) von der Kapelle der Burg eingemauert. Sie lautet:

ANNO DOMINICE (I)NCARN(ATIONIS)
MILL(ESIMO) LXXXIII INDIC(TIONIS) V(I)VII IDU(S)
FEB(RUARII) DED(ICATA) HEC CAP(ELLA) AB A(D)ELB(ERTO) WOR
M(ATI)ENS(IS) EC(CLESI)E EP(ISCOP)O IN H(ONORE) S(ANCTI NICOLAI?)
Im Jahre der Fleischwerdung des Herrn
1083 im 6. Jahr der Steuerperiode am 7.
Februar ist geweiht worden diese Kapelle von Adalbert
der Wormser Kirche Bischof zu Ehren des hl. (Nikolaus ?).

Im Jahr 1083 war also die Kapelle der Burg fertig. Alte Ansichten aus der Zeit vor dem Abbruch der Ruine zeigen, daß es sich um eine sog. Randhausburg wohl aus spätromanischer Zeit handelte, d.h. eine Ringmaueranlage, an deren Rand sich ein großer Palas und die Kapelle anlehnten. Ein Bergfried scheint gefehlt zu haben, wie wir es aber auch von anderen Burgen jener Zeit kennen (vgl. Hohenrechberg). In ihrem Ursprung ist die Burg um einiges älter gewesen. Sie geht auf eine Anlage aus der 2. Hälfte des 11. Jh. zurück, die von Konrad von Wirtemberg, Stammvater des Geschlechts, errichtet und mit dem aus seiner Heimat Luxemburg stammenden Namen benannt wurde.

Die Kirche von UHLBACH (1490) hat durch eine Restauration ihren Reiz verloren. Etwas besser ist es dem *Rathaus*, einem Eichenfachwerkbau mit Laubengang (1612), ergangen. Auch im oberen Dorf findet man noch einige alte malerische Häuser; ihnen ist die neue Kelter angepaßt. Ausgezeichnetes und eindrucksvolles Kriegerdenkmal für die Toten des ersten Weltkrieges. – Als Gegenstück zu der Wangener Kirche auf der andern Talseite darf die spätgotische *Peterskirche* in OBERTÜRKHEIM gelten, die sich hinter ihren Ringmauern ähnlich an den Berghang über dem Ort schmiegt. Darin diente als Kanzelstock ein gutes spätgotisches Steinbild des Titelheiligen von einem Sakramentshaus.

Das Kirchlein von HEDELFINGEN, im Schiff romanisch, im Chor spätgotisch, besitzt Reste einer einst vollständigen Ausmalung aus der Mitte des 15. Jh.; Altarkreuz Anfang 15. Jh. – In ROHRACKER findet man ein paar alte Fachwerkhäuser, auch ein Erkerhaus und ein spätgotisches Kirchlein, z.T. mit alten Netzgewölben. – Eine großartige Aussicht bietet im oberen Neckartal die *Michaelskirche* in WANGEN. Im ummauerten Kirchhofgärtlein mit dem Pfarrhaus am Rebenhang gelegen, zeigt sie am efeuumrankten Chorturm romanische und hochgotische Formen: gekoppelte und bogige Schallöffnungen, Blendmaßwerk. Die waagerecht fliegende Gestalt, außen an der Mauer, stellt wohl den Erzengel Michael dar. Das Schiff ist einseitig erweitert (1750) und weitgehend erneuert (1903). Den mit Maßwerk überzogenen Taufstein hat einer der letzten Frauenkirchenmeister von Esslingen, STEFAN WAID, 1495 geschaffen. Grabsteine aus dem 16. Jh. Einige ältere Fachwerkhäuser vor allem am Kirchsteig.

### c) Auf den Fildern

Die Dörfer haben fast alle eine spätgotische Kirche, darin oft ein qualitätvolles Kruzifix und ein Taufstein aus der Zeit der Spätgotik, ein geschnitztes Chorgestühl oder ein steinernes Wandtabernakel zu finden sind. Bisweilen malerische Fachwerkhäuser und hübsche schmiedeeiserne Wirtshausschilder. Die Rathäuser waren in dieser Gegend meist aus dem 16. Jh. und zeugen überall dort, wo sie noch erhalten sind, von der hohen Kultur der Zeit zwischen Reformation und Glaubenskrieg: Das in RUIT entstand 1598. – Ein romanisches Türbogenfeld ist in KEMNAT erhalten (Gotteslamm, oben in der südl. Außenwand).

Das alte *Rathaus* in SCHARNHAUSEN entstand 1596. Das *Schloß* ist als kleine, strenggruppierte Anlage von ursprünglich drei Gebäuden auf dem Abhang eines nach dem Körschtal sanft abfallenden Hügelzuges errichtet. Aus diesem wurde eine gestreckte, vorn durch eine Steinbalustrade gekrönte Terrasse gewonnen. Der Hauptbau in der Mitte der Terrasse wurde an den Schmalenden von je einem kleinen Nebenbau flankiert, einem Gartenhaus mit Speisesaal am nordwestlichen und einem abgebrochenen, genau symmetrisch angelegten Badehaus am südöstlichen Ende. Die Schloßanlage wurde für Herzog Karl Eugen und Franziska von Hohenheim 1783 von R.F.H. FISCHER ausgeführt. Einfacher kubischer Hauptbau mit hohem Portikus an der streng symmetrisch komponierten Front. Die ernste Monumentalität des Zeitstils ist ins Licht-Heitere, Landhausmäßige gemildert. Trotz all des kühlen Rationalismus, der diesen Bau durchdringt, verrät doch die ausgewogene Präzision der geraden Linien, die Disziplin der Flächengliederung, die ungewöhnlich schöne Proportionierung der Portikussäulen eine künstlerisch durchgereifte Persönlichkeit. Vor der Front des Schlosses talwärts ein abfallender freier ovaler Platz, dessen unterer Teil ehem. See war. Reste eines kleinen Parks. Am Parkeingang Stallgebäude aus klassizistischer Zeit.

Die Kirche von NEUHAUSEN a.d.F. enthält beachtenswerte Überreste aus der alten Ausstattung, so das Sakramentshaus (1466), eine Madonna (um 1480) und Grabmäler. Wertvolle Ritterstandbilder von Renaissancegrabmälern sind am Rathaus hoch oben aufgestellt. Auf dem Friedhof Schlörs Steinkruzifix aus der Stuttgarter Schloßkapelle. Friedhofskapelle (Madonna um 1480). Ehem. Schloß der Rotenhan. Die Pfarrkirche in SIELMINGEN entstand 1489. BONLANDEN am Fuß des Uhlbergs mit Aussichtsturm hat in seiner spätgotischen Kirche mit starkem Westturm und netzgewölbtem Vieleckchor noch einen hochgotischen Christus am Kreuz mit einzeln angenagelten Füßen (1. Hälfte 14. Jh.). Um das angrenzende Pfarrhaus, das bis 1470 Burg war, noch Wall und Graben. Einige gute Fachwerkhäuser. – PLATTENHARDT hat in seiner Kirche zum Frankenheiligen Antholianus ein Kruzifix aus dem Anfang des 16. Jh. in der alten Farbfassung. – Die stattliche Kirche in ECHTERDINGEN (Turm 1439 von Meister Heinrich, im 19. Jh. erhöht), steht im ummauerten Kirchhof. Chor vielleicht von einem Pfälzer Meister (H. Koepf). Fachwerkbauten und beachtenswerte Wirtshausschilder. Besonders stattlich ist die Kirche von BERNHAUSEN (1475). Das *Rathaus* von 1581. Fachwerkhäuser. – In PLIENINGEN ist ein ganzes romanisches Kirchenschiff erhalten. Seine Langwände haben außen einen Bogenfries, gestützt von Säulchen, und an der Hängeplatte des Dachgesimses sehr beachtenswerte, noch romanische Darstellungen: Mensch und Riesenvogel, Mensch (Oedipus?) und Sphinx, Mensch (Simson?) und Löwe, Adam und Eva, Adam mit der Hacke, Kain und Abel, Auferweckung des Lazarus, Maria und Elisabeth, hl. Martin, zwei Löwen. Chor spätgotisch (1453) mit figurierten Gewölbetragsteinen (Schalksnarr u. a.). Turm hochgotisch, mit vorspringendem Spitzdach.

Das SCHLOSS HOHENHEIM entstand an der Stelle einer mittelalterlichen Wasserburg der Bombaste von Hohenheim (aus deren Familie der große Forscher-Arzt Paracelsus stammt). Es wurde auf Geheiß Karl Eugens für Franziska v. Leutrum, geb. v. Bernerdin, neu erbaut; hier ist der Herzog gestorben. Der Hauptbau, 1785f. von R. F. H. Fischer, mit monumentaler, dreischiffiger Durchfahrt, südwärts vorgelegtem Altan auf gekuppelten Säulen und mächtigem Flachkuppeldach über dem Mittelteil. Innen ein Treppenhaus und Vestibül mit feinen, strengen Stukkaturen von A. Isopi u. a. Die gesamte Schloßanlage um einen Mittel- und zwei Seitenhöfe gruppiert. Bemerkenswert das Franziskazimmer in der Speisemeisterei mit ausgezeichneter Stukkatur. Die Schauseite liegt nach Süden gegen den ehem. Schloßpark zu. An Stelle der lebhaften Gliederung und des reicheren Umrisses der Schloßbauten des Rokoko ist ein Streben nach

großer, ruhiger Linie, strenger Flächenteilung und nach einfacher Stereometrie des Baukörpers zu bemerken. – Eine Berühmtheit war der „Englische Garten“ mit seiner „Kolonie unter den Trümmern einer römischen Stadt“ und anderen Kleinbauten im Rahmen eines als Landschaftsgarten angelegten Parks seitlich vor dem Schloß. Noch erhalten sind das Wirtshaus zur Stadt Rom und das Spielhaus, 1841 stark verändert (Wandbilder nach Stichen Heideloffs). Die gotisierende Kirchenruine wurde auf die Insel im See bei Schloß Monrepos versetzt. – Der botanische Garten direkt vor dem Schloß weist auf die Landwirtschaftliche Hochschule hin, die älteste in Deutschland, jetzt Universität. Sie ging aus der 1817 gegründeten und ein Jahr später hierher verlegten Lehranstalt für Land- und Forstwirtschaft hervor.
Von R. F. H. Fischer ist für Franziska von Hohenheim auch die evangelische Kirche in BIRKACH mit dem angebauten Pfarrhaus errichtet worden (1780). – Die Kirche in MÖHRINGEN (1464, der Turm von Hans von Böblingen, der Chor von Stefan Waid) mit romanischem Portal, Taufstein, Steinkanzel in der Sakristei. Langhaus neugotisch. Ehem. Esslinger Spitalhof mit Torbau, Fachwerkhäuser. – In ROHR stand hinter der gotischen Kirche mit kreuzrippengewölbtem Ostchorturm eine Wasserburg, von der ein Pflasterweg auf einen hohen Burgstall hinaufführte. Die einst bedeutende Burg KALTENTAL im oberen Nesenbachtal, von der Hans Baldung Grien eine Zeichnung hinterlassen hat, ist fast spurlos abgegangen. Die Kirche in VAIHINGEN ist nur im Chor und Turm noch älter.

### d) Im Westen und Nordwesten Stuttgarts

BOTNANG hat – allerdings entstellt durch An- und Einbauten – sein spätgotisches Kirchlein bewahrt.
In landschaftlich schönster Lage, beherrschend auf waldigem Bergrücken, liegt die Bautengruppe von SCHLOSS SOLITUDE (Abb. 86), Teil jener rastlosen Bautätigkeit, Garten- und Landschaftsplanung während der nahezu 50jährigen Regierungszeit Herzog Karl Eugens, die Stuttgart mit einem weiten Kranz herrschaftlicher Anlagen umgab. Nach einem Einfall und wahrscheinlich sogar eigenhändigen Skizzen von Herzog Karl Eugen wurde 1763 unter Leitung des Baumeisters J. F. Weyhing und des Hofmalers N. Guibal mit dem Bau begonnen. Erst 1767 wurde Philippe de la Guêpière für die Vollendung, vor allem der Innendekoration herangezogen, die sich bis

1769 hinzog. Der Hauptbau wird von einem in flachem Bogen geführten Gebäudezug im Rücken halb umfaßt, sein Grundriß wirkt wie ein graziös komponiertes Ornament. Die weiche Rhythmik des Grundrisses setzt sich folgerichtig auch im Aufbau durch. Der niedrige, behaglich gedehnte Oberbau (Holz!) ruht auf einem Postament schwerer Flachbogenarkaden, von denen sich an den Langseiten, als wollten sie den Herantretenden in das Innere hineinziehen, je zwei gewundene Freitreppenarme ablösen. Den Mittelteil bildet eine ovale Rotunde mit gedrücktem Kuppeldach und zwei an den Enden in flachen Apsiden schließenden Flügeln. In der Gliederung der Wandflächen wird die dem Barock eigene Wucht und Größe in eine leichtere, jedoch klar disziplinierte Anmut umgestimmt. Von den Innenräumen müssen genannt werden: der weiträumig ovale „Weiße Saal" im Mittelbau, ganz im akademischen Geist des französischen „Goût

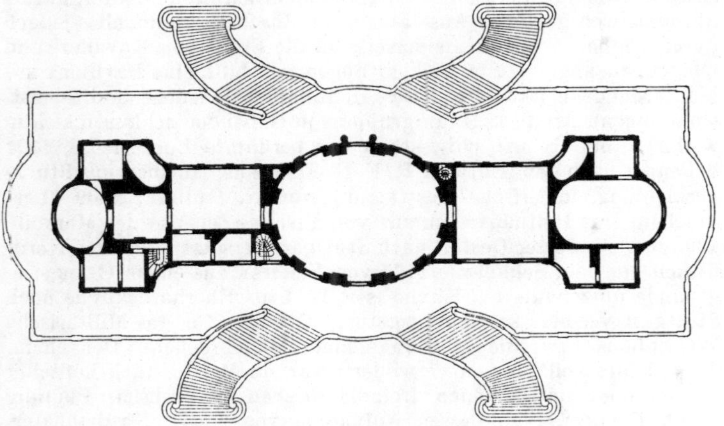

*Schloß Solitude, Grundriß, Hauptgeschoß*

grec" (griech. Geschmack) von DE LA GUÊPIÈRE, mit allegorischen Deckenfiguren (Stuck) und Deckengemälden von N. GUIBAL. Ferner die zumal farbig köstlichen, kleinen Gemächer in den Flügeln: Musikzimmer; Marmorsaal, d.h. kleiner Oberlichtsaal in Stuckmarmor mit ursprünglichem, farbig eingelegtem Fußboden in Holz; Palmenzimmer mit prachtvoll geschmückten Blumengewinden und Blattranken; Schreibkabinett und Schlafzimmer. Der Hauptanteil an der inneren Ausstattung ist nachweislich DE LA GUÊPIÈRE zuzuschreiben, während für die Außenarchitektur die Zusammenarbeit mit Weyhing, jedoch unter der Führung de la Guêpières, anzunehmen ist. Stukkatur von Sonnenschein u.a. Vor dem Hauptbau ehem. ein gepflasterter Platz mit Statuenbalustrade, rückwärts in flachgebogenem Grundriß mit zurückgeknickten Flügeln der *Kavalierbau* (östlich) und der *Offizenbau* (westlich), beide einst durch eine gedeckte Brücke verbunden. Als Flügel des Kavalierbaus die Schloßkapelle, ein schlichter Saal mit teilweise kassettierter Flachdecke, Pilaster und Wandsäulenpaaren, ein frühes Beispiel für den sich immer entschiedener durchsetzenden Klassizismus, dessen Hauptvertreter am württembergischen Hof de la Guêpière war. Ausgezeichnete Puttenfiguren in Stuck. Deckengemälde von N. Guibal, 1766. Vom gleichen Künstler das Deckenbild in der Fürstenloge. Im Kavalierbau bemerkenswert der Speisesaal mit Stukkaturen. Als Seitenflügel des Offizenbaus der 1765 errichtete Komödienbau mit theatergeschichtlich interessanter, naturillusionistisch gemalter Ausstattung im Zuschauerraum, alles jedoch durch Umbau beseitigt. Beiderseits an die Front von Kavalier- und Offizenbau angesetzt in flachem Bogen je zehn kleine Pavillons mit Mansardendach (Sommerspeisesaal, Billardsaal, Küche und Dienstwohnungen). An diese Hauptgruppe von Gebäuden schlossen sich in weitem Umkreis an: südwestlich der berühmte Lorbeersaal, 1771 vollendet nach dem Entwurf R. F. H. Fischers, Holzbau mit Stuckverkleidung, malerische Ausstattung von N. Guibal; 1809 abgebrochen. Das Reithaus ebenfalls von Fischer, ebenso der Marstall, 1805 in veränderter Gestalt nach Stuttgart versetzt (zerstört). Nordöstlich vor dem Schloß die 1775 von Fischer aus einem Orangeriegebäude umgebaute ev. Kirche (seit 1811 als Eberhardskirche nach Stuttgart versetzt und dort zerstört). Gebäude für das Militärische Waisenhaus bzw. die Militärakademie (abgebrochen). Der ehem. *Park*, heute vollkommen verwildert, war ein Meisterstück höfischer Gartenkunst mit seltenen fremdländischen Gewächsen. Planung durch Fischer (vgl. dessen Aufnahme von 1777), Naturtheater, Chinesenhaus (Grundmauern 1918, noch erhalten), Irrgarten, ein ovaler See (an der Straße nach Stuttgart). Der aufmerksame Beobachter wird an Hand des Plans von Fischer noch zahlreiche Erdanschüttungen (Terrassengarten dicht an der Leonberger Straße), ja sogar ganze Zierbeetanlagen, ausgetrocknete kleine Teiche usw. entdecken. Anschließend an den Park der von einem ausgedehnten Straßen- und Wegesystem durchzogene Forst. Großer und kleiner Stern. Ein Dokument absolutistischer Landesplanung sondergleichen ist die 14 km lange, schnurgerade Straßenachse vom Schloß nach Ludwigsburg.

Die Kirche von GERLINGEN rührt im Chor (1490) von einem Uracher Meister her (H. Koepf). Schöne Schlußsteine. Schiff, heute ein flachgedeckter Saal, und Turm sind etwas älter (1463). Bemalte Empore. Kanzel, Taufstein und Chorstühle sind noch spätgotisch. Mit dem hochaufgemauerten, die Dorfgasse beherrschenden Friedhof, auf dem Schillers Vater ruht, und dem grünglasierten, mit Krabben besetzten Zeltdach des Turms gibt sie ein reizvolles Bild. – Die Kirche von WEILIMDORF (1472) hat einen schönen Schmuck an dem Steintafelbild der Grablegung (um 1510, Umkreis H. Seyffers), das außen bei der Pforte eingemauert ist. Im Chor einige Wandbilder des 14. Jh. Spätgotischer Kruzifixus. – Das jetzige FEUERBACH (am alten Biberbach) ist eine Siedlung von Urzeiten her. Ein hallstattzeitlicher Abschnittswall war auf dem Lemberg. Ein alemannisches Reihengräberfeld mit kostbaren Beigaben wurde an der römischen Straßengabelung unterhalb der Kirche gegen Weilimdorf gefunden. Die mittelalterliche Burg Frauenberg, Mittelpunkt einer Herrschaft, ist fast spurlos verschwunden. Die *Kirche*, von alter Gründung, ein Bau von 1789. Daß der Kirchhof befestigt war, ist noch zu sehen. – Die alte Kirche von ZUFFENHAUSEN ist im Turmchor noch romanisch, im Schiff spätgotisch. Auf ein hohes Alter läßt der Titelheilige St. Hippolyt schließen. Spätgotisches Tafelbild aus dem Umkreis L. Schäuffeleins (Kreuzigung), das sich wahrscheinlich bis zur Reformation in der Stuttgarter Stiftskirche befand. In der nahen, nach dem Krieg angelegten ROTWEGSIEDLUNG bemerkenswert zwei unkonventionell gestaltete Wohnhochhäuser von H. Scharoun („Romeo" und „Julia"), 1954–1959, und die hervorragend gruppierte und gegliederte Silcherschule am Gänsberg, 1950–1953 von G. Wilhelm. – Als qualitätvoller Kirchenbau darf die 1962 von H. W. Merkle errichtete kath. Pfarrkirche in der MÖNCHFELDSIEDLUNG genannt werden. – Das Schloß zu STAMMHEIM wurde von H. Schickhardt um 1580 erbaut. Die *Kirche*, 1487, mit netzrippengewölbtem Chor; Taufstein. Langhaus, im Krieg beschädigt, abgebrochen.

## 4. Ludwigsburg und Umgebung

Die ehem. Residenz LUDWIGSBURG vermittelt mit ihrem Schloß, der Stadt und den Lustschlössern Favorite und Monrepos baulich noch heute eine gute Vorstellung von einem typischen Fürstensitz des 18. Jh. in großartiger Anlage. Sie wurde von Herzog Eberhard Ludwig (1676–1733), nach dem sie auch benannt ist, vor allem auf Betreiben seiner Mätresse Wilhelmine von Grävenitz gegründet. Die Blütezeit der Residenz liegt im 18. Jh. bis 1775. Im 19. und 20. Jh. war der Ort vor allem Garnisonsstadt.

Das eigentliche *Residenzschloß* wurde in den Jahren 1704–1733 erbaut. Als Architekten sind überliefert: Philipp Joseph Jenisch (1707 als Bauleiter ausgeschieden), dessen Anteil unwesentlich ist, Johann Friedrich Nette († 1717) und der ehem. Stukkateur Donato Giuseppe Frisoni († 1735) aus Laino (östlich des Luganer Sees). Dieser übernahm 1715 die Bauleitung, nachdem er, 1709 aus Prag berufen, zunächst als Stukkateur am Schloßbau tätig gewesen war. Als Bauunternehmer tritt seit 1717 Paolo Retti, ein Neffe Frisonis, auf. Der letzte Ausbau unter Herzog Karl Eugen (1728–1793) durch Johann Christoph David Leger (bis 1760). Spätere Umbauten durch Nikolaus Thouret um 1800. An der plastischen Ausstattung sind u.a. beteiligt: Giorgio Ferretti, Andreas Ph. Quitainer (bis 1715), Adam Caspar und Michael Seefried, Sebastian Zimmermann (1707–1714) und J. M. Poeckhel. Als Maler sind zu nennen: Lucca Aurelio Colomba, Carlo Carlone, Pietro Scotti und Livio Retti. Als Dekorateure in Stuck und Marmor: Diego Carlone, Riccardo Retti, Giacomo Antonio Corbellini, Joh. Mattheo und Francesco Pedetti.

Der umfangreiche Baukomplex ist das Ergebnis mehrerer Planwechsel. Die einzelnen Teile entstanden nacheinander von Norden nach Süden. 1704 erfolgte die feierliche Grundsteinlegung. 1714 Vollendung des Alten Corps de logis („Fürstenbau"). Schon 1707 erster Umbau- und Erweiterungsplan. Gleichzeitig Beginn der Terrassen nördlich des Schlosses und der Parkanlagen im Süden, für die 1709 der Pariser Architekt Le Pautre neben Nette Pläne anfertigte. 1709–1711 westlicher Flügel (Ordensbau), 1712–1715 östlicher Flügel (Riesenbau). Die Galerien und Eckpavillons bis 1717 vollendet. Zweiter Erweiterungsplan 1713, nach dem bis 1715 der westliche Eckpavillon erbaut wird. 1714 stirbt Nette. Nach kurzem Interim wird Frisoni 1715 zum Bauleiter ernannt, der einen erweiterten Bauplan anfertigt und zunächst mit dem Bau der Hofkapelle beginnt (1716–1723). 1717 Berufung P. Rettis als Bauunternehmer, 1718/19 Beginn der Kavalierbauten im südlichen Anschluß an den Riesen- und Ordenssaalbau und der Ordenskapelle. 1719 Aufbau auf dem Alten Corps de logis. 1724 letzter und endgültiger Erweiterungsplan, der an Stelle einer offenen Dreiflügelanlage als Gegenstück zum Alten Corps de logis einen vierten, mit den Kavalierbauten durch Galerien verbundenen Flügel im Süden und damit ein großes, um einen Hof gruppiertes Gebäuderechteck vorsah. Im Anschluß an den Hauptakkord mit

Retti (nach 1724) Erbauung des Theaters, des Festinsaales, der östlichen und westlichen Verbindungsgalerien und des Neuen Corps de logis. 1733 Fertigstellung des Rohbaus und eines Teils der Innenausstattung. 1735 stirbt Frisoni.

In der Entwicklung der im ganzen einheitlich wirkenden Baukomposition müssen nach dem Anteil der beiden leitenden Baumeister zwei Hauptphasen unterschieden werden. Bei Nettes Dreiflügelanlage sollte das Schwergewicht in der Nordfront des Alten Corps de logis liegen, das sich nach italienischer Art über einem terrassenförmig ansteigenden Park mit Grottenwerk, Wasserbecken, Kaskaden und Orangerie aufbaute. An die Schmalseiten des Hauptbaus sollten sich je ein nach Süden laufender, aus zwei Gebäudeeinheiten bestehender Trakt anschließen (Flügel mit Gastzimmern und Saal, Kavalierwohnungen und Kanzlei); als Kopf dieser beiden Flügel Stallungen und zwei Pavillons für die Schloßwache. Das Gebäudepaar sollte außen von je einem niedrigen, langgestreckten Flügel parallel begleitet werden. Diese Grundlage erweitert Frisoni, gestützt auf die Unternehmungslust und das rasch zunehmende Vertrauen Eberhard Ludwigs durch zwei Projekte, von denen das erste lediglich eine Verlängerung der bereits bestehenden Netteschen Seitenflügel um beiderseits zwei Gebäude vorsah, während aufgrund des zweiten, endgültigen von 1724 als Gegenstück zum Alten Coprs de logis ein neues von dreifacher Länge, zwei Verbindungsgalerien nebst zwei westlich und östlich anschließenden Vorhöfen gebaut wurden.

Aus der architektonischen Gesamtform heraus zur Erkenntnis der beiden Künstlerpersönlichkeiten Nette und Frisoni zu gelangen, ist nicht ganz leicht, weil Frisoni seine Anschlußbauten bewußt den Formen seines Vorgängers anpaßte und eine Scheidung beider durch eine Gegenüberstellung des Alten und Neuen Corps de logis wiederum dadurch erschwert wird, daß Nette bei seinem Bau noch stark an die Entwürfe von Jenisch gebunden war. Allgemein hat Nette gegenüber der fließenden Kompositionsweise Frisonis die rhythmisch gruppierende bevorzugt. Seine kubisch empfundenen Gebäudekörper sind letztlich vom römischen Barockpalazzo abgeleitet. Die Gliederung des Aufrisses erscheint streng rhythmisch und lockert mit ihren schlank aufstrebenden Vertikalen die Schwere des Baukörpers nur wenig auf. Kräftiges Wandrelief, die Durchbildung der Einzelformen hart und schwer. Bei Frisoni verschmelzen die getrennten Architekturkörper zu zusammenhängenden Gebäudezügen. Diese erscheinen flüssiger in der Form und behaglicher in die Breite gezogen. Die harten Richtungskontraste gehen sanfter ineinander über, man vergleiche vor allem die Form der Fensterverdachungen, die Profile, die Anwen-

dung des Rundbogenfensters am Neuen Corps de logis gegenüber den Rechteckfenstern bei Nette. Neuere Forschungen (W. Fleischhauer) haben vor allem die Abhängigkeit der Architektur Nettes von der des österreichisch-böhmischen Kunstbereichs, besonders im Umkreis von Fischer von Erlach und Domenico Martinelli ergeben, wobei seine Entwürfe jedoch auch eine Kenntnis der neueren Schloßarchitektur in Frankreich erkennen lassen. Eine echte französische Orientierung erhält die Schloßarchitektur in Ludwigsburg dann durch Frisoni, die in der oben geschilderten Behandlung des Baukörpers, vor allem in seiner Zerlegung in einen betonten Mittelteil und pavillonartig vorspringende Eckrisalite (Neues Corps de logis), zur Geltung kommt. Demgegenüber will das Nachschleppen einzelner Formelemente, die teils aus der Tradition Nettes stammen, teils durch die Tätigkeit Frisonis in Prag genügend erklärt sind, nicht viel bedeuten. Künstler vom Range Frisonis hatten sich durch ausgedehnte Reisen und den Verkehr mit ihren Berufsgenossen eine umfassende Kenntnis der zeitgenössischen Architektur angeeignet, die sie bei ihren Schöpfungen ausgiebig verwertet haben. In der von den fürstlichen Auftraggebern immer dringender geforderten Fühlungnahme mit der französischen Architektur, die erst mit P. Retti und Ph. de la Guêpière zur vollen Auswirkung kommt (Residenzschloß in Stuttgart), liegt die kunstgeschichtliche Bedeutung Frisonis. So äußert sich in der Entwicklung des einen Architekten über den Stil des anderen hinaus zugleich der allgemeine Fortschritt der Zeit.
Der Bestand an Figuren in Stein und Stuck, soweit er am Außen- und Innenbau des Schlosses und im Park (oder aus diesem versetzt) erhalten ist, läßt sich in drei Hauptgruppen einteilen: Für das Alte Corps de logis ist ein Hauptanteil des Stuttgarter Bildhauers Sebastian Zimmermann nachgewiesen, was zunächst für die fest mit dem Bau verbundenen Masken und Konsolköpfe sowie für eine Gruppe von Steinvasen gilt. Neben ihm arbeitet bis 1715 der aus Prag gekommene Bildhauer Andreas Philipp Quitainer, dessen massige, etwas formlose Atlanten im Treppenhaus des Riesenbaus die Herkunft des Künstlers und die Kenntnis des Wiener Barock (Palais Trautson) verraten.
Deutlich hebt sich von dieser Gruppe das aus Castiglione (Gegend des Comer Sees) stammende Brüderpaar Giorgio und Carlo Ferretti ab, von denen Carlo die Chronosgruppe unter der Uhr des Alten Corps de logis und die beiden Gruppen des Frauenraubs auf der Altanbrüstung vor der Hoffront des Neuen Corps de logis geschaffen hat und dem auch die beiden liegenden Flußgötter (heute vor der südlichen Gartenfront des Schlosses) zugeschrieben werden können.

Einer dritten, für die Stilentwicklung der Ludwigsburger Schloßplastik wichtigen Gruppe gehören die monumentalen Stuckplastiken des Diego Francesco Carlone an (1716 Stukkateur als Nachfolger Frisonis bis 1750). Er hatte den führenden Einfluß auf die Figurenplastik der Innenräume. Seine Werkstatt arbeitete hauptsächlich in Stuck und beeinflußte deutlich den Stil der am Schloß arbeitenden Bildhauer. Zusammen mit den Ferretti löste er das schwere Barock Zimmermanns und Quitainers im Sinne einer schlankeren Gestaltenbildung bei immer noch pathetischer Barockpose ab.
Von dieser älteren Künstlergruppe setzt sich deutlich eine jüngere ab, die im 3. Viertel des 18. Jh. an der zusätzlichen Ausstattung des Schlosses gearbeitet hat oder deren Werke nachträglich aus anderen Zusammenhängen in den Schloßbau übertragen worden sind. Dies sind Christian W. Beyer (ovidische Verwandlungen vor der Hofanfahrt zum Neuen Corps de logis sowie eine Venus-und-Amor-Gruppe in der Aquäduktruine im Park) und P. F. Lejeune (Adonis mit dem Eber und Meleager, von Schloß Monrepos versetzt). Dazu nachträglich übertragene Bildwerke und Ausstattungsstücke von J. H. Dannecker, Ph. J. Scheffauer und A. Isopi.
Die folgende Beschreibung der *Innenarchitektur* folgt dem Gang der offiziellen Schloßführung.
*Neues Corps de logis* (1724–1734; Abb. 43). Der Eingang von Süden führte, ursprünglich tieferliegend, unter dem flachrunden Mittelbau hindurch. In der jetzt unter Erdbodenhöhe liegenden südlichen Eingangshalle prachtvolle Nischenfiguren, angeblich von Carlo Ferretti. Nach dem Schloßhof anschließend eine offene, ovale Halle mit Deckengemälde von Carlo Carlone und Hermenträger von Diego Carlone. – Östliche und westliche Haupttreppe (Königinnen- und Königstreppe). Die Stuckfiguren in den Nischen von Diego Carlone. Gardesaal, Stuckausstattung von Diego Carlone. – *Großer Marmorsaal.* Grund- und Aufriß von Frisoni, ursprünglich mit einem phantasievollen Deckengemälde von Carlo Carlone. 1816 Umgestaltung durch N. Thouret, der auch die attikaartige Oberwand mit Tragfiguren (nach Entwürfen Danneckers von Hofstukkateur J. W. L. Mack) hinzufügte. Die großen Glaskronleuchter stammen aus dieser Zeit. Wohn- und Repräsentationsräume des Königs Friedrich und der Königin Charlotte Mathilde. Innenarchitektur und Mobiliar von N. Thouret. – Die nicht zugänglichen Räume im Obergeschoß von Philippe de la Guêpière 1757–1760 umgestaltet und ausgestattet. *Familiengalerie.* Deckengemälde von Carlo Carlone (1731–1733). Die ursprüngliche Marmorierung von Antonio Corbellini. Nach 1806 durch N. Thouret umgestaltet.

*Schloßtheater*. Nach 1724 von Frisoni erbaut. 1810 Umbau des Innern durch N. Thouret (Verbreiterung des Bühnenausschnittes, Anbau einer in neuerer Zeit wieder abgetrennten Hinterbühne in Holzfachwerk, Nachahmung der Außengliederung in Holz). Aus dieser Zeit die gesamte Maschinerie (Schiebekulissen und mittlerer Wellenbaum) sowie eine Reihe von Bühnenbildern erhalten. Der bemalte Vorhang um 1770.

*Schloßkapelle*, 1716–1723, frühestes Werk Frisonis, das bedeutungsvolle Ansätze seines sich rasch entwickelnden persönlichen Stils erkennen läßt. Quadratischer Mittelraum mit geschrägten Ecken. Im Norden, Osten und Süden schließen breitovale Apsiden an. Flachkuppel. Stuckmarmorsäulen von Corbellini. Stuckfiguren (Engel in Wolken unter den Emporenbrüstungen, wie auch David und Salomo des Hochaltars) von Diego Carlone. Das mittlere Decken- und das Hochaltarbild von Carlo Carlone. Die Gemälde der Viertelkuppeln von L. A. Colomba. Kanzel (Louis Roger, 1745) und Orgel aus der Ordenskapelle hierher versetzt. Unter der Kapelle die Fürstengruft, in der u. a. die Herzöge Eberhard Ludwig, Karl Alexander und Karl Eugen ruhen.

*Riesenbau* mit Riesentreppe. Entwurf von Nette, 1712. Vestibül, Ausstattung von Frisoni. Die figurale Ausstattung (Atlanten, Büsten und Athena mit Medusenhaupt) von A. Quitainer. Man vergleiche die in der Figurenanordnung ähnliche Treppe des ehem. Palais Trautson in Wien. Das Sphingenpaar von Zimmermann. Treppenraum im Obergeschoß: zwei schwungvolle Urnen. Die Stukkatur im Stil Nettes, Mischung von Akanthus und Bandwerk. Im Schloßkeller Riesenfaß von 1719f., mit Schnitzereien von H. C. Seefried. Im Vorraum Bacchus von Carlo Ferretti, 1719.

Östlicher *Spielpavillon*, 1715 begonnen, Ausstattung 1716/17. Rundsaal mit Flachkuppel, kreuzförmigen Flügeln und Kabinetten in den Ecken zwischen den Kreuzarmen. Reiche Stukkierung (D. Carlone), stellenweise das gleiche Bandelwerk wie in der östlichen Spiegelgalerie; Puttengruppen. Deckenbilder der Kuppel und in den Kabinetten von Colomba.

Östliche *Spiegelgalerie*, 1712, Ausstattung 1716. Stukkatur von D. Carlone und R. Retti, mit geistreich spielender Bandelwerkdekoration. Die sitzenden Sklaven zu seiten der Eingänge von D. Carlone. Fresken von Colomba.

*Altes Corps de logis*. Untergeschoß noch von Ph. J. Jenisch festgelegt. Vestibül, Deckenstuck von Frisoni und Soldati. Schwere Barockformen. Reichfigurierte Steinurnen auf der Treppenbrüstung von S. Zimmermann. Treppenhaus durch Wandmalereien von Colomba illusionistisch erweitert. Mit z. T. jüngeren Ausstattungsstücken eingerichtete Räume: Mars- und Dianazimmer mit Deckengemälden von J. J. von Steinfels; Mittelsaal; Gardesaal, Deckenbild von Colomba (1712), Kamin mit Sklavenfiguren und Hermen von Soldati und Frisoni (1709/10). Juno- und Aurora-Zimmer mit Deckenbild von Steinfels (1709/10). Spiegelkabinett, Innenarchitektur nach Entwurf von Nette, Stukkaturen von Frisoni und Soldati; die im zweiten Obergeschoß von den gleichen Künstlern.

Westliche *Spiegelgalerie.* Begonnen 1709, wahrscheinlich nach Entwurf Nettes. Stuck und Plastiken 1715/16 von D. Carlone.

Westlicher *Jagdpavillon.* Die Architektur 1714 begonnen. Ausstattung 1716. Die Ausstattung des Hauptsaals im ersten Stock (kräftig farbige, eingelegte Stuckarbeit) noch im Geist Nettes. So der schwere Kaminaufbau und die Sopraportgliederungen mit den Puttenfiguren von D. Carlone. Stuckmarmor von Corbellini. Deckenstuck R. Retti. Deckenbild von Colomba. – Boisserienkabinett (1713–1719) von J. J. Mayer aus Kirchheim (Teck) mit überreichen Holzintarsien. – Lackkabinett von J. J. Sänger, im chinesischen Stil. Die vier Weltteile von Zimmermann.

*Ordenssaal.* Die Gliederung der Innenarchitektur noch aus der Zeit Nettes. Stuckmarmorsäulen und Pilaster von Corbellini, 1716/17. Deckenmalerei von Pietro Scotti und Giuseppe Baroffio, 1731. Malerische Ausstattung von Colomba. Umbau 1810 durch N. Thouret (für die Feste des damals neugegründeten Ordens vom Goldenen Adler), der im plastischen Ornament und in der Bemalung den barocken Charakter wesentlich verändert hat. Porträtbild König Friedrichs in der Kleidung des Goldenen Adlerordens, 1808 von J. B. Seele.

*Ordenskapelle.* Ursprünglich zu Versammlungen des Hofs bestimmt. Die Architektur von Frisoni, 1719–1721. Im Grundriß der symmetrisch dazu gelegenen Schloßkapelle entsprechend, jedoch ohne die kräftige Ausbiegung der apsidenähnlichen Flügel. Stukkaturen von R. Retti, 1723. Deckengemälde 1724 von L. Retti. Graziöse Rocailledekoration. 1746 Umbau zur ev. Schloßkapelle durch J. Chr. Leger. Der Thron in der Westnische und die Sitze an den Wänden von 1810f.

Westlicher *Kavalierbau.* Architektur von Frisoni 1720–1722. Stuckausstattung des Treppenhauses von R. Retti. Deckenbild von L. Retti.

*Gemäldegalerie*, das westliche Gegenstück zur Familiengalerie. Deckenbild von P. Scotti. Marmorstatue des Apollo von P. F. Lejeune, um 1770. Brustbild des Königs Friedrich von Scheffauer, 1806.

Der *Festinsaal*, 1727, Gegenstück zum Schloßtheaterbau, war ursprünglich als Opernhaus geplant und wurde in der Folge, zuletzt im 19. Jh., gründlich umgebaut.
Der gartenkünstlerisch einst hochbedeutende *Park* von Ludwigsburg, der durch die Architektonik seines Grundrisses und die Stilisierung der Vegetation zwischen dem Schloßbau und der ungeformten Natur der Landschaft vermitteln sollte, ist heute nicht mehr in der ursprünglichen Gestalt vorhanden. Nette begann 1709 (z. T. gestützt auf Pläne eines Pariser Architekten der Familie Le Pautre) eine nach italienischen Grundsätzen in vier Terrassen abfallende, nur teilweise ausgeführte Parkanlage im Norden des Alten Corps de logis, die u. a. eine Orangerie, Springbrunnen und Wasserfälle sowie ein langes Wasserbecken im Grunde enthalten sollte. Von dieser bedeutsamen Anlage sind heute nur noch die Terrassen erhalten. Nach Norden anschließend folgte ein umzäunter, von drei Straßen radial durchzogener Wald, die Fasanerie. Im Zusammenhang damit entstand im Süden des Schlosses vor dem damals offenen Ehrenhof der Hauptteil des Parks, der ganz im Sinne der französischen Gartenkunst den Schloßplan im Verlauf seiner Hauptachse nach Süden erweiterte. Die in der Ausführung begriffene Parkanlage Nettes ist dann unter der Bauleitung Frisonis wesentlich verändert worden, ohne daß wir in dem von Frisoni überlieferten Prospekt eine sichere Gewähr für das endgültige Aussehen dieses Lustgartens haben. Berühmte Orangerie, die zu Karl Eugens Zeiten sich in der ganzen Länge des Neuen Corps de logis erstreckte und während des Winters durch einen Holzbau überdeckt war. Auch dieser Parkteil ist später durchgreifend verändert worden. Der praktische Verstand hatte hier z. B. im 19. Jh. eine gewinnbringende Allee von Apfelbäumen hingesetzt, die senkrecht auf den Mittelbau des Neuen Corps de logis zuführte. Anläßlich einer Neugestaltung wurden 1954 die Gärten nördlich und südlich des Schlosses in barockisierenden und nicht in den ursprünglichen Formen wiederhergestellt.
Östlich und nordöstlich vom Schloß der von König Friedrich gleich nach 1800 angelegte und noch im wesentlichen erhaltene *Englische Park*. Turm der 1798 als künstliche Ruine erbauten Emichsburg, über einer jäh abstürzenden Schlucht mit Teich im Grunde (ehem. Steinbruch). Gewölbter unterirdischer Gang (Posilippo) unter der vom östlichen Schloßhof nach dem Spielplatz führenden Allee. Künstliche Ruine mit sechs Nischenstatuen. Ehem. Karussellrundbau. Im Anschluß an diesen Parkbereich der moderne Märchengarten.
Südlich vom Schloßgarten liegt der „Salon", ehem. ein von Eberhard Ludwig angelegtes und von Karl Eugen verschönertes Lustwäldchen,

das ein Naturtheater, Rondelle, Terrassen, Vogelhäuser usw. enthielt. Der Westseite der Schloßanlage entlang lief eine prächtige mehrreihige Baumallee, die jedoch 1969 f. weitgehend einer neuen Verkehrsplanung geopfert worden ist. Sie trennt und verbindet zugleich den Schloßbereich und die *Stadt*. Mit ihrem Aufbau wurde 1709 auf Geheiß des Herzogs noch während des ersten Schloßbauabschnitts begonnen. Wir haben es bei Ludwigsburg mit einer einheitlich geplanten Schöpfung zu tun, die den großzügigen, rationalistischen, von *einem* künstlerischen Willen gestalteten Charakter besitzt, der allgemein diesen Städtegründungen im Zeitalter des Absolutismus eigen ist. Nach einem Plan von 1726 sollte die Schloßachse die Mitte der Stadtanlage bilden. Zur Ausführung kam nur der westliche Teil der geplanten Stadt. Besonders charakteristisch für die Stadtform im großen wie für den Straßenraum im einzelnen sind die niedrigen, langgedehnten Gebäudezüge, die den beim Schloßbau entwickelten Prinzipien Frisonis so sehr entsprechen. Der quadratische Marktplatz bringt diese Prinzipien trotz einzelner Veränderungen am einheitlichsten und anschaulichsten zur Geltung. Ein Unterschied in der ästhetischen Wirkung zwischen diesem Marktplatz und einem Hofraum wie dem des Ludwigsburger Schlosses besteht im Grunde nicht, es handelt sich in beiden Fällen um einen freien Platz, der weniger durch seine räumliche Gestalt als durch das rhythmische Bild der Platzwandungen und durch den Reichtum achsialer Beziehungen wirkt. Der Platz ist genau quadratisch angelegt. Die Nord- und Südseite wird von der durchlaufenden Straßenachse in der Mitte durchstoßen; an der Ost- und Westseite stehen sich in der Mitte die Fronten der kath. und der ev. Kirche gegenüber, beiden zur Seite mündet je eine schmale Gasse auf den Platz. Die Platzwand wird durch niedrige, erst in neuerer Zeit z. T. überhöhte Gebäudezüge gebildet, die im Erdgeschoß Laubengänge besitzen. In der Mitte des Platzes, im Kreuzungspunkt der beiden Hauptachsen, steht der *Marktbrunnen* (1723 von Paolo Retti) mit dem Standbild Eberhard Ludwigs (Kopie). Die Grundrißfigur des Marktplatzes ist vollkommen symmetrisch, nicht so jedoch das Aufrißbild, das das kompositionelle Gewicht auf die Westseite mit ihrer breiten, hochgeschlossenen Zweiturmfassade der *ev. Kirche* verlegt zeigt. In ihr hat Frisoni ein Werk von etwas leerer, summarischer Größe hingesetzt, das in erster Linie als Glied einer architektonischen Gesamtwirkung verstanden sein will und – gemessen an den anderen Schöpfungen des Meisters – etwas zurücktritt. Entstanden 1718–1726. Bauausführung P. Retti. Erhöhung der Türme und Fassade 1730. Die *kath. Kirche* an der Ostseite des Marktplatzes wurde 1724–1738 nach dem Plan P. Rettis von den Reformierten errichtet. Von Carl Eugen als Garnisonskirche instand gesetzt und 1781 geweiht.

Von weiteren wichtigen Bauten sind zu erwähnen: das *Arsenal*, 1761/62. Vor den dem Platz zugewendeten Seiten Reihen von mythologischen Statuen, die, mit wenigen Ausnahmen, die Einwirkung DIEGO CARLONES erkennen lassen (ursprünglich nicht zu dem Gebäude gehörig). An der Nordseite kleine, ausgezeichnete Statue Herzog Karl Eugens aus dem Ende der sechziger oder Anfang der siebziger Jahre des 18. Jh. An der Nordseite des Platzes, der der größte unter den Plätzen Ludwigsburgs werden sollte, sechs Trophäen von P. F. LEJEUNE (Kopien). *Gasthaus zum Waldhorn* (Vordere Schloßstraße 33), von NETTE 1706–1708 erbaut. Palais Grävenitz 1728 (Marstallstraße 5), das ältere Postgebäude 1727. Der *Gesandtenbau* (Vordere Schloßstraße 24) und das Haus des Generals von Sternenfels, Mömpelgardstraße 24, gleichfalls von NETTE, ebenso das *Fürstliche Jägerhaus*, 1711–1718 (Schorndorfer Straße 42), als Porzellanmanufaktur eingerichtet 1760, mit Stuckdecke von FRISONI. *Palais von Phull* (Wilhelmstraße 1), 1720. Ehem. *Palais von Thüngen* (Wilhelmstraße 11), 1725 als Abschluß der Oberen Marktstraße (aus deren Achse nach Osten verschoben, jetzt Rathaus, 1885 wenig glücklich umgebaut). Ehem. *Palais Schütz* (Schorndorfer Straße 28–30), um 1726 erbaut. Reste der Torbauten aus der Zeit Herzog Karl Eugens: *Stuttgarter Tor* mit Trophäen (1762) von JOH. PETER STÖSSER. *Leonberger* und *Schorndorfer Tor*. – Auf eine interessante Perspektive im Gesamtbild sei noch hingewiesen: die schnurgerade Zeile der Vorderen Schloßstraße mit dem schlanken Turm der modernen, im historisierenden Stil errichteten ehem. Garnisonskirche als Zielpunkt. – Auf dem Friedhof stehen das *Zeppelin-Mausoleum*, 1802 von N. THOURET, mit Bildwerken von DANNECKER (Trauerfigur) und SCHEFFAUER (Bildnis), und mancher klassizistische Grabstein.

In der Längsachse des Schlosses steigt nach Norden, in den ehem. Fasanengarten, ein Durchbruch den bewaldeten Hügel hinan, auf dem als Zielpunkt das JAGDSCHLOSS FAVORITE thront. Vollendet 1719 nach dem Plan FRISONIS. Die ursprüngliche Innenausstattung wurde unter König Friedrich durch N. THOURET fast völlig verändert, z. T. war THOURET eigenhändig an der Ausmalung beteiligt (Figuren und Jagdembleme). Nur in den drei westlichen Räumen des Obergeschosses sind die Decken mit den ursprünglichen Stuckdekorationen und Gemälden erhalten. Die Tragfiguren unter dem Altan der Südseite, in ihrer massiven Formgebung den Gestalten der Riesentreppe verwandt, und die beiden Figuren seitlich des Initialschildes über dem Haupteingang sind CARLO FERRETTI zuzuweisen. Der Außenbau verwendet, geistreich variiert und bereichert mit Eckpavillons und Altanen dazwischen, das Motiv einer Barockkirchenfassade. Der Plan FRISONIS sah eine kreisförmige, in den Hauptrichtungen geöffnete Umfassung von einstöckigen Gebäudezügen mit Kolonnaden und Dienstwohnungen vor, die nicht ausgeführt wurden. Von der Hauptfront abwärts, dem Ludwigsburger Schloß zu, floß über etwa 15 Stufen eine Kaskade.

MONREPOS. Von dem Ludwigsburger Park führte einst eine imposante Pappelallee – heute zum großen Teil durch Linden- und Ahornbäume ersetzt – zu dem Seeschloß Monrepos. Monrepos gehört zu den feinsten Schöpfungen des zum Klassizismus abgeklärten französischen Rokoko auf württembergischem Boden, ein Werk, in dem PHILIPPE DE LA GUÊPIÈRE sich in seiner Art unmittelbar ausleben konnte. Der Bau entstand zwischen 1760 und 1765, wobei zunächst an Stelle des Arkadenunterbaus Freitreppen geplant waren, die über zwei Seitentreppen erschlossen wurden. Der Bau blieb im Innern weitgehend unvollendet, bis König Friedrich ihn 1801–1804 durch N. THOURET ausbauen ließ und ihm den Namen „Monrepos" gab. Der gleiche Baumeister veränderte den Unterbau des Schlosses und schuf aus dem zuvor regelmäßig gefaßten See die heutige Anlage im Stil des englischen Landschaftsgartens. Im Motiv der Fassadengruppierung mit der Solitude verwandt – eine Mittelrotunde und zwei anschließende Flügel auf einem Unterbau von stämmigen Pfeilern mit engen Arkaden –, zeigt das Schloß doch im Aufbau eine straffere Konzentration des massigen Baukörpers und einen geschlosseneren Umriß. Der Bautyp kann auf den des französischen Schlosses Vaux-le-Vicomte zurückgeführt werden. Gegen den See zu ausgebogen, ist der Baukörper auf der Landseite eingebogen. Statt der heutigen Auffahrt waren auch hier ursprünglich Freitreppen. Die Durchgliederung der Einzelform hat in der herbduftigen Feinheit sehr viel Stimmungsverwandtschaft mit italienischer Frührenaissance. Dabei sind die zarte Eleganz der klar gezeichneten Formen, die fast monotone Strenge des Rhythmus und endlich der kühle Rationalismus des Ganzen bezeichnend für die französische Auffassung. Die Lage an dem stillen, von Bäumen umstandenen See kann die klassische Schönheit des Bauwerks nur steigern. Von der Innenarchitektur DE LA GUÊPIÈRES sind noch die Vorhalle mit prachtvoll erfundenen ionischen Säulenpaaren (L. ROGER) und der obere Teil des ovalen Hauptsaals erhalten. Die plastische Ausstattung geht in der Hauptsache auf LEJEUNE zurück. Er schuf die Nischenstatuen der Vier Jahreszeiten an den Schmalseiten (der Faun mit Flöte nach einem antiken Vorbild), die in der flüssigen Bewegung und der weichen Oberfläche an das praxitelische Ideal anklingen; die köstlichen Puttengruppen auf den Pfeilern der Umgangsbrüstung stammen von dem Stukkateur Christian Sauer, ebenso die Najadengruppen zu beiden Seiten der Seetreppe (von der Gruppe zur Rechten ist die Puttenfigur verschwunden). Neben diesen Künstlern sind noch tätig gewesen: Scheffauer (zwei Statuen von Opferpriesterinnen in der Eingangshalle und Flachreliefs) und Mack (Löwen an der Eingangstreppe, nach Isopi und antikem Vorbild), als Maler Guibal (Deckengemälde im Hauptsaal und Bildfelder über den Türen) und Harper (Türbildfelder). Auf einer Insel des Sees künstlicher Felshügel mit ruinöser, neugotischer Kapelle (1803 aus dem „Englischen Garten“ in Hohenheim hierher versetzt). Darunter das „Femgericht“, ein dunkles Gewölbe. Die regelmäßig um einen rückwärtigen Hof gruppierten Meiereigebäude am Ende der am Schloß vorbeiführenden Straßenachse. Das Hauptgebäude mit dreiseitig vorspringendem Mittelteil wurde, 1928 abgebrannt, nach den Plänen N. Thourets wieder aufgebaut.

Unter den Neubauten ist die zwischen Monrepos und Ludwigsburg gelegene *Pädagogische Hochschule* zu nennen, eine nach amerikanischem „campus“-Vorbild in sich geschlossene Anlage ohne direkte Verbindung mit der Stadt. Monumentale Wirkung. Architekt war E. Heinle, 1963–1966.

EGLOSHEIM ist um seiner ehem. Wallfahrtskirche willen bemerkenswert, die Meistern aus dem Umkreis Peters von Koblenz zugeschrieben wird (H. Koepf). Der Bau zeigt im Kleinen bei aller handwerklichen Gleichmäßigkeit doch das feine Formgefühl begabter Baumeister. Das Innere 1907 erneuert von Theodor Fischer. Das etwas jüngere Schiff (1487) besitzt ein Netzgewölbe mit Schlußsteinreliefs (Apostel), das auf teilweise figürlichen Konsolen (Propheten) ruht. Kanzel mit Kirchenvätern vielleicht von Christoph von Urach. Reste von Wandbildern um 1500. Spätgotische Glasgemälde (Kreuztragung, Fragment, 1. Viertel 15. Jh.; Stifter, um 1430; Flucht nach Ägypten, beschnitten). – HOHENECK hat eine besonders malerische spätgotische *Kirche* (1478). Rathaus (1574), Amtshaus (1712). Über dem idyllisch am Neckar gelegenen Ort die Ruine einer ursprünglich markgräflich badischen Burg, mit Resten der Anschlußmauern zu dem ehem. Städtchen. – Etwas abseits das Schlößchen HARTENECK, 1705 erbaut über den Grundmauern einer Höhenburg, jetzt pittoresk verwachsen mit dem Waldpark über dem Neckartal gegenüber Neckarweihingen. – Die Chorseitenturmkirche in OSSWEIL wurde 1491 durch Hans von Ulm errichtet. Im Ort auch ein einfaches Schloß aus dem 16. Jh. – In der Kirche zu KORNWESTHEIM, von Hans von Ulm 1516 erbaut, wurden mehrere früh- und hochmittelalterliche Vorgängerbauten in ihrem Unterbau freigelegt. Das Grab eines Würdenträgers aus der Merowingerzeit läßt vermuten, daß es sich hier um die Eigenkirche eines Adelsgeschlechts gehandelt hat. Schönes Netzgewölbe. Weite Fischblasenmaßwerkfenster. Unter den Bauten des 20. Jh. ist das 1933–1935 von P. BONATZ errichtete *Rathaus* bemerkenswert.

## 5. Am Neckar von Mühlhausen über Marbach bis Besigheim

Mühlhausen Seite 104. – Die Kirche in ALDINGEN entstand um 1500 durch den Meister HANS VON ULM (vgl. die Bauinschrift) als Chorseitenturmanlage. Im Innern Wandtabernakel im Chor und eine große Zahl teilweise figürlicher Grabmäler vor allem aus dem 16. Jh. Stabwerkpforte mit Bildwerken. Spätgotisches Chorgestühl, spätgotischer Taufstein. Malereien an der Westempore. Schloß von 1580. – In der spätgotischen Kirche von NECKARGRÖNINGEN Wandbilder aus der Erbauungszeit, das Sterngewölbe auf schönen Figurenkonsolen (PETER V. LAHN). Netzgewölbt auch der Chor der Kirche in NECKARREMS. Über dem Ort an Stelle einer mittelalterlichen Burg ein neugotisches Schlößchen. – Das *Schloß* in HOCHBERG entstand als Umbau und Erweiterung eines mittelalterlichen Steinhauses durch H. SCHICKHARDT (1593). Malerisch umschließt es einen noch burgartig engen Innenhof. In der Kirche (1854) Renaissancegrabmäler. – Die ehem. Wehrkirche zu POPPENWEILER (1428, verändert 1601) hat in der Eingangshalle des Turms stark restaurierte Wandmalereien aus der Zeit um 1428, darstellend den Kampf der Tugenden und Laster, die, auf allerlei Tieren, gewappnet gegeneinanderreiten.
MARBACH. Die in regelmäßigem Viereck angelegte Stadt liegt mit ihren gezackten und malerisch gestaffelten Giebelreihen auf einer Muschelkalkplatte über der Einmündung des Strenzelbachs in den Neckar (Grenzbach zwischen Schwaben und Franken), hart am Felsrand, dem die z. T. noch mit Türmen erhaltene Ringmauer folgt. 1693 vollständige Einäscherung durch die Franzosen, danach systematischer Wiederaufbau. Spätgotische *Stadtkirche*, seit dem Brand ohne Turm. Feinausgebildeter Chor mit ausgezeichneten spätgotischen Standbildern an den Strebepfeilern. Wendeltreppentürmchen von 1602. Spätgotische *Wendelinskapelle* am Oberen Tor, mit maßwerkgefüllten Rechteckfenstern und Maßwerkverstrebungen in den Gewölberippen des Chors, die eine flache Decke trugen (jetzt Stadtarchiv). Ein spätgotisches Steinhaus und weitere Bauten markieren den ehem. Schloßbereich. Das Geburtshaus Friedrich Schillers ist in

seinen Fachwerkpartien nur noch in wenigen Teilen ursprünglich. – Nordwestlich vor den Mauern der Stadt liegt die als spätgotischer Bau innen wie außen trotz neuerer Überarbeitungen immer noch stimmungsvolle und bedeutsame *Alexanderkirche.* Sie ist eine dreischiffige Hallenkirche mit breitgelagerten Räumen und staffelförmig differenzierten Gewölbehöhen; zwischen den Strebepfeilern, den Raumquerschnitt noch verbreiternd, Kapellen. In den Schildwänden über den Mittelschiffarkaden sitzen Fenster, die, weil sie in den dunklen Dachboden hineinführen, dem Hallenbau den Charakter einer Basilika nicht geben können, dennoch auf einen hier ursprünglich belichtet geplanten Bauentwurf hinweisen. Östlich der in drei Seiten des Achtecks geschlossene Chor. Dieser wurde 1450, das Schiff 1463, der Turm 1481 begonnen. Der Chor ist ein Frühwerk des Aberlin Jörg,

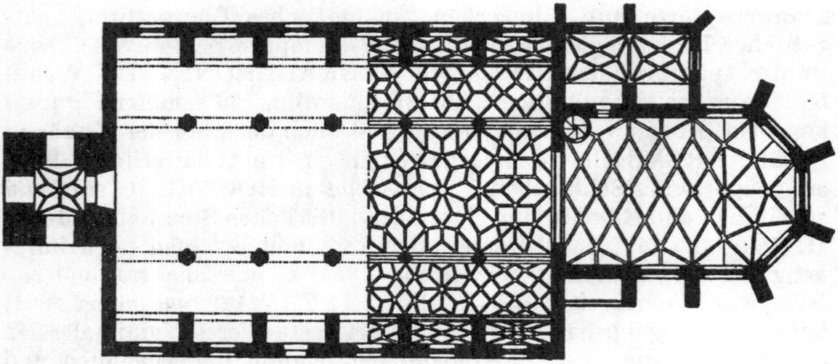

*Marbach, Alexanderkirche, Grundriß*

des Baumeisters des Grafen Ulrich des Vielgeliebten, dessen architektonischer Stil hier in der Raumgestaltung wie in der Gliederung und Behandlung der Einzelform bereits ganz gefestigt erscheint. Bezeichnend die hölzerne, starre Form, die besonders in der Bildung des Netzgewölbes im Chor zur Geltung kommt – das ähnlich wie im 1444 begonnenen Chor der Pfarrkirche von Dettingen bei Kirchheim noch verhältnismäßig weitmaschig und rhythmisierender erscheint als bei seinen späteren Bauten. Der Meister des Langhauses ist nicht eindeutig gesichert, es wird teils noch Aberlin Jörg zugeschrieben, teils Meistern aus dem Heidelberger Lechler-Kreis (H. Koepf). Die Grundtendenz der Raumgestaltung zielt dahin, an Stelle des in viele Einheiten zergliederten, gestaffelten Höhenraums der Basilika den einheitlichen Breitraum zu schaffen. Die Alexanderkirche steht noch am Anfang dieses Entwicklungsweges. Schon ist das Streben deutlich bemerkbar, durch weite Arkadenspannungen auf dünnen Pfeilern eine Zusammenziehung von Mittel- und Seitenschiffen zu erreichen. Kennzeichnend für unseren Meister, im Gegensatz zu Peter von Koblenz, ist auch die Neigung, den Triumphbogen breit und hoch zu machen, damit der Chorraum mit dem Langhaus möglichst verschmilzt. Noch lassen aber die verschiedenen Gewölbehöhen der Schiffe einen zusammenhängenden Raumeindruck nicht zu, noch sind namentlich die einzelnen Travéen durch Gurtbögen klar voneinander geschieden und zeigen höchst charakteristisch das zentralere Sterngewölbe. Das feine Gespinst der Gewölberippen wird von reichfigurierten Konsolen getragen. Zahlreiche Reliefs in den Schlußsteinen. An den Rippenkreuzungen originale Malereien von Flammen und Blumenranken. Spätgotischer, auf ganz dünnen Kalkgrund gemalter Christophorusriese an der Ostwand des nördlichen Seitenschiffs. Spätgotische Sakristeitüre mit reichem, schmiedeeisernem Beschlag. Gotische Steinkanzel mit Bildwerken (z. T. verloren). Chorstühle. Wandmalerei im Chor. Ein schlankes Holzbild am Kreuz aus dem Anfang des 17. Jh. Kulturgeschichtlich wichtig einer der ältesten Orgelprospekte des Landes, ähnlich einem Flügelaltar (um 1530, innen Anbetung der Könige und Beschneidung dargestellt). Grabplatten im Fußboden. Totenschilde. – Außerhalb der Stadt das in der Art der Solitude 1901–1903 errichtete, später erweiterte Schiller-Nationalmuseum. Es enthält auch das Deutsche Literaturarchiv mit bedeutenden Sammlungen von Manuskripten und Werken deutscher Dichter und ist eine wichtige Forschungsstätte für die deutsche Literatur.

BENNINGEN wiederholt dieses Bild mit seiner Chorturmkirche und dem von H. Schickhardt (1612) erbauten Pfarrhaus. – BEIHINGEN hat ein mittelalterliches und ein neueres Schloß (1573). Die *Kirche* ist als malerisches Bild bekannt, spätgotisch mit mächtigem romanischem Chorturm und Erweiterungen in Renaissanceform (1600). Im Innern Chor und Schiff Ende des 16. Jh. ausgemalt, spätbarocke Bemalung der Emporenbrüstungen, Orgelprospekt im Chor aus gleicher Zeit. Der Kirchhof, hochgelegen und untermauert, gleicht einer Burg. Rathaus 1614. Zwei Schlösser, eines mit romanischen Resten, das andere von 1573. – HEUTINGSHEIM mit Kirche eines Mitarbeiters des Peter von Koblenz (1487). Kanzelträger von A. Pilgram. Schloß mit großem Hof von 1696. – Das schöne spätgotische Kirchlein von GEISINGEN enthält Grabmäler von Paul Mair, Augsburg, und Sim. Schlör, Schw. Hall. Altes (1671) und Neues (1723) Schloß. – Die stattliche spätgotische Kirche in GROSSINGERSHEIM wurde zu Anfang des 17. Jh. und in neuerer Zeit verändert. Malereien im Chor; volkskundlich interessant die hufeisenbeschlagene Tür zur ehem. Sakristei. – Die Kirche in PLEIDELSHEIM mit dem mächtigen Ostturm (um 1500) – ähnlich dem von Beihingen und wohl auch von demselben Meister geschaffen – ist durch G. BEER (1586) im Renaissancegeschmack umgebaut und mit einer beachtlichen Vorhalle versehen worden. Auch sonst hat der Meister des Stuttgarter Lusthauses Pleidelsheim verschönert (Hasenhof). An Kanzel und Emporen Malereien (Tugenden, Apostel). Die Kirche und verschiedene Häuser mit gereimten Inschriften geschmückt. Besonders stattliches Rathaus mit steinernen Arkaden (1614). Pfarrhaus 1625, 1780 umgebaut. – HÖPFIGHEIM hat ein Schloß mit Säulenhof und Portal in Formen der Renaissance (1588); reizvoller Fachwerktorbau. In der Kirche (1490) Malereien und alte Grabdenkmäler (1583 und 1611). – MUNDELSHEIM besitzt im Ort schöne Fachwerkbauten aus der Barockzeit. Frühgotischer Chorturm der Dorfkirche mit Wandmalereiresten. Wichtigstes Denkmal ist die Friedhofskirche (1455, vielleicht von Meister HEINZELMANN) wegen der vollständigen Ausmalung mit teilweise erneuerten Figurenbildern aus der 2. Hälfte des 15. Jh.: u. a. Hostienmühle, Marienleben, Szenen aus der Legende des ursprünglichen Kirchenheiligen St. Kilian. Auch die Grabdenkmäler geben einen Begriff von der künstlerischen Kultur unserer Vorfahren. Fachwerkhäuser des 17. und 18. Jh. – Die Kirche zu OTTMARSHEIM (1502) mit weitem Chor und schönen Maßwerkfenstern hat als ungewöhnlichen Schmuck einer ev. Dorfkirche reiche Stuckzierate in Rokoko an der Langhausdecke. – In der spätgotischen Pfarrkirche von HESSIGHEIM sind die beiden Altarziborien bemerkenswert, die durch ein Zwischenjoch lettnerartig miteinander verbunden sind. – Besigheim Seite 107.

## 6. Das Murrtal von Marbach über Backnang bis Murrhardt

Marbach Seite 61. – Im wehrhaften Kirchhof von ERDMANNHAUSEN liegt die spätgotische Pfarrkirche. Im Innern ein spätgotisches Altarziborium und ein Taufstein von 1494 bemerkenswert. Rathaus 1604. – Die Pfarrkirche in AFFALTERBACH ist eine spätgotisch und 1765 umgebaute, ursprünglich romanische Anlage (Turm mit hochliegendem Eingang). Spuren von Wandmalereien aus dem 13. Jh. (Szenen aus der Genesis). In ERBSTETTEN entstand die Kirche 1474. Chorturm noch von 1300. Das Schiff wurde im 17. Jh. erweitert. Aus dieser Zeit die Emporenmalereien. Spätgotischer Taufstein und Altarkreuz.

Die besondere Gestalt des Stadtgrundrisses von BACKNANG wird durch den Schloßberg und den an ihn herangeführten Zug der Hauptstraße bestimmt. Diese fällt, zum geschlossenen Straßenplatz sich verbreiternd, nach dem Rathaus zu ab und biegt hier im rechten Winkel um. Die gerade Fortsetzung wird durch eine Hauskulisse sackgassenartig geschlossen. Das *Rathaus*, ein bedeutender Fachwerkbau, zeigt noch im 17. Jh. den Typus des Markgröninger Rathauses (jedoch bei andersartiger Ständerkonstruktion): einen hier steinernen Unterstock, der wahrscheinlich von H. SCHICKHARDT herrührt, zwei Fachwerkgeschosse und ein hohes Giebeldach mit Dachreiter. Imponierend ist bei diesen Bauten der große, geschlossene Baukörper, der mit ausgeprägtem Sinn für Monumentalwirkung – dies trotz des Fachwerkbaus – durchgestaltet ist. Die *Stadtkirche* auf dem Schloßberg, einst dem hl. Pankratius geweiht und Stiftskirche, weist auf die Bedeutung des Orts im hohen Mittelalter hin. Sie war bis Ende des 13. Jh. Grablege der Markgrafen von Baden (Verlegung erst im 19. Jh. nach Lichtental bei Baden-Baden) und stand im Bereich einer einst wohl mächtigen Burg. Von der ältesten Anlage haben sich die beiden Seitenapsiden mit Türmen darüber erhalten. Das Alter ist nicht genau zu bestimmen, der obere Teil der Türme mit den Schallöchern ist spätromanisch. Die gleiche Anordnung von Seitenchören in Türmen zu Veringendorf (Hohenzollern) und Reichenau-Niederzell (beide aus dem 11. und 12. Jh.). Sterngewölbter spätgotischer Chor mit nördlich in zwei Stockwerken angebauter, ebenfalls sterngewölbter Sakristei. Das Langhaus, 1697, nach dem Stadtbrand als einschiffiger, nüchterner, flachgedeckter Predigtsaal wieder aufgebaut. Gotisches Sakramentshäuschen. Erzplatten (1515) zum Gedächtnis an die hier bestatteten Markgrafen Hermann II. († 1130) und Hermann III. († 1160) von Baden und weiteren Angehörigen ihres Hauses. Grabdenkmal Georg v. Schomberg zu Rabenstein, † 1589. Zwei gotische, flachgeschnitzte Sakristeischränke. Romanischer türringhaltender Löwenkopf an der Sakristeitür (Bronze). – Weiteres wichtiges Denkmal: der Torso der *Michaelskapelle*. Von der 1693 zerstörten Kirche erhalten ist nur der in frühgotischen Formen errichtete Chor mit seinen schweren Strukturformen und naturalistischem Kapitelldekor, heute durch Stockwerkseinbauten völlig verbaut. Über dem Chor ein Turm von 1614. Das *Schloß* wurde auf dem Platz der ehem. Burg 1605 nach einem Plan von H. SCHICKHARDT angefangen, aber nicht vollendet; heute entstellt. Marktbrunnen 1587. Auf dem rechten Murrufer der Chor einer *Friedhofskapelle* (1452).

Noch dem 13. Jh. gehört der große Chorturm der 1721 erweiterten Kirche in UNTERWEISSACH an. Portal von 1555. Etwas östlich die

Burg EBERSBERG. Der Turm ist nur noch als Stumpf erhalten. Das Schloß wurde vom Kloster Schöntal aus 1718–1724 erbaut und enthält eine Kapelle in Barockausstattung.
Die spätgotische, im Schiff flachgedeckte Kirche in OPPENWEILER birgt einen Altarschrein aus der Zeit um 1460, mit Gemälden und Schnitzbildern, wohl Schw. Haller Ursprungs, und einige bedeutende Grabmäler der Ritter von Oppenweiler, gen. Sturmfeder, von SIM. SCHLÖR, Schw. Hall, und JAKOB MÜLLER, Heilbronn. Das Schloß, ein eigenartiger, achteckiger Bau von 1770, mit Kapelle und Grabmälern, von einem See und verwilderten Park umgeben; dort ein Denkmal aus der sentimentalen Zeit (1800). Die guterhaltene Burg REICHENBERG, einst Sitz von Dienstmannen der Markgrafen von Baden, hat noch das Gepräge einer Höhenburg des frühen 13. Jh., mit Schildmauer hinter dem Graben und frei dahinterstehendem rundem Bergfried. Kapelle, Torgewölbe und unterirdische Räume. Der Bergfried eng verwandt denen von Besigheim (siehe dort), mit Wendeltreppe in der Mauerdicke und vier kuppelartig eingewölbten Kammern. Die Plattform mit den Zinnen fehlt. (Heute Fürsorgeanstalt.)

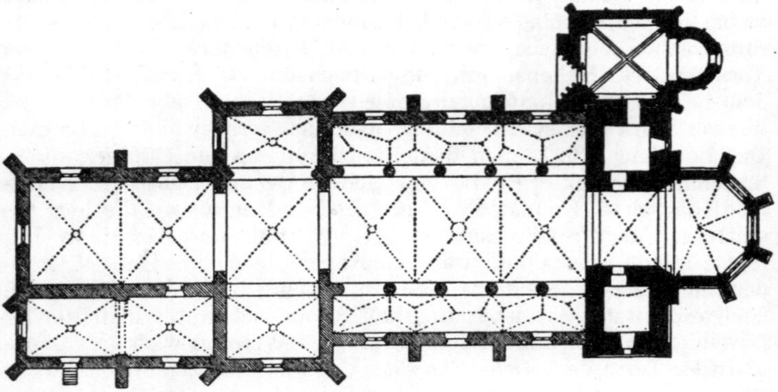

*Murrhardt, Stadtkirche, Grundriß*

Der zweite Hauptort des Bezirks ist MURRHARDT, auf dem Boden eines Kastells und einer Bürgersiedlung der Römer aus einem Kloster erwachsen, dessen Ursprung auf Walterich, einen Mann aus der engeren Verwandtschaft Ludwigs des Frommen, zurückgeht. Nach der Reformation wurde das Kloster mit ev. Äbten weitergeführt. Die ehem. Klosterkirche ist heute *Stadtkirche*. Ihre jetzt spätgotische Gestalt (1434) scheint eine bedeutend ältere, vielleicht spätkarolingische Plananlage zu überliefern: dreischiffige Basilika mit westlichem Querschiff und Gegenchor, Osttürmen und dazwischen vorspringender Apsis. Die beiden Türme sind noch romanisch. Die ganze Kirche eingewölbt mit Kreuzrippen- und Netzgewölben. Reste der alten Ausstattung (Altarschrein mit Holzbildwerk und Malerei 1496) und Grabplatten. Seitlich an den Nordturm angebaut die spätromanische *Walterichskapelle* (um 1230; Abb. 49), ein wahres Schmuckstück staufischer Baukunst im Kleinen. Quadratischer Grundriß mit Apsis, kuppelförmigem Gewölbe, dem Rippen mit Ecksäulen untergelegt sind, und Prachtportal. Das Dach in rheinischer Art aus vier Rautenflächen über Giebeln aufgebaut. Die Wände innen mit Nischen und – wie außen – mit Wandsäulen gegliedert; letztere tragen statt der Bögen Giebel – ein im Buchschmuck überliefertes Motiv der Spätantike. Alle Gliederungsfriese, Fensterrahmungen, Giebelbänder überzogen mit plastischem Ornament, Blätterwerk und Tierdarstellungen. Das Mauerwerk kontrastiert dazu durch seine völlige Glätte bei untadelig feinem Fugenschnitt (Restaurierungen 1873). Innen eine spätgotische Tumba von Stein für Ludwig den Frommen als den Stifter des Klosters; ein romanisches Bogenfeld mit Pfauen, ein anderes zeigt Christus mit Segensgestus. Überreste von einem Kreuzgang im Stil der Kapelle. Vom Kloster erhalten ein hochgotisches Refektorium mit hohen schmalen Fenstern und Balkendecke sowie Wohnbauten aus ev. Zeit (1551, 1770). Die *Walterichskirche* auf dem Friedhof ist eine uralte Pfarrkirche mit romanischem Blockaltar; im heutigen, umfassend modernisierten Bestand frühgotisch (Turmchor) und spätgotisch von 1489. Umfangreiche Grabungen ergaben mehrere ältere Kirchen (darunter Reste einer Holzkirche) über den römischen Bauteilen eines Mithrasheiligtums. Historisch bedeutsam der Fund des Walterichgrabes im Schiff. Von einem romanischen Bau im heutigen eingemauert ein Bogenfeld mit Gotteslamm und Medaillenkopf der Maria (griech. Umschrift „Theotokos“ = Gottesgebärerin); desgleichen ein ehem. Dachgesimskragstein mit zwei Löwen. – Vor dem Rathaus (1770) ein Marktbrunnen mit Standbild aus dem 16. Jh. Im Städtchen einige Fachwerkhäuser.

## 7. Waiblingen – Winnenden

WAIBLINGEN – unter Karl dem Dicken (885) als kaiserliches Hofgut genannt – stieg bald zu einer Pfalz auf, von deren Bedeutung in staufischer Zeit die ursprünglich auf die Staufer geprägte italienische

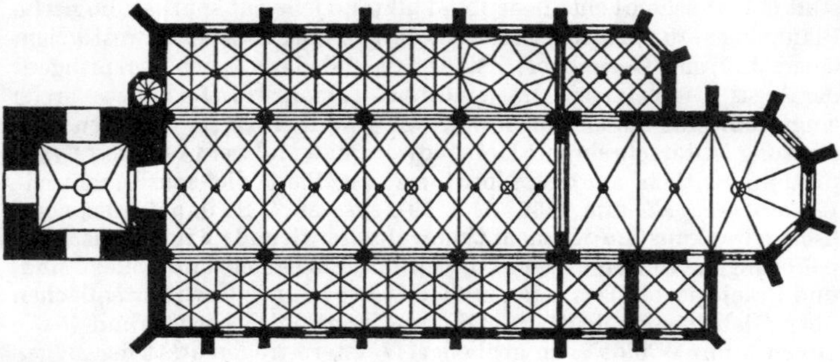

*Waiblingen, äußere Kirche zum Hl. Michael, Grundriß*

Parteienbezeichnung „Ghibellinen" zeugt (italienische Umformung des Namens Waiblingen). Um 1250 kam der Ort an die Grafen von Württemberg. Er entwickelt sich auf einem Höhenzug längs des linken Ufers der Rems in unregelmäßig geschlossener Anlage, die durch zwei hohe Mauertürme und die Umrisse der Stadt- und Michaelskirche ihren individuellen Bildcharakter erhält. Hervorragend ordnet sich in diese Stadtsilhouette das moderne, 1957–1959 errichtete Rathaus der Stadt ein. Im Innern steigen und fallen gewundene Straßen, die sich bald zu finsteren Hohlgassen verengen, bald sich platzartig weiten. Der Baubestand stammt zumeist aus der Zeit nach dem großen Brand 1634. Entlang der Rems kann man auf engem, gedecktem Wehrgang unter Fachwerkhäusern hindurch die Stadtmauer entlang wandern und erreicht, unter ihrem Chor zunächst hindurchschreitend, die *Stadtkirche St. Nikolaus*. Ein Bau, hauptsächlich von 1488; nach dem Brand von 1634 erfolgter Umbau 1677. Aus dieser Zeit wohl der den Westturm ersetzende Fachwerk-Dachreiter; die mit Knorpelwerk dekorierte Stuckkanzel von Heinrich Waibel aus Waiblingen gefertigt. Deckengemälde 1779 von G. Fr. Benssle aus Ludwigsburg. – Die *Michaelskirche* vor den Mauern der Stadt war – worauf der Titelheilige hinweist – Urkirche des Bereichs. Sie ist jetzt ein niedriger, spätgotischer Hallenbau (1459–1489) von drei Schiffen mit überhöhtem Mittelschiff, dessen langer Dachrücken sehr entschieden gegen die Vertikale des hohen, wehrhaft ausgebauten Turms stößt. Wehrkirchenhaft ist auch die Lage des Bauwerks. Ein individuelles Proportionsgefühl äußert sich in den niedrigen, breitgelagerten Formen (Schiffquerschnitt, Arkadenspannungen und Portale). Baumeister waren Hans von Landau und Peter von Lahn. Steinkanzel von

1484 mit Meisterzeichen des Peter von Lahn. Spätgotisches Steintafelbild des Erzengels Michael an der Ostwand der nördlichen Seitenschiffempore. – Schräg nordwestlich neben der Kirche, parallel zu deren Hauptachse und mit ihr zu einer architektonischen Gruppe verbunden das köstliche *Nonnenkirchle*, 1496 von Hans von Ulm erbaut. Ein bemerkenswerter zweistöckiger Bau, unten ein Beinhaus. Den oberen Raum schließt ein Gewölbe mit reich und fein durchgegliedertem Rippennetz und figurierten Schlußsteinen, in der handwerklichen Qualität dem malerisch aufgelösten Maßwerk der Fenster vergleichbar. Die Durchbildung des Ganzen verrät Gefühl für Feinheit und Grazie. – Profangebäude von einiger Bedeutung sind in der Stadt: der Hochwachtturm und der Brückentorturm (mit schönem Wappen Eberhards im Bart, 1491). Die Alte Oberamtei am Markt mit Steinerker. Altes Rathaus, nachmittelalterlicher Fachwerkbau (nach dem Brand von 1634) über Arkaden im steinernen Untergeschoß.

NEUSTADT ist ein mittelalterliches Burgstädtchen: „Neuwaiblingen", eine Konkurrenzgründung gegen Waiblingen aus dem 13. Jh. In der hochgotischen Kirche umfangreiche und qualitätvolle Fresken aus dem 14. Jh. (u.a. Marienleben und Jüngstes Gericht). Reste der Stadtmauer. Die spätgotische Kirche von HEGNACH ist ein Bau des Peter von Lahn (1485–1488). – In BITTENFELD an der frühgotischen Chorturmkirche ein Portal von 1483. Taufstein 1446. Epitaphe aus dem 16. Jh. Ein figurenreiches Rittergrabmal der Spätrenaissance und Reste der spätgotischen Ausstattung birgt die Kirche von SCHWAIKHEIM. Netzgewölbter Turmchor.

WINNENDEN. Der Altstadtkomplex baut sich auf einem flachen, geräumigen Buckel über dem klaren Grundriß einer Hauptachse mit Querrippen auf. Hauptakzent im Aufriß bilden die beiden einander das Gleichgewicht haltenden Türme der ev. Stadtkirche und des Tores an der Marktstraße. Die Straßenfluchten sind geradlinig und geben durch die eng zusammengedrückten Gassenwände mit ihren hoch hinaufstoßenden Giebeln ausgezeichnete räumliche Eindrücke und malerische Perspektiven – z.B. den Blick auf die Stadtkirche durch die enge Kirchstraße. Das Zentrum der Stadtanlage ist die langgestreckte Marktstraße, die sich nach beiden Enden verschmälert, am einen Ende durch den Torturm geschlossen, auf den kulissenartig vorspringende Giebel hinleiten. Auf der Nordseite der Marktstraße liegt ein kleiner Platz mit Marktbrunnen. Das Rathaus schließt ihn westlich mit seiner hohen Giebelwand ab. Drei sehr beachtenswerte Bürgerhäuser mit spätbarockem Dekor an den steinernen Giebelfassaden; zwei davon in der Marktstraße, eines in der Rathausgasse, alle drei von dem Winnender Baumeister J. A. Gross († 1757). Rest der Stadtmauer mit holzüberdachtem Wehrgang in der Brunnengasse. Diebsturm. Schmiedeeiserne Wirtshausschilder in Formen des 18. Jh. (Gasthöfe zur Krone, zum Engel u. a.). Die Stadtkirche nur im Unterbau des Chorturms spätmittelalterlich, der übrige Bau und seine Ausstattung aus dem 18. Jh. – Südlich unter der Stadt Schloß WINNENTAL, ehem. Deutschordensschloß, dann Sitz einer herzoglich-württembergischen Seitenlinie; nach Umbau am Ende des 17. Jh. von klarer Massenwirkung. Dazugehörig die *Schloßkirche*, ein in seinen wesentlichen Teilen um 1300 bzw. Anfang des 14. Jh. entstandener Bau, der einzelne romanische Werkstücke enthält und in der Spätgotik umgebaut wurde. Das Langhaus, eine Rundpfeilerbasilika von kahler, noch stark in romanischem Geist empfundener Weiträumigkeit, die durch den Emporeneinbau jedoch stark gestört wird. Der rippengewölbte Chor in der strengen, klaren Struktur der Bauten des beginnenden 14. Jh. und in dem edlen Formenrhythmus von dem Geist beseelt, den wir an der Minoritenkirche in Esslingen oder dem Stiftskirchenchor in Stuttgart bewundern. Der nördlich angefügte große Turm wirkt durch seine reine prismatische Form und den präzisen Schnitt der großen Quader. Bedeutender und vortrefflicher spätgotischer Schnitzaltar (Jakobuslegende) mit Flügel in Flachreliefs (1520, von einem Meister J. S. aus dem Umkreis Christophs von Urach).

In den Dörfern des Bezirks findet man überall spätgotische Kirchen und gediegene Fachwerkhäuser mit steinernen, verzierten Unterstöcken und Zimmermannsschnitzereien. – In BÜRG der mächtige, runde und innen gewölbte Buckelquaderbergfried (13. Jh., Steinmetzzeichen) von einer Burg Altwinnenden, ähnlich den Türmen von Besigheim (siehe dort). Im Gegensatz zu diesen stand der Turm jedoch nicht frei hinter der Burgmauer. Spuren des Palas und der Burggräben. – Die Kirche von OPPELSBOHM ist ein Bau des Thomas Busch von Schorndorf (1528).

## 8. Das Remstal von Fellbach bis Schorndorf

Fellbach Seite 42. – Die Pfarrkirche in ENDERSBACH ist eine spätgotisch (1469) umgebaute Chorturmanlage, im 18. Jh. barockisiert. Bemaltes Holzepitaph von 1612. Im Ort große Fachwerkbauten, z. T. noch aus dem 16. Jh.

STETTEN „im Remstal“, eigentlich in einem Seitental zwischen Weinbergen und Obsthainen besonders anmutig gelegen, mit Schloß und Park und äußerer Burgruine. Schon die *Dorfkirche*, 1698 als quergerichteter Saalbau neu aufgebaut, bietet ein hübsches Bild mit ihrem Turm, der auf spätgotischem Rumpf eine Glockenstube italienischen Stils von 1828 trägt, wie er im Lande öfters vorkommt. Das *Schloß* (jetzt Heilanstalt) mit Hauptbau (1673) und zwei Seitenflügeln, deren einer die ev. Schloßkapelle enthält, hat verzierte Treppengiebel und einen Treppenturm. Die Kapelle ist ein Chörlein an der äußeren Langseite. Von einer Neueinrichtung um 1680 stammt die Altarwand mit Stucksäulen und Bildwerk: Zwei Engel (von H. J. Sommer aus Künzelsau) halten den geschnitzten Rahmen des Altarbildes. Die von den Arkaden der Herrschaftsempore unterfangene Decke hat der württembergische Hofmaler G. T. Hopfer mit Bildern der Letzten Dinge grau in grau bemalt. Die Herzogin Magdalene Sybille, die hier gewohnt und geistliche Lieder gedichtet hat, ließ ihr Schlafzimmer über der Kapelle einrichten, so daß sie vom Bett aus den Prediger auf der Kanzel sehen konnte. Ihre Nachfolgerin als Schloßherrin wurde, bis sie in Ungnade fiel, die „berüchtigte" Frau v. Würben geb. v. Grävenitz, Mätresse Herzog Eberhard Ludwigs. Der schöne Rittersaal wurde 1692/93 von A. Schmutzer stuckiert. Große, jetzt verbaute Kelter am südlichen Ortsrand. In der auf einer Weinberghöhe stehenden Schloßruine *Yburg* („Eibenburg"), einem spätgotischen Steinhaus, stand eine mächtige, jetzt gefällte Ulme, die das Kastengemäuer überragte – ein Gegenstück zur Hirsauer Ulme. – STRÜMPFELBACH ist berühmt durch seine große Zahl hervorragend erhaltener und gepflegter Fachwerkhäuser mit Schnitzereien: Rathaus 1591, mit offener Halle auf Holzsäulen; ein besonders schönes Haus 1584 von J. Mannschreck. Spätgotische Chorturmkirche. Die stattliche Kirche zu BEUTELSBACH ist Nachfolgerin einer Stiftskirche Hl. Kreuz, die die älteste Grablege der Württemberger Grafen war. (Das Stift wurde 1321 nach Stuttgart verlegt.) Ort und Kirche gehörten – bereits um 1080 erworben – zum ersten und ältesten Besitz der Grafen. Spätromanische Bauteile sind erhalten. Im Innern ein eigenartiger spätgotischer Taufstein und eine Grabplatte mit alten wirtembergischen Wappen. Weitere Ausstattung aus dem 17. und 18. Jh. Das Äußere bietet ein anmutiges Bild besonders gegen Südwesten, wo ein stattliches Stück der Kirchhofmauer mit Torturm und Treppe erhalten ist. Grabungen ergaben über dem historisch bedeutenden Ort die Reste einer Burganlage. In der Kirche von AICHELBERG ein spätgotischer Taufstein. Die barocke Kirche von SCHNAIT besitzt als wertvolles Ausstattungsstück einen Altarschrein (1497) mit Holzbildwerken und zwei, jetzt getrennt von diesem aufgehängte, qualitätvolle spätgotische Tafelbilder (Verkündigung) von einem bisher nicht eindeutig gesicherten Meister. Reizvoll naiv bemalte, barocke Emporenbrüstungen. Im Ort zwei Edelhöfe aus der Renaissancezeit. Der Kirchhof der Kirche (1468) in GROSSHEPPACH war zugleich Wehranlage und daher stark befestigt. Im Chor und einem Nordanbau schöne Netzgewölbe. Ansehnliche Fachwerkhäuser im Ort. – In STEINREINACH steht die Ruine einer spätgotischen Kirche mit erhaltenem Turm (der Chor verschwunden). Hochgelegen in ummauertem Friedhof die Kirche von GRUNBACH (1481; im 19. und 20. Jh. erneuert). Netzgewölbe in Chor und Turmuntergeschoß. Ausgezeichneter Kruzifixus (um 1500). Unterhalb der Kirche mehrere Kelterbauten (Fachwerk). Schöner Dorfbrunnen. Die Chorturmkirche von BUOCH reicht bis in spätromanische Zeit zurück (spätgotisch umgebaut). Altarkruzifix und Engel um 1600. Die Kirche in GERADSTETTEN geht in ihrer heutigen Gestalt auf einen Umbau von 1491 f. zurück. Netzgewölbe im Turmchor. Wandbilder (Marienleben, 1502). Das Kirchlein von HEBSACK hat einen Altarschrein mit Gemälden nach Dürer (um 1520). Die Kirche von WINTERBACH 1309 erbaut; in befestigtem Kirchhof. Wandmalereien aus dem Anfang des 14. Jh. (Verkündigung und Heimsuchung) und aus der 2. Hälfte des 15. Jh. (Passion). Spätgotische Predella.

Die Stadt SCHORNDORF, eine altwürttembergische Gründung, die in der Ebene des Remstals gegenüber der Mündung des Wieslauftals liegt, war einst Landesfestung, was man ihr jedoch jetzt nicht mehr ansieht. Nur von der mittelalterlichen Stadtmauer mit ihrem Wehrgang sind Stücke erhalten, die Wälle und Gräben sind verschwunden. Die Plangestalt der Stadt ist nierenförmig, durch den quergedehnten Marktplatz in zwei Hälften geteilt. An der vorspringenden Südostecke steht das Schloß auf der Stelle einer nach Osten (Schwäb. Gmünd!) gerichteten Burg. Die Stadt ist von großen Bränden heimgesucht worden und hat infolgedessen wenige Häuser höheren Alters. Doch hat sich die halbländliche Bauart in Fachwerk und Giebelstellung an der Straße bis tief ins 18. Jh. erhalten, und manche Seitengassen gewähren einen wirklich malerischen, einheitlichen und geschlossenen Anblick. Auf Schritt und Tritt sind bemerkenswerte Einzelheiten zu entdecken: Pforten, Konsolen usw. Auf dem Marktplatz steht das *Rathaus*, 1726–1730 von G. F. Majer im Ludwigsburger Stil errichtet, mit schönem Portal und Balkon, sonst modernisiert. Im Ratssaal handwerksmäßige historische Wandgemälde aus der Barockzeit. Nachahmungen von Gobelins auf einer alten Täfelung. Daneben die *Palmsche Apotheke*, ein hervorragender Fachwerkbau (um 1650 über älterem Steinsockel, Veränderungen 1696 und 1735); ebenso die *Gauppsche Apotheke* (1663). Das *Schloß*, ein Viereck mit runden Ecktürmen und Innenhof, ist für die Entwicklung des Schloßbaus der Renaissance in Württemberg wichtig (1538–1541). Im Vorhof der Fachwerkbau des *Forstamts*. Leiter der Festungsbauten war 1539 Hans Hösch zu Gmünd, Werkmeister die Busch von hier.

Die *Stadtkirche* (Abb. 68) steht auf einer Terrasse (dem ehem. Friedhof) an der Hauptstraße. Ihre Chorseite schließt, vom Marktplatz her gesehen, das Gassenbild ab. An ihrer Südseite bleibt ein mit Linden besetzter kleiner Platz frei. Das Schiff war 1477 vollendet, der Turm 1488, der Chor 1501. Urheber des ersten Entwurfs ist wahrscheinlich Aberlin Jörg von Stuttgart. Nach seinem Tode (1492) war Hans von Urach Kirchenmeister und dessen Bruder Jakob Palier, ihnen kommt der Hauptteil am Bau, vor allem der Ostpartie, zu. Hans von Urach begegnet uns auch in Hall und Gmünd, er war Aberlin Jörgs Schüler und Gehilfe. Das Langhaus der Kirche war ursprünglich ein Hallenbau mit Kapellennischen zwischen den Strebepfeilern; die Kapellenreihe noch jetzt gleichmäßig unterbrochen durch Portalvorhallen, in denen die Umfassungswand nach innen verlegt ist, eine Anordnung, die in Augsburg und Gmünd aufgekommen ist und die Aberlin Jörg mit flacheren Kapellen auch am Südschiff der Stadtkirche zu Markgröningen (1472) angewandt hat. Der Chor ist eine spielerische, rein malerisch gedachte Vereinfachung desjenigen der Heiligkreuzkirche zu Gmünd. Das zweigeschossige System der Abschlußwände ahmt nämlich blind, sozusagen in Reliefprojektion, einen Chorumgang nach. Außen trägt der Mauerabsatz eine Maßwerkbrüstung. Innen tiefe Fensternischen im unteren Geschoß und flachere Blenden im oberen. An die Nordseite des Chors legt sich ein Nebenchörlein mit rundem Schluß und zierlichem Netzgewölbe, dessen Rippen als Astwerk sich in Bögen winden, frei loslösen und an den Schnittpunkten mit feinem Bildwerk schmücken. Es sind Halbfigürchen alttestamentlicher Personen, die aus Blätterkelchen hervorwachsen und aus dem Rippennetz einen Stammbaum Christi (Wurzel Jesse) machen. Südlich entspricht diesem, der Maria geweihten Nebenchor eine schön gewölbte Sakristei im Erdgeschoß des Turms. Die Details – Profile, Maßwerk, Laub- und Astwerk, Bildwerk – sind, namentlich an den Pforten des Schiffs und am Äußeren des Chors, sehr reich und zierlich. Leider hat die Kirche die Schicksale der Festung geteilt. 1538 wurde der Turm aus militärischen Gründen bis auf das Viereck abgetragen. 1634, als die Festung nach der Schlacht bei Nördlingen beschossen wurde, brannte die Kirche aus. Die Gewölbe des Schiffs und später auch die Pfeiler stürzten ein. Chor und Turm wurden zunächst wiederhergestellt. 1655 auch das Schiff, aber als ungeteilter Saalraum. Die Pläne lieferte der Ulmer Bautheoretiker Joseph Furttenbach. Die Ausführung besorgten die Ulmer Zimmermeister Leonhard und Martin Buchmüller. Die Kanzel wurde in die Mitte der nördlichen Langseite gestellt und die Emporen demgemäß an die Süd- und Westseite bzw. in die Nordostecke; Altar, Taufstein und Orgel aber in den Chor. Eine umfassende Modernisierung nach dem zweiten Weltkrieg hat diese baugeschichtlich nicht uninteressanten Einbauten wieder entfernt und dem Bau seine alte Ostorientierung wiedergegeben. Außen an der Südwand ein reizvoller Vorbau mit zwei Wendeltreppen und Altan in gotischen Formen um 1700! Im Chor stehen beachtenswerte Grabdenkmäler aus der Renaissance von dem einheimischen Meister Melchior Gockeler.

## 9. Esslingen und Umgebung; neckaraufwärts bis Nürtingen

Die alte Reichsstadt ESSLINGEN, deren Marktprivileg (866) zu den ältesten Deutschlands gehört, entwickelt sich mit ihren Kirchen und Mauertürmen am rechten Neckarufer und drängt sich mit dem Häuserkern zwischen den alten Neckarkanal und den Hang des das Tal begleitenden Bergzugs bis dicht unter die Burg, deren als Ringmauer herablaufende Mauerzüge den Stadtkörper gleichsam mit der Burg verschnüren. Die Stadtanlage wird durch den für das frühe Mittelalter typischen unregelmäßigen Kern um die Dionysiuskirche und die daran östlich anschließende planmäßige Erweiterung aus staufischer Zeit geprägt. Südlich die Pliensauvorstadt. Drei Kirchen ragen aus der Häusermenge heraus und geben in den Beziehungen zueinander und zur Burg dem Stadtbild den Charakter des individuell Komponierten. Das reichste Schaubild bietet sich von der Höhe der linken Talseite. Von diesem Blickpunkt aus tritt zu dem Stadtbild als hinleitende rhythmische Achse der Zug der mittelalterlichen Pliensaubrücken, die frühe Bedeutung der Stadt als Handelsplatz markierend. Der beherrschende Bau, auch historischer Schwerpunkt der Stadt, ist die *Stadtkirche St. Dionysius* (Abb. 16, 18). Ihre Stellung inmitten eines unregelmäßigen Platzes – südlich und westlich lag der alte Friedhof, nördlich der Häuserblock des Katharinenhospitals (heute abgebrochen und in einen Platz verwandelt) – kann kaum glücklicher gedacht werden. Bei Grabungen im Kircheninnern (noch zugänglich!) wurde die 777 erstmals genannte St.-Vitalis-Zelle entdeckt und ein etwas späterer, ungewöhnlich großer karolingischer Nachfolgebau (mit Krypta), größer noch als der älteste Bau von St. Aurelius in Hirsau aus dem frühen 9. Jh. Von einem spätromanischen Neubau – wohl bald nach 1213 – sind als älteste sichtbare Bauteile die Unter-

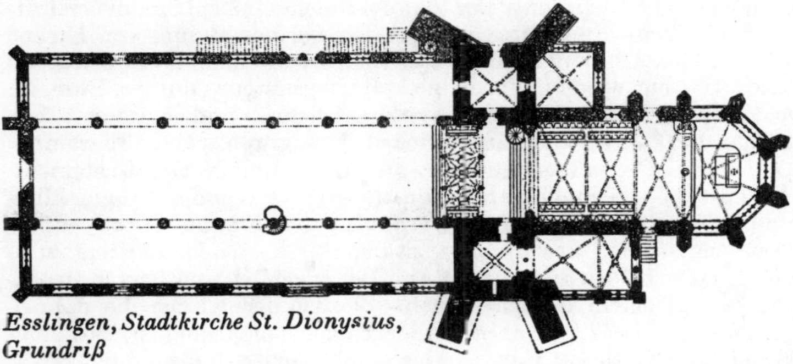

*Esslingen, Stadtkirche St. Dionysius, Grundriß*

partien der beiden Osttürme erhalten. Diese bilden den Abschluß der Seitenschiffe und waren ursprünglich zu diesen hin geöffnet. Das Turmpaar – die für das Stadtbild charakteristische Verbindungsbrücke vom Ende des 16. Jh. verklammert die beiden Türme – spannt, genau von Westen gesehen, die für sich schon aufstrebende Westfassade in zwei starre Vertikalen hinein. Seine Sockelbildung, die reichprofilierten Zahn- und Rundbogenfriese sowie die Wandsäulen verwandt mit Maulbronn. Um 1240–1270 wird das dreischiffige, basilikale und flachgedeckte Langhaus errichtet, das die kahlen Raumformen der gleichzeitig entstehenden Dominikanerkirche zeigt. Kapitelle mit Fabelwesen und Blattwerk. Ende 14. Jh. Erweiterung um zwei Joche nach Westen anstelle eines hier ursprünglich geplanten mächtigen Turms (deutlich erkennbare Naht außen und innen) unter Fortführung des alten, gekehlten Arkadenprofils, jedoch unter Abänderung der Basen und Kapitelle; gleichzeitig Erneuerung der Seitenschiffenster in der älteren Langhaushälfte. Wandmalereien im nördlichen Seitenschiff um 1420. Frühestens um die Wende zum 14. Jh. Baubeginn des hochgotischen, kreuzrippengewölbten Chors; durch netzgewölbten Lettner (1486, Lorenz Lechler, Heidelberg, sein Porträtkopf am mittleren Joch) vom Langhaus getrennt, bildet er einen Raum für sich. Dieser Chor besitzt noch die wesentlichen Wirkungselemente, die den künstlerischen Eindruck der mittelalterlichen Innenarchitektur hervorbringen. Sakramentshaus aus Steinfiligran (1491–1495, L. Lechler), Chorgestühl (1514–1518), Vesperbild (um 1500), protestantischer Hochaltar (1604, P. Riedlinger aus Regensburg, Leben-Christi-Szenen). Die fast vollständig erhaltenen, mit dem bestehenden Chorbau zumindest gleichaltrigen (wenn nicht z. T. noch etwas älteren), sehr bedeutenden Farbfenster dämpfen das einfallende Licht zu jener buntdämmernden Atmosphäre, die erst die gotische Raumstimmung vollendet. Ein solches Mosaik von Farben wie bei den Glasmalereien dieses Chors wird man in Deutschland nicht so leicht wiederfinden. Eine kalte, verhaltene Glut des Blau, ein gedämpftes Purpurrot, ein wässeriges Olivgrün und ein dünnes Gelb bilden die Farbenskala eines reichen ikonographischen Programms. Ostfenster: Gegenüberstellungen aus Altem und Neuem Testament, Außenstreifen Propheten. Nordostfenster: Passion, Heilige, kluge und törichte Jungfrauen. Nordfenster: Christuszyklus, äußere Ornamentstreifen aus der Franziskanerkirche. Südostfenster: u. a. Heilige. Die beiden Südfenster: Apostel, Tugenden und Laster, Bruchstücke aus einem Marienzyklus. – Südlich der Kirche die doppelgeschossige *Friedhofskapelle* Allerheiligen, ursprünglich mit umlaufenden Galerien (13. Jh., später erhöht, heute Stadtarchiv).

Ehem. *Dominikanerkirche St. Paul.* Der Reiz des Baus liegt in der einfachen, etwas robusten architektonischen Form, in der nüchternen Logik des struktiven Rhythmus und in der für gotische Begriffe gedrückten Breiträumigkeit. Wohl 1255–1268 erbaut, ist sie die älteste erhaltene Bettelordenskirche Deutschlands und beispielgebend für das Eindringen der Gotik in Schwaben. Dreischiffige, querschifflose, kreuzrippengewölbte Rundpfeilerbasilika; entsprechend den Ordensbauvorschriften fehlt ein Turm. Verdeckte Strebebögen unter den Seitenschiffdächern. Die Einwölbung ist in der östlichen Hälfte ursprünglich (einfach gekehlte Rippen), in der westlichen spätgotisch,

*Esslingen, ehem. Dominikanerkirche St. Paul, Aufriß und Längsschnitt*

im Mittelschiff unter Fortführung der Chorrippenprofile aus dem 13. Jh. Spätgotische, figurierte Schlußsteine. Das Chorhaupt schließt außen mit einem Absatz, vor dem unorganisch ein Strebepfeiler sitzt, an das Mittelschiff. Dieses sowie das feiner profilierte Fenstermaßwerk lassen an eine wenig spätere, etwa in den letzten Jahrzehnten des 13. Jh. erfolgte Erweiterung des Chors denken. Mit einzelnen konstruktiven und formalen Elementen steht St. Paul an der Spitze einer ganzen Gruppe von ihm beeinflußter schwäbischer Kirchen. Von der inneren Ausstattung wenig erhalten. Grabstein des Bischofs Johannes († 1447). Monumentale Holzfigur einer Muttergottes mit Kind, um 1510–1520, von einem heimischen Bildschnitzer. Reste der Klausurgebäude aus dem 13. Jh. (Maßwerkfenster).

Ehem. *Franziskaner-* oder *Barfüßerkirche St. Georg* (Hintere Kirche). Das Datum 1227 der Chorinschrift außen bedeutet nicht den Baubeginn, sondern den Zeitpunkt des ersten Erscheinens der Minoriten in Esslingen. Im ausgehenden 13. Jh. erbaut in Weiterentwicklung des in der Paulskirche gegebenen Bautyps. 1840 und später bis auf den Chor abgebrochen. Das, was Santa Croce für das Stadtbild von Florenz

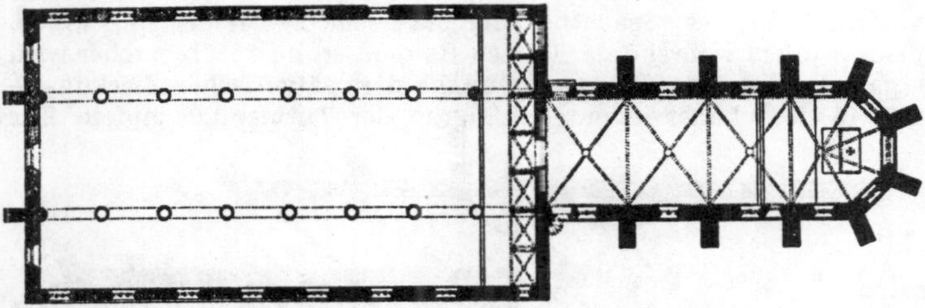

*Esslingen, Barfüßerkirche St. Georg, Grundriß (Langhaus vor dem Abbruch)*

bedeutet, war dieser außerordentliche Bau einst für Esslingen (vgl. die Stadtansicht von Emminger, 1823). Der Chor hat einen im Vergleich zur Paulskirche auffallend hohen Querschnitt und, was als Entwicklungssymptom wichtig ist, größere Tiefe (vier Joche, Bettelordens-Langchor). Stilistisch aufschlußreich ist ein Vergleich mit dem Chor von St. Dionysius: In der Auflösung der Wandflächen ist dieser bereits wesentlich fortgeschrittener. Obwohl heute wegen der weitgehend farblosen Scheiben mit einem nüchternen Licht erfüllt, wirkt dieser Raum dennoch durch seine einfache Größe. Die Struktur, innen wie außen, ist von einer bewußten Zurückhaltung, sie sucht ihre Wirkung in der rein körperlich-räumlichen Schönheit und in dem klaren, großen Linienumriß. Es ist alles auf einen feingeformten Vertikalismus gestimmt, der in dem Raumquerschnitt gegeben war und in den schmalen, hochgezogenen Fenstern, den unübertrefflich schön und präzis gestalteten Strebepfeilern weitergeführt ist. Die Esslinger Franziskanerkirche gehörte zweifellos zu den architektonisch charakteristischsten Kirchen, die Schwaben aus dieser Zeit aufzuweisen hatte. Im Ostfenster des Chors der Rest eines ausgezeichneten Glasmalereizyklus (um 1310–1320). Darstellungen aus der Passion Christi, abschließend mit dem Jüngsten Gericht, in typologischer Gegenüberstellung zum Alten Testament. Der übrige Hauptteil des Zyklus ist in die Dionysiuskirche versetzt. Reste einer Ausmalung aus dem 14. Jh. Die *Frauenkirche* (Abb. 17, 19), Zeugnis reichsstädtischen Bürgerstolzes, ist auf schräg ansteigendem, durch Terrassierung ausgeglichenem Gelände erbaut und so aus den umliegenden Häusergruppen herausgehoben. Innen eine weiträumige, dreischiffige Halle auf kapitellos in die Gewölbe hineinwachsenden Pfeilerbündeln, ist sie wohl eine der frühesten Anlagen dieses Bautyps in Schwaben. Der Chor zweijochig, im Aufriß ähnlich dem zeitlich wenig verschiedenen von St. Dionysius. Beachtlich der plastische Dekor der Außenteile, der vor allem während der letzten Bauphasen im 15. Jh. reicher wird – ganz im Sinne der krausen Dynamik der spätgotischen Zierkunst – und in dem kunstvollen Steinfiligran der Turmspitze gipfelt. Der

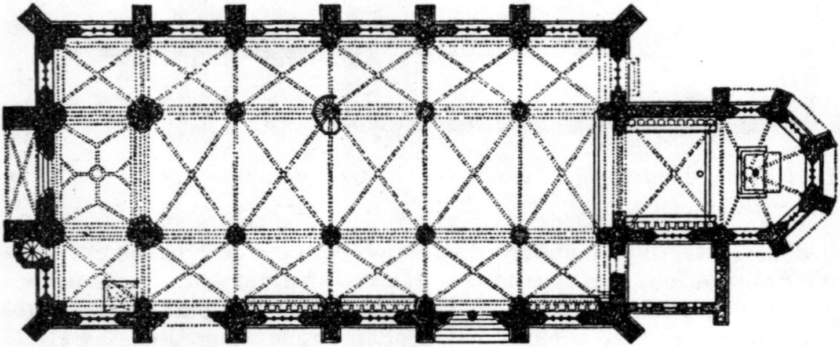

*Esslingen, Frauenkirche, Grundriß*

Turm, auf zwei Pfeilern im westlichen Mittelschiff, mit durchbrochener Pyramide (vgl. Freiburg i. Br.), ist ein großartiges Beispiel schwäbischer Baukunst. Wohl bald nach 1321 entstand der Chor und anschließend die drei Ostjoche des Langhauses; um 1400, mit fließendem

Übergang, der westliche Teil unter der Bauleitung Ulrichs von Ensingen. Bauleiter waren 1436–1438 Matthias Ensinger und nach ihm, seit 1440, Hans Böblinger, der den Ausbau des Westturms betreibt und dessen Söhne als Architekten an der Frauenkirche bis in den Beginn des 16. Jh. tätig sind. Südostportal (Tympanonrelief mit Anbetung der Hl. Drei Könige, Marienkrönung und -tod) Mitte 14. Jh., verwandt der etwa gleichzeitig entstandenen Gmünder und Rottweiler Plastik. Südwestportal mit Jüngstem Gericht um 1400, gleichzeitig das westliche Georgsportal. Die Grabplatten für Hans und Matthäus Böblinger († 1505) in der Kirche. Im Chor bedeutende Glasmalereien aus der 1. Hälfte des 14. Jh., etwas jünger als die der Franziskaner- und Dionysiuskirche. Ostfenster: Darstellungen aus dem Alten und Neuen Testament. Nordostfenster: Marienzyklus. Südostfenster: Märtyrer und Heilige. Chorwandbild (Alexiuslegende). Apostelfiguren im Langhaus (um 1500, ursprünglich außen am Chor). – Vom Katharinenspital steht noch ein Kelterbau.

Neben den kirchlichen Bauten hat auch der Profanbau beachtenswerte Stücke zu verzeichnen. Allen voran das sog. *Alte Rathaus* (Abb. 20), einer der bedeutendsten gotischen Fachwerkbauten Deutschlands, vor 1430 als Kauf- und Steuerhaus erbaut, einst mit Brot- und Fleischlauben im Erdgeschoß. 1923–1926 restauriert. An den Holzsäulen des Saals im ersten Stock Schnitzfiguren im weichen Stil um 1420 (Kaiser und Kurfürsten). Die südliche Giebelseite mit den überkragenden Geschossen ist im Konstruktionsgerüst (alemannisches Fachwerk) dem des etwas jüngeren Rathauses von Markgröningen verwandt. 1586–1589 Vorbau der nördlichen Giebelseite durch Heinrich Schickhardt. Kreuzgewölbte Halle mit Stucksäulen und reichgegliederten Portalen. Es zeigt sich hier das Prinzip der mehr aufs Malerische gerichteten deutschen Renaissance. Der Schwung des hochgestaffelten Volutengiebels mit der kunstvollen astronomischen Uhr des Tübinger J. Diem gibt dem Gesamtbild den Charakter einer ins Monumentale gesteigerten Zierkulisse. Der künstlerische Eindruck scheint zum großen Teil in der Spannung zu beruhen, die zwischen dem malerischen Moment in der Komposition und dem architektonischen Maßstab des Ganzen besteht. – Pfleg- und Wirtschaftshöfe der Klöster Salem (wehrhafter Buckelquaderbau des 13. Jh. an der Stadtmauer neben der Frauenkirche) und Kaisheim (am Aufgang zur Burg). Der Speyrer Pfleghof spätmittelalterlich (Brunnen und Einzelformen Anfang 20. Jh.). Das *Gelbe Haus* ist der wohl besterhaltene Patrizierwohnturm aus dem 13. Jh. im südwestdeutschen Raum. – Von jüngeren Profanbauten sind zu nennen: Das *Neue Rathaus*, 1746 als Privathaus (Freiherr von Palm) erbaut; der ehem. *Gerichtshof* am Neckarkanal, 1705–1715 als Rathaus von P. Joachim aus Vorarlberg und J. J. Börl erbaut (seinen Ehrenhof schloß eine Galerie mit Portal. Zwei Treppenhäuser. Im Saal ein Deckenfresko von P. A. Reith). *Ritterbau* des Kantons Kocher (jetzt Landratsamt), 1722–1725 als Barockpalazzo erbaut. *Unterer Palmscher Bau.* Bedeutend die beiden kunsthistorisch wichtigsten Brücken der Stadt, die Innere und die heute völlig verstümmelte Äußere *Pliensaubrücke.* Obschon zuerst reine Ingenieurbauten, hat doch der spontane künstlerische Gestaltungstrieb des mittelalterlichen Menschen die Zweckmäßigkeitsform zur Kunstform veredelt und Werke von ausgezeichnetem Massenrhythmus geschaffen. Zumal die Äußere Pliensaubrücke, um 1286 entstanden, eine der drei ältesten, bis vor kurzem erhalten gebliebenen Steinbrücken Deutschlands, mit ihren mächtig-gedrungenen Pfeilermassen und den tunnelartig schmalen Bogendurchbrüchen war ein so klarer Ausdruck des mittelalterlichen Formwillens, daß sie, auch abgesehen von ihrer unnachahmlichen Schönheit, für alle Zeiten unverletzlich hätte sein müssen (nur noch drei Bögen mittelalterlich).

Von dem starken Mauergürtel der Reichsstadt blieben nur wenige Reste erhalten. Drei Tortürme (13. Jh.) mit mächtigem Buckelquaderwerk: *Wolfstor* mit zwei rundplastisch gearbeiteten Löwen (die Mähne spätromanisch, als gereihte Zöpfe mit Kugelenden stilisiert; Glocke 13. Jh.), *Schelztor* und *Pliensautor.* Von der die Stadt beherrschenden, mit ihr durch Wehrmauern verbundenen „Burg" – in Wirklichkeit nur Vorposten der Stadtbefestigung – sind die Ringmauern erhalten. Rundturm 1527 (Dach neuzeitlich). Schöner Blick vom Wehrgang auf die Dächer und Türme der Stadt. – Der Neubau der *Stadthalle* entstand 1965–1968 (Architekt W. Luz).

Im Vorort METTINGEN stammt die Dorfkirche wohl noch aus dem 14. Jh. Der Chorturm ein Werk der Böblinger, um 1446 (Turmaufsatz 17. Jh.). – Die Kirche von BERKHEIM, die dem Kloster Denkendorf gehörte, ist in den Umfassungsmauern noch romanisch. An der Kirche von NELLINGEN (1777) ist der Westturm spätromanisch, oben achteckig. Der ehem. Benediktiner-Propstei-Hof mit Staffel- und Fachwerkgiebeln bildet den Kern der Siedlung.

DENKENDORF. In der organischen Verbindung monumentaler Architektur mit der Landschaft gibt es in Württemberg, abgesehen etwa von Burgbauten, nur wenige Denkmäler, die sich mit Denkendorf messen können. Nach 1120 als Kloster vom Orden des Heiligen Grabes gegründet und mit Augustinerchorherren besetzt, gelangte es bald unter der Leitung bedeutender Pröpste zu hohem Rang. Die *Kirche* (Abb. 12, 13) ist eine dreischiffige Basilika auf schweren

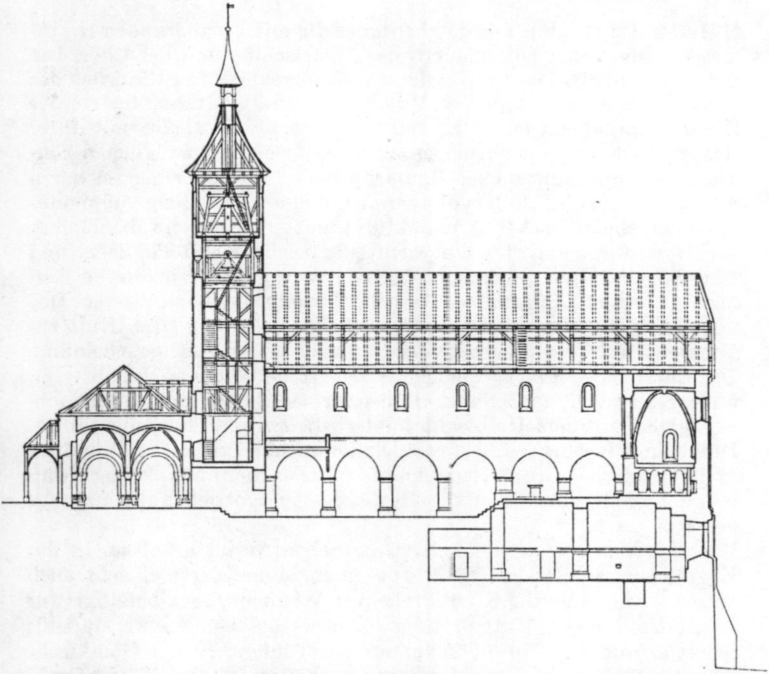

*Denkendorf, ehem. Klosterkirche, Längsschnitt*

Rechteckpfeilern mit Spitzbogen; Turm und Vorhalle im Westen und geradegeschlossener Kryptenchor im Osten. Der älteste Bauteil ist der Turm, dessen asymmetrische Stellung durch die kleinere erste Kirche (Fundamente ergraben) bestimmt wird. Seine Formen (Rundbogenfries, Pyramidenstumpfkapitelle, Tragsteine über den Säulen, Mauerverband) weisen in die Gründungszeit des Klosters. Die Vorhalle mit ihren schweren Kreuzrippengewölben und den gedrungenen, reich mit plastischem Dekor (Kapitelle) behandelten Vorlagepfeilern ist schon an der Schwelle des 13. Jh. entstanden und nimmt in ihrer Breite auf das erste, nicht mehr erhaltene Langhaus Bezug (Vorlagen auf der Nordseite nachmittelalterlich). Einer dritten Bauphase gehören das Langhaus mit seinen Spitzbogen (Einfluß der Zisterzienser?), seine ungegliederten Pfeiler und die Krypta an (noch

1. Hälfte des 13. Jh.). Fortgeschrittener die mit Blendarkaden rhythmisch gegliederten Obermauern des Mittelschiffs und der Chor. Die Baugeschichte ist hier im einzelnen noch ungeklärt. Der Eindruck des Langhauses ist karg und leer, lediglich durch die Massenschwere der Pfeiler individualisiert. Dagegen gewährt die Vorhalle mit ihrer strenggefügten und gegliederten Architektur einen vorzüglichen Eindruck von mittelalterlicher Raumrhythmik. Die mit einer schweren Spitztonne überdeckte Krypta vermittelt eine Vorstellung von monumentaler südländischer Architektur inmitten des Schwabenlandes. Die Raumform und das Ornament (figürliche Kapitelle, Tier- und Menschengestalten, pflanzliche Motive) weisen auf französische Einflüsse (Burgund). Spätmittelalterliche Erweiterung nach Westen. Das tiefe Loch im Boden hing vielleicht mit dem Heilig-Grab-Kult zusammen. Beste Wirkung zeigt der Bau auch in der Außenerscheinung. Die Chorpartie, die bis zur Sohle der Hügelböschung hinabsteigt, wächst aus mächtigen Substruktionen turmartig hoch hinauf, der Fachwerkgiebel mit dem Halbwalm mildert die schwere Monumentalität. Die ehem. Klausurgebäude (jetzt Diakonieschule) gliedern sich südlich in quadratischer Gruppierung an die Kirche. Nicht ganz seiner Stimmung beraubt, umfassen die Reste des spätgotischen Kreuzgangs den Hof.

Von der Ausstattung hat sich wenig Sehenswertes erhalten. In der Krypta Wandmalereien (1515) von einem Maler, der vielleicht auch an der Ausmalung der Stadtkirche von Weilheim/Teck beteiligt war (Mahl des Herodes, Enthauptung Johannes des Täufers, St. Martin); Schüssel mit dem Haupt Johannes des Täufers. In der Oberkirche Altartriptychon aus derselben Zeit. Geschnitzte Kanzel (1518). Grabmäler aus dem 14.–16. Jh.; bemerkenswert für die Aufnahme von Renaissanceformen diejenigen der Pröpste Ungar (1516) und Altweg (1518). – Wichtig zur Bildung einer architektonischen Gruppe – die allerdings nur von wenigen Sichtpunkten als Einheit erfaßt werden kann – ist das spätgotische Friedhofskirchlein nördlich der Klosterkirche.

Vom Dominikanerinnenkloster SIRNAU ist nichts erhalten als eine Wand der hochgotischen Klosterkirche und die Ringmauer mit Eckturm aus dem 17. Jh. – Die Kirche von DEIZISAU (um 1490) besitzt einen Altarflügel mit hervorragenden Gemälden vom Ende des 15. Jh. (Barthol. Zeitblom?), der aus dem Esslinger Spital stammt. Das Pfarrhaus ist ein Renaissancebau (1630). Die Kirche in ZELL, in wehrhaftem Friedhof gelegen, hat einen noch hochgotischen Kirchturm. Reste von Wandbildern um 1400. – Das Kirchlein von AICHSCHIESS auf dem Schurwald enthält Wandmalereien; im Schiff ein wichtiger Zyklus um 1300, engverwandt mit den Wandmalereien in der Friedhofskirche in Nagold (Szenen aus der Jugend Christi: Verkündigung an Maria und die Hirten, Kindermord, Flucht nach Ägypten). Im Chor Malereien, Ende 15. Jh. – Im wesentlichen spätgotisch die Kirche in THOMASHARDT. Die PLOCHINGER *Kirche* (1481) beherrscht auf ihrem Hügel mit den Zinnenmauern des Kirchhofs und dem wuchtigen Turm das Bild weithin. Kanzel 1530; Wandmalerei im Chorgewölbe. Die *Ottilienkapelle* unten im alten Dorf mit verdorbenen Wandgemälden. Fachwerkhäuser mit Schnitzereien und Steinportale in Renaissanceformen sind im Ort noch mehrfach vorhanden. Qualitätvoll die moderne ev. Kirche in der neuen Wohnsiedlung STUMPENHOF (1968 von H. Rall). Mehr oder weniger veränderte Schlösser aus der Renaissancezeit stehen in PFAUHAUSEN und STEINBACH; letzteres groß und schön, schon in Barockformen. – KÖNGEN. An das römische Grinario erinnert ein Turm (1911) über der Ecke eines Kastells, das hier den Übergang einer wichtigen Straße über den Neckar sicherte. Aus jener Zeit auch ein Meilenstein (Kopie). Die *Kirche* 1501–1512 erbaut von Stefan Waid und Dionys Böblinger aus Esslingen (Turm 1722). Im Aufriß die deutliche Einwirkung der Tübinger Stiftskirche. Chorgewölbe und Schiffdecke haben eine zarte Bemalung mit gotisierenden Ornamenten aus der Renaissancezeit (1612/13). Grabdenkmäler 15. und 17. Jh. Überreste von altdeutschen Altarwerken (die Schächer am Kreuz, in temperamentvoller Spätgotik, um 1530). Ein ehem. Schloß mit Park. Im Neckartal berühmte Brücke von H. Schickhardt (1600–1603), nach Kriegszerstörung z. T. erneuert. – WENDLINGEN war vormals ein Städtchen mit Ringmauern. Die Kirche ist spätgotisch (1448), einschiffig, ohne Einziehung des Chors, schmal und langgestreckt, flachgedeckt bis auf den massigen Turm, der eine Westvorhalle mit Netzgewölben bildet (1511). Sein Satteldach ist von Schnörkelgiebeln eingefaßt. Grabdenkmäler aus der Hoch- und Spätgotik und der Renaissance. Tafelbild Zeitblom-Schule. – Das Kirchlein von BODELSHOFEN noch hochgotisch (Glocke 13. Jh.). – Im Ortsteil UNTERBOIHINGEN liegt am Talhang links der Lauter eine kleine spätgotische Friedhofskirche (1493) mit älterem Turm. Grabmäler der Ortsherren, Bildwerke und andere Reste der alten Ausstattung (Chorgestühl). In der modernen Pfarrkirche beachtliches Vesperbild, um 1430. *Schloß* der Freiherren Thumb von Neuburg, ein einfacher Neubau des 18. Jh. – UNTERENSINGEN mit ursprünglich romanischer, aber mehrfach (zuletzt 1765) veränderter Kirche. Von hier stammt die Baumeisterfamilie der Ensinger (vgl. Ulm und Esslingen). – Nürtingen Seite 284.

## 10. Der Schönbuch

Ein echtes Schönbuchstädtchen ist WALDENBUCH, dichtgedrängt an den Abhängen eines Schloßbergs, der auch die *Kirche* trägt. Diese ist ein Renaissancebau von kecken Formen, erbaut von ELIAS GUNZENHÄUSER, 1605f. Verzierte Staffelgiebel über spitzbogigen Maßwerkfenstern, Freitreppe mit Zierbrüstung. Innen altbemalte Decke. Der Kirchturm 1702 erhöht von J. U. HEIM. Das *Schloß*, 1562 erbaut, 1687 und 1717 erweitert und umgebaut, zuletzt von G. D. FRISONI, hat eine schöne Wendeltreppe (1576), gewölbte Säulenhalle, Holzfelderdecken, Reste von Stukkatur und einen Altan gegen Norden (1690). *Rathaus* von 1575; Marktbrunnen 1728. – Das bereits in römischer Zeit bedeutende WEIL IM SCHÖNBUCH sieht einem alten Städtlein ähnlich und hat stattliche Fachwerkhäuser. Die *Kirche* ist gotisch (1508, wiederhergestellt nach einem Brand 1558), der Turm noch romanisch. Das *Rathaus* vor der Kirche ist ein ehem. Bebenhäuser Pfleghof mit Holzlaube gegen den Hof. – Von Meister FRANZ VON TÜBINGEN stammt die Kirche in BREITENSTEIN (1488). In NEUWEILER steht ein malerisches Kirchlein mit romanischem Schiff, spätgotischem erhöhtem Chor und zierlichem Fachwerkturm, umgeben von hoher Kirchhofmauer. – HOLZGERLINGEN hat eine monumentale spätgotische Dorfkirche (1473). Der ältere Westturm trägt ein Spitzdach aus der Zeit um 1600. Das Pfarrhaus ist ein altes Jagdschloß. Ein mittelalterliches, später umgebautes Wasserschloß „Kalteneck“ ist am anderen Ende des Dorfes erhalten. An der Kirchhofmauer ein Tränkbrunnen. Vorzügliche Fachwerkhäuser. – Die ehem. Wallfahrtskirche zu MAUREN, hoch- und spätgotisch, im Schiff profaniert, ist malerisch mit ihrem Fachwerkturm. Im Chor Fratzenkonsolen. Das im zweiten Weltkrieg zerstörte Schloß war von H. SCHICKHARDT (1617) erbaut, ein Steinhaus mit Walmdach und turmähnlichen Eckaufbauten. Dabei ein alter Park. – Die Kirche in ALTDORF ist von Meister HANS VON BEBENHAUSEN 1495 erbaut worden und enthält eine geätzte Grabtafel in Solnhofer Stein (1592). Kirche und Pfarrhaus samt der Klosterscheuer (1597) sind noch ummauert. Nischenbrunnen (1594). – HILDRIZHAUSEN. Innerhalb eines befestigten Kirchhofs, an Stelle einer 1165 zerstörten Burg, die ehem. *Stiftskirche* St. Nicomedes. Die alte Anlage ursprünglich eine dreischiffige, romanische Pfeilerbasilika, vielleicht aus der 2. Hälfte des 12. Jh. Mächtiger hochgotischer Südturm. Im Vergleich zum Langhaus großräumiger, netzgewölbter Chor, 1515 von JAKOB HALTMAYER. Das nördliche Seitenschiff wurde später abgebrochen und die Arkaden durch eine Wand geschlossen. Die beiden östlichen Arkaden

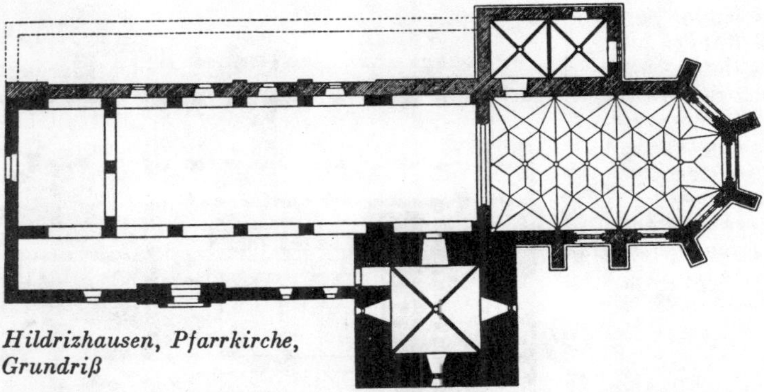

*Hildrizhausen, Pfarrkirche, Grundriß*

sind weiter gespannt als die übrigen und bilden einen querhausartigen Raum. Die Westempore vielleicht Ergebnis eines Umbaus. Neben dem ursprünglich romanischen Südportal Tympanon eingemauert (Inschrift). Im Innern ein romanischer Taufstein.
Am südlichen Eingang des Schönbuchs liegt in einem lieblichen Wiesengrund, als anmutige Überraschung, wenn man, von Tübingen herüberkommend, aus dem Wald heraustritt, das Kloster BEBENHAUSEN (Abb. 3). 1187 von Pfalzgraf Rudolf von Tübingen als Prämonstratenserkloster gegründet, wird es 1190 von Zisterziensern übernommen. Die Gesamtanlage folgt dem im Orden üblichen Schema, wie es aus zahlreichen Beispielen am schönsten in unserem Lande von Maulbronn her bekannt ist. An die Kirche stößt südlich der Kreuzgang, dem östlich Kapitelsaal, Parlatorium und Mönchshalle, südlich das Sommerrefektorium der Mönche mit der Klosterküche, westlich die Gebäude der Laienbrüder angeschlossen sind. Eine zweite Anlage, gleichfalls um einen viereckigen Hof gruppiert, enthielt südöstlich davon Krankenhaus, Gastbau, Abtswohnungen u. a. Nördlich die den Klostergewerben gewidmeten Häuser. Dies alles von der noch wohlerhaltenen inneren Ringmauer teilweise mit Wehrgang und Türmen umschlossen. Zwischen ihr und der äußeren die Klostermühle und andere Wirtschaftsgebäude. Südlich läuft eine trapezförmige Mauer und bezieht Klostergärten, Meierei u. a. in den Klosterbezirk ein. Natürlich fehlte es nicht an Fischteichen, die die Fastenspeise liefern mußten; sie sind an den Dämmen noch zu erkennen. Treten wir durch den mit einer spätgotischen Kreuzgruppe und Wappen geschmückten „Schreibturm" (er enthielt lange Zeit eine Schreibstube) in den inneren Bering ein und betrachten uns die an die Kirche angeschlossenen

*1 Kirche*
*2 Kapitelsaal*
*3 Parlatorium*
*4 Brudersaal*
*5 Herren- oder Sommer-refektorium*
*6 Winter-refektorium*
*7 Laienrefektorium*

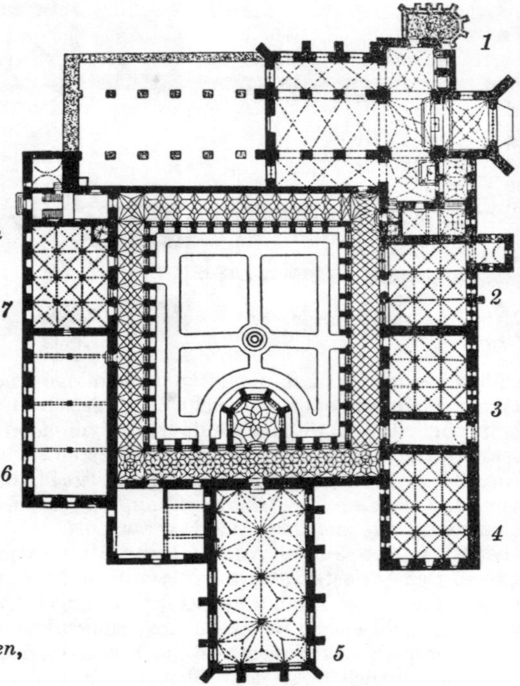


*Kloster Bebenhausen, Grundriß*

Klausurgebäude auf ihre baugeschichtliche Bedeutung hin, so teilen sich darin – anders als in Maulbronn – neben der spätromanischen vor allem die hoch- und spätgotische Zeit. Schon die *Kirche* selbst (1228 geweiht) ist in ihrer heutigen Erscheinung Zeuge davon. Ursprünglich eine flachgedeckte Pfeilerbasilika mit rechteckigem Chorschluß und Querschiffkapellen nach der bei uns am meisten verbreiteten Norm des Zisterzienserordens. Die vier durch Quermauern voneinander getrennten Nebenaltäre dieser Kapellen sollten den Priestermönchen das ungestörte Lesen der Messe ermöglichen. Von den einst neun Arkadenpaaren des Langhauses sind seit dessen Verkürzung (1566) nur noch drei erhalten. Schönes Portal mit Lilienschmuck. Während die Vierungsbögen und die Langhausarkaden schon spitz zulaufen, sind die beiden alten, tonnengewölbten Querschiffkapellen auf der Nordseite noch ganz in romanischer Formensprache gehalten. Auch im Angesicht der äußeren Erscheinung der Kreuzflügel vermögen wir uns noch ein Bild von der ernsten Würde der romanischen Grundanlage zu machen; weniger in der Ostansicht des Chores. Hier hat Abt Konrad v. Lustnau 1335 ein riesiges Prachtfenster einsetzen lassen, dessen Maßwerk und Pfostengliederung, klar und wohlberechnet bei allem Reichtum, eine Fülle von Licht durch seine bunten Scheiben in den düsteren Raum leitete. So kompliziert die Geometrie des fensterbogenfüllenden Maßwerks auch scheint – das Motiv des großen Sternmusters mag auf die Fensterrose der Reimser Kathedrale zurückgehen –, so ist sie doch voll Ordnung, glanzvolles Beispiel hochgotischer Ornamentik. Reste der alten Farbverglasung. Die dritte Bauzeit verkündet der auf die Vierung gesetzte merkwürdige Glockenturm, ein Werk des bauverständigen Laienbruders Georg v. Salem (1407–1409). Er suchte das Ordensverbot des Turmbaus zu umgehen, indem er dem erlaubten Dachreiter durch einen virtuosen und vieldurchbrochenen Gerüstaufbau mit durchbrochener Pyramide die kühne Wirkung des Oberteils eines spätgotischen Domturms zu verleihen wußte. Man vergleiche auch die gleichzeitige Darstellung als Wandbild an der inneren Chorwand. Der letzten Bauperiode gehören die spätgotischen Gewölbe und die Verkürzung der Kirche an. Von der Ausstattung ist wenig Erwähnenswertes erhalten. Reiche Renaissancekanzel mit einer Knaufsäule als Träger (2. Hälfte des 16. Jh., Konrad Wagner). Spätgotisch der *Kreuzgang* mit einer wahren Fülle von zierlich ausgehauenen Schlußsteinen, mannigfaltig wechselnden Netzgewölben und Maßwerk in den Arkaden (1471–1496, Hans v. Bebenhausen). Auf die alte Sakristei folgen im Ostflügel drei spätromanische Hallen, zuerst der dreischiffige *Kapitelsaal* in gedrungenen, schweren Proportionen mit seinen kurzen, stämmigen Säulen, vielstufigen Deckplatten, hornförmig gebogenen Kapitellkonsolen. Naturalistische Gewölbemalerei 1528. Ähnlich das *Parlatorium* (Sprechsaal), wo zur Besprechung der Geschäfte das klösterliche Schweigen gebrochen werden durfte, und der große, gutbeleuchtete *Brudersaal*, der als Arbeitsraum gedient haben mag; die beiden letzteren etwas leichter in den Proportionen und bereits mit spitzbogigen Gurten. Im Obergeschoß dieses Flügels befindet sich das *Dormitorium*, die Schlafzellen der Mönche, beiderseits eines langen Mittelgangs. Dessen Decke und Wände zeigen über dem Fachwerk schön die alte geschnitzte spätgotische Täfelung, während Fliesen und Wandmalerei nach den Resten erneuert sind. Der künstlerisch bedeutendste Raum des Klosters liegt gegenüber der Brunnenkapelle: das *Herrenrefektorium* (1335; Mönchsspeisesaal), eine luftige, zweischiffige Halle, von heiterer Stimmung durchweht. Ein dreifaches Sterngewölbe geht fächerförmig von freistehenden, schlanken Pfeilern ohne Kapitell aus. Die Ausmalung der Gewölbefelder aus der Erbauungszeit ist stark erneuert worden. Die Schlußsteine tragen – eine Seltenheit – qualitätvoll bemalte runde Scheiben, die wie die Darstellung des Throns Salomons über dem Eingang (Original in der Stuttgarter Staatsgalerie) gegen 1340 entstanden sind. Die Maßwerkfenster sind stilistisch mit dem großen Kirchenfenster verwandt und verraten den kunstgeschichtlichen Zusammenhang mit Kloster Salem, wo die zisterziensische Hochgotik eine klassische Ausprägung erfahren hatte. Das anmutige Türmchen über dem Südgiebel ist ein Werk des GEORG V. SALEM gleich nach 1400. An der Küche vorbei gelangen wir in den ursprünglich den Laienbrüdern zugewiesenen Westflügel. Hier dominiert in den beiden Hallen in merkwürdigen Sonderformen die Spätgotik. Man beachte die feinen Schnitzereien an den Holzsäulen und Unterzügen des *Winterrefektoriums*, das die Mönche bei der Abnahme der Zahl der Laienbrüder sich hier einrichteten, und das *Laienrefektorium*, eine in spätgotischen Formen umgearbeitete ursprünglich romanische Halle. Von den außerhalb der Klausur gelegenen Bauten sei das Herrenhaus (1532, für vornehme Gäste) und das Krankenhaus, auf der Ringmauer aufsitzend, mit kräftigem alemannischem Fachwerkoberbau, genannt. Reizvolle Ansichten, Mauerpartien, Durchblicke, Architektur- und Landschaftsbilder bieten sich beim Begehen des Klosters. Es ist heute Zweigmuseum des Württembergischen Landesmuseums und zeigt vor allem spätgotische Bildwerke. – Zum Kloster gehörte auch der *landwirtschaftliche Hof*, dessen befestigten Reste an der Straße nach Lustnau noch zu erkennen sind.

## 11. Herrenberg – Tübingen

Von einem höheren Bergzug springt eine Plateauzunge vor. Auf dieser steigt breit und kompakt die Baumasse der Stiftskirche empor. Um die Böschung des Plateaus herum breitet sich das z.T. verzwickte Gegiebel der Häuser aus. Das ist das Stadtbild von HERRENBERG. Selten wird man den Schwerpunkt einer städtebaulichen Komposition so sehr auf ein Baudenkmal verlegt finden, wie dies bei der Herrenberger Stiftskirche der Fall ist. Sie faßt als krönenden Abschluß das Stadtbild zu einer festen Einheit zusammen. Die ehem. Burg der Pfalzgrafen von Tübingen, rückwärts über der Kirche in Trümmern erhalten, kommt architektonisch für die Stadtansicht nicht mehr in Betracht. Im Mittelpunkt der in Terrassen abfallenden Stadt liegt der Marktplatz mit stattlichen Fachwerkhäusern. Über ihm ragt die ***Stiftskirche*** empor (Abb. 34), mit dem massigen Umriß ihres Westbaus

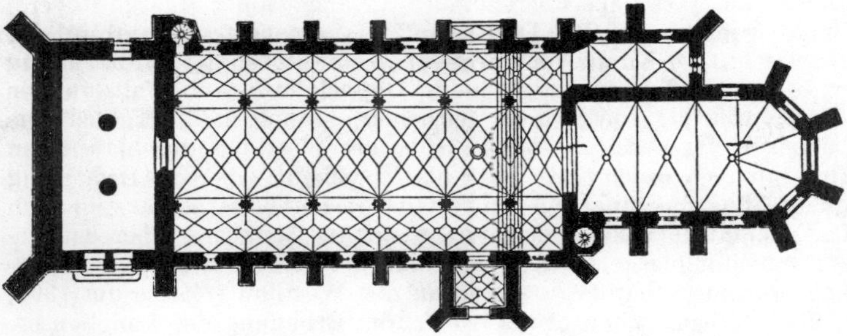

*Herrenberg, Stiftskirche, Grundriß*

in trutziger Geschlossenheit gleichsam ein Hinweis auf die dahinterliegende Burg. Dreischiffige Staffelhalle mit spätgotischen Netzgewölben, ehem. doppeltürmiger Westfassade und unorganisch angeschlossenem Chor. In seinen wesentlichen Teilen stammt der Bau aus dem Ende des 13. und Anfang des 14. Jh. Die Kirche gilt als älteste Hallenkirche Schwabens, doch ist diese Annahme noch nicht voll bewiesen. Für die Baugeschichte wertvoll die Daten: 1315 Weihe eines Annenaltars; 1317 Ablaß für alle, die zur Vollendung des Baus Hand anlegen; 1328 Weihe der Kirche mit fünf Altären; 1336 Schenkung für den Kirchturm; 1337 und späterhin Altarweihen, 1453 Ablaß für einen Umbau. Nach allen technischen und formalen Anzeichen war die bestehende Kirche an Stelle einer älteren Marienkirche, von der spätromanische Werkstücke (Gesimsplatte mit angearbeiteter Wasserrinne) im Neubau vermauert sind (im Dachgeschoß über dem Triumphbogen), von Westen nach Osten errichtet worden. Der Westbau, zum mindesten bis zum dritten Sims (Beginn der Doppeltürme), ist einheitlich aus dem Ende des 13. Jh. Ungleichmäßigkeiten wie das plötzliche Aufhören des Blätter- und Blütendekors am untersten Gesims der Südseite sind nicht als Bauabschnitt zu deuten. An der Südseite als Schauseite ein Doppelportal mit Nasenbogen und reichgekehltem Gewände; darüber ein durch zwei Stockwerke greifendes großes Fenster, des Maßwerks beraubt. An der Westseite ein zugemauertes Dreieckfensterchen und darüber eine ebenfalls vermauerte Rose. Die seitliche Konsole an einem der Strebepfeiler sollte ursprünglich eine Wendeltreppe tragen. An der Nordseite ein dem südlichen ähnliches Doppelportal ebenfalls mit Nasenbogen. Die Formen dieses ersten Bauabschnitts weisen in das Ende des 13. bzw. den Beginn des 14. Jh. Prächtiges, fein geschnittenes Quaderwerk. Im

Innern des Westbaus übereinander Ansätze zweier (spätgotischer?) Spitzbogengewölbe. Im Erdgeschoß ein erneuertes Portal in das Mittelschiff der Kirche, im Obergeschoß eine erst später durch Teilung eines großen Bogens entstandene Doppelöffnung ebenfalls in das Mittelschiff, die von je einer seitlichen Öffnung flankiert wird. Die beiden, heute durch die ganze Höhe des Westbaus durchlaufenden Rundpfeiler wurden erst später hier eingebaut. Über die Bedeutung dieses ohne die jüngeren Einbauten riesigen Westraums weiß man fast nichts; auch kann man vorerst nichts Genaueres über den ursprünglich geplanten oberen Abschluß des Westbaus aussagen. Zeitlich in unmittelbarem Anschluß an den Westbau erfolgte um 1300, vielleicht sogar schon etwas früher, die Erbauung des Langhauses. Der Anschluß an den Westbau nicht ganz organisch (Wechsel in den Gesimshöhen). Bestimmend wirkt in diesem Abschnitt die Reutlinger Bauhütte (Langhaus und Westfassade der Marienkirche) ein: Spitzbogenfries, horizontale Abdeckung der Strebepfeiler, Maßwerkfiguren und die Stäbe sowie Konsolen an der Außenkante der Fenstergewände der Südseite. In der Portalbildung (Brauttor auf der Nordseite) nächste Beziehung zu St. Dionysius in Esslingen (Nordostportal des Langhauses, das jedoch etwas ältere, derbere Formen zeigt). Das Fenstermaßwerk an der Südseite spätgotisch erneuert, an der Nordseite ursprünglich. Übereinstimmung des Maßwerks (das vierte von Westen) mit einem am Chor der Stuttgarter Stiftskirche (nach 1321). Zu beachten ist der Unterschied im Querschnitt der Fensterlaibungen zwischen Nord- und Südseite. Die Vorlagen der Westseite sicher vor 1328; ebenso die Gewölbekonsolen an den Seitenschiffmauern. Dagegen sind nach Ausweis der Steinmetzzeichen zumindest die Arkaden und Obermauern des Mittelschiffs, erstere in Anpassung an den vielleicht älteren Pfeilerquerschnitt, aus dem Bauabschnitt 1453 f., ebenso die Netzgewölbe über Mittel- und Seitenschiffen. Die schwierige Frage, ob der Bau des beginnenden 14. Jh. bereits als Hallenkirche geplant war, kann nicht ohne weiteres beantwortet werden. Die – verglichen mit Schwäb. Gmünd (Heiligkreuzkirche) und Esslingen (Frauenkirche) – geringe Höhe der Seitenschiffmauern im Verhältnis zur Langhausbreite, der unvollkommene Anschluß des Chordachs an den Langhausgiebel, ferner der (1749 abgetragene) hohe, den First des Hallendachs überragende Giebel zwischen den Türmen lassen mindestens die zeitweilige Planung eines basilikalen Aufbaus (wie in Reutlingen) als möglich erscheinen. Für ein ursprünglich bereits alle drei Schiffe gemeinsam zusammenfassendes Dach spricht die Steinstruktur auf der Ostseite des Westbaus. Jedenfalls steht fest, daß das bestehende Hallensystem erst aus der Zeit des spätgotischen Umbaus stammt. Die beiden Turmaufsätze auf dem Westbau (von den Innenwänden einzelne Ansatzquader erhalten) wurden wohl im Zusammenhang mit dem spätgotischen Weiterbau des Langhauses begonnen. Bald nach der Weihe von 1328, wahrscheinlich um 1336, erfolgte der Anbau des Chors, dessen Achse nach Süden verschoben ist. Drei Joche und ein Chorhaupt in drei Seiten des Achtecks. Die einfachen Kreuzrippengewölbe auf schlanken Runddiensten. Dem ansteigenden Gelände folgend Höherlegung des Sockels und der Gesimse. Die Strebepfeiler mit schräger Verdachung und Stirngiebel weiterentwickelt als diejenigen des Langhauses und ähnlich den Abdeckungen der Turmstreben. Dagegen ist der Spitzbogenfries und das Profil des Traufgesimses vom Langhaus übernommen. Der daraus zu folgernde geringe Zeitabstand zwischen den beiden Bauabschnitten wird noch bestätigt durch die Übereinstimmung der Maßwerkfiguren mit denen des Herrenrefektoriums in Bebenhausen (um 1335) und des Hochschiffs des Freiburger Münsters. Im ausgezeichneten Quaderschnitt ist keine Veränderung gegenüber dem Langhaus festzustellen, dagegen neue Steinmetzzeichen. Aus der 2. Hälfte des 15. Jh. stammen die Arkaden, die Wölbung des Langhauses (durch Hans Spryss, vollendet 1492), die Vorhalle mit Oberraum an der Südseite von einem Meister der Uracher Schule, der gewölbte Baldachin an der Brautpforte auf der Nordseite; ferner, nach Ausweis der Steinmetzzeichen, der Treppenturm an der Nordostecke des Turmmassivs und Ausbesserungen an den Fenstern im Doppelturmgeschoß des Westbaus. Südlich vom Chor (1520) stand die 1890 abgerissene Sakristei von Meister Hanselmann. An Stelle der 1749 abgetragenen beiden Spitztürme ein den Westbau im ursprünglichen Sinn wieder zusammenfassendes Glockenhaus mit welscher Haube.

Von der *Innenausstattung* des Baus hat sich trotz der unerfreulichen Restauration von 1890 noch manches gute Stück erhalten, namentlich das reichgeschnitzte Chorgestühl, 1517 von Heinrich Schickhardt aus Siegen, dem Großvater des herzoglichen Baumeisters, gefertigt. Die Figurentypen erinnern an diejenigen des Christoph von Urach; auch Anklänge an die Typen des Ulmer Chorgestühls sind erkennbar. Die überaus fein und virtuos gemeißelte Kanzel wurde 1503/04 von Meister Hanselmann gearbeitet. Spätgotischer Taufstein. Gemalte Renaissance-Epitaphe. Der einst den Chor füllende gewaltige Herrenberger Altar von Jörg Ratgeb ist jetzt in der Stuttgarter Staatsgalerie. Die Kirche besitzt schließlich – als ganz seltene Kostbarkeit – eine der heute ältesten erhaltenen Glocken des ganzen Landes (vor oder um 1200). Sie hat eine hohe Zuckerhutform und trägt eine Inschrift.

In der Stadt sind einige alte Bauwerke erhalten. Die *Propstei* am Schloßberg, spätgotisch mit inneren Einzelheiten aus der Frührenaissance. Ein stattlicher *Fachwerkspeicher* am ehem. Tübinger Tor. Marktbrunnen 1660. Radbrunnen 1761. Der Stadtplan mit gewundenen, engen Gassen und malerisch vorspringenden oder gereihten Giebeln (Tübinger Straße) ist dem Gelände angepaßt, das den halben Mantel eines Kegels darstellt. Ursprünglich drei Tore, abgesehen vom Burgtor. Die Reste der *Burg* über der Stadt weisen auf eine ansehnliche Anlage, in den Hauptteilen aus gotischer Zeit. Geräumige, langgestreckte Hauptburg mit mächtigen Umfassungsmauern, nach Osten gegen den Bergzug durch hohen Erdaufwurf und breiten Graben gedeckt. Nach der Stadt zu absteigende Wehrmauern, die einst in der Ringmauer der Stadt ihre Fortsetzung fanden.
Von der Kapelle des Hirsauer Klosterpfleghofs MÖNCHBERG ist der ehem. Chorturm romanisch, das Schiff barock. Das Dorf KAYH hat ein *Rathaus* von 1550. Fáchwerkbau aus Eichenholz mit fast unveränderter Einrichtung. Ummauerte spätgotische Kirche mit stattlichem Chor und wehrhaftem Turm. – In ALTINGEN, in einem burgartigen Kirchhof, ein hochgotischer Chorturm mit stolzen Maßwerkfenstern und vollständiger spätgotischer Ausmalung vom Ende des 14. Jh. ab (Heilige, Kirchenväter und Szenen aus dem Neuen Testament). Glocke aus dem 13. Jh. – In GÜLTSTEIN ein romanischer Turm (einst Wehrturm mit mächtigen Mauerstärken), ein Westportal aus gleicher Zeit und Überreste einer Kirchhoffeste. In NEBRINGEN ist der Turm der Kirche noch romanisch. TAILFINGEN besitzt ein Pfarrhaus, das von H. SCHICKHARDT 1614 erbaut wurde.
Die Kirche in BONDORF im 18. Jh. umgestaltet. Der Turm noch romanisch. Die spätgotische Kirche in HAILFINGEN hat netzgewölbten und altbemalten Chor, 1515–1518. Figürliche Konsolen (Apostel), Sakramentshaus. Die Kirche von OBERNDORF besitzt einen bedeutenden spätgotischen *Altarschrein* mit bemaltem Schnitzwerk aus dem Umkreis der oberrheinischen HAGENAUER-Werkstatt (aus dem Kloster Bebenhausen). Die Figuren – in ihrem Zentrum eine Marienkrönung – stehen in drei durch Fenster aufgelösten Polygonalnischen. – Schiff und Turm der Kirche in POLTRINGEN romanisch. Der hochgotische Chor im Stil der Schule von Reutlingen-Herrenberg. Spätgotische Holzbildwerke. Die große *Schloßkirche* wurde 1752 erneuert und mit Stukkaturen ausgeziert; der Chor äußerlich noch spätgotisch. Das *Schloß* an Stelle einer Wasserburg im 3. Viertel des 16. Jh. von M. WIELAND erbaut (Veränderungen durch H. SCHICKHARDT), stattlich mit achtseitigem Eckerker und Dacherkern. Auch die Wirtschaftsgebäude z. T. alt.

ENTRINGEN am Fuß des Schönbuchs sieht mit seinem hohen Kirchturm einem Städtchen ähnlich. Die Kirche spätgotisch (1452). Chor und Turm enthalten noch romanische Teile. Reste der Ausstattung aus spät- und nachmittelalterlicher Zeit. Burg HOHENENTRINGEN ist ein einfaches Steinhaus der ausgehenden Gotik mit Wendeltreppenturm, umgeben von Mauerzwingern. – Das kleine Schloß ROSECK auf einem Vorsprung des Schönbuchs ist noch wohlerhalten und lohnt schon wegen der Aussicht einen Besuch (jetzt Sanatorium). – Das Kirchlein in PFÄFFINGEN, 1711 erneuert, besitzt aus dieser Zeit Wandgemälde und Rokokokanzel. Altarfiguren aus der Mitte des 15. Jh. Außen Renaissancegrabmäler. Die Kirche von UNTERJESINGEN ist spätgotisch (um 1476/77), in besonders zierlicher Ausbildung. Reizvoll namentlich der Turm mit schlankem Achteck und Eckfialen nebst hohem Spitzdach. – Die heute profanierte Pfarrkirche von AMMERHOF wurde 1765 von TIBERIUS MOOSBRUGGER errichtet. Deckenbilder von J. A. VEESER. – Tübingen Seite 298.

## 12. Sindelfingen – Böblingen – Herrenberg

Im Urkirchenort SINDELFINGEN wurde von Graf Albert II. von Calw ein Benediktinerkloster gegründet, das 1066 (nach dem vermutlichen Abzug der Mönche nach Hirsau) in ein weltliches Chorherrenstift umgewandelt worden ist. Bauveränderungen nach Zerstörung von Sindelfingen 1133. Verlegung des Stifts nach Tübingen 1476 als Kernzelle der neugegründeten Universität und Gründung eines regulierten Chorherrenstifts. Der Stiftsbezirk liegt nordöstlich der 1263 durch die Pfalzgrafen von Tübingen gegründeten Stadt, die 1351 an die Grafen von Württemberg überging. In der Mitte des Bezirks die noch wohlerhaltene ehem. *St.-Martins-Kirche* (Abb. 78); Krypta abgebrochen. 1083 geweiht. Dank ihres künstlerischen Charakters und ihrer architekturgeschichtlichen Bedeutung nimmt sie einen hohen Rang unter den schwäbischen Kirchenbauten ein. Sie ist eine einfache, dreischiffige Pfeilerbasilika ohne Querhaus, mit drei Apsiden und einem frei neben die Südseite des Chors gestellten Glockenturm, dessen oberstes Geschoß 1863/64 durch CHR. v. LEINS ergänzt worden ist; gleichzeitig Veränderungen an den Seitenschiffen (Fenster und Portale neu). Der Bau besaß ursprünglich eine 1090 geweihte Krypta (1576 abgebrochen), möglicherweise auch ein bereits beim Umbau im 12. Jh. abgebrochenes Querhaus mit seitlichen Emporen (A. Schahl). Die Beziehungen zu Oberitalien scheinen bei kaum einem andern Bau

Schwabens deutlicher hervorzutreten: in der Grundrißbildung, in der äußeren Chorpartie mit ihrer charakteristischen Wandgliederung, die erst im vorgeschrittenen 12. Jh. durch Ummantelung hinzugekommen ist – man vergleiche Fuge und Knick in den Fenstergewänden –, und in der Form und Stellung des Glockenturms, ebenso in der ehedem hochliegenden Krypta mit dem als Schaubühne darüber angelegten Chor und schließlich in der schlanken Proportionierung der einzelnen Bauteile, namentlich den weit und luftig gespannten Arkaden des Mittelschiffs. Stilistisch für die Gliederung und Proportionierung der Apsiden sei jedoch besonders auf den Dom zu Speyer hingewiesen. Der Eindruck des Innenraums ist trotz der Veränderungen, die sich vor allem durch den Abbruch der Krypta ergaben, bedeutend. Man ist sich nicht recht bewußt, ist es der stereometrisch klare, von geraden Flächen begrenzte Raum oder der Rhythmus der Pfeiler und Arkaden, die ruhige Flächigkeit der Wände oder die Wechselwirkung beider Faktoren, die den intensiven Eindruck zustande bringen. Die Formbehandlung im einzelnen ist knapp und von etwas lebloser Härte; mit dem Kanon der Hirsauer Bauten bestehen keine näheren Beziehungen. Erhalten ist das ursprüngliche, aus dem Ende des 11. Jh. stammende Sparrendach auf Mauerlatten (Tanne), dessen Gebinde durch angeblattete schräge Streben versteift sind (Neigung = 45°). Zu beachten die Verbreiterung der Mauerkrone durch den vorkragenden Rundbogenfries aus Haustein. Von alten Ausstattungsstücken sei eine Holztür, jetzt am Westportal, mit romanischen Beschlägen aus der Erbauungszeit, genannt, desgleichen ein künstlerisch bedeutsames Votivrelief von 1477 (Christus mit Wundmalen, Pfalzgräfin Mechthild und Graf Eberhard). Romanische Spolien sind in dem sonst neuromanischen Kanzelfuß enthalten. An der Südseite des Langhauses einst ein nach 1850 abgebrochener Anbau mit unterer Durchfahrt und Erkerkapelle im Obergeschoß. Neben der nördlichen Apsis ein doppelgeschossiger Anbau aus der 2. Hälfte des 13. Jh.

Grabungen im sog. Wurmbergquartier westlich des ehem Stiftsbezirks ergaben wertvolle Aufschlüsse über die frühmittelalterliche Entwicklung der Siedlung. In der Umgebung der Kirche reiche Fachwerkhäuser, zumeist an Stelle ehem. Stiftshäuser errichtet, so eines in der Kirchstraße von 1692. Bedeutende Fachwerkhäuser auch in der einst durch eine Ringmauer mit runden Ecktürmen umwehrten Stadt, wie die Baugruppe des *Alten Rathauses* von 1478 mit dem Anbau des *Salzhauses* von 1592 sowie der über spitzwinkligem Grundriß und offenem Untergeschoß mit Spitzgiebeln errichtete Hausanbau im „*Hexensprung*" und die *Zwillingshäuser* in der Hinteren Gasse. – Das *Rathaus* 1968 von G. Wilhelm.

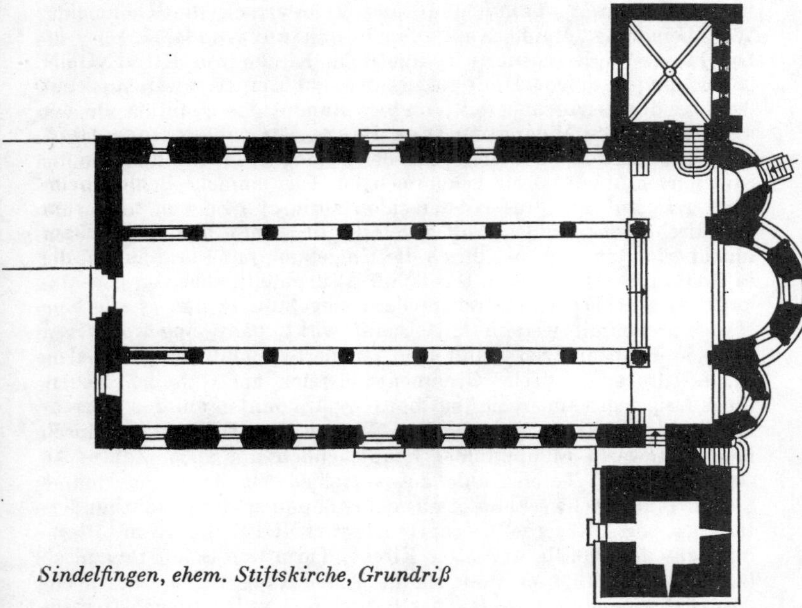

*Sindelfingen, ehem. Stiftskirche, Grundriß*

Ähnlich wie Herrenberg ist die einst ummauerte Stadt BÖBLINGEN als flacher Halbkegel aufgebaut, der in der Stadtkirche gipfelt. Der letzte Krieg hat das alte Stadtbild weitgehend zerstört. Wiederhergestellt wurde die aus dem 14. Jh. stammende Stadtkirche, einst Schloßkirche der Burg einer Nebenlinie der Pfalzgrafen von Tübingen. Ursprünglich war sie dem hl. Dionys geweiht. Der Bau überrascht durch die merkwürdige Gestaltung der Westseite: Ein überhoher Glockenturm steht asymmetrisch an einer ungleichmäßig gebildeten Giebelwand. Von der Stadtbefestigung sind ein Mauerstück mit Wehrgang, der „Grüne Turm" und ein weiterer Turm als Stumpf erhalten geblieben. Marktbrunnen mit dem Standbild des Christophorus (Renaissance, Kopie). Die Stadt hat sich nach dem Krieg baulich bedeutend ausgedehnt, teilweise mit guter moderner Architektur. Erwähnt werden mögen: das *Kaufzentrum*, 1965–1967 von H. U. und U. Kölsch aus Essen in Fertigbauweise errichtet; IBM-Laboratorien, 1960/61 von K. A. Koppenhöfer; Albert-Einstein-Gymnasium,

1965–1967 von W. Traub und L. Prokopowitsch; die Schönaicher Wohnbebauung „Rauhe Kapf" von H. Scharoun, 1964/65.
Die jüngst stark erneuerte spätgotische Kirche von EHNINGEN (1436; umgebaut von H. Schickhardt) hat Emporen mit Stuckbildern aus der Renaissancezeit. Von hier stammt das qualitätvolle, der niederländischen Malerei um Dirk Bouts sehr nahestehende Altartriptychon mit dem Stifterwappen der Herzogin Mechthild, das in die Stuttgarter Staatsgalerie gekommen ist. Das einfache Schloß beim Dorf geht auf ein altes Wasserschloß zurück. – Zu den schönsten Dorfkirchen des Landes zählt durch die Lage im erhöhten Kirchhof mit überbautem Tor und durch die Umgebung mit Parkbäumen die in GÄRTRINGEN (1496). Das Schiff ist ungeteilt, aber von Einsatzkapellen zwischen den Strebepfeilern eingefaßt, so daß es wie eine Hallenkirche mit weitem Mittelschiff wirkt, ganz eingewölbt mit schönen Rippennetzen (zahlreiche reliefierte Schlußsteine). Wiederhergestellte spätgotische Ornamentmalereien am Gewölbe. Neuerdings freigelegte Malereien im Chor (Orgel) könnten auf den Herrenberger Jörg Ratgeb zurückgehen. An den Wänden ikonographisch bemerkenswerte Figurenbilder hauptsächlich um 1665. Zahlreiche Grabsteine und Totenschilde aus verschiedenen Jahrhunderten. – Schloß 1728. Fachwerkhäuser aus dem 16. und späteren Jahrhunderten (u.a. sog. „Kaserne"). – Im Gäu der Ort NUFRINGEN mit Pfarrhaus aus dem 16. Jh. und alter Kirche. Turm und Schiff romanisch (2. Hälfte 12. Jh.), dieses mit spätgotischen Änderungen. Chor hochgotisch – wieder ein Denkmal der Bauschule von Reutlingen-Herrenberg. Ebenso der Chor der Kirche von KUPPINGEN. Ihr ursprünglich auffallend kurzes, jüngeres Schiff erinnerte im Grundriß an die Veitskapelle von Mühlhausen bei Stuttgart (moderne Erweiterung). Spätgotisches Chorgestühl mit flach eingeschnitzten Zeichnungen. – Herrenberg Seite 88.

## 13. Böblingen – Weil der Stadt – Heimsheim

Böblingen Seite 95. – Unbekannt ist der Baumeister der schönen Dorfkirche von DAGERSHEIM (1491), mit älterem Wehrturm und recht gut erhaltener Ausstattung: spätgotische Glasbilder (Kreuzigung, Rosenkranz, Heilige; Ende 15. Jh.), Chorgestühl und z. T. qualitätvolle Holzbildwerke; auch Grabdenkmäler aus dem 16. Jh. – Das Dorf DARMSHEIM ist nach einem Brand (1907) fast ganz neu aufgebaut worden, doch sieht man noch ältere Fachwerkhäuser. – Die

Dorfkirche zu AIDLINGEN ist von ABERLIN JÖRG um 1470 erbaut worden, unter Beibehaltung eines älteren Turms mit Staffelgiebeln. Alte Ausstattung mit Chorgestühl, Grabmal (um 1625 von einem Meister MJD). Im Ort wie in allen Dörfern des Schönbuchs und Strohgäus hübsche Fachwerkhäuser mit Zimmermannsschnitzereien. – In DEUFRINGEN ist das Pfarrhaus ein altes Schlößchen aus der Renaissancezeit, die Kirche eine mehrfach umgebaute spätgotische Anlage. – In DÖFFINGEN ist der denkwürdige befestigte Kirchhof erhalten, von dem aus im Städtekrieg 1388 Graf Eberhard der Greiner die Truppen der Reichsstädte schlug. – Das Schloß der alten Johanniterkommende in DÄTZINGEN entstammt mit dem Kern seines heutigen Baus aus dem 17. Jh. 1812 wurde es durch N. F. THOURET umgebaut (Treppenhaus und Säulenportikus). Ausstattung des Maltesersaals im Innern 18. Jh. (Veduten). – Ein Wahrzeichen ist der aus romanischer Zeit stammende mächtige und gedrungene Chorturm der Kirche in OSTELSHEIM.

WEIL DER STADT. Ein Gewirr aneinandergepreßter Dachrücken, von einer auf weiten Strecken noch erhaltenen Stadtmauer umschnürt, im Kern der steile Dachrücken und der Turm der Stadtkirche, an der Peripherie schlanke Mauertürme mit Fachwerkaufsätzen oder spitzen Kegeldächern, über allem ein Hauch von unberührtem Mittelalter, das ist Weil der Stadt, eines der altertümlichsten Städtebilder in Württemberg. In der 1. Hälfte des 13. Jh. von den Staufern gegründet, blieb die Stadt bis 1803 Reichsstadt. 1499 wurde in ihr der württembergische Reformator Johannes Brenz geboren, 1571 der große Astronom Johannes Kepler. Abgesehen von der Stadtkirche fehlen dem Ort die bedeutenderen architektonischen Charaktere. Doch ergeben die einzelnen Türme und Häuser zusammen ein hübsches Stadtbild.

Die *Stadtkirche St. Peter und Paul* (Abb. 98) ist ein großräumiger, spätgotischer Hallenbau mit drei Schiffen und Seitenkapellen. Der bestehende Bau wurde von 1492 ab unter Benutzung zweier älterer Osttürme errichtet. Der in der Literatur häufig genannte ABERLIN JÖRG scheint als Baumeister nicht gesichert, neuerdings wird der Bau dem URACHER MEISTERKREIS zugeschrieben (H. Koepf). Wiederherstellung der im 17. Jh. barockisierten Kirche durch J. v. EGLE (1869), auf den die heutige Gestalt des gesamten Langhausinnenraums zurückgeht. Die stilistische Beurteilung des ursprünglichen Zustandes ist also nur schwer möglich. Der Chor wurde 1519 durch einen sonst unbekannten MEISTER FRIEDRICH mit einem Sterngewölbe geschlossen. Die beiden Chorseitentürme sind im Unterbau wohl aus dem 12., in den oberen Abschlüssen jedoch aus dem 2. Drittel des 13. Jh.; im

Innern der Kirche sind sie als Kapellen ausgebildet. Zu ihnen gesellt sich ein wohl auf romanischen Grundmauern stehender Westturm von gedrungener Gestalt. Der Achteckaufsatz mit Umgang das Werk eines Meisters HANS VON HEIMSHEIM und seines Sohnes. Durch die gegebene Lage der drei Türme ist die Kürze des Langhauses zu verstehen. An der Südostseite des Schiffs eine Vorhalle mit zwei Steinbüsten (Petrus und Salomo) und Bauinschrift. Im Chor ein prächtiges Sakramentshaus mit epitaphartigem Aufbau darüber, laut Inschrift 1611 von GEORG MÜLLER in Stuttgart. Hochaltar 1680, Kanzel 1742. Unter den Holzbildwerken bemerkenswert ein Vesperbild, um 1420 bis 1430, und ein kreuztragender Christus. In der Kirche (14. Jh) des *Spitals* – in mittelalterlich typischer Randlage am Fluß – qualitätvolle spätgotische Holzbildwerke im erneuerten Hochaltar, die

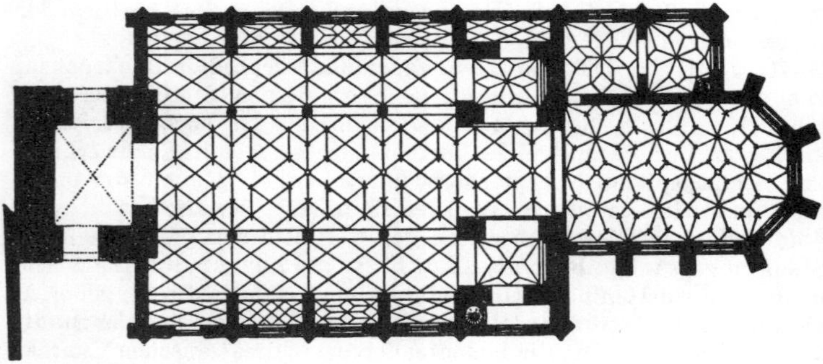

*Weil der Stadt, Stadtkirche, Grundriß*

MATTHÄUS WEINMANN zugeschrieben werden. *Rathaus* am Marktplatz mit Bogenhalle (1582), daneben das Geburtshaus Johannes Keplers (Kepler-Museum). Das *Alte Rathaus* am gleichen Platz ein mittelalterliches Steinhaus, trotz Entstellung sofort erkennbar an seiner turmartigen Proportion. Zwei Marktbrunnen, einer mit Standbild (1537); ein Gassenbrunnen mit reizvollem Rokokostock (Amor auf Delphin). Die Schule umschließt den ehem. Kreuzgang eines Augustinerklosters. Grabmäler bei der Kirche und auf dem Friedhof, hier eines von H. DANNECKER.

In MAGSTADT ragt der Kirchhof auf wie eine Burg. Die Kirche ist spätgotisch (1511) mit alten Ausstattungsstücken. Am spätgotischen Taufstein die Sieben Sakramente und ein Wappenengel; Kanzel aus gleicher Zeit; ein romanisches Türbogenfeld mit Ornamenten wohl von einem Vorgängerbau. – Von der Kirche in RENNINGEN ist der Chorturm frühgotisch. Das Rathaus (1590) ist durch seinen Fachwerkgiebel und seiner städtebaulichen Stellung wegen reizvoll. – Im Turmchor der Kirche von MALMSHEIM befinden sich spätgotische Fresken, darunter das ikonographisch interessante Fragment einer Hostienmühlen-Darstellung. MERKLINGEN hat eine Kirchenburg: den von Ring- und Zwingermauern und tiefem, gefüttertem Wassergraben umgebenen ehem. Herrenalber Klosterhof mit Steinhaus (14. Jh.) und Kirche. Brückentor 1478. Von den Türmen des Zwingers steht noch einer mit Fachwerkaufbau. Die *Kirche*, ursprünglich romanisch mit Chorturm, wurde im 15. Jh. erweitert unter Umwandlung in eine Querschiffanlage. Sie enthält ein Chorgestühl und Grabmäler (L. Baumhauer). – In HAUSEN a. d. Würm die malerisch gelegene, netzgewölbte Chorturmanlage der Kirche mit barock erneuertem und modern erweitertem Langhaus. Spätgotisches Chorgestühl. Glocke aus dem 13. Jh. – Das in einer landschaftlich reizvollen Senke gelegene Städtchen HEIMSHEIM wurde im letzten Krieg weitgehend zerstört. Es ist vor allem bekannt durch das erhalten gebliebene *Schloß der Schleglerkönige* (Abb. 33). Der Bund der Schlegler war eine weitverzweigte Rittergesellschaft, die hier 1395 von Graf Eberhard dem Milden gefangengesetzt wurde. Der Bau stellt ein interessantes Muster für einen festen Wohnbau im Mittelalter dar. Ein mächtiger Steinkasten (um 1409–1416) von turmähnlich geschlossenen, nur durch Fensterschlitze unterbrochenen Mauerseiten, die eine Teilung in fünf Geschosse – das oberste über einem Bogenfries vorgekragt – erkennen lassen. Die innere Ausstattung mit Kamin, Wandnischen, skulptierten Türrahmungen und altem eichenem Dachstock sehenswert, neuerdings z. T. restauriert. – Auf dem Marktplatz ein Monumentalbrunnen (1769). Neben dem alten Schloß steht das *Neue Schloß* (heute Schule), von Paolo Retti 1729/30 erbaut, mit Deckenbildern von Carlo Carlone.

## 14. Das Glemstal von Leonberg bis Unterriexingen

ELTINGEN bietet in seiner Hauptstraße mit einer geschlossenen Reihe hervorragender Fachwerkhäuser das Musterbild einer niederschwäbischen Dorfstraße. Obwohl nicht sehr groß, ist die 1487 von Peter von Koblenz erbaute *Kirche* von Interesse. Einschiffig, mit netzgewölbtem Chor und Seitenturm, besitzt sie an der Schiffdecke gotische Schablonenmalerei; aus der Spätgotik ein Chorgestühl, Steinkanzel und Kruzifix.

Die württembergische Gründung LEONBERG vermittelt ein geschlossenes Stadtbild mit planmäßig angelegten Gassenläufen, burgartig auf einer vom Engelberg ausgehenden Bergnase gelegen. Die alte Befestigung ist z.T. überbaut und ihres wehrhaften Charakters beraubt; die Stadtperipherie bietet jedoch mit ihren an den Rand des grünen Hanges gebauten Häuserreihen einen charakteristischen Prospekt, besonders auf der Südseite. Aus den Häusergruppen hebt sich die hochgebaute Stadtkirche *St. Johannes* mit ihrem Chorseitenturm beherrschend empor. Sie ist eine monumentale, hochräumige Pfeilerbasilika aus der Zeit um 1300, in der Stereometrie des Raums und in der geschlossenen Flächenwirkung noch romanisch, während der gotische Zeitstil sich nur in Einzelheiten der Form äußert, die für den architektonischen Gesamteindruck von nebensächlicher Bedeutung sind. Chor und westliche Vorhalle wohl nur wenig jünger als das Langhaus. Der aus verschiedenen Zeiten stammende Turmaufsatz malerisch reizvoll. Wichtige Elemente der Ausstattung sind erhalten. So vor allem die Fresken im Chor (Anfang 14. Jh., Johannesthemen), Langhaus (14. Jh.) und nördlichen Seitenschiff (15. Jh.); weiter ein Taufstein, spätgotisches Chorgestühl, Kruzifix (um 1500), Rokokokanzel; in der Vorhalle Grabdenkmäler von L. Baumhauer.

In der Altstadt mit ihren gewundenen Gassen und altertümlichen Durchblicken sind bedeutende Fachwerkhäuser erhalten: vor allem das monumental wirkende *Fachwerk-Rathaus*, ein mächtiger Gebäudekasten aus dem 15. Jh. (verändert), mit drei leicht überkragenden Geschossen, Rundbogenhalle und hohem Dachrücken. Genau gezogene Zeilen von kleinen Fenstern lösen die geschlossenen Wandflächen auf. Vor dem Rathaus eine platzartige Umbildung der Straße. An einer Ecke, sehr geschickt gegen ein Häuserduo gesetzt, ein *Renaissancebrunnen*, 1566, von L. Baumhauer, mit der Statue eines Ritters auf der Säule. Architektonisch weniger bedeutend ist das von Herzog Christoph erbaute *Schloß* (Baumeister Aberlin Tretsch), ein massiver Steinbau mit trocken gereihten Fenstern. Ehem. Forsthaus (1599) mit Eckerker; Bebenhäuser Hof, ein hohes *Steinhaus* (jetzt Gasthof Schwarzer Adler): Ob der erste württembergische Landtag 1457 hier zusammentrat, ist nicht eindeutig geklärt; ehem. Franziskanerkloster, mit Rest eines spätgotischen Kreuzgangs.

Das Schloß in HÖFINGEN ist ein großes, stark umgebautes spätmittelalterliches Steinhaus am Hang unterhalb der Kirche. Ihr Chor bildet mit dem Rathaus eine neuerdings reizvoll gepflegte Gruppierung. – DITZINGEN hat zwei gotische Kirchen, weil die Grenze der Bistümer Konstanz und Speyer einst der Glems entlang durch das Dorf ging. Die *Konstanzer Kirche* (1477) besitzt ein Chorgestühl aus dem 14. Jh., ein spätgotisches Kruzifix, Reste der Wandmalerei (um

1500). Wichtig ein etwa gleichzeitig und mit der Kirche entstandenes Glasbild aus dem Umkreis PETER HEMMELS von Andlau (Kreuzgruppe). Die *Speyrer Kirche* (1477) auf dem Friedhof enthält einen steinernen Altarbaldachin, steinerne Wanderker-Kanzel und spätgotische Bretterbrüstung an der Westempore. Ehem. Wasserschloß in ummauertem Baumgarten. – MÜNCHINGEN, ein Dorf mit großen alten Bauernhöfen, hat eine von BERNHARD SPORER und einem der JÖRG um 1488 erbaute *Kirche* mit Grabmälern aus dem 16.–18. Jh. Stattliches *Rathaus* mit Fachwerk und Eckerker (1687); *Altes* und *Neues Schloß*, jenes noch burgmäßig bewehrt; seine Wohnbauten aus der Mitte des 16. und dem Anfang des 18. Jh. Esslinger *Spitalhof* mit prächtigem Fachwerkhaus (1584) und steinernem Hoftor (1672). – In SCHÖCKINGEN zwei *Schlösser* und ein adeliges *Steinhaus* (1566). Die *Kirche* hat einen spätromanischen gewölbten Turmchor (Rippengewölbe über Ecksäulen) und Reste von einem Altar mit Malerei und Holzbildwerken aus der Mitte des 15. Jh. Merkwürdige Maßwerkbildung im Langhaus. Das *Pfarrhaus* ist ein Renaissancebau mit Portal und Erker (1594). – HEMMINGEN hat ein *Schloß*, das z. T. noch mittelalterlich ist, mit Neuerungen von 1788, das jedoch am Ausgang des 19. Jh. durch Ergänzungen ein romantisches Gepräge bekommen hat. An der gotischen Kirche mit Gewölbemalereien aus der Renaissancezeit eine sehenswerte Vorhalle mit Standbildern aus derselben Zeit (1600); Grabmäler aus dem 15.–18. Jh., darunter ein vorzügliches von 1490 und ein großartiges von 1609. – Östlich des Orts, in landschaftlich überaus reizvoller Lage über der Glems, die NIPPENBURG. Oberhalb einer mittelalterlichen Burgruine (meist gotische Mauer- und Gebäudereste) das 1600 erbaute Schloß mit Park und die Wirtschaftsgebäude (17.–18. Jh.) eines umfangreichen Hofguts.

SCHWIEBERDINGEN. Mitten im Dorf wurde auf steil abfallendem Gelände innerhalb einer befestigten Kirchhofmauer, deren Zugang im Süden über einer zweiarmigen Freitreppe liegt, die *St.-Georgs-Kirche* erbaut. PETER VON KOBLENZ, der Erbauer der Stiftskirche in Urach, ist der leitende Meister eines größeren Umbaus 1495 ff. gewesen. Er hat ein altes Langhaus aus dem 13. Jh., in das vor 1489 ein Portal und weite Maßwerkfenster eingebrochen wurden, nach Osten erweitert und mit einem neuen Chor versehen. Sternrippengewölbt, zeigt dieser den Meister in seiner späteren Entwicklungsphase, gekennzeichnet durch steigenden Reichtum in den Maßwerkfiguren, stärkeren Formenschwung und Zerstückelung der durchgehenden Linienbewegung (die Rippen werden nicht in Diensten weitergeleitet, sondern enden auf krausen Figurenkonsolen). Die Steinarbeit ist wiederum von hoher Präzision und Feinheit. Der in den formierten Teilen gröber behandelte Turm um 1500 nach Ausweis der Meisterzeichen von einem Meister aus der Sippe der Lechler. An seinen Strebepfeilern Standbilder der hll. Georg und Petrus. Im Innern wird das hohe Sakramentshaus und der Kanzelengel A. Pilgram zugeschrieben. Eindrucksvoll eine Kreuzigungsgruppe (Holz), vielleicht von einem Gesellen Jörg Töbers in der Werkstatt Hans Seyffers geschaffen (W. Fleischhauer). Wandbilder aus dem frühen und späten 15. Jh. – Im Tal Reste einer Mühle von 1616 und Bauten, die zu einer ehem. Wasserburg gehörten.

MARKGRÖNINGEN. Abseits des Verkehrs gelegen, hat der Ort in seiner Ursprünglichkeit den Charakter eines alten Kleinstädtchens bewahrt, wie man ihn so nur noch selten antrifft. Von den Staufern gegen Mitte des 13. Jh. im Anschluß an eine nicht mehr erhaltene Reichsburg gegründet, kam die Stadt früh an die Grafen von Württemberg. Der absolut beherrschende Gruppenbau, namentlich vom Süden her, ist die *Pfarrkirche* zum hl. Bartholomäus, ein breiträumiger gotischer Basilikenbau aus den letzten Jahrzehnten des 13. Jh. (nach dem Brand 1277). Die Beziehungen zur Bettelordensarchitektur Esslingens sind unverkennbar (Gewölbekonstruktion, Rippenprofil, Konsoldienste, verdeckte Strebebögen, Fenstermaßwerk, Kapitelldekor; ja selbst das Profil der Langhausarkaden verrät trotz der Bereicherung durch Rundwülste die Ableitung von der Gruppe St. Paul und St. Dionys). Der Westseite ist ein in seiner strengen Geschlossenheit noch romanisch wirkendes Turmpaar vorgelegt, im Aufbau deutlich durch die verschiedenen Funktionen (Wach- und Glockenturm) geschieden. Den Ostabschluß bildet ein das Langhausdach übersteigender, von Aberlin Jörg 1472 begonnener Chor, dessen weiter Innenraum durch ein engmaschiges Netzgewölbe überdeckt ist. Bemerkenswerter Feinschnitt der Einzelglieder. Zwei Kapellenchörchen

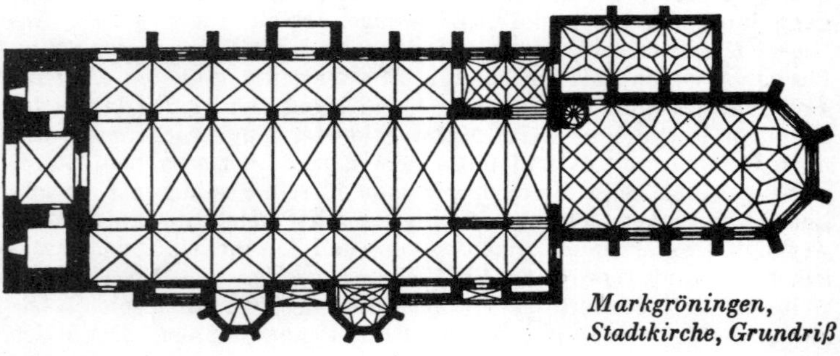

*Markgröningen, Stadtkirche, Grundriß*

zu seiten der mittleren Südpforte. Von der inneren Ausstattung sei neben Chorgestühlresten – aus dem Anfang des 14. Jh. zu den frühesten des Landes gehörig – und dem Grabstein des Grafen Hartmann v. Grüningen († 1280) besonders der „Fürstenpfeiler“ im Langhaus hervorgehoben, dessen Kapitell von einem Kranz aus Reliefbüsten unter Wimpergen umzogen wird, z. T. werden die Köpfe als Adelporträts gedeutet. Spätgotischer Taufstein mit Christus- und Apostelreliefs. Qualitätvolle Freskenreste (u. a. interessante Maßwerkformen). Das Stadtbild wird weitgehend bestimmt durch die Doppelwirkung der Stadtkirche und des imposanten, teilweise erneuerten *Fachwerkrathauses* (15. Jh., die Ständerkonstruktion zu vergleichen mit dem etwas älteren Alten Rathaus in Esslingen; Abb. 44), dessen geschlossener Baukörper mit dem hohen, halbgewalmten Dachrücken sich breit aus den Häusergruppen heraushebt. Nachmittelalterlicher Zeit entstammt das Giebeltürmchen. Zusammen mit dem Giebel der *Krone* monumentalisiert das Rathaus den unregelmäßig geschlossenen Marktplatz, der als typisch hochmittelalterlich dreiecksplatzartige Ausweitung einer Straßengabelung zu verstehen ist. Marktbrunnen erneuert. Die einmündenden Straßen zerreißen das Raumbild nicht, sondern bereichern es um wirkungsvolle Perspektiven, sei es nun die gewundene Hauptstraße mit ihren vor- und rückspringenden Giebelkulissen oder die Enge der Finsteren Gasse, die durch den unberührten Reiz der imposanten Fachwerkhäuser besonders ausgezeichnet ist. Der alte Stadtkern mit seinen gewundenen Gassenläufen gibt einen Überfluß von romantisch-malerischen Eindrücken. Von weiteren Baudenkmälern sei die Kirche des einst unmittelbar der Mutterkirche in Rom unterstandenen *Hl.-Geist-Spitals* genannt, die selbst noch als Torso – Chor um 1300 und der Turm aus dem 15. Jh. sind erhalten – durch die Feinheit der Proportion und die reiche Maßwerkbehandlung sich als ein Bauwerk von Rang ausweist. *Obertorturm*, Kelter- und Fruchtkastenbauten weisen auf den Platz der ehem. Burg hin. *Wimpelinhaus* von 1630/31.

HOHENASPERG. Weithin beherrscht der abgeplattete Keuperkegel das Land. Bereits in keltischer Zeit war er Herrschersitz und Burg; im späten Mittelalter trug er eine kleine Stadt (vgl. die Handzeichnung A. Dürers von 1519). Seit 1534 wurde er von Herzog Ulrich von Württemberg zu einer großen Festung ausgebaut. Aus jener Zeit stammt der Kern, ein unregelmäßig trapezförmiger Komplex von kasernenartigen Gebäuden, die in ihrer Außenerscheinung verändert oder auf den alten Fundamenten neu aufgebaut sind. An der Nordostseite ein Torturm mit Durchfahrtstunnel von 1535. Auf der Innenseite eine Frührenaissance-Architektur mit gebauchten

Säulen und Bogengiebeln. Um diesen Gebäudekomplex legt sich nach dem im ausgehenden Mittelalter entwickelten Prinzip, den Wohnbau und die eigentliche Befestigung schärfer zu scheiden, ein Mauergürtel mit Basteien, Geschütztürmen und Gräben, die an einzelnen Seiten zuweilen in Terrassen übereinander angeordnet sind. Der obere Graben trägt hierbei zugleich den Charakter des Zwingers. An der Nordostseite wurde am Ende des 17. Jh. ein Wall mit Bankett, Graben und Glacis angelegt, davor Außenwerke mit einem Eingangsportal von M. Weiss (1675), an der Ausmündung des hinabführenden Hohlwegs. Turmstumpf mit Gefängnis; hier wurde der Dichter Chr. F. Schubart von Herzog Karl Eugen aus politischen Gründen gefangengehalten. – Die 1960 erweiterte Stadtkirche in ASPERG ist ein Renaissancebau (1614) mit bildlichen Stuckverzierungen (Apostel) am Chorgewölbe und an der Kanzel; geschnitzte Emporensäulen, Wandmalereien um 1600, großer spätgotischer Kruzifixus. – Das KLEINASPERGLE, 1 km südlich des Orts, ist ein riesiger, über 7 m hoher keltischer Fürstengrabhügel, dessen reiche Funde jetzt das Landesmuseum in Stuttgart zeigt. – Die Kirche von TAMM, mit Chorturm und Chörchen in vorbildlicher Formgestaltung (15. Jh.), ist für die Ausprägung dieses Baugedankens in spätgotischer Zeit von besonderer Bedeutung. Barocke Ausstattungsreste. – Unterriexingen Seite 106.

## 15. Das Enztal von Mühlacker bis Bietigheim und südlich davon

DÜRRMENZ ist heute in das ursprünglich unbedeutendere MÜHLACKER eingemeindet. Bedeutend für die Typologie unserer hochmittelalterlichen Burgen ist das gewaltige, regelmäßige Rechteck der Mauern einer *Burg Löffelstelz* aus dem späteren 13. Jh., eng verwandt mit der Burg bei Altsachsenheim. Die Burg der Grafen von LOMERSHEIM, Gründer des Klosters Maulbronn, ist heute eine überwachsene Ruine, in der ein Stück des umgestürzten Bergfrieds liegt. – In MÜHLHAUSEN im Enztal, oberhalb Vaihingens, steht eine erneuerte spätgotische Kirche, 1458 vollendet durch Meister Balthasar von Horrheim, umgebaut 1526 von Hans Wunderer; ein Schloß von 1566, mit zwei Ecktürmen und hohen Gartenmauern. Schöne Fachwerkhäuser. – In ROSSWAG gleichfalls eine spätgotische Kirche (1497), mit Astwerkgewölben in der Nordsakristei.

Zu Füßen des beherrschenden Schloßbergs, der an einem Ende den Stadtkomplex begrenzt – mit der Westseite dem Lauf der Enz folgend –, gibt VAIHINGEN mit seiner z.T. noch erhaltenen Stadtmauer, einigen Türmen und einzelnen ursprünglich erhaltenen Straßenbildern einen guten Eindruck von dem Aussehen einer altwürttembergischen Stadt. Neben dem alten Kern um die Kirche entwickelt sich ein regelmäßiger Stadtgrundriß mit einer breiten Hauptstraße und dem Marktplatz. Die Burg ist nicht nur durch den Befestigungsring, sondern auch kompositionell in das Stadtbild einbezogen; in ihr gipfelt die ganze Anlage. Als Ruhepunkt in der zur Burg hinstrebenden Häusermasse ist die der Esslinger Bettelordensarchitektur verwandte *Stadtkirche* mit ihrem hohen, basilikalen Schiff und dem oben in ein Achteck übergehenden Rechteckturm zu betrachten. Sie stammt in der Anlage aus der 2. Hälfte des 13. Jh. und wurde 1513 ff. stark umgebaut; innen von imponierenden Raumverhältnissen. Der Chor bei der Wiederherstellung durch Schickhardt nach dem Brand von 1618 nicht wieder aufgebaut. Der Turmunterbau (Vorhalle) aus dem 13. Jh. enthält etwa 40 verschiedene Steinmetzzeichen! Über dem Südeingang der Kirche ein schönes, spätgotisches Flachrelief (Kreuzschleppung). Der Altar ein Steintisch in Barockform. An der ehem., aus einer romanischen Anlage hervorgegangenen, 1490 in der bestehenden Gestalt erbauten *Peterskapelle* (Chorturmanlage, jetzt Heimatmuseum) zahlreiche Grabmäler vom 15. Jh. an. *Rathaus* von 1720. Malerische alte Fachwerkhäuser (nach 1693) an der Hauptstraße. An der Enz der mächtige, runde Pulverturm (1493); gegen den Bahnhof hin der Haspelturm. Das *Schloß Kaltenstein* ist aus einer mittelalterlichen Randhausburg der Grafen von Vaihingen hervorgegangen. Das an die Ringmauer angelehnte Hauptgebäude zeigt vor allem auf der mächtigen Stadtseite Buckelquaderwerk aus staufischer Zeit. Die übrigen Bauteile 16. Jh. mit späteren Veränderungen. Vorwerke, Zwinger und Türme aus gotischer Zeit. Eindrucksvoller architektonischer Gesamtaufbau. Heute Jugendburg.

Abstecher nach Süden: in GROSSGLATTBACH zwei gotische Kirchen, eine ehem. Wehrkirche um 1300 und die Friedhofskirche von 1403 (Glasbild: Petrus, um 1400). Die Kirche von IPTINGEN 1513 erneuert von Hans Wunderer. Bemerkenswert ist der die Stelle einer Burg einnehmende, wehrhafte Kirchhof mit gewölbten Räumen, Zufluchtsstätten in Kriegszeiten. – In MÖNSHEIM zeigt die Kirche an ihrem Ostturm Spuren einer romanischen Anlage. Im Innern wurden Reste spätgotischer und nachmittelalterlicher Wandbilder freigelegt. Im Dorf der Stumpf vom Bergfried einer *Burg* (Buckelquader). Das in unserem Jh. umgebaute *Renaissanceschloß Obermönsheim* steht auf der Stelle einer ehem. Höhenburg. Sehenswert westlich vor dem Ort der Komplex einer Haupt- und Realschule, 1965–1967 von W. Loges und W. Kohn errichtet; gut gruppiert und in die Landschaft eingefügt. – Deutlich erkennbar sind noch die Spuren einer alten Kirchenburg in WEISSACH, die einen abseits der Kirche stehenden, der Anlage nach vermutlich uralten Kirchturm (Glocke 13. Jh.) hat. – Die spätgotische Kirche von EBERDINGEN hat ein feingeschnitztes Chorgestühl. – In HOCHDORF ein Schloß von 1710, in der Kirche (1582) Grabdenkmäler des 16.–18. Jh. In RIET ein Schloß aus dem 16. Jh. mit runden Ecktürmen und ein teilweise noch gotisches Kirchlein mit Grabdenkmälern. – NUSSDORF hatte zwei gotische Kirchen. Die Dorfkirche wurde im letzten Krieg – bis auf den Turm – zerstört. Friedhofskirche 1482 ausgemalt (stark erneuert), mit gewölbten Altargehäusen auf Freipfeilern, Grabdenkmälern und anderem gotischem Steinbildwerk. Das Renaissanceschloß wurde gegen Ende des 19. Jh., zur Zeit der Butzenscheibenromantik, stark erneuert. In AURICH ein hochgotischer Chorturm.

ENZWEIHINGEN besitzt eine große, ehem. wohl dreischiffige Hallenkirche (Grabmäler), ein altes Rathaus, Marktbrunnen, ältere Fachwerk- und Steinhäuser. – Im alten Städtchen OBERRIEXINGEN eine Kirche von 1439 (erneuert 1693 nach einem Brand). UNTERRIEXINGEN hat eine Renaissancekirche (1628) und ein Schloß des frühen 19. Jh. mit Resten einer Wasserburg (Bergfried und Steinhaus), von Parkbäumen umgeben. Ein vor kurzem aufgefundener *römischer Keller* ist wiederhergestellt und zugänglich gemacht worden. Auf einer Anhöhe die Friedhofskirche, ehem. Wallfahrtskirche aus dem Ende des 14. Jh., verwandt mit der Markgröninger Spitalkirche, reich an Grabdenkmälern des 14.–16. Jh. Innen ein monumentales romanisches, aus Ertingen (Donau) stammendes Kruzifix, 2. Drittel 12. Jh. (die Füße ursprünglich parallel gerichtet). Bei UNTERMBERG die Ruine der Höhenburg ALTSACHSENHEIM, ein riesiges, regelmäßiges Mauerviereck mit frühgotischen Detailformen. GROSSSACHSENHEIM ist ein Städtchen mit altem, noch von einem Graben umgebenen *Schloß* (jetzt Rathaus), 1544. An ihm ältere Bildwerke eingemauert. Die erneuerte *Kirche* mit ihrem mächtigen, balustradengeschmückten Ostturm, dem sich noch ein Chörlein anlehnt, Treppenturm und Kapellenanbau am Schiff und mit dem hochaufgemauerten Kirchhof, dem sich ebenfalls ein runder Eckturm anlegt, spiegelt vielleicht die Lage der ersten Sachsenheimer Burg. Grabdenkmäler aus dem 16. Jh. – Die spätgotische *Pfarrkirche* von BISSINGEN (1517–1521) wurde 1677 und 1691 neu ausgestaltet und gibt, wiederhergestellt, einen guten Eindruck von der ursprünglich oft sehr reichen Ausmalung auch protestantischer Kirchen (32 Darstellungen aus dem Alten und Neuen Testament). Das moderne *Rathaus* ein stattlicher Bau von R. OSTERTAG, 1965–1967.

Von der alten Ummauerung der württembergischen Gründung

BIETIGHEIM sind noch ein Tor- und ein Eckturm zu sehen. Erste Pfarrkirche war die jetzige Friedhofskapelle vom Ende des 14. Jh. Die Stadtkirche um 1400, Langhauserweiterung und Turmbau im 16. Jh. Der mächtige Westturm (1544) übernahm die Funktion eines zwei Jahre zuvor eingestürzten nahen Burgturms und weist so indirekt auf den hier gelegenen Herrschaftsbereich als Keimzelle der Stadtentwicklung hin. In der Kirche Wandmalereien. Das hochgegiebelte *Rathaus* (1507; Abb. 7) hat einen Erker und eine Kunstuhr (1608), wie solche für manche Städte zum Wahrzeichen wurden. Eine Zierde bilden auch die beiden schönen Renaissancebrunnen; auf anmutig dekorierter Balustersäule steht beim Marktbrunnen ein Ritter. Beim „Fräuleinbrunnen" ist es ein Meerweibchen, das die Säule schmückt; darunter speien bärtige Fratzengesichter das Wasser in den Trog. Das Stadtbild z. T. stark beeinträchtigende Verkehrsdurchbrüche sind vor allem im Bereich des Unteren Tors geplant. Der riesige *Eisenbahnviadukt* 1853 von K. Etzel erbaut (teilweise erneuert).

## 16. Das Neckartal von Besigheim bis Heilbronn

Die Landschaft um BESIGHEIM gehört für jeden, der sich einen künstlerisch empfänglichen Sinn bewahrt hat, zu den ergiebigsten Gegenden. Auf schmalem Bergrücken gelegen, ist die Stadt von der Natur aufs beste gesichert. Die Flußläufe von Neckar und Enz und der steile Abfall auf den Langseiten schützen sie, und die offene Stelle im Südosten war ehem. durch den tiefen Ochsengraben gedeckt. Von der Stadtmauer mit ihren runden und halbrunden Türmen sind noch Reste zu sehen, so das Pulvertürmle bei der Kelter. Der Stolz der Stadt aber waren die von den Badener Markgrafen erbauten gewaltigen *Burgtürme* an den Enden der oberen und unteren Stadt. Hier wurden wohl gleich nach 1200 zwei Burgen errichtet, deren Bergfriede den Verteidigern eine verhältnismäßig wohnliche Zuflucht boten. Bei einer Mauerstärke von 3 bzw. 4 m enthalten nämlich die runden, mit Buckelquadern (Steinmetzzeichen) verkleideten Türme kuppelig gewölbte, bewohnbare Kammern, in jedem Turm eine mit romanischem Kamin. Der Eingang liegt in etwa 10 m Höhe über dem Boden, und von ihm führt eine in der Mauerdicke ausgesparte Wendeltreppe empor. Ihre vorzügliche Bauart und wahrhaft trutzige Erscheinung hat den Bauwerken lange Zeit irrtümlich die Bezeichnung „Römertürme" eingetragen. Sie sind eng verwandt dem Turm der Burg Reichenberg (siehe dort). Ihre Vorbilder liegen in Frankreich, wo unter Philipp II. August ganz ähnliche Türme errichtet wurden.

Beim oberen Turm steht noch ein Steinhaus aus dem hohen Mittelalter, zeitweise – wie bei so manchen Burgen – als Kornkasten benutzt. Auf der andern Seite die neuerdings umfassend restaurierte *Stadtkirche* (Abb. 5) mit gotischem, gewölbtem Chor (1383), auf dessen Nordseite ein Turm mit geschweiftem Dach. Im Chor befindet sich der kunstgeschichtlich bedeutsame Schnitzaltar aus der Werkstatt des Meisters CHRISTOPH VON URACH (um 1520) mit der Legende des hl. Cyriakus im Mittelschrein, hervorragend im Figürlichen wie in der Laubwerkdekoration. In der mittleren Stadt ragt das hochgiebelige *Rathaus* von 1459, allerdings im 16. und 18. Jh. und um 1900 mehrfach verändert; davor der Marktbrunnen mit dem Standbild eines Markgrafen von Baden: Die Stadt war bis 1595 markgräflich badisch. Auch das Amtsgericht trägt dazu bei, daß die Mittelstadt der oberen und der unteren Stadt ein Gegengewicht halten kann. Aus dem 16. und 17. Jh. ist erfreulicherweise noch eine stattliche Zahl von Bauwerken erhalten, und wir teilen heute nicht mehr den Standpunkt des Herzogs Karl Eugen, der angesichts des altertümlichen Charakters der Altstadt angeblich meinte, da wäre eine tüchtige Feuersbrunst nicht von Übel. Wir nennen nur das alte *Dekanat* von 1572, das ehem. *Oberamt*, das auf der Stadtmauer sitzende frühere *Zeughaus* (ehem. ein adeliges Herrenhaus). Die 1581 von MARTIN MEZGER erbaute Enzbrücke wurde durch einen Neubau ersetzt; die untere Brücke 1833 von K. v. ETZEL d. Ä. errichtet. Ein Gang durch die alten Ortsteile oder die Besichtigung des Städtchens von der Neckar- und Enzseite her wird besser den Eindruck von Altbesigheim vermitteln als eine Aufzählung alter Häuser. – Auf der Höhe gegen Ingersheim ein spätmittelalterlicher Wartturm.

Das Dorf WALHEIM steht mit seiner Straßenanlage – ein seltener Fall – auf der Stelle eines Römerkastells. Sein Hauptstraßenkreuz entspricht „cardo“ und „decumanus“ (Achsenkreuz) des ehem. Lagers. Der Ort besitzt einen frühgotischen Kirchturm und einen Pfleghof (1577). Kunstgeschichtlich bedeutungsvoll ist die Kirche in GEMMRIGHEIM. Chor um 1515 von BERNHARD SPORER (?). Der Ostturm (um 1240) enthält im Erdgeschoß den Chor einer früheren Kirche. In seinen Bauformen mischen sich romanische Elemente mit der durch das Kloster Maulbronn eingeführten Frühgotik. Das steile Kreuzrippengewölbe ruht auf Ecksäulen mit kräftigen Schaftringen, und die Fenster erinnern an jene Vorahnung der gotischen Gruppierung am Bönnigheimer Steinhaus. Gotische Wandmalereien (um 1400) mit Darstellungen aus dem Leben Jesu, des Jüngsten Gerichts und der Zehn Gebote schmücken die über eine Wendeltreppe erreichbare Kapelle im zweiten Turmgeschoß. Im Dorf ein Torturm wie in Kirchheim (Neckar). – Die tonnengewölbte Chorturmkirche in HOFEN aus romanischer Zeit besitzt Wandbilder aus der Zeit gegen 1300 (Jüngstes Gericht, Apostel und Heilige). – In KIRCHHEIM (Neckar) ruhen die Emporen auf Holzsäulen, in deren Verzierung sich Renaissancevoluten mit den uralten Schnitzereimotiven der Schuppen, Rauten und Kerben teilen. Der äußere Emporenaufgang ist mit durchbrochenem Geländer, geschweiften Konsolen und geschwellten Säulchen ausgestattet. Das ehem. reichsfreie Dorf war wie eine Stadt befestigt, Türme und Mauerreste blieben erhalten.

Ein Hauptwerk und Kleinod der schwäbischen Renaissancebaukunst ist das Schloß LIEBENSTEIN, trotz seiner Abgeschiedenheit eine der burgen- und schloßbaugeschichtlich sehenswertesten Anlagen des Landes. Der Bergfried auf der Höhe kündet an, wo einst – an die geneigte Seite des Plateaus gerückt – auf engem Platz die Burg stand. Die Gestalt dieser ersten Anlage ist einschließlich dem Halsgraben noch gut erkennbar. Wie so häufig, wurde ihr im 16. Jh. auf der Bergseite ein ausgedehnter Schloßkomplex vorgelegt und ganz mit einer Ringmauer umschlossen. Staffelgiebel und zierliche Balkone schmükken das Schloß; vor allem aber zieht die Schloßkapelle (1590; Abb. 41) den Blick auf sich. Ein Quersaal mit Herrschaftsempore nach Art ev. Schloßkapellen. Der Altarraum im achteckigen Seitenturm, wie ihn die Fassade nicht erwarten läßt, führt den Baugedanken einer Chorturmkirche in eigentümlicher Weise fort. Außen und innen wetteifert die kirchliche Spätgotik mit der in üppigster antikischer Dekoration schwelgenden Renaissance: Hermenportale neben Maßwerkfenstern, Kielbogenöffnungen im obelisken- und volutenreichen Ziergiebel, Netzgewölbe auf Renaissancesäulen! Dabei jener sinnenfreudige, phantasiereiche Geist, der Baumeister und Bildhauer – oft noch ein und dieselbe Person wie in der zünftigen Spätgotik – belebt, höchste Zierfreudigkeit, Vorliebe für kräftige Schattenwirkungen, oft derb ausladende Profilierung. In manchem wird man an das Meisterwerk Georg Beers, das Stuttgarter Lusthaus, erinnert; auf den Bildhauer Jakob Müller aus Heilbronn kommt der Hauptanteil.

Nicht weit neckarabwärts liegt, in manchem mit Besigheim vergleichbar und mit den malerischen Vorzügen eines altertümlichen Städtchens ausgezeichnet, LAUFFEN, das einer Stromschnelle seinen Namen verdankt, mag auch das dem Namen entlehnte Stadtwappen einen Läufer (= Eilboten) enthalten. Lauffen ist der Geburtsort von Friedrich Hölderlin. Auf dem rechten Neckarufer liegt die Stadt, auf dem linken das Dorf, in der Mitte, auf einer Felseninsel, die Burg, die wohl den Anstoß zur Siedlung gab. Von ihr steht noch der viereckige Bergfried und südlich an sie anstoßend der „Mantel“, ein rechteckiger

*Lauffen a. N., Stadtkirche, Längsschnitt durch den Chor*

Wehrbau mit beinahe derselben Mauerdicke; ein Torturm schützte früher den Zugang zur Schloßbrücke, die die Verbindung der Inselfeste mit der Stadt herstellt. Die stattliche, in elf Bögen über den Fluß geschlagene Brücke vom Jahr 1530 verbindet Stadt und Dorf. Die ursprüngliche Stadt, der jetzige Ostteil, war eine natürliche Festung in Form eines Rechtecks, an sie schloß sich westlich die untere Stadt an, die dann gleichfalls in die Befestigung einbezogen und durch Mauern und Gräben, Türme und Tore geschützt wurde. Noch manche ältere Häuser und Reste der Ummauerung haben sich in der Altstadt erhalten, auch Türme, die am Bergrand ansteigen. Bei der gotischen Nikolauskirche („Martinskirche") steht das stattliche *Steinhaus* (1568), halb Zeughaus – halb Fruchtkasten, mit hübscher Wendelstiege. Aber auch das Dorf war nicht ohne Schutz: Der Kirchhof um die *Regiswindiskirche* war wehrhaft, konnte zwanzig Haushaltungen aufnehmen und war wie ein Städtlein von Mauern, Toren und später überbauten Gräben umschlossen, er konnte also gleichermaßen als eine Art Bollwerk für die Brücke wie als Zuflucht für die Dörfler dienen. Die Kirche ist eigentlich dem hl. Martin geweiht, aber auch dem Andenken der Ortsheiligen Regiswindis. Grundstein 1227, Chor und

Sakristei noch aus dem 13. Jh.; das ursprünglich basilikale Langhaus nach einem verheerenden Brand 1564 zur spätgotischen Halle umgebaut. Zwischen Chor und Langhaus steht ein querrechteckiger Turm, der dem Innenraum der Kirche eine querschiffähnliche Zäsur gibt. Wie die turminnere Seite des Triumphbogens zwischen Turm und Langhaus zeigt, war das Mittelschiff der ersten Kirche sehr viel höher als das heutige. Die im Schiff geplanten Netzgewölbe wurden nicht mehr ausgeführt, über deren Rippenansätzen jetzt eine Flachdecke. Reiche Renaissancemalereien (1564–1573). Am Bau interessante Steinmetzzeichen: u. a. sonst seltene Wappenschilde und Helme, mit und ohne Helmzier. *Ölberg* von Hans Seyffer aus Heilbronn. Neben der Kirche steht die den frühgotischen Steinsarg der Heiligen bergende *Regiswindiskapelle*, ursprünglich eine quadratische Friedhofskapelle (13. Jh.), mit einem Pyramidendach aus Stein; durch ein spätgotisches Chörlein erweitert. Vom Platz zwischen Kirche und Kapelle ein schöner Ausblick auf den Neckar. Im Dorf auch noch Reste eines Dominikanerinnenklosters, besonders eines spätgotischen, von Aberlin Jörg erneuerten Kreuzgangs.

In TALHEIM zählte man einst aufgrund der zersplitterten Besitzrechte fast ein Dutzend Schlösser. Jetzt steht noch das sehenswerte *Obere Schloß*, mit einem schlanken Rundturm, dem Rest einer Schildmauer und Holzaufbauten in alemannischem Fachwerk. Es war in

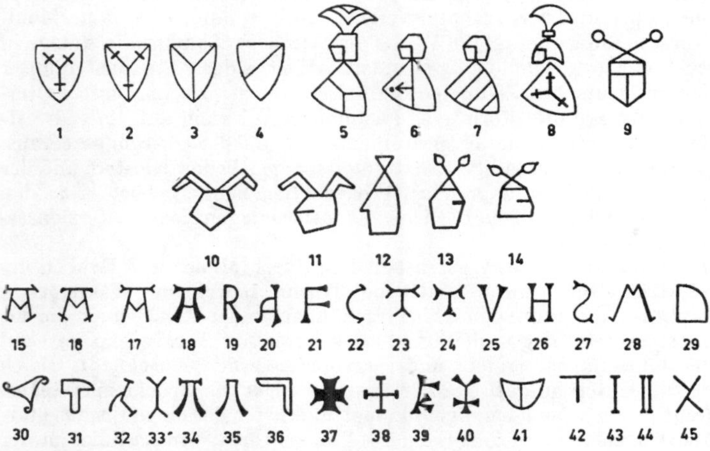


*Lauffen a. N., Stadtkirche, Steinmetzzeichen*

früherer Zeit von württembergischen Juden bewohnt, die sich auch eine Synagoge darin eingerichtet hatten. Ferner das barock erweiterte *Untere Schloß*, mit reicher Wappenzier von 1766. In der Chorturmkirche wurden interessante Fresken mit Darstellungen aus dem Leben Christi und einem riesigen Christophorus freigelegt (um 1300 und 1450–1460). – In FLEIN ist der ehem. Chorturm der Kirche noch romanisch (jetzt Sakristei). Kleiner Altarschrein von 1514. – Das „Gartenhaus" des Deutschordenkomturs in SONTHEIM (1688) bewohnte im 19. Jh. der schwäbische Philosoph und Theologe David Friedrich Strauß. – In HORKHEIM, wo H. Schickhardt 1610 die Kirche baute, steht gut erhalten eine ehem. Wasserburg (turmartiges, gotisches Steinhaus mit Fachwerkgiebeln). – In KLINGENBERG am Neckar steht ein Schlößchen an Stelle einer Höhenburg und eine malerische Kirche. – Heilbronn Seite 129.

## 17. Maulbronn und der Stromberg

Das berühmte Kloster Maulbronn, in dem von Laubwäldern und Rebhängen umsäumten Salzachtal mit seinen Fischweihern gelegen, wurde 1138 durch Walter von Lomersheim zunächst auf seinem Gut Eckenweiher als Filialkloster der elsässischen Zisterzienserabtei Neuburg bei Hagenau gegründet. Schon 1147 wurde es eine Wegstunde nördlicher in das Salzachtal verlegt, wo sich dann der Name Maulbronn herausbildete. 1178 Weihe der Kirche. 1558 wird die Anlage in eine ev. Klosterschule umgewandelt. Als eines der vornehmsten unter den süddeutschen Zisterzienserklöstern übt es in seiner mittelalterlichen Anlage und Form eine nachhaltige Wirkung auf die südwestdeutsche Architektur der spätromanischen und der Übergangszeit aus. Durch seine vollständige Erhaltung des eigentlichen Klosters und der dazugehörigen umfangreichen Wirtschaftsgebäude gehört es zu den besterhaltenen mittelalterlichen Klosteranlagen des Zisterzienserordens in Europa.

Wir nähern uns von Westen her dem durch Mauer und Graben geschützten und durch stattliche Türme bewehrten *Klosterbezirk* (Abb. 46), der außer den Klausurgebäuden an der Kirche auch die zur Klosterverwaltung und Wirtschaft gehörenden Bauten, die im Lauf der Jahrhunderte erstellt und vergrößert wurden, einschließt. Gleich der im Unterbau gotische Torturm, der einst die Brücke sperrte, erfreut durch seine lebendige Silhouette; ernster der ebenfalls aus starken Buckelquadern aufgemauerte „Hexenturm" (1441) links an der Nordwestecke. Beim Eintritt in den Klosterhof links das ehem. Gast-

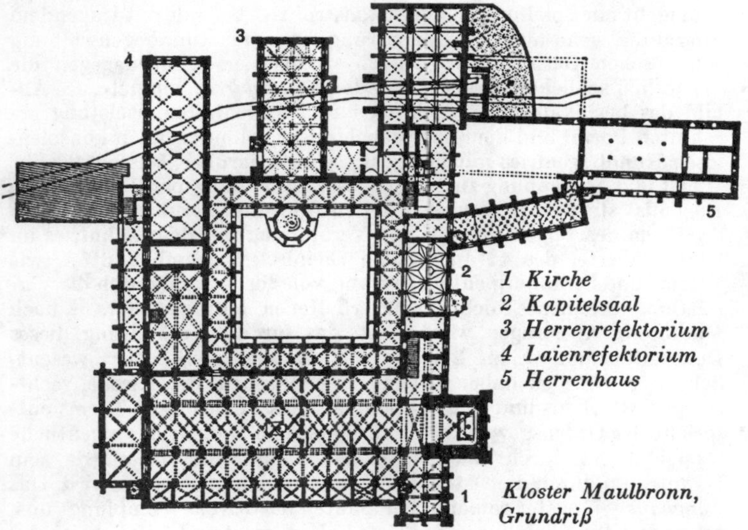


*1 Kirche*
*2 Kapitelsaal*
*3 Herrenrefektorium*
*4 Laienrefektorium*
*5 Herrenhaus*

*Kloster Maulbronn, Grundriß*

haus und die Wohnung des Frühmesners; dahinter die Schmiede (heute Gasthaus); an der nördlichen Mauer die Mühle (jetzt Jugendherberge). Rechts des Tores lag früher eine Kapelle. Vorbei am Marstall (jetzt Rathaus), einem Fachwerkbau mit reizvollem Renaissancegiebel, und vorbei an dem hohen Fruchtkasten treten wir unter die Linden vor die westliche Klosterfront. Zur Rechten (südlich) steigt die hohe Mittelschiffront der Klosterkirche empor, der die *Paradies* genannte Vorhalle (etwa 1210–1215) vorgelegt ist. Dieses echte Zeugnis des Übergangsstils weiß gotische Konstruktion mit romanischer Formenfülle und Kraft zu vereinigen: In den vorzüglich gruppierten, durch Strebepfeiler voneinander abgesetzten Lichtöffnungen kündigt sich noch in romanischen Formen das gotische Prinzip der Auflösung des Massenbaus in einen Gliederbau an. Im Innern ist das System der Wölbung ebenso geistreich erdacht wie formenschön durchgeführt. Wie anschaulich wird das Aufsteigen der Rippen zu gleicher Scheitelhöhe durch die Tieferführung der Diagonalbögen gemacht, wie belebt die Auflösung der Rippenträger in ein Bündel von Säulen mit Schaftring – mehr als siebzig sind es in den drei Quadraten – die tektonisch wichtigen Stellen, wo Last und Stütze zusammentreffen! Die Rippen sind nicht nur Spielform, sondern konstruktive Gebilde mit tragendem Charakter, wenn auch ihre Verzierung sowie die Rundbogenwölbung romanischen Geist atmen. Um so strenger erscheint dagegen die klösterlich schlichte Kirchenfront der *Klosterkirche*, ein getreues Abbild des basilikalen Querschnitts, mit dem schweren, vielstufig gerahmten Portal und dem das Giebeldreieck schmückenden konsolenlosen Rundbogenfries mit dem Zahnschnitt darüber. Das aus Kehle, Wulst und Abtreppung zusammengesetzte Laibungsprofil der kleinen Bogen ist statt einer Konsole um den Bogenfuß herumgezogen; eine Spätform des Bogenfrieses, die in Verbindung mit dem Zahnfries im letzten Viertel des 12. Jh. in den rheinischen Dombauhütten wie Worms und Straßburg entwickelt und von dort – wohl durch die Vermittlung des heute nicht mehr erhaltenen Mutterklosters – nach Maulbronn übertragen worden ist, das für die Verbreitung dieses Dekorationsmotivs im Bereich der Zisterzienserklöster wesentlich mitgewirkt zu haben scheint. Der Grundriß der Kirche, rechteckiges Altarhaus und Ostkapellen, und das Fehlen eines Turms entspricht der Ordensgewohnheit auf deutschem Boden; das eigentliche Querschiff ist durch einen schmalen Gang repräsentiert, da sein Hauptraum durch die Ostkapellen in Anspruch genommen wird. Das *Langhaus* – jüngster romanischer Bauteil der Kirche – empfängt uns, sofern wir den Blick nur in der Tiefe halten, ernst und feierlich; an der Schranke, die den Mönchschor von dem der Laienbrüder trennt, kehren die wuchtigen Formen vom Westportal wieder, die Belebung der Pfeiler an den Ecken, die vertikale und horizontale Gliederung darüber mildert die strenge Schlichtheit. Als seltenes Beispiel mittelalterlicher Holzkonstruktion hat sich über den spätgotischen Gewölben noch aus der Erbauungszeit das ursprüngliche Tannendachwerk erhalten, ein auf Mauerlatten aufliegendes Kehlbalkendach (Neigungswinkel etwa 43°), dessen Gebinde durch schräge Streben verspannt sind. Die Kirche hatte ursprünglich eine flache Bretterdecke, obwohl gleichzeitige Zisterzienserkirchen außerhalb Schwabens durchaus schon gewölbt wurden. In Maulbronn scheinen zunächst lediglich die Seitenschiffe auf Wölbung angelegt worden zu sein. Erst die Spätgotik hat in ihrer spielerischen Freude an kunstreich gezeichneten Gewölben die Flachdecke durch ein Netzgewölbe ersetzt, das als sog. Parallelrippengewölbe das früheste bekannte Beispiel im südwestdeutschen Raum zu sein scheint. Gleichzeitig (1424) wurde auch das Südschiff durch Kapellen erweitert und die Altarhauswände von einem Bruder Ulrich bemalt. Im Äußern paßt das für das Gewölbe erforderliche Strebesystem schlecht zu den ruhigen Linien und Flächen des romanischen Baus. Die ältesten Bauteile des *Ostbaus* und damit der ganzen

Kirche sind die Seitenkapellen, die erst etwas später mit Kreuzgewölben gedeckt wurden, zunächst aber vielleicht auf Tonnenwölbung angelegt waren. Das Altarhaus, etwas jünger, war ursprünglich niederer und wohl ebenfalls flachgedeckt: Eckvorlagen und Chorbogen haben sich als erst nachträglich hinzugefügt erwiesen. Das große Maßwerkfenster in der Ostwand läßt die stufenweise Entwicklung des Maulbronner Maßwerks zu einer in gotischem Sinne klassischen Höhe erkennen. Im Bogenfeld zwei Vierpässe und ein Dreipaß in der für diese Gruppe charakteristischen Schrägstellung als Umrahmung von eingesetzten Nasenbögen. Unvergleichlich das feingliedrige Gitter und die an ein Spitzenmuster erinnernde Komposition der einzelnen Maßwerkfiguren. Das Fenster ist als nachträgliche Zutat in die Ostwand eingearbeitet worden. Es mag, nur wenig jünger als die auf der gleichen Entwicklungsstufe stehenden Kölner Chorfenster, dem 1. Viertel des 14. Jh. angehören. An der nördlichen Altarhauswand *Thronende Muttergottes mit Kind* (Abb. 47), Lindenholz, bedeutende Arbeit, 3. Viertel des 13. Jh. Die schlanke, hoheitsvolle Gestalt, besonders aber der linienschöne, immer noch strenge Aufbau der Gewandfalten weisen auf den an den Westportalen der Reimser Kathedrale in der Mitte des 13. Jh. sich entwickelnden Josefmeisterstil. Der von breitfallenden, feinziselierten Haarmähnen gerahmte Kopf (ursprünglich mit Krone), mit dem leicht lächelnden, geschlossenen Mund und den schmal geöffneten Augen ebenso wie das Zurücklehnen des Oberkörpers sind Züge, die an die Königin von Saba in der gleichen Portalgruppe erinnern, während die weiche Gesichtsbildung fast schon die der berühmten Vierge Dorée vom südlichen Querhausportal der Kathedrale von Amiens erreicht. Zu vergleichen auch die frühe Form der in einen Kreis eingeschlossenen Dreipässe an den Spitzbogenrahmen der beiden Thronwangen. In den südlichen Seitenkapellen des Langhauses drei Holzbildgruppen aus einem Altarwerk, *Kreuzigung*, Teil einer *Kreuzgruppe*, *Grablegung*; 3. Viertel des 14. Jh., ikonographisch und stilistisch der Parler-Schule zugehörig. Aus dem Quergang führt eine stattliche Treppe zum Dormitorium, dem Schlafhaus der Mönche, empor, die sie bei ihren abendlichen und nächtlichen Gottesdiensten zu benützen pflegten. Um die Ausstattung der Kirche hat sich auch die Spätgotik verdient gemacht. Die schöngeschnitzten *Chorstühle*, der prächtige, reiche *Levitensitz*, das *Ziborium*, das würdige *Kruzifix* von 1473, die ornamentale und historische Ausmalung – all das macht dem 15. Jh. Ehre. Zwei Grabsteine der Speyrer Bischöfe Günther, † 1161, und Ulrich I., † 1163, oder Ulrich II., † 1198. Beide Grabsteine anscheinend spätgotische Kopien nach Vorbildern des 13. und 14. Jh.

Die Klausurgebäude, die sich nördlich an die Kirche anschließen, spiegeln, wie selten, ein treues Bild klösterlichen Lebens und enthalten dazu eine Fülle unmittelbar ansprechende, malerische, jedes Auge entzückende Motive.
Die Zisterzienserklöster nahmen gegenüber den früheren Orden zum erstenmal die Laienbrüder mit in das Klostergebäude auf, die dort – getrennt von der Klausur der Mönche – ein eigenes Dormitorium und Refektorium erhielten. Diese Klöster gehörten wegen der Vielzahl der Räume mit verschiedenster Funktion zu den kompliziertesten Bauaufgaben, die das hohe Mittelalter zu lösen hatte. Die Anordnung der Räume folgt einem nicht starren Schema; manche Unstimmigkeiten und stehengebliebene ältere Baureste lehren, welchen Abänderungen der Klosterplan im Lauf der Durchführung unterworfen wurde. Um den lieblichen Kreuzgarten zieht sich im Viereck der *Kreuzgang*, durch dessen luftige Flügel die Prozessionen der Mönche sich bewegten. Von den dahinter gruppierten Räumen war der Ostflügel den Mönchen, der westliche den Laienbrüdern vorbehalten, entsprechend der Zweiteilung der Kirche durch die Chorschranke.
Neben der Sakristei liegt der hochgotische *Kapitelsaal* mit dem Johanischörlein in der Ecke, übersprengt von einem Sterngewölbe, dessen Rippen kranzförmig um die Rundsäulen angeordnet sind, und das zu den frühesten seiner Art in Südwestdeutschland gehört; fein und sauber gearbeitetes Ornament an Kapitellen und Schlußsteinen. Die Bauformen deuten auf das frühe 14. Jh. Das angeschnittene Gewölbe im Süden des Raums weist auf eine im einzelnen noch nicht geklärte Planänderung. Jenseits des Ganges folgen zwei jetzt getrennte Räume, ursprünglich ein einheitlicher Raum, der Sprechsaal. Hier wurden die geschäftlichen Angelegenheiten des Klosters besprochen und vielleicht auch häusliche Arbeiten verrichtet; nach der Abtrennung diente der nördliche Raum offenbar als Studiergelaß. Hier stehen wir vor der Kreuzgangecke mit der gotischen, also erst nachträglich eingebauten „Höllentreppe“: Die Überschneidung der Wand durch die verzierten Treppen, das Spiel von Licht und Schatten, die Durchbrechung der Fläche durch eine edle Rosette, das Farbenspiel auf den grünlich-rötlichen Wänden – all das hat sie von jeher zum Entzücken von Baukünstlern und Malern gemacht. An den Nordflügel stößt das *Herren-*, das heißt *Mönchsrefektorium* (etwa 1220 bis 1225; Abb. 45), in Formen und Konstruktionen ähnlich wie das Paradies. Klingt in dem Wechsel der mit Schaftringen und schönen Kelchblattkapitellen geschmückten Säulen noch romanisches Gefühl nach, so setzt sich der Geist der Gotik in den hohen Lichtöffnungen durch, und es ist künstlerisch von großer Bedeutung, wie an den Bauten des

sog. Übergangsstils (Paradies, südlicher Kreuzgangflügel und Herrenrefektorium) die Auseinandersetzung der beiden Stile Raumgebilde von ganz individuellem Charakter erzeugt. Ein typisches Kennzeichen zisterziensischer Architektur im Herrenrefektorium: Die Rippen der sechs- und siebenteiligen Gewölbe werden nicht von Diensten getragen, die bis auf den Boden reichen, sondern lediglich von Konsolen oder kurzen, scheinbar an der Wand klebenden Säulchen. Im Gegensatz zum Paradies bleibt hier die Geschlossenheit der Wand also noch gewahrt. Die Nische in der Ostwand enthielt eine erhöhte Lesekanzel, die über eine Wendeltreppe zu erreichen war. Als Speisesaal für die damals häufig noch dem Adel entstammenden Mönche (daher die Bezeichnung ,,Herren") stellt das Refektorium einen der hervorragendsten Profanbauten dar, den die mittelalterliche Baukunst hervorgebracht hat, und besitzt so als Dokument des mönchischen Lebensgefühls hohe Bedeutung. Neben dem ,,Rebental" (volkstümliche Entstellung aus Refektorium) lag westlich die Küche (abgebrochen), deren heute vermauerte Durchreiche für die Speisen noch deutlich zu erkennen ist. Östlich ans Refektorium anschließend das Calefactorium, d.h. die Wärmestube; aus der unteren rauchgeschwärzten Kammer strömte heiße Luft (vgl. die Kaminreste) durch Löcher im Fußboden in einen oberen Raum, der in den strengen Zeiten klösterlicher Zucht der einzige heizbare Raum war. (Allerdings hat die Klimaforschung gelehrt, daß Mitteleuropa gegen 1200 einen ausgesprochenen Wärmehöhepunkt hatte, die damaligen Lebensbedingungen also nicht mit den heutigen zu vergleichen sind.) Bevor die Mönche den Speisesaal betraten, mußten sie die Hände waschen. Das geschah in der anmutigen, lichtdurchfluteten *Brunnenkapelle* (14. Jh.). Ihr Brunnen erhielt erst in nachmittelalterlicher Zeit seine heutige Gestalt. Ursprünglich ist nur das untere Becken (die Mittelschale neu, die obere und der Aufsatz spätgotisch). Die gemalten Grotesken im Gewölbe (1511) vielleicht von Jörg Ratgeb. Im Westflügel der *Speisesaal der Laienbrüder* mit trefflicher romanischer Doppelsäulenreihe. Die Wölbung ist vielleicht nicht ursprünglich und scheint auf nachmittelalterliche Formen zurückzugehen. Südlich davon der Eingang in die Klausur und daneben der große *Vorratskeller*, über dem das Dormitorium der Laienbrüder lag. Gegen Westen ist ihm ein spätgotischer Wandelgang als Fortsetzung des Paradieses vorgelegt. Vom Kreuzganggarten aus genießt man einen Überblick über den *Kreuzgang*, dessen Entstehungsfolge sich aus dem bautechnischen Zusammenhang der vier Flügel, der Gewölbeentwicklung, den tektonischen Formen und den Steinmetzzeichen ungefähr erkennen läßt. Wie die gleichartige Sockelbildung der Strebepfeiler zeigt, scheint der Unter-

bau der vier Innenmauern des Kreuzgangs mit Ausnahme der Brunnenkapelle in *einer* durchgehenden Bauführung angelegt worden zu sein. Im Oberbau und in der Einwölbung sind dagegen mehrere mit Unterbrechungen aufeinanderfolgende Arbeitsabschnitte vom Beginn des 13. bis spätestens in die ersten Jahrzehnte des 14. Jh. zu erkennen. Nur noch – allerdings deutlich sichtbare – Umrisse von Schildbögen und Pfeilervorlagen an der Außenwand des Westflügels weisen auf die ältere Einwölbung dieses Bauteils. Der Südflügel an der Kirche und je ein Joch der beiderseits anschließenden Flügel mit ihren Bauformen lassen ihn als verwandt und damit etwa gleichzeitig mit Paradies und Herrenrefektorium erkennen: Charakteristisch sind hier vor allem die sechsteiligen Rippengewölbe, die von Säulchen auf Konsolen getragen werden. Im weiteren Bauvorgang folgen die hofseitigen Wände der drei übrigen Flügel. Erst um 1300 werden diese dann einheitlich gewölbt. Vorzüglich läßt sich in diesem Kreuzgang die Entwicklung des gotischen Blattkapitells verfolgen. Im Südflügel reine Kelchkapitelle, deren Form sich die Blätter noch ganz anschmiegen; daneben Knospenkapitelle. Im Westflügel hat sich das Blattwerk aus seiner architektonischen Bindung gelöst: Aus den Knospen sind vollentwickelte, naturalistische Blätter geworden, die sich frei und selbständig um den Kapitellblock ranken. Im Ostflügel tritt eine Rückentwicklung ein. Die Blätter werden flach und schmiegen sich in fast ornamentaler Reihung wieder an die Kelchform des Kapitells an.
Östlich an die Klausur stieß das Abtshaus (abgebrochen) und das Herrenhaus für vornehme Gäste, mit spätgotischem Saal und romanischem Arkadengang im Erdgeschoß, der zum netzgewölbten, heiteren Parlatorium führte. Dem Herrenhaus nördlich gegenüber die stattliche ehem. Oberamtei, einst ein herzogliches Jagdschloß. Ein Rundgang gewährt noch manchen pittoresken Blick auf die Kirche, die Befestigungstürme, besonders den sagenumwobenen Faustturm und den efeubewachsenen Zwinger. Außen, südlich am Querhausflügel der Kirche, das Grabmal von Karoline Schelling († 1809), der Frau des Philosophen.
Der Kirchturm in KNITTLINGEN erinnert mit seinen schönen Klangarkaden an die Fensterbildungen der Maulbronner Übergangsbauten. Sonst gibt es in der Heimatstadt des berühmten Doktor Faust nicht mehr viel Altertümliches. Denn sie ist, wie die Inschrift am Stadtpfarrhaus meldet, 1632 ganz und 1662 wieder halb abgebrannt. Der Speicher des Maulbronner Klosterhofs (auch in Ötisheim hatte das Kloster einen ansehnlichen Pfleghof) hat als Steinhaus diese Brände überdauert. – Im romanischen Turmchor der Kirche von UNTERDERDINGEN Wandbilder (Szenen aus dem Leben Christi,

um 1380). Die Kirche selbst von 1769. – In OBERDERDINGEN steht der Turm abseits von der Kirche – ein bei uns seltener Fall. Er war ursprünglich ein Wohnturm des 13. Jh. mit Spitzbogenfensterchen, die sich nach innen z.T. zu Nischen mit Sitzbänkchen erweitern. Das große Pfarrhaus mit Giebeln und Erkern war Herrenalber Pfleghof, daher die stattliche Erscheinung, Ummauerung und gewaltige Keller, die sich darunter hinziehen. – In SCHMIE enthält das Schiff der Kirche noch romanische Mauerteile. Im Ort schöne Fachwerkhäuser des 16.–18. Jh. – In LIENZINGEN ist die ganze Umgebung der ursprünglich romanischen Kirche zu einem Bollwerk ausgebaut worden, eine Kirchenburg, in die sich die Dorfbewohner in Kriegsnot zurückziehen oder wohin sie ihre bewegliche Habe retten konnten. Ein Graben, einst mit Zugbrücke, und eine starke Mauer dienten als Wehr; dahinter lagen feste gewölbte Gaden (Kammern) mit Schießscharten. Der Ort besitzt noch eine Fülle qualitätvoller Fachwerkbauten, vor allem des 17. und 18. Jh. Auf einem Friedhof südlich vom Ort steht, reizvoll von Grün umsponnen, die anmutige *Liebfrauenkirche*, ein feines Werk spätgotischen Stils (1476) von erfreulicher Einheitlichkeit in Aufbau und Ausstattung. Von außen gefällt besonders der gut proportionierte, schlanke Chor (Baumeister JAKOB FECHINGER) mit schönen Maßwerkfenstern und leichtem Dachreiter. Im Innern überdeckt ihn ein altbemaltes, heiteres Netzgewölbe mit figürlichen Schlußsteinen; ein zierlich geschweiftes Pförtchen mit schön beschlagener Tür führt zur netzgewölbten Sakristei. Das Schiff hat als Decke eine spätgotische Holztonne mit Blumen- und Tierschnitzereien; die trefflich profilierte Kanzel (1482) paßt aufs beste dazu; Wandgemälde vom Ende des 15. Jh. Die Spätgotik, die sonst manches Gleichgültige und Handwerksmäßige geschaffen hat, hat hier einen Auftrag von bescheidenem Umfang mit Liebe und Sorgfalt durchgeführt. An Baumeistern und tüchtigen Steinmetzen fehlte es damals in der Gegend wie im nahen Zabergäu nicht; Maulbronn zählte solche unter seinen Laienbrüdern. – Der Kirchhof der Pfarrkirche von SCHÜTZINGEN ist eine alte Wehranlage (frühgotisches Portal). In der Chorturmkirche Wandbilder aus der 2. Hälfte des 13. Jh. (Jüngstes Gericht, Anbetung der Könige, Marientod, Heilige u.a.). Stattliche Fachwerkhäuser aus dem 18. Jh., die wir auch in GÜNDELBACH finden können. ENSINGEN hat eine seit 1468 mehrmals veränderte Kirche mit romanischem Turmchor. Die Pfarrkirche von HORRHEIM war ursprünglich eine romanische Chorturmanlage; das Schiff von H. SCHICKHARDT. Wandmalereien aus dieser Zeit. Barocker Orgelprospekt; großes Kruzifix, um 1600. – HOHENHASLACH besitzt in seinem Turmchor Wandbilder aus dem Anfang des 14. Jh. (Szenen aus dem Leben Christi). Wandbild aus dem 17. Jh. Das Schloß in FREUDENTAL ist ein Barockbau, 1727–1731 von P. RETTI errichtet. Das ehem. Zisterzienserinnenkloster Mariäkron in RECHENTSHOFEN ist verbaut bzw. zerstört, bis auf einen hochgotischen Klosterflügel und die Umfassungsmauern des Kirchenschiffs mit einer hochgotisch verzierten Pforte.

## 18. Das Zabergäu

Das Gebiet um Brackenheim ist rheinfränkisches Land wie auch Maulbronn, Neuenbürg, Calw, Weil der Stadt, Besigheim, Backnang: Hier griffen die Bistümer Speyer und Worms über den Schwarzwald und den Kraichgau weit herein.
BRACKENHEIM ist ein altertümliches Städtchen, das Reste der Wehrmauern und manches alte Haus in Formen der deutschen Renaissance aufzuweisen hat. Die große *Stadtkirche* ist frühgotisch mit Chorturm und hochgesprengter Holzdecke in Form eines Tonnengewölbes, typisch für das Zabergäu. Einst war die Decke mit gotisierenden Blumenranken bemalt. Die Kirche enthält allerlei Kunstschätze: gotisches Kruzifix, Heiliges Grab aus Stein, Holzkanzel in Spätrenaissanceformen, Bildertafeln der Spätrenaissance, gotischen Sakristeischrank, alte Kirchengefäße. Das *Schloß* ist ein Renaissancebau von dem hiesigen Meister MARTIN BERWART (1556), mit runden Treppentürmen und Holzlauben im Hof, nach vorn nur mit einem weiten Mauerbogen und Laufgang abgeschlossen. Das Rathaus im Zopfstil (1780). Die *alte Schule* bei der Stadtkirche ist ein Fachwerkhaus des 15. Jh. Zahlreiche hohe Giebelhäuser und Fachwerkbauten aus dem 16.–18. Jh. – Brackenheim ist der Geburtsort von Theodor Heuss. – Die gut restaurierte *Johanniskirche*, im Friedhof vor der Stadt etwas erhöht gelegen, bietet ein überaus reizvolles Bild. Spätromanische Basilika, mit Anklängen an den Maulbronner Übergangsstil (Westpforte), unregelmäßigem Wechsel von Würfelknaufsäulen mit Pfeilern und spitzen Scheidbögen und nachträglich eingebautem Holztonnengewölbe. Der Chor hochgotisch, ausgebildet als Turm mit achteckiger Glockenstube und Zeltdach, von kraftvoller Form. Reste spätgotischer Wand- und frühgotischer Glasmalerei. Grabdenkmäler, darunter das des Baumeisters BERWART. Zwei romanische Flachreliefs an der Außenseite: ein Männchen und die drei Weisen. Die Kirche besitzt noch zwei alte Glocken (2. Hälfte 13. Jh. von einem Meister THOMAS, um 1300).

Von den Kirchen im Zabergäu ist keine uninteressant. Die meisten Dörfer haben auch ein altes Rathaus, teilweise mit Bogenhalle, und steinerne und Fachwerkwohnhäuser mit Renaissancezier. MEIMSHEIM, Römersiedlung und fränkischer Vorort im Zabergäu, hat ein Rathaus und einen Marktbrunnen wie ein Städtchen. Die *Martinskirche* ist ein Gegenstück zur Brackenheimer Friedhofskirche. Mit den beiden mächtigen Linden auf dem Vorplatz bietet sie ein stimmungsvolles Bild. Als Baumeister ist der Name PENICH (1455) an der Kirche angebracht. – In BOTENHEIM steht ein ehem. Gülthaus des Deutschordens (1607).

Über die Landschaft – das ganze Zabergäu beherrschend – erhebt sich kegelförmig der MICHELSBERG. Seit alter Zeit Sitz eines Heiligtums. Sicher nachgewiesen ist eine Kultstätte der Römer. Das frühe Christentum baute eine Michaelskapelle, nach der der Berg genannt wird. Von der ehem. Burg sind nur noch Grabeneinschnitte erhalten. Auf dem östlichen Gipfelausläufer die *Michaelskirche* mit eingezogenem, geradegeschlossenem Turmchor aus der 1. Hälfte des 13. Jh. und einem in der Form eines rechteckigen Klaustrums nach Norden angeschlossenen ehem. Kapuzinerhospiz von 1739. Erstmals 793 erwähnt als Benediktinerkloster. Kirche und Hospiz vielleicht auf älteren, bis ins 8. Jh. zurückreichenden Substruktionen. Unter der Kirche Mauerreste, die als gallorömischer Tempel gedeutet werden. In der Kirche gewölbter Lettner (eigentlich zwei miteinander verbundene Altarbaldachine) mit Durchgängen zum Chor. Dort auch figurierte Kapitelle wie in den Stadtkirchen von Esslingen und Markgröningen: Fabelwesen und menschliche Köpfe (als Wilde Jagd gedeutet), sechs adlerartige Vögel, darüber Menschenköpfe. Gewölbeschlußstein mit Kopf. Reste von Wandmalerei. Außen Muttergottes (Stein). – Großartiger Rundblick auf angeblich 80 Ortschaften. – CLEEBRONN mit einer z. T. frühgotischen Kirche. Altes Rathaus. Südlich vom Ort die stark erneuerte BURG MAGENHEIM, ein hochragendes frühgotisches Steinhaus aus Buckelquadern mit Rittersaal und Burgkapelle. – Die guterhaltene Ruine *Blankenhorn* bei EIBENSBACH zeigt, daß hier eine der monumentalsten Burganlagen des Landes stand. Sie entstand wohl in der 1. Hälfte des 13. Jh., eine Burg vom Typ der Schildmauerburg: Ihre Verteidigung geschah nicht durch einen Bergfried, sondern durch eine gewaltige Schildmauer auf der gefährdeten Bergseite. Die Buckelquadermauer ist an ihren Seiten durch Vorlagen verstärkt und mit einer großen Zahl von Steinmetzzeichen übersät. Reste der an die Schildmauer angelehnten Wohnbauten.

Historisch eng verbunden mit dem Michelsberg war ursprünglich das Städtchen BÖNNIGHEIM. Kurz vor der Ummauerung (um 1286) zur

Stadt erhoben, war der Ort frühzeitig im Besitz jeweils mehrerer Stadtherren (seit 1379 Ganerbenstadt), wovon zwei Schlösser und der Mainzer Hof noch heute Zeugnis ablegen. Die regelmäßig rechteckige Stadt wird durch ein Straßenkreuz in Viertel geteilt. Die *Stadtkirche St. Cyriakus*, ursprünglich Säulenbasilika des 14. Jh., birgt manche Sehenswürdigkeit, wie den schmuckvollen Lettner (um 1440), der die drei Schiffe durchzieht, den schön verzierten Taufstein und ein Sakramentshäuschen (um 1500), reiche Rittergrabsteine und als Hauptstück den figurenreichen Hochaltar (um 1500) in feingestuftem Aufbau (Schrein mit Aufsatz; die Flügel innen mit Reliefs, außen mit Tafelbildetaffern; Sl). Von besonderem Interesse ist es, hier im Zabergäu auch Profanbauten der Frühgotik zu begegnen. So am alten *Schloß* („Burg") an der westlichen Stadtmauer, das nach teilweiser Verwüstung im Bauernkrieg, 1546, wiederaufgebaut wurde. Mit seinem Staffelgiebel und dem runden Treppenturm stellt es sich auch jetzt noch burgmäßig dar. Das *Steinhaus* des früheren Mainzer Hofes hat wie jenes gekuppelte Spitzbogenfenster mit Rundaugen darüber, einer Vorstufe der Maßwerkfenster. Ein anderes Steinhaus bei der Kirche mit dem Neippergschen Wappen trägt das Datum 1561. Gleichfalls dem 16. Jh. gehört der jetzt in Kopie aufgestellte treffliche *Georgsbrunnen* von J. MÜLLER an. Prächtiger *Torturm* aus dem 13. Jh., der ursprünglich außen ein Fallgatter besaß. Aus der Mitte des 18. Jh. der Rokokobau eines jüngeren Schlosses (1756, ANTON HAAF). – HOHENSTEIN besitzt ein Bergschlößchen der Renaissance (1593) mit runden Ecktürmen.

In FRAUENZIMMERN findet man hochgotische Reste des Zisterzienserinnenklosters Mariental (Baumeister vielleicht ein VOLZO, um 1285). Baugeschichtlich wichtiger ist die malerisch gelegene Dorfkirche mit Turmchor im Maulbronner Übergangsstil. Prächtiger Fachwerkgiebel am Ortseingang (1795). – GÜGLINGEN wurde 1849 und 1850 von zwei großen Bränden heimgesucht, besitzt aber doch noch einige ältere Bauten, so das Amtshaus am Marktplatz, ein mächtiger Fachwerkbau mit Wappen, und das „Helferhaus" in der Hauptstraße. An der *Kirche* ist nur der Turm alt. Bei der spätgotischen St.-Leonhards-Kapelle am Friedhof stehen Grabdenkmäler aus der Renaissancezeit. – In PFAFFENHOFEN wurde das Kirchenschiff 1610 von H. SCHICKHARDT erweitert. Der *Chorturm* ist hochgotisch, die Sakristei ein Denkmal des von hier gebürtigen Steinmetzen HANS WUNDERER. Kruzifix gegen 1300. Das Pfarrhaus von SCHICKHARDT. – Der *Chorturm* von WEILER ist frühgotisch im Maulbronner Stil. Das Schiff hat die spätbarocke farbige Fassung der flachgewölbten Bretterdecke und des übrigen Holzwerks (mit Malereien von einem JOH. STIGLER aus Prag, 1767) bewahrt. Spätgotisches Kruzifix und Bildgrabstein. – In ZABERFELD hat HANS WUNDERER (1505) an den hochgotischen *Chorturm* ein Chörlein angebaut, das reizend durchgebildet ist mit Ast- und Zackenwerk im Fenstermaßwerk und Wappenengelchen an den Gewänden. Das zierliche Tabernakeltürmchen ist von HANS SPRYSS aus Zaberfeld (1476), dem badischen Hofbaumeister. Grabdenkmal von BAUMHAUER. Das Pfarrhaus ist ein früheres *Schloß* mit Renaissancegiebeln und -portal. Innen Gewölbe und Malereien. – Ein alter Zehntgerichtstisch von dem einstigen Ort Mörderhausen ist bei LEONBRONN erhalten. In der Kirche romanischer Taufstein. – Das ehem. Burgstädtchen OCHSENBURG hat von seinem Schloß nur einige Nebengebäude bewahrt, diese aber eindrucksvoll mit ihren Staffelgiebeln (Schloßkellerei 1569). In der Kirche der Grabstein der Agnes Böcklin von Utingertal, 1494, Grabdenkmäler aus dem 16. Jh. und ein schöner Taufstein von 1478. Auf dem Friedhof ein Steinkruzifix (1564). Das Walddorf MICHELBACH auf dem Heuchelberg hat ein bescheidenes Barockschlößchen (1709). In der Kirche ein Wandtabernakel von 1486. In den Kirchen von KLEINGARTACH und NIEDERHOFEN wurden Wandgemälde des 15. Jh. aufgedeckt. In der Kirche von HABERSCHLACHT steht ein romanischer Taufstein.

Wohlerhalten ist das Deutschordensschloß STOCKSBERG, mit Bergfried, dessen jüngerer Zinnenkranz von Eckerkern eingefaßt wird, mit Kapelle und Wohngebäuden (Renaissance), Toren, Gräben und Grabenbrücke. – Die *Kirche* von STOCKHEIM wurde 1514 von DIONYS BÖBLINGER und STEPHAN WAID erbaut. Sie birgt an Kunstschätzen: Wandtabernakel, Triumphkruzifix, Steinkanzel und einen geschnitzten spätgotischen Flügelaltar. Malerisches steinernes Amtshaus von 1604, Fachwerkhäuser. – Die Burgruine NEIPPERG mit zwei romanischen *Bergfrieden* im Maulbronner Übergangsstil zeigt die außerordentliche kunstgeschichtliche Bedeutung von Maulbronn auch für die profane Architektur jener Zeit. Es hat den Anschein, daß die damaligen Bautrupps gleichermaßen profane wie sakrale Bauten errichteten. Zugleich wird deutlich, daß auch scheinbar rein zweckhaft bestimmte Wehrbauten als Kunstwerke verstanden sein wollen. Einer der Türme besitzt noch Räume aus dem 12. Jh., einen aus der Erbauungszeit erhaltenen Schornstein für den spätromanischen Kamin (sehr selten!), große Doppel-Kemenatenfenster im Maulbronner Stil, Aborterker und die alten Zinnen. In der *Kirche* des Orts ein spätgotisches Kruzifix aus Holz und ein Rittergrabmal des 16. Jh. – Die Kirche von DÜRRENZIMMERN ist im Turmchor hochgotisch, sonst von 1620 (Meister HEINRICH ERNST und HANS

Pfaff). Am Turm der spätgotischen Martinskirche in HAUSEN (Zaber) ist ein hochgotisches Ritterstandbild mit Tragstein und Deckstein aus dem 14. Jh. aufgestellt. Innen spätgotische Wandgemälde, aus der gleichen Zeit des Umbaus des romanischen Turmchors. Die Bedeutung der Gegend in römischer Zeit dokumentiert die 7,5 m hohe Jupitergigantensäule, die hier gefunden wurde und jetzt, teilweise ergänzt, im Lapidarium des Stuttgarter Landesmuseums steht.

## 19. Das Bottwartal – Marbach – Oberstenfeld – Beilstein

Marbach Seite 61. – In STEINHEIM (Murr) ein schönes Rathaus mit Holzfachwerk (1686), davor ein Renaissancebrunnen. Die Kirche eine gotische, anscheinend durch Erweiterung einer Anlage des 13. Jh. geschaffene Basilika von rohen Formen. Das große Dominikanerinnenkloster Mariental samt Kirche verschwunden. Einige Grabsteine daraus in der Dorfkirche. Der Ort ist vor allem durch einen 1933 hier gefundenen Urmenschenschädel aus der Wärmeperiode vor der letzten Eiszeit und das – neben anderen vorzeitlichen Tierfunden – bisher größte, fast vollständig erhaltene Mammutskelett bekannt geworden. – Bei Kleinbottwar liegt über dem Tälchen das SCHLOSS SCHAUBECK, ein spätmittelalterliches Stein- und Fachwerkhaus von drei einen engen Hof umfassenden Flügeln, den nach der Talseite die Torwand schließt. – In KLEINBOTTWAR eine spätgotische Dorfkirche (1913 erweitert und jüngst durchgreifend restauriert), mit Seitenturm, der ein Satteldach trägt. Darin von der alten Ausstattung ein wohlerhaltener Altarschrein mit Malerei und gefaßtem Schnitzwerk (um 1520); Kruzifix, Wandtabernakel, Taufstein, Steinkanzel vom Ende des 16. Jh.; bedeutende Grabmäler, eines von Michel Viktorin, Heilbronn (1525). – Im Bottwartal, unterhalb von Oberstenfeld, das Städtchen GROSSBOTTWAR. Ev. Pfarrkirche mit frühgotischem Chorturm, innen mit Netzgewölbe. Figurierte Schlußsteine und Konsolen. Großes Fachwerk-Rathaus (1556), Marktbrunnen (1747) und andere alte Amts-, Kloster- und Spitalgebäude. Reste der Stadtbefestigung und zahlreiche Bürgerhäuser in Fachwerk an engen, unregelmäßigen Straßenzeilen.

OBERSTENFELD. Aus der Mitte des Orts steigt der monumentale Quaderbau der bedeutenden romanischen *Frauenstiftskirche* zum hl. Johannes d. T. auf. Die Entstehungsgeschichte des eigenartigen Baus ist kompliziert und in vielen Punkten ungeklärt. Als ältester Bestandteil ist die Westhälfte der Krypta (Abb. 58) anzusehen, ein dreischiffiger, kreuzgewölbter Raum von fünf Jochen. Die Gestalt der Gewölbe, zumal die sichelförmig vortretenden Gurte, weist auf Einwirkungen hin, die durch den Diözesansitz Speyer vermittelt sein können, wie ja die besondere Form des Oberstenfelder Würfelkapitells seinen nächsten Verwandten in der Krypta des Doms von Speyer hat. Es bleibt zweifelhaft, ob diese Einflüsse ursprünglich aus der Lombardei kommen. Wir dürfen aufgrund dieser Formen jedoch eine Datierung in das 2. Viertel des 11. Jh. wagen, wodurch das angebliche Gründungsdatum des Frauenstifts, 1016, einige Bedeutung gewinnt. Nach ihrer Lage im Baukörper der großen, dreischiffigen Oberkirche (deren Mittelschiffmauern nicht auf den Umfassungsmauern der Krypta aufsitzen) und aus dem Durchmesser der ältesten, 1890 ausgegrabenen Apsis ist geschlossen worden, daß die Krypta ursprünglich ein selbständiger Oratoriumsbau von ein oder besser zwei Stockwerken gewesen war. Anfang des 13. Jh. Überbauung des Oratoriums mit einer dreischiffigen Basilika, wobei jenes zur Krypta wird. Die mit der Johanniskirche zu Weinsberg verwandte Basilika hatte ursprünglich je drei Apsiden an der Ost- und Westseite. Im 2. Viertel des 13. Jh. Ersatz der östlichen Hauptapsis durch einen Turm, der in mehreren Abschnitten erbaut wird und dessen Erdgeschoß die östliche Erweiterung der Krypta enthält. In seinem oberen Teil Maulbronner Einfluß. Gleichzeitig mit der Errichtung des Turms Beginn der Einwölbung des Langhauses, die mit zwei Jochen jedoch nur bis zur Grenze des vorderen Chors vorschreitet. Interessant ist die Perspektive des Langhauses von West nach Ost, infolge der durch die Kryptenanlage gegebenen, zweimal gestaffelten, schaubühnenartigen Erhöhung des Chors und durch das starke Vorspringen der Triumphbogenwände. Zu beachten sind die Kapitelle mit Band- und geometrischen Mustern, eines mit Köpfen eines Mannes und eines Jünglings. Ein romanisches Fenster mit Tierplastik an der Chorseite. Der Turm in seinen für schwäbische Begriffe gedrungenen Verhältnissen zeigt im Aufriß die Gliederungselemente des oberitalienischen Kampanile (Geschoßteilung, Lisenen, Rundbogenfriese, gekuppelte Fenster), ohne daß sich darin ein direkter Einfluß ausdrücken muß. Der obere Aufsatz, ein verkleideter Fachwerkstock mit welscher Haube, beeinträchtigt die künstlerische Gesamtwirkung in keiner Weise. Die Stiftskirche birgt einige Kunstgegenstände: ein einfaches Wandtabernakel (1414) und mehrere Grabdenkmäler, darunter zwei von Sim. Schlör und eines in Rokokoformen von J. B. Lauggas, Öhringen. Der gemalte Flügelaltar (1512) ist eigentlich ein Epitaph, der ursprünglich für die Kartause Güterstein (Urach) bestimmt war und ein wichtiges Zeugnis für den Einfluß Dürers auf den altwürttembergischen Raum darstellt. – Nördlich, auf einem Hügel, hinter Friedhofsmauern, die kleine *Peterskirche* (Abb. 59), ein köstliches Vermächtnis romanischer Baukunst, das fast wie ein Naturgebilde aus einer unberührten Umgebung herausgewachsen zu sein scheint. Sie besteht aus einem kleinen, rechteckigen Langhaus, einem quadratischen Turmchor mit dreipaßförmig angeordneten Apsiden (erhalten die nördliche; die östliche und südliche durch Grabung nachgewiesen). Die Kleinquadertechnik (Keupersandstein) und die formale Verwandtschaft mit der Krypta in Oberstenfeld gestatten den ungefähren Zeitansatz Mitte 11. Jh. In der 2. Hälfte des 13. Jh. Einbau eines Kreuzgewölbes mit doppelt gekehlten Rippen im Chor.Im Zusammenhang damit (um 1270–1290) Ausmalung der ganzen Kirche (Apostel, Passion und Auferstehung Christi, St. Georg und St. Martin). Die Westwand in unbestimmbarer Zeit erneuert.

BURG LICHTENBERG, auf tannenbestandener, ins Bottwartal abfallender Bergnase, ist wegen ihrer ausgezeichneten Erhaltung und Unberührtheit bemerkenswert. Als Hochadelssitz wurde sie wohl um 1200 errichtet. Der Burgkern ein unregelmäßiges Rechteck, um das sich ein breiter Zwinger und andere Vorbauten herumlegen. Die Burg hatte zwei Bergfriede, der eine nur noch teilweise erhalten. Vorhanden ist weiter ein palasartiger Bau mit romanischen und frühgotischen Bauformen: zu beiden Seiten der Durchfahrt die Kapelle und eine Halle, darüber ein Saal mit Fensternischen und -bänken. Das Seitengebäude im Burghof und der äußere Burghof gotisch. In der Kapelle wurden bedeutende Wandbilder, z. T. in mehreren Schichten übereinanderliegend, aus dem 13. Jh. (wohl von dem gleichen Maler wie die Fresken in der Oberstenfelder Peterskirche), aus der 1. Hälfte des 14. Jh. (Leben-Christi-Szenen, Christophorus) und aus dem 15. Jh. freigelegt. Bildstock von SIM. SCHLÖR (1573). Reizvoll derbe, weibliche Büsten an der Herrschaftsempore. Über dem äußeren Tor ein feines, spätgotisches Flachrelief.

Nahe bei Oberstenfeld liegt gegen Norden das Städtchen BEILSTEIN zu Füßen der Burg *Hohenbeilstein*, die heute nach dem hohen Bergfried meist Langhans genannt wird. Es ist 1693 abgebrannt, hat aber – selbst nach Zerstörungen des letzten Krieges – seinen altertümlichen Charakter bewahrt, mit seinem Rathaus, anderen Giebelhäusern und dem Marktbrunnen. Die jetzt profanisierte *Magdalenenkirche* liegt zwischen Stadt und Burg auf einem Absatz, der durch Flügelmauern mit der Burg verbunden ist. Sie ist spätgotisch, wie auch die Grabdenkmäler. Die jetzige *Stadtkirche* steht außerhalb der alten Stadt auf dem Friedhof und weist so vielleicht auf die Verlegung einer älteren Siedlung hin. Sie ist eine spätgotische Kapelle ohne Turm, mit schönem Chor. Die aus prachtvollem Quaderwerk (Keupersandstein) bestehende Ringmauer der Burg und der Bergfried sind romanisch (Anfang 13. Jh.), letzterer fünfeckig (Quadrat mit vorgelegtem Dreieck auf der Angriffsseite). Steinmetzzeichen. Zwinger mit zwei Rondellen zu seiten des Eingangs, spätgotisch. Vor dem Graben ringsum bis zu den Anschlußmauern der Stadt noch ein Bollwerk mit Halbtürmen. Die Burg ist heute Sitz einer sehenswerten Falknerei. – Bei Auenstein, nordwestlich von Beilstein, liegt auf einem Hügel die Ruine der Burg HELFENBERG. Sie besteht aus einem großen, schön proportionierten Steinhaus mit Wendeltreppe in der Mauerstärke, erbaut am Anfang des 13. Jh. Deutlich sichtbar der Anschluß einer einstigen Schildmauer auf der Bergseite. Frühgotische Fensterformen. Ein mittelalterlicher Wohnturm ist auch das von hier aus sichtbare Schlößchen WILDECK, das – noch bewohnt – in seiner alten Hülle ziemlich verändert worden ist. Die Pfarrkirche in ABSTATT stammt von 1766 und wurde 1899 umgebaut. – Lehrreich vom Standpunkt des spätmittelalterlichen Burgenbaus aus ist das malerisch über Untergruppenbach gelegene Schloß STETTENFELS. Gut erhalten ist die Ummauerung vom äußeren Zwinger an mit ihren runden Batterietürmen. Hinter der hohen Ringmauer erhebt sich in drei Flügeln das giebelgeschmückte Schloß. Ein Flügel endet in einen runden Turm. Am Herrenhaus sind den Ecken Erker aufgesetzt. Baumeister war in der Bauzeit unter den Fuggern, denen das Schloß in der 2. Hälfte des 16. Jh. zeitweilig gehörte, u. a. der Augsburger WENDEL DIETERLIN.

**Das Kapitel ‚Im Fränkischen' umfaßt folgende Wanderrouten:**



*Wir verweisen auf die dem Buch beiliegenden Übersichtskarten.*

# II. Im Fränkischen

## 1. Das Neckartal von Heilbronn bis Bad Wimpfen und das Gebiet links des Neckars

*Helibrunna* oder *Heilicprunno*, so lautet in alter Zeit der Name von HEILBRONN, das – schon im 9. Jh. als Pfalz erwähnt – wohl vom Hohenstaufenkaiser Friedrich II. Stadt- und Befestigungsrecht erhielt. 1360 teilweise, 1464 in vollem Umfang freie Reichsstadt mit eigenem Territorium geworden, konnte Heilbronn seine Unabhängigkeit bis 1802 bewahren. Erst dann fiel es an Württemberg. Auf dem rechten Neckarufer gelegen und mit dem linken durch eine befestigte Brücke verbunden, bildete die Stadt, wie alte Ansichten zeigen, ein ziemlich regelmäßiges Rechteck, wohlummauert mit hohen, an den Ecken und an der Brücke besonders starken Türmen verwahrt und an den Landseiten noch durch später vorgeschobene Bastionen gedeckt. „Wenn man sich", sagt Goethe in seiner Schilderung der Reise nach Italien 1797, „einen günstigen Begriff von Heilbronn machen will, so muß man um die Stadt gehen. Die Mauern und Gräben sind ein wichtiges Denkmal der vorigen Zeit; die Gräben sind sehr tief und fast bis herauf gemauert, die Mauern hoch und aus Quadersteinen gut gefügt. Die Steine waren als Rustika gehauen. Eine schöne Allee führt um den größten Teil des Grabens, sie besteht aus Linden und Kastanien, die als Gewölbe gehauen und gezogen sind." Die neuzeitliche Entwicklung der bedeutenden Handels- und Industriestadt hat dieses Bild zum großen Teil verändert. Im zweiten Weltkrieg wurde bis auf wenige Reste die gesamte Altstadt an einem einzigen Tag (4. Dez. 1944) zerstört. Erhalten der *Götzenturm* (1392); Ritter Götz saß 1519 eine Nacht lang gefangen, allerdings im *Bollwerks(Diebs)turm* (beide wiederhergestellt). Münsterähnlich erhebt sich die Pfarrkirche zu

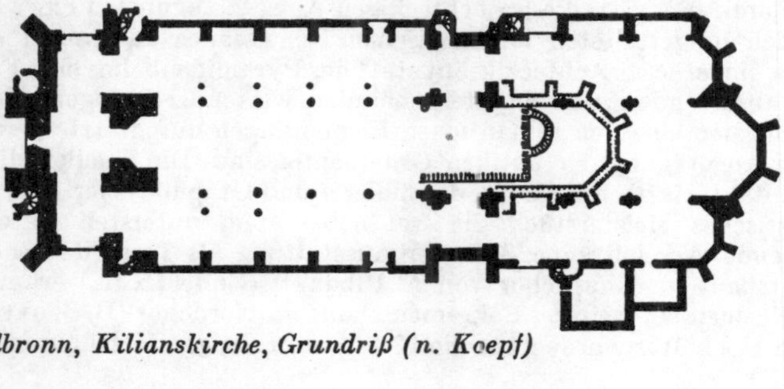

*Heilbronn, Kilianskirche, Grundriß (n. Koepf)*

*St. Kilian* (Abb. 30, 32), vornehmlich wegen ihres wohlbekannten, gewaltigen Westturmwerks aus der Renaissance. Ihre kunstgeschichtliche Bedeutung erhellt am ehesten aus einer chronologischen Betrachtung. Von einer ersten Kirche um 1000 wurden Reste ergraben. Der Baubeginn der bestehenden Kirche fiel in das letzte Viertel des 13. Jh. Das Langhaus gehört wenigstens im Grundbestand mit seinen Arkaden jener Zeit an und stand unter dem Einfluß der flachgedeckten Bettelordenskirchen. Die beiden Chortürme mit ihren giebelgekrönten Doppelfenstern entstammen bereits einem etwas jüngeren Bauabschnitt, als von Wimpfen her die entwickeltere französische Form der Gotik im Neckartal vordrang. Besonders der feiner behandelte Nordturm erinnert an die Chortürme der Wimpfener Stiftskirche. Ein spätgotischer Umbau des Langhauses, 1447–1454, wird durch Vollendung der nördlichen Seitenkapellen, Portale und das große, an fränkische Hallenkirchen gemahnende Dach beendet. Der spätgotische *Chor* ist, wie schon bei den langgestreckten fränkischen Stadtkirchen (Nördlingen, Dinkelsbühl), eine lichte, dreischiffige Halle, in der sich die Nebenschiffe fortsetzen, von ANTON PILGRAM aus Brünn um 1480 geplant und in der Folge aufgebaut; 1487 wird die Wölbung vom Stuttgarter Meister ABERLIN JÖRG vollendet. Er gehört in der Qualität seines Raumbildes zu den größten Leistungen der Spätgotik in Württemberg. Seine getreue Wiederherstellung darf als bedeutendes Werk der modernen Denkmalpflege gewertet werden, wie auch der übrige Wiederaufbau der Kirche, der wesentliche Veränderungen des 19.Jh. wieder rückgängig gemacht hat. Verschmelzung des westlichen Turmpaares vom Ende des 14.Jh. durch einen nach Westen vorfluchtenden Zwischenbau zu einem Breitturm, ähnlich wie beim Konstanzer Münster. Plan und Gründung durch HANS SCHWEINER von Weinsberg ab 1508. Vollendung 1529. Im rechteckigen Mittelstück archaisierende Formen im Sinn der deutschen Romanik (Speyer), die im achteckigen Aufsatz zugunsten einer persönlich umgestalteten lombardischen Renaissance ausklingen. Das stark eingerückte Achteck krönt statt des Pyramidenhelms eine Folge sich absetzender, zuoberst laternenähnlich wirkender Oktogone, deren Zierformen eine von romanischen Erinnerungen durchsetzte persönliche Ausprägung der antiken Ornamentik sind. Die Quellen dieser Architekturformen liegen in der Malerei und Graphik jener Zeit. Ein artistisches Meisterstück die frei neben dem untersten Oktogon stehende Wendeltreppe. Von der Ausstattung als Torso das Sakramentshaus im Hauptchor von A. PILGRAM (Ende 15.Jh.) erhalten, desgleichen ein weiteres Sakramentshaus im Nordchor (B. SPORER?). Vom Hochaltar wurden nur die 13 z.T. erstrangigen Holzfiguren und

die Reliefflügel (Anbetung der Hirten, Auferstehung, Pfingstwunder, Madonna mit Kind, Marientod, Diakon, hl. Gregor) gerettet (das Gesprenge eine meisterhafte moderne Rekonstruktion). Als Meister des 1498 datierten Altars ist inschriftlich (Rückseite Marientod) Hans Seyffer gesichert. Im *nördlichen Seitenchor* Reste von Glasmalerei (u.a. Heilige, Stifter, Wappen und Baldachine; Adlerscheibe datiert 1487). Südlich vor der Kirche das Quellhaus des „Heilbrunnens" (B. Wolff, 1541).
Ungefähr gleichzeitig mit Osttürmen und Schiff der Stadtkirche mögen die Franziskaner ihre Kirche in Heilbronn erbaut und den Blick der Mitbürger auf ihre Kunst gelenkt haben. Sie brannte im 17.Jh. ab. Vom Neubau kam nur der *Hafenmarktturm* zustande (1698, der Aufsatz 1728 von Ph. Meyer aus Straßburg; wiederhergestellt). Im Erdgeschoß Kriegerehrenmal. Vom Kloster zeugen noch die Reste des Kreuzgangflügels mit kleeblattförmigen Arkadenfenstern. – Die ev. *Nikolauskirche* bietet ein Beispiel der schlichten Hochgotik des 14.Jh. Erhalten Langhausumfassung, Chor in alter Gestalt wiederaufgebaut. – Wichtiger die ehem. *Deutschordenskirche*, weniger das im Kern hochgotische Schiff mit den hohen Proportionen seiner kahlen Wände, als der aus der 1. Hälfte des 13.Jh. stehengebliebene Turm, der im Erdgeschoß den Chor (jetzt Seitenkapelle) enthielt. Von außen noch ein echtes Erzeugnis unserer einheimischen Spätromanik: Auf verhältnismäßig niedrigem Viereck sitzt das Achteck auf. Steigende Bogenfriese begleiten die Schrägen des Übergangs, und auch am Achteck fehlt senkrechte und waagrechte Gliederung nicht. Innen aber verrät das Chorgewölbe Berührung mit dem Maulbronner Übergangsstil (um 1240). Schöner Schlußstein mit frei den Rippen aufgelegtem Rankenwerk. Aus gleicher Zeit der schlicht, aber geschmackvoll verzierte, trefflich proportionierte Altar. Die Kirche macht nur einen Teil des großen, um malerische Höfe gruppierten Komplexes aus, der auf dem Gelände der 841 erwähnten Königspfalz Heilbronn steht. Ursprünglich eine Hauskommende, war der Bereich am Ende des 18.Jh. Sitz des Landkomturs der fränkischen Ordensprovinz. Er bewohnte den im Krieg ausgebrannten Flügel an der Deutschhofstraße, der 1711 durch W. H. Beringer eine erhaltengeliebene, noch an deutsche Renaissance gemahnende Barockfassade mit großer Pilasterordnung und Zwerchgiebeln erhielt. Dahinter schlossen sich Archiv und Trapponei (Materialverwaltung) an, nach rückwärts standen die Wirtschaftsgebäude, wie Kornkasten, Küferhaus und dergleichen (z.T. wiederhergestellt). Noch manche zierliche Pforten, Erker und Fenster schmücken die Steinhäuser im Hof, und zahlreiche historische Erinnerungen knüpfen sich an das Heilbronner Deutsch-

haus, in dessen Räume Kaiser, Kurfürsten, berühmte Feldherren wie Turenne, Prinz Eugen, Erzherzog Karl und Staatsmänner als Gäste abgestiegen sind. – Das wichtigste weltliche Gebäude in einer freien Reichsstadt war das *Rathaus*. Wenn irgend möglich, mußte es, zentral am Marktplatz gelegen, in seiner äußeren Erscheinung das Selbstbewußtsein der freien Bürgerschaft repräsentieren. In Heilbronn entwickelte sich – an das Rathaus angebaut – im Lauf der Jahrhunderte ein umfangreicher Komplex von Kanzleibauten, der jedoch im letzten Krieg weitgehend zerstört wurde (jetzt Neubauten). Kern war der wiederhergestellte westliche Bau, den sein Äußeres als Stadthaus charakterisiert; ein massiger, wuchtiger Block, ursprünglich 1417 mit Benutzung von Bauteilen des 13.Jh. errichtet. An der Ostwand des Hauptbaus (2. Drittel des 13.Jh.) noch zwei frühgotische Kuppelfenster. Um 1580 im Renaissancegeschmack verändert (Bildhauer A. WAGNER), erschiene das Rathaus düster und unbelebt ohne die schöne Freitreppe, die sich mit ihren schrägen Stiegen und der Säulenlaube dem Erdgeschoß vorlegt. Der Altan bezeichnet das Haus als die Stätte, von der aus dem Volk wichtige Entscheidungen verkündet wurden. Im hübschen Ziergiebel, der das hochansteigende, von einem Türmchen gekrönte Dach schmückt, eine Kunstuhr von I. HABRECHT, Straßburg. Der Innenbau ist völlig erneuert. Von den rückwärtigen Erweiterungen in den Umfassungsmauern das Stadtarchiv erhalten, ein ursprünglich anmutiges Rokokogebäude (1765 erbaut von J. G. KELLER). Nach dem Krieg umgewandelt in eine Gedächtnisstätte für die über 7000 Kriegstoten der Stadt. – Gewissermaßen im Geist verwandt mit dem Rathaus ist das *Fleischhaus* (wiederaufgebaut, jetzt städtisches Museum). Der bei aller Schlichtheit erfreuliche und gediegene Bau des HANS STEFAN aus Rothenburg (1598) bildete im Erdgeschoß früher eine rundum offene Halle. Die Säulen auf der Giebelseite haben phantasievoll erdachte figurierte Kapitelle und tragen weitgeschwungene, flache Bogen. An einer Ecke ein Treppenturm. – Unter den Privathäusern gab es noch viele, deren steinernes Erdgeschoß durch Jahreszahlen oder Kunstformen an Türen, Konsolen und dergleichen in die mittelalterliche Zeit zurückwiesen. Das erhaltene hohe Eckhaus am Markt nannte man das Vaterhaus des sagenhaften Käthchens von Heilbronn. Es stellt ein mittelalterliches Patrizierhaus dar, sein Eckerker von 1534. Am Marktplatz wiederhergestellt auch das schön gegliederte Haus Pfeil (1726). Vor der ehem. Altstadt die Festhalle „Philharmonie“ (1958, K. MAROHN). Von Alt-Heilbronn erzählt nahebei der *alte*, von Mauern umschlossene *Friedhof* mit seinem Park, der noch heute etwa 16 ältere Grabdenkmäler enthält.

In der Chorturmkirche von NECKARGARTACH (Schiff barock) ein kleiner Schnitzaltar (1516). Prächtige Kanzel von 1661. – Das von den Herren von Weinsberg um 1310 gegründete und regelmäßig angelegte NECKARSULM liegt auf dem rechten Hochufer des Neckars, rückseitig gedeckt durch die Sulm. 1484–1805 war die Stadt in der Hand des Deutschen Ordens. Die Altstadt wurde im letzten Krieg weitgehend zerstört. Sie bildete ein Viereck, dessen zuoberst gelegene Ecke das Schloß einnimmt. Stadtmauer und Graben sind teilweise erhalten. Von der Hauptstraße gehen einige gerade Quergassen senkrecht ab. Das untere Tor lag in der Tiefe des Sulmtälchens. Von dort bietet die ansteigende Straße mit den Stützmauern des Kirchhofs und der schräg darüberstehenden hochragenden Kirche mit ihrem Turm ein eindrucksvolles Bild. Das *Schloß* (wiederhergestellt) war auch gegen die Stadt ummauert. Sein Hauptturm mit Spitzkuppeldach steht an der Südwestecke. Der untere Teil aus dem 14. und 15.Jh., der obere 1551 aufgesetzt. Das Hauptgebäude ist ein gotisches Steinhaus mit Erker und Staffelgiebeln. Ein anderes ist abgebrochen worden. Erhalten sind die ehem. Schloßkapelle, erbaut um 1600 (die Jahreszahl 1487 steht auf einem älteren, eingemauerten Stein), ein Holzaltan, ein Bandhaus mit Staffelgiebeln (1567). Ursprünglich hatte der Schloßhof eine viereckige Ringmauer mit runden, auskragenden Ecktürmchen. Gegen den Neckar und die Eisenbahn sieht das Schloß noch heute einer Burg ähnlich. Die nach dem letzten Krieg wiederaufgebaute *Pfarrkirche* (1706–1712) ist von dem Heidelberger Baumeister Carrasky und dem Bildhauer Holbusch, der Turm 1557 von Franz Häfele in Neckarsulm: ein großartiger, gegen Norden gerichteter Saalraum mit Tonnengewölbe und Apsis. Das Äußere schön gegliedert in Haustein. Unter dem Hauptgesims ein Triglyphenfries über den lisenenartigen, gequaderten Pilastern. Der Hauptstraße ist die Stirngiebelwand zugekehrt mit bewegtem Umriß, eingeteilt ebenfalls mit Pilastern und belebt mit Figurennischen, Vasenaufsätzen und dgl. Der Turm ist am Rand der Plattform so gestellt, daß er gegen das untere Tor hin voll zur Geltung kommt; er ist stattlich ausgebildet mit Kranz und Laternenkuppeldach. Von der Hauptstraße her gesehen, schiebt sich vor die Baugruppe ein städtebaulich gutproportionierter Neubau. – Die kleine ehem. *Kapuzinerkirche* (1661; Ende 19.Jh. erneuert), mit Tonnengewölben im Schiff und Chor, entbehrt der alten Ausstattung. Das *Rathaus* von 1544, erneuert im 18.Jh. und 1957, mit großer Freitreppe. Der Gasthof Sonne ein einfacher Fachwerkbau mit Erker. Das Holzapfelhaus ein Steinbau der Renaissance (1579). Am Marktplatz steht eine große Kelter (16.Jh.). Die *Friedhofskapelle* (1668) ist außen und innen nicht ganz ohne malerisch-reizvolle Einzelheiten volkstümlicher Art. Am Friedhofseingang spätgotisches Vesperbild (16.Jh). – BAD FRIEDRICHSHALL entstand 1935 durch Zusammenschluß der Orte Kochendorf und Jagstfeld mit Hagenbach; 1951 wurde es zur Stadt erhoben. Der historisch wichtigste Ortsteil ist KOCHENDORF, das ein stattliches Bild mit dem Oberen Schloß und der hochgelegenen Kirche, dem Wasserschloß, dem St. Andréschen Schlößchen und dem hohen Fachwerkgiebelbau des Rathauses gewährt. Das *Obere Schloß* (Greckenschloß oder Zwingenberg) wurde 1606 erbaut, zweiflügelig mit Treppenturm im Winkel und geschweiften, früher bemalten Giebeln; zwei Höfe, ein oberer, nach hinten durch einen Graben abgeschnitten, und ein unterer auf Stützmauern; Rundbogentor. Das ehem. *Wasserschloß* im Tal ist ein Steinhaus (1533) mit Schnörkelgiebeln, Treppenturm und Erker; im Erdgeschoß gewölbte Räume; am Bauhof eine starke Ringmauer mit Rundtürmen; über dem Tor (1568) eine Pechnase. Das Haus der Herren von St. André ist 1710 erbaut. Das *Rathaus* (1597; Anfang 20.Jh. spielerisch ergänzt) hat geschnitzte Balken und eine gedeckte Außenstiege. Die *Kirche*, deren Terrasse leider die Ringmauer verloren hat, war ursprünglich romanisch, vielfach verändert (1945 zerstört, Neubau); ansehnliche Renaissancegrabmäler, 1535 und 1598f.; diese späteren, leicht bemalt, von J. Schmied in Heilbronn und seinem Gesellen Mang aus Chur. JAGSTFELD legte mit seiner *Saline* (1812f.) die Grundlage zur wirtschaftlichen Bedeutung des Orts in der Neuzeit. Sehenswerte Neubauten stellen das *Rathaus* (1965–1967) von R. Ostertag und die *Realschule* (1962–1965) vom gleichen Architekten dar. – Bad Wimpfen Seite 136.

Links des Neckars: In FRANKENBACH sind am Kirchenportal Gotik und Renaissancedekoration kombiniert (1590). In GROSSGARTACH wird das Kreuzrippengewölbe des stattlichen ehem. Chorturms (heute Taufkapelle) von romanischen, kapitellgeschmückten Säulen gestützt. – Im Leintal und Gartachgau ist SCHWAIGERN der Hauptort. Ein Stadtbrand (1904) hat leider die schönsten alten Häuser vernichtet. Unberührt blieb die große, schöne Kirche mit ihrem bezeichnenden Turmaufsatz von verschiefertem Zimmerwerk mit Spitzdach und Eckerkern. Sie wurde erbaut von Bernhard Sporer (1515–1520), einem früheren Gesellen Aberlin Jörgs. Dabei wurden ältere Teile – der frühere Chorturm mit schönen (hierher versetzten) Maßwerkfenstern im Maulbronner Übergangsstil und die als Nebenschiff verwendete Nordhälfte des alten Langhauses – in den Neubau miteinbezogen. Sehr geschickt sind die Verbindungsbögen als Gegenstück zu dem südlichen neuen Kapellenschiff behandelt und die

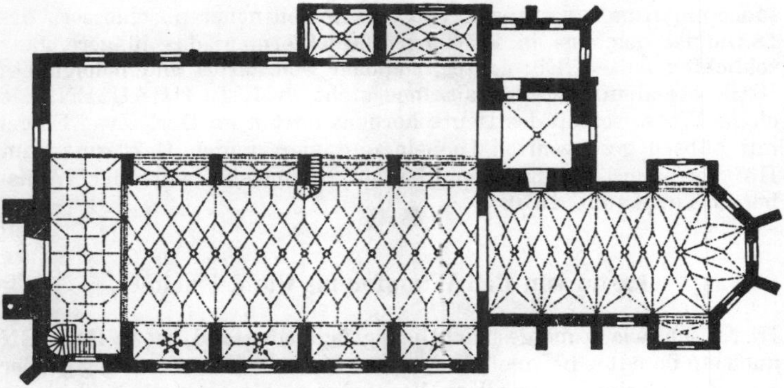

*Schwaigern, Stadtkirche, Grundriß*

Arkadenpfeiler zu diesem Zweck in Strebemauern ausgezogen. Chor mit zwei Seitenkapellen und Schiff, ebenfalls mit Seitenkapellen. Eingangshalle unter einer Westempore, Sakristei. Alles überwölbt mit zierlichem Netzwerk und in einer Führung der Gewölbelinien, die wie in der Öhringer Stiftskirche das neue Raumgefühl der Renaissance anzeigt, noch deutlicher als bei ABERLIN JÖRGS Kirchenhallen. Ähnliche Raumbildungen aus derselben Zeit findet man in Bayern (Lauingen) und in Obersachsen. Das Nebenschiff ist flachgedeckt. Brustbilder an Tragsteinen; Ecce Homo (Erbärmdebild). Grabsteine. Das Gewölbenetz mit feinem Bildwerk reichgeschmückt. Ein großer Westturm war geplant. Guterhaltene Ausstattung mit Tabernakeltürmchen, Steinkanzel und vier Altarschreinen (16. Jh.): drei geschnitzt, einer unbemalt, der vierte nur gemalt (JÖRG RATGEB, 1510). Gotischer Taufstein. Kreuzbild. Das 1702 erbaute *Schloß* ist auf der Gartenseite unverändert. Die kleine *Schloßkirche* Mitte 19. Jh. von CHR. LEINS erbaut. Prachtvoller Baumpark. Das Schulhaus ist ein ehem. *Unteres Schloß* von 1727.

Die neuere Kirche von MASSENBACH, die in ihrer hohen Lage ein reizendes Bild bietet, enthält Ausstattungsstücke und Grabdenkmäler der Renaissance von JAKOB MÜLLER in Heilbronn und Gegenstände aus der früheren Kirche. Das Schloß ist ein Rokokobau mit Seitenflügeln. MASSENBACHHAUSEN hat in seiner neugotischen Kirche einen prächtigen Rokokoaltar aus Stein. In FÜRFELD ein *Schloß* von 1557. Einfacher Rechteckbau und spätmittelalterliche Befestigungsreste. In BONFELD blieb von einem Wasserschloß der Renaissance ein Rundturm übrig. Von den beiden neueren Schlössern des 18. Jh. ist das eine in kräftigen Barockformen, das jüngere ganz schlicht gehalten. Ein echtes, zugleich wehrhaftes und behagliches Werk der deutschen Renaissance steht in KIRCHHAUSEN, das ehem. Wasserschloß des Deutschordens mitten im Dorf. Zwei Flügel mit hübsch geschweiften Giebeln und vier runden Ecktürmen, im Hof vermauerte Rundbogenarkaden. Baumeister wohl der Weinsberger TH. KNOLL, 1570.

## 2. Das Neckartal von Bad Wimpfen bis Gundelsheim

Historisch wie kunstgeschichtlich gleichbedeutend, ist WIMPFEN auch ein beredtes Beispiel für die geschichtliche Voraussetzung großer Kunst. Hier sind es vor allem Werke der Architektur, die beides auszudrücken vermögen: allgemein typische Baugedanken, deren individuelle Gestaltung nur in der Detailform zu fassen ist (ev. Stadtkirche), und Bauten, die als Ganzes bereits einen neuen Gedanken verkörpern (ehem. Ritterstiftskirche). Jedesmal aber ahnen wir hinter der Form den Willen eines mächtigen Bauherrn, sei dieser nun eine Einzelpersönlichkeit oder eine von gemeinsamem Wollen getragene Gemeinschaft. Eindrucksvoll schon von weitem die Lage der großen Bauwerke zu Füßen und auf der Höhe eines steilen Abfalls zum Neckar. Wie an kaum einem anderen Ort steht hier zugleich sakrale wie profane Architektur gleichwertig nebeneinander. In ihr spiegelt sich vor allem hoch- und spätmittelalterliche Geschichte, doch reichen die Anfänge Wimpfens in frühgeschichtliche Zeit zurück.
War die Landschaft schon in der Jungsteinzeit besiedelt, so ist es, wie häufig auch anderswo, die raumordnende Macht der Römer, die aus den vorhandenen Gegebenheiten, vorwiegend aber neuplanend, den äußeren Rahmen für das geschichtliche Geschehen für fast anderthalb tausend Jahre absteckte. Dort, wo heute der Stadtteil Wimpfen im Tal liegt, entstand in typischer Lage gegenüber der Jagstmündung um 85/90 ein Flügelkastell der römischen Neckarfront, aus dem sich der städtische Ort eines Vicus entwickelte; einer der wenigen rechts des Rheins, der nach den ersten Alemanneneinfällen ummauert und befestigt wurde (vgl. Rottenburg [Neckar]). Noch heute steht über der nördlichen Stadtmauer der römischen Zeit die des Mittelalters, die auf den übrigen Seiten jedoch einen wesentlich kleineren Bereich umschloß. Grundlegend für die Bedeutung der römischen Siedlung wie vor allem für die ganze mittelalterliche Entwicklung der Stadt war eine bereits in vorgeschicht-

licher Zeit wichtige große Fernstraße, die, aus Frankreich über Worms-Ladenburg bzw. über Speyer-Sinsheim kommend, hier den Fluß überquerte und als Hohe Straße, auch Kaiserstraße genannt, auf dem Höhenrücken zwischen Jagst und Kocher nach Osten verlief und dort bis in den Südosten des deutschen Reiches und die Donauländer führte. Vielleicht ist diese Straße streckenweise identisch mit der „Nibelungenstraße" der Sage. Ihre Bedeutung wird schon daraus ersichtlich, daß bereits die Römer hier bei Wimpfen – ein seltener Fall in Deutschland – eine Steinbrücke über den Fluß errichteten, die weit bis in das hohe Mittelalter bestand und erst kurz vor 1303 durch einen Eisgang zerstört wurde. Der Übergang hatte zuvor weitere Straßen angezogen, zugleich diente auch der Fluß als Verkehrsweg, so daß es nicht schwerfällt, sich von der wirtschaftlichen Bedeutung dieses Verkehrsknotens eine Vorstellung zu machen. Siedlungsschwerpunkt blieb auch nach dem Rückzug der Römer zunächst der Ort im Tal. Zuerst in fränkischem Königsbesitz, geriet er allmählich ganz unter den Einfluß der Bischöfe von Worms, die um das Jahr 1000 wichtige Rechte im weiteren Bereich Wimpfens besaßen (Wildbann). Auf sie geht auch die Gründung des Ritterstifts St. Peter zurück. Der „Talmarkt" ist der älteste und heute noch größte Jahrmarkt des Unterlandes. In staufische Zeit fällt, wohl als Teil der Politik der Rückgewinnung verlorengegangenen Reichsgutes, die Gründung der riesigen Pfalz und im Anschluß daran der Stadt Wimpfen am Berg. Wimpfen war Hauptort für den aufständischen König Heinrich (VII.), der sich hier seinem Vater Kaiser Friedrich II. unterwerfen mußte. Nach dem Untergang der Staufer gelang es dem Stift, sich selbständig zu machen, der Stadt allmählich alle reichsstädtischen Privilegien zu erlangen und dadurch im 14. Jh. zur freien Reichsstadt aufzusteigen. Im 15. Jh. ging die Talstadt in der Bergstadt auf. Seit Zerstörung der Neckarbrücke sank jedoch die wirtschaftliche Kraft des Orts, der dann vor allem auch unter dem aufsteigenden Heilbronn litt. Eine gewisse Bedeutung blieb ihm durch den Sitz eines Oberhofgerichts bis ins 17. Jh. Seit 1803 hessisch, kam er erst 1945 an den Kreis Sinsheim und gehört seit 1951 zum Landkreis Heilbronn.

Beginnen wir unsere Betrachtung mit der Bergstadt WIMPFEN AM BERG in staufischer Zeit. Es hat den Anschein, daß die *Pfalz* (Abb. 106) die erste Burg an dieser Stelle ist und irgendwelche Vorgängeranlagen nicht bestanden. Strategisch ausgezeichnet ist die Lage auf einem Bergsporn, einst im Westen durch einen künstlichen Graben vom Hinterland noch abgetrennt. Verkehrstechnisch verständlich wird die Gründung der Pfalz in Wimpfen, wenn man weiß, daß die

Könige und Kaiser des Mittelalters keine Hauptstadt im modernen Sinn besaßen, sondern ständig von Pfalz zu Pfalz als jeweiliger Residenz unterwegs waren, dort immer von neuem ihr Lager bezogen, Recht sprachen und Gesetze erließen. Gemessen an Anlagen wie z. B. der historisch noch wichtigeren Pfalz in Gelnhausen oder anderswo überrascht die Wimpfener durch ihre ganz erstaunliche Größe von etwa 210 m auf 80 m. Sie läßt sich mit geschichtlichen Fakten vorerst nicht erklären, weist jedoch auf besondere politische Überlegungen und Bedeutung hin. Die Kunstformen zeigen, daß nicht allererste Bauleute herangezogen wurden, und lassen stilistisch den Baubeginn im 2. Jahrzehnt des 13. Jh. als wahrscheinlich annehmen (F. Arens). Eine schriftliche Datierung aus Urkunden oder anderen Quellen ist bisher nicht möglich. Waren die karolingischen Pfalzen wie Aachen und Ingelheim noch ganz spätantik offene, regelmäßige und palastartige Bautengruppen (der Name leitet sich vom Palatin in Rom, Sitz des Kaiserpalastes, ab), und fehlte auch den salischen Pfalzen wie Goslar noch der primäre Wehrcharakter, so ist dieser ein wesentliches Kennzeichen der in staufischer Zeit entstandenen Pfalzen, die sich grundsätzlich nicht von den großen Burganlagen gleicher Zeit vom Typ der Randhausburgen unterscheiden: eine mächtige Ringmauer, in der Regel mit Zinnen besetzt, an die sich die Hauptbauten wie

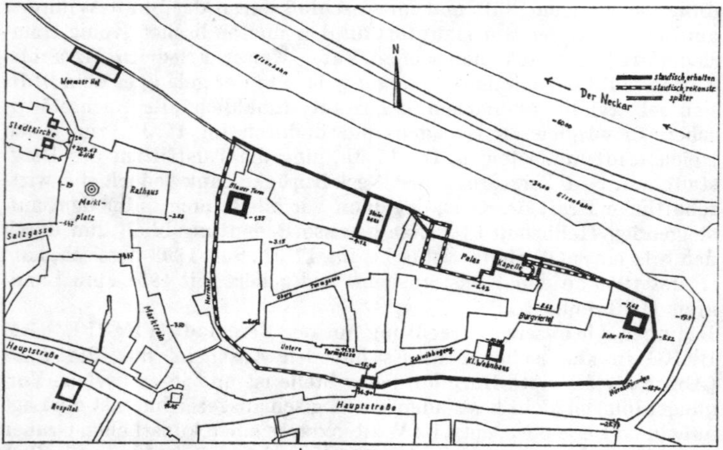


*Wimpfen am Berg, Pfalz, Lageplan*

Palas und bisweilen die Kapelle, aber auch die vielen heute durchwegs verlorenen, einfacheren Nebenbauten aus Holz anlehnten; frei hinter der Mauer stehend, immer auf der Hauptangriffsseite, der mächtige Bergfried. In Wimpfen sind die wichtigsten dieser Bauteile in anschaulichen Überresten erhalten. Ein großer Teil des Pfalzbereichs ist jedoch von einer jüngeren Bebauung bedeckt, so daß wir uns über die ursprünglichen Bauten hier keine rechte Vorstellung machen können. Da für das Mittelalter eine ganze Reihe von Burgmannen genannt wird, dürfen wir annehmen, daß diese teilweise hier ihre Behausungen hatten. Vielleicht läßt sich auch das ungewöhnliche Ausmaß der Pfalz durch ihre Aufgabe erklären, einer größeren Zahl von Rittern ständigen Aufenthalt zu gewähren, wie wir dies auch von manchen anderen Burgen her kennen (vgl. die Salzburg bei Neustadt [S]). Die Wimpfener Pfalz würde damit als Burgmannensitz einen stadtartigen Charakter erhalten, also einen Grenzfall hochmittelalterlichen Großburgenbaus darstellen. – Den Hauptzugang haben wir uns auf der Seite zur Stadtkirche hin vorzustellen, wo die Mauer mit Tor über dem heute zugeschütteten Graben vielleicht schildmauerartig verstärkt war. Hinter der Mauer, ehem. das Tor sicher flankierend, der *Blaue Turm*, ein mächtiger Bergfried aus Buckelquadern, dessen innere Ausstattung bei mehreren Bränden zerstört wurde. Sein ursprünglicher Eingang, erhöht auf der von der ehem. Mauer abgekehrten Seite, ist noch sichtbar; desgleichen ein Aborterker auf der Südseite. Der malerische Aufsatz mit den Ecktürmchen erst von 1850. Vom *Palas* hat sich nur die Wand auf der Nordseite erhalten. Sie zeigt, daß er – wie in der Regel – zweigeschossig war, wobei das vornehmere Geschoß wie immer das obere ist. Es enthielt einen großen Saal mit anschließenden kleineren Wohngemächern. Nicht sicher ist, ob die *Arkaden* in der Mauer sich auf einen Gang öffneten, der wie auf der Wartburg vor dem Saal entlangführte. Die Arkadenreihe wird durch zwei Mauerpfeiler in drei Abschnitte gegliedert, die Bogen sind von Doppelsäulen gestützt. Kräftige Basen, die Schäfte bisweilen ornamentiert, gebündelt, ja sogar verknotet, die Kapitelle noch der Grundform des Würfelkapitells verpflichtet; im ganzen trotz handwerklich sorgfältiger Arbeit in den Formen doch etwas altertümlich. Hervorragend die Lage, die den Blick auf die weite Landschaft gewährt und darin vielen Palasbauten auf anderen Burgen und Pfalzen der Zeit vergleichbar ist (Zugang durch die Jugendherberge). Es nimmt nicht wunder, daß man auf dieser Seite des Palas aus Bauspuren auch noch einen Altan rekonstruieren kann. Der Palas wurde bereits im Mittelalter zerstört, die heute in seinen Räumen eingebaute Jugendherberge gehört zu den ältesten Fachwerkbauten der Stadt (15. Jh.) und ist schon deshalb erwähnenswert. An den Palas östlich anschließend – auch diese Lage typisch für die Zeit – die *Pfalzkapelle*, einst dem hl. Nikolaus von Bari geweiht. In ihrer heutigen Gestalt eine Wiederherstellung von 1909–1911. Einfacher Rechtecksaal, der auf der Palasseite ursprünglich eine herrschaftliche Empore besaß. Ein später spitzbogig erhöhter, zuerst rundbogiger Triumphbogen führte in den eingezogenen Chor mit Halbkreisapsis (der heutige aus der Zeit der Restaurierung). Zu der mit Lisenen über reichprofiliertem Sockel, oben mit Rundbogenfries und Traufgesims schön gegliederten Südfassade müssen wir uns in der Vorstellung die sicher ähnlich prächtig gestaltete anschließende Palasfassade ergänzen. Auf der anderen Seite des Palas das in seinem Kern romanische *Steinhaus*, eines der größten erhaltenen seiner Zeit in Deutschland, heute die Silhouette der Pfalz in hohem Maß bestimmend. Merkwürdigerweise steht es mit seinem First nicht parallel, sondern senkrecht zur Außenmauer der Pfalz. Ungeklärt ist seine ursprüngliche Bedeutung. Sicher sehr bald nach den anderen Bauten der Pfalz entstanden, mag es als Sitz des Pfalzgrafen (d. h. des Verwalters der Pfalz und Vertreters des Königs und Kaisers in Rechtsfällen) gedient haben. Anfänglich besaß das Steinhaus, wie Putzreste auf der Südseite zeigen, ein wesentlich flacheres Dach; die Staffelgiebel stammen wie auch das große, siebenteilige Fensterband aus gotischer Zeit. Der Bau enthielt zwei die ganze Grundfläche einnehmende, übereinanderliegende Säle, von denen der obere im 14. und 15. Jh. in Zimmer unterteilt wurde, 1950 aber in der ursprünglichen Gestalt wiederhergestellt wurde (Museum). Der also zunächst einheitliche, wohl zweischiffige Saal wurde durch zwei große, in Spuren noch erkennbare Kamine beheizt. Die romanischen Fenster zeigen teilweise noch die interessante Verriegelungsmöglichkeit mit einem durch einen brettartigen flachen Steinpfosten laufenden Holzbalken. Aus spätgotischer Zeit Fresken, u. a. wichtig das dekorative „Wildemännerbild". Am Ostende der Pfalz der *Rote Turm*, ein zweiter Bergfried aus Buckelquadern, der dem Stein nach in seinem oberen Teil etwas jünger zu sein scheint. Gut erhalten der hochgelegene Eingang, vor dem einstmals eine Galerie entlangführte. Das obere Geschoß sehr aufwendig ausgestaltet mit offenem Kamin, z. T. kammerartigen Wandnischen (in einem Fall schon spitzbogig überwölbt) und einem durch einen mehrfach geknickten Gang erreichbaren Aborterker. In späterer Zeit als Teil eines Burgmannensitzes genannt, wird dieser Turm als das ursprüngliche Reduit des Königs angesehen. Teile eines kleineren romanischen *Wohnhauses* haben sich im Unterbau eines Hauses in der Schwibbogengasse erhalten. Auf der Rückseite Doppelfenster mit

Mittelsäulchen. Einst sicher der Sitz eines Burgmannen. Am unteren Pfalzausgang das *Hohenstaufentor* oder Schwibbogentor, ein Torturm, wie er auf Burgen des Hochmittelalters in Deutschland im allgemeinen recht selten ist. Nach seinem Mauerwerk könnte es am Ende der ersten Bauzeit der Pfalz entstanden sein. Hinter einer lisenenartigen Mauerverstärkung auf der nördlichen Rückseite verläuft der Rauchabzug eines offenen Kamins, der ein Beweis dafür ist, daß der Turm für einen dauernden Aufenthalt eingerichtet war. Nicht auszuschließen ist eine Funktion als Wohnturm eines Burgmannen. Eigenartig der Verputz, in den einen Quaderverband vortäuschende Fugen eingeritzt sind.

Von den Wehranlagen der eigentlichen Stadt hat sich nur noch die Partie zwischen Dominikanerkloster und Hohenstaufentor einigermaßen erhalten. Oben am Berg beim Kloster ein mächtiger *Kanonenturm* aus der 1. Hälfte des 16. Jh., vielleicht unter Einfluß der DÜRERschen Schrift über Befestigungswesen errichtet. – In städtebaulich gleicher Lage wie die Pfalz und darin sicher ein politisches Programm ausdrückend, liegt westlich neben ihr auf der Höhe über dem Steilabfall zum Neckar und am Rande der Stadt der Bereich des *Wormser Hofes*, Verwaltungssitz für die Wimpfener Besitzungen des Bistums. Sein wichtigster Bauteil ist ein am Ende des 19. Jh. leider stark erneuertes großes Steinhaus, das aus einem um 1220 entstandenen und nur wenige Jahre darauf erweiterten Wohnturm hervorgegangen ist. Auf der Nordseite, nur schwer zu sehen, mehrere Doppelfenster mit spätromanischen Mittelsäulchen, z. T. schon spitzbogig. – Ein weiterer Wohnturm aus der Zeit um 1230 hat sich in der Stadt auf dem Areal des *Bürgerspitals* in der Oberen Hauptstraße erhalten, der jedoch nur noch vom Hof her sichtbar ist. Seine Doppelfenster sind teilweise vermauert und in den oberen Geschossen nur noch in ihren Bogensteinen zu erkennen (die Rechteckfenster jünger). Sehenswert sind die Hofseiten des eigentlichen Spitalbaus mit ihren alemannischen Fachwerkgeschossen, wohl aus dem 15. Jh. Als Baukörper noch erkennbar ist der gotische Chor einer Spitalkirche des nebenliegenden Hl.-Geist-Spitals mit seinem dreiseitigen Schluß und das anschließende barocke Langhaus, beides jetzt ganz verbaut. – In der Bergstadt haben sich überraschend viele prächtige und entwicklungsgeschichtlich bedeutsame *Fachwerkbauten* erhalten, die in den Beispielen aus dem 15. Jh. die um diese Zeit hier einsetzende Ablösung der sog. alemannischen Konstruktion mit ihren angeblatteten Kopf- und Fußbändern durch die fränkische mit ihren Verzapfungen der Holzbalken und engeren Pfostenstellung dokumentieren, wie z. B. ein Haus in der Oberen Hauptstraße und ein etwas älteres in der Klostergasse (inschriftlich

1451 datiert). Ein eindrucksvoller Bau aus dem Anfang des 16. Jh. das Haus zum Riesen in der Langgasse. Die überwiegende Zahl der Bauten 16. und 17. Jh. Das 18. Jh. schließlich hat die Bürgerhäuser durch einige schöne Steinbauten mit Architekturgliedern und Mansardendächer bereichert.

Die ehem. der Maria geweihte *Stadtkirche* westlich vor der Pfalz, von dieser durch den Marktplatz getrennt, stellt sich als große dreischiffige Hallenkirche dar, an die ein einschiffiger, von zwei Türmen flankierter Chor anschließt. Deutlich lassen sich drei Bauzeiten gegeneinander absetzen. Ältester Überrest einer wohl dreischiffigen Basilika sind im Unterbau die beiden romanischen Osttürme, deren einer im Erdgeschoß noch tonnengewölbt ist; sie dürften gleichzeitig mit der Pfalz entstanden sein. 1234 wird die Kirche erstmals genannt. Neben dem Hof des Bischofs von Worms gelegen und sicher von diesem gefördert, dürfen die Doppeltürme bei der ständigen Spannung zwischen Kaiser und Bischof wegen der Besitzrechte in Wimpfen als gegen die Türme der Pfalz gerichtet gesehen werden. Um 1270–1280 wurde der Neubau des Chors begonnen, jetzt ganz in den steilen Formen der frühen Hochgotik mit ihren langen Fensterbahnen; in seiner kargen Formensprache vielleicht schon unter dem Einfluß der damals die Baukunst der bürgerlichen Städte stark bestimmenden Bettelorden. Die genaue Bauzeit des Langhauses ist nicht bekannt, die früheste am Bau genannte Zahl ist 1489, seine Fertigstellung liegt im 2. Jahrzehnt des 16. Jh. Als planender Baumeister wird mit guten Gründen der spätere Wiener Dombaumeister ANTON PILGRAM angenommen (H. Koepf), als ausführender Meister ist urkundlich BERNHARD SPORER genannt. Hier befinden wir uns nun in einem ganz vom bürgerlichen Geist der Spätgotik geprägten Raum. Bereits die Hallenanlage ist dafür kennzeichnend. Sie war den Städtern damals dadurch geläufig, daß auch städtische Kornspeicher, Fruchtkästen, Kauf- und Rathäuser im allgemeinen mehrschiffige Hallenbauten waren. So klingt in den Kirchen jener Zeit gleichsam auch ein in den Bereich höherer Kunstform erhobener profaner Bautyp an. Dazu wirkt gerade die Wimpfener Stadtkirche trotz ihrer beachtlichen Dimensionen (37 × 19 m) durch die sehr breitgelagerte Querschnittsproportion im Gegensatz zu den steilen Räumen der Stiftskirche im Tal eher wohnlich, wobei man sich wiederum die niedrigen Wohnräume des Mittelalters in Erinnerung rufen möge. Eine in unserem Land ungewöhnliche Wölbform stellen die aus Kreisen zusammengesetzten sog. Schleifensterngewölbe A. PILGRAMS im Mittelschiff dar, deren Wurzeln in der südostdeutschen Baukunst liegen. Sie ruhen auf stämmigen Rundpfeilern. Ein besonderes Meisterwerk ist die westliche Empore einmal mit ihrem weitgespannten Mittelbogen, vor allem aber wegen ihrer freitragenden Treppenaufgänge, die schon immer Erstaunen und die Frage nach ihrer technischen Konstruktion erregt haben. Der Westfassade legt sich zwischen den mittleren Strebepfeilern eine kleine Portalhalle vor, die oben eine Altane mit Maßwerkbrüstung trägt. In der Wand dahinter eine Fensterrose. Das Giebeldreieck ist nahezu ungegliedert. Zwei mit Holzläden verschlossene Öffnungen weisen darauf hin, daß die riesigen Dachböden jener Hallenkirchen häufig als Lager oder Fruchtböden gedient haben. Bürgerlich profan wirken auch der kleine Eckbalkon und die Hausfensternachbildungen bei der Madonna (Kopie) an der Südostecke des Langhauses. Eine für die Architekturauffassung der Spätgotik charakteristische Eigenheit finden wir schließlich in einer nördlich an das Langhaus angebauten Seitenkapelle. Hier sind die Ansätze der Rippen des Gewölbes scheinbar durch große Nägel an der Wand befestigt. – Von der Ausstattung hat sich mehr als sonst in unseren spätgotischen Kirchen üblich erhalten: hochgotischer Dreisitz und spätgotisches Sakramentshäuschen (1451) im Chor, Kanzel von B. Sporer (Gehilfenarbeit?), Taufstein. Wichtig im Chor die Reste der Glasbilder, die um 1270–1280 unter elsässischem Einfluß entstanden sind und vor allem Szenen aus der Jugend Christi zeigen. Weitere Glasbilder aus verschiedenen Zeiten (bis 1552) in den beiden Seitenkapellen. Von den Wandbildern befand sich die sehenswerte Madonna unter einem perspektivischen Baldachin an der Turmwand in der Sakristei vor deren Erbauung im Freien. Ende des 14. Jh. gemalt, wurde sie häufig restauriert. Die Wandbilder im Langhaus – an den Wänden Apostel und ein Gerichtsbild, eine Verkündigung an der Empore – aus dem 16. Jh. und um 1870 restauriert. Im Chor ein steinernes Vesperbild (um 1370). Der Hochaltar (1519) war ursprünglich Seitenaltar. Seine Mitte nimmt eine Pietàgruppe ein, flankiert von Heiligen, weitere als Flachbilder und gemalt auf den Flügeln. Ein anderer Altarschrein im nördlichen Seitenschiff (um 1490). Eigenartig der große Kruzifixus in der nördlichen Seitenkapelle (1481 von O. Bockstorffer aus Memmingen) wegen seiner natürlichen Haare und den beweglichen Armen und dem beweglichen Kopf: Offenbar wurde er an Karfreitag in einem (nicht mehr erhaltenen) Hl. Grab beigesetzt. – Südwestlich der Kirche am alten Kirchhof der Torso einer großen Kreuzigungsgruppe, Meisterwerk wohl des Mainzers Hans Backoffen aus dem 2. Jahrzehnt des 16. Jh.

Auf einer Anhöhe jenseits der Pfalz, durch die Stadt getrennt, der Überlieferung nach auf dem Platz des ehem. Hochgerichts, die um die Mitte des 13. Jh. gegründete *Dominikanerniederlassung* mit der wohl erst gegen 1300 begonnenen Klosterkirche. Bezeichnend für den Bettelorden nicht nur die Lage am Rande der Stadt, sondern auch die Turmlosigkeit, der ursprünglich flach- oder mit Holztonne gedeckte Langhaussaal und der langgestreckte, hohe Chor (dieser gewölbt). 1713 wurde das Langhaus erhöht und mit einem Scheingewölbe versehen. Interessant ist der gemalte Stifterwappenfries im Innern an der Südwand des Schiffs, wie wir ihn seit kurzem auch von Mergentheim her kennen. Ein weiteres Wandbild um 1400 (Veronikatuch). Vesperbild (Ton), Anfang 15. Jh. Madonna um 1500. Qualitätvolle Holzfiguren einer Kreuzigungsgruppe und zweier Heiliger aus einem spätgotischen Hochaltar, unter Einfluß H. Seyffers von Heilbronn entstanden (oder von M. Erhart?). Wichtig zwei Grabmäler für Graf Engelhard VIII. v. Weinsberg († 1417) und Anna v. Ehrenberg († 1472). Der Hochaltar von 1737. – Die Sakristei mit dem das Gewölbe tragenden Mittelpfeiler aus der gleichen Zeit wie die Kirche. Wohlerhalten der Kreuzgang aus dem 14. und 15. Jh.

In eine ganz andere Geisteswelt führt uns ein Besuch der ehem. *Ritterstiftskirche* St. Peter (Abb. 105), heute Benediktinerkloster, in WIMPFEN IM TAL. Stehen wir vor dem Bau, so erkennen wir alsbald, daß wir hier zwei Bauabschnitte aus sehr verschiedenen Zeiten vor uns haben. Ein wuchtiger romanischer Block mit zwei Türmen im Westen und daran anschließend ein durchaus rein gotischer Bau. Beginnen wir bei der Betrachtung mit dem älteren Bauteil. Der Westbau besteht aus einem in der Ansicht nahezu quadratischen Klotz, in dessen Mitte eine hohe Rundbogennische sitzt. Die zurückliegende Wand mit dem Portal und der Fenstergruppe wurde 1901–1903 z. T. aus alten Ansätzen erneuert. Aus dem Block wachsen zwei achteckige Türme. In ihrem oberen Geschoß besitzen sie auf allen Seiten in einer Bogenblende ein Doppelfenster, dessen Mittelsäule ein Würfelkapitell trägt. Spitzhelme schließen die Türme nach oben ab, ursprünglich waren es flache Zelthelme. Der rückwärts anschließende Bau läßt sich aufgrund der Ergebnisse einer Grabung und der Ansätze am Westbau recht gut vergegenwärtigen. Es war, durch einen Zwischenbau vom Westwerk abgetrennt, ein sechseckiger Zentralbau mit zwölfeckigem Umgang und darüberliegender Empore, der im Osten mit drei parallelen Altarhäusern abschloß (Mittelapsis außen polygonal gebrochen), also ein Bauwerk, das ganz nach dem Vorbild der Pfalzkapelle Karls d. Gr. in Aachen errichtet worden war. Die Stiftskirche ist als Nachfolgebau nicht die einzige dieser Bauform, vor allem adelige Stiftskirchen haben sie häufiger benutzt; es sei an die Kirchen in Ottmarsheim (Elsaß) und in Essen erinnert. Hier stellt sich die Frage nach dem Alter der Wimpfener Kirche. Genauere urkundliche Nachrichten fehlen. In einer Urkunde Kaiser Ottos I. von 965 wird nur eine „in Wimpfen gebaute Kirche“ genannt, die sich also nicht unbedingt auf unseren Bau beziehen muß. Die Bauformen lassen eine eindeutige Festlegung ebenfalls nicht zu. Wurde der Bau bisher ohne zwingende Begründung in das Ende des 10. Jh. datiert, so hat man neuerdings festgestellt, daß die Form der Turmfenster bereits den Beginn von Bauten wie den Dom zu Speyer voraussetzen, die Stiftskirche mit diesen Teilen demnach in der 1. Hälfte des 11. Jh. entstanden sein müßte (F. Arens). Dem Westbau war ein Atrium vorgelegt, von dem die Umfassungswände im Unterbau noch erhalten sind. – Der gotische Bau ist eine dreischiffige Basilika mit (zum größten Teil ergänztem) Strebewerk, einem Querhaus mit reichgestalteter Südfassade, daran anschließend drei Altarhäuser – getrennt durch die das mittlere flankierenden Osttürme. Im ganzen also eine für die Kunstlandschaft Württembergs einzigartige Vollständigkeit und ein Reichtum gotischer Architekturmöglichkeiten jener Zeit. Daß hier zugleich etwas ganz Neuartiges entstand, wurde bereits den Zeitgenossen bewußt. Eine noch vor 1300 entstandene Chronik berichtet, daß der Dekan Richard v. Deidesheim, dessen tatkräftiger Initiative wir das Bauwerk verdanken, einem sehr erfahrenen Steinmetzen aus Paris befohlen hatte, „nach französischer Art die Basilika aus geschnittenen Steinen“ zu errichten. Bis in jüngste Zeit wurde immer wieder der Nachweis versucht, den hier genannten Meister mit Erwin von Steinbach, den großen Baumeister am Straßburger Münster, zu identifizieren (H. Klotz). Wir können jedoch bis jetzt nur sagen, daß das Altarhaus der Stiftskirche enge Beziehungen zum westlichen Langhausteil des Straßburger Münsters besitzt und das Querhaus, zumindest seine Südfassade, vielleicht doch schon von einem zweiten Meister geplant und errichtet wurde. Der Baubeginn ist für 1269 gesichert. Begonnen wurde mit dem großen Hauptaltarhaus. Ein noch vor 1299 gestifteter Lettner (heute nicht mehr vorhanden) läßt den Schluß zu, daß um diese Zeit Altarhaus und Querhaus fertiggestellt waren. Die Kirche wurde mit einer gegenüber dem Vorgängerbau stark abweichenden Ostorientierung begonnen, jedoch offenbar schon beim Bau des Altarhauses, wie die Richtung seiner Südwand zeigt, auf die alte Westfassade hin geschwenkt. Dieser Knick in der Richtung gibt dem Bau einen merkwürdig verschobenen Grundriß, der auch das Innenbild deutlich beeinflußt. Warum der Anschluß an den Westbau gesucht wurde, wissen wir nicht. Sicherlich wird zunächst eine prächtige gotische Doppelturmfassade nach dem Vorbild der westlichen Kathedralen geplant gewesen sein. Komplizierte und im einzelnen noch umstrittene Überlegungen, die hier nicht weiter ge-

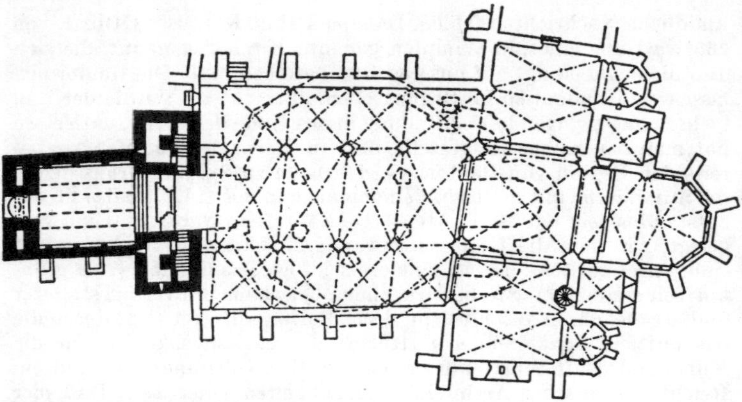

*Wimpfen im Tal, ehem. Ritterstiftskirche, Grundriß*

schildert werden sollen, haben zu der Vermutung geführt, daß ein Teil der Plastiken im Chor und an der Südfassade schon im Hinblick auf eine Dreiportalanlage im Westen gearbeitet worden seien und erst später an ihrem heutigen Ort aufgestellt wurden. – Sehen wir uns nach diesen notwendigen Vorbemerkungen die Kirche in der Reihenfolge ihrer Entstehungsgeschichte an. Als durchaus fortschrittlich innerhalb der Stilentwicklung seiner Zeit darf das *Altarhaus* gewürdigt werden. Über einem außen ungegliederten, innen mit Blendarkaden geschmückten Sockel sitzen die durchlaufenden steilen Fensterbahnen, die auf der Außenseite von einem Blendbogen überfangen werden, den wir auch von der Elisabethkirche in Marburg kennen, der hier aber aus elsässischen Voraussetzungen zu erklären sein wird. Im Innern wurden den Turmwänden entsprechend den Fenstern eine Blendgliederung vorgelegt. Das Gewölbe ruht auf Diensten, die bis auf den Boden durchlaufen, jedoch unterbrochen werden von baldachingekrönten Figuren (eine Madonna und Heilige). Wir kennen dieses Motiv vom Westchor des Naumburger Doms her. Altarhaus und Vierung gehören nicht nur zu den eindrücklichsten Raumbildern frühgotischer Baukunst in unserem Land, sondern sind auch durch die *Ausstattungsstücke*, noch aus der Erbauungszeit, und deren ursprüngliche Aufstellung bemerkenswert. Ganz die Raumwirkung bestimmend die Glasbilder, die allerdings – wenn auch genaue – Kopien der nach Darmstadt gekommenen Originale aus der Zeit um 1270 bis 1280, teils auch Neuschöpfungen darstellen. Eine Besonderheit ist der

1278 sicher schon fertige Hochaltar, dessen erster Aufsatz allerdings verloren ist. Ein über drei Meter breiter Block, auf der Vorderseite und den Nebenseiten durch fenstermaßwerkartige Blenden verziert. Auf der Rückseite ist durch ein Türchen und über fünf Stufen eine Kammer im Altar erreichbar. Unbekannt ist, für welche Reliquie diese aufwendige Anlage als Grab errichtet wurde. Noch im 13. Jh. ist auch der hölzerne Dreisitz an der Altarhaus-Südwand entstanden, mit seinem hohen, halbkreisförmig nach vorn gebogenen Baldachin und Taube, Löwe und Drachen an den Wangen. Solch große, reichgeschnitzte Möbelstücke aus jener Zeit gehören zu den Raritäten in Deutschland. Dies gilt auch für das etwa gleichzeitig entstandene Chorgestühl (1498 nur restauriert), das noch an seinem für das ganze frühe und hohe Mittelalter typischen Aufstellungsort, nämlich in der Vierung, steht, die daher als eigentlicher Chor bezeichnet werden muß (im Gegensatz zum Altarhaus im Osten, das heute Chor genannt wird). Abgeschlossen wurde die Vierung gegen das Langhaus durch den schon genannten, aber nicht mehr erhaltenen Lettner. Spätgotisch ist das Sakramentshaus im Altarhaus. Aus gleicher Zeit auch das an seinen verbreiterten Enden altbemalte Altarkreuz und die Messingleuchter; desgleichen verschiedene Holzbildwerke aus Altären in der Kirche. – Gehen wir nun nach außen und beschäftigen uns noch mit der *Südfassade*. Sie wird auf ganzer Höhe flankiert von Strebepfeilern, die in leeren Baldachinfialen enden. Im Erdgeschoß das Figurenportal. Darüber ein gleichbreites, sechsbahniges Maßwerkfenster, seitlich begleitet von je zwei Blendfenstern und je drei Blendarkaden; alle drei Fassadenabschnitte sind mit Wimpergen bekrönt. Sicher ist, daß die Fassade in ihrer heutigen Gestalt nicht die ursprüngliche Planung darstellt, nicht aber, wie diese genau ausgesehen hat. Wegzudenken haben wir auf jeden Fall den oberen Abschluß, der mit seiner durchbrochenen Brüstung und den Fialen eine Neuschöpfung der Wiederherstellung von 1903f. ist, auf die auch die Figuren der Wasserspeier zurückgehen. Zweifelsohne war hier ein Giebeldreieck geplant. – Sehr viel einfacher mag das *Portal* ausgesehen haben, da eine reiche Fassade im Westen geplant gewesen war. Für das darüberliegende Feld wurde bisweilen eine durchlaufende Blendarkatur mit einer Fensterrose darüber rekonstruiert, wahrscheinlich war jedoch von Anfang an ein ebenfalls einfacheres Langfenster vorgesehen. Erst nachdem in Straßburg die eindrucksvolle, gewaltige Westfassade im Entstehen begriffen war, strebte man auch in Wimpfen zu einer dekorativ reicheren Gestaltung. Mittelalterliches Bauen ist immer ein Prozeß, der den ständig sich wandelnden Formwillen seiner Zeit spiegelt. Das Portal wird heute durch einen Pfeiler in zwei sehr schmale Öffnungen geteilt. Am Pfeiler eine Muttergottes, in den Portalgewänden verschiedene Heilige, im Tympanon der Kruzifixus mit Maria und Johannes, in den Archivolten die zwölf Apostel. Weitere Figuren in den Baldachinen der Strebepfeiler an Fassade und Chor, die jedoch (wie auch im Chorinnern) z.T. Kopien oder Neuschöpfungen der Wiederherstellungszeit sind; die teilweise ebenfalls ergänzten Originale im Kreuzgang. Sind auch die Portalfiguren nicht von erster Qualität, so haben wir hier doch neben Freiburg (Br.) und Straßburg eines der wenigen frühgotischen Figurenportale Südwestdeutschlands vor uns. – Nördlich der Stiftskirche schließt der dreiflüglige *Kreuzgang* an, dessen Ostflügel noch aus der Erbauungszeit der Kirche stammt und reizvolle, blatt- und blumengeschmückte Kapitelle wie auch Tier- und Fabeldarstellungen besitzt. Etwas jünger der Nordflügel, der Westflügel erst um 1400.

Stimmungsvoll der mit alten Kastanienbäumen besetzte Platz vor der Kirche mit dem Brunnen (1667) und den Stiftsbauten aus dem 18. Jh. Ein im Kern noch romanischer Bau, einst *Stiftskellerei*, östlich der Kirche. In seinem Erdgeschoß zwei Doppelfenster mit Säulchen; der Keller zweischiffig auf drei Vierkantpfeilern. – Die *Stadtmauer* der Talstadt ist auf lange Strecken der Südseite gut erhalten und noch mit Wassergraben versehen. – Etwas außerhalb die *Kornelienkirche*, ein einfacher Saalbau von 1476, dessen Chor unvollendet blieb. Gutes Tympanon über dem Nordportal (Verkündigung), etwas bescheidener das des Westportals (Kreuzigung). Im Innern Reste von Wandmalereien. Ein Rätsel gibt die am Ausgang der Straße aus der einstigen römischen Stadt gelegene Kirche durch ihren Namen auf: Ist in ihm ein Hinweis auf den uns sonst nicht überlieferten Namen des römischen Orts gegeben (Cornelia)?

In OFFENAU ist an dem im Zopfstil gehaltenen Kirchenschiff der gotische Chor der älteren Kirche erhalten. Darin Wandgemälde aus dem 15. Jh. Das Dorf ist z.T. eine systematisch angelegte Arbeitersiedlung des 18. Jh. Es hat ein Salzwerk mit Gebäuden von 1820 und ein ehem. Badgasthaus aus dem 18. Jh. HEINSHEIM (wie die drei folgenden Orte auf badischem Boden) besitzt in seiner „Bergkirche", einer mittelalterlichen Chorturmanlage, Reste von Wandbildern im Chor und ein reichfiguriertes Grabdenkmal für J. H. v. Ehrenberg († 1584). Das *Schloß* ein einfacher Bau aus dem 19. Jh. Dem ausgehenden 13. Jh. wird der überaus hohe (rund 50 m) Bergfried der Burg EHRENBERG angehören. Die übrigen Teile der Burg, vor allem die großen Steinhäuser, entstammen dem 15. Jh. Vorburg mit Wohn- und Wirtschaftsbauten nachmittelalterlicher Zeit. Die kleine Kapelle von 1602. Ein einprägsames Bild von der Entwicklung des Burgenbaus im Mittelalter gibt die Burg GUTTENBERG. Ihr Bergfried, der nur an den Kanten Bossenquader zeigt, ist wohl erst im 13. Jh. entstanden. Er steht nicht wie z.B. noch in Wimpfen hinter der Mauer, sondern springt vor die starke Schildmauer vor. Die an diese anschließenden Wohn- und Befestigungsanlagen entstammen zumeist dem 14. und 15. Jh., d.h. zumeist schon aus der Zeit der Feuergeschütze. Der sog. Alte Bau 16. Jh., der Neue Bau desgleichen (Treppenhaus 1776). Vor dem türmeflankierten Haupttor ein kleines Brunnenhaus (1555). – Eine reizvolle und in ihrer alten Ausstattung guterhaltene Kirche finden wir in NECKARMÜHLBACH (Ende 15. Jh.). Ziborienaltäre beidseits des Triumphbogens mit Holzbildwerken und Altarflügeln (Kruzifix im südlichen HANS SEYFFER zugeschrieben; um 1500). In der Nische über dem Triumphbogen Christus und die Apostel (Ton). Grabdenkmäler aus verschiedener Zeit. – Ein besonders guterhaltenes Burgstädtchen ist das um 1250 in Besitz des Deutschen Ordens gekommene und bis 1860 ihm verbliebene GUNDELSHEIM mit dem *Schloß Horneck.* Das Städtchen liegt am Abhang des durch eine Schlucht vom Michelsberg abgespaltenen Felsenhügels, der das Schloß trägt. Ringmauern mit Rundtürmen und Bogenfriesen unter dem auskragenden Wehrgang fassen noch, besonders an der Schauseite gegen den Neckar, Stadt und Burg ein, halbverhüllt von alten Efeumänteln und bekränzt mit wildem Goldlack. Dahinter die alten Bäume des Schloßgartens und der Schlucht und die abgestuften Weingärten des Michelbergs. So spiegelt sich das Bild im breiten Fluß. Die Hauptstraße des Städtleins zieht sich auf dem Hügelrücken steil hinauf zum Schloß, durchkreuzt von ziemlich regelmäßig angelegten, engen Seitengassen. Steinhäuser mit Renaissancegiebeln und Erkern, Marktbrunnen mit Säule und Wappenlöwe und was sonst zu einem alten fränkischen Städtchen gehören mag –, alles ist noch vorhanden. Die *Stadtkirche* verbindet unter gemeinsamem Dach Bauteile von der Spätgotik bis ins 20. Jh. Innen und außen Grabdenkmäler. Die neue Friedhofskapelle vor der Stadt hat noch Reste alter Bilderfenster aus dem Mittelalter (um 1320). Das *Schloß*, das größte von den Neckarschlössern nächst dem Heidelberger, ist ein siebeneckiger Steinkasten mit zwei inneren Höfen und einem viereckigen älteren Bergfried dazwischen, umgeben von Vorwerken aus dem späten Mittelalter, zwei Grabenbrücken und verschiedenen Toren, deren Portale in Formen der Spätgotik, der Renaissance und des Barock mit Wappen und Schildhaltern geschmückt sind. Neben einem Tor sind zwei römische Reliefs eingemauert. Das Schloßgebäude selbst vielfenstrig, aber mit glatten, hellgetünchten Wänden weithin über die Neckarauen leuchtend, stammt aus der Zeit von 1526–1533. Umbau durch Joh. Mich. Keller, Ordensbaumeister in Neckarsulm, und Joh. Ign. Jochum von Wimpfen unter der Leitung Franz Kellers, 1724–1728. Das Innere hat die alte fürstliche Ausstattung nicht ganz verloren: Stukkaturen aus dem 18. Jh. (Fürstensaal in Frührokoko, mit Fresken) und ältere Wandmalereien. Die alte Zweckbestimmung der gewölbten unteren Räume ist noch vielfach zu erkennen (Gefängnisse, Treßlerei und Trapponei [Materialverwaltung]; Marstall gewölbt mit Säulen, 1568). Die ehem. Schloßkapelle ist ihrer großen Grabdenkmäler beraubt (z. T. Nachbildungen im Torweg). Von dem Schloßgarten, der in französischem Geschmack mit Terrassen, Steintreppen, Springbrunnen und Rebengängen angelegt war, sind Reste erhalten. – Die *Kirche* auf dem *Michelsberg*, zu BÖTTINGEN gehörig, ist eine der ältestgenannten des Landes (771) und steht an einer der schönsten Stellen des Neckartals, noch umgeben von den Mauern des Friedhofs. Romanische einschiffige Anlage mit Ostturm, teilweise umgebaut. Innen ein spätgotisches Altargehäuse (1513), gotisches Vesperbild; römischer Altarstein für Jupiter und Juno, von der Benefiziarierstation im Tal. Die Kirche in TIEFENBACH in ihrer heutigen Erscheinung 18. Jh.

## 3. Weinsberg – Löwenstein

Das um 1200 zur Stadt erhobene WEINSBERG liegt am südlichen Abhang eines Höhenrückens, der das Sulmtal vom Eberbachtal trennt und zugleich hier durch eine Einsattelung verbindet. Auf einer kegelförmigen Kuppe über dem Ort stehen die Ruinen der Burg Weinsberg. Ein römisches Villenbad westlich der Stadt ist nach Ausgrabung wiederhergestellt. Die Stadt, die bis 1440 Reichsstadt war, ist 1525 vom Schwäbischen Bund völlig zerstört, 1534 aber vom Herzog von Württemberg wieder aufgebaut worden. Sie bildet ein Viereck mit drei annähernd ebenen Straßen – untere, mittlere, obere – und einigen steilen, mitunter in Staffeln übergehenden Quergassen. Nach einem Stadtbrand 1707 fand der Baudeputierte Jenisch von Stuttgart im Bau der Stadt eine so „große Irregularität, als dergleichen anderswo nicht leicht zu finden“, vermochte aber seinen regelmäßigen Bebauungsplan nicht durchzusetzen; einmal wegen der vielen und guten Keller und dann, weil die Bürgerschaft der Meinung war, in ihrer an den Berg gebauten Stadt müssen sich die Gassen „in die Rundung richten“. Die Stadt hatte zwei Tore, ein unteres bei der Südwest- und ein oberes bei der Nordostecke. Von den oberen Ecktürmen sind in Resten zwei erhalten, darunter der sog. *Geisterturm*

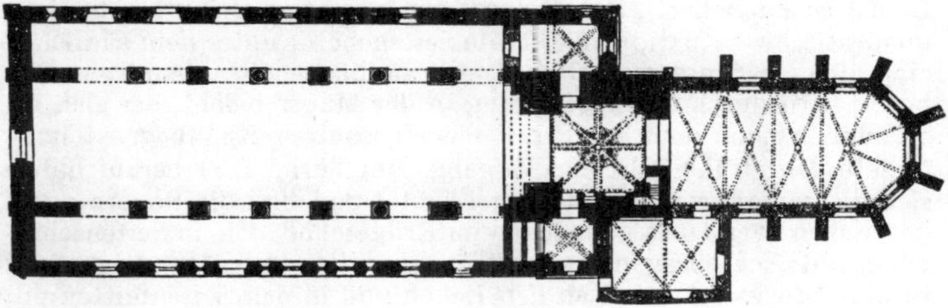

*Weinsberg, Stadtkirche, Grundriß*

beim Kernerhaus. Von den Fronttürmen der *Wartturm* in der unteren Mauer. Die Nordwestecke der Stadt nimmt der ehem. Kirchhof mit der Kirche ein, deren Silhouette das Stadtbild wirkungsvoll krönt. Ein malerisches Bild gibt der steil den Berg hinaufsteigende Marktplatz mit seiner städtebaulich gut wiederhergestellten Bebauung und der oben anschließende Aufgang zur Kirche. Die Stadt erlitt im letzten Krieg schwere Zerstörungen. – Die baugeschichtlich bedeutende *Stadtkirche* St. Johannes ist eine spätromanische flachgedeckte Basilika wohl vom Anfang des 13. Jh., mit Stützenwechsel – Säulen abwechselnd mit Pfeilern (vgl. Niedersachsen) – und gespitzten Scheidbögen. Die derben Säulen haben z. T. kompliziert verzierte Würfelknäufe. Teilweise ist ihr Ornament in Stuck angetragen und geschnitten: Netze aus Ranken mit muschelartigen Blättern und Tierkopfendungen. Die Westpforte ist klein, aber reichgeschmückt mit Säulen, deren Schäfte und Knäufe von ähnlichen Zieraten umstrickt sind (erneuert). Ein Knauf ist als Löwenkopf gebildet, der den Säulenschaft verschlingt. Das Ende eines Sockelwulstes ist als Schlangenkopf geformt. Romanisches Tympanon; Fries an der Südseite mit plastischem Schmuck. Das Schiff mit seinen Spitzbogen und der einer wenig späteren Bauperiode angehörige Chor mit dem Turm scheinen den entsprechenden Teilen der Stiftskirche in Oberstenfeld verwandt zu sein. Vor allem aber erinnert der Turmchor an den ehem. Chorturm der Deutschordenskirche in Heilbronn. Sein hochschlanker Triumphbogen ist dreimal abgetreppt und im Spitzbogen geführt. Das kuppelartige Gewölbe außer den Kreuzrippen auch mit Scheitelrippen und einem Scheitelring unterlegt; die Rippen in ihrer Mitte aufgebrochen und hier mit Rosetten besetzt; die Ecksäulenbündel schlank, gewirtelt mit Zwischenkapitellen und bedeckt mit Knospenknäufen (ein

Dienst ist kanneliert). Neben den Turmchor legen sich zwei ebenfalls quadratische, kreuzrippengewölbte Seitenchöre; unter dem südlichen eine kleine Krypta mit Altar. Die Wandfläche über dem Triumphbogen wird durch einen Quergang in der Mauer belebt, der sich ursprünglich nach dem Schiff mit einer gesäulten Kleinbogenstellung öffnete. Durch ihn geht der Aufgang zum Turm. Hier herauf haben sich im Bauernkrieg die Ritter geflüchtet und sind die Bauern nachgedrungen. Der Turm geht schon im Erdgeschoß, d.h. in Seitenschiffhöhe, mit Eckschrägen ins Achteck über, das innen rund ist. Zwei niedere Stockwerke sind an den Ecken und in den Seitenmitten mit Runddienstvorlagen besetzt und von den Gurtsimsprofilen umrahmt; das untere von schmalen Einzelfenstern durchbrochen, wie ein Bergfried von Lichtscharten. Das vierte Stockwerk hat an vier Seiten große zweiteilige kleebogengeschlossene Schallöffnungen. Alle Fenster rundbogig. Ein Stockwerk des Turms scheint zu fehlen (1525 war ein „Kranz" vorhanden, von dem der Ritter v. Weiler heruntergeschossen wurde). Im 15. Jh. wurde die Kirche durch Anbau eines gotischen Chors verlängert, der mit dem alten durch eine niedere Spitzbogenöffnung verbunden ist. Darüber eine schöne romanische Fenstergruppe. Von der alten Ausstattung der Kirche hat sich fast nichts erhalten. Romanischer Altarblock; Renaissanceglasbild. – Das *Kernerhaus* hat die alte Einrichtung aus der Zeit des Dichters und seines Sohnes bewahrt, darunter auch beachtenswerte Kunstwerke (z. T. aus der Welzheimer und Gaildorfer Gegend), wie die gotischen Glasgemälde und die Alabasterfigur der Maria vom Heerberg. Interessante Erinnerungsstücke an die „Seherin von Prevorst".

Die *Burg Weinsberg* war im Mittelalter eine bedeutende Anlage der Neckargaugrafen, dann Reichsburg, später in Welfenbesitz. Meist wird sie *Weibertreu* genannt: Nach der verlorenen Schlacht der Welfen gegen den Staufer Konrad III., 1140, durften die Frauen das mitnehmen, was sie tragen könnten – und sie schleppten ihre Männer von der Burg. Seit dem Bauernkrieg liegt sie weitgehend in Trümmern. Eine Zeichnung von Hans Baldung Grien, 1504, zeigt noch einen stattlichen spätromanischen Palas mit gekuppelten Säulenfenstern, der sich von Nord nach Süd quer über den Bergscheitel zog. Ein einst hoher Bergfried ist im Stumpf z. T. noch erhalten. Die Reste der hintereinanderstehenden Tore und der Rundtürme zumeist spätmittelalterlich. 1961 wurde ein großes Wasserbecken ergraben. Die romantische „Kapelle" von N. Thouret, 1824. In der Nordwestecke Ausfallpforte aus dem Dreißigjährigen Krieg. Eindrucksvoll der in einen Zwinger vorspringende, mächtig runde Geschützturm mit seinen 6 m dicken Mauern (nach 1504), über dessen tiefem Magazingewölbe die Geschützkammer liegt. Als Äolsharfenturm (nach den von J. Kerner hier in den einstigen Schießöffnungen angebrachten Instrumenten) wurde er zur stillen Stätte der Romantik: Über 80 hier von Th. Kerner, dem Sohn des Dichters, angebrachte Namen und Gedichte erinnern an die große Zahl der Besucher, die sich in der Ruine von dem geheimnisvollen Saitenspiel bezaubern ließen. – ELLHOFEN besitzt eine stattlichere Kirche, ehem. Wallfahrtskirche hoch- und spätgotischen Stils; darin ein sehenswerter, farbig gefaßter Schnitzaltar aus dem Anfang des 16. Jh. Im Schrein die Hl. Drei Könige, dasselbe Motiv auch auf den gemalten Außenseiten der Flügel. – LEHRENSTEINSFELD hat ein sehr stattliches *Schloß* mit Eckturm und Erkerausbauten aus dem 16. Jh. Seine früheren Staffelgiebel sind verändert. Das profanierte und malerisch verwahrloste *Kirchlein* (1466) hat seine Ausstattung verloren. Die schönen bemalten Grabdenkmäler aus dem 18. Jh. sind ins Heilbronner Museum gekommen. Das *Rathaus* 1521 erbaut, 1909 umgebaut. Dahinter ein schöner Fachwerkgiebel (1597). – WILLSBACH hat reiche Fachwerkhäuser und eine Kirche von 1486, die aber entstellt ist. – Die ursprünglich romanische Chorturmkirche in SÜLZBACH 1619 von Kirchenratsbaumeister FRIEDRICH VISCHLIN verändert. Grabdenkmäler gleichen Stils. Im Dorf schöne Fachwerkfassaden. Von dem 1678 erbauten und 1725 um eine Kapelle mit Turm erweiterten Schöntaler Pfleghof in WIMMENTAL (von „vindemiae", Weinlese) ist nur ein Teil übrig, der Pfarrhof. Es muß ein stattliches Anwesen gewesen sein, besonders großartig der Keller. Einige Bildwerke (Ölberg, Schutzengel), Wappen und Inschriften zeugen noch davon. Von der *Kirche* ist der Chorturm alt (1453), desgleichen das weinsbergische Steinhaus. – Das stattliche Schloß in ESCHENAU ist ein Bau der deutschen Renaissance, umgebaut 1745 von LEOPOLD RETTI, der das Stuttgarter Schloß geplant hat. Die Rokokoausstattung einiger Räume gut wiederhergestellt. Im kleinen Park ein Orangeriegebäude und Gartenhäuschen. Das Rathaus und zwei Keltern aus der Zeit vor dem Dreißigjährigen Krieg. Der *Gasthof zum Ochsen* mit reizvoller Wandgliederung, 1788. Nahebei die 1756 erneuerte *Kirche*. – Das spätgotische Kruzifix in der Kirche von AFFALTRACH (1899) wird HANS SEYFFER von Heilbronn zugeschrieben. – Das *Schloß* in WEILER ist ein Bau der Renaissance (um 1590) mit Portal und mittelalterlichem Turm. Die Schloßherrschaft bewahrt darin einige Kunstdenkmäler vom Schloß Lichtenberg (gemalter Altarschrein, Ende 15. Jh.; zwei Glasbildscheiben; Kleinglasbilder, d. h. sog. Kabinettscheiben). Dahinter ein Park mit einigen Baumriesen. An der kleinen *Kirche* ein paar Grabdenkmäler. Auf dem Friedhof vor dem Dorf eine ehem.

*Wallfahrtskapelle*, gotisch, ebenfalls mit Grabmälern. – Das ehem. Zisterzienserinnenkloster LICHTENSTERN (1242 gegründet, 1554 aufgehoben) liegt still und freundlich in einer waldigen Bucht des Gebirges auf einem Vorsprung über dem Sulmtal. Die Klostermauer mit Buckelblöcken ist ringsum erhalten. Die Gebäude stammen meist aus der Renaissancezeit; Neubauten einer Heilanstalt für Schwachsinnige. Die *Kirche* ist teilweise verbaut, von Anfang an schon durch die tiefe Empore des Nonnenchors. Das Altarhaus ist frühgotisch, mit schlanken Fenstern und steilem Rippensterngewölbe, streng und doch von keuscher Anmut. Der Fachwerkaufbau von H. SCHICKHARDT. Im Innern beachtenswert der frühgotische Steinaltar, ein Wandtabernakel (um 1450). Im Vorraum eine geschnitzte Holzsäule mit Würfelknauf aus der Zeit der deutschen Frührenaissance. Im Garten Überbleibsel des Kreuzgangs und einer Kapelle. – Das 1287 zur Stadt erhobene LÖWENSTEIN wurde 1945 weitgehend zerstört. Erhalten blieb nach dem Wiederaufbau der Reiz seiner Lage, hoch oben auf einem Bergvorsprung zu Füßen einer Burgruine. Von älteren Gebäuden hat sich im Ort nur das *Freihaus* an der ehem. Stadtmauer beim unteren Stadtzugang gerettet, ein Fachwerkbau auf Steinstock (Portal bez. 1619). Wiederhergestellter *Löwenbrunnen* beim neuen Rathaus. Über der Stadt, zur Burg vermittelnd, die barock erneuerte Pfarrkirche von 1762 (Inneres modern). Die öde *Burg Löwenstein*, 1131 von Welf VI. erobert, 1512 ausgebrannt, 1634 zerstört, befindet sich in fortschreitendem Verfall. Sie war mit dem Städtchen durch zwei steil herablaufende Flügelmauern verbunden (Reste vorhanden) und gegen den von Norden anschließenden Bergsattel durch einen sehr tiefen Grabeneinschnitt getrennt. Der älteste Teil an der Nordseite eine spätromanische, etwa von Ost nach West gerichtete Buckelquadermauer. Beachtenswert der Fischgrätverband der Mauerfüllung hinter den z. T. abgefallenen Buckelquadern. Auf der Mauer über quadratischem Stumpf ein einseitig angeschnittener, jüngerer Rundturm, wohl aus dem 15. Jh. Um die Kernburg war einst ein doppelter Ringmauergürtel, stellenweise mit Maulscharten, herumgelegt. Zugang auf der Südseite durch ein von einem Rundturm flankiertes Haupttor (15. Jh.). Reste einer Pechnase über dem Durchgang. Auf der westlichen, der Stadt zugewandten Seite der Unterbau eines quadratischen, im oberen Teil an den Ecken gerundeten Turms. Daneben ein Torso einer weiblichen Steinfigur des frühen 17. Jh. Das Hauptgebäude des im Tal unter Löwenstein gelegenen THEUSSERBADS ist das fürstliche Lustschlößchen aus dem 17. Jh., angelegt in Nachahmung eines kleinen Wasserschlosses. Turmförmig mit Eckerkern und Kreuzdach.

## 4. Heilbronn – Öhringen

Heilbronn Seite 129. – Die Kirche in BINSWANGEN wurde 1788 durch den Deutschorden errrichtet. Sie besitzt eine Madonnenfigur aus der Zeit des sog. Weichen Stils (um 1430). Im Bereich der Kirche verschiedene Keltereigebäude, unter denen sich große Keller befinden. Die anspruchsvoll gegliederte Kirche in ERLENBACH entstand 1753 und hat schöne Stukkaturen. Die spätgotische Chorturmkirche in GELLMERSBACH ist über Mannshöhe umfangen von einer eisernen Kette, die aus Hufeisen – Opfern an den hl. Leonhard – geschmiedet ist (vgl. Laupheim in Oberschwaben). Etwa gleichzeitig wurde die Chorturmkirche in EBERSTADT errichtet. Ein einzelstehender gotischer Glockenturm, ehem. Chorturm einer Kapelle in HÖLZERN und DIMBACH. Bei vielen Kirchen der Gegend steht noch oder stand eine von Säulen umkränzte oder gestützte Linde, Dorfgerichtsstatt. Das Schiff der im Chor gotischen Kirche von WALDBACH wurde 1616 errichtet durch den Baumeister F. Vischlin. Die Wandbilder im Chor (1. Hälfte 15. Jh.) zeigen Szenen aus dem Leben Christi und Marias. Die tüchtige Kanzel steht den Meistern Kern nahe (um 1620).

Am Dorfrand von RAPPACH steht eine kleine romanische Kirche. Chor im Turm, ohne Gewölbe. Seine Umfassungsmauern teilweise außen gebuckelt, die Steine offensichtlich aber in zweiter Verwendung versetzt (Reste einer Burg?). Merkwürdig die mit Drachenbildern ausgestalteten Kragsteine unter dem Dachvorsprung des Schiffs. – Spätgotische, mehr oder weniger veränderte Dorfkirchen, meist mit Chorturm, der wohl auch Spuren älterer, romanischer Bauart zeigt, zuweilen auch noch mit mehrseitiger Nische (Chörlein) an der Ostseite des Turms, häufig mit malerisch umrissener Helmhaube aus dem 18. Jh., finden wir mehrfach im Bezirk. Die 1624 auch von F. Vischlin errichtete Kirche in BITZFELD wurde 1747 von einem der Gross erneuert (vgl. die Holzdecke). In der gotischen Chorturmkirche von BRETZFELD Reste von Wandmalereien. – Einfach das Schlößchen zu ADOLZFURT. Der Ort war ehem. ein Städtchen. Die *Kirche* 1621 nach Entwurf H. Schickhardts durch Georg Kern errichtet. Chorgestühl mit gemalten Phantasielandschaften, vielleicht von Hofmaler J. J. Schillinger aus Öhringen.

Wir wenden uns etwas nach Süden. Die Kirche in UNTERHEIMBACH hat einen gotischen Turmchor, wurde aber sonst 1757 ganz aus Quadern erbaut und hat noch manches von der einfachen Rokokoausstattung. Im Dorf gibt es ein paar ehem. Edelhöfe, einer mit Treppenturm. – Ein Idyll des 18. Jh. ist das etwas südlicher, hinter

Bäumen gelegene Forsthaus im KREUZLE. Die Burg MAIENFELS liegt auf einem steilen Bergvorsprung links über der Brettach. Eine Vorburg auf der Bergseite, durch Felsgräben vom Vorland und von der Burg abgeschnitten; mit Kasematten über den Grabenrändern. Eine zweite, untere Vorburg bildete das aus wenigen Häusern bestehende Städtchen. Die Hauptburg ist dreieckig, von einer Ringmauer aus Buckelquadern und einem schmalen Zwinger umzogen. Zwei Rundtürme an den Ecken über dem Graben und dem Städtchen; der eine noch mit achteckigem Fachwerkaufsatz, der an die Burgen des unteren Neckartals erinnert. Über dem unteren, schon

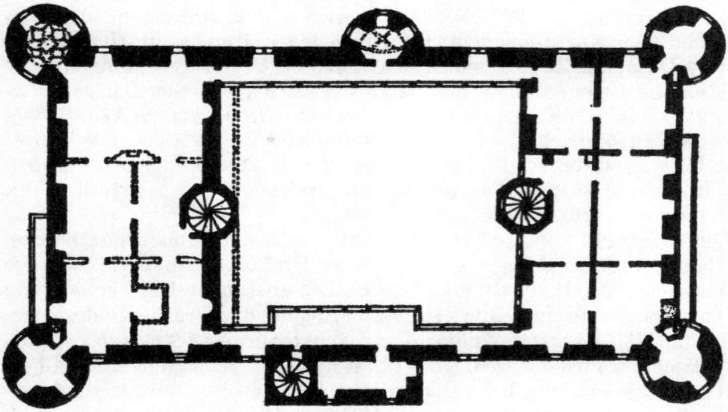

*Pfedelbach, Schloß, Grundriß*

spitzbogigen Tor eine Pechnase. Im Burghof steht noch das eine von zwei Herrschaftshäusern und ein Amtshaus. Die Grundmauern des Bergfrieds zeichnen sich noch deutlich sichtbar ab. Die Burg ist nach einer Zerstörung 1444 neu befestigt worden. Auch die Vorburg hat kleine runde Flankentürme. Linden schmücken jetzt die Fläche, und Gebüsch füllt die Schloßgräben. Im Städtchen steht ein malerisches *Kirchlein*, an den Felsen angeklebt (1613); darin auf dem protestantischen Altar ein Alabasterrelief aus der gleichen Zeit. Unten im Tal liegt das Dörfchen Brettach. – Wir wenden uns wieder nach Norden: Das Schloß zu PFEDELBACH, 1568–1572 von Seb. Mayer aus Heilbronn errichtet, besteht eigentlich aus zwei Schlössern, die durch Mauerstücke mit Galerien verbunden sind. Die ursprünglichen Holzgalerien wurden 1608–1613 durch Steinbauten ersetzt. Im Innenhof stehen sich symmetrisch zwei Treppentürme gegenüber. Von außen wirkt die Anlage mit ihren Ecktürmen vollkommen einheitlich. Sie enthält eine kath. Kapelle in Spätbarockformen. Stattlich ist die Eingangsseite mit dem Wappenportal und der Brücke über den Ringgraben. Nebengebäude mit Staffelgiebeln. *Dorfkirche* 1589 und modern umgebaut.

## 5. Öhringen und Neuenstein und ihre Umgebung

ÖHRINGEN hat seinen Namen offenbar vom Flüßchen Ohrn. Bereits in der Jungsteinzeit besiedelt, gewann der Ort in römischer Zeit eine erste überregionale Bedeutung durch den Vicus Aurelianus, dessen zwei Kastelle östlich von der jetzigen Stadt standen. Der obergermanische Limes oder „Pfahl" geht zwischen Jagsthausen und Mainhardt schnurgerade, teilweise guterhalten durch das Öhringer Land, mit Zwischenkastellen in Sindringen und Westernbach. Zur Römerzeit war außerhalb des Grenzwalls keine Ansiedlung geduldet, hier wuchs der Ohrnwald des Mittelalters. Die römische Bürgersiedlung war rechts der Ohrn gelegen; eine spätere Alemannensiedlung links. 1037 wird das mittelalterliche Öhringen als Orengau erstmals urkundlich erwähnt. In diesem Jahr hat Adelheid, die Mutter Kaiser Konrads II., ein Stift gegründet. In die *Stiftskirche* St. Peter und Paul (Abb. 60) wurde eine bestehende Pfarrkirche, zugleich Grablege der Grafen im Ohrngau, einverleibt. Die heutige spätgotische Hallenkirche wurde 1454–1501 an Stelle einer romanischen, wohl in die 1. Hälfte des 13. Jh. zu datierenden Kirche erbaut. Auf die alte Anlage gehen vermutlich zurück: der untere Teil des Südostturms mit den Bildwerken eines Löwenpaars und die Standbilder der Apostel Petrus und Paulus (bemerkenswert der Stilzusammenhang mit der Plastik an der Gnadenpforte des Bamberger Doms; Originale jetzt im Innern). Nach alten Abbildungen hatte die Kirche eine zweitürmige Westfassade. Die Gruft unter dem Altarhaus, eine Unterkirche, gehört wahrscheinlich nur in der westlichen Umfassung dem frühen 13. Jh. an. – Nach einer Bauinschrift erfolgte der Neubau des Chors seit 1454 (Obermauern und Strebepfeiler bis zum Fundament; Chorgewölbe 1497). Einen bedeutenden Anteil an der Bauausführung scheint hier der markgräflich badische Baumeister Hans Spryss von Zaberfeld gehabt zu haben (E. Knoblauch). Gleichzeitig wurde das Langhaus begonnen von Hans Sporer aus Schwaigern und Hans von Urach. Dreischiffige Hallenanlage mit Querhaus. Die Rippennetzgewölbe des Langhauses runden sich zu einer Art von Tonnengewölben, die jedes Schiff einheitlich überspannen. Ein netzgewölbter Nebenraum der Kirche liegt im Ostflügel des Stiftsgebäudes, ist aber heute mit der Kirche verbunden, nach einem in neuer Zeit übermalten Bild des Jüngsten Gerichts die „Hölle" genannt. Sehenswerte Ausstattung, vor allem im Chor. Auf dessen Altar Figuren aus einem 1945 zerstörten Schrein. Bedeutendes, immer unbemalt gebliebenes Werk der Holzbildhauerei um 1500, von einem Schüler des Veit Stoss oder von einem oberrheinischen Meister. Spätgotische Bildfenster (Marienzyklus und Stifter), unter Einfluß Peter Hemmels von Andlau entstanden. Vorzügliche Grabdenkmäler der Grafen von Hohenlohe aus dem 16. und 17. Jh. von Johann v. Trarbach – blühendste deutsche Renaissance in reicher Formenfülle –, Melchior Schmid von Heilbronn – dieses gefaßt in Gold und Farben – und Achilles Kern (Teile einer Tumba von „preziöser Einfachheit" [G. Dehio]). Im südlichen Querhaus ein sehenswertes Grabrelief von Gottfried Schadow aus Berlin. Unter dem Chor eine in dieser Gestalt kaum vor das 14. Jh. zu datierende Gruft. Nachträglicher Gewölbeeinbau im 14. oder 15. Jh. Gruftaltar wahrscheinlich in einer Kopfnische des $^{3}/_{8}$-Schlusses. Die im Westteil stehende spätromanische (1241) Grabtumba der Adelheid deutet auf eine ältere Vorgängerin der heutigen Gruft aus der 1. Hälfte des 13. Jh. Spätgotische Stiftertumba und weitere Grabmäler in der Art des Achilles Kern; Grabsteine mit Messingeinlagen (Nürnberger Arbeit). In der „Hölle" ein schöner steinerner Nischenaltar mit Figuren der hll. Margarete, Helena und Philippus. Grabmäler hohenlohischer Beamter (u. a. von J. B. Lauggas). – Auf der Nordseite der Kirche die hohen Hallen des spätgotischen Kreuzgangs. Außen an der Kirche spätgotischer Ölberg (Anfang 16. Jh.).

Die Stadt hat einen guten Teil ihrer Befestigung bewahrt, z. T. wehrhafte Buckelquadermauern aus dem 13. Jh. Die ebenfalls ummauerte Vorstadt links der Ohrn heißt merkwürdigerweise Altstadt, vielleicht ein Hinweis auf eine dörfliche Ursiedlung. Malerische Bilder an der Ohrn bei der Brücke mit der gotischen Maßwerkbrüstung. *Rathaus*, teilweise in Fachwerk, von 1504 mit Erker und Fürstenstandbild. Davor ein Brunnen. Innen ein vertäfelter Saal mit Stuckdecke und farbig gefaßtem Prachtportal von 1603. Einige *Stiftsherrenhöfe* mit Wappen stehen hinter der Stiftskirche. Das *Stiftspredigerhaus* hat eine Barockfassade mit Pilastern, Gesimsen, Fensterbrüstungen aus Eichenholz. Am Markt die *Hofapotheke*, ein schöner Fachwerkbau mit figurierten Steinkonsolen von 1591. Auf dem Marktplatz der Marktbrunnen mit Ritterstandbild (1554). Das *Schloß* in bevorzugter Lage über dem steilen Ufer des Ohrnflüßchens bietet mit seinen Volutengiebeln und Altanen, überragt von den Türmen der Stiftskirche, ein hübsches Bild gegen den jenseits des Flüßchens anstoßenden Park. Renaissancebau, 1612f. von GEORG KERN; mit Anbauten (Treppenturm, Terrasse, Hofarkaden) vom Anfang des 18. Jh. und Nebengebäuden vom Ende des 17. Jh. Das Innere besitzt eine unveränderte Einrichtung aus der Empirezeit, mit Gemälden von dem ehem. Hofmaler SCHILLINGER. Im Hofgarten ein Pavillon aus der Zopfzeit, in den 1824 ein Theater eingebaut wurde. Die *Karlsvorstadt*, durch ein originelles Kolonnadentor mit Mittelöffnung unter einem Flachgiebel von der Stadt geschieden (Nebenöffnungen modern!), in einheitlichem Gepräge des ausgehenden 18. Jh. – Nördlich von Öhringen: Die Kirche in WESTERNBACH entstammt der Renaissance. Die Chorturmkirche von ZWEIFLINGEN ist noch romanisch. Freskenreste im Chor. Schöner Kruzifixus um 1470. Das Lustschloß FRIEDRICHSRUHE bei Öhringen 1716/17 vollendet. Gartenanlagen und Nebenbauten 18. Jh. Eine Oase der Ruhe. In der Kirche von TIEFENSALL Fresken aus der 1. Hälfte des 14. Jh. Die Kirche in ORENDELSALL ist im Chorturm noch romanisch (Kreuzrippengewölbe). Das Schiff ein Umbau von 1791. Wandbilder der Spätgotik und Renaissance (Ursula-Legende). Die übrige Ausstattung zumeist 18. Jh.

Neben der Öhringer Stiftskirche ist das bedeutendste Baudenkmal des Bereichs das *Schloß* in NEUENSTEIN, bis 1698 Residenz einer danach genannten Linie der damaligen Grafen (heute Fürsten) von Hohenlohe, in deren Besitz der Bau noch jetzt ist. Von einer ehem. Wasserburg des 13. Jh., z. T. auf Felsgrund, sind der Bergfried und Ringmauerreste (teilweise Buckelquader) in der Umfassungswand der Nordostecke erhalten (Turmaufsatz 16. Jh.). Umfangreicher Ausbau im 15. Jh. und zu Anfang des 16. Jh. Aus dieser Zeit die gewölbten Säulenhallen im Ostflügel, mit einem Portal nach DÜRERschen Mustern, die Küche und das Torhaus mit den beiden vorspringenden Rundtürmchen. 1558–1564 abermals erweitert zum Schloß im Sinne der französischen Renaissance durch Meister BALTHASAR WOLFF von Heilbronn, Werkmeister TH. FENDRICH u. a. Vollendet im Anfang des 17. Jh. durch H. SCHICKHARDT und anschließend (1607f.) durch den gräflichen Baumeister GEORG KERN. 1906–1919 durch BODO EBHARDT restauriert, der drei Flügel um ein Stockwerk erhöhte und Zwerchhäuser auf die Dächer setzte. Die Anlage umfaßt ein regelmäßiges Viereck mit Ecktürmen und innerem Hof. Besonders reizvoll sind die offenen Säulentempelchen auf den beiden Tortürmen, das Portalbildwerk zwischen diesen und ein Torbogen vor der Brücke, zumeist von H. SCHICKHARDT. Am südlichen Portal, das auf einen

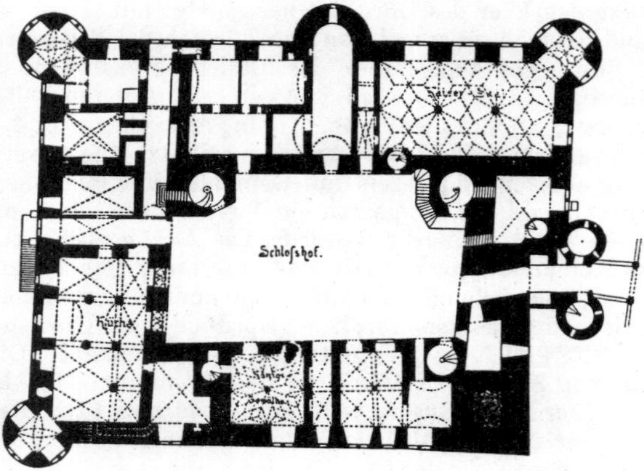


*Neuenstein, Schloß, Grundriß*

langen (wiederhergestellten) Altan führt, schöne Bildhauerarbeit von G. Kern. Zwergfiguren auf Brüstungspfeilern aus der Barockzeit wie in Weikersheim und Würzburg (von Paul Platz und J. J. Börl).– Ein See spiegelt das Bild des Schlosses. Die Gartenarchitektur neu von B. Ebhardt im Anschluß an Pläne des 18. Jh. Im Innern des Schlosses malerische Schloßküche und gewölbte Säulenhallen, schöne Wendeltreppen mit verzierten Pforten. Rittersaal mit Kassettendecke aus Kirchberg an der Jagst hierher übertragen (eingelegte Bilder von G. Kreuzfelder, 1683f.). Im Kaisersaal eine kostbare Sammlung von Altertümern des Gesamthauses Hohenlohe, wegen ihres Reichtums von hohem kulturgeschichtlichem Wert (u.a. Relief mit den Drei Guten Christen: Kaiser Karl, König Artus und Gottfried v. Bouillon von Hans Daucher). – Das alte Städtchen (Stadterhebung 1351) steckt noch großenteils in seinem Mauerring, dessen obere Ecke ein gewaltiger Rundturm (1621 auf eine ältere Bastei aufgesetzt) einnimmt. Die Kirche (1609–1611) ist wieder eine von den hohenlohischen Hallenkirchen von G. Kern (wie in Künzelsau, Ingelfingen, Waldenburg und Weikersheim) aus der Renaissancezeit, noch mit gotischem Chor. Turm über dem westlichen Teil des Chors. An dessen Seiten zwei Wendeltreppentürmchen. An der Nordseite ein Säulenvorbau mit Freitreppe, dessen Oberraum die mit Alabasterreliefs geschmückte Grabtumba des Grafen Wolfgang Julius von Hohenlohe enthält (um 1700). Unter den übrigen älteren Bauten des

Orts ist vor allem das *Rathaus* sehenswert, das über dem heute in Rokokoformen gehaltenen Unterstock einen Aufbau noch in alemannischer Fachwerkkonstruktion zeigt. Oben, zum Berg hin, am Stadtrand ein mächtiger Rundturm aus nachmittelalterlicher Zeit.
Nordöstlich liegt KIRCHENSALL. In der Kirche, 1769–1772 von JOH. ANDR. SOMMER aus Künzelsau erbaut, sieht man die für viele protestantische Kirchen im Hohenlohischen typische Form, daß Altar, figurenflankierte Kanzel und Orgel übereinander angeordnet sind. – Das Burgstädtchen NEUFELS ist, obwohl heute ein reines Bauerndörfchen, teilweise noch mit Mauern und Gräben bewehrt und hat über dem Kupfertal eine überaus romantische Lage. In der Burgruine liegt ein Teil des umgestürzten Bergfrieds als große durchlochte Scheibe.
Das schlichte Schloß zu KUPFERZELL, dessen Name an eine Einsiedlerzelle erinnern soll, mit kath. Hofkapelle, gehört der Barockzeit an. Im Ort, ehem. eine Art kleiner Residenz, einige Honoratiorenhäuser aus dem 17. und 18. Jh., namentlich das kath. Pfarrhaus mit zwei Eckerkern. – In HESSELBRONN ein guterhaltenes hohenlohisches Bauernhaus von 1772. – Das *Schloß* in WALDENBURG, von dem Heilbronner WOLFF im 16. Jh. erbaut, erinnert mit seinem romanischen, bis zu Zweidrittelhöhe aus Buckelquadern errichteten Hauptturm, dem ein zweiter in der Vorburg (der heutigen Stadt) entspricht, noch an die Zeiten, als das Haus Hohenlohe durch die Gunst der Hohenstaufen in der Öhringer Gegend Fuß faßte. Der verschnörkelte Altanaufsatz des Turms stammte aus der Zeit der Renaissance (1576, Wiederaufbau nach dem letzten Krieg); ein interessanter Versuch rein künstlerischer Art, ausgeführt von einem Meister UNSINNIG aus Wallerstein, vielleicht nach einem Gedanken des Meisters ROBIN von Mainz. Außer Turm und Graben zeigt das Schloß kaum mehr etwas Altertümliches. – Die ebenfalls ausgebrannte und heute wiederhergestellte *Schloßkirche* besaß eine vollständige Rokokoausstattung. Das Städtchen hat seine mittelalterlichen Wehrmauern zu einem guten Teil bewahrt. Besonders eindrucksvoll die Bollwerke, Gräben, Brücken und Türme des 15. Jh. am *Oberen Tor*, z. T. unter Verwendung hochmittelalterlicher Reste errichtet für schwere Handfeuerwaffen. Die *Stadtkirche* ist eine Hallenkirche reinster Art, drei ganz gleiche Schiffe zu drei Jochen, mit Chor und Westturm. Das Langhaus 1560–1589 an eine ältere (Chor-)kapelle angeschlossen, Gotik gemischt mit Renaissance. Neu ausgestattet 1717. Die hohenlohischen Stadtkirchen in Neuenstein, Waldenburg und Künzelsau scheinen einerseits noch von spätgotischen Hallenkirchen abhängig zu sein: von der Öhringer und der Ingelfinger, besonders aber von der

Weikersheimer; andererseits – wie die Einzelformen zeigen – von protestantischen Schloßkapellen, wie der Stuttgarter und der Untergröninger. Hier in Waldenburg haben die Säulen keine Kapitelle, darüber Kreuzgewölbe; im Chor Netzgewölbe. Lutherischer Altaraufsatz mit Darstellung des Augsburger Bekenntnisses (1653). Grabmal, das einem der KERN zuzuschreiben ist. – Die Kirche in KESSELFELD besitzt im sonst noch romanischen Chorturm ein spätgotisches Sterngewölbe auf figürlichen Konsolen (um 1500). In die Pfarrkirche von ESCHELBACH, 1761 f., wurde ein älterer Chorturm miteinbezogen. Das prächtige Amtshaus in MICHELBACH am Wald 1759–1761 von einem WEINBRENNER aus Untermünkheim. In der Kirche von OBEROHRN Rest eines guten spätgotischen Altars (Ende 15. Jh.). Aus der gleichen Zeit ein Vesperbild.

## 6. Das Kochertal von Bad Friedrichshall bis Künzelsau

Bad Friedrichshall Seite 134. OEDHEIM am Kocher hat ein *Schloß* (1692), das gegen den Kocher hin den Eindruck einer Burg macht. Das Rathaus von 1600; Witwenhaus (zum Schloß) mit Fachwerkerker, 1528 und 1699; Kaplanei mit Hoftor. Der frühere Chor im Turm der *Kirche* hat Wand- und Gewölbemalereien aus dem 14. Jh. Auf dem Hof in WILLENBACH steht ein steinernes Herrschaftshaus mit Renaissancegiebel und Rundturm (1603). Das Wasserschloß in STEIN ist eine Dreiflügelanlage, deren offene Hofseite durch eine hohe Mauer geschlossen ist (Baubeginn Ende 16. Jh.). In KOCHERTÜRN eine einfache Kirche des 18. Jh. – Ein altes Städtchen ist NEUENSTADT am Kocher. Als Burgsiedlung „Helmbund, die neue Stadt" wurde es neben dem gleichnamigen älteren Dorf im Brettachtal von Konrad von Weinsberg vor 1324 gegründet und nimmt die Bergzunge zwischen Kocher und Brettach ein. Die eigentliche Stadt liegt auf der Höhe zwischen dem Oberen und Mittleren Tor und ist z. T. bis heute von Ringmauern umfangen. Das Schloß liegt innerhalb der Stadtmauer am Oberen Tor auf der Kocherseite, wo der Abfall steiler ist. Eine untere Vorstadt war von den beiden Wasserläufen und außerdem von Schenkelmauern verteidigt und hatte vor den beiden Brücken je ein Tor. Die Hauptstraße, ein sehr alter Höhenweg von Öhringen nach Wimpfen, steigt auf dem Rücken hinauf. Die *Stadtkirche* (1595, Chor gotisch) steht neben dem Oberen Torturm (1703, nach 1831 im oberen Teil erneuert), der ihr als Glockenturm dient. Das Innere hat noch einige Erinnerungen an die Zeit der Herzöge von Württemberg-Neuenstadt bewahrt: ein Marmorkruzifix von

1701, einen Messingkronleuchter und einen Taufstein (1499). Es enthält auch noch einen schönen gotischen Frauengrabstein mit Baldachin (1413). Das *Schloß*, im Innern verbaut, umschloß im Viereck einen Hof; der Bau des Herzogs Christoph (1565) mit Portal im Hof und rundem Eckturm gegen außen ist heute noch ansehnlich. Malerisch die Bildgruppe Torturm, Kirchenchor und Schloß vom Platz vor dem Tor aus. An diesem auch die uralte Gerichtsstätte des Brettachgaus, auf der einst die *Große Linde* stand. Sie wurde 1945 vom Sturm umgerissen. Um sie herum heute noch das aus vielen Nebenbäumen gezogene Blätterdach über einer weiten Fläche, eingefaßt von einer Brüstungsmauer mit Portal, das Herzog Christoph 1558 errichten ließ. Gegen 100 Säulen stützen die waagrechten Äste; die älteren noch in mittelalterlichen Formen gehalten, andere schmuckreicher im Stil der Zeiten von Herzog Christoph bis auf Herzog Karl gebildet und mit Wappen und Inschriften bezeichnet. Es waren lauter einzelne Stiftungen, Denkmäler eines schönen Sinnes für Natur, Geschichte und Kunst. Später war der Platz mit steinernen Tischen, Kegelbahnen und „allerlei Kurzweil" versehen. In der Stadt das *Stadtpfarrhaus* (1488); dann ein *Eckhaus* mit erneuertem Erker, Volutenportal und hinten pompösem Altanbau auf toskanischen Wandsäulen; die Apotheke von 1801. Ein sehr schöner *Brunnen* mit Plattform und Geländer (1744) steht in einer Seitengasse. – Die Kirche in DAHENFELD stammt aus dem 18. Jh. BÜRG, das Neuenstadt gegenüber auf dem steilen Rand des Kochertals liegt, hat wie Möglingen am Kocher und Riedbach bei Gerabronn ein achteckiges Kirchlein aus der Mitte des 17. Jh., mit Gemmingischen Grabsteinen und Gedächtnistafeln. Das *Schloß*, das seine Bollwerke und den Turm verlor, aber Gräben und Brücken bewahrt hat, ist ein spätgotisches Steinhaus (1545) mit Staffelgiebeln, Wendeltreppe und Altan, mächtigem Keller, Schloßkapelle, Archiv und anderen Gewölben und geheimen Treppen. Dahinter ein alter Garten mit Hainbuchengang. – Im Brettachtal, Cleversulzbach zu, steht unterhalb Neuenstadt die Ruine der Kirche des abgegangenen Orts HELMBUND: die Umfassungsmauern eines viereckigen Chors im Übergangsstil, mit Kreuzrippengewölbe auf Ecksäulen mit Schaftring und Knospenknaufkapitellen. – BRETTACH besitzt zahlreiche stattliche Steinhäuser aus Altwürttembergs bester Zeit in kunstreichen Formen der Renaissance. So die *Mühle* im Tal, das *Gasthaus zum Lamm* (1601), das *Schlößchen* (1594, mit schönem Wappen) und das Haus auf dem Roten Felsen. Dazu paßt die im Schiff 1578 von einem Meister CLEMENT VOCK erneuerte Kirche, ihr gedrungener Chorturm hat unten ein spätromanisches Tonnengewölbe mit diamantierten Kämpfersimsen. – Der Turmchor der *Oberen Kirche* von LANGENBEUTINGEN romanisch. Gotisierendes Langhaus um 1610 von G. Kern. Aus dieser Zeit auch die bemerkenswerte protestantische Ausmalung. Die *Untere Kirche* im Dorf, das seinem Namen alle Ehre macht, ist profaniert, ein Altarbaldachin darin erhalten. Davor die Dorflinde, deren Äste von Säulen gestützt werden. – Die Kirche in KOCHERSTEINSFELD von 1733 mit Ostturm ist in der Biedermeierzeit mit Blumen und Früchten ausgemalt worden; aus jener Zeit auch Grabdenkmäler. Untere *Kocherbrücke* von 1726 (erneuert). – Die Kirche in LAMPOLDSHAUSEN im Hardhäuser Wald hat im romanischen Turmchor romanische und frühgotische Wandgemälde. Ein schönes Bild, wie sie auf ihrer erhöhten und ummauerten Kirchhofplattform über die Häuser des Dorfes schaut. Die Kirche in MÖGLINGEN (1759) enthält Spuren des mittelalterlichen Baus. In OHRNBERG eine Chorturmkirche des 14. Jh. mit Fresken aus dieser Zeit, gegen Ende des 16. Jh. gotisierend zu einer protestantischen Quersaalkirche erweitert. – Der BUCHHOF, auf der Höhe rechts vom Kocher unterhalb Sindringen, war ein Schlößchen des Abts von Schöntal, erbaut im Anfang des 18. Jh., mit Treppenturm und Hauskapelle, von Meistern des Schöntaler Klosterneubaus. – Das Schloß in SINDRINGEN ist aus einer alten Burg mit Bergfried und viereckiger Ringmauer hervorgegangen. Eingebaut ein ehem. Amtshaus mit Eckerker; über dem Hoftor ein Laubengang in Holzbau. Die *Kirche* war eine vor 1230 errichtete romanische Basilika, in gotischer Zeit verändert und 1955 erneuert. Das Städtchen ist in ein teilweise noch guterhaltenes, regelmäßiges Mauerviereck eingeschlossen, dessen eine Ecke das Schloß einnimmt. Ein Gassenring geht dem Mauerring parallel. – In der Pfarrkirche von ERNSBACH einige aus Eisen gegossene Epitaphe des 18. Jh. – Eine efeubewachsene Ruine ist das Schloß zu FORCHTENBERG, 1688 an der Stelle einer Burg erbaut, von der die Schildmauer mit Flankenturm und Graben erhalten ist. Das Städtchen hat noch Mauern mit Wehrgängen und Hauslauben, Tor und Türme, erlitt im letzten Krieg jedoch einige Zerstörungen. Die moderne Kirche birgt eine Kanzel mit Alabasterbildwerken (um 1620), Stiftung der hier ansässigen Bildhauerfamilie Kern, die in der fränkischen Kunstgeschichte ein ehrenvolles Blatt einnimmt. Die Kanzel ist eine Arbeit von Michael Kern d. J. An der Kirche ist ein romanisches Türbogenfeld: Kopf mit Menschengesichtern als Augen eingemauert. In der hauptsächlich romanischen Friedhofskapelle spätgotische Fresken: Leben Jesu, Weltgericht und Christophorus (2. Hälfte 14. Jh.) und Grabmäler. – Bei WEISSBACH ein neuerdings umgestaltetes Salinengebäude aus der Zopfzeit, im Dorf ein malerisches Kirchlein mit Fachwerkaufsatz.

Auf der Hochebene links vom Kocher liegt im tiefen Forst das hohenlohische Jagdschloß HERMERSBERG noch im Zustand der Erbauungszeit (1530–1610), als Erweiterung eines älteren Kerns, mit Steingiebeln und Eichenfachwerk, bewehrt mit Graben und Torturm. In den Stuben alte Öfen, im großen Saal derbe Wandstuckbilder, u. a. Jagdtiere mit echten Geweihen. Noch mittelalterlich wirken die dicken Balken in den Zimmerwänden und Türschwellen und die Küchenkamintürme.

NIEDERNHALL ist eines von den altertümlichen Kocherstädtchen, teilweise noch von Ringmauern umschlossen. Seine *Kirche* war ursprünglich eine romanische Basilika mit einem Flachbild (Marter des hl. Laurentius) im Türbogenfeld, daneben Kämpferplastik, und Resten eines spätgotischen Tabernakeltürmchens; ein Pfeiler ist mit einem aus dem Stein gehauenen, aufwendig verknoteten Seil umzogen. Stattliche alte Giebelhäuser, auch mit Putzmalerei („*Götzenhaus*“, 1564 erbaut, Malerei 1572), ehem. Klosterhöfe, Rathaus 1477 (alemannisches Fachwerk). – CRIESBACH ist bekannt durch seine Linde, seine alte Brücke (1776) und das Gräberfeld mit Funden aus vorrömischer und römischer Zeit, das vermutlich von einer Siedlung herrührt, die sich an die Solquellen der Niedernhaller Gegend angeschlossen hatte. – INGELFINGEN ist das Urbild einer ehem. hohenlohischen Residenzstadt in kleinstem Format. Seit 1701 ist der Ort Sitz der Linie Hohenlohe-Ingelfingen. Sein Schloßbrunnen ist eine kohlensäurehaltige Solquelle. Die *Stadtkirche* hat einen romanischen Turm und gotischen Chor mit schönen Glasgemälden der Spätgotik (teilweise Kopien des 19. Jh.; alt: der hl. Nikolaus und die hl. Barbara im Mittelfenster des Chors, gegen 1530). Das Hallenschiff mit Säulen und Bildkonsolen ist ein Umbau aus der 1. Hälfte des 18. Jh.; die Gruft frühes 19. Jh. Bei der Friedhofskirche alte Grabdenkmäler. Im Städtchen alte Giebelhäuser und Stockwerkhäuser aus dem 18. Jh. Mehrere Türme und Mauerzüge der Stadtbefestigung sind erhalten. Das *Neue Schloß* (17. und 18. Jh.) besitzt einen reizvollen Saal mit antikisierender Ausstattung: gemalte Reliefs und Figuren (1780–1782, vermutlich Hofmaler JOH. JAK. SCHILLINGER). Das burgartige *Alte Schloß* in der Residenzzeit erneuert. Ende des 18. Jh. Anlage der *Mariannenvorstadt*, in ihren Bauten vom Zopfklassizismus geprägt. Hier die Apotheke (1786) mit mächtigem Säulenportikus und die ehem. Esse des Hofschlossers, eine Steinpyramide mit großer reliefierter Urne als Schornstein. Die Brücke mehrfach umgebaut, das Zollhäuschen von 1786. – Ruine *Lichteneck* mit Resten der hochmittelalterlichen Schildmauer (Treppe in der Wandstärke). – Im romanischen Chorturm von BELSENBERG Fresken aus dem 1. Viertel des

15. Jh. – NAGELSBERG, die alte mainzische Feste, ein Bergstädtchen mit Grabenbrücke, engen steilen Gassen, Burgruine und Mainzer Amtshaus (Volutengiebel). Am Fuß des Burgfelsens eine malerische Mühle. In den Weinbergen der Burg gegenüber die Reste einer zweiten Burg (gegen die Mainzer Burg errichtet). – Auf der anderen Talseite der KOCHERSTEIN, der einst eine Martinskirche aus dem 11. Jh. trug. An der Stelle der dazugehörigen Propstei steht heute ein Bauernhof. – Weiter talabwärts, schon gegenüber Künzelsau, das Schlößchen GARNBERG, ein einfaches Steinhaus (1688) mit unterwölbter Terrasse. – Künzelsau Seite 171.

## 7. Das Jagsttal von Bad Friedrichshall bis Schöntal

Bad Friedrichshall Seite 134. DUTTENBERG hat eine ansehnliche Kapelle der Spätgotik mit einem umfangreichen Freskenzyklus (Hl.-Kreuz-Legende, um 1485). Beim Schloßbau hat der Würzburger Balthasar Neumann mitgewirkt. – Das Deutschordensschloß HEUCHLINGEN liegt auf einer mäßig hohen, aber steilen Anhöhe über der Jagst und macht mit seinen Basteien, die von Rundtürmen umkränzt sind, mit Tor und Bergfried und hohen Steinhäusern mit Volutengiebeln den Eindruck einer altfränkischen Fürstenburg. Den Renaissancegiebeln gesellt sich friedlich ein Mansardendach, und auch der Hauptturm hat eine geschweifte Haube. Der Hauptbestand des Schlosses stammt aus dem 16. Jh. – UNTERGRIESHEIM hat auf dem Kirchhof den Grabstein eines Ritters aus dem 15. Jh. Über dem Jagsttal die Höchstberger Kapelle, früher Pfarrkirche für das Dorf HÖCHSTBERG. Die große *Pfarrkirche* im badischen NEUDENAU wurde 1742–1748 unter Einbeziehung eines gotischen Turms errichtet. Im Ort schöne *Fachwerkhäuser*, zumeist aus dem 17. Jh. Das *Rathaus* von 1586. Vor dem Ort die *Wallfahrtskapelle* St. Wolfgang bei einem Brunnen, dem Heilkräfte gegen Pferdekrankheiten zugeschrieben werden. Noch im 12. Jh. entstand der Westturm (Helm 1891), dessen Gewölberippen im Erdgeschoß auf Ecksäulen ruhen. Schiff und Chor aus der 1. Hälfte des 14. Jh. Reste hoch- und spätgotischer Wandmalereien (u. a. Jüngstes Gericht und Szenen aus dem Leben verschiedener Heiliger). Spätgotischer Hochaltar und Johannesschüssel (vgl. Denkendorf). Bemerkenswert die Votivgaben (Hufeisen!). – Das Dorf SIGLINGEN unten an der Jagst war ursprünglich eine mittelalterliche und wie Sindringen regelmäßig viereckige Stadtgründung von 1363. – Das Schloß in ASSUMSTADT ist ein Rokokobau (1769) mit vorspringenden Flügeln und Freitreppe vor dem Mittelbau. Die Fassaden stuckiert. Innen ein Kuppelsaal, nach der Gartenseite halbrund vortretend und mit Fenstertüren auf eine Terrasse geöffnet; verziert mit Stukkaturen und Deckenmalerei. Dahinter eine Gartenanlage aus der gleichen Zeit. Von der Burg ERNSTEIN auf der Höhe links der Jagst sind nur ein Turm und Gräben erhalten. – Schloß DOMENECK auf einem Bergvorsprung rechts der Jagst ist ein einfaches Wohngebäude mit Nebenbauten aus der Barockzeit. Dahinter eine Burgruine mit Stumpf eines runden Turms. MÖCKMÜHL liegt mit Stadt und Schloß auf der Bergzunge, die durch die Einmündung der Seckach in die Jagst entsteht. Das Städtchen hat sich noch zum größten Teil den Mauerzug mit Bogenfries und vorspringenden Mauertürmen bewahrt; namentlich auch die Anschlußmauern, die zum Schloß aufsteigen. Es hatte vier Tore. Das *Rathaus* (1589) stößt mit der Vorderseite an den unteren Marktplatz (ehem. Kirchhof), mit der Rückseite an den oberen Marktplatz. Die *Kirche* wurde nach einem Brand 1900 fast ganz neu gebaut. Die grün umwachsene *Friedhofskapelle* (1581) enthält allerlei Bruchstücke spätgotischer Steinwerke, wie Grabsteine von Chorherren aus der abgegangenen Stiftskirche, die bis 1642 neben dem Schloß aufragte. Vom Stift, das 1379 bis 1553 bestand, ist nur noch die ehem. *Propstei* erhalten, ein verblendeter Fachwerkbau. Das *Schloß* ist vom Berg durch einen gewaltigen Graben abgeschnitten, über den es sich mit hohen Zwinger- und Ringmauern erhob. Die Zwingermauern sind zum größten Teil erhalten; bemerkenswert wegen ihrer unterirdischen Wehrgänge und Schießkammern, die auf Wendeltreppen in den runden Ecktürmen zugänglich waren. Die Schmuckformen spätgotisch, die Scharten für schwere Handfeuerwaffen ähnlich wie zu Amlishagen und Vellberg mannigfach geformt. Auch von der Ringmauer sind Reste mit einem der größeren runden Ecktürme erhalten. Im inneren Burghof als ältester Bauteil ein mächtiger runder Bergfried mit malerischem Fachwerkaufsatz, Kegeldach und Aufzuggiebel. – WIDDERN ist ein Städtchen von mittelalterlicher Anlage, ehem. „Ganerbiat", d. h., es stand unter der Herrschaft mehrerer Adelsgeschlechter gleichzeitig. In der 1892 erneuerten *Kirche* Grabdenkmäler, z. T. mit Bildwerk (1420 und später). Desgleichen in der malerisch gelegenen *Friedhofskapelle.* Ein ehem. Adelssitz und ein ehem. Amtshaus, beide aus der Renaissancezeit und mit Wendeltreppen ausgestattet, sind erhalten. – JAGSTHAUSEN liegt mit seiner nördlichen Hälfte im Bereich eines römischen Kastells (Funde im Schloßmuseum). Der Ort besitzt drei „Schlösser". Zwei sind einfache Herrenhäuser: das „*Rote*" aus dem 17. Jh. und das „*Neue*" vom Ende des 18. Jh. Das *Alte Schloß*, die Burg des Götz von Berlichingen mit der Eisernen

Hand, ist weitgehend erneuert (1876f., A. v. Beyer). Eindrucksvoll ist der alte nördliche Flügel mit den zwei mächtigen Flankentürmen, einer davon enthält das Archiv. In der Sammlung die berühmte Eiserne Hand. Hinter dem Flügel der Schloßgraben. Im Dorf das *Alte Rathaus* mit geschnitztem Fachwerkgiebel von 1613. Der Chor der *Kirche* wurde nach oben im 17. Jh. als mächtiger achteckiger Turm ausgebaut. In der Kirche einige Grabmäler, darunter eines mit Rittergestalt (um 1700, wohl von einem der Sommer in Künzelsau). Das Stammschloß der Freiherren von BERLICHINGEN in dem gleichnamigen Dorf ist ein turmartiges Steinhaus, das seine Wehren als mittelalterliche Wasserburg verloren hat. – Nördlich liegt das Schloß ROSSACH, von dem nur Gebäude der Vorburg erhalten sind.

SCHÖNTAL, in idyllischer Lage – einem Winkel des stillen Jagsttals –, erscheint heute als geistliche Residenz aus der Barockzeit, umschlossen von langgezogenen älteren Gebäuden und von den alten Ringmauern mit Torturm und Ecktürmen, von ummauerten Gärten, Alleen und Laubwäldern, die bis an die Mauern herantreten. Malerisch eine alte Steinbrücke mit der Büste des Baumeisters Mich. Kern d. Ä., auf den Höhen links und rechts ein mittelalterlicher Wartturm und eine Barockrotunde. Schöntal war ein Zisterzienserkloster, gestiftet 1157 als Tochter von Maulbronn. Später stand es unter der Aufsicht von Kaisheim. 1803 wurde es aufgehoben. Das Münster und die Konvents- und Abteigebäude bilden eine einheitliche Gebäudegruppe, hervorgegangen aus einer Erneuerung, die die ganze 1. Hälfte des 18. Jh. andauerte. Hauptschöpfer des Gesamtentwurfs war Joh. Leonh. Dientzenhofer. Die Ausführung leiteten nach Dientzenhofers Tod (1707) sein Schwager Jak. Ströhlein aus Gmünd und später (seit 1711) Bernh. Schiesser aus Bamberg, ein zweiter Schwager der Brüder Dientzenhofer. Der Gesamtplan ist um 1700 entstanden. Die *Abteikirche* (1707–1736, mit Unterbrechung nach 1710) steht an der Stelle des romanischen Münsters, dessen Grundriß an den der Peter-und-Paul-Kirche in Hirsau erinnert, und von dem einiges Mauerwerk, besonders am Südarm, noch erhalten ist. Zuerst wurde das Schiff erneuert und zwei Westtürme angesetzt; etwas später das Querschiff und der Chor. Die Kirche ist, ähnlich der von Großcomburg und der Benediktinerkirche in Isny, eine mehrschiffige Hallenkirche im Barockstil, auf dem Grundriß einer kreuzförmigen Basilika mit plattgeschlossenen Nebenchören. Der Innenraum ist sehr hoch und licht dank den großen Rundbogenfenstern. Die von den Freipfeilern getragene Decke besteht aus lauter Flachkuppeln: runden in den Seitenschiffen, querovalen im Mittelschiff.

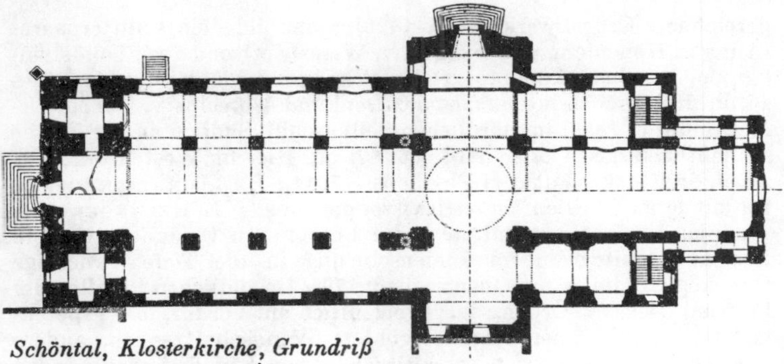

*Schöntal, Klosterkirche, Grundriß*

Nur über der Vierung schwebt eine höhere, aus Holz gebaute Kuppel mit unbelichtetem Arkadentambour, von der aber nur die Laterne außen auf dem Dach sichtbar ist. Mannigfaltig und großartig ist der Raumeindruck. Die Pfeiler sind ringsum besetzt mit Rahmenpilastern und tragen Gebälkaufsätze. Die Gurtbögen bilden volle Halbkreise. An den Seitenwänden entsprechen die Pilaster der Pfeilerstellung im Schiff und Chor. Blinde, scheinbar hinter den Pilastern durchlaufende Galerien mit Schmiedeeisenbrüstungen und Balkonerkern täuschen eine weitere räumliche Gliederung vor. So werden an verschiedenen Stellen im inneren System vier Stockwerke durch Balustraden markiert. Die Turmfassade paßt sich bei aller Größe doch bescheiden der Prunkfassade des Abteipalastes an. Deshalb die Gliederung in drei Stockwerke und flachen Giebel, der eine Balustrade mit Bildsäulen trägt, und kurze Turmaufsätze. Das Portal kommt nicht genügend zur Geltung. Der reiche bildnerische Schmuck ist von J. Sommer und B. Knüttel. In ihrem hochgezogenen Mittelstück ist deutlich eine Verwandtschaft der Fassade mit der in Waldsassen zu erkennen, die B. Schiesser kurz zuvor fertiggestellt hatte. Die Dekoration der Innenausstattung, noch im frühen Barockstil, ist weniger bedeutend. Die Stukkaturen sind von dem Würzburger Joh. Bauer (vorher auf der Comburg); die Fresken von L. A. Colomba (vorher im Dom zu Fulda für Joh. Dientzenhofer tätig). Großartig die Ausstattung mit Altären, Kanzeln, Beichtstühlen und Gittern in Rokoko. Hochaltar 1773 von J.M. Fischer aus Dillingen (nicht zu verwechseln mit dem gleichnamigen Baumeister!); Altarbild von Osw. Onghers 1680; fünf Altäre mit Alabasterbildwerk aus dem alten Münster, 1628–1642 von Mich. und Achilles Kern, vorzüglich ausgebildeter Reliefstil. Zahlreiche Grabdenkmäler aus dem 14.–18. Jh. Darunter zwei ausgezeichnete Erzgußwerke (1424–1428), Standbilder eines Stifterpaares (Anna v. Hohenlohe und Konrad v. Weinsberg) und zwei Sandsteinfiguren, Bruchstücke eines großen Wandgrabmals, vom Anfang des 16. Jh. Kostümlich interessant das Denkmal Albrechts v. Hohenlohe-Möckmühl († 1338) im nördlichen Seitenschiff. Südlich an die Kirche schließt sich das *Kloster* (Abb. 66, 67) an. Hier im Westen die *Neue Abtei*, dreistöckig mit drei Pavillons (1701 f., J. L. DIENTZENHOFER). Im mittleren Pavillon ein weites Treppenhaus (J. L. DEISINGER). Die Treppen mit reichgeschnitzten, durchbrochenen Geländern staffeln sich mit breitwogendem Linienschwung in die Tiefe. Prächtige Rokokogitter im ersten Obergeschoß, 1766. Im südlichen Pavillon der Festsaal. Der sog. Ordenssaal ist eigentlich ein Vorflur, mit Tapetenmalerei. Ein Zimmer zeigt vergoldete Wandschnitzereien, andere haben noch Stukkaturen im klassizistischen Stil des ausgehenden 18. Jh. An der Ostseite der große Konventbau, mit der Abtei verbunden durch den Mittelbau, der unten das Refektorium enthält. Im Binnenhof neben der Kirche ein Rest des alten Kreuzgangs aus der Zeit um 1500, Grablege der Herren von Berlichingen mit zahlreichen Grabmälern aus dem 14.–18. Jh., eine ganze Ehrenkompanie in Stein. Darunter auch Grabmal und Erzplatte für den berühmten Götz v. Berlichingen mit der Eisernen Hand († 1562). Den Hof vor der Abtei umgeben meist ältere Gebäude, namentlich die *Alte Abtei*, ein Renaissancebau mit Ziergiebeln und Portalen in der Art der hohenlohischen Schlösser (1617/18). Im Innern ein schöner Wandbrunnen von M. FRITSCH aus Wertheim (1697) und ein aufwendiges älteres Holzportal. Drei Durchfahrten führen an der Nordseite durch Vorhöfe ins Freie. Der Gebäudezug zwischen den zwei Vorhöfen – das sog. Steinhaus mit Staffelgiebeln und das ehem. Laienbruderhaus mit alten Zellen – gehören der Spätgotik an. Der äußere Torturm mit der offenen Wachthalle an der Innenseite und dem Muttergottesbild und Wappen außen ist ein reizendes „altdeutsches" Architekturbild (1621). Neben ihm hat sich die alte profanisierte Chorturmkapelle zum hl. Kilian erhalten (um 1300, der obere Teil spätgotisch). Vor dem Tor draußen steht der lange *Offiziantenbau* (1700) mit dem Klosterkeller, der das große Faß mit Galerie und andere geschnitzte Fässer birgt. Gasthaus, Ställe, Scheuer, Mühlen, Gartentore, Brunnen, Bildstöcke, alle mit Wappen geschmückt, ringsum Spuren eines kunstgesättigten behäbigen Kleinlebens! Berühmt sind die Versinschriften, die der Abt Knittel, der Hauptbauherr, an den Türen des Konventbaus wie an den Fässern des Klosterkellers anbringen ließ. Zu HALSBERG steht ein schloßartiger, ehem. Klosterhof von Schöntal aus nachmittelalterlicher Zeit. Die ***Heiliggrabkapelle*** auf dem KREUZBERG, ein stattlicher Achteckbau mit Kuppel und drei Rängen von Galerien und Balkonen, wurde von B. Schiesser 1716f. errichtet. Der turmartig steile Innenraum ist in seiner künstlerischen Ausstattung bescheiden. Unter ihm eine niedrige Krypta mit dem Heiligen Grab. Das Bauwerk ist vor allem von seinem etwas ungewöhnlichen Typ her bemerkenswert. Daneben ein kleiner Friedhof unter Linden. – Beim Forsthof NEUSASS – dies der ursprüngliche Name des ganzen Klosters – steht eine spät- und nachgotische Wallfahrtskapelle mit einem hochgotischen Vesperbild in Jugendstilschrein. Madonna (1450–1460, mittelrheinisch). Mit einer alten Linde zusammen gibt der Ort ein reizendes Bild, das sich in einem Weiher spiegelt. Der Pfarrhof in BIERINGEN ist ein ehem. Wasserschloß, umgebaut im 18. Jh. als Schöntaler Prälatensitz. Nahebei Reste der Ruine URHAUSEN und eine vorgeschichtliche Burgstelle. Abseits, nördlich vom Jagsttal, liegt bei Bieringen das Schloß ASCHHAUSEN mit Bergfried und Wehrmauern; ebenso ein stattliches *Prälatenschloß* des 18. Jh. mit zwei großen, runden Ecktürmen (Erweiterungen im 19. und 20. Jh.).

## 8. Das Kochertal von Künzelsau bis Schwäb. Hall

KÜNZELSAU ist unter den kleinen Kocherstädten die behaglichste. Wohlgeschützt liegt es an der Einmündung eines Seitentals ins Kochertal, dessen Wände hier bis 150 m hoch ansteigen. Ein spätmittelalterlicher Wartturm schaut darauf herunter und von der andern Höhe her das Schlößchen Garnberg. Das Tal herauf grüßt Nagelsberg, die malerisch gelegene Bergfeste. Die Stadt war seit 1489, den politischen Besitzverhältnissen entsprechend, in vier Viertel eingeteilt, wie die Ganerbiatstädte Bönnigheim oder Widdern. Ortsherren waren die Städte Mainz, Schwäb. Hall, die Herren v. Hohenlohe und die Herren v. Stetten. Die Hauptstraße ist in einem Abschnitt zum Marktplatz erweitert, auf dem frei das Rathaus steht. Von den ursprünglich drei Toren eines erhalten. Das *Rathaus* ein Fachwerkbau von 1548, teilweise verändert im 18. Jh., mit schönem Treppenvorbau. Unter den Häusern fallen der *Würzburger Hof* – ein Barockpalast (1710, vielleicht von Greissing) –, der *Comburger Hof* und andere stattliche Gebäude auf. Die *Kelter* zeigt das spätgotische Prachtwappen eines Comburger Abts. Die *Kirche* hat einen hochgotischen Chorturm von mächtigen Ausmaßen, mit Kranz und Haube aus der Renaissancezeit, ungemein behäbig wirkend, und ein Hallenschiff mit hohen Säulen und kassettierter Gipsdecke, rings umzogen von Emporen in zwei und drei Rängen (erbaut 1612f. von G. Kern, 1913 verändert). Kanzel mit Alabasterfiguren von L. Kern (1617). Altar mit Holzschnitzereien von H. J. Sommer in Künzelsau (1704). Grabdenkmäler, darunter ein vorzügliches für Simon v. Stetten († 1470), im Stil des Denkmals für Jörg v. Limpurg auf der Comburg. Wiederverwendete Türbogenfüllung mit teilweise ungedeuteter, wohl verpfuschter Inschrift von 1290 (lies „fundata", nicht „purgata"). Auf dem Friedhof an der *St.-Anna-Kapelle* (1575) schöne Steindenkmäler aus dem 18. Jh. An der Nordostecke der Stadt steht ein ehem. hohenlohisches *Schloß*, 1679f. neugebaut an der Stelle einer mittelalterlichen Wasserburg, noch in Formen der Spätrenaissance, mit Ecktürmen und innerem Säulenhof. 1937 durchgreifend erneuert. Daneben ein massives Kanzleigebäude und eine alte Mühle. Vor der Stadt haben sich ein paar spätgotische Bildstöcke erhalten.

Über dem Talrand rechts des Kochers liegt AMRICHSHAUSEN, dessen 1625 geweihte Kirche ein bemerkenswertes Beispiel von der sog. Julius-Gotik bietet, genannt nach dem Bischof Julius Echter von Würzburg, dem Urheber der Gegenreformation in dieser Gegend. Die Kirche besitzt ein bedeutendes Bronzekruzifix (etwa 40 cm hoch) aus dem 2. Viertel des 12. Jh. Schwerelos hängt der ganz linear modellierte Körper an einem sehr breiten, ursprünglich mit Edelsteinen besetzten Kreuz. – In MORSBACH eine wehrhafte Chorturmkirche aus gotischer Zeit. – Die Kirche in KOCHERSTETTEN mit romanischen Teilen. Der tonnengewölbte Chor um 1350 ausgemalt (Christusszenen). Grabmäler von Schlör u.a. Darüber die Burg STETTEN, die zu den bedeutenderen des Landes gehört, mit romanischem Bergfried und Schildmauer, spätgotischen Wohngebäuden und Wehrgängen im festungsartig geschlossenen Kern, und einem Barockpalast in der spätmittelalterlichen Vorburg (erbaut von einem Zimmermann Wolff aus Steinbach 1715, vielleicht nach Entwurf von Greissing in Würzburg). – In einem Seitentälchen die Burg TIERBERG, ein Dornröschenschloß. Der teilweise guterhaltene, regelmäßig geschlossene, romanische Kern (1. Viertel 13. Jh., mit Bergfried in hoher Schildmauer und dieser gegenüberliegendem Palas) läßt sich deutlich von der spätmittelalterlichen Zwingerbefestigung unterscheiden. – In STEINKIRCHEN eine malerische Dorfkirche (Kirchenburg) mit romanischen Resten und mittelalterlichen Wandgemälden von 1330–1340 und 1400. In der 1777 erneuerten Kirche von JUNGHOLZHAUSEN ein Altarkruzifix, wohl von G. Chr. Sommer. – In DÖTTINGEN ein ehem. *Schloß* der Fürsten v. Hohenlohe; Renaissance und Rokoko in einfachen Formen.

Am Kocher liegen: BRAUNSBACH mit spätmittelalterlichem

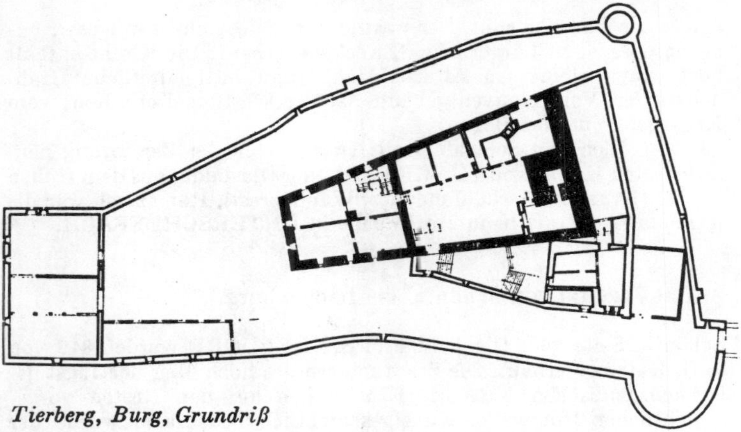

*Tierberg, Burg, Grundriß*

*Schloß* und Resten städtischer Befestigung (Torturm). Die uralte *Bonifatiuskirche* hat noch romanische Bauteile (1607 nach Süden erweitert). Kreuzigungsgruppe um 1520, Grabdenkmal aus der Werkstatt von SCHLÖR. – Der ehem. Chorturm von ORLACH hat einen Apsiserker im Oberstock, wie es im Fränkischen öfters vorkommt. BILRIET ist eine stattliche Burgruine. In ENSLINGEN steht ein noch gotischer Kirchturm. Die spätgotische Kapelle in ÜBRIGSHAUSEN ist von 1515. Der Chorturm in UNTERMÜNKHEIM ist noch romanisch. Ebenso der in GAILENKIRCHEN. Die alte Mutterkirche im Weiler ERLACH ist im Bau spätgotisch, steht aber offenbar auf alter Grundlage, wie schon die runde Apsis anzeigt. In der Kirchhofsmauer eine romanische löwenköpfige Figur. Die Wasserburg ELTERSHOFEN ist aus einem mittelalterlichen Wohnturm erwachsen. Die hochgotische Kirche von GELBINGEN besitzt eine Marienfigur aus Alabaster. – Die Kirche von GOTTWOLLHAUSEN entstand 1385. – Von der Ruine GEYERSBURG sind Reste eines gotischen Wohnturms in fast regelmäßiger Achteckform erhalten.
Westlich von Schwäb. Hall: In der Kirche zu NEUNKIRCHEN ist ein spätgotischer Christus am Kreuz. – GNADENTAL, im Waldtal der Bibers, hat Reste eines von den Herren von Krautheim gegründeten und 1245 hierher verlegten Zisterzienserinnenklosters. Die *Kirche* ist zum Teil gewölbt, frühgotisch mit urtümlichen Plattenmaßwerken, romanischen Pforten und den typischen Eigentümlichkeiten der Zisterzienser, wie den Konsolen und halbhohen Säulen, auf

denen das Gewölbe ruht. Der westliche Teil des Schiffs mit der Nonnenempore ist zu bürgerlichen Zwecken verbaut. Die Kirche enthält noch einen steinernen Altarbaldachin und mittelalterliche Grabdenkmäler. Vom Konventgebäude ist der Westflügel erhalten; vom Kreuzgang einzelne Bögen.
Etwas östlich von Schwäb. Hall: In der nach der Zerstörung neuerrichteten Kirche von TÜNGENTAL vier Glasbilder aus dem frühen 15. Jh. (Kruzifix, Maria, Johannes, Wappenrest). Romanisch war die jetzt als Werkstatt benutzte Kapelle in UNTERSCHEFFACH.

## 9. Das Jagsttal von Schöntal bis Langenburg

Schöntal Seite 168. Die Kirche in SINDELDORF wurde 1819 von J. G. Klinsky erbaut. Die Stadtmauern des hoch über der Jagst gelegenen badischen KRAUTHEIM stehen auf den Resten vorgeschichtlicher Ringwälle. Kunstgeschichtlich bedeutsam wurde der Ort, als die gleichnamigen Herren gegenüber der alten Muttersiedlung Altkrautheim ihre *Burg* errichteten, die – noch wohlerhalten – ein beredtes Bild spätstaufischer Baukunst gibt. Es handelt sich um den geläufigen Typ einer sog. Randhausburg, d.h., an die Mantelmauer lehnen sich der Palas und die (1888/89 restaurierte) Kapelle. Ungewöhnlich reich ausgeführt sind die Schmuckglieder an den Ein-

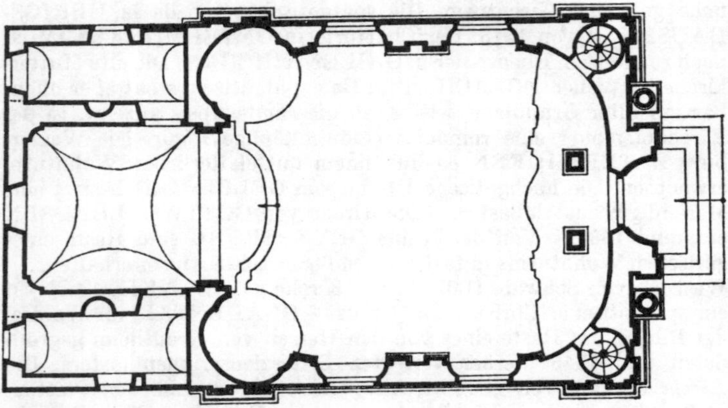

*Meßbach, Kirche, Grundriß*

gängen und im Innern. Auf ihrer Westseite besitzt die Kapelle eine Herrschaftsempore. Der schlanke Bergfried ist rund und immer noch nur über seinen alten, hochgelegenen Eingang zu erreichen. Sein oberstes Geschoß wird von einer Kuppel überdeckt. Als Entstehungszeit wird die 2. Hälfte der dreißiger Jahre im 13. Jh. angenommen. Ein heute noch bewohntes Schloß wurde im 17. und 18. Jh. eingebaut. Die *Stadtkirche* entstand in ihrer heutigen Gestalt weitgehend 1660. Noch spätgotisch die St.-Annen-Kapelle (1507) mit ihrem Turm. – Dem frühen 14. Jh. gehört die Chorturmkirche von ALTKRAUTHEIM an, die 1582 umgestaltet wurde. Zwei Bildwerke (Petrus und Paulus) im Hochaltar um 1500. – In der Kapelle in UNTERGINSBACH ein Wandbild aus dem 12. Jh. (Opferung Isaaks). Auf der Hochebene links der Jagst bei Dörzbach das Schloß MESSBACH, ein Bau des 18. Jh., mit vier Ecktürmen. Dabei eine fein durchgebildete, kleine *Rokokokirche* (1776/77), mit Deckengemälden von dem Augsburger MATTH. GÜNTHER. – In LAIBACH ein in vier Flügeln malerisch gruppiertes Renaissanceschloß (1615–1629) mit einer Schloßkapelle. – DÖRZBACH ist ein großer Flecken und alter Adelssitz. Das *Schloß* in der Renaissance als Erweiterung eines mittelalterlichen Steinhauses (Südwestflügel) entstanden, vom Burggraben umzogen.

Ein romantisches Idyll ist die spätgotische Wallfahrtskirche ST. WENDELIN an der Jagst, an eine bewaldete, sich im Fluß spiegelnde Felswand angebaut. – AILRINGEN an der Jagst besitzt eine 1621 f. noch rein gotisch errichtete Kirche mit wehrhaftem Kirchhof. – HOLLENBACH, ein abgelegenes Dorf auf der Hochebene rechts der Jagst, hat in seiner mittelalterlichen Kirche beachtliche Wandmalereien, vor allem des 13. Jh. (Turnhalle) und um 1400 (Chor, Ulmer Meister). Daneben alte Gerichtslinde; vielfach abgestützt, heute Ehrenmal. – Das nahe Bergstädtchen JAGSTBERG entstand aus der ehem. Burg von Mulfingen. Das Städtchen bietet mit seinen Befestigungsresten, dem ehem. Amtshaus (1614) und der barock ausgestatteten Kirche (gegen 1600) ein romantisches Bild. – Wie ein Städtchen stellt sich MULFINGEN dar, das in seiner Wallfahrtskirche St. Anna einen Flügelaltar von 1514 besitzt. Amtshaus 1782. Beachtenswert die hierher versetzte, gedeckte Holzbrücke, die 1845 ursprünglich als Eisenbahnbrücke für Besigheim errichtet worden war. – BUCHENBACH hat eine Chorturmkirche, deren tonnengewölbter Chor im 13. Jh. vollständig ausgemalt worden ist. Reizvoll die Fabelwesen in der Laibung des Chorbogens. Kreuzigungsgruppe um 1460–1470. Das ritterliche *Steinhaus* aus dem 14. Jh. ist noch völlig unversehrt. Giebel in alemannischem Fachwerk. – Das Kirchlein von EBERBACH enthält noch romanische Teile.

Der Pfarrweiler UNTERREGENBACH liegt nördlich von Langenburg im stillen Jagstgrund zwischen blumigen Wiesen und Feldern, die sich an den Hängen der das Tal begrenzenden Berge emporziehen. Ein altfränkisches Dorfbild, so wie wir es aus den DÜRERschen Wanderskizzen kennen. Um die Dorfkirche, deren Chor durch einen Fachwerkaufsatz turmartig erhöht ist, gruppieren sich Dachrücken und Baumgruppen und die über die Jagst führende gedeckte Holzbrücke (1821; 1909 etwas versetzt) zu einem nur noch ganz selten erhaltenen Stimmungsbild. Die verbaute, größtenteils dem Spätmittelalter angehörende Kirche und das Pfarrhaus lassen von außen nicht ahnen, daß sie über den Resten sehr alter und aufwendiger Anlagen stehen, die seit mehr als 200 Jahren die Forschung beschäftigen. Noch immer ist das historische „Rätsel von Unterregenbach" ungelöst! Die baulichen Fragen dagegen können inzwischen weitgehend beantwortet werden (G. Fehring).

Im Keller des *Pfarrhauses* befinden wir uns bereits in einer Hallenkrypta des hohen Mittelalters. Sie ist noch nicht der älteste Bau an diesem Ort. Grabungen ergaben östlich der Außenwand des Pfarrhauses eine inzwischen wieder aufgefüllte und daher nicht mehr zugängliche Kryptenapsis, die durch Säulen und Pfeiler ebenfalls hallenartig unterteilt war. Die Stützen trugen Palmettenkämpfer- und Volutenkapitelle (in Unterregenbach jetzt Kopien, die Originale im Landesmuseum Stuttgart), die sich eindeutig noch in karolingische Zeit datieren lassen. Weitere bauplastische Reste lassen im Anschluß an diese Apsis einen reich ausgestatteten Kirchenbau aus jener Zeit als gesichert erscheinen. Er wurde in der 1. Hälfte des 11. Jh. durch einen umfangreichen Neubau ersetzt, der sich bis etwa 35 m westlich des Pfarrhauses erstreckte und aus einer sehr langen Basilika mit Querhaus bestand. Unter letzterem lag die Hallenkrypta, die heute als einziger Rest des Bauwerks noch sichtbar und zugänglich ist: dreischiffige Anlage mit zweischiffigen Annexen, in die ursprünglich Treppen aus den Seitenschiffen der Basilika mündeten. Die Formen der das Kreuzgratgewölbe tragenden Pfeiler sind sehr einfach, fast primitiv: blockhafte Pyramidenstumpfkapitelle, ähnlich die Basen. Möglicherweise schloß die Kirche im Westen mit einer Vorhalle. Wahrscheinlich wurde der ganze Bau bereits im frühen 13. Jh. zerstört.

Unter der heutigen *Pfarrkirche St. Veit* wurden die Grundmauern einer kleinen einschiffigen Saalkirche mit eingezogenem Rechteckchor ergraben. Merkwürdig sind zwei in deren Innern gefundene kreuzförmige Kanäle, die aufgrund analoger Anlagen an anderen Orten als Reliquiengräber gedeutet werden. Die Datierung des Kirchleins ist nicht ganz sicher, es scheint aber nur wenig jünger als die karolingi-

sche Anlage unter dem Pfarrhaus zu sein. Gleichzeitig mit dem Neubau dort wurde auch es durch eine Basilika – etwa in den Dimensionen der heutigen Kirche – mit Querhaus und direkt daran angefügter Rundapsis ersetzt. In ihr stand das als Taufstein bezeichnete Fragment, dessen Kopie sich in Unterregenbach befindet. Im heutigen Bau hat sich von dieser Kirche die Nordmauer mit Rundbogendurchlaß und die Ostmauer des nördlichen Querhausflügels mit zwei übereinander angeordneten Fenstern erhalten.
Wichtig für das Verständnis der Gesamtanlage dieser „Kirchenfamilie" ist der Grabungsbefund 40 m östlich des Pfarrhauses. Hier wurden die Reste eines mächtigen, im Grundriß etwa 9×11,5 m großen, wohnturmartigen Bauwerks freigelegt, das ebenfalls dem frühen 11. Jh. angehört und wie die große Basilika um 1200 zerstört wurde. Offensichtlich handelt es sich um einen festen Herrensitz, der an der Stelle eines bereits karolingischen Vorgängers errichtet wurde. Damit sind wir bei der Frage nach der historischen Bedeutung dieses umfangreichen Baukomplexes. Das Rätselhafte ist, daß alle schriftlichen Quellen hier schweigen. Lediglich eine Urkunde von 1033 überliefert eine umfangreiche Schenkung von Gütern in Unterregenbach durch Gisela, die Gemahlin Kaiser Konrads II., an das Bistum Würzburg. Detailliert und genau sind diese Güter darin aufgeführt, aber kein Wort von den Kirchen und dem Herrensitz! Deutlich wird nur, daß sich in dem Ort größerer königlicher Besitz befand. Für die karolingische Anlage wurde vermutet, daß es sich hier um das bisher noch nicht lokalisierte Pirminkloster Emeretztal handelt. Die zweite Anlage dürfte ein weltliches Stift gewesen sein. Vielleicht hängt die Aufgabe des Herrensitzes mit der gleichzeitig erstmals in das Licht der Geschichte tretenden Langenburg zusammen. Der Vorgang, daß ein adeliger Wohnsitz im Bereich einer Talsiedlung zugunsten einer sichereren Höhenburg aufgegeben wird, ist bei der Entstehung dieser Burgen nahezu die Regel.
Das LANGENBURGER SCHLOSS (Abb. 40) liegt auf einem nach Nordwesten und nach Süden steil ins Jagsttal abfallenden Bergsattel, der nach Osten gegen das auf der Hochfläche gelegene Städtchen durch zwei tief ausgemauerte Gräben abgetrennt ist. 1201 wird erstmals ein Walterhus von Langenberc genannt, 1226 Burg und Stadt. 1235 kamen beide an die Grafen von Hohenlohe. Das Schloß ist heute der Hauptwohnsitz der Fürsten von Hohenlohe-Langenburg. Trotz eingehenden Untersuchungen liegt seine frühe Baugeschichte, vor allem Lage und Gestalt der Burg des frühen 13. Jh., noch völlig im dunkeln. In ihrer heutigen Form geht die Anlage wohl auf einen weitgehenden Neubau des 15. Jh. zurück. Ein in Anpassung an die Berg-

kanten zweifellos nach *einem* Plan angelegtes, von Osten nach Westen gestrecktes Rechteck mit vier runden Ecktürmen, die mit Ausnahme des anscheinend jüngeren Kapellenturms auf die Wirkung von Feuergeschützen berechnet waren. Am nordöstlichen Eckturm die Jahreszahl 1481. Nach Westen gegen das Jagsttal zu die Bastei Lindenstamm mit 3–4,50 m starken Umfassungsmauern vorgeschoben (vielleicht über der ältesten Kernburg aufgebaut). Nach 1575 begann der Umbau im Sinn der Renaissance, zunächst mit der Erhöhung einzel-

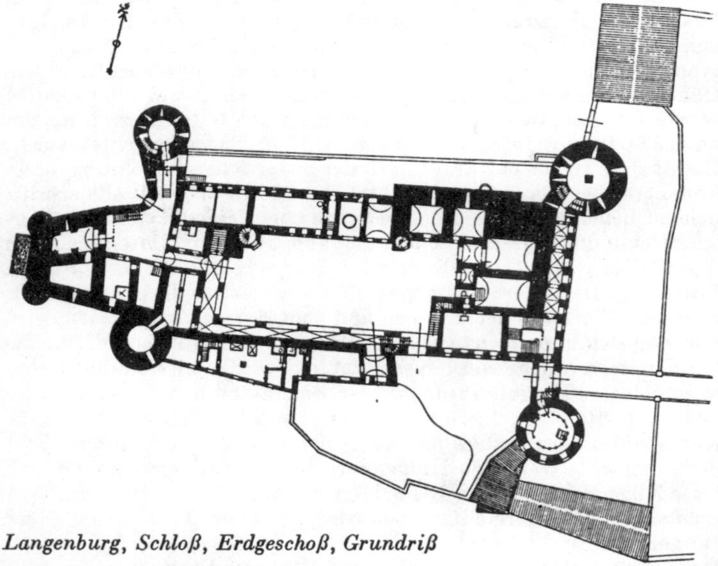

*Langenburg, Schloß, Erdgeschoß, Grundriß*

ner Flügel, der Errichtung der Treppentürme im Hof und der Neugestaltung der Außenfassaden (U. Unsinnig aus Wallerstein, Th. Fendrich und G. Stegle; beratend Meister Robin aus Ypern). Um 1600 entstanden die offenen Laufgänge im Hof, 1612–1618 die zweigeschossige Galerie des Südflügels, die Ziergiebel und die Erhöhung der beiden östlichen Geschütztürme. Maßgeblich gestaltender Architekt war hier der Hohenloher Baumeister Georg Kern, als Berater ist H. Schickhardt genannt. 1756 erhielt der Ostflügel durch Chr. Schwarzwimmer seine barocke Fassade. Dieser Bauteil brannte 1963 vollständig aus (wiederhergestellt). – Die *Stadt* hat noch zwei alte

Tore, an der einzigen Straße (Markt) ein altertümliches Steinhaus mit Treppengiebeln (1585). In der spät- und nachmittelalterlichen *Stadtkirche* vorzügliche Glasgemälde (Stifterfiguren mit Kreuzigungsgruppe und Heiligen, 1499 und 1505–1510); eine Alabastertumba mit Bildwerken von M. KERN (1629) und andere Grabmäler; gemalte Altartafeln. Impressionistisch-sentimentale Schilderungen des Schlosses und Städtchens („Brauneck") in Agnes Günthers Roman „Die Heilige und ihr Narr" (1913).

## 10. Der Taubergrund

### a) Bad Mergentheim und Umgebung

BAD MERGENTHEIM, das „deutsche Karlsbad", verleugnet noch heute nicht die ehem. Residenz der Hochmeister des Deutschen Ordens. Dazu tragen die stolzen Bäume des Schloßgartens ebensoviel bei wie die langen Fronten, Volutengiebel und zahlreichen Türme des Schlosses. An den Deutschen Orden kam im Jahr 1219 fast der gesamte Ort aus der Hand der Herren von Hohenlohe. 1340 erhielt Mergentheim durch Kaiser Ludwig d. B. das Stadtrecht von Gelnhausen. Seit 1525 ist es Residenz des Deutschordensmeisters. 1809 kam es gewaltsam an Württemberg. Eine planmäßige Anlage des Stadtgrundrisses ist unverkennbar. Rückgrat ist die in nördlicher Richtung durchziehende Landstraße, die Kaiserstraße. Sie bildet zugleich den Marktplatz und umlief den Kirchhof. Von ihr gehen die anderen Gassen rechtwinklig nach beiden Seiten ab. Die breite Burgstraße führt zu dem östlich anschließenden Ordensschloß und an ihm vorbei zur Landstraße ins obere Taubertal. Ihr gegenüber verläßt eine Straße in westlicher Richtung die Stadt. Demgemäß hatte diese vier Tore. Der Marktplatz wird geteilt von dem freistehenden *Rathaus*, ein Steinhaus mit Treppengiebeln, erbaut 1564 von HANS VON ERLENBACH. Ihm gegenüber an der untern Schmalseite des Platzes ein ebenmäßiges, durch einen Torbogen verbundenes Häuserpaar aus der Barockzeit, über dem der hohe siebenstöckige Turm der Stadtkirche aufragt. Marktbrunnen mit Fürstenbild aus der Renaissance. Noch stehen auch zahlreiche Bild- und Betsäulen in der Stadt und an den alten Landstraßen draußen. Die Bürgerhäuser meist bescheiden, zuweilen geschmückt mit kleiner Freitreppe, Portal und Heiligenbild samt Laterne. Dazwischen ein paar ältere „Ritterhäuser" mit hohen Giebelfassaden in Stein oder Holzfachwerk, spätgotisch oder in den Schmuckformen der Renaissance und des Barock.

Die *kath. Stadtpfarrkirche* ist eine frühgotische, gewölbte Pfeilerbasilika mit schlankem Vieleckchor und Seitenturm, erbaut gegen 1300 vom Johanniterorden, sehr groß und geräumig, aber ganz geprägt vom kargen Stil der Bettelordensbauten jener Zeit. 1584 auf alten Gewölbeträgern gewölbt. Aus jener Zeit die großzügige Ausmalung der Gewölbekappen. Über der Sakristei ein Fürstenchor in gotisierendem Stil mit Gewölbemalereien (1607). In der zierlichen spätgotischen St.-Annen-Kapelle und auch sonst in der Kirche Grabdenkmäler; ein marmornes mit Reliefbildern für den Komtur v. Eck (Anfang 17. Jh.) von einem Deutschen in italienischer Manier. Altar-

*Bad Mergentheim, Stadtkirche, Längsschnitt*

bild von dem Antwerpener B. Ruell um 1600. Im Kirchenschatz bedeutend vor allem spätgotische Stücke. Hinter der Kirche an einem stimmungsvollen Plätzchen das *Spital* mit Barocktor und Rokokokapelle (1740, Fresken von dem Veroneser Gru 1741 und Stukkaturen von Th. Scheithauf aus Wessobrunn). Außen in einer Nische Madonna aus Stein, um 1280. Barock der *Schöntaler Hof* (1720) und der *Johanniterhof*. – Die *Marienkirche* des ehem. Dominikanerklosters besitzt noch einen Chor von 1333 und alte Umfassungsmauern des Langhauses. Im restaurierten Chor verschiedene mittelalterliche Wandbilder freigelegt. Im Langhaus unter der neugotischen Ausmalung weitere umfangreiche alte Zyklen. Sichtbar ein eindrucksvoller langer Wappenschildfries. Fresken auch in der Sakristei und im Kreuzgang. Qualitätvolles Erzgußwerk von Hans Vischer, Nürnberg, die Wandgrabplatte des Deutschmeisters W. v. Cronberg (1539). Holzbildwerk mit Marientod aus der Laudenbacher Bergkirche (1519). Die Kirche besitzt ein bedeutendes kleines Vesperbild aus Alabaster, wohl fränkisch, mit Nachklängen des Weichen Stils und niederländischer Einflüsse (Anfang 15. Jh.). – Auf dem Friedhof eine sechseckige *St.-Michaels-Kapelle* mit überhöhtem Mittelraum, Renaissancegotik 1609. Die kleine *Kapuzinerkirche* mit Seitenkapelle und Kloster, 1. Hälfte des 17. Jh., bildet eine malerische Gruppe. Darin das Grabmal eines Komturs von 1641 mit Marmorrelief. Ebenso die *Wolfgangskapelle* (Jörg Metzler, 1508–1510) mit der alten steinernen *Tauberbrücke*, 1340 oder 1346, 1513 und 1925.

Das *Schloß* (Abb. 48) schließt sich an die Stadt an, eine ehem. Wasserburg im Taubergrund. Burgartig gegen die Stadt hin steigt es hinter dem gemauerten Graben und der von steinernen Schilderhäuschen eingefaßten Brücke auf. Rechts das eigentliche Schloßgebäude, links der Archivbau aus dem 16. und 18. Jh.; dazwischen ein Torturm mit Prunkwappen, Säulenstellungen, die an französische und niederländische Schloßtore erinnern, und verschnörkeltem Dachwerk (Baumeister Jörg Ernst von Gundelsheim, 1626–1628). Durch das Tor gelangen wir in den äußeren Schloßhof, den niedere Langbauten des 18. Jh. umgeben, Amtsgebäude, wie das ehem. Priesterseminar, erbaut von Ordensbaumeister Franz Keller aus Ellingen. Säulenbrunnen mit Fischkasten. Ein weiteres Tor führt in den inneren Schloßhof, den ein verschobenes und z. T. ausgerundetes Gebäudepolygon auf mittelalterlicher Grundlage umschließt. Die hochmittelalterliche Burg war eine Ringmaueranlage, die ihren Zugang von der Stadt her durch ein Tor unter dem hohen Blaserturm hatte, auf das die Burgstraße ursprünglich direkt zuführte. Im Südflügel der heutigen Anlage wurden Reste der aufwendig ornamentierten, spätromanischen Fenstergruppe eines Palas freigelegt. Zur ersten Anlage gehörte auch bereits eine Kirche, Vorgängerin des barocken Neubaus. Das Bild des Schlosses, wie es jetzt vor uns steht, wird ausschließlich von den durchgreifenden Um- und Neubauten seit 1572 bestimmt. Bis 1604 entstand die Hauptmasse des Gebäuderings, geprägt vor allem durch den ersten Baumeister Blasius Berwart aus Stuttgart, unter teilweiser Verwendung von Plänen Michel Bronners. In drei Ecken erheben sich Treppentürmchen. Eine Prachtwendeltreppe mit hohler, in Säulchen aufgelöster Spindel und feinem Flachbildwerk an der Unterseite des Treppenlaufs wurde 1574 von Berwart nach dem Vorbild seines Bruders Martin im Göppinger Schloß erbaut. Eine andere mit zierlichem Rippengewölbe und Wappenschmuck ist etwas jünger. Der Träger ist hier als massiver Rundpfeiler behandelt, der Konstruktionsgedanke also noch ganz spätgotisch. Schloßumbauten 1730–1752, die großenteils nur das Innere betrafen, durch den Baumeister Franz Joseph Roth aus Wien. Pläne Franz Kellers, aber auch mehrere Balthasar Neumanns und François Cuvilliés kamen nicht zur Ausführung. Von dem Entwurf des Ordensbaumeisters Franz Anton Bagnato wurde fast nur die spätbarocke Ausstattung des Ordenssaals

verwirklicht. Die einst wertvolle Einrichtung des Schlosses ist nach dem Übergang an Württemberg nahezu ganz verlorengegangen. Sehenswert jedoch noch die *Schloßkirche* (1730f.). Baumeister war wieder F. J. ROTH. Ungewiß bleibt, ob eine Mitbeteiligung B. NEUMANNS oder FR. CUVILLIÉS vorliegt. Die eingebogene Rokokofassade entbehrt jetzt ihres Statuenschmucks. Der überhohe Einraum des Innern, mit eingezogenem Chor, enthält noch ansehnliche Reste der ehem. fürstlichen Ausstattung. Große Deckenfresken von dem Münchener Maler NIKOLAUS STUBER (1734), Rokokoaltäre mit guten Ölbildern von GIOV. BATT. PIAZETTA, dem Schüler TIEPOLOS. Das erst später hierher versetzte große Bild des Hochaltars ist älter (1684, MATTH. ZEHENDER); das ursprüngliche Bild jetzt in Rottenburg. In der Gruft, dessen Gewölbe von ROTH reich stuckiert ist, sind Grabdenkmäler von Ordensfürsten des 13. und 16. Jh. Hier war ursprünglich auch die VISCHERsche Erztafel der Marienkirche. Grabmal des Deutschmeisters Schutzbar von dem Würzburger PETER DELL D.Ä., 1566. – Nördlich liegt LÖFFELSTELZEN mit einer kath. Pfarrkirche, vom Deutschorden 1660 neu erbaut; gute Ausstattung.
Südlich von Mergentheim: Die gotisierende Renaissancekirche in STUPPACH bewahrt in einer modernen Nebenkapelle das herrliche *Altarbild* (Abb. 80) von MATHIS GOTHARDT NEIDHARDT, genannt GRÜNEWALD, aus der Maria-Schnee-Kapelle der Aschaffenburger Stiftskirche, 1519: Die Muttergottes im Grünen, über der sich geheimnisvoll ein Regenbogen wölbt und der Himmel sich auftut für die Engelchöre, die ihr huldigen, und der Himmelsvater sein Angesicht leuchten läßt. Lilien sprossen zu ihren Füßen, Feigen- und Granatbäume bieten ihre Blüten und Früchte. Hinter ihr, neben der schönen grünen Berglandschaft, eine Kathedrale, über deren Stufen die Gläubigen wallen. Aber das Schönste ist die Jungfrau mit dem offenen Haar in ihren prächtigen Gewändern, deren Farben wie Goldschmelz leuchten, und das göttliche Kind. Dem Bild des überragenden malerischen Gegenspielers zu DÜRER liegen Visionen der hl. Birgitta von Schweden (um 1380) zugrunde. Es war Mittelteil eines großen Altars, von dem eine weitere Tafel GRÜNEWALDS nach Freiburg (Breisgau) gekommen ist.
In WACHBACH steht ein *Schloß* aus der Renaissance, mit einem Prachtportal von MICH. NIKLAS aus Reinsbronn (1591), und eine *Kirche* von romanischer Anlage, mit Grabdenkmälern, darunter eines wohl ebenfalls von NIKLAS. – In HERBSTHAUSEN ist der Gasthof zum goldenen Schwanen eine alte Herberge an der Kaiserstraße. Das Portal aus der 2. Hälfte des 16. Jh. Umbau 1727f. – Die Ruine der Deutschordensburg NEUHAUS, eine weitläufige Wehranlage, die aus

dem hohen Mittelalter, der älteren Zeit des Feuergeschützes (1437) und aus dem 16. Jh. Bergfried, Kasematten, hohe Mauern, Tor und Pulverturm aufweist. Im Innern ein sehr tiefer Brunnen erhalten. – Einige sehenswerte Häuser des 18. Jh in IGERSHEIM, das Haus Nr. 54 mit Madonna (gegen 1770). – Im Taubertal zu MARKELSHEIM bemerkenswert die malerische Gebäudegruppe mit der erhöht stehenden Kirche eines ehem. Beginenklosters und dem turmartigen *Steinhaus* mit Treppengiebeln. Am Dorfeingang ein reizendes Barockkapellchen. – Die kleine Kirche in RÜSSELHAUSEN lohnt einen Besuch wegen der umfangreichen mittelalterlichen Ausmalung. Im Schiff hochgotischer Martin, Georg und drei weibliche Heilige mit Stifterin. – Ein anspruchsvoller Bau ist das Gasthaus zur goldenen Krone in PFITZINGEN von 1774 mit seiner Freitreppe. Im Innern die Keramiköfen und geschnitzten Türen sehenswert. – Der Chorturm der Kirche in ELPERSHEIM noch romanisch. *Deutschordenskellerei* (Gasthof zum Hirsch), ein stattlicher Bau der Renaissance.

WEIKERSHEIM ist wieder ein überaus reizvolles Muster einer Kleinresidenz in der Entwicklung vom 16.–18. Jh. Mehrere Türme mit Zwiebeldächern aus der Renaissancezeit geben dem Stadtbild ein eigenartiges, die ausgedehnten Schloßbauten und Parkanlagen ein fürstliches Gepräge. Die Stadt liegt im Taubertal, wo sie durch die Einmündung des Vorbachtals erweitert ist, umkränzt von Weinbergen und Waldhöhen. Von den Befestigungswerken haben sich ansehnliche Mauerstrecken, ein Rundturm und ein malerischer Torturm erhalten. Am Schloßgraben ein turmartiges Steinhaus mit Fachwerkaufsatz und Treppentürmchen. Alte Häuser aus der Renaissance- und Barockzeit stehen an den engen gewundenen Gassen wie an dem geräumigen Marktplatz, der Schloß und Kirche verbindet und in behaglicher Weise eine bescheidene Monumentalität entfaltet. In seiner Mitte ein stattlicher *Rokokobrunnen* (1768). Aus dem 18. Jh. stammt auch die Südvorstadt. Die ev. *Stadtkirche* ist ein spätgotischer Hallenbau um 1419. Der Chor, die Netzgewölbe im Schiff, der obere Teil des Westturms und die Chorseitentürme gehören der Renaissance an (1617). An mehreren Stellen unter Rundbögen sehenswerte Reliefdarstellungen wohl von Steinmetzzeichen, die aus einem romanischen Vorgängerbau übernommen wurden. Bemerkenswert für eine protestantische Predigtkirche altlutherischer Art die Ausstattung: zwei Altäre, hintereinander, einer für die Liturgie und einer für das Abendmahl. Unter der hinteren Empore ein Bogenfeld mit Stifterpaar und Kirchenmodell, 1419. Grabdenkmäler aus dem 15.–18. Jh. Darunter ein feines spätgotisches (1437) Wandgrabmal mit Terrakottabildwerk für einen im Kindesalter gestorbenen sächsischen Prinzen. Bildnisgrabstein eines v. Rechberg (15. Jh.). – Den Eingang zum *Schloß* (Abb. 96, 97) bezeichnen an der Westseite des Marktplatzes eingebogene Vorbauten, ehem. Wachstuben mit Arkaden, von JOH. CHRIST. LÜTTICH aus dem 18. Jh. Über eine Brücke und durch zwei Torwege mit Portalen (von P. PLATZ) geht es in den inneren Schloßhof. Diese späteren Vorbauten ersetzen den Mangel einer Schauseite am Schloß. Über einem einstöckigen, langgedehnten Marstallbau (P. PLATZ, 1679–1684) erhebt sich gebietend das Grafenschloß mit dem runden Bergfried, den über Kragsteinen eines – wie zu Langenburg – abgebrochenen Umgangs eine phantastische Schieferhaube deckt. Das Schloß ist eine ehem. Wasserburg, Stammsitz der Herren von Hohenlohe, die als Herren von Weikersheim 1153 erstmals in den Urkunden genannt werden. Die beiden nördlich an den Bergfried anschließenden Flügel des Gebäuderings um den Innenhof sind noch weitgehend mittelalterlich. Der südliche Gartenflügel, ein dreistöckiger Saalbau mit Steinkreuzfenstern und verschnörkelten Zwerchgiebeln, wurde 1586–1605 erbaut, zunächst von dem Würzburger Baumeister W. BEHRINGER. Der Entwurf stammt wohl von dem bedeutenden kurmainzischen Baumeister GEORG ROBIN, nach dessen Plänen der Stuttgarter GEORG STEGLE ein Modell baute, wobei jedoch nicht ganz auszuschließen ist, daß dieser selbst den Entwurf verfertigt hatte (W.-G. Fleck). Die ursprünglich vorgesehene vollkommen regelmäßige, dreieckige Flügelanlage kam nicht ganz zur Ausführung. Die der Hofseite vorgelegte Altane mit Rustika-Arkaden 1603. Märchenhaft das Bild dieses stillen Innenhofs mit dem Brunnen in der Mitte, dessen Rokokosäule von Moos und Kräutern umhüllt ist. Hauptraum im Innern ist ein riesiger Saal mit alter, prächtiger Dekoration in derbem, malerisch wirkungsvollem Stil der deutschen Renaissance. In den Feldern der Kassettendecke, deren Hängewerk ein Meisterstück des Württembergers ELIAS GUNZENHÄUSER ist, wurde von dem Würzburger BALTHASAR KATZENBERGER die „ganze Jagd" gemalt (1600/01). Das glanzvolle Figurenportal mit dem Schlachtrelief im Aufsatz ist ein Werk des GERH. SCHMIDT aus Rotenburg (Han). Ihm entspricht auf der Gegenseite der künstlerisch noch bedeutendere große Kamin des Miltenbergers MICHAEL JUNKER (mit seinen Söhnen ZACHARIAS und HANS). Besonders hervorzuheben der langgezogene Schlachtenfries mit der Türkenschlacht. An den Wänden lebensgroße Stuckfiguren von Jagdtieren mit echten Geweihen (CHR. LIMMERICH). Der Weikersheimer Saal gehört neben den ähnlichen in Heiligenberg und Wolffegg zu den großen Leistungen der deutschen Renaissance. Räumlich interessant die illusionistische Verunklärung der Decke, noch ganz renaissancehaft der Zugang an der

Schmalseite des Saals. Auf den Sockelplatten Darstellungen europäischer Schloßanlagen des Barock. Im gleichen Flügel die Schloßkapelle, an deren Empore die Stuckreliefs von G. Schmidt stammen. In Räumen des Westflügels und im Treppenturm Stukkaturen von Hans Kuhn, 1598. Umbauten und Neuausstattung der anderen Räume im 18. Jh. Wichtig das Empfangszimmer der Grafen mit dem farbigen Stuckmarmor von M. Gerstner aus Würzburg (1710f.), das Spiegelkabinett (1717) und der Rokokostuck von Johann Walser 1766/67. Seit dem Aussterben der Linie Hohenlohe-Weikersheim 1756 ist das Schloß unbewohnt, aber auch unverändert geblieben. – Hinter dem Saalbau und dem breiten Graben dehnt sich gut erhalten und erneuert der nach einem Plan von Daniel Matthieu aus Saarbrücken 1709 regelmäßig angelegte Hofgarten mit Terrassen, Pavillons, geschnittenen Bäumen, einer Wasserkunst und Steinbildern von Gottheiten der Antike. Auf der Balustrade am Schloßgraben Zwergbilder, scherzhafte Gestalten aus dem Hofleben. Den Abschluß gegen das untere Taubertal bildet die Schaufassade einer *Orangerie*, ein „geistreicher, fremdartig schöner" Säulenbau (G. Dehio), 1719f. von J. Chr. Lüttich. Götterbilder in Nischen und auf den Dachbrüstungen von J. J. und Ph. J. Sommer. Ein Arkadenhalbkreis unterbricht in seiner Tiefe das Gebäude. Vor der Öffnung stand einst das vergoldete, überlebensgroße Reiterstandbild des Grafen Karl Ludwig (im 19. Jh. entfernt). Über der Stadt im Wald befinden sich Reste der Lust- und Jagdschloßanlage Carlsberg aus der 1. Hälfte des 18. Jh. Im spätromanischen Chorturm der Kirche in SCHÄFTERSHEIM Wandbilder aus der Zeit um 1206 (hll. Nikolaus und Martin). Wandbildreste um 1470 im Langhaus. An das vor 1172 gegründete Prämonstratenserinnenkloster erinnert nur noch der wesentlich jüngere Wirtschaftshof. – Nördlich, in NASSAU, eine 1894 erneuerte spätromanische Chorturmkirche mit schönem Turm. Das Chorgewölbe wurde um 1300 ausgemalt.

## b) Das Vorbachtal

Im Vorbachtal lohnt LAUDENBACH einen Besuch, ein altes Weingärtnerdorf mit spätmittelalterlichem Schlößchen. Ein Wehrturm von 1471 zeigt, daß das Dorf einst wie eine Stadt befestigt war. Auf der Höhe ein Wartturm. Auf dem Talrand gegenüber aber ragt aus den Waldwipfeln die *Bergkirche* der Schmerzhaften Muttergottes, eine Wallfahrtskirche von 1412 (Bauinschrift) im Stil der Marienkirche zu Würzburg. Mörike hat sie besungen. Drei Portale (eines davon ausgebrochen) mit anmutigen Bildwerken, deren Schöpfer nicht bekannt ist. Der Vordergiebel ist, wie die Strebepfeiler und die Gewölbe des Langhauses, von 1642. Im Chorinnern ein Türbogenfeld (Ölbergszene) und eine Wandgruppe mit Anbetung der Könige (Ende 15. Jh.). Gnadenbild (Vespergruppe) Anfang 15. Jh. Auf den Seitenaltären Flügelbilder der Dürer-Renaissance um 1600. In einer Seitenkapelle ein prachtvolles Grabmal, Tumba mit Bildwerken in Alabaster für einen Grafen v. Hatzfeld, Arbeit des Achilles Kern von Forchtenberg, 1659–1663. Unter der Empore ein Wanddenkmal in Spätbarock, derbmalerisch behandelt, für Oberst von Eckarshausen gen. Klüppel († 1735), Werk eines der Sommer aus Künzelsau. Der Bergkirche gehört auch ein kostbares Hostiengefäß aus Jaspis, gefaßt in Gold und besetzt mit Edelsteinen und Schmelzwerk (Renaissance). – In der noch romanischen Turmhalle der Pfarrkirche unten im Dorf einige schöne Grabmäler aus dem 15. und 16. Jh. – Die einst romanische Chorturmkirche in WERMUTSHAUSEN wurde 1802 weitgehend neugebaut. – NIEDERSTETTEN hat Reste der mittelalterlichen Stadtbefestigung. *Stadtkirche* von romanischer Anlage – einschiffig in überraschender Weite, ähnlich der Stadtkirche zu Röttingen (Tauber). Der eingezogene Chor, ursprünglich wohl mit Turm, wurde durch eine Grabung 1961 im heute barocken Chorbau freigelegt. Vorgängerbauten werden vermutet, mit denen möglicherweise auch der heute merkwürdig abseits der Kirche freistehende romanische Turm in Verbindung zu bringen ist; über den Schallarkaden eine romanische Männleinskulptur. Rundfenster am Schiff. Beachtenswerte Grabdenkmäler, Reste zweier Altarwerke um 1520. Schöne hochgotische *Friedhofskapelle.* Das Bergschloß *Haldenbergstetten* stammt aus dem 16. Jh., ist aber teilweise umgebaut und im 18. Jh. erweitert worden (Schloßkapelle). – In WILDENTIERBACH hat sich der befestigte Kirchhof mit Torturm erhalten. – Die Kirche in ADOLZHAUSEN läßt in ihrem Chorturm die romanische Anlage noch erkennen; desgleichen die vor SICHERTSHAUSEN reizvoll gelegene Chorturmanlage aus dem 13. Jh.

BARTENSTEIN, *Schloß* mit *Kirche*, Schloßgarten und Stadt sind einheitlich im Barockstil als kleine Residenz des angehenden 18. Jh. angelegt. Das Schloß – über einem mittelalterlichen Vorgängerbau – eine Dreiflügelanlage mit offenem *Ehrenhof* zur ursprünglich nur aus einer Straße bestehenden Stadt, erbaut 1756–1760 (Bm. Wölfing). Die Kirche bereits 1711 (Bm. Schüssler). Die Kirche und teilweise das Schloß noch in der alten Ausstattung. Beachtenswert: Treppenhaus, Festsaal, Bibliothek. Das Städtchen mit Toren und Brunnen; der Schloßgarten mit *Gartenhaus*.

In RIEDBACH ist die Kirche achteckig. 1762 angebaut an den ehem. Chorturm aus dem Mittelalter. – SCHROZBERG hat mit seinem Renaissanceschloß, das zeitweilig ebenfalls hohenlohischer Fürstensitz war, etwas von einer Residenzstadt. Daher eine Reihe kunstvoller Grabmäler in der gotisierenden *Renaissancekirche*. – Gut erhalten hat sich die romanische Dorfkirche in OBERSTETTEN an der Vorbach. Einschiffig, der Chor im Turm tonnengewölbt.

### c) Creglingen und Umgebung

CREGLINGEN wurde 1346 Stadt und kam 1448 an die Markgrafen von Brandenburg-Ansbach. Es liegt an der Mündung des Herrgottsbachs in die Tauber. Die ummauerte Altstadt, die drei Tore hatte, baut sich am steilen linken Hang des Taubertals auf und wird vom ehem., 1734 umgebauten Schloß und der Kirche überragt. Von den Wehrtürmen stehen noch zwei. Eine altertümliche Steinbrücke führt über den Herrgottsbach. Das Rathaus, ein einfacher Zopfstilbau, und einzelne alte Giebelhäuser geben gute Gassenbilder. Die ev. *Stadtkirche* hat von einem spätromanischen Bau den Turmchor mit diamantierten Kreuzrippen und Fratzenkonsolen bewahrt. Sie wurde 1508 und 1727 ungleichmäßig erweitert und zur Saalkirche umgebaut. Wandtabernakel. Reste eines Schnitzaltars vom Ende des 15. Jh., restauriert 1627. Kanzel 1580. Taufstein 1603. Grabdenkmäler. Gedenktafeln aus Messing. Im *Pfarrhaus*, ein Steinhaus mit Eckbossen (1768 umgebaut), eine ehem. gotische Hauskapelle.
Eine Kostbarkeit des Frankenlandes ist die *Herrgottskapelle* (Abb. 11) mit dem Marienaltar von TILMAN RIEMENSCHNEIDER. Stimmungsvolle Lage und vollständige Erhaltung in der alten Ausstattung vereinigen sich im Eindruck. Die Kapelle, eine alte Wallfahrtskirche, liegt im Friedhof, unter dessen Stützmauer die alte Rothenburger Landstraße vorüberführt: da, wo das Tälchen den Wald verläßt und die Weinberge beginnen. Wildrosengebüsch drängt sich bis an die Kirchenmauern, die ein alter Efeumantel halb verhüllt. 1384 wurde die Kirche gestiftet und erbaut, um 1500 noch einmal neu ausgestattet und 1904 und 1953 wiederhergestellt. An der Südseite des Chors steigt ein Wendeltreppenturm auf, der eine zierliche Altane trägt, die sog. Tetzelkanzel, zum Vorzeigen der Reliquien. Die Giebelchen der Strebepfeiler am Chor sind mit phantastischem Flachbildwerk geschmückt. Das Schiff hat drei Tore mit Maßwerkgiebeln. Die Stirnseite über der Pforte mit Fensterrose, zuoberst einen malerischen steinernen Glockenerker. Das einschiffige Langhaus deckt ein hölzer-

nes Tonnengewölbe mit Durchzugsbalken und Schnitzereien, den eingezogenen Vieleckchor, Kreuzrippengewölbe auf Wandsäulen, die mit Gehäusen für Bildwerke geschmückt sind und Spuren alter Bemalung und Vergoldung zeigen. Mit Schmuck belebt auch die Türen im Chor, eine mit weiblichem Köpfchen und Fledermausflügeln, die Priestersitzbank, das Wandtabernakel. In den Fenstern, deren Maßwerk teilweise schon Fischblasen zeigt, Reste von Bildverglasungen aus dem Ende des 14. Jh. Der Boden bedeckt mit Grabplatten, die Wände mit Grabmälern, Gedächtnistafeln, plastischen Bildern und Denkwürdigkeiten. Ein mittelalterliches Bußkreuz, drei hohenlohische Totenschilde aus dem 14. Jh. mit Aufsätzen aus Leder und anderes. Ein besonders schönes, von Riemenschneider beeinflußtes Kruzifix an der Südwand. Renaissancekanzel 1594. Von vier mittelalterlichen Altären sind Steintisch und Schrein erhalten. Der Schrein des Hochaltars ein barockes Werk der Spätgotik, mit guten Gemälden aus Herlins Schule und Holzfiguren. Der linke Seitenaltar, wohl nürnbergisch, Mitte 15. Jh., der rechte als Werk eines Jakob Mühlholzer von Windsheim bezeichnet, 1496. An der südlichen Chorwand stark restaurierter riesiger Christophorus. Der *Marienaltar*, der mitten im Schiff eine ungewöhnliche Stellung und ungünstige Beleuchtung hat, ist das Hauptwerk der unterfränkischen Schule; von Tilman Riemenschneider in den Hauptteilen eigenhändig ausgeführt (gleich nach 1500), auch wenn eine Bestätigung seiner Urheberschaft durch Signatur oder Urkunde fehlt. Die ganze Schnitzerei ist unbemalt, nur an Augen und Lippen zeichnerisch nachgetönt. Der Künstler hat absichtlich auf die Fassung in Metall und Farben über Kreidegrund verzichtet, um die Feinheiten der plastischen Behandlung unberührt zu lassen (ebenso an den Altären in Rothenburg und Dettwang). Von den sehr flachen Schnitzbildern der Flügel wird nur die Zeichnung dem Meister zugeschrieben. Die Szenen des Altars stammen vorwiegend aus dem Marienleben: im Hauptschrein Himmelfahrt, im Aufsatz Krönung; ganz oben im Gesprenge der auferstandene Christus. Im Schrein, Aufsatz und in der Predella sind vollrunde Figuren so zusammengestellt, daß sie als geschlossenes Reliefbild wirken (ein Teil davon war 1919 gestohlen und zersägt). Der Hintergrund des Schreins ist sehr geschickt perspektivisch als Chor einer Kirche mit durchbrochenen Fenstern behandelt, weniger um die Vorstellung der räumlichen Tiefe zu steigern, als um die dem irdischen Geschehen entrückten Figuren vor eine Lichtfolie zu stellen. Die bewegliche Haltung der Gestalten, die weiche Behandlung des Fleisches und des lockigen Haars, den wehmütig schwärmerischen Ausdruck der Köpfe, die feinen, sprechenden Hände, den formenreichen, knitterigen und

doch großartigen Faltenwurf der Gewänder kann man nie genug bewundern.
Nördlich das malerische Schlößchen in REINSBRONN (1588) mit Hallenhof und Holzfachwerken. In der Kirche ein von dem hier ansässigen M. NIKLAS Anfang 16. Jh. gearbeitetes Grabmal. – Unweit davon liegt die große, einst schmuckreiche romanische Burgruine BRAUNECK, bis 1434 Sitz eines Zweiges der Hohenlohe; im Bauernkrieg zerstört. Sehr großes, regelmäßiges Rechteck, das an einer Ecke abgeschrägt ist, mit fast 3 m starker Schildmauer zum Berg hin. Dahinter der ungewöhnlich umfangreiche Bergfried mit prächtig profiliertem Sockel (Steinmetzzeichen). Neben dem Eingang, völlig entstellt, die wahrscheinlich einst zweigeschossige Kapelle. – Einen Besuch lohnt das ehem. Wasserschloß zu WALDMANNSHOFEN, eine Dreiflügelanlage mit Eck- und Zwischentürmen (1544 und 1660). Romantisch das Eingangshöfchen neben dem freistehenden, wurferkerbewehrten Turm. In der Pfarrkirche qualitätvolles Epitaph, 1412. – Im gleichen Bereich nordöstlich vom Taubertal liegt ein altes, von den Herren von Hohenlohe 1232 gegründetes Kloster FRAUEN-

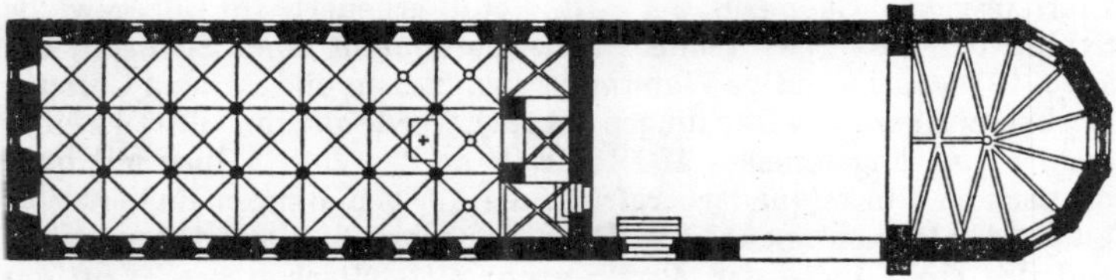

*Kloster Frauental, Grundriß*

TAL mit frühgotischer Kirche aus dem 13. Jh. Unter der Nonnenempore eine langgestreckte, dreischiffige Halle. Spätgotische Holzfiguren, hl. Nikolaus und Madonna. Hauptchor und Nonnenempore leider z. Z. noch verbaut. Reste des Dormitoriums.
Sehenswerte Bildwerke haben sich an der romanischen Chorturmkirche in NEUBRONN erhalten. – Auf der Höhe südlich von Creglingen die spätromanische Wallfahrtskapelle zum heiligen Ulrich bei STANDORF, ein achteckiger Zentralbau mit zwei Türmen zu seiten der Apsis, ähnlich den gleichzeitig entstandenen Bauten im nahen badischen Oberwittighausen und Grünsfeldhausen. – Urpfarrkirche war die in ihrem heutigen Bestand aus spätromanisch-frühgotischer Zeit stammende Chorturmkirche in MÜNSTER. Der Barockaltar von einem der SOMMER in Künzelsau (18. Jh.) Die romanische Chorturm-

kirche in RINDERFELD liegt auf einem befestigten Kirchhof. Die Kirche in HEILIGENBRONN war einst Wallfahrtskirche. – Am oberen Anfang des Herrgottstales liegt höchst malerisch das Dorf LICHTEL mit burgähnlichem Kirchhof, einst Grenzfeste des Rothenburger Gebiets. Unfern davon ein spätmittelalterlicher *Landturm* der Rothenburger Landhege. – Zuoberst im württembergischen Taubertal, schon im Angesicht von Rothenburg, die Trümmer der Burg SELDENECK. – Die Kirche in FINSTERLOHR besitzt in ihrem Turmchor ein frühgotisches Kreuzrippengewölbe. Außen eine Grabplatte aus dem 13. Jh. Die ehem. Deutschordenskommende ARCHSHOFEN besitzt eine Kirche und ein Schloß („Judenschloß“) aus der Barockzeit.

## 11. Langenburg – Crailsheim

### a) Gebiet der Jagst

Langenburg Seite 177. Die Kirche zu BÄCHLINGEN an der Jagst in hochummauertem Kirchhof ist die Mutterkirche eines weitreichenden Pfarrsprengels. Chor frühes 14. Jh., Schiff erneuert. Im Chorgewölbe Schlußstein mit bedeutendem Johanneskopf in einer Schüssel, um 1320–1330. Gleichzeitige Wandmalereien (Leben und Passion Christi). Grabstein Rezzo von Bächlingen († 1320), wurde als ein Frühwerk eines der PARLER angesehen. – MORSTEIN an der Jagst, Burg mit quadratischem Buckelquaderbergfried, die übrigen Bauten jünger. Vorkragender Balkonumgang mit Renaissancebrüstung am Hauptbau. – Auf der Höhe links der Jagst: noch mittelalterlich der Turm der Kirche in HASSFELDEN. In HÖRLEBACH ein *Landturm* der Schwäb. Haller „Landhege“ (Befestigung am Rande des Haller Territoriums). Das Städtchen ILSHOFEN hat einen hübschen Torturm von 1609 bewahrt (nach Zerstörung im letzten Krieg wiederhergestellt). Die Kirche hochgotisch (1342). KLINGENFELS ist eine malerische Burgruine. – Kunstgeschichtlich bedeutsam die Ruine der ehem. Reichsburg LEOFELS an der Jagst (1. Hälfte 13. Jh.). Im Grundriß regelmäßige Anlage mit einer abgeschrägten Seite, die von reichverzierten gekuppelten Fenstern aus der frühen Gotik durchbrochen wird. In einer Ecke ein mehrgeschossiger, turmartiger Wohnbau aus der gleichen Zeit (Gang zum Aborterker in der Wandstärke). Stumpf eines Bergfrieds mit fischgrätartigem Mauerverband. – Die Kirche in LENDSIEDEL hat einen romanischen Seitenturm. Ihr Chor (1511) ist ähnlich dem zu Langenburg, ebenso breit und niedrig. Gotische Steinkanzel, Wandtabernakel, mittelalterliche Grabsteine und stolze Wandgrabmäler aus der Renaissance von Meistern wie dem Haller S. Schlör.

KIRCHBERG ist anziehend schon durch seine Lage auf einer Berginsel, die von der Jagst umflossen wird. An der Zugangsseite eine gotische Schildmauer mit zwei Flankentürmen, Grabenbrücke, Rokokotor. Die Kirche in Ecklage nach Brand 1929 im Innern vollständig erneuert; interessantes Beispiel des monumentalen Stilwillens jener Zeit. Die kleine Stadt ist wohlerhalten. Vor dem *Schloß*, an der Spitze der Bergnase, wieder ein Graben mit Brücke. Das Schloß wurde an der Stelle einer älteren Burg 1590f. als Vierflügelanlage neu errichtet. Bauleiter zunächst Michael Herwart, später Serv. Körber. 1738–1758 Erweiterung durch mehrere Flügelbauten, die einen zur Stadt hin gerichteten Ehrenhof bilden. Planung hier durch Leop. Retti. Von der Ausstattung haben sich nur noch wenige Reste erhalten. – Vor der Oberstadt ein Park mit künstlicher Ruine (unter Verwendung von Steinen der Burg Leofels). Ein ehem. englischer Park liegt auf dem Sophienberg östlich der Stadt. – Gegenüber auf der anderen Seite des Flusses die Burg HORNBERG. Schildmauer (Buckelquader und Spitzbogentor) mit Bergfried an der Nordflanke. Die übrigen Bauten 16. Jh. Im nächsten Umkreis weitere Wehranlagen, einige bis in vorgeschichtliche Zeit zurückreichend, die alte Sulz, Hohaltenberg und auf dem Sophienberg. Diese Häufung ist auf einen alten Fernweg zurückzuführen, der hier den Fluß überquerte. – Gotisch ist die Kirche in MISTLAU an der Jagst, mit Wandgemälden aus dem 15. Jh., einem Altarschrein (Ende 15. Jh.) und einem Wandtabernakel. Malerisch liegt die Ruine LOBENHAUSEN mit romanischer Kapelle. – Das Seckendorffsche Schloß ERKENBRECHTSHAUSEN bei Triensbach, noch von einem Graben umfaßt, hat ein Torhaus von 1555. Das Hauptgebäude von 1765. – An der Pfarrkirche von TRIENSBACH stammt der Chorturm noch aus gotischer Zeit (Wandtabernakel). Taufstein von 1595. – BURLESWAGEN ist eine alte Dynastenburg, malerisch über einem bewaldeten Steilhang an der Jagst und dem Burgweiler NEIDENFELS gelegen. Die Anlage geht bis ins 12. und 13. Jh. zurück. Stumpf eines Bergfrieds, Reste der Zwingermauern mit Halbtürmen. Spätgotisches Steinhaus mit einem Erkertürmchen und Wehrgang am Dachfuß. – Das Schloß in GRÖNINGEN ist um 1620 von den Herren v. Crailsheim erbaut worden, ein Langbau mit Volutengiebeln und entsprechenden Zwerchgiebeln. Die 1710 erweiterte Kirche besitzt Fenster, die an die Kirche von Großcomburg erinnern. – Von dem ehem. Pauliner Eremitenkloster ANHAUSEN bei Wallhausen steht nur noch ein hochragendes Mauerstück, einsam auf kahler Hochfläche. Es ist ein Rest der spätgotischen Chorwand, noch gegen 20 m hoch, mit schlanken Gewölbeanfängern, ähnlich dem Chor der Crailsheimer Stadtkirche. Darin eingelassen eine Reihe von Grabsteinen aus dem 15. Jh. mit Gestalten von Rittern aus dem Hause Bebenburg (Bemberg bei Blaufelden). Unter ihnen Lupold v. Bebenburg, der berühmte Bischof von Bamberg und Staatsrechtslehrer. – Etwas östlich, in BRONNHOLZHEIM, eine altertümliche Kapelle. Der Chorturm der Kirche in SATTELDORF stammt noch aus dem 14. Jh. Kreuzigungsgruppe Ende 18. Jh. – Crailsheim Seite 193.

**b) Gebiet der Brettach**

Langenburg Seite 177. Die Pfarrkirche von GERABRONN wurde 1740 von dem Ansbacher Baumeister v. Zocha neu errichtet als einfacher Quersaalbau mit Westturm. Das Schlößchen LUDWIGSRUHE entstand 1742 durch L. Retti, ein schlichter Bau mit Mittelrisalit. Denkmal für einen Hohenloher Fürsten im Park (1789). – Im malerisch über der Brettach gelegenen AMLISHAGEN hat sich von der hochmittelalterlichen Burg ein bemerkenswerter *Schildmauerbau* (Buckelquader) mit Wendeltreppe und tonnengewölbtem Wehrgang in der Mauerstärke erhalten. Spätgotische Geschütztürme und Kasematten. Das Schloß ein hohes Steinhaus der Renaissance mit gewölbter, angeblicher Schloßküche im Erdgeschoß neben der Durchfahrt. – BLAUFELDEN hat einen spätgotischen Turmchor von mächtigem Umfang, darin ein schönes Netzgewölbe (1502). Das Schiff (1423) besitzt an der Decke einfache Barockstukkaturen (Frucht- und Ährenkränze). – An der Kirche in SCHMALFELDEN ist nur der Chorturm alt (romanisch; der Chor tonnengewölbt). – Eine malerische Burgruine ist BEMBERG. Aus romanischer und frühgotischer Zeit stammt die Kapelle in ENGELHARDSHAUSEN; ihr Chor und Turm dagegen sind spätgotisch. Der sog. *Rohrturm* bei ROT AM SEE gehörte zur Rothenburger Landwehr. Die später mehrfach umgebaute romanische Chorturmkirche von SCHAINBACH enthält einen kleinen, spätgotischen Flügelaltar (um 1500). – Die Chorturmkirche in HILGARTSHAUSEN, ebenfalls ursprünglich romanisch, besitzt eine hochgotische Balkendecke im Schiff und zwei spätgotische Flügelaltärchen. – Die Kreuzrippen des Gewölbes der Chorturmkirche in GAMMESFELD ruhen auf kleinen Säulchen. – Lohnend schließlich BUCH, dicht an der bayrischen Grenze vor Rothenburg (o. d. T.). Von der kleinen gotischen *Martinskirche* steht nur noch das Schiff, das aber ein vollständig erhaltenes spätgotisches

Kirchengestühl aus der Zeit um 1500 – eines der ältesten im Lande – besitzt; aus der gleichen Zeit die Westempore (Nordempore ergänzt). Zahlreiche Reste der ursprünglichen Ausstattung, darunter zwei Altarflügelreliefs.

## 12. Crailsheim und Umgebung

CRAILSHEIM, die einzige Stadt des Bezirks, wurde zu Beginn des 14. Jh. von den Grafen von Hohenlohe gegründet. Erst verpfändet, dann im späteren Mittelalter verkauft, wurde es ein bedeutender Amtsort und Grenzfestung der Markgrafschaft Brandenburg-Ansbach. 1945 wurde die Stadt weitgehend zerstört. Die Altstadt liegt auf dem rechten Hochufer der Jagst, die hier das Keuperhügelland verläßt und sich in die Muschelkalkplatte einzunagen beginnt. Zwei Landstraßen, eine von Süden, die andere von Osten kommend, vereinigen sich im Nordwesten der Stadt, von wo ihre gemeinsame Fortsetzung zur Brücke hinabsteigt. Im Nordwesten eine Vorstadt aus dem 18. Jh. An die südliche Hauptstraße stößt seitlich der Marktplatz, auf dem das Rathaus und die Marktkapelle anfänglich frei standen. An der Ostseite der Stadt das im Krieg völlig zerstörte Schloß. An der Südwestecke die ev. *Stadtkirche.* Eine alte Kapitelkirche zum Täufer Johannes; sehr stattlich und geräumig. Ursprünglich romanische Basilika. An den Seitenschiffaußenmauern noch Rundbogenfriese, 2. Viertel 13. Jh. Der Chor 1398 erbaut. Das Schiff ein weitgehender Umbau des 15. Jh., mit schlanken Rundpfeilern und weiten, schlicht behandelten Scheidbögen. Turm neben dem Chor und gleichzeitig mit ihm erbaut, nachträglich erhöht. Schiff flachgedeckt, Chor mit Holzgewölben aus dem 19. Jh. Massive Westempore 1498, in der Art der Nördlinger Schule. In Anlehnung daran die Seitenschiffemporen im 19. Jh. eingebaut. Nordvorhalle 1434. Am Äußeren einiges spätgotisches Bildwerk; auch ein Ölberg von 1520. Im Innern ein hohes Tabernakeltürmchen von 1499 mit Statuetten, das goldschmiedeartig zierliche Meisterwerk vielleicht von einem Meister LEONHARDT. Großer Altarschrein mit Gemälden in trockener Spätgotik von einem unbekannten Nürnberger Meister aus dem Kreis um WOLGEMUT (um 1490). Im Mittelschrein fünf lebensgroße Figuren, Predella mit Grablegung (Eingriffe des 19. Jh. z. T. rückgängig gemacht). Zahlreiche Grabsteine und Denkmäler des landsässigen Adels aus dem 14.–17. Jh.: Relief für Dorothea v. Wolfstein († 1538) von LOY HERING aus Eichstätt; großes Wandgrabmal der Anna Ursula v. Braunschweig, aus Sandstein und Alabaster, 1603 von MELCHIOR SCHMID in Heilbronn gearbeitet, in der Art Johannes' v. Trarbach (vgl. Öhringen). Desgleichen für H. Steinhäuser v. Neidenfels († 1608), tüchtig, im Stil der Schlör in Hall. Ebenso für H. A. v. Wolfstein († 1621), derbe Arbeit – wie es scheint –, von dem Nürnberger Hans Werner. Reichverzierte Orgel aus dem Ende des 17. Jh. – Die wiederhergestellte *Liebfrauenkapelle* auf dem Markt spätgotisch (1393). Das Rathaus ist wiederaufgebaut; der große *Stadtturm* (1717, G. W. v. Zocha aus Ansbach) teilweise wiederhergestellt. Monumentale Barockarchitektur im Festungsbaustil. Große spätgotische ehem. *Friedhofskapelle* von 1580 in stimmungsvoller Umgebung, mit hölzerner Kielbogendecke, auf die das Jüngste Gericht gemalt ist: Kruzifix, Gedenktafeln, Grabsteine. Auch auf dem einstigen Friedhof, jetzt eine parkartige Anlage, schöne Grabmäler, meist aus der Zopfzeit. Die Kirche des *Spitals* südlich außerhalb der Stadt von 1410, mit romanischen Bruchstücken von der ersten Stadtkirche malerisch erweitert. Das alte *Knabenschulhaus* an der Stadtmauer direkt südlich der Stadtkirche ist ein mittelalterliches Steinhaus mit Eckbuckelquadern und Schießscharten, vermutlich Stammsitz der Herren von Crailsheim. Der echt fränkisch schlanke *Diebsturm* an der Nordostecke der Stadt vielleicht noch aus dem 13. Jh.: Rundturm aus Bruchsteinmauerwerk, Gewölbe mit primitiven Kreuzrippen, hochliegende Rundbogenpforte mit Konsolsteinen. Zu vergleichen der Wartturm oberhalb von Besigheim. An der Westseite der Stadt ein weiterer Mauerturm. Vom Befestigungsgürtel sind da und dort noch Reste der Mauer, des Zwingers und des Trockengrabens vorhanden. – Die im 18. Jh. großenteils erneuerte Peterskirche in ALTENMÜNSTER gibt wie der Name des Orts historisch einige Rätsel auf. Wahrscheinlich handelt es sich hier um ein ehem. Kloster des 8. Jh., das urkundlich nicht überliefert ist (P. Sauer). Die Peterskirche gehörte dem Stift Ellwangen.

Die ehem. Wallfahrtskirche zu MARIÄKAPPEL ist sorgfältig durchgebildet (um 1480 und 1523). Fachwerkaufsatz über dem Chor. Im Innern ein asymmetrisches Gewölberippennetz mit abwechselnd verschobenen Kreuzungen. In den Chordiensten Figurenbaldachine. Reste spätmittelalterlicher Glasmalerei (fünf Scheiben einer ursprünglich umfangreicheren Anbetung der Könige, umlaufend Bruchstück einer Künstlerinschrift; 1406?). Spätgotischer Flügelaltar (Schule Herlins). – Die 1563 neugebaute Kirche in ELLRICHSHAUSEN wurde 1792 in eine Saalkirche umgebaut. Ausstattungsreste 1592 und aus der Zeit des Umbaus. Der Chorturm der Pfarrkirche in LEUKERSHAUSEN gehört noch dem 15. Jh. an; das Langhaus entstand 1755. Reliefbild aus einem Altar vom Ende des 15. Jh. (Weltenrichter und Apostel). Romanisch ist der tonnengewölbte Turmchor der Kirche in BERGERTSHOFEN. In ihm Wandbilder einzelner Heiliger (gegen 1430–1450). Eine Wallfahrtskirche von 1723 steht auf dem KRESSBERG bei Marktlustenau. – In MARKTLUSTENAU eine romanische Chorturmkirche mit 1749 erneuertem Schiff. – Bemerkenswerte Grabsteine in der Kirche von WALDTANN (Ritterfiguren von 1500 und 1575). – Das Knöringensche Schloß TEMPELHOF bei Marktlustenau ist dreistöckig mit Ecktürmen und hat ein stattliches Treppenhaus. – In der Kapelle von MISTLAU Wandbilder aus dem 15. Jh. (Szenen aus dem Leben Christi und des Titelheiligen Nikolaus). Reiches spätgotisches Wandtabernakel. – Die Kirche in WESTGARTSHAUSEN ist im Chor spätgotisch, Schiff Renaissance (1610). Altarschrein (um 1460, Figuren und Malerei). Wandtabernakel nach der Überlieferung von dem Crailsheimer Endr. Emhard. Steinkanzel mit Bildwerk von Melchior Schmid aus Heilbronn, aus derselben Zeit der Taufstein. Spätmittelalterliches Glasbild (hl. Katharina; um 1410–1430). Rokokograbsteine (Hofbildhauer Ritter aus Kirchberg). – Das Geyersche Schloß in GOLDBACH, eine ehem. Wasserburg, erneuert 1531, ist ein Steinhaus mit ursprünglich drei Flügeln, die Giebel in Frührenaissanceformen.

## 13. Crailsheim – Ellwangen und östlich davon

Crailsheim Seite 193. – Die große Kirche in JAGSTHEIM entstand 1764. Noch aus romanischer Zeit entstammt die Burg STETTEN mit ihrer Schildmauer und dem Bergfried. Spätgotische Erweiterungen. Das Schlößchen in der Vorburg in der 1. Hälfte des 18. Jh. wohl von J. Greissing aus Würzburg ausgeführt. An der reizvollen Dorfkirche von GRÜNDELHARDT (1723) noch ein kreuzrippengewölbter Turmchor aus dem 14. Jh. Mittelalterlich die Kapellen in SPAICHBÜHL und HELLMANNSHOFEN. – Das Schloß in HONHARDT war eine kleine Burg auf einem künstlichen Hügel, den ein Wassergraben umgab. Sie stellte den interessanten Typ der Burg eines kleinen Ortsadeligen dar: „Nichts anderes als ein ins Große gesteigerter Bauernhof" (A. Schahl). Erneuert um 1700 als hallischer Amtssitz.
Von dem Ellwanger Hofmaler Edm. Wiedenmann ist die hübsche kath. Kirche zu STIMPFACH (1764–1768) ausgemalt. Rokokograbsteine. Hochmittelalterlichen Ursprungs ist die Kapelle in WEIPERTSHOFEN. In WÄLDERSHUB ein einfaches Schloß aus nachmittelalterlicher Zeit. – Von einer stattlichen Wallfahrtskirche in BERNHARDSWEILER (Anfang 16. Jh.) ist nur der Chor samt dem Turm,

doch oben die Gewölbe, fertiggeworden. Die Fenster mit reichem, mannigfaltigem und feinem Maßwerk im Fischblasenstil. Baumeister war HANS GOLDOCHS, ein Schüler von NIK. ESELER von Alzey (St. Georg in Dinkelsbühl). – Das Schloß in LAUTENBACH wurde im 16. und 17. Jh. erbaut. Das Seckendorffsche Schloß in UNTERDEUFSTETTEN bildet ein Viereck mit innerem Hof, Eckturm und Graben. Die Schloßkapelle hat eine hübsche Steinkanzel und ein Portal aus der Renaissance. Barock verändert die mittelalterliche Kirche in BREITENBACH. Nachmittelalterlich wieder das Schloß in WILDENSTEIN, ein Steinhaus mit Staffelgiebel (die Ecktürme abgebrochen). – Malerischer ist RECHENBERG. Burg und Dorf spiegeln sich in einem See und sind umgeben von Tannenwäldern. Der Burggraben ist samt der Brücke erhalten. An ein Steinhaus aus dem 14. Jh. mit vermauertem gotischem Fenster und Fachwerkaufsatz (am Dachfuß ringsum ehem. Gußlöcher) stößt ein Renaissancebau mit Torhalle, die sich gegen den Innenhof mit einer Doppelarkade öffnet. Äußeres Tor 1447. Die Pfarrkirche nachgotisch (1619) mit reizvoller protestantischer Rokokoausstattung. Kanzel über dem Altar, auf allen vier Seiten umlaufende Empore, Deckenbild von JOH. NIEBERLEN aus Ellwangen. – Barockisiert wurde die spätgotische Kirche von JAGSTZELL (1498). In KEUERSTADT eine romanische Kapelle mit Resten frühgotischer Malerei. Die mittelalterliche Kirche in DANKOLTSWEILER wurde barock verändert. – Ellwangen Seite 230.

## 14. Schwäb. Hall und Comburg

Vom hochgelegenen Bahnhof in SCHWÄB. HALL, der in ihren Münzen (Heller) weltbekannt gewordenen Salzstadt, überschaut man ein Kulturbild, in dem sich die Stufen der Vergangenheit seltsam zusammendrängen. Zur Rechten das Bergkloster Comburg, mit seinen Kirchtürmen über dem Befestigungsring ein romantisches Bild, wie eine Verkörperung der mittelalterlichen Gralsburg. Daneben wohlgeborgen hinter Mauern und Baumgruppen das Klösterlein Kleincomburg mit seiner romanischen Basilika. Näher: die Umrisse der Reichsfeste Limpurg, Sitz der Vizereichserbschenken. Zu Füßen der Feste, die heute zusammengewachsenen Burgflecken Steinbach und Unterlimpurg mit ihren romanischen Kirchtürmen, und zwischen den beiderseitigen Tortürmen die alte malerische Halssteig, am felsigen Steilhang über dem Fluß auf Stützmauern und Gewölben wie eine Paßstraße im Gebirge angeklebt. Dann die alte freie Reichsstadt,

aufgebaut in steilen Stufen und eng zusammengedrängt in einer Talspalte, die von der Natur für alles andere eher ausersehen erscheint als für eine Stadt. Auch hier bestimmen Glockentürme aus der Hohenstaufenzeit, gotische Wehrtürme, trotzige Steinhäuser, vorgeneigte Holzgiebel und behäbige Walmdächer das Bild. Im Tal säumen Parkbäume den aufgestauten und mehrfach geteilten, zwischen Ufermauern sich hindrängenden Kocher. Hier haben sich gedeckte Balkenstege, alte Steinbrücken und Brückentürme erhalten. Und ringsum die Reste alter Festungswerke, Türme, Zwinger, Gräben und Basteien. Kocherabwärts breitet sich die gleichfalls befestigt gewesene Gelbinger Vorstadt aus, und fern darüber blinkt der Turm des uralten Kirchleins von Erlach. Eine umfangreiche Neubautätigkeit nach dem letzten Krieg hat in dieser Blickrichtung die Ursprünglichkeit des Bildes zerstört.
Die Geschichte von Schwäb. Hall, wie sie in den Chroniken erzählt wird, ist bunt und bewegt, oft launig mit ihren Schildbürgerstreichen, oft traurig und zuweilen grausig. Anlaß für die Entstehung, den Reichtum und Ruhm der Stadt war die ursprünglich auf einer Insel im Kocher gelegene Solequelle, aus der bereits in keltischer Zeit Salz gewonnen wurde. Neben ihr bestand seit dem 11. Jh. eine Marktsiedlung, unterhalb des heutigen Rathauses. Dieses steht an Stelle der ehem. St.-Jakobs-Kirche, ursprünglich Pfalzkirche eines Herrenhofs der Grafen von Comburg, den Mitbesitzern des Orts zu jener Zeit. Im 12. Jh. wurde der Ort unter dem Stauferkönig Konrad III. den Hang hinauf erweitert. Aus dieser Zeit stammen der Urbau der Michaelskirche und die um sie herum gelegenen Wohnsitze der adligen Patrizier. Seither war Schwäb. Hall bis 1512 vor allem eine Stadt des Adels, der hier auch für seine Kampfgerichte eine Stätte fand. Ummauerung des ältesten Stadtkerns nach Mitte des 12. Jh. zwischen Blockgasse, Schuppach und Schiedgraben. Wehrmauer, Zwinger mit Futtermauer gegen den Graben. Quadratische, einspringende und in den Zwinger vorspringende Mauertürme. Davon, ursprünglich als Insel im Kocher, abgetrennt das durch Palisaden geschützte Haal als gewerbliche Siedlung. Ab 1250 durch Zuschüttung des Blockgassenkochers Einbeziehung des Haal und – durch Hinausschieben des Mauergürtels nach Norden über die Schuppach hinaus – des Spitalviertels in die Altstadt. Seit dem 14. Jh. Einbeziehung auch der Gelbinger Vorstadt und der jenseits des Kochers gelegenen Vorstadt in die Stadtbefestigung. Von den mittelalterlichen Festungswerken sind die eindrucksvollsten Reste beim Langenfelder Tor am Rosenbühl, am Säumarkt, Solbad und beim Weilertor im Stadtteil links des Kochers erhalten. Überaus malerisch ist auch das Zwingertor beim

Josenturm in der Gelbinger Vorstadt. Der sog. Pulverturm beim Bahnhof ist ein einheitliches Wehrbauwerk von 1490. Hundert Jahre lang hatte die Reichsstadt ihr Tor gegen Unterlimpurg und die Schenken auf der Limpurg vermauert, wovon eine alte Inschrift berichtet. „Meinetwegen", soll König Sigismund die Klage der Schenken beschieden haben, „mögen meine lieben Söhne zu Hall alle ihre Tore zumauern und mit Leitern über ihre Mauern steigen." Es gelang den Limpurgern nicht, die Stadt in ihre Hand zu bekommen. Seit 1382 blieb sie bis 1802 freie Reichsstadt. Dann fiel sie an Württemberg.
Hoch und frei steht auf der Terrasse des ehem. Kirchhofs über dem Marktplatz die *Michaelskirche* (Abb. 74–76). Eine haushohe, weit vor-

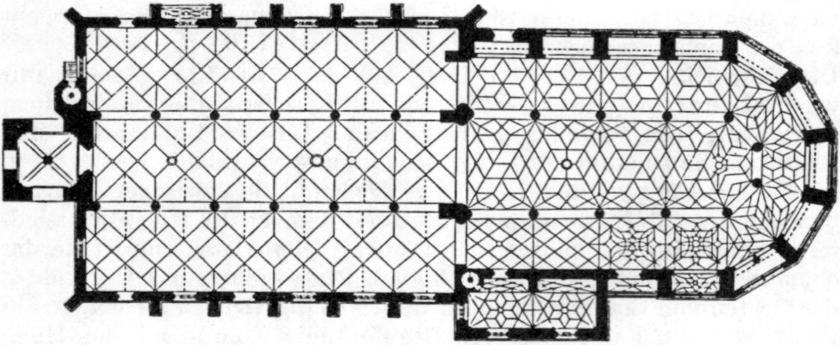

*Schwäb. Hall, Stadtkirche zum Hl. Michael, Grundriß*

schwingende Freitreppe führt zu ihr hinauf. Der Urbau 1156 geweiht. Von diesem Bau erhalten ist der *Westturm* mit offener Vorhalle aus dem letzten Viertel des 12. Jh. Darin ein schönes romanisches Portal, mit Säulen und reichen Füllornamenten im Bogenfeld und der Inschrift Bertold, die vielleicht den Baumeister nennt. Am (jüngeren) Stützpfeiler des Gewölbes das großartige Standbild des Erzengels Michael (um 1290), noch ganz aus dem Geist der staufischen Plastik des 13. Jh. geschaffen. Über dem Kircheneingang romanisches Tympanon mit Kreuz und Rankengewinde. Turmaufbau ähnlich den Comburger Türmen. Ein Raum über der Vorhalle war als Kapelle eingerichtet und mit Bildern Johannes d. T. ausgemalt (13. Jh.). Der achteckige Aufsatz mit Wächterstube und Kranz um 1573 von Jörg Burkhardt. Das *Schiff* ist in Hallenform mit sehr weiten Seitenschiffen von 1427 an – nach Abbruch des romanischen Vorgängers – neu erbaut worden. Als Baumeister wird zunächst zeitweilig ein Meister Konrad aus Nürnberg genannt, dann Nikolaus Eseler d. Ä. von

Alzey. Seit 1456 ruht der Bau. 1494 wird der *Chor* begonnen. Baumeister Hans von Urach, der, aus der Schule Aberlin Jörgs von Stuttgart hervorgegangen, in Gmünd an der Heiligkreuzkirche dessen Werk vollendete. Er ist auch der Meister des Chors zu Schorndorf. Palier (Bauleiter) war sowohl dort wie dann in Hall sein Bruder Jakob. Vollendung des Chors durch Konrad Schaller, Hans von Urachs Schwiegersohn. Einwölbung seit 1525 durch Meister Thomann Stoltz von Bretten; sie ist in den Kapellen nicht mehr zu Ende gekommen. Auch der Chor ist eine Hallenanlage. Der Umgang schließt mit fünf, das Chormittelschiff mit drei Seiten. Einsatzkapellen zwischen den Strebepfeilern. Der Chorinnenraum wirkt mit seinen beängstigend schlanken Pfeilern ungemein weit, hoch und frei, im Gegensatz zu dem etwas schwerfällig niedrigen Langhaus. Sowohl innen wie in der Außenansicht des Chors wird die Herkunft seines Baugedankens von der Heiligkreuzkirche in Schwäb. Gmünd deutlich. Von der *Ausstattung* an Altarschreinen, Grabdenkmälern, Gedenktafeln und Seltenheiten ist mehr als sonst in einer protestantischen Kirche des Landes erhalten. Soweit es sich um mittelalterliche Werke handelt, ist ihre Rettung dem Reformator Johannes Brenz zu verdanken, der die Kirche vor dem Bildersturm bewahrte. Tabernakeltürmchen (um 1500) mit älteren Prophetenfiguren, in der Art Claus Sluters (1438). Der Hochaltar mit figurenreichen Bildwerken niederländisch-flämischen Stils und Gemälden, die an Dirk Bouts erinnern (Szenen aus der Passionsgeschichte, um 1470). Er stellt, zusammen mit anderen Kunstwerken (z.B. auch in St. Katharina und St. Urban), ein Dokument für die merkwürdige Exklave niederländischer Kunst dar, als die man Schwäb. Hall bezeichnet hat, ein eigenartiges Phänomen in der spätmittelalterlichen Kunstlandschaft des Landes. Hervorragender Christus am Kreuz, geschnitzt von Michel Erhart aus Ulm (1494). Steinkanzel. Taufstein (1405) aus der Johanniterkirche übertragen, mit stadtgeschichtlich bedeutsamer Inschrift. Heiliges Grab mit seinen Rückwandfiguren um 1480, die übrigen, wie der Sarkophag und die Flügel, um 1510; die Anlage ließ sich wie ein Altar schließen. Mehrere spätgotische Altarwerke, nicht immer vollständig, der einheimischen Bildhauer- und Malerschule in den Kapellen des Umgangs. Glasbilder, Stifter- und Wappenscheiben, aus der 1. Hälfte des 16. Jh. Eine vollständige Verglasung war wohl nicht mehr geplant. Chorgestühl 1534, also schon in protestantischer Zeit, entstanden, für den Haller Rat als weltlicher Kirchenbehörde. Amüsante Inschriften auf der Rückseite. Zahlreiche Grabdenkmäler und Grabsteine aus dem 15. – 19. Jh. von S. Schlör, J. Bezold, L. Kern, J. M. Hornung, F. J. Freysinger, G. D. Lackorn, N. Ritter, J. G. Joss,

Dan. Hetsch und anderen einheimischen Meistern. Ein klassizistisches Grabdenkmal ist nach Guibals Entwurf von Karlsschülern (Dannecker und Scheffauer) gearbeitet. Ein stimmungsvoller Raum des ausgehenden Mittelalters ist die *Sakristei* mit ihren Schränken (1509), die prachtvolle Beschläge und Schlösser besitzen. Außen am Chor guterhaltener *Ölberg* von 1506 aus der Werkstatt Hans Beyschers. Die Kirche besitzt eine Glocke von 1299. Unter den weltlichen Kuriositäten sei ein Mammutzahn genannt, der (seit 1605 im Chor angebracht) zusammen mit anderen Merkwürdigkeiten und einer großen Zahl von Inschriften am Bau die Ausstattung der Kirche als „Museum reichsstädtischen Lebens" (E. Krüger) vervollständigt. – Eindrucksvoll immer wieder die Lage der Kirche über der *Freitreppe*, die jedoch erst Zutat nachmittelalterlicher Zeit ist (1507 wahrscheinlich durch K. Schaller angelegt; Änderungen 1830). Ursprünglich sprang der Kirchhof hoch wie eine Burg vor, besetzt mit einer Beinkapelle, einer alten Familiengrabkapelle und einer Gerichtslinde.

An der *Katharinenkirche* in der Vorstadt jenseits des Kochers ist nur noch der Chor mit dem Unterteil des Turms alt. Der Turm spätromanisch, im Grundriß querrechteckig, eigenartig vor dem Chor angeordnet; ehem. im Erdgeschoß nach allen Seiten mit Spitzbögen geöffnet (ähnlich in Steinbach unter der Comburg). Der Chor von 1343 gewölbt, ohne Strebepfeiler (ähnlich die Chöre von St. Johann, von Tüngental und Stöckenburg). Gute Glasgemälde im Chor, kurz nach dessen Erbauung (um Mitte des 14. Jh.), die Tugenden als Siegerinnen über die Laster. Altarschrein mit Kleinbildwerk und Malerei um 1450, wieder niederländisch beeinflußt (Leben Christi). Heiliges Grab, bez. SKW 1470 (Stein- und Holzfiguren von zwei verschiedenen Meistern). Ölberg (um 1460), frühes Beispiel. Wandtabernakel um 1420. Taufstein, Statuetten aus dem 14. und 15. Jh. Wandbild (2. Hälfte 15. Jh.). – Die profanierte *Johanniterkirche* im Stadtteil links des Kochers hat einen spätgotischen Chor mit zierlichem Steintürmchen an der Seite (um 1400). Das Schiff zeigt Spuren früherer Bauart und eines alten Einbaus für Wohnzwecke oder Krankenverpflegung. – Die *Spitalkapelle Hl. Geist* wurde mit dem ganzen Spitalhof nach dem großen Stadtbrand 1728 erbaut. Äußerlich einfach, als Putzbau mit Hausteineinfassungen; innen überraschend eine guterhaltene Rokokoausstattung. Wandkanzel mit Stuckplastik. Deckenfresko (Reformation) von J. M. Roscher aus Hall. – Von *St. Jakob*, einer der ältesten Kirchen Halls, sind nur die Grundmauern unterm Rathaus festgestellt und wenige Reste der Chorwände erhalten; etwa Mitte des 11. Jh. durch die Grafen von Comburg gegründet. Die Grabung ergab (nach E. Krüger) eine dreischiffige Querhausbasilika des 11. Jh., deren Ostteile mit reicher Dekoration vor 1236 erneuert worden sind (Rundbogenfries in Maulbronner Art mit Sternband, Zickzackband, gestaffelter Ausschrägung der inneren Chorwinkel durch Vorlagen und Dienste, Dienstvorlagen außen). Im Chorquadrat bereits 1534 abgebrochen, ging die Kirche 1728 vollends zugrunde und wurde durch das *Rathaus* (Abb. 77) ersetzt. Als eines der „vollkommensten Werke der barocken Profanarchitektur Deutschlands" (W. Fleischhauer) wurde es 1732 nach einem Entwurf von J. U. Heim begonnen, der wohl durch seinen Neffen E. F. Heim in wesentlichen Punkten überarbeitet und durch ihn als Bauführer auch ausgeführt worden ist. Ein leicht vorschwingender, durch Kolossalpilaster gegliederter, zweigeschossiger Bau mit bewegtem Giebelaufsatz und dahinter einem Uhrtürmchen. Er spiegelt vor allem böhmische Züge in der Art der Dientzenhofer wider. Im Innern nach Zerstörungen 1945 stark erneuert. – Die Nebenhäuser links und rechts kehren dem Marktplatz ähnlich geschweifte Giebel zu; das eine Haus zur Linken stammt schon aus dem 16. Jh. – das schöne Portal in Heilbronner Renaissance ist datiert 1564 –, die übrigen aus dem 18. Jh. Die zwei Häuser zur Rechten sind in gleichen Formen gehalten, um 1730. Schräg gegenüber, hinter dem gotischen Fischbrunnen, eine schöne Spätbarockfassade mit Bildwerken, 1738, die Einflüsse aus Ludwigsburg und Ansbach erkennen läßt. Die übrigen Häuser um den Markt und um die Kirche zeigen die altdeutsche Bauart, meist mit Giebelfassade und Holzfachwerk auf massivem Erdgeschoß. – Der *Fischbrunnen*, 1509 von Hans Beyscher ausgeführt, in der bei uns unüblichen Form eines Wandbrunnens mit prächtiger Fassade, die an die Fonte Gaia in Siena erinnert und antike Vorbilder ahnen läßt. Die Reliefs: Simson, St. Michael, St. Georg. Der Pranger in Gestalt eines Fialentürmchens stand früher an einem der Aufgänge zum oberen Kirchhof. – Beachtenswert sind ein paar spätromanische Steinhäuser, z. T. in Form von Wohntürmen, ehem. Sitze des Stadtadels. „Sieben Bürgen" sollen es der Sage nach gewesen sein. Am besten erhalten die *Keckenburg* (jetzt sehenswertes Museum). Der Sitz des Reichsschultheißen im ehem. Königshof (Am Markt 12) mit romanischen Fenstern auf der Hofseite. Sitz des Münzmeisters (Am Markt 2), ebenfalls mit (verbauten) hochmittelalterlichen Resten. Romanische Fenster hat auch die ehem. Sulmeisterburg am Steinernen Steg bewahrt (jetzt im Museum). Im Gasthof Adler eine alte Gerichtshalle (um 1510), verbaut. Weitere Wohnbauten: Markt 5, 9 und 10; obere Herrengasse 9 und 11; Mauergasse 12, Gelbinger Gasse 47. Schließlich das gewaltige massive *Große Büchsenhaus* über der Stadt (1505–1527) hat (wie das Tübinger und Stuttgarter Schloß) Fenster in der Form von Vorhangbögen. Es diente als Zeughaus und Kornspeicher, bereits seit 1603 aber auch für Schauspielaufführungen. – Die Haller Bürgerhäuser aus dem Mittelalter und der Renaissance haben, wie überall in Schwaben und Franken, im Erdgeschoß eine Tenne mit Wagentoren und Stiegen. Die Wohnung ist in den Obergeschossen. Die Dachgeschosse dienen als Vorratsräume. Die oberen Geschosse ragen über die unteren vor, wie häufig im älteren deutschen Fachwerkbau. Die jüngeren Steinhäuser haben meist Brandgiebelmauern an den Seiten und kehren der Straße die Traufe zu. Hier und da entdeckt man noch einen alten, blechernen Wasserspeier in Drachenform. Die Türen der Patrizierhäuser sind mit Wappen geschmückt und oft in Barockformen kunstreich durchgebildet. Bisweilen wurden die Häuser auch im Innern mit Stukkaturen und Freskomalereien „modernisiert". Mittelalterliche Gassenbilder geben die beiden Herrengassen, eng und düster, aber malerisch und immer noch vornehm. Die größere Hälfte des Stadtteils rechts vom Kocher mit der Altstadt ist nach einem Brand im Jahr 1728 neu aufgebaut worden. Städtebaulich bedeutsam ist aus dieser Zeit der geradlinige Durchbruch der Neuen Straße vom Marktplatz herab zum Kocher. – Auf dem *Friedhof* ein Kruzifix von S. Schlör und schöne alte Grabdenkmäler von verschiedenen Haller Meistern; auch klassizistische, wie das des Kreisbaumeisters Karl Stock. Dem Friedhof gegenüber schaut vom linken Talrand die kleine, späte Burgruine Geyersburg aus dem Wald herab.

Auf der Höhe kocheraufwärts lag über Schwäb. Hall die *Limpurg*. Nach den erhaltenen Resten und Grabungen (1905) war die um 1230 errichtete romanische Burg eine etwa dreieckige Ringmaueranlage mit einem direkt an die Mauer auf der Bergseite angelehnten Bergfried. Spätgotische Erweiterungen. – In der Vorstadt *Unterlimpurg* das Kirchlein *St. Urban*, eigentlich Marienkirche (der Name entstellt aus suburbium). Während des 13. Jh. im sog. Übergangsstil begonnen, teilweise in hoch- und spätgotischen Formen verändert, erweitert um 1450 und im 18. Jh. Zu beachten: Fries an der Nordseite und Fisch- und Löweskulpturen an den Chorfenstern. Die Ausstattung, gemischt aus allen Zeiten, gibt das malerische Bild einer althallischen Kirche: Altarschrein mit Kleinbildwerk, in der Anordnung wieder niederländisch, in der frischen und lebendigen Arbeit gut fränkisch; Wandtabernakel, Chorgestühl, Steinkanzel, Grabdenkmäler von S. Schlör u. a., Gedenktafeln; Wandbild (um 1390): Maria mit Spinnrocken, den Tempelvorhang nähend. Im Ort auch ein mittelalterliches Adelshaus mit steinernem Unterstock und Fachwerkaufsatz.

GROSSCOMBURG, das Ritterstift auf seinem Inselberg (Abb. 24

bis 26), „bringt heute noch das Bild eines befestigten Klosters aus der Blütezeit des Benediktinerordens mit so charakteristischer Kraft zur Anschauung, wie es in Deutschland kaum wiederzufinden ist" (G. Dehio). Ähnlich ist Maulbronn für die Zisterzienserklöster in ihrer weltabgeschiedenen Tallage das Musterbeispiel. Das Kloster Comburg entstand aus einer Burg. Daher seine Lage auf einem Bergkegel. 990 wurde die Burg von dem Grafengeschlecht erworben, das auch Rothenburg o.d.T. besaß und sich fortan nach dem neuen Platz nannte. Gegen 1079 wandelte Graf Burkhard zunächst seinen Anteil an der Burg in ein Benediktinerkloster um, das sich baulich erst etwas später auf den ganzen Hügel ausdehnen konnte. 1488 wurde es in ein Chorherrenstift umgewandelt. – Über die *Ringmauer* (2. Hälfte 16. Jh.) mit ihrem Wehrgang und flankierenden Geschütztürmen erhebt sich ein Barockmünster, das aber noch drei romanische Türme mit Stein-

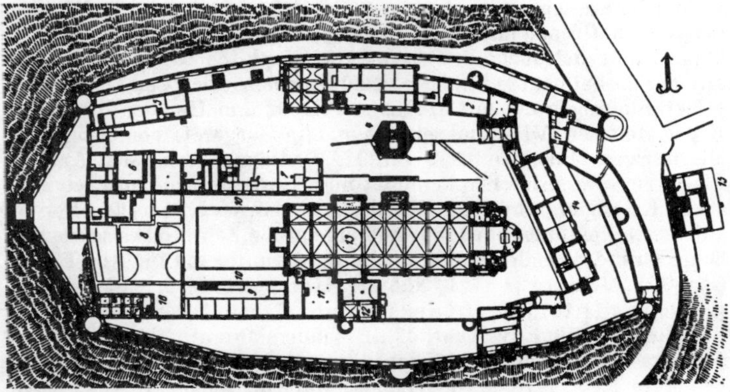

*Großcomburg, Kloster, Lageplan*

helmen mit einschließt. Eine Lindenallee führt an der vom Tal abgekehrten Seite hinauf zu den wehrhaften Toren; an der südlichen Nebenseite die „Bildersteig" mit Standbildern Heiliger (J. v. D. Auwera aus Würzburg). Haben wir nach der barocken Pforte den Neuen Torbau (1560 und 1575) durchschritten, stoßen wir auf den ersten größeren romanischen Bau, ein *Torhaus* mit der darüberliegenden *Michaelskapelle*, die von zwei Türmchen flankiert wird und von einer Zwerggalerie umzogen war (sichtbar ist sie noch über der Torfahrt).

Bauzeit 1. Drittel 12. Jh. Den Vorhof begrenzt zur Linken die gestaffelte Giebelwand eines Steinhauses mit schönem Renaissanceportal von S. Schlörs Hand, die 1575 erweiterte *Alte Propstei*. Den inneren Torweg säumt zur Rechten eine Häusergruppe der Renaissance, dann ein unvollendeter Barockpalast mit figuriertem Giebelfeld am Treppenhaus, die *Neue Dechanei* (1715 von Christoph Metzler aus Amorbach). Kuriengebäude des 16. Jh. umschließen den rückwärtigen Teil dieses unteren Hofs. Sie enthalten im Innern geschnitzte gotische Balkendecken, Stuckdecken aus der Barockzeit, Kellergewölbe, sogar in zwei Stockwerken. Ihre Umfassungsmauern und Zwischenwände rühren z. T. noch von der Uranlage des Klosters oder der Burg her. – Der Aufgang zur Münsterturmterrasse, dem ehem. Kirchhof, geht durch einen sechseckigen Bau romanischen Stils mit Zwerggalerie, der im Innern ein von einer Mittelsäule unterstütztes, frühgotisches Sternrippengewölbe hat, die später sog. *Erhardskapelle*. Der Zugang zum Innenraum ging ehem. über zwei Laufstege, die auf den Wangen der Kirchhoftreppe lagen. Die Deutung des oberen Raums als Totenkapelle läßt sich nicht beweisen. Ikonographisch wertvolle Fresken aus der Erbauungszeit (gegen 1230) wurden über dem Altar freigelegt. Sie zeigen neben Christus am Kreuz und Heiligen die Stifter König Heinrich (VII.) und seine Gemahlin Margareta von Österreich. Die übrigen Malereien 1562 von M. Violl aus Konstanz. Auf der Plattform hinter der Kirche findet man Reste des romanischen Klosters: Kreuzgang und Kapitelsaal, die sog. *Schenkenkapelle*. Hier ein steinernes Lesepult (um 1100) und eine große Zahl, teilweise vorzüglicher Grabdenkmäler vom 13.–18. Jh., darunter die für Abt Ehrenfried I. v. Vellberg († 1421, Nähe H. Multschers), Schenk Georg I. v. Limpurg († 1475, T. Riemenschneider?) und Schenk Erasmus v. Limpurg († 1553, Loy Hering?). Besonders anmutig das Bildnis der Susanna v. Tierstein († 1468) in der anstoßenden Josephskapelle. – Die erste Klosterkirche *St. Nikolaus* war eine flachgedeckte Pfeilerbasilika mit manchen Eigentümlichkeiten. Das Querschiff und der Hauptchor mit einem Turm an seinem Kopfende lagen mit Rücksicht auf das Klaustrum – Kreuzgang mit Konventgebäuden – im Westen. Der ursprüngliche Abschluß nach Osten ist vorerst noch nicht genau bekannt. Um die Mitte des 13. Jh. wurden hier drei Apsiden mit vorgelegten Altarräumen errichtet. Den Hauptchor flankieren zwei Türme. Unter ihm eine wieder zugänglich gemachte Krypta mit vier Freipfeilern. 1251 wird ein Magister operis Gotfrid genannt, vielleicht der Baumeister. Vom romanischen Bau sind heute nur noch die Türme sichtbar. Der Westturm Anfang 12. Jh. Oberstes Stockwerk und Helm gleichzeitig mit den Osttürmen, 1. Drittel 13. Jh. Diese sind bis zu den Steinhelmen hinauf sehr reich in Formen verziert, die sich schon der Gotik nähern; ähnlich den Chortürmen des Würzburger Doms. Weitere romanische Baureste stecken noch in dem Barockmünster. Es wurde 1707–1715 von dem Würzburger Meister Jos. Greissing als gewölbte Hallenkirche ohne Seitenkapellen und Emporen neu erbaut. Nur in den Seitenschiffen des Ostchors sind Sakristeien eingebaut, die oben Emporen bilden. „Die Formensprache verbindet in interessanter Weise deutsche Spätrenaissance-Tradition mit italienischem Barock" (G. Dehio; vgl auch Schöntal). Das runde Fenstermaßwerk ist Reminiszenz der im Würzburger Gebiet lange weiterlebenden gotisierenden Strömungen. Die plastischen Ornamente im Innern sind aus Stuck, die Architekturglieder aber aus Sandstein gehauen. Im Raumeindruck kann sich nicht verleugnen, daß er nicht in Freiheit geschaffen ist. Die Stukkaturen, von Chr. und F. Hardt und L. Bauer aus Würzburg, einfach, ausgenommen die Vierungskuppel. Ausstattung ebenfalls durch Würzburger Meister: Schreiner Eckmann, Bildhauer B. Esterbauer (Hochaltar, Chorgestühl und Kanzel), Stukkateur J. Bauer, Maler O. Onghers u. a. Von der alten Ausstattung ist erhalten ein prachtvoller romanischer *Kronleuchter* aus vergoldetem Kupferblech mit Silbereinlagen und Niellozeichnungen, sehr figurenreich, doch von unten im einzelnen nicht gut sichtbar. Er stellt ein Bild der himmlischen Gottesstadt mit ihren Bewohnern dar. Nur drei dieser romanischen Kron- oder Radleuchter haben sich in Deutschland erhalten (die beiden anderen in Aachen und Hildesheim). Das *Antependium* ebenfalls kupfervergoldet mit getriebenen Figuren des Heilands und der Apostel sowie ornamentalen Emaileinlagen. Beides wohl rheinische Arbeiten, Stiftungen des Abtes Hartwig († 1140) aus dem 2. Viertel 12. Jh. Stiftersarkophag mit Blendarkaden (um 1220). Etwa aus der gleichen Zeit zwei romanische Altarleuchter. Madonna um 1520. Peter-und-Paul-Altar mit Relief wohl von Michael Kern (1650). Zwei große Epitaphe vom Ende des 16. Jh.

Die ehem. *Propstei zum hl. Ägidius* KLEINCOMBURG wurde 1108 gegründet und um 1120 erbaut (das gleichzeitig genannte Frauenkloster scheint mit diesem Bau nicht in Verbindung zu stehen). Die Kirche ist eine reifere Nachbildung der Hirsauer Aureliuskirche, mit merkwürdig ausgeklügelten Maßverhältnissen: Länge des Querhauses gleich Länge des Schiffs, Höhe des Lichtgadens gleich der Höhe der Säulen und Höhe der Arkaden im Scheitel gleich lichter Breite und halber Höhe des flachgedeckten Mittelschiffs. Am weitesten geht der Schematismus der Würfelform an den Ostteilen, wobei die Mauerdicke in der Raumweite mitgerechnet ist. Die Kirche gehört zu den ältesten

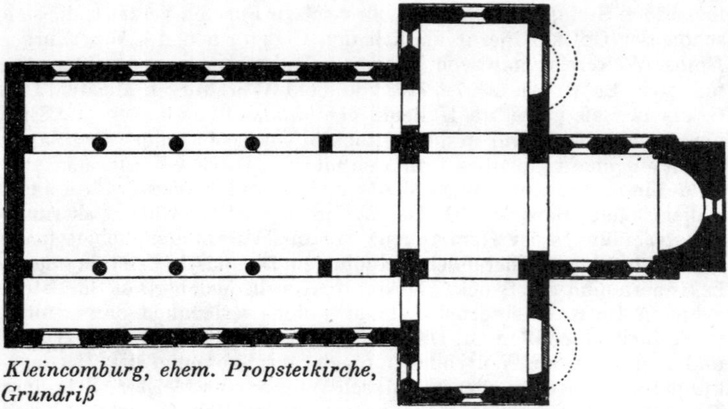

*Kleincomburg, ehem. Propsteikirche, Grundriß*

Baudenkmälern der Hirsauer Gruppe und ist in manchen Einzelheiten besonders gut erhalten. Es ist eine kreuzförmige Säulenbasilika ohne Nebenchöre. Im Langhaus ist das Stützenpaar vor der Vierung nicht als Rund-, sondern als Vierkantpfeiler ausgeführt; damit ist hier ein Vorchorraum auch baulich angedeutet. Das Hauptaltarhaus ist tonnengewölbt. Die Kreuzarme hatten an der Ostseite nichts als je eine Apsis. Über der Vierung (der Ort des Mönchschors) erhob sich ein Glockenhaus. Die Apsiden außen rechteckig ummantelt. Westlich vor der Kirche befand sich höchstwahrscheinlich ein Atrium. Im Chor sind romanische, allerdings 1880 stark erneuerte Wandgemälde von feierlicher Wirkung und tiefer, gegenständlicher Bedeutung (Kirche und Synagoge unterm Kreuz des Erlösers, Christus in der Kelter, Auferstehung der Toten). Reste von Jagdszenen aus der Legende des Titelheiligen. Ausmalung des Quer- und Langhauses 1827 und 1857f. Zu Füßen der Comburg der Ortsteil Schwäb. Hall-STEINBACH mit würzburgischen, früher comburgischen Amtsgebäuden und der wiederhergestellten Pfarrkirche *St. Johannes*, Mutterkirche von Schwäb. Hall. Saalbau des 12. Jh. mit gleichzeitigem Querhaus, in den Flügeln und der Vierung tonnengewölbt, Halbrundapsis und Vierungsturm. Den Ort umgeben noch mehrere Tortürme. Die Straße im Tal läuft hier am Steilufer auf Stützmauern, -bögen und -pfeilern. Auf dem Friedhof steht eine *Kapelle des Hl. Grabes* aus der Barockzeit.

## 15. Schwäb. Hall – Gaildorf

### a) Kochertal

Im Waldland der Limpurger Berge, einem Teil des ehem. Urwalds und alten Reichsforstes Virguna (got.: fairguni = Bergwald), gibt es weder Städte – ausgenommen Gaildorf, dessen Stadtrecht aber auch nicht von hohem Alter ist (1404) – noch Klöster, wohl aber alte Dorfkirchen und nicht wenige Schlösser. Es ist die ehem. Herrschaft Limpurg, die zum fränkischen Kreis gehörte, das Gebiet der Schenken von Limpurg, die auf der gleichnamigen Burg über Schwäb. Hall saßen. Der Wald war die wirtschaftliche Grundlage ihrer Macht: Die Salzsieder von Hall benötigten ungeheuere Mengen von Brennholz, das ihnen die Schenken lieferten und das vor allem auf dem Kocher in die Reichsstadt geflößt wurde. Nachdem die Limpurger 1541 ihre Burg an die Stadt verkauft hatten, errichteten sie sich ihre neue Residenz in Obersontheim. Etwas später entstanden dann auch in anderen Orten limpurgische Schlösser.

Westlich vom Kochertal: In der später mehrfach veränderten, ursprünglich romanischen Chorturmkirche in MICHELFELD Reste spätgotischer Altarwerke. Desgleichen in der Kirche von BUBENORBIS. Mittelalterlich ist der Turm an der Kirche von BIBERSFELD.

Im Schlößchen TULLAU am Kocher ist eine romanische, gewölbte Burgkapelle mit ornamentierten Kapitellkonsolen erhalten. In der Dorfkirche ein Altarschrein (Anfang 16. Jh.). Hochgotisch die Kapelle in UTTENHOFEN. – Im Dorf RIEDEN an der Bibers steht eine stattliche spätgotische Wallfahrtskirche von 1436f. mit zwei guterhaltenen Altarschreinen (1510 und 1520) und Grabdenkmälern von S. Schlör u.a.

Weiter abwärts in MICHELBACH a. d. Bilz steht ein stattliches *Schloß* von 1618–1621 mit gewaltigem Küchenkaminturm (ähnlich wie in Hermersberg). Spätgotische *Kirche* mit hohem, oben ins Achteck übergehendem romanischem Chorturm.

Weiter oben im Kochertal finden wir in GROSSALTDORF eine spätgotische Bartholomäuskapelle mit bemalter Holzdecke von 1498 und – als Rarität – Kirchengestühl aus derselben Zeit. Ein kleiner Altarschrein der Haller Schule daraus jetzt im Stuttgarter Landesmuseum.

GAILDORF am Kocher hat von einer ansehnlichen, 1417 gestifteten spätgotischen *Kirche* außer dem Westturm (Helm neugotisch von Chr. Leins) noch den Chor mit Sterngewölben, z.T. auf Figuren-

konsolen, von 1521 und bizarr figurierten Maßwerkfenstern. Erhalten auch vier Grabmäler der Schenken von Limpurg aus dem 16. und 17. Jh. und aus Haller Werkstätten (S. SCHLÖR, FR. GRAU, PH. KOLB, J. BEZOLD). Das *Schloß*, ein ehem. Wasserschloß mit komplizierter Entstehungsgeschichte, zeigt sich heute als Vierflügelanlage, deren schmaler Hof durch die Treppentürme und offenen Galerien malerisch wirkt (16. Jh.). Das Tor wird von zwei Rundtürmen flankiert. Neben ihm die Halbfigur eines Mannes, der ein Wappenschild mit Steinmetzwerkzeug hält, sicher ein Denkmal für den Baumeister (HANS UNKER?). Das *Rathaus* ein prächtiger Fachwerkbau des 18. Jh. (erneuert). Reste der Stadtmauer. In der Villa des Grafen von Bentinck (1846 und 1880) wurde der Schenkenbecher bewahrt, ein Deckelpokal von der Kaiserkrönung, 1562, jetzt im Stuttgarter Landesmuseum. Im Park zwei Figuren von einem Grabmal aus Schmiedelfeld, Arbeiten des H. WERNER von Nürnberg, 1603.
Kocheraufwärts steht in MÜNSTER, dessen Namen einen uralten Kirchort anzeigt, die frühere Mutterkirche der Stadt, ein gotischer Bau mit ehem. romanischem Chorturm. Das altertümliche Kirchlein in MITTELROT hat eine romanische Pforte (Kreuz im Bogenfeld) und einen kleinen Altarschrein von 1499, mit Holzbildwerken und Gemälden von bescheidenem Kunstwert; Kirchengestühl etwa aus der gleichen Zeit. In OBERROT, einem alten Kirchort, Grabmäler von S. SCHLÖR aus Hall.

### b) Bühlertal und Fischachtal

Noch mittelalterlich der Kirchturm von SULZDORF. – Einer der denkwürdigsten und anmutigsten Orte ist das Städtchen VELLBERG an der Bühler mit dem zugehörigen Pfarrweiler Stöckenburg. Das zur Bergfeste ausgebaute Städtchen besitzt eindrucksvolle Wehranlagen, Kasematten und unterirdische Wehrgänge von 1465f. und aus dem 16. Jh. ein guterhaltenes *Schloßgebäude*, aus einer Burg des 13. Jh. hervorgegangen, im wesentlichen 16. Jh., Schloßkapelle 1515. STÖCKENBURG gegenüber ist die fränkische Feste Stochamburg (823). Die ehem. *Martinskirche* am Bergfuß ist die Mutterkirche des ganzen Maulachgaus gewesen. Die gleichnamige *Bergkirche* – im Bereich der abgegangenen Burg, also nicht an Stelle der Urkirche – stammt im Chor von 1435, im Schiff aus dem 16. Jh. (Umbauten 1560 und 1800). Sie lohnt einen Besuch wegen ihrer schönen Lage und alten Ausstattung. Über dem Nordtor eine romanische Skulptur: zwei mit Hälsen verschlungene Drachen (?). Schnitzaltar, u.a. mit Figur des

Titelheiligen. Spätgotisches Gestühl. Zahlreiche Grabdenkmäler, darunter bezeichnete Werke von Christoph Schmid aus Urach und S. Schlör aus Hall. Von diesem auch das Kruzifix am Altar (1573). Die Gemälde an der Flachbogendecke (Leben Christi) sind Kopien nach Dürer aus dem 16. Jh.
Im Bühlertal liegt OBERSONTHEIM, Chr. Fr. Schubarts Geburtsort, ehem. Residenz der Schenken von Limpurg, einem Städtchen ähnlich. Hier steht ein stattliches *Schloß*, eine Dreiflügelanlage aus dem 16. Jh. Südostflügel 1542f. Ausbau und Ausstattung bis Ende des Jahrhunderts. Die Wehranlagen – Graben, Brücken, Tore, Mauertürme – z.T. übersponnen von wilden Reben. Im Hauptbau großer zweischiffiger Saal, dessen flache Felderdecke von hölzernen Renaissancesäulen auf kräftigem Postament getragen wird (1593). Die *Kirche* in Formen der Renaissancegotik 1585/86 mit bedeutenden Grabdenkmälern; eines in Alabaster, wahrscheinlich von M. Schmid aus Heilbronn (um 1590), eines von G. Chr. Sommer aus Künzelsau (Anfang 18. Jh.). Die Stiftungstafel außen von S. Schlör aus Hall. Malerisches *Rathaus* mit zwei Ecktürmen von 1596. Alte Fachwerkhäuser; darunter die *Alte Schule*, Schubarts Jugendheimat. – Malerisch das wehrhaft angelegte Kirchlein St. Gangolf in BÜHLERTANN, mit einer Glocke von 1286. – Eine bedeutende und nahezu reinerhaltene Burganlage des 13. Jh. ist die TANNENBURG, in weithin die Landschaft beherrschender Höhenlage wohl vom Kloster Ellwangen gegründet und im späteren Mittelalter öfters Residenz von dessen Äbten. Wie bei den meisten Burgen unseres Landes sind wir jedoch über die Baugeschichte, vor allem den genauen Zeitpunkt der Entstehung, fast überhaupt nicht unterrichtet. Hohe, mächtige Schildmauer (über 4 m dick), mit Durchlaßpforte zum davorgelegenen Brunnen und Eckaufsätzen. An sie schließt sich ein geräumiger Hof an, der an seinem Ende einen im Grundriß trapezförmigen Palas mit riesigem Rippengewölbe über dem Untergeschoß besitzt (Oberteil um 1900 verändert). Wiederaufbauten 1358 durch Maurer Konrad Müller aus Giengen a. d. Brenz. Der Flügel auf der Südseite spät- und nachmittelalterlich. Die Burg ist im Grundriß verwandt mit der ähnlichen Anlage in Tierberg (vgl. dort). Als Beispiel für den Typ der reinen Schildmauerburg stellt sie neben Berneck im Schwarzwald die reinste und besterhaltene Anlage in Württemberg dar. Hauptkennzeichen dieser Burgen ist, daß ein Bergfried fehlt, statt dessen der Schutz zum Berg hin – die für einen Angriff geeignetste und daher gefährdetste Seite einer Burg in Spornlage – von einer monumentalen Mauer übernommen wird, die durch ihre breite Krone den Verteidigern zugleich eine größere Beweglichkeit erlaubt.

**Das Kapitel ‚Im ostschwäbischen Landesteil'**

**umfaßt folgende Wanderrouten:**



*Wir verweisen auf die dem Buch beiliegenden Übersichtskarten.*

# III. Im ostschwäbischen Landesteil

## 1. Schorndorf – Welzheimer Wald – Hohenstaufen

Von Schorndorf (S. 72) aus wenden wir uns zunächst nach OBERURBACH. Die *Pfarrkirche* wurde 1509 in den Formen der Schorndorfer Stadtkirche (vgl. Abb. 68) errichtet. Sie besitzt spätgotische Glasbilder (Reste eines Passionszyklus; nicht vor 1515–1520). Ein *Schlößchen* hat z.T. noch das Gepräge des Spätmittelalters. – Die spätgotische Dorfkirche von HAUBERSBRONN besitzt noch ein romanisches Türbogenfeld (Lamm Gottes). – Nördlich, bei Rudersberg, das Schlößchen WALDENSTEIN; es enthält einen mittelalterlichen Wohnturm in verbauter Gestalt. – In der Kirche zu KAISERSBACH hängt eine sehr alte Kirchenglocke aus der abgebrochenen Marienkapelle zu Gebenweiler (13. Jh.). Einen Versuch, Neubauten mit Steildächern nicht in althergebrachter Weise, sondern konsequent modern zu gestalten, stellt das Schullandheim *Mönchhof* dar, 1965f. durch H. KAMMERER und W. BELZ errichtet. – An der Stadtkirche des mehrfach abgebrannten WELZHEIM hat sich eine spätgotische Pforte erhalten, die mit Bildsäulen im Stil der Schorndorfer Kirchenportale verziert ist (angeblich Bildnisse von Stiftern aus dem staufischen Haus, aber allenfalls Idealbildnisse der Stifter in der Gestalt der Titelheiligen). An einer Seitenpforte die Gruppe Mariä Verkündigung. – ALFDORF hat zwei spät- und nachmittelalterliche Schlösser und eine schöne Rokokokirche, nach dem Muster der Aalener Stadtkirche 1774–1776 von J. M. KELLER aus Gmünd erbaut.

Südöstlich von Gmünd die Dorfkirche in ADELBERG, deren stattlicher Turm weithin sichtbar ist, hat eine Predella aus der Schule ZEITBLOMS. Die *Kapelle* im *Klosterweiler* (1500) geht auf ein 1178 gestiftetes Prämonstratenserkloster zurück. Zierliches Rokokotürmchen. Kostbares Ausstattungsstück: ein vollständiger Altarschrein mit Gemälden von B. ZEITBLOM (1511) und qualitätvollen Standbildern aus einer Ulmer Werkstatt (D. MAUCH?). Die hier verehrte Cutubilla ist vielleicht eine irische Konkurrenzheilige zur Mäuseheiligen Gertrud von Nivelles. Bruchstücke eines Steinaltars (16. Jh.), zwei Abtsgrabmäler und großer qualitätvoller Ölberg in feiner Frührenaissance. Bronzetafel zum Gedächtnis eines Abtes († 1565) und Denkmäler für die späteren ev. Äbte. Überarbeitete Wandgemälde des 16. Jh., die Gründung des Klosters darstellend. Sonst ist vom Kloster nicht viel übrig. Münster und Konventgebäude sind abgebrochen. Die Prälatur, Renaissance und Barock, unten mit Gewölben, enthält drei figürliche Barockstuckdecken. Ein Fruchtkasten mit Ecktürmen ist spätmittelalterlich (1481). Das Klostertor barock (1744). Davor ein Lindenweg mit prachtvoller Aussicht. – Von der Burg WALDHAUSEN bei dem gleichnamigen Dorf ist nur die Kapelle erhalten (Elisabethenberg), darin eingemauert ein romanisches Kruzifix in Stein. Ein dreieckiger romanischer Türsturz mit Bildwerk (Lamm mit Kreuz und Tiere) jetzt im Kindergenesungsheim.

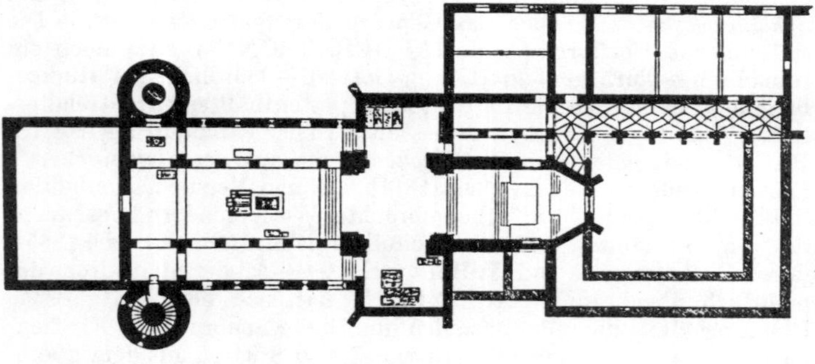

*Lorch, ehem. Kloster, Grundriß*

An der Grenze des Bistums Augsburg, dem dieser ganze ostschwäbische Landesteil vormals angehört hat, war LORCH, eine alte, weitausgedehnte Pfarrei, die von den Chorherren eines Stifts – wohl einer staufischen Gründung des 11. Jh. – versehen wurde. Die *Stadtkirche*, einst zur hl. Maria, steht hinter Friedhofsmauern und im Bereich eines römischen Standlagers, das den Winkel des hier rechtwinklig aufeinandertreffenden rätischen und obergermanischen Limes deckte. Die Kirche ist in der heutigen Gestalt spätgotisch (1474) und enthält einige Kunstaltertümer: spätgotischer Taufstein und Sakramentshaus, Kruzifix in SYRLINS Art, Kanzelbrüstung 1449, Emporenbilder aus der Barockzeit. Im Dorf stehen alte Fachwerkhäuser und die zeitweiligen Wohnhäuser von Schiller und Mörike. Ein Beispiel für guten modernen Kirchenbau stellt die kath. *Pfarrkirche* von H. W. MERKLE dar (1959f.). – Das ehem. *Kloster St. Peter und Paul* (Abb. 42), auf einer Anhöhe über dem Städtchen, wurde 1102 wohl von dem ersten Herzog aus dem Hause Staufen gestiftet und steht nach der Überlieferung an der Stelle einer ehem. Burg. Die Mönche kamen aus Hirsau. Die Staufer hatten hier seit 1140 ihre Grablege (vorher in der Pfarrkirche im Ort), ein Hinweis darauf, daß wir uns im

Kerngebiet dieses großen Geschlechts befinden. Die Gräber der großen Kaiser suchen wir hier allerdings vergeblich: Heinrich VI. und Friedrich II. ruhen in Palermo, Friedrich Barbarossa ist in Kleinasien verschollen. Die *Klosterkirche* war eine wie Kleincomburg in Anlehnung an die Aureliuskirche in Hirsau angelegte kurze, dreischiffige, flachgedeckte Pfeilerbasilika mit außen gerade-, innen rundgeschlossenem Hauptchor (jedoch ohne Nebenchöre), östlichem Querhaus und einem Westbau, der von zwei runden Treppentürmen flankiert wurde. Vermutlich enthielt der Westbau ehem. eine Empore und eine Glockenstube. Vor ihm lag ein Vorhof mit gedecktem Umgang, dessen erneuerte Westpforte erhalten ist. Hier mündete ein Treppenaufgang vom Dorf. Der Kreuzgang mit den Konventgebäuden schloß sich aus topographischen Gründen östlich an die Kirche an. Von dieser ist erhalten das Schiff mit einem Teil des Westbaus – der südliche Turm 1881 wieder aufgebaut – und dem Querschiff. Die an den Pfeilern des Langhauses ursprünglich vorhanden gewesenen Kämpferprofile wurden erst in neuerer Zeit abgearbeitet. Der Chor wurde 1469 eingewölbt und nach Abbruch der ersten Apsis über den Kreuzgang hinweg verlängert, der hier also unter dem Chorhaupt hindurchführt. Die Vierungspfeiler sind in spätromanischen Formen, mit Ecksäulen und hervorragend figurierten Knäufen zum Zweck der Einwölbung verstärkt, die aber in der bestehenden Gestalt der Spätgotik angehört. Vor dem Chor liegen unter dem Fußboden die in Fels gehauenen Gräber der Staufer, in ihrer Höhlung mit besonderem Kopfstück, Mumiensärgen ähnlich. Im Schiff steht eine qualitätvolle spätgotische Tumba, 1475 von einem Göppinger Meister zu Ehren des Stiftergeschlechts ausgeführt. Im nördlichen Kreuzarm (Mauritiuskapelle) eine Reihe von 14 spätgotischen Grabmälern der Ritter v. Wöllwarth. An anderen Stellen liegen oder stehen Grabmäler von Äbten und Rittern. An den Pfeilern des Schiffs, nachträglich übermalt, die staufischen Fürsten in Trachten der Renaissancezeit, unkünstlerisch und doch eindrucksvoll. Das hölzerne bemalte Kruzifix ist eine Stiftung des älteren Syrlin. Außen an der Nordseite ist eine lateinische Steininschrift eingemauert, die Grabinschrift des ersten Abts Heribert († 1124). Der Sturz des Westportals ist ein römischer Stein mit einer Kaiserinschrift vom Kastelltor. Rätselhaft bleibt, woher das mächtige Würfelkapitell vor der Nordseite der Kirche stammt. – Vom *Kreuzgang* (Meister Hans von Lochow) ist ein Stück des Nordflügels mit schönem Netzrippengewölbe erhalten; ebenso das anstoßende *Konventgebäude* (um 1470) mit zwei Sälen unten und einem Rest des Dormitoriums samt Zellen oben. Die spätgotischen Wandgemälde in einem Saal in jüngster Zeit wiederhergestellt. Die geschnitzte Balken-

decke wird von zierlichen Holzsäulen gestützt. Weiter gegen Osten, dem Klostertor zu, steht die *Prälatur*, ein Bau des 16. Jh. In der Nordostecke ein *Fruchtkastenbau* in Eichenholzfachwerk. Auch die Ringmauer mit ihren Strebepfeilern ist großenteils erhalten, daran ein Eckturm und ein gotischer Fenstererker. Ein Graben trennt den Klosterbereich vom Berg. Die große Linde vor dem Kloster (heute ev. Altersheim) ist zerstört.
Das WÄSCHERSCHLÖSSCHEN bei Wäschenbeuren ist ein sechsseitiger Mauerbering aus Buckelquadern mit stumpfem Spitzbogentor. Nach Westen gegen den ansteigenden Berg der tiefe Halsgraben. Auf dieser Seite sind die sonst 2 m starken Mauern schildmauerartig auf 2,68 m verstärkt. Auf der gleichen Seite auch der Hauptwohnbau (heute Museum), im Unterbau noch alemannisches Fachwerk. Die Burg wurde nach Ausweis ihrer Bauformen etwa im 2. Viertel des 13. Jh. errichtet. Dafür sprechen vor allem der beginnende Spitzbogen

*Wäscherschlößchen, Grundriß*

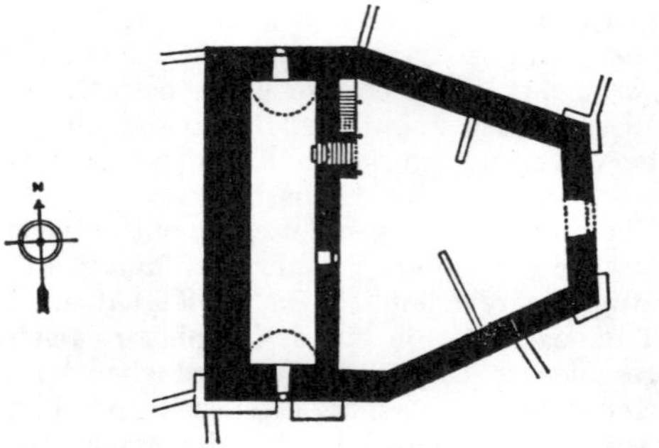

des Haupttors und der sehr regelmäßige Grundriß, der darin an die großen Kastelle Friedrichs II. in Apulien und auf Sizilien erinnert: Haupttor, Hof und Wohnbau bilden eine durchaus symmetrische Anlage. Es fehlte von Anfang an der Bergfried, was darauf hindeutet, daß wir es hier mit dem Sitz eines kleinen Adeligen zu tun haben. Der Name des Schlößchens hängt mit der Belehnung an Konrad den Wäscher (Conradus miles cognominatus Wascher) zusammen. Die Anlage hat also mit Büren, nach dem sich die staufische Familie ursprünglich nannte, direkt nichts zu tun. Dieses dürfte vielmehr mit der vor kurzem auf dem 500 m westlich des Schlosses gelegenen „Burren“ ausgegrabenen Turmhügelburg identisch sein, die in das 11. Jh. datiert wird und noch in gotischer Zeit einmal erneuert worden ist, dann aber unterging. – Wie gern möchte man auf dem kahlen

Haupt des HOHENSTAUFEN die Trümmer der „Kaiserburg" als monumentale Zeugen seiner großen Vergangenheit schauen, um sich von den Steinen die Großtaten des schwäbischen Kaiserhauses erzählen zu lassen. Aber längst sind sie verschwunden, und symbolisch muß uns der verödete Kaiserberg an den Zusammenbruch der staufischen Kaiserherrlichkeit mahnen. Als Friedrich von Büren 1079 mit dem Herzogtum Schwaben belehnt wurde, verlegte er seinen Sitz – der zuvor vielleicht auf dem „Burren" bei Wäschenbeuren lag – hierher, und in der Folge nannte sich sein Geschlecht nach der neuen Burg. Im Bauernkrieg zerstört, wurden die Reste von den Herzögen von Württemberg nach und nach abgetragen. Nur noch ein spätgotisches Fresko in der Göppinger Oberhofenkirche sowie eine Skizze und Beschreibung von Martin Crusius aus dem Jahr 1588 überliefern uns als älteres Zeugnis eine eingehendere Vorstellung vom Aussehen der Burganlage. Ein großer Bering wurde demnach durch eine Quermauer in zwei Höfe geteilt. In dem einen ein Brunnen und die Burgkapelle, in dem anderen der „Mannsturm", d.h. Bergfried, mit hochliegendem Eingang, daneben die Wohnung des „Frauenzimmers". In einer Ecke der „Bubenturm". Einen besonderen Hinweis

*Burg Hohenstaufen, Grundriß*

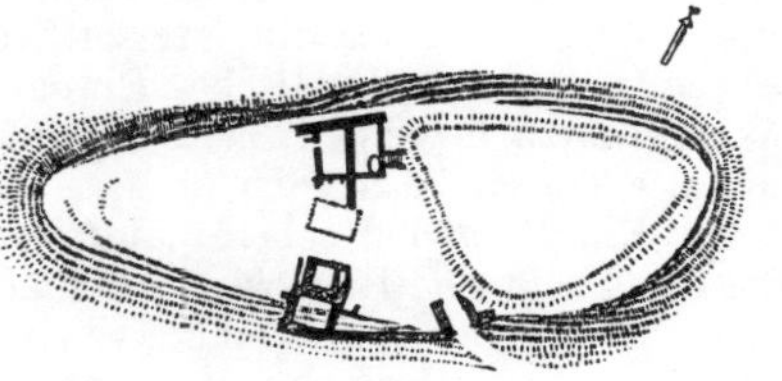

finden die Buckelquader der Ringmauer. Durch Grabungen (1936 bis 1938) sind in der Burg die Grundmauern von zwei Baugruppen aufgedeckt worden, die die Richtigkeit der von Crusius gemachten Angaben bestätigen: im Süden die Grundmauern des Bergfrieds, daneben das Haupttor der Burg. Südlich vom Bergfried, der ursprünglich wohl freistand, der Unterbau der obengenannten Wohnung und ein Stück der Ringmauer zwischen dieser und dem Tor. Auf der gegenüberliegenden nördlichen Seite beiderseits einer etwa nordsüdlich gerichteten Trennmauer die Mauerumfassung eines größeren quadratischen Gebäudes, das auf dem Plan von 1588 nicht mehr verzeichnet ist, mit einer noch älteren Zisterne (der „Brunnen") in dessen Südostecke. Das Gebäude war nach Nordosten an die starke Ringmauer angelehnt und durch eine die nordwestliche mit der südöstlichen Ringmauer verbindende, nach dem Grabungsbefund jüngere

Quermauer zweigeteilt. Die Grabungsreste wurden neuerdings wieder sichtbar freigelegt. Alles in allem läßt sich die Burg in ihrer ersten Gestalt demnach als eine unregelmäßige Ringmaueranlage mit freistehendem Bergfried und an die Innenseite der Mauern angelehnten Wohn- und Wirtschaftsbauten rekonstruieren. Wie weit ihr historischer Ruhm reichte, zeigt die ebenfalls von CRUSIUS überlieferte Geschichte, nach der ein hier durchreisender Italiener nach dem Namen des Berges fragte und, als er hörte, was für ein Berg es sei, antwortete: Man sollte wegen der Kaiser Friderichen diesen Berg mit einer güldenen Mauer umgeben! – Anmutig ist der Blick auf das Dorf, das dem Berg sich anschmiegt, und auf die lieblichen Wiesentäler hinab. Die *Jakobskirche* über dem Dorf stammt erst aus spätgotischer Zeit, wohl von demselben Meister wie die Salacher, an die ihre äußere Erscheinung erinnert. Von den Resten der Ausmalung (16.–19. Jh.) ist am bekanntesten das Barbarossabild über der Nordpforte mit dem Spruch: Hic transibat Caesar, der den Anlaß zu dem Namen „Barbarossakirchlein" gegeben haben mag.
Bedeutend und landschaftlich großartig gelegen die *Burgruine* (Abb. 37) der staufischen Ministerialen RECHBERG. Der mächtige spätromanische Kern wird von einer Ringmauer aus Buckelquadern umschlossen. Auf der Eingangsseite die Fensterreihe eines Palas. Ein etwas jüngerer, frühgotischer Einbau sind die Reste des im rechten Winkel dazu liegenden Saalbaus auf der Bergseite. Ihm gegenüber auf der Talseite das noch jüngere und guterhaltene gotische Steinhaus. Ein Bergfried scheint auffallenderweise nicht vorhanden gewesen zu sein. Die Burg wird auf allen Seiten von einer spätgotischen Erweiterung umzogen; von dieser stammt ein beachtenswerter früher Turm für den Gebrauch von Feuerwaffen (mit Gußerkern). Die *Wallfahrtskapelle* zur Schönen Maria 1686–1688 von VALERIAN BRENNER.

## 2. Schwäb. Gmünd und Umgebung

SCHWÄB. GMÜND ist noch vor 1162 von den Staufern als ihre älteste Stadt in Schwaben gegründet worden. Der Stadtplan umschließt zwei Straßenzüge, die durchgehende Remstalstraße und die davon abzweigende Waldstetter Straße; außerdem ehem. Kirchhöfe, Kloster- und Herrenhöfe. Alle Hauptkirchen haben einen oder mehrere Plätze um sich. Der Marktplatz ist eine Erweiterung der Hauptstraße, hat aber wohlgeschlossene Platzwände auch an den Schmalseiten; die Ausgänge biegen seitlich ab. Von der hochgotischen Stadtbefestigung einer Stadterweiterung des 14. Jh. ist ein halbes Dutzend

Türme erhalten; darunter der hochgelegene Königsturm, der Fünfknopfige mit seinen malerischen Dacherkertürmchen und der Rinderbacher Torturm.
Man erwartet, in der Stauferstadt auch Denkmäler aus der Zeit des schwäbischen Kaiserhauses zu finden. Eines wenigstens ist noch vorhanden, die *Johanniskirche* (Abb. 73), eine große Pfeilerbasilika, spätestens aus der Zeit um 1220, mit jüngerem, schon frühgotischem Turm. Die Kirche wurde später mehrfach umgebaut, einmal zu einer Art von gotischer Hallenkirche, dann zu einer Barockkirche. Im 19. Jh. wurde sie als romanische, flachgedeckte Basilika (ohne Querschiff, Seitenschiffe plattgeschlossen) und mit neuer Apsis wiederhergestellt. Die Chorpartie mit dem Turm gibt gegen den Marktplatz hin ein gutes, der ursprünglichen Gestalt entsprechendes Bild. Das *Innere* mit den regelmäßigen, strengen und doch feingegliederten Arkaden ist stimmungsvoll dank der schwachen Beleuchtung und trotz der neuromanischen Wandmalerei. Es scheint, daß der Chor auf Wölbung angelegt war. Die Kirche gehört als flachgedeckte Basilika – die Vierkantpfeiler mit eingelegten Runddiensten an den Ecken – einem Typus an, der auch sonst im staufischen Gebiet mehrfach nachgewiesen ist (Brenz, Giengen a. d. Brenz, Faurndau). Bezeichnend ist namentlich die Ausbildung des Chors als eingezogener, d. h. etwas schmalerer und niedriger Anbau am Schiff. Die ursprüngliche Rundapsis wurde durch Grabung nachgewiesen. Sie lag an der Stelle der heutigen, war jedoch etwas kleiner als diese. Sehenswerter als das Innere sind die *Außenseiten* und der Turm. Die Stirnseite ist schon in ihren romanischen Teilen asymmetrisch. Durch die Restaurierung im Bestand weiter verunklärt, ist ihre Baugeschichte kaum noch aufzuhellen. Offenbar wurde schon während des Baus der Plan gewechselt. Die Fassade wurde dabei in einer zügellosen Weise dekoriert, die bezeichnend ist für die damalige schwäbische Kunst. Zugleich stellt sie den Ausläufer einer Stilwelle dar, die über ganz Europa bis weit nach Rußland hinein hinweglief. Typisch und doch überraschend die kleinen, willkürlich über die Mauerfläche verstreuten Reliefbilder. Lombardische Steinmetzen gefallen sich in ähnlich ungebundener Phantastik, doch kommt hier eine lombardische Einwirkung bestenfalls nur aus zweiter Hand in Betracht. In Gmünd sind die Bildwerke auffallend unbeholfen, obwohl sorgsam ausgearbeitet (allerdings ist zu berücksichtigen, daß sie – wie die größeren Figurengruppen – weitgehend neuzeitliche Nachbildungen verlorengegangener Originale sind; einige Bilder sogar Neuschöpfungen des 19. Jh.). Den alten Steinmetzen kam es offenbar hauptsächlich darauf an, die Flächen zu beleben und die Einbildungskraft der Beschauer anzuregen. So zeigen

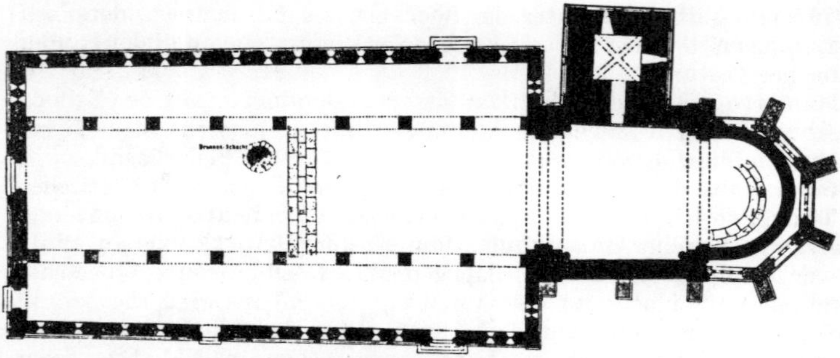


*Schwäb. Gmünd, Johanniskirche, Grundriß*

die Figuren Menschen bei allerlei Verrichtungen, Tiere und vor allem Fabelwesen aus dem Sagenkreis des Altertums. Puppenhaft vereinfacht erscheinen die größeren Bildwerke in den Bogenfeldern der Pforten, am Giebel und unten an den Ecken. Zweimal ist Christus am Kreuz zwischen Maria und Johannes dargestellt; das eine Mal (am Westportal) nach älterer Auffassung als Siegeskönig, daneben ein Ölbaum (mit der Friedenstaube) und ein Weinstock (ebenfalls mit Taube, hier dem altchristlichen Symbol der Menschenseele); das andere Mal nach der jüngeren Auffassung als Leidensbild, mit gekreuzten Beinen. Unten Judas mit dem Blutgeld in der Schale und dem Strick um den Hals. Ein Bogenfeld zeigt die staufischen Löwen (eigentlich Leoparden) am Südportal. Bisher nicht eindeutig zu klären ist die Bedeutung der Darstellung einer Tuchschere. Auf der Mauerfläche rechts und links von der Hauptpforte sind ein Zentaur und ein Bogenschütze mit Vogelleib und Drachenschwanz auf Löwenfüßen zu sehen; an der Ecke Jagdtiere, Hunde, ein Jäger mit Jagdhorn, ein Ritter auf springendem Roß. Eine eindrucksvolle, archaisch wirkende große thronende Muttergottes mit dem Kind, das die Rechte im Segensgestus hält. Darunter Jagdszene. Nach der Volkssage ist im Giebel unten der Baumeister dargestellt, wie ihn der Teufel an der Nase packt. In Wahrheit ist diese Gestalt aber ein Judas mit Hut. Das Radfenster und auch das Gesims der Langhausseiten sind erst eine neuerfundene Zutat des 19. Jh. – Der gegen die Mitte des 13. Jh. entstandene *Turm* steht selbständig neben der Kirche. Er ist in unserer Gegend ein frühes Beispiel der vor allem repräsentativ gedachten Eintürme, wie sie in vielen Städten als bewußtes Gegenstück zu den vieltürmigen Bischofskirchen errichtet wurden. Ideengeschichtlich läßt sich eine direkte Linie zum Turm des Ulmer

Münsters führen. Bei dem Gmünder Turm erhebt sich auf einem massigen, würfelförmigen Sockelgeschoß mit sehr steilen Eckschrägen, die wie ein kraftvolles Aufschießen wirken, ein schwerer, pfeilerartiger Turmschaft, auf dem ein verhältnismäßig niederes Achteck mit zwei ganz in Arkaden aufgelösten Stockwerken ruht. Das Dach des Turms ist neu. Zwei noch vorhandene alte Steingiebelerker lassen einen Wechsel von Giebeln und Traufen vermuten; dahinter ein Steinhelm, ähnlich wie an den Comburger Türmen. Die Stockwerke sind eingezogen, sogar über den Kämpferbändern, so daß der Turm sich nach oben verjüngt und höher erscheint, als er ist. Die Schallöffnungen sind spitzbogig, eingefaßt mit Säulchen. Die Gliederung noch kraftvoll in romanischer Art. Der Bau erinnert an die Schilderung eines Turms am Gralstempel, die im Titurel steht. Seine Glieder sind sorgfältig verziert mit kleinen, aber schattenkräftigen Kerbschnitten, Band- und Blattwerk. Auf den Pfosten hocken steinerne Tier- und Menschengestalten. Die Kämpferbänder sind besetzt mit Friesgestalten und Eckköpfen. Um die Rundung des Turms rast die wilde Jagd. Leider mußte die stark verwitterte Außenhaut in den letzten Jahren vollständig erneuert werden. Die inneren Turmräume sind in mehreren Stockwerken frühgotisch eingewölbt.

Das bedeutendste Baudenkmal Schwäb. Gmünds ist das *Münster zum Heiligen Kreuz* (Abb. 71, 72), auch Frauenkirche genannt; ein Werk der Baumeisterfamilie der PARLER, die sich von hier aus weit

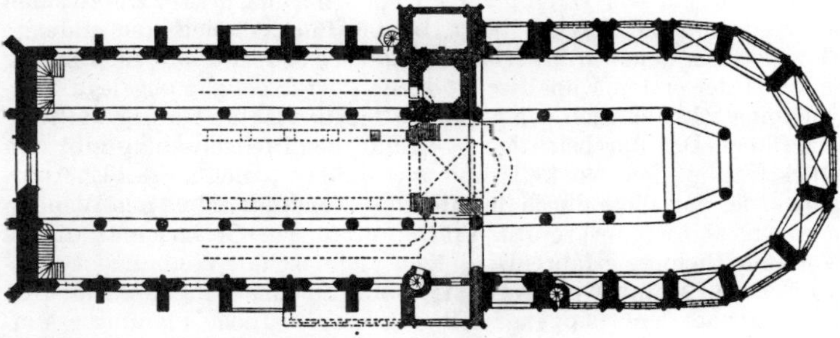

*Schwäb. Gmünd, Heiligkreuzkirche, Grundriß*

verzweigt (u. a. Prag, Augsburg, Ulm, Freiburg [Brsg.], Straßburg, Mailand) und im deutschen Kulturgebiet wesentlich die Stilstufe in Plastik und Architektur vorbereitet hat, die wir die Spätgotik nennen. Die Kreuzkirche ist eine der frühesten Hallenkirchen Schwabens und vielleicht die erste mit einem Hallenchor. Stattlich wie ein Dom, läßt

der Bau vor allem durch seinen Chor und die in Schwaben zu jener Zeit unerreicht reiche Ausstattung mit figürlicher Bauplastik das Vorbild der großen Kathedralen erkennen. Der Vorgängerbau war nach Ausweis verschiedener Grabungen zunächst eine dreischiffige Anlage in der Länge des heutigen gotischen Langhauses, er endete querschifflos in drei Apsiden (vgl. Sindelfingen) und wurde noch in romanischer Zeit durch den Bau eines neuen Chorquadrats mit zwei Seitentürmen verändert. Die Türme blieben im Neubau der Gotik zunächst erhalten, 1497 stürzten sie ein. Seitdem ist die Kirche turmlos.
Das *Hallenschiff* des gotischen Neubaus besitzt noch den für Basiliken üblichen Grundriß: quergestreckte Felder im Mittelschiff, nahezu quadratische in den Seitenschiffen. Schlanke Rundpfeiler und hohe Fenster. Der Stirngiebel zurückgesetzt, aufgelöst durch fünf große Blendfenster und eine Gangbrüstung am Fuß. In der durch Strebepfeiler geteilten Wand drei Rosen und ein Mittelportal mit Maßwerktympanon und Wimperg. Die Strebepfeiler hier im Grundriß fünfeckig, mit einer Kante in der Mitte.
Ganz anders als das Langhaus ist das räumliche System des *Chors*, der ehem. durch die romanischen Chortürme vom Langhaus stark abgesperrt war. Die Säulen noch höher – ihre Höhe beträgt mehr als das Dreifache der lichten Seitenschiffweite –, die Wände in zwei Fensterstockwerke aufgeteilt. Das untere wurde dadurch erweitert, daß die Wände an das äußere Ende der Strebepfeiler hinausgeschoben sind. So entsteht ein sehr vereinfachter Kapellenkranz, dessen Decke einen äußeren, offenen Umgang trägt. In den Chorkapellen sind einfache Gewölbe aus dem 14. Jh. erhalten. Links und rechts am Choranfang ist statt der ersten Kapelle eine offene Portalvorhalle angelegt. Entwicklungsgeschichtlich von großer Bedeutung ist die Raumgestaltung des Chors. Der durchsichtige $^{3}/_{6}$-Schluß der Pfeilerstellung gibt den Blick frei auf den fast kreisrund wirkenden $^{6}/_{12}$-Schluß des Chorumgangs, der vor allem durch das über die Dienstbündel an den Wänden dreieckig hinwegverkröpfte, kräftig profilierte Gesims eine starke Vereinheitlichung erfährt. Die jetzige engmaschige Wölbung ist spätgotisch und stammt von Aberlin Jörg. Für das Langhaus läßt sich ein einfaches Kreuzrippengewölbe als ursprüngliche Planung rekonstruieren. Auch das Chorgewölbe dürfte auf eine ruhigere Form hin angelegt gewesen sein. In der Außenansicht des Chors fällt vor allem die betonte Zweigeschossigkeit auf, die ganz im Gegensatz zu den aus der Tradition der Bettelordensbauten erwachsenen langen, steilen Fensterbahnen der Chöre in der vorherigen Zeit steht (vgl. Esslingen, St. Dionysius). Die Strebepfeiler zwischen den Einsatzkapellen enden in Figurennischen. Die oberen Fenster des eigentlichen Chors werden

von einem großen Blendbogen überfangen, der an seiner Unterseite von einer Blütenreihe besetzt ist, ein Baumotiv, das – nicht von den Parlern erfunden – doch eine typische Einzelheit der von ihnen beeinflußten Bauten ist.

Genaue Baudaten und Meisternamen liegen für den gotischen Bau nur ungenügend vor. Urkunden und andere Quellen weisen auf die berühmte Baumeisterfamilie der Parler und nennen einen Meister Heinrich und (1472) Johannes. Ein Inschriftstein in der Halle vor dem nördlichen Chorportal nennt für die Grundsteinlegung des Chors das Jahr 1451. Die Klärung der Baugeschichte bleibt vor allem auf Bauuntersuchungen und Stilvergleiche angewiesen und ist nicht immer zu übereinstimmenden Ergebnissen gekommen. Von der Plastik aus zu schließen, könnte der Baubeginn des Langhauses, als des sicher ersten Bauteils des Neubaus, schon um 1300 f. liegen (O. Schmitt), aufgrund der Architektur jedoch scheint er frühestens ein Jahrzehnt später möglich zu sein (H. Creutzfeldt). Demnach läge der Baubeginn des Westteils der Kirche etwa nach 1308. Von diesem 1. Bauabschnitt ist der Unterbau des ersten Jochs und der mittlere Oberteil der Fassade einschließlich der kleinen Mittelrose erhalten. Dieser Bauteil steht in enger Beziehung zur Straßburger Münsterhütte. Vor allem das Schema des Westportals mit dem Wimpergmaßwerk scheint unmittelbar von dort übernommen. Möglicherweise sollte das Langhaus zunächst als flachgedeckte Basilika errichtet werden. Dafür spricht das Grundrißsystem, die hier dünneren Strebepfeiler und das stärker und höher aufgeführte Mittelteil der Fassade. Wenig später als 1320 wurde Meister Heinrich (Parler, I) aus Köln berufen, der den Bau als Halle weiterführte, eine Bauform, die er aus den Rheinlanden mitgebracht haben kann, wo um 1300 eine vergleichbare Gruppe von Rundpfeiler-Hallenkirchen entstand. Zeitweilig war Heinrich (I) in Augsburg (1336–1343), er könnte aber um 1345 wieder in Gmünd gewesen sein, um hier die fortschrittlicheren Pläne für den Hallenchor zu entwerfen. Am 21. September 1410 wurde der Choraltar geweiht. Damit scheint der Bau einen ersten, vorläufigen Abschluß erreicht zu haben. Noch fehlten die Gewölbe, die erst am Ende des Jahrhunderts eingezogen wurden. Die Kirche wird zunächst mit einer provisorischen Flachdecke geschlossen gewesen sein. Mit der spätgotischen Einwölbung mag der Einsturz der romanischen Türme zusammenhängen, der auch zur Erneuerung einiger Pfeiler und Wandabschnitte samt dem Neubau zweier Kapelleneinbauten führte.

Im Unterschied zum Reutlinger Münster ist das Gmünder Münster reich mit Bildwerken geschmückt (wie der Rottweiler Kapellenturm und der Ostchor des Augsburger Doms). Es läßt sich am Bau ablesen, wie sich die Bildhauerei erst während des Baus mehr und mehr entfaltet hat. Das *Westportal* hat im Bogenfeld und in den Kehlen noch kein Bildwerk. Ursprünglich war im Tympanonfeld vielleicht eine Weltgerichtsdarstellung geplant (A. Walzer). Sie wurde jedoch von Meister Heinrich (I) durch das Blendmaßwerk ersetzt, dessen Dreistrahlfigur den ersten Kölner Baueinfluß am Bau zeigt. Die Türsturzkonsolen könnten veränderte Teile des nicht zur Ausführung gekommenen Tympanonfelds sein. Die Muttergottesfigur, die noch oberrheinische Einflüsse zeigt, ist zwar ursprünglich, wurde jedoch im 19. Jh. stark überarbeitet. Die beiden Bischofsstatuen (Kopien, Originale im Museum) sollen angeblich aus der Johanniskirche stammen und wurden erst später hierher versetzt. – Im Bogenfeld des *nördlichen Langhausportals* oben die Geburt Christi, darunter die Anbetung der Könige, noch eng der oberrheinischen Kunst des ausgehenden 13. Jh. verbunden. Das Feld ruht auf Konsolen, die einen Pelikan, der seine Jungen mit seinem Blut tränkt, und einen Löwen, der seine Jungen durch sein Gebrüll zum Leben erweckt, zeigen, beides Symbole für Tod und Auferstehung Christi. Rechts und links des Portals ursprünglich zwei monumentale Figuren einer Verkündigungsgruppe, die jetzt im Innern der Kirche steht. Fortgeschrittener im Stil ist das Bogenfeld des *südlichen Langhausportals* mit Tod und Krönung Mariä; es sitzt auf prächtigen Blattmasken. Die Relieffiguren erinnern an Skulpturen aus der gleichen Zeit in Nürnberg und Bamberg. Das Gewölbe der Vorhalle ruht auf vier Konsolen mit den Evangelistensymbolen. In den Baldachinen der *Strebepfeiler* des Langhauses standen ursprünglich 14 Prophetenstatuen. Ein völlig neuer Stil tritt erstmals im *nördlichen Chorportal* auf, das in den drei Bahnen seines Tympanons die Passionsgeschichte zeigt. Im obersten Zwickel: Christus in der Vorhölle und Auferstehung. Hier haben sich Reste einer älteren Bemalung erhalten. Im Gegensatz zu den Langhausportalen waren an diesem Portal erstmals auch die Bogenläufe und die Gewände der Vorhalle mit Figuren besetzt (jetzt z.T. im Innern der Kirche). Links standen die klugen, rechts die törichten Jungfrauen, außen ein Schmerzensmann. In den beiden Bogenläufen Martyrien der Apostel und anderer Heiliger, die stilistisch in Beziehung zu Thann (Elsaß) stehen. Das Gewölbe und das rechte Gewände der Vorhalle nach dem Turmeinsturz spätgotisch erneuert. Figürlich am reichsten ist das *südliche Chorportal* ausgestattet. Auf den drei Bahnen des Bogenfelds das Jüngste Gericht, ebenfalls mit Resten einer älteren Farbfassung. Der untere Streifen gilt als ein Markstein in der Geschichte des gotischen Reliefstils und gehört wahrscheinlich zu den ersten Frühwerken der Plastik PETER PARLERS (O. Schmitt). Bemerkenswert vor allem die räumliche Klarheit der in mehreren Schichten hintereinander aufgebauten Komposition. Der innere der beiden Bogenläufe enthält acht Engel mit den Leidenswerkzeugen, der äußere Propheten mit Spruchbändern. Im Gewölbe der Vorhalle Szenen von der Erschaffung der Welt bis zur Sintflut. Alt jeweils nur die vier unteren Felder (die übrigen 19. Jh.), in der Qualität der Figuren gegenüber z. B. den benachbarten Propheten deutlich abfallend. Von den Gewändestatuen (jetzt im Kircheninnern) bedeutend Jesaias, Jeremias und Moses. Außen an der Vorhalle stand rechts ein Kreuzträger (jetzt im Kircheninnern). Die Figuren über dem Vorhalleneingang Kopien des 19. Jh. nach P. VISCHER. Von der weiteren Bauplastik erwähnenswert ist an einem Strebepfeiler rechts der Sakristei die Schutzmantelmadonna (jetzt Kopie). Als eine der frühesten Darstellung des Themas gehört sie zu den älteren Beispielen der im 14. Jh. aufkommenden sog. Andachtsbilder der deutschen Plastik. Am gleichen Pfeiler ein thronender Kaiser, der möglicherweise Karl IV. darstellt. An den *Chorstrebepfeilern* ursprünglich Könige aus einer Darstellung der Epiphanie (jetzt im Museum), spätgotisch erneuerte Statuen der Muttergottes und Josephs (jetzt innen am Südportal), schließlich vier Kirchenväter, die Stifter der großen Mönchsorden, Christophorus und ein Gnadenstuhl. Die Wasserspeier an der gesamten Kirche durchweg 19. Jh.!

*Innenausstattung:* Heiliges Grab in der mittleren Chorkapelle (um 1350, ursprünglich vielleicht im Langhaus). Die Bekleidung der Krieger ist kostümgeschichtlich beachtenswert. An den Wänden der Grabkapelle die im 19. Jh. gründlich renovierten Fresken mit Kreuzigung und Beweinung, um 1430. Eine Gewölbekonsole in der Nordwestecke des Langhauses zeigt vielleicht das Bildnis des Meisters HEINRICH (I) PARLER. Unter den Altarschreinen ein geschnitzter mit der Darstellung der heiligen Sippe, umrahmt von einem Stammbaum Christi (um 1510). In der Schreyerkapelle ein gemalter Sebaldsaltar aus der Werkstatt DÜRERS (urkundlich, 1508). In der gleichen Kapelle, ausgebaut und ausgestattet durch den sehr reichen Nürnberger Patrizier Sebald Schreyer (der 1505 vor der Pest nach Gmünd geflohen war), auch Reste von Glasgemälden, 1505 nach Vorlagen aus der DÜRERwerkstatt: alt die Muttergottes und St. Sebald mit den beiden Stifterbildern. Die übrigen Altäre mehr oder weniger willkürlich zusammengestellt aus verschiedenen alten Teilen, die von anderen Orten stammen. Darunter ein Vesperbild von 1520; ein Altärchen mit gestaltenreichem Kleinbildwerk nach niederländischer Art (Anfang 16. Jh.); ein großes Bild des Gekreuzigten (16. Jh.). In der zweiten südlichen

Chorkapelle ein interessantes altes Gemälde, das den Wiederaufbau der Kirche nach dem Einsturz der romanischen Türme zeigt. Chorgestühl mit aufgesetzten doppelseitigen Standbildern von Propheten und Aposteln (1550, ADOLF DAUCHER d. J.). Kanzel mit Füllungen von 1551, Trägerfigur und Schalldeckel um 1688. Die gewölbte Westempore von 1552. Orgelgehäuse samt Stützfiguren und Emporenbrüstung 1688 von PAUL PRESCHER, Nördlingen, und J. M. MAUCHER, Gmünd. Geschnitzte Kirchenbänke in Barockrenaissance. Rokokobeichtstühle. Geschmiedete Weihkesselfüße und Glockenträger. Grabsteine; gemalte Gedächtnistafeln; Totenschilde; eine Rüstung vom Ende des 15. Jh. Der Kirchenschatz, der als der reichste des Landes gilt, enthält z.T. vergoldete Silberarbeiten aus dem 15. bis 18. Jh. – Nach dem Einsturz der romanischen Türme wurde ein nördlich der Kirche gelegenes festes Haus, wohl ursprünglich der Wohnsitz eines vornehmen Bürgers, zu einem *Glockenturm* mit hohem, eigenartig gebrochenem Dach ausgebaut.

Die ehem. *Franziskanerkirche* ist eine der ältesten Kirchen dieses Ordens auf deutschem Boden, noch in den spätromanisch-frühgotischen Detailformen der Baukunst des Zisterzienserordens. Kirche und Kloster von einem Frater EUSEBIUS MOOSBRUGGER erneuert. Ausstattung in Rokoko mit Fresken von J. WANNENMACHER (1752f.). Der baldachinartige Hochaltar wird als qualitätvolles Werk DOMINIKUS ZIMMERMANN zugeschrieben. Ehem. *Augustinerkirche*, gotisch, aber im Rokokogeschmack umgebaut; mit riesigen Deckenfresken von ANWANDER (1757f., Leben des hl. Augustin), die durchaus zu den großen Leistungen der deutschen Barockmalerei gehören. Der Neubau des Klosters wurde 1732 von CHRISTIAN WIDMANN aus Oberelchingen begonnen. Der Neubau des *Dominikanerklosters*, in dem mittelalterliche Bauteile wiederverwandt wurden, geht in der Planung auf DOMINIKUS ZIMMERMANN zurück. Die Kirche ist heute völlig verbaut. *Friedhofskapelle* mit Fresken von WANNENMACHER. Die im Kern noch romanische *Katharinenkapelle* (ursprünglich Siechenkapelle) hat Fresken vom gleichen Maler. Altarblätter von MATTH. GÜNTHER aus Augsburg, 1757. Vor der Stadt zwei Renaissancekapellen zur Ruhe Christi mit eigentümlicher Ausbildung des Chors als turmartiger Kuppelbau; die ältere von dem einheimischen Meister KASPAR VOGT (1622), in den Formen noch halb gotisch.

Die *Bürgerhäuser* gehören großenteils dem Rokoko- und Zopfstil an. Die meisten werden dem sehr begabten einheimischen Baumeister JOHANN MICHAEL KELLER (1721–1794) zugeschrieben, dem Bauführer der Neresheimer Klosterkirche. Doch handelt es sich um mehrere Glieder der Baumeisterfamilie KELLER, darunter ein JOHANN GEORG,

der auch in Heilbronn tätig war. Beziehungen zur Bamberger Schule bestanden schon früher: Jakob Strühlein von Gmünd war Joh. Leonh. Dientzenhofers Parlier in Schöntal. Für die Dekorationsmalerei zog man auch in den bürgerlichen Häusern Meister wie J. Wannenmacher heran. Geschweifte Giebel oder Mansarddächer mit Zwerchstock und kleinem Giebel kennzeichnen viele der Häuser, ebenso sorgfältig umrahmte Fenster und Türen, mit schmiedeeisernen Korbgittern und Oberlichtgittern, Wasserspeiern und Spiegelhaltern. Das *Rathaus* von 1783–1785 besitzt im Treppenhaus einen reizvollen Lichthof. Der Fachwerkbau (1536) der *Gred* am Marktplatz steht auf einem romanischen Unterbau, der auf den ältesten Kern der Stadt hinweist. Verbaute Reste hochmittelalterlicher Steinhäuser haben sich auch sonst mehrfach erhalten. Ein massiver Renaissancebau mit Säulensaal und unbeholfenem Bildwerk die sog. *Schmalzgrube*. Einige Fachwerkhäuser haben sich aus dem späten Mittelalter erhalten, darunter das überaus stattliche Amtshaus des *Spitals* am Marktplatz (1495). – Im Umkreis der Stadt findet man hier und da noch eine gefällige Gartenvilla aus dem 18. Jh. Die vornehmste im jetzigen Stadtgarten: das *Stahlsche Palais* (1780, J. M. Keller). Ungewöhnlich und doch anmutig ist die *Wallfahrtskirche zum Salvator* am Nepperstein, eine Anlage des 17. Jh. im Geist des Kapuzinerordens, ein Ort von echter Naturpoesie und zugleich religiöser Mystik. Die Fassade: eine Felswand mit Fenstern, Pforten und Wandbildwerken. Das Innere: zwei aus dem Fels gehöhlte Stockwerke. Als Volksheiligtum ist der Ort wesentlich älter. Sehr schön der Stationenweg, kleine Zentralbauten mit fast theaterhaft aufgebauten Szenen.
Die Kirche des Hl. Koloman in WETZGAU (alt: Weggesheim) ist gotisch, aber mit Spuren älterer Bauart im gewölbten Chor. Dabei stehen zwei alte Linden (benannt nach dem Heiligen) im ummauerten Kirchhof. – Bei Großdeinbach liegt die Burgruine WALDAU. – Ein guterhaltenes Schloß, das seinen Ursprung aus einer Burg noch erkennen läßt, in LINDACH. – In der gotischen Kirche zu TANAU befinden sich Reste der alten Ausstattung. – Eindrucksvoll im Äußeren ist die alte Kirche in STRASSDORF, ursprünglich mit romanischem Chorturm, im 15. Jh. mit Turmaufsatz und Vieleckchor umgebaut und erweitert. Hohes Grabdenkmal für Ulrich v. Rechberg († 1572; S. Schlör?).

## 3. Schwäb. Gmünd – Aalen

Schwäb. Gmünd, Seite 216. – Eine sehenswerte, altertümliche Dorfkirche steht in WEILER IN DEN BERGEN, romanisch, mit schweren Rippengewölben über Ecksäulen im ehem. Chorturm (außen an diesem Buckelquader). Romanische Pforte. Mehrere z.T. gute spätgotische Holzbildwerke. Nicht sehr gelungener moderner Erweiterungsbau. – Das Pfarrhaus in UNTERBÖBINGEN ist ein Schlößchen aus der Barockzeit. Die Kirche in OBERBÖBINGEN ursprünglich romanische Kapelle, spätgotisch umgestaltet. – In der modernen ev. Kapelle von BUCH ein kleiner Flügelaltar mit Predella (um 1520). – Die Stadtkirche in HEUBACH hat neben dem ursprünglich freistehenden Glockenturm (wie in Gmünd, Bad Boll, Niederstetten, Tailfingen) noch einen Torturm, den letzten Rest der wehrhaften, mit Buckelquadern verkleideten Kirchhofmauer. Am Kirchturm vermauerte Maßwerkfenster in hochgotischer Form. Die Kirche gotisch mit romanischen Bauresten, im 19. Jh. stark verändert. Die Sakristei besitzt ein Gewölbe über der Mittelsäule im spätromanischen Übergangsstil. Im *Schloß* der Wöllwarth ist in einem Zimmer aus dem Jahr 1524 mit altem Plättchenboden die Vertäfelung erhalten, die in Helldunkelmalerei Flachschnitzerei vortäuscht; Rankenornamente, Tierhumoresken und Heiligenfiguren. Das *Rathaus* mit mittelalterlichem Buckelmauerstock, Fachwerk (1581), Täferstuben, alter Küche und Tanzlaube; Richtertisch mit einst aufgeschraubtem Richtschwert. – Die Burgruine auf dem ROSENSTEIN oberhalb Heubach großartig auf Felsen gelegen. Auf der höhlenreichen Hochfläche des Bergs noch reiche Siedlungs- und Befestigungsspuren vorgeschichtlicher Zeit. – In BEUREN eine einfache Barockkapelle. – In einem felsigen Talkessel, zwischen zwei Klingen, nahe dem oberen Gebirgsrand, die ausgedehnte Burgruine LAUTERBURG (1732 ausgebrannt). Tore und Zwingermauern sind erhalten, in der Vorburg ein Gewölbe, worauf die Kapelle steht. Diese ist ein schlichter kleiner Renaissancebau aus dem Anfang des 17. Jh., mit bemalten Gewölbestukkaturen im Chor. Im Schiff Stuckdecke mit Nachahmung von Kassetten. – Auf einem Absatz der Albwand steht Burg HOHENRODEN. In eine enge Ringmauer des 13. Jh. sind spätmittelalterliche Wohnungen eingebaut und Zwinger und Torhaus vorgelegt. – Am Anfang des Remstals liegt ESSINGEN, ein großes Dorf mit einem *Schloß* aus der deutschen Frührenaissance und einem „Schlößle", d.h. einem Steinhaus des 17. Jh. In der Pfarrkirche (15. Jh.) eindrucksvolles Kruzifix aus dem 3. Viertel 15. Jh. Von der gotischen Friedhofskapelle steht nur noch der Chor.

Die Stadt AALEN entstand bei einem westlich der Altstadt auf einem Höhenrücken gelegenen Limeskastell, das zu den größten zwischen Rhein und Donau gehörte und dem sich eine Bürgersiedlung anschloß; die römische Vergangenheit durch Funde dokumentiert im sehenswerten Limesmuseum. Die Bedeutung des Ortes lag vor allem in einem wichtigen Verkehrsknotenpunkt. Bereits in karolingischer Zeit genannt, erlangte er in der 1. Hälfte des 13. Jh. erneute Bedeutung, als die Staufer die eigentliche hochmittelalterliche Stadt gründeten. Sie gewann zwar Reichsunmittelbarkeit, blieb aber eine kleine und ländliche Stadt. Die später von Häusern überbaute Stadtmauer (Buckelquader) ist auf einige Strecken erhalten. Zwei Haupttore erschlossen den Marktplatz, eigentlich nur eine breite Straße. Das heutige Architekturbild geht auf das 17. Jh. zurück. (Nach der Nördlinger Schlacht war die Stadt abgebrannt.) Ältere Gassenbilder beim *Rathaus*, einem Fachwerkbau des 17. Jh. mit dem Stadtwahrzeichen (Spion) am Türmchen. Das bald nach 1634 erbaute ehem. *Waag-* und *Kanzleihaus* ein prächtiger Fachwerkbau über steinernem Unterstock, mit hohem Walmdach. Ein guterhaltenes Haus von 1761 hat ornamental bemalte Stuckfassaden. Die ev. *Stadtkirche* wurde 1765 nach Plänen des württembergischen Landbaumeisters J. A. GROSS d. Ä. und des Gmünder Baumeisters J. M. KELLER neu erbaut. Quersaalkirche mit flachen Kreuzarmen, vor einem der Altar und die Kanzel. Der Turm steht vor einer Schmalseite, gut ausgebildet mit Kranz und gedrücktem Kuppeldach. Die Stukkaturen von J. M. WINNENBERG aus Wessobrunn, drei Deckengemälde von A. WINTERGERST aus Wallerstein. Kanzel, Taufstein und Altar sind schöne Stuckmarmorarbeiten mit statuarischem Schmuck.

## 4. Von Schwäb. Gmünd durch das Leintal nach Abtsgmünd

Schwäb. Gmünd, Seite 216. – Das auch landschaftlich reizvolle Leintal ist vor allem burgen- und schloßgeschichtlich interessant. Die Kirche von TÄFERROT hat an ihrer gotischen Kirche noch einen romanischen Turm. Reste der alten Ausstattung. Gut erhalten das Schloß in LEINZELL, das einen noch hochmittelalterlichen Kern besitzt. Eine spätmittelalterliche Chorturmanlage ist die kath. Kapelle in GÖGGINGEN. – Auch SCHECHINGEN hat ein aus einer Burg hervorgegangenes *Schloß* (1759). Giebelrelief mit hl. Michael. Ursprünglich spätgotische *Kirche*, barock verändert, in der Grabmäler des 16. und 17. Jh. stehen. Vor dem Dorf die Kapelle zum *Hl. Kreuz*, ein Achteckbau von 1784. – In HORN wieder ein Schloß mit mittelalterlichem Kern. Von der Burg bei HEUCHLINGEN sind die nahezu regelmäßig rechteckige Ringmauer (Buckelquader) und Reste spätmittelalterlicher Einbauten erhalten. – Das *Schloß* in LAUBACH an Stelle einer Burg und wohl mit Benützung ihrer Mauern 1599 erbaut. Die

Gebäude umschließen einen Hof von unregelmäßiger Gestalt, mit Umgang im oberen Stock. In einem Winkel des Hofs steht der Hauptturm, andere Türme von verschiedener Gestalt an den äußeren Ecken des Schlosses und des Zwingers. Alle tragen ähnliche Kuppeldächer. Bei LEINRODEN liegt einsam eine Kirche mit ummauertem Friedhof und am Berg der sog. Schlußturm, Stumpf des Bergfrieds einer *Burg Roden*, wohl aus dem 12. Jh. Gut erhalten der Aborterker. Unfern davon die *Mühle Roßnagel*, ein Renaissancebau mit Erker und Portal. – Abtsgmünd Seite 229.

## 5. Das Kochertal von Sulzbach bis Aalen

Bei SULZBACH zunächst das Bergschloß SCHMIEDELFELD, eine ehem. Residenz der Schenken von Limpurg. Buckelquader aus der Hohenstaufenzeit; eine profanierte Schloßkapelle mit stuckierten Decken und Gewölben (1594) und andere Reste eines Schloßgebäudes aus der Zeit der deutschen Renaissance (1581); Teil eines Barockschlosses von 1739. Mehrere weitere Bauteile wurden im 19. Jh. abgebrochen. – Kocheraufwärts die ehem. Wallfahrtskirche auf dem HEERBERG zeigt noch einige Spuren mittelalterlicher Schönheit (Umbau 19. Jh.). Hier hat Justinus Kerner den Altarschrein mit dem Selbstbildnis B. Zeitbloms wiederentdeckt und damit den vergessenen Meister selbst (jetzt Stuttgarter Staatsgalerie). Ein Mauerrest mit spätromanischen Bauformen (Kleeblattbogenfries), wohl vom Saal eines Palas, nahe bei dem Pfarrweiler, erinnert an die Burg KRANSBERG. Über dem Dorf UNTERGRÖNINGEN steht wieder ein wohlerhaltenes Fürstenschloß aus dem 18. Jh., mit älteren Teilen aus der Zeit um 1564. Die *Schloßkirche*, als ev. Schloßkapelle um 1600 erbaut und 1776 umgebaut, eine flachgedeckte Pfeilerhalle mit umlaufenden Emporen, dient jetzt als kath. Pfarrkirche und birgt die Holzfiguren aus dem Heerberger Altar Zeitbloms. Große Altarwand aus der Zeit des Umbaus. – Über dem Kochertal der sog. *Röterturm*, der mächtige Bergfriedstumpf einer Burg RÖTENBERG (Seitenlänge 9,7 m). Rundbogenpforte in Leiterhöhe. Zahlreiche Steinmetzzeichen. – Auf der Höhe links vom Kocher die Kirche zu ESCHACH. Sie bewahrt die Figuren von einem Zeitblom-Altar, dessen Gemälde jetzt im Berliner Museum (Dahlem) sind (die Predella in der Stuttgarter Staatsgalerie). Die Kirche ist auch wegen ihrer malerischen Erscheinung mit einer alten Esche sehenswert und enthält im ehem. Chorturm hochgotische Wandmalereien aus dem Anfang des 14. Jh. (Passionsgeschichte). – Einen stolzen Anblick bietet HOHENSTADT, das auf dem linken Rand des Kochertals mit Schloß und großer Kirche aufragt. Die dem Tal zugekehrte Ostseite der *Kirche* erinnert an die Schönenbergkirche bei Ellwangen und die Heiligkreuzkirche in Donauwörth. Baumeister war hier einer der Thumb. Wandpfeilerkirche, die auf zwei Türme angelegt scheint, von denen aber nur einer ausgeführt ist. Bauzeit 1707–1711. Schöner, weiter und heller Innenraum mit farbiger Ausstattung. Das Tonnengewölbe stuckiert in der Art der Kirche auf dem Schönenberg, wohl von denselben Handwerkern. Altäre von A. Mayer, Augsburg. Deckenbild. Grabmäler 16. und 17. Jh. Auf dem Friedhof eine Kapelle von 1784. Das *Schloß* aus einer Burg um 1595 umgebaut, mit Ecktürmen; um 1770 erhöht und erweitert. Aus dieser Zeit das Treppenhaus mit Holzumbau und Deckengemälde (1765). Schloßgarten in französischem Geschmack, von 1756, mit schönen Ausblicken ins Tal. – Über einem Seitental NEUBRONN. Das Schloß, ein hakenförmiges Steinhaus mit modern ergänzten Renaissancegiebeln und stattlichen Torbogen, birgt Reste einer Rokokoausstattung. – Beim Weiler WÖLLSTEIN stand auf dem Burren links vom Kocher eine Herrenburg, von der eine nachmittelalterliche Kapelle übrig ist. – Das *Schloß* zu ADELMANNSFELDEN in den Ellwanger Bergen ist eine ehem. Burg mit bemerkenswerten Resten der romanischen Anlage (jetzt unter dem Schloß: regelmäßiges Mauerviereck mit Turm in der Mitte); erneuert um 1760. In ihm ist die hier geborene Franziska von Hohenheim (geb. v. Bernerdin, Gemahlin Karl Eugens von Württemberg) aufgewachsen. Verschiedene Bildwerke aus ihrer Zeit sind erhalten.

ABTSGMÜND an der Mündung zweier Seitentäler, hat an seiner Michaelskirche (19. Jh.) den Unterteil eines spätromanischen Chorturms. In der Arkatur seiner Innenwände Säulen mit reichgeschmückten Kapitellen; zwei mit Tierskulpturen. – In BRONNEN eine romanische Kapelle mit (erneuerten) Wandbildern aus dem 14. Jh. Die Kirche in FACHSENFELD birgt außer Renaissancegrabmälern ein neuzeitliches Gemälde von H. Pleuer: Weihnacht. Klassizistisches Schloß (1824–1829; Kunstsammlungen). – Eine Hauptsehenswürdigkeit des Bezirks ist die bedeutende Schloßruine NIEDERALFINGEN, am Kocher unterhalb von Hüttlingen. Das *Schloß* (Abb. 54) wurde weitgehend 1575–1577 für die Fugger als standesherrliches Jagdschloß neu erbaut (Baumeister Veit Miser von Augsburg) in der Gestalt einer alten feudalen Burg mit Buckelquadermauern, Grabenzwinger und -brücke, doppeltem Tor, Bergfried, Palas und Kemenate mit Zinnengiebeln, Kapelle, schöngewölbten Ställen und Kellern. Schwalbenschwanzzinnen. Dennoch steckt in den Bauteilen auch noch spätromanische Substanz, so besonders im

Bergfried. Die Anlage ist mit ihren historisierenden Tendenzen ein hochinteressantes Beispiel für die Romantik des 16. Jh., wie sie bereits in der Malerei der 1. Hälfte jenes Jahrhunderts vorbereitet wird. An einer scharfen Wendung des Kochertals liegt HÜTTLINGEN mit einer *Michaelskapelle* und befestigtem Kirchhof. Der Barockbau der Kirche mit noch spätgotischem Turm besitzt drei silberne Kirchengefäße aus dem 16. und 17. Jh., Augsburger Arbeit und Stiftung u. a. der Fugger. Wappenscheibe (Glasbild) um 1420–1430. – Das ehem. Wasserschloß in WASSERALFINGEN ist beachtenswert wegen seiner regelmäßigen Anlage. Erbaut im 14. Jh., erneuert 1593. Die Erscheinung jetzt fast reizlos. Die kleine alte *Stephanuskirche* hat einen Altarschrein mit Gemälden, die M. Schaffner zugeschrieben werden (um 1530), und Holzbildwerken. Vier spätgotische Wappenscheiben. Die Eisenhüttenwerke wurden 1668 von Ellwangen gegründet und nahmen zu Beginn des 19. Jh., als der Ort in württembergischen Besitz kam, einen großen Aufschwung. Viele reliefierte Ofen- und Brunnenplatten – selbst Epitaphe – des Landes stammen von hier. Die Eisenverhüttung in dieser Gegend ist urkundlich bis ins 14. Jh. zurück nachweisbar. – Aalen Seite 226.

## 6. Ellwangen – Lauchheim – Bopfingen

ELLWANGEN sieht man schon von weitem die alte geistliche Residenz an. Das bewirken die vier Kirchen mit ihren neun Türmen, das große Bergschloß, die breiten Palastfronten und hohen Giebel und die Alleen auf den ehem. Wällen. Die Gegend ist ein Wiesental zwischen bescheidenen Waldhöhen des Virngrundes, des alten Urwalds Virgunna. Die Stadt hat sich angeschlossen an ein altes, um 764 gegründetes Benediktinerkloster, das einen Hügelvorsprung rechts der Jagst einnimmt und 1460 in ein Chorherrenstift umgewandelt wurde. Die Stiftsfreiheit bildete eine Stadt oder Burg für sich, die von der aus dem Osten kommenden Straße im Bogen umgangen wird. Die Stadt hatte drei Tore, deren letztes 1882 gefallen ist, ein schöner Quaderbau der Renaissance. Alle Kurien und Amtsgebäude des Stifts liegen in der Stiftsfreiheit. Der ehem. Stiftsfriedhof am Münster ist jetzt ein weiter Platz. Er wäre zu ausgedehnt für die Größenwirkung des Baudenkmals, wenn er nicht mit Baumreihen besetzt wäre. Weil die alten Stiftsgebäude noch als Amtsgebäude dienen und von Geschäfts- und Ladeneinbauten verschont geblieben sind, haben die Gassen der Stiftsfreiheit ein altertümliches und vornehmes Gepräge behalten. Marienbilder mit Lampen stehen an den Ecken der Kurien, stolze

Wappen bekrönen die Pforten. Auch die Bürgerstadt und die Schloßvorstadt spiegeln noch ein wenig das Bild der guten alten Zeit: überall schlichte, doch nie ganz schmucklose Fassaden mit geschweiften Giebeln und mit Resten von Fassadenmalerei. Die alten öffentlichen Röhrenbrunnen mit Steinsäulen und Becken aus Gußeisen hat die Neuzeit leider weggeräumt.

Das Stift gehörte zum Bistum Augsburg, und die Würde des Fürstpropsts war im 18. Jh. als Nebenpfründe den höchsten geistlichen Reichsfürsten verliehen. Dadurch kamen so bedeutende Künstler hierher wie MAXIMILIAN VON WELSCH und BALTHASAR NEUMANN. Aber auch das einheimische Kunstgewerbe war seit den großen Bauten um die Wende des 17. Jh. hochentwickelt. Ganze Familien von Bildhauern in Stein, Holz und Gips, von Baumeistern, Malern, Goldschmieden, Kunstuhrmachern und Kunstschlossern, Büchsenmachern, Glasschleifern, Dosenmachern usw. waren hier ansässig; Ellwangen glich darin Augsburg oder Schwäb. Gmünd. Von fremden Künstlern wurden herangezogen: für die erste Barockisierung der Stiftskirche bereits 1661f. MATTH. SCHMUZER; für die Jesuitenbauten 1682 die Brüder MICHAEL und CHRISTIAN THUMB aus dem Vorarlberg und der Augsburger Freskomaler TH. CHR. SCHEFFLER; zum Umbau des Schlosses 1739 der Ellinger Deutschordensbaumeister FRANZ KELLER aus Dinkelsbühl und der große Hofbaumeister des Kardinals Schönborn in Würzburg, BALTHASAR NEUMANN; zum Umbau der Stiftskirche im 18. Jh. der Ludwigsburger Stuckbildner D. R. RETTI, usw. Die Öttinger Fürsten holten für ihre Aufgaben den Eichstätter Hofbaumeister G. GABRIELI und später JOH. MICHAEL KELLER sowie den Maler ANTON WINTERGERST aus Wallerstein. Von einem seinerzeit berühmten Sohn des Landes, dem Wiener Bildhauer ANDREAS BRÜHL († 1813), sind in der Dorfkapelle seines Geburtsorts Dankoltsweiler Jugendwerke, Holzfiguren erhalten. Verschiedene Entwürfe B. NEUMANNS wurden ausgeführt von dem Landbaumeister ARN. FR. PRAHL und dem Werkmeister SEB. MANZ.-PRAHL, ein Tausendkünstler und Geschäftsmann dazu, war auch Kartenzeichner, Leinwand- und Porzellanfabrikant, Besitzer einer Garnsiederei, Gastwirt zum Schwarzen Adler und in zwei anderen Wirtschaften in Ellwangen, und schließlich noch Landkapitän der Propsteitruppen. Ganze Geschlechterfolgen von Künstlern gab es in der Stadt; so stellten allein die Familie der PAULUS in drei Generationen fünf Künstler: JOHANN, MELCHIOR, JOSEF, JOH. GEORG und MICHAEL. Andere Bildhauer waren BÜHR, MELCHIOR HAUT, LUDWIG. Auch mehrere Kunstmaler waren neben- und nacheinander ansässig: FREIHARDT, HASSE, zwei KOCH, zwei NIEBERLEN, mehrere STUBENVOLL, WEISS, EDMUND WIEDENMANN,

ZINK, ANDREAS u.a. Als Miniaturmaler war BECHDOLF berühmt. Der Maler ANT. WINTERGERST, gebürtig aus dem Kemptischen, ansässig in Wallerstein und verewigt in Fresken zu Zöbingen und anderen Orten, wurde durch Heirat Inhaber der Buchsschen Fayencefabrik im nahen Schrezheim. Sein Nachkomme war der Düsseldorfer Galeriedirektor JOSEF WINTERGERST († 1876), ein bekannter Nazarener; er hat an seinem Heimatort Schrezheim Jugendwerke hinterlassen. Eine ältere Fayencefabrik in Ellwangen selbst, vor dem Steintor, wozu die Erde auf der Neunheimer Heide gegraben wurde (auch für Schrezheim), war von PRAHL gegründet worden. Beide lieferten anfangs neben Delfter Geschirr auch Kleinbildwerke nach Modellen der PAULUS u.a. Ein alter Ellwanger Vorzugsbetrieb war der Eisenguß, namentlich in Wasseralfingen; besonders Ofenplatten mit flacherhabenem Bildwerk wurden hier hergestellt. Erstaunlich viele Kunsthandwerker, alle mit Hoftitel, werden im 18. Jh. in Ellwangen genannt: Kunstschreiner und Bildschnitzer waren mehrere PAULUS, der Hofschreiner HANS MICHAEL WEINMANN und sein Sohn PETER WEINMANN; Kunstschlosser VEIT HIRSCHMANN um 1724, LUK. WEILBUSCH aus Mainz um 1750 u.a.; Büchsenmacher FRANZ RUEF (1693); Goldschmiede die beiden EMER und später die VOGELMANN; Glasschleifer, die kunstvolle Spiegelrahmen schufen, wie JOS. HARTWICK († 1764) und kunstreiche Dosenmacher wie JOS. ADLER († 1779). Für alle diese Zweige des Kunstgewerbes haben die PAULUS wie auch der Baumeister PRAHL Zeichnungen geliefert.

Die Vorgängerbauten der *Stiftskirche St. Veit* (Abb. 14) aus dem 8. Jh. und von 1100–1124 konnten in Gestalt und Lage bisher nicht sicher nachgewiesen werden. Vor uns steht heute ein vollständiger Neubau (errichtet nach dem Brand von 1182), der 1233 geweiht wurde. Er ist eine Gewölbebasilika vom Ende des 12. und Anfang des 13. Jh. Zeigt die Chorlösung große Ähnlichkeit mit St. Peter und Paul in Hirsau und Alpirsbach, so scheint das Schiff verwandt mit dem des Wormser Doms, die Türme mit denen der Comburg. Das *Äußere* zeigt in der Hauptsache noch romanische Formen. Besonders eindrucksvoll ist die Partie am Chor, mit den fünf Apsiden, den zwei Osttürmen, den zwei Querschiffarmen und dem Ostgiebel des Hochschiffs. Es ist ein großartiges Zusammenstimmen von einfachen Formen, in reichem Wechsel und doch erhabenem Einklang. Auf die Belebung der Flächen durch Gesimse und Blenden ist fast ganz verzichtet; nur das Hauptgesims ist reich und schön gegliedert. Nichts in der Außenarchitektur verrät, daß die Kirche gewölbt ist. Und doch ist es Schwabens bedeutendste romanische Gewölbebasilika, vielleicht das wichtigste Baudenkmal der schwäbischen Kaiserzeit im Stammland.

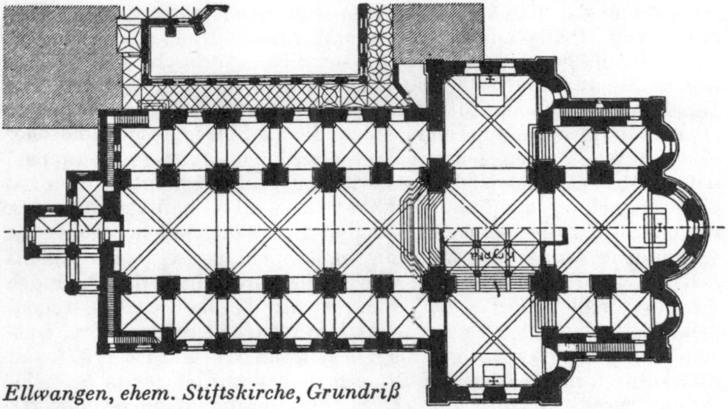

*Ellwangen, ehem. Stiftskirche, Grundriß*

Ein Jünglingskopf, vielleicht Bruchstück eines römischen Riesenbildwerks, ist über dem Dach der einen Nebenapsis eingemauert. Das Gegenstück ist ein romanischer Löwe. Der südliche Querhausgiebel wurde 1588 von dem Nördlinger Baumeister Wolfgang Waldenberger erneuert, mit Balkon und Bildwerk in gelbem Sandstein; eine heitere Abwechslung an dem ernsten Gebäude. Das Südportal am Langhaus, Anfang 13. Jh., zeigt im Bogenfeld den segnenden Christus mit dem Kreuzzepter in der Mandorla zwischen zwei Personen (Maria und Johannes?). Die Bogenläufe mit Kerbschnittverzierungen. Von einem der Baumeister ist uns zufällig der Name überliefert: Unter den Mönchen erscheint 1229 ein Wunehardus magister operis. Das Westportal trägt eine Darstellung der Kirchenpatrone. Im *Innern* des Langhauses erscheint der Querschnitt etwas gedrückt, ebenso das System der Hochwände. Ein Gewölbefeld umfaßt je zwei Scheidbögen. Darüber in einer großen Blendnische zwei auf einem kräftigen Horizontalgesims aufsitzende, kleine Fensteröffnungen zum Dachraum der Abseiten (eine Art Triforium) und zwei große Oberfenster. Doch wird die Raumwirkung nach der Höhe gesteigert durch die eigentümlichen Kuppelgewölbe im Schiff, die nach westfranzösischer Art aus Ringschichten gefügt, doch mit Kreuzrippen unterlegt sind (Konstruktion der Wölbung heute nicht mehr sichtbar). Der *Chor* dagegen hat im Mittelschiff ein ebenes, noch echt romanisches Kreuzgewölbe, dem allerdings auch schon Rippen unterlegt sind, das Querschiff aber echte Kreuzrippengewölbe nordfranzösischer, d. h. gotischer Art. Unter den Seitenschiffdächern befanden sich bis zur Restaurierung der Kirche 1963 romanische Strebemauern, frühe Vorstufen von Strebepfeilern. Unter der Vierung liegt eine aus dem letzten romanischen Bauabschnitt stammende dreischiffige *Hallenkrypta.* Sie öffnet sich an beiden Seiten und wird hier getragen von Bündelpfeilern und gestützt von eigenartigen Strebebögen, eigentlich steinernen Sprießen aus einem Stück, die als Löwen ausgebildet oder als gebogene Balken geformt sind. Grabungen 1959–1961 ergaben, daß die Krypta erst nachträglich in den Bau eingefügt worden ist. Ursprünglich lag das Fußbodenniveau von Altar- und Querhaus nur wenige Stufen über dem des Langhauses. Wahrscheinlich sollte die vorhandene Anlage nur Vorraum einer nicht ausgeführten eigentlichen Krypta im Altarhaus werden. In ihr wurden nach den Befunden das ursprüngliche Fußbodenniveau, ebenso die das Gewölbe tragenden Freisäulen wiederhergestellt. Das ganze Kircheninnere, ausgenommen die Krypta und die Vorhalle im Westen, ist 1737f. mit Stukkaturen im Spätbarockstil ausgekleidet worden (erste Barockisierung bereits 1660/61; die jetzige 1963 durchgreifend restauriert). Ein einheitliches, in der Anpassung an das Vorhandene geradezu geniales und technisch vorzügliches Werk. Donato Riccardo Retti aus Laino bei Mailand, vorher in Ludwigsburg unter Frisoni tätig, war der Urheber. Wie ein Choral durch die Figuralmusik durchklingt, so schimmern jetzt die schlichten Linien, schweren Massen und klaren, einfachen Verhältnisse des romanischen Urbaus durch das glitzernde und bunte Schnörkelwerk. Vor den Pfeilern stehen starkbewegte Bildsäulen der Apostel, Arbeiten eines Italieners Emanuele Pighini. Dazu kommt eine reiche Ausstattung an Altären, Kanzel, Orgel und Gestühl. An das südliche Seitenschiff (Ostende) angebaute Wolkensteinkapelle 1701, mit perspektivischem Kunstgitter. Von der weiteren *Ausstattung* verdienen besondere Beachtung die beiden Stiftungstafeln mit Flachbildwerk, Erzgüsse wahrscheinlich aus der Vischerschen Erzgießerei in Nürnberg, Ende 15. Jh.; im südlichen Querhaus: die Deckplatte vom Grab der beiden Stifter Hariolf und Erlolf mit einem baugeschichtlich wertvollen, fein durchgearbeiteten Architekturporträt der Stiftskirche von Peter Vischer d. Ä.; die andere im nördlichen Querschiff: ein Doppeldenkmal der beiden ersten Stiftspröpste Johann v. Hirnheim und Albrecht I. von Rechberg. Im nördlichen Querarm Wandgemälde (16 Stiftsheilige) aus dem frühen 16. Jh. Zwei Altäre aus Holz mit etwas jüngeren Gemälden aus dem 16. und 17. Jh. In der Stiftssakristei, die in Barock stimmungsvoll ausgestattet ist, ein ansehnlicher Kirchenschatz. Der *Westbau* ist etwas jünger als die eigentliche Stiftskirche, innerlich noch unberührt in seinen wuchtigen, nur an einzelnen Stellen kunstvoll verzierten

Formen aus dem 13. Jh. und selbst in den Resten seiner ornamentalen Bemalung. Er wurde im 15. Jh. zu einer geschlossenen, stimmungsvoll dämmernden Vorhalle erweitert. Ursprünglich war er im Erdgeschoß offen, mit Tonnengewölben und Spitzbögen über Würfelknauf-Halbsäulen. Darüber liegt eine nach dem Kirchenschiff geöffnete Abtskapelle zum hl. Michael. Über dem Giebel ein Turm, Anfang 16. Jh. in romanisierenden Formen. Grabungen im Bereich der Kirchenwestfront ergaben die Fundamente einer großen Halbkreisapsis: Offenbar sollte die Kirche ursprünglich eine – wenig später dann aufgegebene – Westchoranlage erhalten. Grabmäler mit Bildnis in der Vorhalle: Ulr. v. Ahelfingen († 1339), liegend gedachte Rittergestalt mit alter Bemalung; Abt Joh. v. Holzingen († 1452); Albr. v. Schwabsberg († 1464), Ritter, auf einem Löwen stehend; Margret v. Schwabsberg († 1476); Georg v. Schwabsberg († 1505); Paul v. Gültlingen († 1520), Halbfiguren in Relief (bez. C. W.); Hans v. Schwabsberg († 1549); außerdem jüngere Gedenksteine (z. T. aus abgebrochenen Begräbniskapellen des Stiftsfriedhofs) und gemalte Gedenktafeln aus Holz. Der Gedenkstein eines Domherrn v. Freyberg-Eisenberg († 1624) in gelbem Marmor scheint Arbeit des Haller Meisters Leonh. Kern zu sein. Steinerner Altaraufsatz in Triptychongestalt um 1610. – Der an die Kirche anstoßende *Kreuzgang*, begonnen von Hans Stiglitz, 1468–1473, mit Fischblasenmaßwerk, enthält zahlreiche sehenswerte Grabdenkmäler. Das Kreuzgärtchen bietet eindrucksvolle Ansichten von den Baumassen der Stiftskirche und der Jesuitenkirche. Aus der gleichen Zeit wie der Kreuzgang die gotische Liebfrauenkapelle. Darin eine Muttergottesstatue (Stein) 2. Viertel 14. Jh. Grab des P. Ph. Jeningen. Diese spätgotischen Stiftsgebäude – wie auch die St.-Wolfgangs-Kirche auf dem Ostfriedhof – sind Zeugnisse der Steinmetzkunst der Münsterbauhütten von Nördlingen und Dinkelsbühl (verwandt mit der Stuttgarter des Aberlin Jörg).

Im rechten Winkel, so daß ihre Stirnseite halb verdeckt wird, ist die *Jesuitenkirche* (1724–1729; Abb. 14) an die Westseite der Stiftskirche herangeschoben (vermutlich war beabsichtigt, die Erweiterung der Stiftsvorhalle abzubrechen). Auf der anderen Seite ist die Kirche an das Kollegium und Lyzeum der Jesuiten (1720 f.) angebaut. Ein Jesuitenpater, Jakob Amrhein, ist der Urheber der Pläne. Nach seinem Tode (1724) hat ein Pater Guldimann die Kirche vollendet. Er hat vielleicht die Türme hinzugefügt, die sich hinter dem Fassadengiebel als niedere Aufsätze, nach der Gewohnheit des Ordens, erheben. Dem Krönungsbogen des Giebels selbst fehlt der abschließende Aufsatz eines großen Kreuzes. Das Innere ist ein tonnengewölbter, überhoher Langraum von eindrucksvoller Wirkung. Er hat flache Kapellennischen zwischen Wandpfeilern, denen leichte, eingeschwungene Galerien mit Schmiedeeisengittern sehr hoch oben bei den Kapitellen der Pilaster eingebaut sind. Der Chor ist eingezogen und mit einer runden Nische abgeschlossen, die von großen Fenstern durchbrochen wird. Der Eindruck des Kirchenraums leidet allerdings etwas unter dem Verlust der Seitenaltäre, die einst mit großen Gemälden ausgestattet waren. Dagegen sind die Deckenfresken erhalten. Sie stammen von TH. CHR. SCHEFFLER, einem ASAM-Schüler, der als Laienbruder Mitglied des Ordens war, sie sind sein erstes, größeres Werk (1726–1728); mitbeteiligt war J. FIRTMAIR. Perspektivische Künste nach dem Vorbild des Jesuiten ANDREA POZZO waren das Hauptanliegen des jungen Meisters. Daher vor allem die Ausdehnung der gemalten Architekturen. Dazu kommt eine Fülle von gemalten Zieraten im Geschmack des Spätbarock – Bandwerk, Gitterwerk und Rahmenwerk in Art der Stuckplastik –, gemalt in Grau oder Gelb mit Braun und sehr viel Gold. – Das *Kollegiumsgebäude* (1720–1722) macht mit seinen niedrigen Stockwerken und derben Schmuckformen der Pforten und der Schneckengiebel einen behäbigen Eindruck. Der ehem. Kongregationssaal ist verbaut durch Einbau eines Zwischenbodens, die Decke aber, mit feinen Stukkaturen und Fresken von SCHEFFLER, gut erhalten. Der große, durch zwei Stockwerke reichende Bibliothekssaal ist von MELCHIOR PAULUS stukkiert.

Die Kapelle im *Spital zum Hl. Geist* (1702 von A. F. PRAHL, erweitert 1752) mit Polygonchor, ist stukkiert mit sog. Quadratur, Nachahmung einer hölzernen Kassettendecke; die Ausstattung aus gleicher Zeit. – Die Pfarrkirche *St. Maria* 1427. Barockisiert 1718f. durch M. PAULUS und E. WIEDEMANN. – Das *Palais Adelmann* ist vermutlich von einem der Baumeister der Schönenbergkirche errichtet worden (1688, H. MAYER?). In ihm z. T. noch die Prunkeinrichtung, meist im Stil Louis XVI. Das *Gerichtsgebäude* (ehem. Stiftskanzlei) auf dem Münsterplatz ist eine verhältnismäßig einfache Schöpfung B. NEUMANNS (1748–1751). Das *Rathaus* unter Beratung des gleichen Baumeisters 1750 durch A. F. PRAHL errichtet. – Östlich vor der Altstadt die feingliedrige, spätgotische *St.-Wolfgangs-Kapelle* (1473–1776). Das Besondere an ihr: Die Strebepfeiler des Schiffs sind halb ins Innere gezogen und dort an der Stirnseite als Gewölbedienste gegliedert, derart, daß der Schein einer dreischiffigen Hallenanlage mit Freipfeilern entsteht (vgl. Gärtringen und Schwaigern). Der Bau wird H. STIGLITZ zugeschrieben. Im neugotischen Hochaltar zwei Holzfiguren, die aus dem Wirkungsbereich J. SYRLINS d. J. stammen mögen. Spätgotisches Holzkruzifix. Unter den Bauten unserer Zeit sei auf das *Kinderdorf Marienpflege* beim Krankenhaus hingewiesen:

14 „Familienhäuser" für je 16 Kinder und zwei Pflegeeltern (W. Rothmaier und H. Tröster, 1963–1967).
Das *Schloß* ist aus einer Burg der Stauferzeit, die gebuckelten Ringmauern sind hier und da noch sichtbar, gegen Ausgang des Mittelalters umgebaut und zu einer Festung für Feuergeschütze erweitert worden; dann, um 1608, Ausbau zu einem vierflügligen Renaissanceschloß mit achteckigen Eckturmaufsätzen (ähnlich der Willibaldsburg bei Eichstätt); nach einem Brand 1720f. Umwandlung in einen Residenzpalast der Barockzeit. Bauherr war Franz Ludwig v. Schönborn, Kurfürst zu Trier, Bauleiter Franz Keller, Baumeister des Deutschen Ordens zu Ellingen, Stukkateur Fr. Jos. Roth. Das Schloß liegt auf einer Bergzunge rechts über der Jagst. Nußbäume beschatten die Schloßsteige und Linden den Rasenplatz auf der Höhe. Zwei Gräben mit Brücken und zwei Walltorwege sind zu passieren. Das vordere Torportal ist schwer bossiert; die Bildhauerarbeit von M. Paulus (1720). Der zweite Torweg geht durch den sog. Schwedenturm, einen runden, dicken Eckturm mit malerischem Dachwerk über der Plattform. Noch 1632 konnte die Feste eine Zeitlang den Schweden Widerstand leisten. Den weiten äußeren Schloßhof umschließen Wirtschaftsgebäude, angelehnt an eine Ringmauer mit Schießkammern und Rundvorsprüngen. Seitlich vor der Ecke des hohen Schloßgebäudes, das im Viereck einen Hof umschließt, steht ein gotisches Bollwerk mit zwei Ecktürmen, die ehem. Torburg. Die Zufahrt in den Schloßhof ging hier seitlich durch den Zwinger und dann durch das Renaissanceportal bei der Südwestecke. Französische Walmdächer decken die gleichförmigen glattgeputzten Außenwände. Die Fassade der Ostfront 1722 von Franz Keller. Der innere Hof hat Laubengänge mit Säulen, durchbrochenen Steinbrüstungen und Korbbögen im Stil der Spätrenaissance, jetzt verglast. In den Ecken abenteuerliche Wasserspeier aus Blech. Unter den gewölbten Räumen ist eine Küche mit Säulen und einem freistehenden Kaminturm an der Hinterseite des Nordflügels. Die gewölbte Schloßkapelle gehört mit einem Teil der Einrichtung der Renaissancezeit an. Die prächtigen Stukkaturen sowie die verglasten Bogen sind mehr als hundert Jahre jünger (nach 1720). Das Treppenhaus nach Entwurf F. Kellers in seiner Ausstattung mit Schnitzereien, Stukkaturen und Freskogemälden 1726 vollendet (Deckenbilder Th. Chr. Scheffler). Barock auch der Speisesaal und der Marschallsaal, dessen gemalte Tapeten ein Porzellankabinett darstellen. Die Stuckarbeiten im allgemeinen von F. J. Roth (1724f.), in der Kapelle und drei weiteren Räumen von M. Paulus (1722–1724). *Schloßmuseum* mit bedeutenden Handzeichnungen und Entwürfen vor allem aus der Barockzeit.

Auf dem SCHÖNENBERG, einer Liashöhenzunge gleich dem Schloßberg, steht die große *Wallfahrtskirche zur Hl. Maria von Loreto* (Abb. 15), mit ihrem Stirnturmpaar weithin schimmernd bis zur Alb und zu den fränkischen Höhen. Daneben ein ehem. Priesterseminar, jetzt versehen von Redemptoristen. Verheißungsvoll ist schon der Anstieg zwischen z. T. zweihundertjährigen Linden und Eichen, unter denen Stationskapellen stehen, Werke der Barockzeit mit Fresken (statt der auf dem Schönenberg im Priesterseminar noch vorhandenen Ölbilder von BERGMÜLLER), 1747, wahrscheinlich von E. WIEDENMANN (häufig restauriert). Die große Kirche ist 1682–1695 erbaut worden durch MICHAEL THUMB aus Bezau, den bekannten Meister,

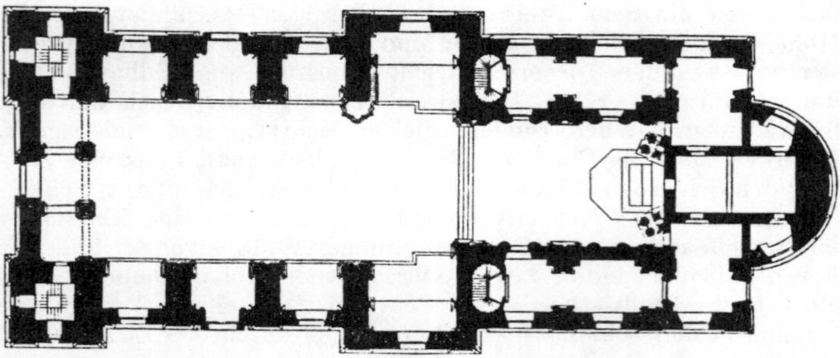

*Ellwangen-Schönenberg, Pfarrkirche zur Hl. Maria von Loreto, Grundriß*

von dem auch das Münster zu Obermarchtal und wohl die Kirche im nahen Hohenstadt herrühren, und seinem Bruder CHRISTIAN, doch unter Leitung des Jesuitenbruders HEINRICH MAYER. Sie wurde schon 1709 durch Blitzschlag schwer beschädigt, dann nach Vorschlägen MAX. v. WELSCHS wiederhergestellt und 1729 geweiht. Es ist eine Saalkirche von gedrungenen Verhältnissen, nach dem sog. Vorarlberger Schema der oberschwäbischen Barockmünster, das z. T. von älteren Jesuitenbauten (Dillingen) abgeleitet ist, seine Wurzeln aber auch in der Baukunst der deutschen Spätgotik besitzt. Dazu gehören Seitenkapellen zwischen den in das Schiff gezogenen Wandpfeilern mit Emporen, ein Querhaus von bescheidener Ausdehnung und mit schmalen Galerien sowie ein eingezogener, d. h. gegenüber dem Langhaus schmalerer Chor, dessen seitliche Kapellenschiffe unter Emporen zu Sakristeien verbaut sind. Nach dem Vorbild der Münchener Jesuitenkirche St. Michael sind die Pfeiler mit je einem Pilasterpaar, das eine Figurennische einschließt, durch H. MAYER erhöht worden.

Die verdeckten Fenster geben reichliches Seitenlicht, und die freudige Helligkeit des Raums wird dadurch verstärkt, daß die ganze Architektur und Stukkatur weiß getüncht ist. Buntere und tiefere Farbtöne bringen nur die Altäre, das Gestühl, die Kanzel und die Orgel, schließlich die knapp begrenzte Freskomalerei an den Gewölben hinzu. Düster wirkt dagegen der Hochaltar mit seinen riesigen Säulen aus schwarzem Stuckmarmor, ähnlich die Orgel. Eigentümlich ist die Choranlage: ungewöhnlich lang, weil eine ältere *Loretokapelle* (1639) einbezogen ist, die den unteren und hinteren Teil des Chors ausfüllt und eine Empore mit Altar trägt. Die funkelnden Gold- und Silberzierate, die das kleine Gnadenbild umgeben, verleihen der Gnadenkapelle bei aller Düsterheit einen feierlichen und geheimnisvollen Eindruck. Die Stukkaturen des Kirchenraums – an den Gewölbegurten Muscheln, Vasen mit sehr vielen Sonnenblumen, an den Kappenflächen Rahmenwerk mit Engelbildern und Girlanden – sind schon ausgesprochen malerisch empfunden und zart aufgetragen: eine erfindungsreiche, doch nicht überladene Verzierung. Üppiger und derber wirken die älteren, von MELCHIOR HAUT aus Ellwangen und seinen Gesellen vor 1690 nach MAYERS Entwürfen ausgeführten Stukkaturen mit großen Akanthusranken, die sich in den Vorräumen bei der Gnadenkapelle erhalten haben. Nach dem Brand von 1709 erfolgte 1711 die Neustukkierung der *Langhausdecke* nach Entwurf von CARLO MARIA POZZI durch MELCHIOR PAULUS aus Ellwangen. Die Deckenmalereien 1711/12 von MELCHIOR STEIDL aus München. Hochaltar nach Entwurf von MAX. v. WELSCH (1710). Hochaltarblatt (Himmelfahrt Mariens) 1715 von J. CLASSEN aus Breslau, Kopie nach J. M. WILLMANN in Leubus (Schlesien). Die beiden Seitenaltäre am Choreingang von M. PAULUS (1733). Die übrigen Altäre zumeist von KASPAR BUCHMÜLLER. In der Gnadenkapelle eine bedeutende Pieta (Anfang 15. Jh., böhmisch-schlesischer Typus). Am Choreingang Statue der Maria Lauretana, um 1640. Auch die Paramente und der Kirchenschatz sind noch zum Teil vorhanden. – Das *Äußere* der Kirche ist einfach, verputzter Backsteinbau, und wirkt für einen Barockbau sehr ruhig, in den Formen streng – die Art der Vorarlberger. Nur die Chorpartie wirkt malerisch mit den Bildernischen der Kreuzgiebel und dem Laternendach der Gnadenkapelle. Hinter der Kirche stehen ein paar Standbilder von MELCHIOR PAULUS und das große, niemals ganz ausgebaute Seminar, unter Mitwirkung BALTHASAR NEUMANNS durch A. F. PRAHL errichtet. In der Mitte seiner Langfront ein Giebelaufsatz mit dem Fürstenwappen. Hinten zwei kurze Flügel. Innen schöne, gesäulte Keller, eine geräumige Treppenanlage, ein Speisesaal, ein großer Bibliotheksaal, Hauskapelle mit anstoßenden Krankenstuben; meist mit Rokokostukkaturen.

Besondere Beachtung verdienen die Reste der romanischen Kirche zum *hl. Jakob* auf dem HOHENBERG westlich von Ellwangen, ursprünglich ähnlich der zu Kleincomburg, wiederaufgebaut 1896 durch J. CADES (der Turm u. a. hinzugefügt). Alt vor allem die Umfassungsmauern mit Ausnahme der Langhaussüdwand. Am Portal romanischer Kerbschnitt. Grabungen ergaben zwei Nebenapsiden. Schmuckformen in der Art von Hirsau; jüngere an einem Portal gegen Norden (Ende 12. Jh.). Die Anlage gehörte zu einer Propstei von Ellwangen.

Östlich von Ellwangen suchen wir zunächst EIGENZELL auf. Seine mittelalterliche Kapelle wurde in der Barockzeit im Innern verändert. Ebenso die von BIRKENZELL. Hier ein geschnitztes Vesperbild (16. Jh.), Kirchenbänke und Deckenfresken der Barockzeit. – Ein spätgotischer Bau ist die Kirche in BEERSBACH sowie das Kirchlein Allerheiligen zu HALHEIM. – Ein eigenartiges und feines Meisterwerk dieser Gattung, mindestens ebenbürtig der Ellwanger Wolfgangskapelle, ist die Dorfkirche in TANNHAUSEN. Gleichmäßig zweischiffig mit zwei Mittelpfeilern und Turmchor dahinter, eingewölbt mit Netzrippengewölben. Die Rippenkreuzungen im Schiff verziert mit Durchsteckungen. Der Chor im Turm wirkt erweitert durch blinde Wandnischen (je zwei ineinander und darin die Fensternische). Die unterwölbte Orgelbühne an der Westwand ist an den vorderen Mittelpfeiler angehängt und in geschweiften Linien nach den Seitenwänden zurückgezogen; ihre Brüstungen durchbrochen mit spätgotischem Maßwerk, dessen zierliche Nasen in Form von Lilienknäufen enden. Die Westseite der Kirche war außen hoch untermauert und darum türlos. Hier ursprünglich vielmehr ein Treppentürmchen für den Emporenzugang (moderne Erweiterung). Die Zweischiffigkeit ist eine kunstgeographische Eigentümlichkeit, die sich mit weiteren Beispielen aus dem angrenzenden Nördlinger Ries belegen läßt. Die Pfeiler sind rund, ohne Kämpfergesims. Die Rippen verlaufen auch in den Wänden und Ecken ohne Kämpfer. Der Turm geht im dritten Stockwerk in ein Achteck über, mit Streben vor den abgeschrägten Ecken des Vierecks und großen zweiteiligen Schallfenstern. Das Maßwerk aller Fenster flammenartig gezeichnet. Das dritte Turmgeschoß schließt ab mit einer Maßwerkbrüstung. Das oberste, verputzte, mit einer geschweiften Haube (1705). Der Turm erinnert an die von Röttingen bei Neresheim und Bernhardsweiler bei Crailsheim. Das eigentliche Vorbild wird der Nördlinger „Daniel“ gewesen sein. Der Chor samt Turmrumpf ist wohl zurückzuführen auf den Dinkelsbühler Münsterbaumeister NIKOLAUS ESELER v. ALZEY d. Ä., möglicherweise auch die Planung des Langhauses, wenn dieses nicht von dessen Schwager Heinrich Glauberger stammt (H. Koepf). Einzelheiten deuten auf eine erst spätere Einwölbung. Eine Gedenktafel an der Kirche, mit Darstellung des Weltgerichts, nennt als Meister (Werkführer?) einen – sonst nicht bekannten – Claus Hassel(mann?). In der Kirche ist außer einigen spätgotischen Holzbildwerken das von dem Augsburger J. G. Bergmüller im Stil Raffaels gemalte ehem. Hochaltarbild – Lukas, wie er die Muttergottes malt – bemerkenswert. – Bis in romanische Zeit zurück reicht die Pfarrkirche von RÖHLINGEN, die jedoch in späterer Zeit, vor allem Ende 18. Jh., verändert wurde. Ein hübscher Rokokobau beim Ort die *Dietersbacher Kapelle.* Von kleeblattförmigem Grundriß die *Engelkapelle* von NEUNHEIM (1724).

Die Kapelle in SCHREZHEIM (1692) enthält ein reizendes Hausaltärchen in farbiger Rokokofayence, hergestellt in der 1752 gegründeten Fabrik durch F. J. Jaumann, um 1780. Fresken von dem hier gebürtigen Düsseldorfer J. Wintergerst im Nazarenerstil. – Unter den Dorfkirchen aus der Rokokozeit zeichnet sich die von NEULER (mit Fresken von J. M. Zink, 1746) besonders aus. – Die durch Reiterprozessionen mit Fruchtopfern an Silvester bekannte Kapelle von SCHWENNINGEN (Jagst) enthält gotische Holzbildwerke an Barockaltären und gemalte Widmungs- und Gedenktafeln des 18. Jh. – Die Kapelle in BUCH im Chor noch gotisch, sonst später verändert. Dort, wo beim Ort der römische Limes die heutige Bundesstraße kreuzt, wurde 1968 die Rekonstruktion eines römischen *Wachtturms* errichtet, die neuesten Forschungen entspricht. – Die Kirche von WESTHAUSEN wurde 1780 durch den Deutschen Orden von J. M. Keller aus Schwäb. Gmünd errichtet. Das Pfarrhaus ein Bau von 1769. Die Kapelle in REICHENBACH ursprünglich spätgotisch, 1729 erweitert.

Das Städtchen LAUCHHEIM kam am Ausgang des 14. Jh. an den Deutschen Orden (Stadtrecht seit 1431). Hübsche Gassenbilder mit einzelnen verzierten Profanbauten aus dem 18. Jh. Reste der Stadtbefestigung. Reizvoll der wappengeschmückte obere Torturm von 1621. Die Bauten des Nördlinger Meisters Wolfgang Waldenberger (Friedhofskapelle 1584; Barbarakapelle) zeigen letzte Spätgotik, schon gemischt mit antikisierenden Einzelheiten. Morlocks große Stadtkirche (1869/70) erinnert in ihren romanisierenden Renaissanceformen an die ebenfalls von ihm erdachte Vorhalle des früheren Stuttgarter Bahnhofs. Die Feste KAPFENBURG über Lauchheim, hochgelegen am Rande eines Steilabfalls, geht in ihrem Ursprung bis ins hohe Mittelalter zurück. Über die Grafen von Öttingen kam sie

1364 an den Deutschen Orden. Das Bild der Anlage wird bestimmt durch die Giebel dreier Steinhäuser aus dem 15. und 16. Jh. Der *Alte Bau* 1591 f.; der *Hohenlohebau* (1538) von Franz Keller umgestaltet (Giebel). Einige Räume noch mit alter Ausstattung: Rittersaal mit Jagdstukkaturen (1591), die an die hohenlohischen erinnern (Weikersheim); Hauskapelle mit Fresken; Rokokosaal. Davor eine Grabenbrücke und ein Torgebäude aus der Rokokozeit. Im unteren Hof eine *Kapelle* (1716 von F. Keller) und eine interessante *Torbastei* aus der Renaissancezeit.
Die Stadt BOPFINGEN, eine Staufergründung und spätere Freie Reichsstadt, ist eindrucksvoll gelegen zwischen kühngeformten kahlen Jurabergen wie dem Ipf, hat aber von ihren Befestigungswerken wenig bewahrt (Mauerturm). Mit ihren krummen Gassen und hohen Giebelhäusern bietet sie noch immer das anheimelnde Bild einer kleinen, alten schwäbischen Reichsstadt. Besonders malerisch der Marktplatz mit dem Renaissancegiebel und Treppenturm des *Rathauses* (1586 erbaut von Wolfgang Waldenberger aus Nördlingen) samt dem anstoßenden Amtshaus, mit dem Röhrenbrunnen vorn und dem hohen Kirchturm dahinter. Die *Stadtkirche St. Blasius* ist im Schiff romanisch (Südportal), im rechteckigen gewölbten Chor hochgotisch in Zisterzienserformen. Der Turm, unten frühgotisch, ist in spätgotischen und barocken Formen mit Achteck, Kranz und Kuppeldach nach dem Vorbild des Nördlinger Stadtkirchenturms („Daniel") in die Höhe getrieben. Die Kirche birgt ein Tabernakeltürmchen von Hans Böblinger (1510) und einen großen Altarschrein mit gemalten Flügeln von Fr. Herlin (1472) und etwas späteren Holzfiguren. Grabdenkmäler (14. Jh., 1524), Totentafeln. – In dem Namen Ipf hat sich, wie in dem des nahegelegenen OBERDORF, der eines bei Bopfingen gelegenen römischen Kastells *Opia* erhalten (keine Reste mehr zu sehen). – Eine bemerkenswerte Schöpfung der Rokokozeit ist die Wallfahrtskirche zu FLOCHBERG. *U. L. Frau auf dem Roggenacker*, 1747 f. errichtet von dem Wiener Paul Ulrich Trientl ganz aus dem Geist der Bauten Lukas v. Hildebrandts. Sie hat die Form eines griechischen Kreuzes mit weitem Flachkuppelraum, tonnengewölbten Kreuzarmen. Reiche Wandgliederung durch Pilaster und Nischen. Stuck des 20. Jh. (!). Die Ausstattung uneinheitlich, aus verschiedenen Zeiten. Außentürmchen 19. Jh. Die ausgedehnten Ruinen der *Bergfeste Flochberg*, die aus einer staufischen Reichsburg hervorging, im 14. Jh. nach einer Zerstörung neu aufgebaut und 1648 abermals zerstört wurde, bieten im einzelnen nichts Besonderes, aber in der Gesamterscheinung auf kahler, einsamer Höhe ein Bild von phantastischer Romantik.

## 7. Das Gebiet nördlich und östlich von Bopfingen

Eine Perle der Spätgotik ist die Dorfkirche in RÖTTINGEN, der Schule von Nördlingen angehörig (1495–1499). Besonders anmutig der Turm mit Altanen und durchbrochenen Strebepfeilern an den Ecken unterm Achteck. An den Streben des Chors Bildwerk und Dekoration schon in der Art der Renaissance. Das Innere im Rokokostil ausgeschmückt (Deckenfresken von A. WINTERGERST, 1770). – Das *Fürstenschloß* der Grafen von Öttingen-Wallerstein, BALDERN, ist der Anlage nach eine hochmittelalterliche Höhenburg, ursprünglich in staufischem Besitz. Durchgreifend erneuert in der Zeit des Barock von dem Ansbacher, später Eichstätter Hofbaumeister GABRIEL GABRIELI. Prachtportal von P. N. LOYSON aus Pommersfelden, 1721. Hervorragend die Schloßkapelle und der prächtige Festsaal mit seinen reizvollen Figurennischen, stuckiert von J. und U. SCHWEIZER aus Deggingen an der Fils (1730). Weitere Um- und Neubauten im 19. und 20. Jh. (aus dieser Zeit u. a. der Turm). Stattliche Waffensammlung. – Einen Besuch lohnt die *Wallfahrtskirche* bei ZÖBINGEN. Eine weite Rotunde mit flacher Holzkuppel, kurzen Kreuzarmen, die in Volutengiebeln endigen, und einem Ostturm, 1783 erneuert (von J. M. KELLER?) aufgrund einer Anlage von 1718–1737, als deren Urheber G. GABRIELI gilt. Großes Deckengemälde von A. WINTERGERST: In der Szene der Himmelfahrt Mariä läßt Petrus vor Erstaunen den Schlüssel fallen, der dem Besucher – er muß am richtigen Punkt stehen – gerade auf den Kopf zu fallen scheint. Ausstattung im Zopfstil. Gotisches Gnadenbild. Die Kirche wurde auf einem alemannischen Reihengräberfriedhof an Stelle einer wohl schon im 13. Jh. errichteten Marienkapelle gebaut. Anlaß war der Fund eines Totenbaums (Baumsargs) mit Skelett, der heute im Turmraum aufbewahrt wird (vgl. auch das Deckenbild). – Reizvoll ist die Ausstattung mit älteren und jüngeren Bildwerken der Kirche von OBERSCHNEIDHEIM, wo im Barockraum ein Altarschrein mit spätgotischen Figuren steht. – Die Kirche von UNTERSCHNEIDHEIM im Chor 1457, sonst barock verändert. – In NORDHAUSEN eine Kirche von A. F. PRAHL aus Ellwangen, 1751 errichtet (Chorturm älter). – Barock die Kirche in ZIPPLINGEN, mit Fresken von J. G. TIEFENBRONNER (1763). Harmonisch erscheinen in das Landschaftsbild manche barocken Kapellen gestellt. So *St. Leonhardt* (1750 f.) bei OBERWILFINGEN (Rokoko mit „gotischen" Deckenbildern von DEHNER 1875), oder *Mariahilf* (1699), die bei UNTERWILFINGEN auf dem Kapellenberg unter Linden steht. Die barocke Kirche im Ort mit älterem Chorturm. – Die Kirche in SECHTENHAUSEN ist im Urbau romanisch, wurde aber 1741 bis auf den Chorturm barock umgebaut. Zur gleichen Zeit umgestaltet die Kirche von KERKINGEN, die ein Deckenbild von A. WINTERGERST erhielt. Die Dorfkirche von WÖSSINGEN wurde noch zur Zeit des 30jährigen Kriegs in den Formen der Gotik errichtet. Eine kleine Tonfigur (um 1420) der sitzenden Muttergottes finden wir in der Kirche von DIRGENHEIM. Eine mehrfach veränderte romanische Chorturmkirche in BENZENZIMMERN, die im Chorinnern frühgotische Fresken zeigt (Szenen aus dem Leben Johannes d. T.).

Das ehem. *Zisterzienserinnenkloster* KIRCHHEIM im Ries, gegründet 1267 (Grablege der Grafen von Öttingen), liegt aussichtsreich erhöht am westlichen Rand des Rieses bei einem alten Doppeldorf, dessen beide mittelalterliche Pfarrkirchen erhalten sind. Das Kloster erscheint äußerlich zunächst als Barockanlage. Torturm mit Bildwerk 1724, Klosterportal 1683. In einem Flügel der Prälatensaal mit farbigen Stuckdecken in Frührokoko; Flurhalle mit Holzdecken 17. Jh.; u. a. ältere Räume. Leider ist der größte Teil der Klostergebäude im 19. Jh. abgebrochen worden. Die *Kirche*, einschiffig wie alle unsere Nonnenkirchen, ist hochgotisch, Anfang 14. Jh., hoch und schlank proportioniert. Der Chor vom Schiff nicht getrennt, mit edlen Maßwerkfenstern, die Gewölbe in der Rokokozeit überstuckt. Romanisches Tympanon. Hochaltar mit spätgotischer Maria. Spätromanisches Kruzifix am Kreuzaltar. Geschnitzte Gruppe der Marienkrönung (15. Jh.). Spätgotisches Vesperbild an einem Rokokoaltar. Im Chor die altbemalten Grabsteine des Stifterpaares (1358) und eines Grafen aus der Zeit um 1430. Orgel 1756. Nonnenchor auf der sehr tiefen Westempore mit spätgotischem Chorgestühl. Unter der Empore die flachgedeckte *Stephanskapelle* mit schönem gotischem Altarbaldachin aus Stein, spätgotischen Malereien und zwei Grabsteinen von Äbtissinnen (1535 und 1553). Im Westflügel des Klosters sind zwei Räume erhalten, die noch dem 13. Jh. angehören. Der sog. *Frauenchor*, dessen flache Balkendecke auf fünf Steinsäulen ruht, mit Fresken aus dem Jahr 1398 und einem Doppelfreigrab zweier Frauen (um 1400). Die südlich anstoßende *Stiftskapelle* mit Kreuzrippengewölben auf stämmiger Mittelsäule und einem halbachteckigen Chörlein. Das Säulenkapitell und die figurierten Schlußsteine beachtenswert. Kreuzigungsgruppe in Holz vom Anfang des 15. Jh. Auf dem Kirchhof hinter der Kirche Grabsteine von Nonnen, eine Totenleuchte aus Stein, ein Ölberg und eine Kapelle von 1611. – Die ev. *Dorfkirche* teils romanisch (Türbogenfeld), teils spätgotisch (1497), mit Resten einer Rokokoausstattung (1767). In der Turmhalle Wandmalereien von 1512. Der anstoßende Pfarrhof noch spätmittelalterlich. *Friedhofskirche* aus dem

13. Jh. mit eingemauerten römischen Steinen (im nahen Oberdorf befand sich ein römisches Kastell). Kurzes, flachgedecktes Schiff, gleichbreiter Chor mit einem Kreuzrippengewölbe; primitives Maßwerk in den kleinen Fenstern. Steinernes Giebeltürmchen. Der Kirchhof bietet eine weite Aussicht über das Ries. – In GOLDBURGHAUSEN ein Turmchor mit Gewölben auf Ecksäulen im Übergangsstil des 14. Jh. Auf dem GOLDBERG wurden umfangreiche Spuren dreier großer vorgeschichtlicher Siedlungen gefunden. – An das spätgotische Langhaus der Kirche von PFLAUMLOCH stößt ein älterer Rechteckchor mit Spitztonne und Seitenturm. Eine romanische Chorturmkirche ist die Friedhofskirche von TROCHTELFINGEN, die im Innern hochgotische Fresken besitzt (im Chor Kreuzigung, um 1350; im Langhaus Kreuztragung und Anbetung eines Ritters, um 1300).

## 8. Aalen – Neresheim und das Härtsfeld

Aalen Seite 226. – Im oberen Kochertal ist UNTERKOCHEN ein alter ellwangischer Hauptort. Auf einem Felsenhügel, dessen Steige schöne Linden säumen, steht die stattliche Pfarrkirche nebst Pfarr- und Schulhaus – eine verbaute gotische Kapelle (1429 geweiht) –, umgeben vom Friedhof. Die *Kirche* ist ein gotisches Gebäude von 1511, innen im Rokokostil 1763f. verändert, mit guterhaltener Ausstattung. Große Deckenfresken (Marienthema) von J. ANWANDER aus Lauingen. Unter einer Linde stehen römische Bruchstücke: ein Säulenhaupt mit Köpfen und ein Pinienzapfen, wohl von einem Grabmal in Aalen. – Der Marmortaufstein (um 1730–1740) in der Kirche von ELCHINGEN stammt aus der romanischen Vorgängeranlage des Klosters Neresheim.

Das *Härtsfeld*, das östliche Ende der Schwäbischen Alb, wird im Scherz das württembergische Sibirien genannt. Karg ist das Feld der Härden, wo die Buche schon der Birke und Espe weicht, und herb der Eindruck dieser Landschaft. Wie ein Wunder erscheint darin die Abtei NERESHEIM, die „Königin des Härtsfelds", mit ihrer Kirche (Abb. 51–53), seit 1920 wieder mit Benediktinern besetzt. Das Kloster St. Ulrich und Afra wurde ursprünglich als Chorherrenstift 1095 von den Grafen von Dillingen an Stelle einer Burg gegründet. Hoch erhebt sich die Kirche auf ihrem Hügel über das 1350 erstmals als solches genannte Städtchen und über die Dienstgebäude des geschlossenen Vorhofs. Eine gerade Kastanienallee führt hinauf, oben wird sie gesäumt von gleichmäßigen, einstöckigen, mit Walmdach und Zwerchgiebeln ausgestatteten Häuschen der „Offizianten". Bei der Biegung zum Tor steht als Blickpunkt ein schöner Nischenbrunnen in antikischen Formen (1790). Der wehrhafte Torweg geht durch die alte *Prälatur*, die schräg aus dem regelmäßigen Viereck des Barockpalastes vorspringt, ein Bau von mittelalterlichen Formen, mit zwei Ecktürmen (1389). Der obere Abschluß klassizistisch aus der Zopfzeit. Das Innere z.T. in Spätbarock ausgestattet. Hinter dem Torweg öffnet sich ein weiter Vorplatz vor der Eingangsseite des Konventgebäudes und der Kirche. Der Röhrenbrunnen ist ein Barockwerk (1720, 1783)

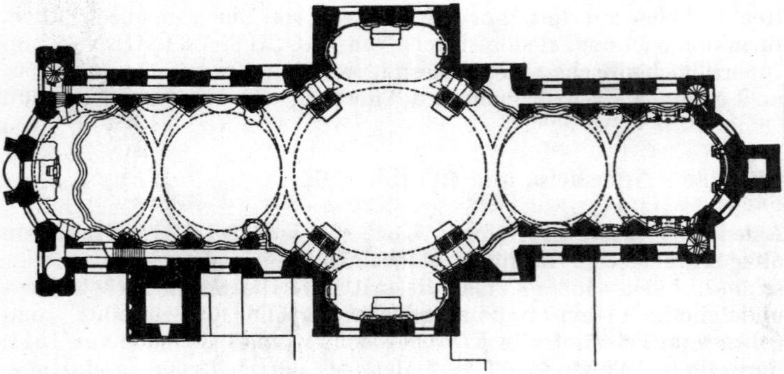

*Neresheim, Klosterkirche, Grundriß*

mit Bildsäule des Erzengels Michael. Das *Konventgebäude* hat eine dreistöckige Palastfassade – ein Hauptstock zwischen Sockel- und Attikastock – gefüllt mit Pilasterordnungen, Gesimsen, Fensterbrüstungen und abwechselnden Verdachungen; wohl von einem Vorarlberger Meister erbaut (1699–1714). Die Mitte wird hervorgehoben durch das Treppenhaus mit seinen versetzten Fenstern und der äußeren Freitreppe. Die neue Abtei umschließt zwei Höfe. Ihre Gänge, Säle und Zimmer sind stuckiert. Die Stukkaturen, vielfach mit kleinen Öl- und Freskobildern vermischt, gehören teils dem derben, aber architektonisch gebundenen älteren Stil der Wessobrunner Gipser an (Bibliothek und Gang im Erdgeschoß), teils dem französischen zarten Bandelstil oder dem Rokoko (JOH. SCHMUZER, MELCHIOR PAULUS, DOMINIKUS ZIMMERMANN). Die Haupträume sind die Abtskapelle, das Refektorium, der Bibliothekssaal, der „Salon" und der Kapitel- oder Theatersaal. In einem Gang bei der Kirche stehen ältere Grabdenkmäler. Hinter dem Kloster dehnt sich im Halbrund der ummauerte Garten. Den nördlichen Flügel bildet die ein wenig vorspringende *Abteikirche*. Sie wurde 1745 begonnen nach Entwürfen BALTHASAR NEUMANNS von Würzburg (Bauleitung J. M. KELLER aus Schwäb. Gmünd) und nach seinem Tode (1753) fortgeführt von DOMINIKUS WIDENMANN von Donauwörth, eingeweiht erst 1792. Bei der Ausführung ist gespart worden: Kuppeln und Säulen sind aus Holz. NEUMANN dachte sie sich noch in Stein errichtet, doch konnte das Kloster keinen Baumeister finden, dem es die hierzu notwendigen technischen Fähigkeiten zutraute. Auch die Ausstattung ist anders, als sie NEUMANN sich gedacht hatte. Kleine Altäre von Stuckmarmor und Alabastergips im klassizistischen Zopfstil statt des Rokokopomps von Vierzehnheiligen und dem Würzburger Käppele. Nur die Kuppelgemälde entsprechen der ursprünglichen Absicht. Umfangreiche Sicherungs- und Restaurierungsmaßnahmen sind seit 1968 im Gang. Wände und Bauglieder sind in nüchternes Weiß getaucht. „Und doch wirkt der Bau erschütternd großartig. Die Barockarchitektur, nicht nur Deutschlands, sondern Europas, hat weniges, was sich mit ihm messen kann" (G. Dehio). Das Eigenartige liegt in der Verbindung einheitlicher Raumgestaltung mit einem großartigen Rhythmus der Wandgliederung. Das Mittel der Verbindung sind die Kuppeln. Es sind Flachkuppeln, je zwei kreisrunde im Schiff und Chor, drei längsgerichtete im Querschiff. Die nach innen gezogenen Strebepfeiler sind als Freipfeiler von der Wand gelöst und unter sich wie mit der Wand durch Bögen verbunden. So entsteht ein dreiteiliger Aufbau aus Sockel, Hauptgeschoß mit Säulen, Attika samt den Gewölbebögen, worauf die Kuppeln schweben. Ein Brüstungsgang ist in Höhe der Sockeloberkante zwischen den Pfeilern eingelegt. Die gedrückten und gewundenen Bogenlinien unter den Kuppeln erzeugen eine eigentümliche, für NEUMANNS Barockkunst bezeichnende Bewegung. Alle waagrechten Linien, die für das Raumbild in Betracht kommen, folgen den Schwingungen der Kuppeln. Es runden sich nicht nur die Abschlüsse der Kreuzarme, sondern auch die Pfeilerkörper samt Sockel und Gebälkaufsätzen und die Brüstungsgänge. Auch die Gurtbögen, die scheinbar die Kuppeln tragen, neigen und winden sich. Ströme von Licht wogen förmlich durch den Raum, hoch hereinbrechend und aus verborgenen Quellen. Der erste Eindruck ist allerdings der einer leeren Größe, da NEUMANNS Pläne für einen gewaltigen Hochaltar nicht zur Ausführung kamen. Im Würzburger Käppele und in Vierzehnheiligen hat NEUMANN ähnliches geschaffen. Eine Vorstufe – doch in anderer Beziehung – bedeutet auch schon JOH. DIENTZENHOFERS Abteikirche zu Banz. NEUMANN war nur Baumeister, nicht Dekorationskünstler. Maler und Bildhauer haben ihm die Prachtausstattung für seine Gebäude entworfen. Hier in Neresheim hat er dafür – lange nach seinem Tode – noch im Zeitalter des aufgeklärten Klassizismus einen Künstler gefunden, der ihm ebenbürtig und im Grunde seines Wesens immer noch ein Barockkünstler war: Martin Knoller, der große Freskomaler, der auch die Dekorationsmalerei übernommen hat. Sie ordnet allerdings die ganze Wirkung den *Kuppelgemälden* unter, trifft aber darin wohl auch die Absicht des Baumeisters. Die genialen Kuppelfresken, etwa 1770–1775 ausgeführt, sind heute nach Restaurierung wieder vollkommen farbenfrisch. Bewunderungswürdig ist das Geschick, womit sie auf den Raum berechnet sind. Martin Knoller, ein Tiroler, hat bei Paul Troger in Wien und in Italien unter dem Einfluß von Mengs und Winkelmann seine Studien gemacht. Er verfügt noch über das ganze Können der Barockmalerei, handhabt es aber mit einem gewissen edlen Maß. Die Verteilung der Bildvorwürfe ist nicht ohne weiteres verständlich. Vorn beim Eingang die Tempelreinigung; dann der zwölfjährige Jesus unter den Schriftgelehrten. In den Kreuzarmen die Darstellung im Tempel und die Taufe Christi. Im Ostarm die Auferstehung Christi und über dem Choraltar das letzte Abendmahl. Es scheint, daß hier auf die liturgische Bedeutung der Räume Rücksicht genommen wurde. Der Maler scheint außerdem solche Vorwürfe bevorzugt zu haben, die ihm Gelegenheit zur Darstellung innerer Tempelräume gaben. Eine bizarre Landschaft stellt das Jordantal dar. Das Abendmahlsbild hat der Künstler mit seinem Namen unterzeichnet (1771). Das Bewunderungswürdigste bleibt aber doch das Bild in der Hauptkuppel. Raffinierte perspektivische Künste leiten unsere Einbildungskraft in die Höhen, die weit über dem Gewölbe liegen, in den Himmelsdom. Unten, in irdischer Nähe, der Neue Bund. Darüber, schon verschwimmend, die Welt der Erzväter. Zuoberst aber wohnt die Gottheit in unzugänglichem Licht, wiewohl die Theologie den Schleier lüftet. Von dort strahlt alles Licht im Bild aus. Schraubenförmig gehen die einzelnen Ringschichten ineinander über. Wie durchsonnte Wolken schwebt das Ganze über den weißen Wänden. Wie die unzähligen Gestalten malerisch zusammengefaßt sind und wie das Gewimmel kunstvoll geordnet ist, dem muß man nachgehen. Mit nicht versiegender Gestaltungskraft ist das einzelne durchgebildet. Glücklich, wer es einmal vom Gesims in der Nähe sehen konnte! Die Mithilfe fremder Hände ist kaum zu bemerken. Nur in dem Bild der Tempelreinigung, worin der Hauptgehilfe Aloys Schöpf bescheiden seinen Namen angedeutet hat, ist die derbe Realistik vielleicht nicht aus des Meisters Geist geflossen. Es ist wohl nicht zuviel gesagt, wenn man diese Bilderreihe zu den glanzvollsten Malerwerken des 18. Jh. rechnet. Wenn einer vermochte, den überirdischen

Himmel künstlerisch, nicht nur sinnbildlich darzustellen, so war es KNOLLER. Ihm ist eine ganz besondere Gabe ausdrucksvoller, fast geheimnisvoller Lichtwirkungen eigen, die auf raffinierter Farbenkomposition beruhen. Als einer der letzten Barockmaler läßt er uns noch einmal ermessen, welche Skala die Kunst der Kuppelmalerei damals durch zwei Jahrhunderte hindurch umfaßte. – Die Stuck- und Stuckmarmorarbeiten im antikisierenden Zopfstil à la Louis XVI. sind entworfen von THOMAS SCHEITHAUF aus der Wessobrunner Gegend, für sich betrachtet z. T. nicht ohne Qualität. Die Goldschmiedearbeiten von Augsburger Meistern; vorzüglich das goldene Tabernakel mit seinen ionischen Säulen. Darüber ragt ein an der Schlußwand aufgestelltes großes Marmorkruzifix. Die Schmiedeeisengitter nach Entwurf SCHEITHAUFS in Königsbronn gefertigt. Die Hauptorgel 1796 von J. N. HOLZHAY aus Ottobeuren. Die große Taufe in Neresheimer Marmor von dem Ellwanger Bildner JOH. BÜHR. – Als bemerkenswertes Beispiel nachmittelalterlicher „historisierender" Architektur verdient der *Turm* Beachtung. Der Unterbau, 1618 von P. SCHWARZ, sollte formal Rücksicht auf die damals noch stehende romanische Abteikirche nehmen. Die zwei obersten Geschosse 1789 von ANTON KAPELLER. Vorbild für die Gesamtgestalt wohl der Nördlinger „Daniel". – In den beiden *Kirchen* der Stadt und im Pfarrhof originelle Fresken von J. M. ZINK. Eindrucksvoll die Hauptgasse mit dem erker- und giebelgezierten ehem. Amtshaus. Die einstige Stadtbefestigung wurde im 19. Jh. niedergelegt.

In der Kirche von KÖSINGEN finden wir einen Altar von DOMINIKUS ZIMMERMANN (um 1720), dessen Schüler J. DOSSENBERGER mit Werken in einigen der im folgenden genannten Orte vertreten ist. Bedeutend sind die Reste der romanischen Burg KATZENSTEIN: großer Bergfried aus Buckelquadern mit einem Kamin im Innern, spätgotischer Staffelgiebel, Kapelle und Reste des alten Palas. Um 1777 wurde von J. DOSSENBERGER die *Pfarrkirche* von EGLINGEN errichtet (Deckenbild im Chor von J. ANWANDER). Vom gleichen Baumeister auch einige Profanbauten im Ort (Zeughaus, Bräuhaus und Bierkeller). – Ein wohlerhaltenes Renaissanceschloß ist DUTTENSTEIN, umgeben von einem Wildpark. Das eigentliche Schloß, ein Steinhaus von 1564 mit kleinem Hallenhof innen, steht auf einem Felshügel, ähnlich wie die Kapfenburg. Im Saal ein Fresko von J. A. HUBER. – Die ganze Landschaft ist parkartig gepflegt und bietet herrliche Ausblicke auf die Donauebene mit den schwäbisch-bayrischen Städten und auf die Alpen. Zahlreich und z. T. erstaunlich gut erhalten sind im Ries und den anstoßenden ostschwäbischen Bezirken die sog. Burstel, d. h. Burgställe (eigentlich Burgstellen), die man früher wegen ihrer regelmäßigen Gestalt – Viereck mit Graben- und Walleinfassung, daneben ein größerer Vorhof – für römisch hielt. Sie dürften aber frühestens an der Wende von karolingischer zu ottonischer Zeit entstanden sein. – Lohnend die *Pfarrkirche* von DISCHINGEN, 1769–1771 von J. DOSSENBERGER erbaut. Stuck von TH. SCHEITHAUF, die Fresken von G. P. LUCELLO. Die malerisch umrissenen Fensterformen lassen vor allem den ZIMMERMANN-Schüler erkennen, der auch die *Pfarrkirche* von TRUGENHOFEN errichtet hat (1781). Fresken von J. A. HUBER aus Augsburg, einem Nachahmer KNOLLERS. Das *Schloß Taxis*, mit Resten der ehem. Burg Trugenhofen, besteht aus einem neueren großen Gebäude in Spätbarockformen. Schloßkapelle mit Stuckmarmorausstattung von TH. SCHEITHAUF. Schloßgarten von 1742. Die Kirche in BALLMERTSHOFEN hat eine hübsche Ausstattung in Rokoko mit Holzschnitzereien dem Augsburger Domkapitel zu verdanken (1763). Daneben steht ein Schlößchen mit Eckturm und Volutengiebel aus der Zeit um 1600. J. DOSSENBERGER begegnen wir nochmals in seiner Kirche von FLEINHEIM (1763), errichtet über ovalem Grundriß. Typisch auch hier wieder die Fensterformen.

## 9. Aalen – Heidenheim – Brenz

Aalen Seite 226, Unterkochen Seite 245. – Anziehend ist die Lage des ehem. Zisterzienserklosters KÖNIGSBRONN (gestiftet 1303) am tiefblauen Quelltopf der Brenz, den mächtige Felswände, einst von Burgen gekrönt, überragen, während die Höhen über dem Tal von dichten Wäldern bedeckt sind. Im Klosterhof findet man von Klausur und Kirche jedoch fast keine Spur mehr, nur der Unterbau des rechteckigen Chors ist z. T. erhalten. Die jetzige Pfarrkirche ist ein Predigtsaal von 1678, durch J. U. HEIM 1710 verändert. Den Turm baute J. A. GROSS, dessen Grabdenkmal außen an der Kirche steht. Sehenswerte gußeiserne Grabdenkmäler aus dem hiesigen Hüttenwerk, das bis auf das Jahr 1366 zurückgeht und ursprünglich von den Mönchen betrieben wurde. Von den Klostergebäuden ist die unten als Durchgang dienende Oberamtei auf der Westseite, wo Ringmauer und Graben noch zu sehen sind, innen mit barocker Pracht (Stuckdecke) ausgestattet; die ehem. Prälatur jetzt Pfarrhaus. Ein reizvoller, ansehnlicher Rokokobau ist auch das jetzige *Rathaus*, ursprünglich Sitz des Hüttenpächters. – In SCHNAITHEIM ein ehem. *Jagdschlößchen* der württembergischen Herzöge (um 1600) und ein stimmungsvoller *Alter Friedhof*.

Wo das Brenztal durch das einmündende Stubental erweitert wird, liegt HEIDENHEIM, an einem Ort, der schon die Römer zu einem Kastellbau anregte (Aquileia, direkt westlich des Bahnhofs). Die Stadt schmiegt sich mit ihren ältesten Teilen östlich dem von einem Bergschloß gekrönten Hellenstein an. Von der Altstadt liefen schon in früher Zeit zungenartig nach verschiedenen Richtungen offene Vorstädte aus, die der ganzen Siedlung einen ausgedehnten, verstreuten Charakter aufdrückten. Eine breite Marktstraße – ein Marktplatz fehlt –, von einer Nebenstraße begleitet, durchzieht nordsüdlich die Stadt. Große Stadtbrände haben die meisten alten bürgerlichen Wohnbauten zerstört. Nur noch vereinzelt sind einige Fachwerkbauten aus dem 18. und 19. Jh. erhalten. Die Hintere Gasse gewährt noch am ehesten einen Eindruck von Altheidenheim, hier findet man auch Reste der Stadtbefestigung, wie die Anschlußmauern zum Burgfelsen hin. Die beiden alten Kirchen erfreuen durch ihre malerische Lage: Wie eine Insel steigt aus dem Tal der Totenberg mit der *Peterskirche* empor, in heutiger Form ist sie wohl wesentlich ein Werk von 1577 und 1727. Ebenso vortrefflich fügt sich der Turm der gut restaurierten *Michaelskirche* (urspr. St. Nikolaus) dem Bild der Altstadt samt dem Schloßberg ein. Die Kirche entstand als Umbau und Erweiterung einer Anlage des 14. Jh. um 1621/22 (Beteiligung SCHICKHARDTS möglich) und im 18. Jh. Sein Bestes aber besitzt Heidenheim am *Schloß Hellenstein* (Abb. 29), das von jeder Seite her neue Reize offenbart. Von den Straßen der Stadt aus gesehen, thront es wie aus dem natürlichen Felsen gewachsen als riesiges Bollwerk; aus weiterer Entfernung erscheint es bald als Festung, bald als schmuckes Schloß, bald als romantisches Trümmerfeld – immer aber als Architekturbild von starker Lebendigkeit des Umrisses. Die mittelalterliche Burg lag auf dem höheren westlichen Teil der Hochfläche; Buckelquadererste und Spitzbogenformen zeugen noch von ihr. 1530 Zerstörung durch Brand. Unter Herzog Ulrich trat 1537–1544 an ihre Stelle ein Schloßbau der Renaissance, von dem noch die Ruine auf der Westseite steht. Auf dem Raum der unteren Vorburg entstand um 1600 unter Herzog Friedrich I. durch ELIAS GUNZENHÄUSER ein gewaltiges neues Schloß, der lange westöstliche Trakt aus Kapellenbau, Obervogtei, Burgvogtei und Altanbau, letzterer geschickt zugleich Bollwerk. Ihm gegenüber der große Fruchtkasten. Gleichzeitig wurde der ganze Komplex des unteren und oberen Schloßhofs durch Erweiterung und Erneuerung der Befestigung zu einem einheitlichen Festungswerk mit mächtigen Rondellen und Basteien ausgebaut. Das Schloß gibt sich nach außen ganz festungsmäßig, malerisch und wohnlich dagegen auf der Hofseite. Trefflich paßt die wehrhafte Rustikazier der Portale

und Brunnennische zum Festungscharakter. Reizvoller Abschluß des Achteckturms mit geschweifter Haube, Laterne und seitlichem Schneckentürmchen. Seine wehrhafte Form birgt im Innern den Chor der ihm querrechteckig vorgelegten *Schloßkapelle*. Man vergleiche die ganz ähnliche Raumbildung im Alten Schloß in Stuttgart. Typisch wie immer bei Burg- und Schloßkapellen die Herrschaftsempore, die auf gleicher Höhe wie die anschließenden ehem. Fest- und Wohnräume liegt. Lebendige Stukkaturdekorationen (Sündenfall, Sintflut, Geburt Christi) von dem Braunschweiger Kalkschneider G. Schmidt. Hier und in den anstoßenden Räumen befinden sich die reichhaltigen Sammlungen des Heimatmuseums, die bis in die Zeiten des Römerkastells und der Vorgeschichte zurückführen.
Der in HERBRECHTINGEN am Eingang des Kirchhofs für sich stehende Glockenturm mit dem Chörlein entstand durch Erhöhung einer ursprünglich romanischen Torkapelle bei einer bereits im 8. Jh. genannten, angeblich 1144 in ein Stift umgewandelten und heute völlig veränderten Klosteranlage. An der Nordwand des Chors der Kirche ein freigelegtes romanisches Fenster. *Stiftsgebäude* aus dem 16. und 18. Jh. Spätgotischer Chor der *Leonhardskapelle* an der steinernen Brenzbrücke. Der Ort war in frühgeschichtlicher Zeit einer der bedeutendsten des ganzen Bezirks. – Von den früheren Klöstern des Gebiets zeichnet sich ANHAUSEN wie Königsbronn mehr durch die idyllische Lage als durch besondere Architekturleistungen aus. Es liegt am Eingang des Eselsburger Tals in klösterlicher Stille, noch mit der alten Ringmauer von der Welt abgeschlossen und von Linden beschattet. Durch den Torbau eingetreten, bemerken wir zur Linken die Reste des spätgotischen Konventbaus, zwischen Westflügel (malerischer Backsteingiebelschmuck) und Südflügel mit Oberamtei und Eckturm. Die Hauptzierde des Hofs bildet die behagliche Prälatur mit Eck- und Erkerturm, die zierliche Räume enthalten (Renaissance). Auf der rechten Seite umziehen Wirtschaftsgebäude den Klosterbezirk. Die gotische Kirche des zu Anfang des 12. Jh. gegründeten Benediktinerklosters wurde im 19. Jh. abgebrochen. – Im landschaftlich bevorzugten Eselsburger Tal steht stolz die ehem. BURG FALKENSTEIN, deren verwegene, im wahrsten Sinn sturmfreie Lage auf abschüssigem, hohem Felsen über dem Brenztal Staunen erregt. Erst nachträglich dürfte sich an dieses enge Felsennest jenseits des Grabens auf der Höhe eine Vorburg angeschlossen haben, in deren westlichem Steinhaus sich eine gewölbte Dürnitz aus spätgotischer Zeit erhalten hat. Da die übrigen Burgstellen nur noch geringe Überreste aufweisen, ist Falkenstein um seiner charakteristischen Anlage und der guten Erhaltung der Vorhofgebäude willen besonders wertvoll.

Die alte Reichsstadt GIENGEN an der Brenz liegt teils im Tal, teils auf einem mit dem Schießberg zusammenhängenden Hügel und hat ähnlich wie Heidenheim eine breite Marktstraße statt eines Platzes, die von parallelen Gassen begleitet und einigen Quergassen gekreuzt wird. Ein Brand vernichtete 1634 die Stadt vollständig. Von der ehem. Befestigung steht noch die Stadtmauer bei dem schalenförmig nach innen geöffneten, von einem hübschen Zinnenkranz gekrönten Bocksturm sowie an der Westseite der Stadt ein gewaltiger Schildmauerblock auf einem Felsen (sog. Burg), der auf dieser Seite dem Stadtbild etwas Trotziges, Festungsartiges gibt; auch ein Rest vom Hohenmemminger Tor in Gestalt eines turmartigen Hauses steht noch. In der Marktstraße ältere Bürgerhäuser in Fachwerk mit Straßengiebel, gelegentlich durch Lisenen und Bogenfries herausgeputzt; alles in bescheidenem Rahmen. Die *Stadtkirche*, frei- und hochgelegen, zeigt schon im Äußeren deutlich den Charakter verschiedener Bauzeiten: der Chor vom Ende des 14. Jh., ein wesentlich barockes Schiff (1653) mit romanischen Resten, zwei hohe Westtürme, von denen der nördliche „Blaserturm" erst nachträglich bei der Verbreiterung des Mittelschiffs einbezogen, der südliche, spätgotische 1709 erhöht wurde. Das Hauptinteresse gilt dem Innern: eine gutbelichtete, ungemein breite und verhältnismäßig niedere Saalkirche. Die Decke, 1821, im spätesten Zopfstil. Beachtung verdient die aufwendige Ausstattung des 17. Jh.: Kanzel, Taufstein, Altartisch und Choraltar, also zwei Altäre (die Protestanten haben damals wegen der Liturgie grundsätzliche Streitigkeiten ausgetragen). Die gemalten Epitaphe in reichgeschnitzten Rahmen gehören zum Schmuck einer ev. Stadtkirche seit dem 17. Jh. – Für die Geschichte der modernen Architektur außerordentlich bemerkenswert sind einige 1903f. errichtete Hoch- und Flachbauten der Firma Steiff: Stahl- und Holzrahmenbauten, bei denen vor die Konstruktion aller Geschosse eine Glaswand vorgehängt ist. – Das auf dem isolierten Burghügel malerisch gelegene Kirchlein von HÜRBEN wurde 1738 von C. F. WEYHING d. Ä. erbaut. – Bei Lontal steht auf hoher Bergesecke die große Schloßruine KALTENBURG, mit schönem Blick auf das Hürbe- und Lonetal und hinüber nach Schloß BURGBERG. Diese auf steiler Höhe über dem Hürbetal gelegene Anlage besteht aus zwei Steinhäusern, die einen engen Hof umschließen. In der Kirche von SONTHEIM (1716) reizvolle Inneneinrichtung.

Kunstgeschichtlich am bemerkenswertesten unter allen Kirchen des Bezirks ist die spätromanische Basilika St. Gallus in BRENZ, etwas jünger als die verwandte Kirche St. Johann in Schwäb. Gmünd und die ehem. Stiftskirche in Faurndau, mit dem Brenz seit 875 zusammenhing. Die drei bilden eine Gruppe, innerhalb der die Brenzer Kirche als jüngste aus der Zeit um 1235–1245 gilt (B. Cichy); die südliche Portalvorhalle aus der gleichen Zeit. Der Westbau von einem etwas älteren Bau (zwischen 1170 und 1190) übernommen, ist eigenartig behandelt: Der Turm barg einen Vorraum, über dem eine durch zwei Wendeltreppentürmchen zugängliche, gegen das Schiff geöffnete Empore lag. Zeitlich dazwischenliegend der Kern der beiden Seitenapsiden. In den Proportionen herrscht eine Neigung zum Breiten, Kubisch-Massigen und Gedrungenen, die sich ebenso in der Profilierung der schweren Gesimse und Zierfriese kundtut; in der Konstruktion waltet Gleichgültigkeit gegen Regelmäßigkeit und Symmetrie der Anordnung, in der Dekoration die Freude an ungebundener Phantastik. Außen an den Dachgesimsfriesen und in den Bögen des Frieses, innen an Kapitellen und Konsolen ergeht sich die urwüchsige Phantasie der Bauleute in einem Gewimmel von Ornamenten und wirklichen oder fabelhaften Figuren, die die Geistlichkeit vielfach allegorisch auf den Kampf des Menschen mit den als Tiere oder Fabelwesen dargestellten Mächten der Sünde und der Welt zu deuten wußte. In der Paradiesvorhalle Säulenkapitelle mit Blättern und Ranken, Tiere und Masken, im Bogenfeld lehrender Christus zwischen

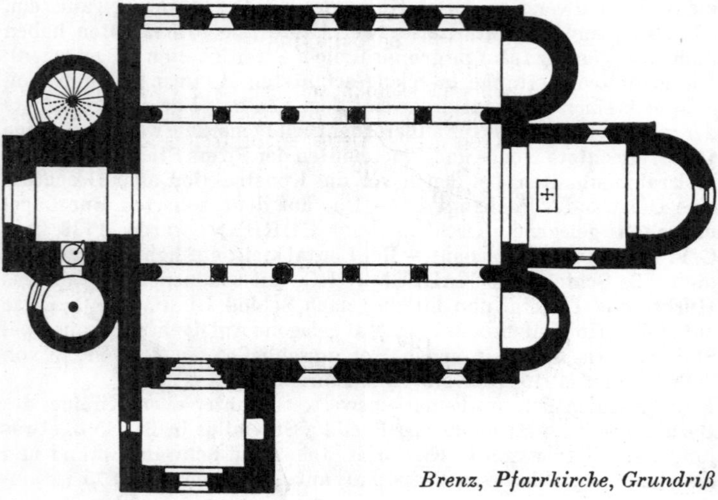

*Brenz, Pfarrkirche, Grundriß*

Maria und Johannes. Im Innern: Säulenkapitelle mit Ornamenten, Platte mit Kreuzornament. Apsisgewölbe: Christus in der Mandorla (um 1250). Romanisches Taufbecken. Eine Grabung (1964) ergab die Reste einer dreischiffigen Holzkirche des 7. Jh. und eine Steinkirche um 730–740, noch in karolingischer Zeit mehrfach verändert und zu einer Doppelchoranlage erweitert. – Auf der gleichen Höhe wie die Kirche liegt das *Schloß* an der Stelle einer festen Wasserburg. In heutiger Form wesentlich ein Werk des Frühbarocks (1672), der in schönen Schnitzereien wie in den hübschen Hoflauben seine Kunst betätigt und im Portal des Rittersaals ein Prachtstück des bewegten und noch ganz der Renaissance verpflichteten „Ohrmuschelstils" geschaffen hat. Das *Gasthaus zum Hirsch* offenbart sich in seiner behäbigen Anlage mit Ecktürmen gleichfalls als Schlößchen (um 1620).

**Das Kapitel ‚Im Gebiet der Alb' umfaßt folgende Wanderrouten:**



*Wir verweisen auf die dem Buch beiliegenden Übersichtskarten.*

# IV. Im Gebiet der Alb

## 1. Das Filstal von Ebersbach bis Geislingen

Die Kirche in EBERSBACH gewährt, besonders von der Nordseite her betrachtet, auf ihrem hohen, ummauerten Friedhof ein eindrucksvolles Bild. Um 1500 als Westturmanlage mit netzgewölbtem Chor errichtet, wurde sie in der Neuzeit mehrfach verändert. Das alte Pfarrhaus mit den Vorkragungen in seinem gewaltigen Giebel und die Alte Post sind gute Beispiele des gediegenen Fachwerkbaus aus dem 16. Jh. (z. T. leider noch unter Putz). Fachwerkbauten aus dem 17. und 18. Jh. sind in der Umgebung noch häufiger zu sehen. – Die Pfarrkirche von UHINGEN (im 19. und 20. Jh. erneuert) besitzt einen netzgewölbten Chor von 1519. Epitaph für Dorothea v. Berlichingen (1606). Auf der Höhe, das Filstal weithin beherrschend, das *Schloß Filseck*, eine Vierflügelanlage des 17. Jh. mit Ecktürmen, hervorgegangen aus einer hochmittelalterlichen Burg. – In FAURNDAU tritt uns der spätromanische Stil in seiner schwäbischen Ausprägung entgegen, wie wir sie durchaus vergleichbar und offenbar eng untereinander verwandt auch in Schwäb. Gmünd an der Johanniskirche, in Brenz, Weinsberg, Oberstenfeld und anderen Bauten fassen können. Klare, auf einfache geometrische Formen zurückführbare Baukörper schließen sich zu meist gedrungen proportionierten, dennoch lebendig gegliederten und gestaffelten Gesamtformen. Im einzelnen dagegen herrscht eine ausgesprochene Freude am plastischen Bauschmuck, der – im figürlichen meist ohne große Qualität – doch eine durchaus diesseitige Lebensfreude erkennen läßt. Mag in vielen Darstellungen eine gewisse magische Symbolik Gestalt gewinnen, deren Bedeutung wir allerdings nur in wenigen Fällen genauer kennen, so sind Versuche, solche Bildwerke inhaltlich in ein Gesamtsystem zu zwängen, doch immer zum Scheitern verurteilt, wie auch die Vorstellung von hier verborgenen geheimen Lehren historisch ohne Beweis bleiben muß. Dieser Bauschmuck ist primär Ausdruck einer Stilmode (vgl. auch Schwäb. Gmünd, Johanniskirche) und vermag daher vor allem Auskunft über das Lebensgefühl staufischer Zeit zu geben. Und doch würden wir jene Zeit falsch einschätzen, wenn wir nicht neben jenen Bauten auch die kargen Anlagen der Zisterzienser sehen würden, die in bewußtem Gegensatz zu den hier genannten Kirchen entstanden. – Bereits 875 wird in Faurndau ein Klösterlein genannt, das später (das Datum 1227 hierfür ist ungewiß) in ein Chorherrenstift umgewandelt wurde. Daten für die vorliegende *Kirche* (Abb. 21) liegen, wie fast immer bei Bauten des hohen Mittelalters in unserem Land, nicht vor und können nur aus einem Vergleich der Bauformen mit solchen von besser datierten Anlagen in anderen Gegenden erschlossen werden. Für unsere Kirche wird bisher ein Baubeginn zu Anfang des 13. Jh. angenommen. Der Bau besteht aus einem gedrungen kurzen Langhaus als flachgedeckte Säulenbasilika, die im Osten mit ursprünglich zwei Seitenapsiden und einem kreuzrippengewölbten Altarhausquadrat mit Hauptapsis schließt. Vor dem Altarraum der nicht sehr große Chorraum der Stiftsherren, anfänglich – wie noch zu sehen ist – auf Tonnenwölbung angelegt. Er schloß zum Schiff einst mit einem durch Grabung nachgewiesenen Lettner ab. Von ausgezeichneter Qualität die blockhaft ornamentalen Kapitelle über den stämmigen Säulen, z. T. eng verwandt mit den etwas jüngeren der Denkendorfer Vorhalle. Ein Westturm über niedriger Vorhalle, die in ihrem durch Rippen sechsgeteiltem Gewölbefeld und in den Kapitellen schon frühgotische Formen zeigt. Das Westportal eine geradezu unglückliche moderne Nachempfindung des romanischen Originals, das ohne Schwierigkeit wiederherzustellen gewesen wäre. Ursprünglich war statt des heutigen Turms ein noch über die Südflucht der Kirche ragender Südwestturm geplant, ebenfalls mit gewölbter Vorhalle. Ob dieser nicht ausgeführte Turm ein Gegenstück auf der Nordseite erhalten sollte, also eine Zweiturmfassade geplant war, konnte auch durch die in neuerer Zeit durchgeführte Grabung nicht nachgewiesen werden. Diese ergab dagegen Reste aus vier älteren Bauperioden, darunter Teile der Apsis einer karolingischen Cella. Im Altarhaus Fresken mit einem Marienzyklus, um 1300. Romanischer Taufstein. Neben dem eindrucksvollen Innenraum gilt unser Interesse vor allem dem Außenbild der Chor-

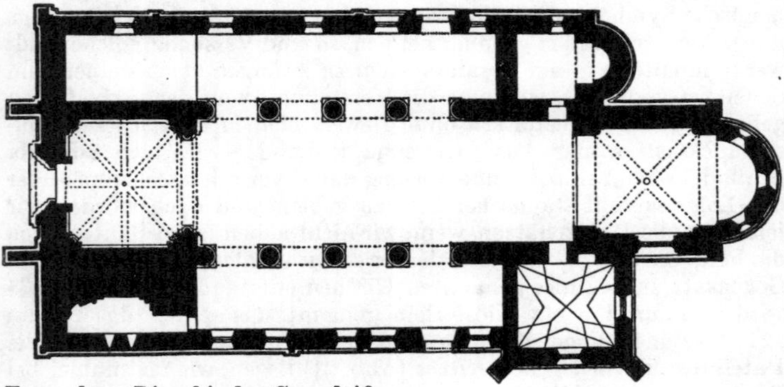

*Faurndau, Pfarrkirche, Grundriß*

partie mit ihrem Reichtum an Bauornamentik und plastisch figürlichem Schmuck (z. T. Nachbildungen und Erneuerungen des 19. und 20. Jh. Originale teilweise im Staufermuseum in Göppingen). Steinmetzzeichen, die sich um diese Zeit jedoch noch nicht mit bestimmten Meisternamen in Verbindung bringen lassen. Im Osten der Kirche treten sog. Zangenlöcher auf, wohl die frühesten in Schwaben.

GÖPPINGEN – um die Mitte des 12. Jh. von den Staufern gegründet und seit 1319 württembergische Stadt – ist zwar ein alter Ort, in seinem baulichen Bestand aber verhältnismäßig jung. Von einer eigentlichen Altstadt kann man kaum sprechen, da der letzte große Brand 1782 nur einzelne Gebäude, keinen geschlossenen Stadtteil verschont hat. Nur in der Schloßstraße und an der Wühle findet man noch bei den Resten der Stadtmauer einige zusammenhängende Überbleibsel der älteren Stadt. Auch in der Gerberstraße gibt es malerische Winkel, während sonst aus der ganzen Anlage der Stadt der nüchterne, auf Regelmäßigkeit und praktische Zweckmäßigkeit gerichtete Sinn der Zopfzeit zutage tritt. Alle privaten Baupläne mußten der

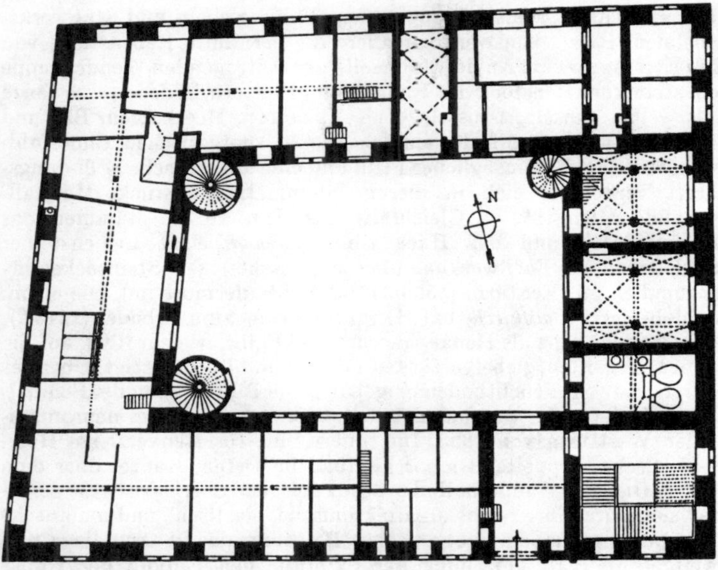


*Göppingen, Schloß, Grundriß*

staatlichen Baukommission zur Prüfung und Uniformierung vorgelegt werden. So kommt es, daß der Privatarchitektur fast völlig ein individueller Charakter fehlt. (Dafür ist allerdings dank der übersichtlichen Anlage der Straßen die Orientierung erleichtert.) Der Stadtplan ist von J. A. Gross d. J. Da eine ziemlich geräumige Bauweise vorgeschrieben war, mußten viele Bürger, die im Stadtinnern nicht mehr Platz fanden, sich in dem neuen, alleengeschmückten Viertel der Karlsstraße ansiedeln. – An älteren Bauten stehen noch heute: das massige, nur durch die vier Ecktürme gegliederte *Schloß*. An der Stelle einer alten Burg wurde es 1552–1569 durch Aberlin Tretsch errichtet, z. T. aus den Steinen der zu diesem Zweck abgebrochenen Burg Hohenstaufen. Das große Portal ist eine bezeichnende Probe der teils nach italienischen, nicht immer ganz verstandenen Vorlagen, teils mit eigenen, phantasievollen Erfindungen schaffenden Stuttgarter Renaissancebauschule (Steinmetzmeister M. Berwart). Sie fußt auf der spätgotischen Steinmetzkunst, greift aber gelegentlich, so in dem Drachenrelief, auf romanische Reminiszenzen zurück. Erfreulicher als das etwas kahle Äußere wirkt der Innenhof dank seinen Treppentürmen, Ziergiebeln und Stabwerksportalen. Hier sehenswert vor allem die berühmte Rebenstiege von Martin Berwart. An der Unterseite der freitragenden Wendeltreppe ein steinerner Rebstock mit Ranken und Blättern, in denen eine ganze Tierwelt – Amseln, Drosseln, Eule, Eichhorn, Meerkatzen, Bär und Wildsau – sich tummelt, ähnlich wie in spätgotischen Chorstuhlschnitzereien. Ein unsäglicher Fleiß und eine naturfrische Erfindungskraft verkörpert sich in diesem Steinmetzprunkstück. Marstallgebäude Mitte 16. Jh. Gleichfalls aus dem 16. Jh. stammen das *Christophsbad* und das Haus zum *Storchen*, einst Liebensteiner Schlößchen, ein Fachwerkbau über zweigeschossigem Steinsockel, ursprünglich mit Eckturm (1536/37, heute Staufermuseum). Die ehem. Schloß-, jetzt *Stadtkirche* hat H. Schickhardt zum Erbauer (1618 f.), der sich hier ganz als Renaissancearchitekt gibt, wie ein Blick auf die hohen, eleganten, giebelverzierten Fenster und Portale zeigt. Über der Kirche war ein Fruchtboden eingebaut. Die Bildwirkung der Schmalseiten leidet unter den unbehandelten Giebeln und dem neuromanischen Westturm von 1838. Im Innern eine rosettenverzierte Holzfelderdecke, doppelter Emporenaufbau im Osten, Kanzel über dem Altar. Die früher außerhalb der Stadt gelegene *Oberhofenkirche* zeichnet sich durch ihre reiche architektonische, plastische und malerische Ausstattung aus, ein spätgotisches Bauwerk, das in Grundlage und weitgehender Heranziehung der Skulptur den Einfluß der Ulmer Münsterbaukunst verrät. Das räumliche Innenbild ist infolge mehrfachen Planwechsels uneinheitlich. Der Bau wurde mit dem Langhaus 1436 als Nachfolger einer sehr viel älteren Gründung begonnen und war ursprünglich als Halle mit querschiffartiger Erweiterung im Osten geplant (die heutige Gestalt hier 19. Jh.). Nach einem Brand 1562 als Saal wiederhergestellt. Das Ulmer Vorbild wird vor allem in der äußeren Ansicht des Chors deutlich der von zwei Türmen (jetzige Gestalt 1884–1889) flankiert wird. Man achte in diesem Zusammenhang auf die großen Blendbögen über den Fenstern und die im Grundriß dreieckigen Figurenbaldachine der Strebepfeiler. Von der Ausstattung bemerkenswert die trefflichen Leistungen der spätgotischen Stein- und Holzbildnerei, die in Fülle vorhanden sind, die zahlreichen Grabdenkmäler und gemalten Epitaphe, Chorstühle, Kruzifixe, die gute dekorative Gewölbemalerei sowie das historisch denkwürdige Fresko zur Erinnerung an die Niederlage des schwäbischen Städtebundes im Jahr 1449. Einbau der Holzempore 1853. In der südlichen Eingangshalle als Fresko die Stiftung der Kirche mit der einzigen erhaltenen, authentischen Darstellung der Burg Hohenstaufen. Neben der Kirche und aus derselben Bauzeit die zeitweise als Beinhaus benützte kleine „Bettelkapelle“. *Rathaus* von 1783. – Einen kühnen Neubau stellt die *Hohenstaufenhalle* (Sporthalle) dar, die von B. Winkler 1964–1967 erbaut wurde. Große Fachwerkbinder aus Stahlbeton überdecken die Tribünen und das Spielfeld.

In KRUMMWÄLDEN verdient der Schnitzaltar aus dem frühen 16. Jh. Erwähnung. Im Holzschrein Aussendung der Apostel, auf den Flügeln Heilige. – Im ursprünglich romanischen, früheren Turmchor von EISLINGEN stehen, durch Rahmen getrennt, drei Bildfolgen des späten 14. Jh. aus dem Alten Testament, dem Marienleben und dem Leben Jesu übereinander. Holzbildwerke um 1480. – In der Kirche von SALACH ist der massige, behäbige Ostturm des 13. Jh., der den Chor enthält, bei einer Erneuerung 1906 beibehalten worden. Im Innern zwei gutornamentierte figürliche Grabdenkmäler von den Ulmern Michael und Hans Schaller. – Die stattliche spätgotische Kirche von SÜSSEN hat im Innern Reste einer Barockerneuerung, ausgeführt nach einer Zerstörung durch die Franzosen 1707. Bedeutsam dagegen der spätgotische Ölberg außen am Turm, angeblich ein Werk des Michel Erhart aus Ulm. – Auf einem das Filstal beherrschenden Vorsprung, erhebt sich die Ruine STAUFENECK. Die ursprünglich von den Staufern errichtete Burg wurde wohl gleich nach 1257 von einem Reichsministerialengeschlecht als sehr regelmäßige Anlage neu erbaut. Der runde, innen achteckige Bergfried neben den Resten des mittelalterlichen Wohnbaus ist in seiner vorzüglichen Mauertechnik ein stolzer Zeuge romanischer Burgenbaukunst (sehr

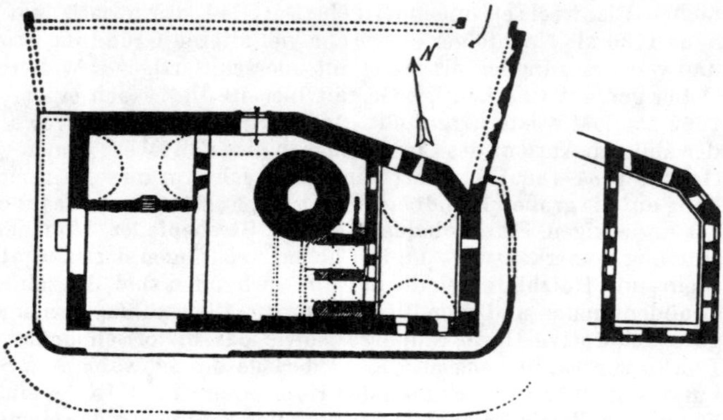


*Burg Staufeneck, Grundriß*

sorgfältig bearbeitete kissenartige Buckelquader mit Steinmetzzeichen). Er bot Schutz gegen die Vorburg zu, die auf der Angriffsseite vom Berg her lag. Auf der Westseite der Burg noch unter dem Boden liegende Gewölbe sind der Unterbau eines heute verschwundenen, jüngeren Schloßeinbaus. Die Vorburg enthält einen Wirtschaftshof. – Das Schloß in RAMSBERG ist in nachmittelalterlicher Zeit aus einer hochmittelalterlichen Burg entstanden. Unter dem Hauptbau eine über vier achteckige Freipfeiler gewölbte Halle aus dem 2. Viertel des 13. Jh. – DONZDORF. Die Ortsanlage streckt sich auf einem flachen, von sanften Erhebungen umfaßten Gelände in die Breite. Schloß und Kirche ragen in geschlossenem, von Baumwipfeln umsäumten Komplex über die Kontur der langgestreckten Dachrücken heraus. Von der *Martinskirche*, die durch ihren hohen, spitzen Umriß zunächst die Aufmerksamkeit auf sich lenkt, ist nur noch der schlanke, locker an das Gebäude gestellte Turm mit seiner Spitzpyramide gotisch. Das Langhaus mit dem eingezogenen, eckiggeschlossenen Chor entstammt einem Umbau aus der Zeit um 1777. Aus der Innenausstattung (Altar der nördlichen Kapelle) stammen vier spätgotische Altarflügel von B. ZEITBLOM (jetzt in den Gemäldegalerien von Karlsruhe und Donaueschingen). Zum Altar der südlichen Kapelle gehören zwei Bilder, hl. Katharina und hl. Barbara, ulmisch, Ende 15. Jh. Als Grablege der Herren von Rechberg enthält die Kirche zahlreiche Grabmäler, davon zwei mit Wappen in Relief, Johann III. († 1348) und Johann V. von Rechberghausen († 1374); Ulrich I. von Hohenrechberg († 1458),

Ulrich II. († 1496). Doppelgrabmal in Rotmarmor Georg zu Ravenstein († 1547) und Hans zu Scharfenberg (1549), u.a. Die *Friedhofskapelle* St. Barbara von 1748; Holzfigur einer Muttergottes, ulmisch, Nachfolge Multschers um 1470. – Das rechbergische *Schloß* neben der Kirche ist eine umfängliche Anlage, die in ihren wichtigsten Teilen aus dem 16. Jh. stammt. Sie besteht aus einem Herrenhaus und z.T. noch erhaltenen Ökonomiegebäuden, die einen geräumigen Hof umgeben. Das Herrenhaus ist ein geschlossenes, auf rechteckigem Grundriß errichtetes Gebäude mit vier polygonalen Ecktürmen, die von charakteristischen Schweifdächern gekrönt sind. Zwischen ihnen ist gleichsam auf die Dachschräge mansardenartig ein Oberstock aufgesetzt, der jedoch nur an den Schmalseiten von Eck zu Eck geht. Der Prototyp der Anlage ist die Wasserburg, nur ist hier die streng wehrhafte Form ins künstlerisch Repräsentative umgewandelt. Charakteristisch erscheint der geschlossene Baukörper, der flächig gehaltene Wandaufriß und die klare, wohlabgewogene Verteilung der kleinen Fensteröffnungen. Die Dekoration ist nur ganz spärlich bemessen. Ein im Aufbau bemerkenswertes Renaissanceportal von 1568. Das Schloß enthält Kunstschätze wie den Mindelheimer Altar von Bernhard Strigel und ein Bildnis des Georg Frundsberg von 1523. – Wo einst die Pfarrkirche des abgegangenen Dorfs HÜRBELSBACH bei Donzdorf stand, ist jetzt ein Jägerhaus mit spätgotischer Kapelle (Langhaus 1885). Sie enthält einen Altarschrein (Gehäuse modern) mit Holzbildwerken aus dem 16. und 17. Jh. und Gemälde. Das sog. SCHARFENSCHLOSS ist die Ruine einer Burg Scharfenberg, die bis nach 1840 bewohnt war. Sie macht durch ihre phantastischen Umrisse Eindruck, zeigt aber bei regelmäßiger Anlage des Hauptwohnbaus, der bereits zum Schloßbau überleitet, im einzelnen nicht viel Burgartiges mehr (Spätgotik und Renaissance). – Die Kirche von GINGEN an der Fils trägt außen über der Nordpforte eine Weihinschrift von 984, diese ist die älteste erhaltene Kircheninschrift Deutschlands. Vom Bau jener Zeit ist sonst nichts mehr sichtbar. Romanischer Turmchor heute mit dreiseitigem Chörlein von 1463. Protestantische Ausstattung z.T. noch frühbarock (1634). Reste von spätgotischen Wandgemälden im Chor. – Die gotische Kirche von KUCHEN (1430), deren mächtiger Chorturm und das bereits spitzbogige Nordportal noch dem 13. Jh. angehören, hat an der Bretterdecke Malereien aus der Renaissancezeit (1588) von drei Geislinger Malern Hennenberger und dem Konstanzer G. Bocksdorfer (vgl. Bad Überkingen). Romanische Reliefs an einem Turmstrebepfeiler. – Die Grundmauern der Burg SPITZENBERG über Kuchen sind ausgegraben; eine trapezförmige Kernburg auf steilem Bergkopf, der nur nach Südwesten mit dem Michelsberg zusammenhängt; rechteckiger Bergfried und an die Ringmauer angelehnter Palas. – Geislingen Seite 266.

## a) Nördlich von Göppingen

In OBERWÄLDEN ist wenigstens der Ostteil der Kirche in seiner spätromanischen Form noch erhalten. Im Erdgeschoß des massigen Ostturms befindet sich der Chor, dessen kuppeliges Kreuzgewölbe auf konsolartig kurzen Diensten mit Knospen- und Blätterkapitellen aufsitzt. Von der gewaltigen Mauerdicke des Turms zeugt die in ihrem Innern ausgesparte Treppe. Ausmalung aus dem späteren 13. Jh.: am Gewölbe Sibyllen und Propheten, an der Nordwand Tod, Himmelfahrt und Krönung Mariä, in Fortsetzung dazu an der Ostwand das Schutzmantelbild; am Triumphbogen die klugen und die törichten Jungfrauen; im übrigen Szenen aus dem Leben Christi. – Die Kirche in RECHBERGHAUSEN ist neu, hat aber noch eine Fülle von teilweise sehr wertvollen Holzskulpturen des 15. und 16. Jh. Der Ort zerfiel einst in Stadt und Dorf und erinnert, vom Tal aus gesehen, an ein befestigtes Städtchen. Nicht nur das *Alte Schloß* auf der Höhe gefällt in seinem baulichen Bild, sondern auch das *Neue Schloß* von 1721 (jetzt Rathaus) mit den Überresten des Schloßhofs und dem Torbau mit zweigeschossiger Kapelle. Den weiten Hof umziehen Wirtschaftsgebäude aus verschiedenen Zeiten. – Die hochgelegene, hochbarocke *Wallfahrtskirche* zur schmerzhaften Maria gehört zu BIRENBACH, 1690f., und bildet in der sonst in ihrer Baukunst noch ganz mittelalterlich geprägten Gegend eine bemerkenswerte Ausnahme. Außen und innen kräftige Pilastergliederung und schöne Portale. Die Gewölbe wurden bei einer jüngsten Wiederherstellung erneuert. Spätgotische Holzbildwerke. – In BÖRTLINGEN besitzt die ursprünglich spätgotische, später mehrfach veränderte Kirche ein Vesperbild des frühen 15. Jh. und eine sog. Johannesschüssel (vgl. Denkendorf).

## b) Südlich von Göppingen

Die Kirche von JEBENHAUSEN, architektonisch ohne Bedeutung, enthält ein stark beschädigtes, turmartig aufgebautes, spätgotisches Sakramentshaus, das einst reichen Statuenschmuck aufwies; ferner bemerkenswerte Grabdenkmäler wie den schönen Renaissanceritter und das gemalte Riesenepitaph der Dorothea v. Liebenstein, das mit dem Sakramentshaus an Höhe wetteifert. Mit wie wenig Mitteln in entsprechender landschaftlicher Umgebung ein befriedigender Architektureindruck zu erzielen ist, zeigt das *Liebensteinsche Schlößchen* aus dem 17. Jh., das seinen Effekt im wesentlichen mit den zwiebelgedeckten Eckerkern und geschweiften Giebeln bestreitet. An den früheren Ruf des Orts als Bad erinnert das einstige *Badwirtshaus* zum großen Christophel, ein hohes Fachwerkhaus. – Im Chor der sonst frühbarocken Kirche von BEZGENRIET Wandbilder aus der Zeit um 1410 (Jüngstes Gericht). – Die gotische *Martinskirche* in ZELL unter dem Aichelberg ist bemerkenswert durch ihre um 1400 entstandenen Wandmalereien, die dem Zyklus von Eislingen bei Göppingen stilistisch nahestehen. – Den einfachsten Typus der romanischen Kirchen des Bezirks vertritt die in der heutigen Gestalt um 1200 entstandene Cyriakskirche eines Chorherrenstifts in BOLL, deren Gründung der Sage nach ins 8. Jh. und auf die hl. Berta zurückgehen soll (Berchta vidua collatrix collegii in Boll): eine querschifflose Pfeilerbasilika mit geradegeschlossenem, gegen die Mittelschiffbreite eingezogenem Rechteckchor und (durch Grabung festgestellten) Halbkreisapsiden an den Seitenschiffenden; Achtseitpfeiler als Mittelschiffstützen. An die anfänglich turmlose Westfront ist nachträglich – in nicht genauer zu bestimmender Zeit – vor das südliche Seitenschiff, gegen dessen Langachse nach Süden verschoben, ein quadratischer Glockenturm angebaut worden. Unter dem ursprünglich um mehrere Stufen erhöhten Chor wurde eine einschiffige Krypta freigelegt, die nach Ausweis von Gewölbeansätzen mit einer ostwestlich gerichteten Tonne überdeckt gewesen war. Gefunden wurde der Unterbau eines Kryptenaltars vor der Ostwand. Auch die Krypta ist nachträglich in den Chor eingebaut worden. Dies und die im Verhältnis zum Mittelschiff geringere Breite des Chors lassen an die Möglichkeit denken, daß die Chorgrundmauern von einer älteren Kirche übernommen sind und vielleicht von der sagenhaften Kirchengründung der hl. Berta (735) stammen. (Vgl. dazu die Martinskirche in Oberlenningen mit ihrem ebenfalls durch Grabung freigelegten, nachträglich verlängerten Rechteckchor.) Von den Ausstattungsstücken sind Taufstein und Opferstock noch romanisch, die Kanzel eine reichverzierte, spätgotische Steinmetzarbeit; manche der Epitaphe erinnern an den früheren Ruhm des durch einen schönen Park geschmückten „Wunderbads" Boll, dessen Hauptgebäude H. SCHICKHARDT erstellte (1823–1826 durchgreifend erneuert). Der stimmungsvolle alte Friedhof, hochgelegen und als Zuflucht fest ummauert, birgt im Schatten seiner Bäume einige antikisierende Denkmäler in Altar- und Urnenform. – Die Kirche von DÜRNAU birgt beachtenswerte Grabdenkmäler aus der Werkstatt L. Baumhauers. Eine Grabmalgruppe vom Ende des 16. Jh. steht auf dem Kirchhof. – In HEININGEN eine stattliche gotische Kirche auf ummauertem Kirchhof. Sterngewölbter Chor; Freskenzyklus, datiert 1398; man beachte vor allem die riesige Kreuznagelung über der Nordempore, die eng verwandt ist mit einer gleichartigen Darstellung in Faurndau.

## 2. Geislingen – Weißenstein

An der Ausmündung einer Albbucht, die von kulissenartig vorspringenden Bergnasen rückwärts immer stärker eingeengt wird, entwickelt sich regelmäßig, hauptsächlich um die Längsachse einer Hauptstraße gelagert, das mittelalterliche GEISLINGEN. Den ältesten Kern der von den Grafen von Helfenstein im 13. Jh. angelegten Stadt bildete ein fast regelmäßiges, die Stadtkirche in seiner südwestlichen Ecke einschließendes Rechteck mit folgenden Grenzen: im Norden die nördliche Flucht des ehem. Schlosses, im Westen die Rohrach, im Süden die Brunnenstraße, im Osten die Helfensteinstraße. Daran schlossen sich talauf, talab die Vorstädte (die obere bereits 1289 genannt). Das Stadtbild besitzt in einzelnen Straßenbildern und in einer Reihe bedeutsamer Bauten noch Charakteristika, die dem Stadtganzen eine besondere Note geben. Rechtwinklig zur Längsachse des Stadtplans ist die spätgotische *Stadtkirche* orientiert, die mit ihrem Spitzturm den eigentlichen Schwerpunkt in der Stadtkomposition darstellt. Dem Bautypus nach eine dreischiffige Basilika, die in ihrem räumlichen Eindruck sich der Hallenkirche nähert. Im Obergaden des Mittelschiffs nur kleine Maßwerkrundfenster. Der Bau wurde 1424f. nach einem in der Hauptsache einheitlichen Plan aufgeführt (Gründungsinschrift mit Stifterbild am Nordportal). Das Langhaus hat vier Joche (Holzgewölbe 19. Jh.); der rechteckige Westturm von der Breite des Mittelschiffs ist halb in die Fassade eingezogen, der altgewölbte Chor ist mit drei Seiten des Achtecks geschlossen. Die in Form eines Chorschlusses gestaltete Vorhalle des Südportals 1467 von Hans Schweinbacher. Die Sakristei von 1518. Der Außenbau in den klaren, flächig geschnittenen Formen, wie sie durch die Verwendung des mit der Säge bearbeiteten Kalktuffs bedingt waren. Der Innenraum wirkt in seiner „stilgerechten“ Bemalung und Verglasung von 1892 höchst unerquicklich. Der Chor hat die alte Ausstattung bewahrt. Das wertvollste Stück ist der qualitätvolle, hierher versetzte Nebenaltar, der Daniel Mauch oder dem in dessen Werkstatt arbeitenden Christoph von Urach zugeschrieben wird (um

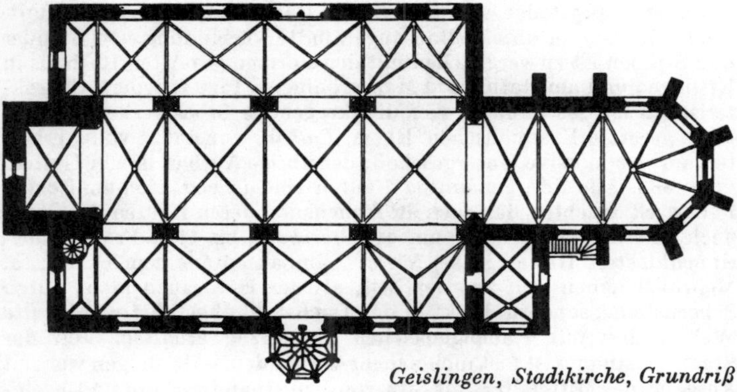

*Geislingen, Stadtkirche, Grundriß*

1520): Maria mit dem Kind zwischen den hll. Mauritius und Magdalena; auf den Flügeln die hll. Rochus und Elisabeth. Im hohen Gesprenge der hl. Sebastian; in der Predella ein Fegefeuerrelief. Der Altar ist verwandt mit dem etwas älteren Talheimer Altar (Landesmuseum Stuttgart). Zweireihiges Chorgestühl, 1512, aus der Werkstatt von J. SYRLIN D. J. (Eichenholz, stark erneuert). Von SYRLIN auch der Dreisitz im Chor. Die Holzkanzel, 1621 von DANIEL HENNENBERGER gefertigt, ist in der barocken Überladung ein Meisterwerk der Schreinerarchitektur. Die einzelnen Seiten zeigen wuchtiges Gedränge architektonischer Einzelformen in straffster Disposition. Der gleichzeitig gearbeitete Schalldeckel läßt im vertikalen Aufbaugerüst noch gotische Reminiszenzen erkennen. Geschnitzte Renaissancetüren, datiert 1658 und 1659, von W. HILDENBRANDT. Eine andere datiert 1683 (vom Südschiff in die Sakristei). Darüber ein Holzepitaph mit großer gemalter Ecce-Homo-Darstellung (1481). Zahlreiche Grabmäler, u.a. von den Ulmer Bildhauern HANS und MICHAEL SCHALLER, PETER SCHMID, GEORG HUBER, HEINRICH HACKER und CHR. FR. BRAUN. – Von bedeutenderen Profanbauten ist, mit Ausnahme von Fachwerkbauten, wenig erhalten geblieben. An erster Stelle steht der *Alte Bau* (Bauhof) in der Moltkestraße, ein Speichergebäude von imposanten Dimensionen; Anfang 16. Jh., Unterbau aus Kalktuffquadern. Die Größe und Geschlossenheit des Baukörpers, die klare Übereinanderschichtung der leicht vorkragenden Geschosse, der hohe, steile Dachrücken, die ins Kleine gehende Aufteilung der Wandflächen geben diesem Nutzbau einen hervorragenden künstlerischen Charakter. Älter noch als der Bauhof ist der

in seinen Hauptteilen aus dem 15. Jh. stammende *Alte Zoll*, Hauptstraße 25. Die an diesem Bau angewandte Verbindung von Ständer und Streben ist zu vergleichen mit den Formen am Alten Rathaus in Esslingen und am Rathaus in Markgröningen. 1593 erneuert. Charakteristisch ist das kühn in vier überkragenden Stockwerken auf das Dach gesetzte Kranhäuschen. Ehem. *Rathaus* von 1422; völlig erhalten nur das massive Untergeschoß; der übrige Aufbau ist ein Umbau von 1883. Alle drei genannten Bauten sind in sog. alemannischem Fachwerk errichtet, das auch an manchen anderen Bauten der Stadt noch zu erkennen ist (z.B. am ev. *Pfarrhaus*, bis 1531 Franziskanerinnenkloster; Hausengasse). Viele Wohnbauten aus dem 15.–17. Jh. Mehrfach haben sich aus der Zeit, als der Herdrauch nicht durch Schornsteine, sondern direkt in den Dachstuhl abgeführt wurde, alte Walmdächer mit Rauchgiebelchen als Abzug erhalten. Von der Stadtbefestigung ist fast nichts mehr vorhanden. – Geislingen war seit Ausgang des Mittelalters als Sitz von Kunsthandwerkern und Kleinkünstlern (Augsteindreher, Beindrechsler, Elfenbeinschnitzer) kunstgeschichtlich ein Zweig von Ulm, zu dem es seit 1396 gehörte. Es hat aber auch selbst einige namhafte Künstler hervorgebracht.
Ursprünglicher Träger des Ortsnamens Geislingen war der heutige Ortsteil ALTENSTADT. Im Neubau seiner *Martinskirche* (1904) sind der romanische Chorturm und Ausstattungsstücke (Kanzel, Taufstein, Altar, Totentafeln) eines älteren Baus von 1659 erhalten. Unterhalb an der Landstraße Reste einer spätgotischen Michaelskirche, verbaut in ein Kinderheim. – Burg HELFENSTEIN, auf einem Kamm von Felsenklippen bei Weiler, war der Stammsitz des gleichnamigen Grafengeschlechts, das sich im Mittelalter eine kleine Territorialherrschaft aufbaute, diese aber allmählich wieder verlor und 1627 ausstarb. 1932 wurden die Grundmauern der Burg ergraben und Teile als Ruine wiederaufgebaut. – Hoch über Geislingen, hart am Albrand, ein Wartturm der Burg, der sog. *Ödenturm*. Buckelquaderbau, vielleicht noch aus dem 13. Jh., 1555 wiederhergestellt, unten quadratisch, oben zylindrisch, der durch die einfache, stereometrische Form des Baukörpers und die Plastik seiner Buckelquaderköpfe wirkt. – EYBACH, schön gelegen zwischen Buchenhängen und Felsklippen, mit spätgotischer, 1870 veränderter *Kirche* aus Kalktuffquadern. Sakramentshaus von 1468. Hölzerner Ölberg-Christus um 1470. Spätmittelalterliche Grabmäler der Herren von Degenfeld. Ihr *Schloß* an Stelle eines älteren Baus in den Jahren 1760–1770 errichtet: typisches Landschloß im herrschenden französischen Geschmack (Mittelrisalit, Ecklisenen, Mansardendach), so wie er durch L. Retti und Ph. de la Guêpière am württembergischen Hof eingeführt wor-

den war. Bemerkenswerte Gartenfront, im Giebel die Jahreszahl 1768. Im Weißen Saal klassizistische Stukkaturen. Puttengruppen. Ausgezeichnete Fayenceöfen (18. Jh.) unbekannter Herkunft. – Auf dem Himmelsfelsen Reste der im 30jährigen Krieg zerstörten Burg *Hoheneybach*. – Dicht über dem Ort in der *Waldkapelle* (1916) holzgeschnitztes Vesperbild aus der 1. Hälfte des 14. Jh. – Die Kirche von STÖTTEN bietet noch das malerische Bild einer wehrhaften, spätgotischen Dorfkirche, mit Viereckturm unter anspruchslosem Satteldach und stark ummauertem Friedhof. – Die Kirche von TREFFELHAUSEN ist neugotisch, ein Werk des Wiener Dombaumeisters SCHMIDT (1859).

Das Städtchen WEISSENSTEIN liegt still und abgelegen im Lautertal. Die in der Achse des Tals ausgebreiteten Häusergruppen kulminieren senkrecht zu dieser Achse in dem auf einer Terrasse des Berghangs gelagerten Schloßbau. Die Verbindung zwischen Schloß- und Ortskomplex bildet die um einen niedrigen Absatz erhöhte Gruppe der Kirche und einzelner Fachwerkhäuser. Das ehem. rechbergische *Schloß* ein befestigter Herrensitz aus der Renaissancezeit, der jedoch den unwohnlich wehrhaften Charakter der mittelalterlichen Burg abgestreift hat (1610). Die Gebäude gruppieren sich um einen unregelmäßigen, viereckigen Hof und sind an der Innenseite im Erdgeschoß durch tiefe Bogennischen gegliedert. Der Gesamteindruck wird durch die regelmäßigen Fensterreihen, die Staffelgiebel, Ecktürme und Erker bestimmt. Im Ostflügel Eingangshalle mit Kassettendecke in Stuck und Treppe mit kräftig ausladenden Balustern. Reichdekorierte Öfen, darunter einer von 1698. Besonders schön, wie sich das Schloß in die Landschaft einfügt. Die kath. *Pfarrkirche* St. Martin wurde 1716–1719 unter Beibehaltung eines nicht in der Mittelachse des Langhauses stehenden, gotischen Turms neu erbaut. Ein einfacher, mit Spiegelgewölbe überdeckter Saal und ein anschließender, rundgeschlossener Rechteckchor. Diese einfache Raumdisposition und die Wandgliederung mit der Ave-Maria-Kirche in Deggingen verwandt. Qualitätvoll die feinen Rokokostukkaturen aus der Erbauungszeit, bei denen die Wessobrunner Akanthusranke bandartig umstilisiert wird. Beachtenswert das Deckengemälde im Langhaus von KONRAD HUBER aus Weißenhorn (1815), noch ganz in der Tradition der illusionistischen Barockmalerei. Epitaph des Ernst v. Rechberg, verfertigt 1604 von MICHAEL SCHALLER. Reiterdenkmal für F. X. Leo v. Rechberg († 1767) von WENZESLAUS BAUR. Im Langhaus gutes Kruzifix aus dem 2. Viertel des 16. Jh. – In NENNINGEN steht in der neuen kath. *Pfarrkirche* St. Martin ein Vesperbild aus Holz, Anfang 15. Jh. (vgl. Deggingen). Das kleine, von Baumkronen fast erdrückte *Friedhofskirchlein* birgt ein künstlerisch hervorragendes, holzgeschnitztes Vesperbild, inschriftlich datiert 1774 und bezeichnet FRANZ IGNAZ GÜNTHER. Gleich vollendet in dem sicheren Wurf der Komposition wie in dem realistischen Pathos der Schmerzensdarstellung; in der Wiedergabe des nackten Körpers mit dem gesucht komplizierten Muskelspiel und in der Behandlung der feinen, in Strähnen geknitterten Gewandung offenbart sich das glänzende Können des bedeutenden Bildhauers. Man vergleiche das in der Auffassung ähnliche Vesperbild des Meisters in der ehem. Klosterkirche von Weyarn. – Die romanische Chorturmkirche in DEGENFELD, wohl noch im 12. Jh. entstanden, besitzt im Chor ein Rippengewölbe, das auf Ecksäulen mit Würfelkapitellen aufsitzt. Das Schiff wurde im 19. Jh. umgebaut. – Weißenstein Seite 269.

## 3. Geislingen – Lontal – Niederstotzingen

Geislingen Seite 266. – In SCHALKSTETTEN ist der spätgotische Turm der Kirche in seinem Giebel mit Lisenen und Bogenfriesen verziert. – Die Kirche in STUBERSHEIM ist romanisch, jedoch 1584 und im 19. Jh. verändert. – Die mittelalterliche Chorturmkirche in BRÄUNISHEIM wurde 1590 erweitert. Altar von 1656 mit Relief der Auferstehung, in der Predella gemalt das Abendmahl. – In GUSSENSTADT ist die Kirche von 1691 nur noch in den unteren Teilen des Turms gotisch. Ikonographisch interessant ein Tafelbild von 1580, das Christus als Apotheker zeigt. Die übrige Ausstattung zumeist aus der Barockzeit. – Die in ummauertem Friedhof schöngelegene obere Kirche in GERSTETTEN, ein heller Predigtsaal (1774), hat eine ansprechende Ausstattung. Die untere Kirche, ursprünglich eine gotische Chorturmkirche (1774), barock verändert. – Die Kirche in ALTHEIM wurde 1696 von einem Ulmer Meister HACKER umgebaut; Altar und Kanzel qualitätvolle Schnitzarbeiten. Ulmer Künstler. Ein entschiedener Aufschwung der protestantischen Kirchenbaukunst über das nur von praktischen Rücksichten geleitete Verbauen des Innenraums durch Emporen und Orgel hinaus, ein Wiederkehren der natürlichen, berechtigten Freude an künstlerischer Ausstattung ist an den Kirchen dieser Gegend zu sehen. Der mit Blendnischen und Fialen verzierte Turm stammt noch vom gotischen Bau. Gotische Türme mit Lilienfriesen und Fialen am Satteldach kehren im Bezirk öfter wieder. – Die Kirche in HEUCHLINGEN ist ein Quersaalbau von 1792 (Deckenbild). Der im Unterbau gotische Turm mit achtseitigem Aufsatz und Barockhaube. Fresken aus dem 14. Jh.

besitzen die alten Dorfkirchen in BALLENDORF (Jugend Christi, thematisch vergleichbar mit dem Zyklus in Neuenbürg im Schwarzwald) und in SETZINGEN (Passion). – Der romanische Chorturm der Kirche in BISSINGEN ist durch eine halbrunde Apsis erweitert, ein nicht gerade häufiges Motiv. Reste von Wandbildern aus der 2. Hälfte des 13. Jh. (hll. Georg und Martin).
In STETTEN OB LONTAL bilden *Schloß* und *Kirche* einen Komplex von überraschender Einheitlichkeit, der sich erst dem Näherkommenden in zwei Bauwerke zerlegt. Der abgetreppte Grundriß, der hübsch geschweifte Giebelumriß, an den Eckerkern wiederholt, verleihen dem hochgelegenen Schloß eine überaus muntere Silhouette. Nicht minder bewegt ist die der *Wallfahrtskirche* mit ihren zahlreichen Volutengiebeln und Ausbauten. Auch als Raumgebilde ist dieser barocke Zentralbau mit seinen vier Exedren und vier Zwischenkapellen beachtenswert (1733 von Chr. Wiedemann aus Elchingen errichtet). Vor dem Chor liegt die tonnengewölbte Gnadenkapelle mit Fresken von Joh. Georg Wolcker. – Malerisch das *Schloß* in OBERSTOTZINGEN (gegen 1608), besonders der Flügelbau mit gebrochenem Walmdach und schlanker Laterne und dem Rundturm auf der Gartenseite. Im Grundriß der Kirche spürt man das Vorbild der benachbarten Stettener Wallfahrtskirche (Grabmal von P. Schmid). – In ASSELFINGEN ist der romanische Turmchor tonnengewölbt. Die Kirche wurde 1748 erweitert. Ein Glasbild aus dem 15. Jh. kam 1967 nach Stuttgart. – NIEDERSTOTZINGEN, ein Städtchen von durchaus bäuerlich-ländlichem Charakter, hat ein *Schloß* von bedeutender Größe aus der Zeit um 1780, schlicht im Äußern, aber von guten Verhältnissen. In der Kirche Grabmäler der M. und H. Schaller.

## 4. Geislingen – Westerstetten – Langenau

Geislingen Seite 266. – Der spätgotische Turm der Kirche in AMSTETTEN zeigt in seinem Giebel Lisenen- und Bogenfriesschmuck. – Die im 19. Jh. umgestaltete Kirche in LONSEE besitzt noch einen mächtigen romanischen Chorturm, an dem sich außen zwei grobgearbeitete Köpfe befinden. Epitaphe von M. Schaller, 1590 und 1592. Barockes Altarblatt von G. F. Dirr. – Ein räumlich reizvoller Barockbau ist die Kirche in WESTERSTETTEN von 1717–1721, die in ihrer Ostpartie als Dreikonchenanlage gestaltet ist. – Die Kirche in HOLZKIRCH ist noch mittelalterlich. Spätgotische Netzgewölbe im Chor, im Langhaus eine Holzdecke mit gotischen Schnitzereien. Die von einem Engel getragene Kanzel 1720 von C. F. Braun. Der Altar von 1662 noch in barocker Schwere. – Die Chorturmkirche in NEENSTETTEN stammt aus frühgotischer Zeit, ihre Ausstattung gehört dem Barock an. Altarbilder 1652 von H. STÜRMER. Die reizvolle Kanzel von C. F. BRAUN, 1. Hälfte 18. Jh. – Die „Burg" in BERNSTADT, 1704 ausgebrannt, ist in ihrer jetzigen Verkleidung als Scheune noch gut zu erkennen. Ebendort das stattliche *Schloß* mit Ecktürmen (heute Rathaus); das *Amtshaus* nach einem Brand im Jahr 1688 wiederhergestellt. Die gotische *Pfarrkirche* hat noch den romanischen Turm, dessen gewölbtes Untergeschoß früher den Chor bildete. – Noch romanisch ist die Chorturmkirche in HÖRVELSINGEN, die jedoch in spätgotischer Zeit verändert wurde. Frühbarocker Altar aus der 1. Hälfte des 17. Jh. – Das langgestreckte Städtchen LANGENAU hat drei Kirchen. Der ausnehmend hohe Turm der Stadtpfarrkirche St. Martin schaut mit seinem laternengekrönten Kuppeldach weit hinaus ins Land, ein Beobachtungsturm bei Kriegs- und Feuersnot. Grabungen (1962) ergaben Hinweise auf eine hochbedeutsame Vorgeschichte. So wurden Reste einer römischen Kult(?)anlage, einer karolingischen Saalkirche und einer dreischiffigen romanischen Basilika mit Chorseitentürmen ergraben. Der heutige Bau im Kern hoch- und spätgotisch. Sein Inneres ist ähnlich wie die Stadtkirche von Giengen um 1670 für den ev. Kultus umgebaut worden und birgt in seinem imposanten Altar, der reichen Kanzel und dem spätgotischen Taufstein von MATTHÄUS BÖBLINGER wertvolle Ausstattungsstücke. Klösterlich umhegt ist der ehem. *Anhäuser Pfleghof*, auch sonst fehlt es nicht an eindrucksvollen Bauten wie das *Schlößchen* (17. Jh.), das hohe, schmale *Forsthaus*, und der frühere Sitz des Ulmer Oberamtmanns im *Hugeschen Haus* an der Hauptstraße. Die eigentümliche Anlage der Stadt erklärt sich aus dem Zusammenwachsen zweier Orte. – Spätgotisch ist die um die Mitte des 15. Jh. erbaute Kirche in GÖTTINGEN, bis auf den im Unterbau noch romanischen Turm. Netzgewölbter Chor und Sakramentsnische aus der Erbauungszeit, desgleichen der Taufstein. Die übrige Ausstattung barock. Noch wehrhaft ummauert der Kirchhof, mit reizvollem Fachwerkaufsatz über dem Tor.

## 5. Kirchheim – Wiesensteig – Geislingen

KIRCHHEIM war bereits im frühen 10. Jh. ein bedeutender Ort, der schon im 11. Jh. Marktrecht besaß. Zu Beginn des 13. Jh. wurde in Anlehnung an die bestehende Siedlung, im Bereich der leicht erhöht liegenden Pfarrkirche und eines Herrenhofs (an der Stelle des späteren

Kornhauses) durch die Herzöge von Teck die mittelalterliche Stadt angelegt. Der Grundriß hat die Form eines etwas unregelmäßigen, an der Südwestecke abgeschrägten Quadrats, das durch das Achsenkreuz der beiden sich rechtwinklig schneidenden Hauptstraßen in vier ungleich große Teile zerlegt wird. An ihren Enden standen vier Tore, die heute abgebrochen sind. 1690 brannte die Stadt bis auf wenige massive Steingebäude völlig ab. Der Neuaufbau unter der Leitung der Stuttgarter Baumeister Matthias Weiss und J. P. Hertzler behielt die alten Straßenführungen weitgehend bei.

Der künstlerische Reiz des hervorragend gepflegten Stadtinnern beruht in den geradlinigen, durch Giebel rhythmisierten Straßenper-

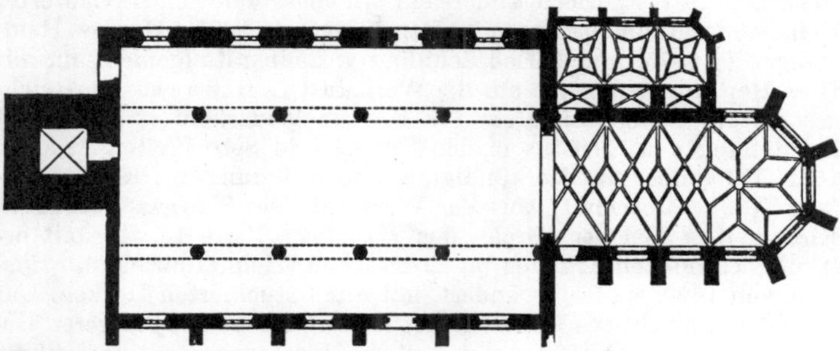

*Kirchheim, Pfarrkirche, Grundriß*

spektiven. An den Kreuzungspunkt der beiden Hauptstraßen ist das *Rathaus* gestellt, das somit auch kompositionell das Zentrum des Stadtkomplexes bildet. Es erscheint mit seiner Hauptgiebelfassade als Zielpunkt am Ende der vom ehem. Unteren Tor nach Norden streichenden Hauptstraße. Der vom ehem. Ötlinger Tor durch die Max-Eyth-Straße Gehende sieht es im Profil als malerisch aufgebaute Silhouette in die hochwandige Straße hineinhängen. Der repräsentative Bau wurde an Stelle eines auf dem Marktplatz stehenden gotischen Rathauses, das beim Stadtbrand zugrunde ging, 1722–1724 von Michel Schimming und Hans Jörg Kullen errichtet. Er zeigt eine reiche Fachwerkstruktur. Der Marktplatz entstand erst nach Abbruch der alten Rathausruine. Zuvor war die zum heutigen Rathaus hin sich trichterförmig verbreiternde Hauptstraße Ort des Markts. Der *Marktbrunnen* mit gußeisernem, reliefiertem Trog von 1776. Räumlich der ansprechendste Teil des Stadtinnern ist unstreitig die um die Süd- und Ostseite der Pfarrkirche herumgreifende Platzrunde, die durch die Langseite des Kornhauses, der Giebelfassade des Stadtpfarrhauses und das Dekanathaus ihre Grenzwände erhält. Die *Pfarrkirche St. Martin* geht – der Martinstitel läßt darauf schließen – in das frühe Mittelalter zurück. Zu einem noch romanischen Bau gehört der aus der Längsachse der Kirche nach Norden verschobene Westturm (sein oberer Teil 1568 von ABERLIN TRETSCH) und ein Teil der Kirchennordwand. Eine Grabung ließ den Bau als kleine dreischiffige Basilika mit rechteckigem Altarhaus der Zeit um 1100 rekonstruieren. Das heutige Langhaus wurde um 1400 vielleicht als dreischiffige Staffelhalle (A. Schahl) begonnen. Der Chor 1453f. vielleicht von ABERLIN JÖRG. Stern- und Netzrippengewölbe. Figurierter Schlußstein mit dem hl. Martin, um 1460. Teilweise Zerstörungen durch den Brand von 1690. Das gutrestaurierte Innere enthält eine Reihe bemerkenswerter Renaissancegrabmäler: Anna v. Remchingen († 1557); Hans v. Remchingen († 1576) und Ulrich Schilling v. Cannstatt (gemeinsam mit H. v. Remchingen), beide aus der Werkstatt L. BAUMHAUERS. Reichgeschnitzte Gedächtnistafeln für Konrad Widerhold († 1667; mit Darstellung von Christus in der Kelter) und Seb. Welling. Kanzel 1691. Tafelbilder mit Verkündigung und Anbetung des Kindes, Anfang 16. Jh. (übermalt), aus der Werkstatt des THOMAS SCHICK in Kirchheim. – Bei der Kirche das *Kornhaus*, Mitte 16. Jh., mit ursprünglich offenen Arkaden im Erdgeschoß (Heimatmuseum). *Stiftshaus* von 1690, später verändert, mit alten stuckierten Decken. Das *Schloß*, ein mächtiges Bollwerk mit tiefen Gräben und schweren Geschütztürmen, bildete die südwestliche Ecke der Stadtumwallung. Entstanden von 1538 ab. Dieser ältesten Anlage gehören u.a. an der gesamte Hauptbau mit dem steinernen Untergeschoß und zwei aufgesetzten Fachwerkgeschossen sowie die damals mit Zinnen versehene Stirn- und Rückenmauer der Kasematten. Am späteren Ausbau H. SCHICKHARDT beteiligt. Wesentliche Veränderungen 1735 und 1794. Die ehem. Dürnitz wohl im Anschluß an den Stadtbrand von 1690 zur Schloßkirche umgewandelt. – Guterhalten auch die Bastion in der Nordostecke der Stadt und Teile der hier anschließenden Mauerpartien. – Vor der Stadt der *Freihof* („Schlößle"), 1609 mit Stuckdecken vom Anfang des 18. Jh.

Die im Kern noch romanische Kirche von JESINGEN besitzt Wandbilder aus dem Ende des 14. Jh. (Leben Christi und Heilige). Grabstein von 1426. – In der barocken Pfarrkirche von OHMDEN (1681f.) vier Altarflügel von THOMAS SCHICK, um 1500 (Märtyrerdarstellungen).

Der Burg Teck zu Füßen WEILHEIM, im 11. Jh. Hauptort der Zähringer, heute ein Städtchen, das sich zum guten Teil aus Bauerngehöften zusammensetzt und weitgehend seinen unberührten Charakter bewahrt hat. Seine *Pfarrkirche St. Peter* (Abb. 99), errichtet 1489 bis 1522 an Stelle der 1089 geweihten Kirche eines von Berthold I. von Zähringen gestifteten Benediktinerpriorats (1093 nach St. Peter im Schwarzwald verlegt), ist ein respektabler, in zwei Bauabschnitten errichteter, spätgotischer Neubau, ein durchgereiftes Werk des Uracher Architekten PETER VON KOBLENZ. Nach dessen Tode weitergeführt und vollendet von zwei Meistern, deren Zeichen im Erdgeschoß des Turms (Gewölbeschlußstein) und in einem der westlichen Schlußsteine des Mittelschiffgewölbes zu sehen sind. Im ersten Bauabschnitt, wahrscheinlich durch das vorige romanische Langhaus bestimmt, eine flachgedeckte Basilika. Wieweit in dieser Basilika noch Bausubstanz der romanischen Vorgängerin gesteckt hat, muß vorerst ungewiß bleiben. Kurze Zeit nach der Vollendung und Ausmalung Umbau zur stern- bzw. netzgewölbten Hallenkirche. Durch die Einwölbung wurde der Kopf des Weltenrichters über dem Triumphbogen und ein Engelskopf mit Teilen der Flügel abgeschnitten und neu gemalt. Das Bauwerk ist innen wie außen dem akademischen Restaurierungseifer der 2. Hälfte des 19. Jh. glücklich entgangen und darum von einer Unberührtheit, wie man sie heute bei den Kirchen des Landes nur selten antrifft. Bedeutungsvoll ein monumentales Jüngstes Gericht an der Ostwand des Langhauses, um 1500 von dem aus dem Kreis JÖRG STOCKERS herausgewachsenen THOMAS SCHICK aus Kirchheim. Von ihm auch die Anna Selbdritt, datiert 1499, und die Hl. Familie im nördlichen Seitenschiff. Hier auch eine Höllendarstellung und der um 1520 gemalte und ikonographisch seltene „Rosenkranz" von einem MARTIN SCHAFFNER nahestehenden Künstler, der vom

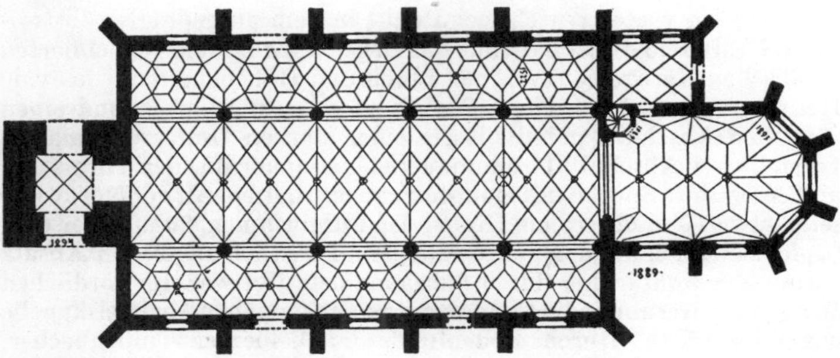

*Weilheim, Stadtkirche, Grundriß*

graphischen Stil DÜRERS beeinflußt erscheint. Den gleichen Stil zeigen das Erbärmdebild an einem nördlichen Langhauspfeiler, das Martyrium der hl. Katharina (nördliches Seitenschiff) und das Stiftungsbild (nördliche Chorwand), beachtenswert wegen seiner Darstellung der Stadt und der Limburg, und Zug der Seligen (südliches Seitenschiff). Schließlich ein Zyklus von neun Wandbildern mit Darstellungen aus dem Alten und Neuen Testament, gemalt 1601 von einem unbekannten Künstler. Figurierte Steinkanzel mit Kirchenvätern und Evangelistensymbolen im Stil des Steinmetzen ANTON (um 1500). Reichgeschnitzter Schalldeckel von 1616. Zwei Konsolbüsten an der Ostwand (hl. Petrus von CHRISTOPH VON URACH und hl. Paulus von Steinmetz ANTON). Figurierte Schlußsteine in den Gewölben. Chorgestühl 1499; Orgel 1795 von ANDREAS GOLL aus Weilheim; Grabstein mit Vortragkreuz in Relief, 12. Jh. Holzepitaphe von 1599 und 1609. Die künstlerischen Absichten des Erbauers in späterer Zeit verändert durch den Einbau von Emporen in den Seitenschiffen und die Aufhängung von Bildnissen der württembergischen Herrscher im Chor. Trotzdem empfindet man nirgends eine stärkere Störung des Gesamteindrucks. – Vor der Kirche Brunnen (1937 von W. OSTERMAYER). *Haus Stolz* (Lindachstraße) von 1604; steinernes Erdgeschoß mit skulptierten Portalen, Obergeschoß aus Eichenfachwerk. Ähnlich das ehem. *Amtshaus* bei der Kirche. *Rathaus* 1777 nach Plänen von J. A. GROSS; das Erdgeschoß mit Rundbögen. Größere Reste der Stadtbefestigung. Vom gräflichen Schloß nur noch eine hohe Scheuer in alemannischem Fachwerk erhalten.

Nicht weit entfernt auf steilem, hohem Basaltkegel die LIMBURG, als Stammsitz Herzog Bertholds I. von Zähringen (dem für die hochmittelalterliche Geschichte Südwestdeutschlands bedeutenden Geschlecht) ein weiterer wichtiger Punkt in dem ausgeprägten historischen Kräftefeld dieser Gegend; das Gegenstück zu dem benachbarten staufischen Kerngebiet zwischen Lorch und Hohenstaufen. Die ovale Hauptburg war durch einen Graben in einen nördlichen und einen südlichen Abschnitt geteilt. Reste einer starken Umfassungsmauer. Im südlichen Abschnitt Grundmauern eines quadratischen Turms und an der Ostseite Spuren des Haupteingangs erhalten. An der Nordwestseite, etwa 10 m unter dem Gipfel, der Burgbrunnen. 20 m unter dem Gipfel zieht sich um den ganzen Berg ein künstlich angelegter Absatz herum, der wohl früher durch Palisaden befestigt war. Im nördlichen Bereich der Kernburg die Fundamente einer einfachen Michaelskapelle aus dem 15. Jh. Durch Bodenfunde (Michelberger Tulpenbecher, Pfostenlöcher von Hütten) ist bereits eine jungsteinzeitliche Siedlung auf dem Berggipfel gesichert. – Die Kirche in NEIDLINGEN ent-

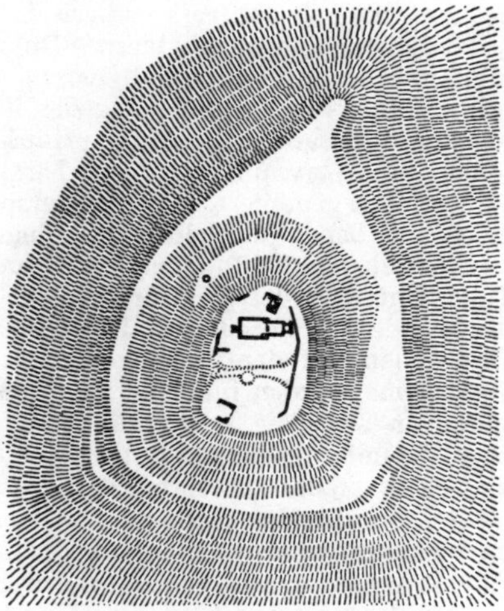

*Limburg über Weilheim, Grundriß*

stand 1746. Das Rathaus 1555. – REUSSENSTEIN. Im abgeschiedenen Neidlinger Tal, gegenüber dem Heimenstein war die Burg auf einem nackten Felsturm des Albrandes aufgebaut, in der heutigen Erscheinung aus hoch- und spätgotischer Zeit stammend. Erhalten haben sich ein Turm von bescheidenen Dimensionen (14. Jh.), die Umfassungswände des vielstöckigen Hauptwohnbaus (15. Jh.) und um den Felskopf herum die äußeren Zwingermauern. In einer an den Turm anstoßenden, nach Osten gerichteten Mauernische des Wohnbaus sind Freskenreste einer Muttergottes in spätgotischer Linienzeichnung zu erkennen. Die Wirkung der Burgruine beruht weniger in der architektonischen Erscheinung als in dem Verwachsensein von Bauwerk und Natur und in der stillen Romantik der landschaftlichen Umgebung.

WIESENSTEIG war am Ausgang des Mittelalters Residenz der Grafen von Helfenstein. Nach ihrem Aussterben gehörte die Herrschaft 1627–1806 zu Bayern, und manches Saatkorn bayrischer Kunst ist im oberen Filstal aufgegangen. Bedeutende Künstler wie J. B. Straub und sein Neffe F. X. Messerschmidt stammen von hier. Bis in die Neuzeit war das „Gaisentäle", eine Art schwäbisches Wessobrunn, die Heimat wandernder Tüncher und Maler, Gipser und Stukkateure. Im 2. Viertel des 18. Jh. hat vor allem der Degginger Stukkateur Ulrich Schweizer mit seinen Verwandten eine weitausgedehnte und in höhere künstlerische Kreise ragende Tätigkeit entfaltet (Schloß Hohenbaldern, Dominikanerkirche in Wimpfen, Marienkirche in Reutlingen, Kirche zu Balgheim bei Spaichingen, u.a.). – In einer Verbreiterung des Filstals entwickelt sich das unregelmäßig zusammengewürfelte Häusergemenge, das sich in geschlossenem Komplex um die hoch herausgehobene ehem. *Stiftskirche* St. Cyriakus gruppiert. Diese war ursprünglich die Kirche einer 1130 in ein weltliches Chorherrenstift umgewandelten Benediktinerabtei. Der bestehende Tuffquaderbau wurde mit Benutzung romanischer Teile (Unterbau der Westtürme, nicht mehr zugängliche Krypta) um die Wende des 14. oder 15. Jh. begonnen (Langhaus). Der Chor, zu vergleichen mit der Geislinger Stadtkirche, und der Oberbau der Westtürme wurden im 2. und 3. Viertel des 15. Jh. aufgeführt (am südlichen Turm die Jahreszahl 1466). Der Außenbau hat trotz mancher Veränderungen den gotischen Charakter bewahrt. Raumweite und Strebepfeiler deuten an, daß das Langhaus ursprünglich als gewölbte, dreischiffige Halle geplant war. Das quadratische Turmpaar im Westen wird durch einen überdachten Verbindungsbau zu einem geschlossenen Massiv zusammengezogen. Der Innenraum ist durch die Ausstattung von 1719 (Chor) und 1775–1785 (Schiff) völlig umgestaltet worden. Das Langhaus wurde in einen mit zahlreichen Altären ausgestatteten Saal verwandelt. Chorausstattung und Altar von MELCHIOR PAULUS aus Ellwangen ganz im Geist des frühen deutschen Hochbarock. Die Dekoration des Langhauses zeigt dagegen ganz den Charakter eines im Spätklassizismus ernüchterten Spätbarock. Ihr liegen die Entwürfe von J. B. STRAUB (aus Wiesensteig gebürtig) zugrunde, die wohl durchweg JOS. STREITER aus Schwaz in Österreich ausführte. Deckenbilder 1775 von J. A. HUBER aus Augsburg. Von den Skulpturen sind einzelne von erhabener Schönheit, so ein Gnadenbild um 1500, Maria mit Kind auf der Mondsichel, aus Dotzburg stammend; dann ein Kruzifix am Kreuzaltar mit graziös übergeschlagenen Beinen, wohl eigenhändig von J. B. STRAUB; ein kleines Reliquienkreuz von 1475. Altarblätter von CHRISTIAN WINK aus München. – Die *Friedhofskapelle* St. Leonhard aus dem 14. Jh. wurde 1738 umgebaut. Altäre des 18. Jh. Spätgotische Holzbildwerke: Maria mit fünf Heiligen (aus Neidlingen bei Kirchheim) und Anna Selbdritt, Ende 15. Jh. – Von Profanbauten des Orts sei das ehem. helfensteinsche *Schloß* genannt, ein massiver Steinkasten mit einfachem Volutengiebel, 1551–1553 errichtet und 1602 erweitert. Von den ursprünglich vier Flügeln um einen rechteckigen Hof wurden drei 1812 abgebrochen. Ferner ein mittelalterliches *Steinhaus* mit Fachwerkaufsatz, dem Schloß gegenüber. Ehem. *Stiftspropstei* 1651 erbaut.

Den *Marktbrunnen*, Arbeit eines einheimischen Meisters MESSERSCHMIDT, Anfang 17. Jh., schmückt das Wappenbild des Helfensteiner Elefanten auf der Säule.
Die 1748 neu errichtete Kirche in HOHENSTADT hat aus einem von Ulmer Künstlern gearbeiteten Altar (um 1490) zwei Heilige und eine Muttergottes. – DRACKENSTEIN (Unterdrackenstein) in einem Seitental ist eine der Perlen der Schwäb. Alb. Die *Kirche* mit ummauertem Friedhof und Pfarrhaus liegt zwischen Waldbäumen auf einem halbrund vortretenden Tuffsteinfelsen mit einem Wasserfall und einer Höhle. Sie besitzt Reste einer Barockausstattung (1753) und Rittergrabmäler, darunter einige bedeutende spätgotische und eines von H. SCHALLER aus Ulm. Von dem spätgotischen Altarschrein sind Holzfiguren erhalten, die Flügel jetzt im Museum Berlin-Dahlem. Glocke aus dem 13. Jh. Vor der Kirche ein Kruzifix, 18. Jh. Die Kapelle zu OBERDRACKENSTEIN besitzt einige feine Holzbildwerke der Spätgotik, darunter eine Muttergottes (ulmisch). – Die Kirche in MÜHLHAUSEN entstand 1715 und wurde gleichzeitig ausgestattet. Aus der spätgotischen Kirche, deren Westturm noch erhalten ist, stammen zwei Holzbildwerke, ein Vesperbild und eine Muttergottes. – Von der einst helfensteinischen HILTENBURG auf einem Bergkegel über Ditzenbach stehen die Stümpfe zweier Bergfriede inmitten ausgedehnter Reste von Ringmauern und Wohngebäuden. Am besten erhalten sind die Vorwerke an der Bergseite. – In der Kirche von AUENDORF sind die Wandbilder aus der Zeit um 1619, also aus protestantischer Zeit, bemerkenswert. – Die Kirche von BAD DITZENBACH im Filstal hat nur noch Spuren ihrer einheitlichen Barockausstattung von 1707. Schönes Vesperbild um 1430. In Haltung und Anordnung dem Vesperbild aus der gleichen Zeit in der Pfarrkirche von Nenningen entsprechend.
DEGGINGEN. Die kath. *Pfarrkirche zum Hl. Kreuz* wurde um 1700 erbaut an Stelle einer wahrscheinlich gotischen Kirche, von der ein ehem. Chorturm in den Neubau herübergenommen wurde. Die Kirche, im Außenbau einfach, ist ein hoher, gewölbter Barocksaal mit eingezogenem, halbrundgeschlossenem Chor, lisenenartigen Wandpfeilern innen und außen und hochgezogenen Fenstern. Auch hier stammt die Stukkatur von der Künstlerfamilie SCHWEIZER. Der Hauptaltar in frühbarock-pompösem Aufbau. Im Ausschnitt zwischen den Säulenbündeln freistehend das Kruzifix mit den trauernden Frauen und Longinus zu Pferd. In dieser bühnenmäßigen Aufstellung von plastischen Figuren gegen einen offenen Hintergrund (dunkle Gestalten mit umstrahlten Umrissen) wird hier eine durch COSMAS DAMIAN ASAM im Hochaltar der Klosterkirche von Weltenburg ver-

wirklichte Idee vorweggenommen. Seitlich die hll. Helena und Konstantin. Im Aufsatz Gottvater, Johannes der Evangelist, Petrus, Paulus, Jakobus und Engel. – In der Nähe des Orts thront an einem hohen Berghang in stiller Abgeschiedenheit das Wallfahrtskirchlein *Ave Maria*, 1716–1718 an Stelle einer älteren, 200 m entfernt gelegenen Kirche erbaut. Ein einschiffiger, in flachem Bogen überwölbter Raum mit wenig ausladenden Querarmen, die ohne die darin ursprünglich wohl vorgesehenen Altäre etwas leer wirken. Rundgeschlossener Chor. Der qualitätvolle Hauptaltar mit der spätgotischen Marienfigur in prunkvollem Aufbau, von einem der in Deggingen ansässigen Stukkateurfamilie der SCHWEIZER. Die Nebenaltäre in einfacher Form, ihre Gemälde vom Ende des 16. Jh. (M. v. VALKENBORCH) aus der Vorgängerkirche. Deckenfresken von J. WANNENMACHER aus Tomerdingen, 1754. Neben der älteren, abgebrochenen Kirche die *Trinitatiskapelle* mit Pietagruppe um 1430. – Die Kirche in REICHENBACH wurde in barocker Zeit umgestaltet. Aus der Spätgotik erhalten einige Holzbildwerke: eine Muttergottes, ein Vesperbild und zwei Heilige (Petrus und Paulus). – Die Kirche von UNTERBÖHRINGEN aus dem 15. Jh., im 17. Jh. umgebaut. Starker, oben achteckiger Chorturm mit geschweiftem Helm. – BAD ÜBERKINGEN genoß in der Renaissance internationalen Ruhm. Aus dem Ende des 16. Jh. steht noch das *Badgebäude* mit Fachwerkgiebel und Firstaufsatz von der Art der Ulmer Giebeltürmchen („Guckenhürle“, von horologium, Uhrtürmchen). Der sog. *Reitstall* (oder Neuer Bau) des Bades um 1581 erbaut, 1588 und 1602 vollendet, mit Freitreppe. Die *Kirche* spätgotisch, mit hochaufstrebendem Chorturm in burgartig ummauertem Kirchhof. Die flache Bretterdecke des Schiffs 1589 bemalt durch G. HENNENBERGER aus Geislingen und G. BOCKSDORFER aus Konstanz; 1756 restauriert. Barockkanzel und -taufstein. Alte Grabdenkmäler von Badegästen. – Vom Rand der Albhochfläche grüßt nach Überkingen herab die Kirche von TÜRKHEIM mit ihrem Turmkuppeldach, erbaut von JOH. MICH. KELLER aus Gmünd (1771). Grabmäler von PETER SCHMID. – Geislingen Seite 266.

## 6. Kirchheim – Lenningen – Gutenberg

Kirchheim Seite 272. – Die Kirche von DETTINGEN unter Teck war ein Frühwerk des ABERLIN JÖRG, ist aber nach Zerstörung im letzten Krieg nur noch in den Umfassungsmauern alt (1948f. wiederhergestellt). Das flachgedeckte Langhaus war um 1444 entstanden, der netzrippengewölbte Chor gleichzeitig oder wenig später. – Die mittelalterliche Stadtanlage von OWEN wurde östlich oberhalb des gleichnamigen Dorfes um die Mitte des 13. Jh. von den Herzögen von Teck angelegt. Auf dem von der Lauter aus gegen den Teckberg sanft ansteigenden Gelände liegt der Ort, im Grundriß ein längliches, nach Westen breiter werdendes Viereck, das in der Nord-Süd-Richtung von einer breiten Hauptstraße quergeteilt wird. Der Ortsbereich war durch Mauer und Graben geschützt, die Westseite und der westliche Teil der Nord- und Südseite sogar durch eine doppelte Mauer mit Zwinger. Erhalten sind Teile der Westmauer, z. T. von Gebäuden überbaut, und der westliche Teil der Südmauer. Neben einzelnen alten Fachwerkhäusern (Gasthaus zum „*Gwölble*“, 15./16. Jh., 1926 umgebaut) ist die profanisierte ehem. *Pfarrkirche* St. Peter (Marktstr. 12) wegen ihrer leider stark zerstörten Wandmalereien aus dem 15. Jh. beachtenswert. – Architektonisch wichtiger die unter den Mauern der Stadt auf dem anderen Lauterufer im ehem. Dorf gelegene *Stadtkirche*. Ihre Bauzeit mag in die Jahre nach dem Stadtbrand von 1385 fallen. Ein weiträumiger, auf mächtigen Rundpfeilern ruhender, flachgedeckter Staffelhallenbau von drei Schiffen mit östlich angeschlossenem, kreuzrippengewölbtem Altarhaus. Das Langhaus mit seinem nur mattbeleuchteten Obergaden erweckt zunächst den Eindruck des Düster-Großräumigen. Wie das Langhaus läßt der räumlich eher breit als steil proportionierte Chor mit seinen langgezogenen Fensterbahnen und den noch fast ausschließlich aus Drei- und Vierpaßformen entwickelten Maßwerkfiguren entfernte Wirkungen der frühen PARLER-Baukunst erkennen. Die Architektur zeigt eine Phase des gotischen Stils, in der er sich von der französischen Überlieferung losgelöst hat und eigene Wege zu gehen beginnt. An der Nordostseite der

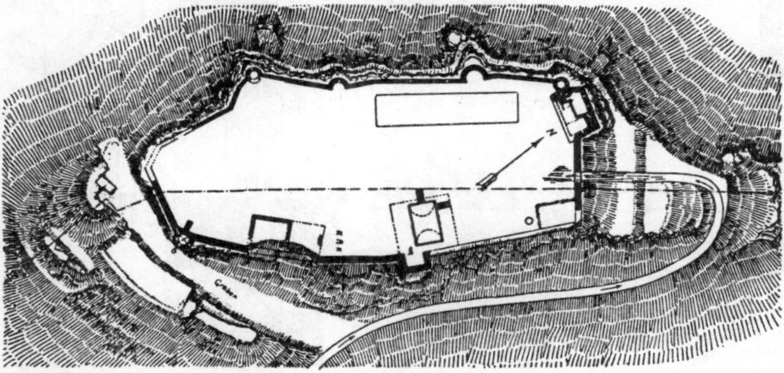

*Burg Teck, Grundriß*

Kirche, an den Chor angelehnt, ein romanischer Glockenturm aus der 2. Hälfte des 12. Jh., der letzte Rest einer älteren Kirche. Im Innern an einem Pfeiler das vollplastische Wappen des Funk Spät. Gemalter Flügelaltar aus der Werkstatt des Meisters C. W. (KONRAD WEISS), Anfang 16. Jh. Im Chor ehem. die Gruft der Herzöge von Teck; davon noch eine steinerne Grabplatte aus dem Ende des 16. Jh. erhalten. Grabmäler Adelheid v. Lichtenstein, † 1390, Dorothea v. Grafeneck, † 1472, und der Katharina v. Jannowitz, † 1611.
Östlich über dem Ort stehen die Ruinen der 1152 zuerst erwähnten *Herzogsburg* TECK auf geräumiger Felsplatte, die den nördlichen Teil eines langen, von Nord nach Süd verlaufenden Rückens bildet. Die Herren von Teck waren wie die Markgrafen von Baden ein Seitenzweig der Zähringer und nahmen von hier ihren Ausgang. Von der einst bedeutenden Burg sind nur noch die Umfassungsmauern erhalten. Einzelne Teile, aus mächtigen Buckelquadern gefügt, könnten noch in das 12. Jh. zurückreichen, so der Ringmauerzug der südöstlichen Langseite vom Rechteckvorbau bis zum runden Mauerturm; andere, wie die schwächlichen Bruchsteinmauertürme an der Nordwestecke, werden dem späteren Mittelalter angehören. Erneuerungen sind besonders an dieser Stelle deutlich zu erkennen. Der Ausbau der mittelalterlichen Burg zu einer Festung großen Maßstabs blieb unter Herzog Karl Alexander, 1736/37, unvollendet. Die Pläne dazu von Oberstleutnant ÖTTINGER. Ausgeführt eine Sternschanze nordöstlich unterhalb der Burg. Auf dem Bergrücken südlich der Burg Erdaufwürfe für eine Wallanlage. – Von der Kirche in UNTERLENNINGEN

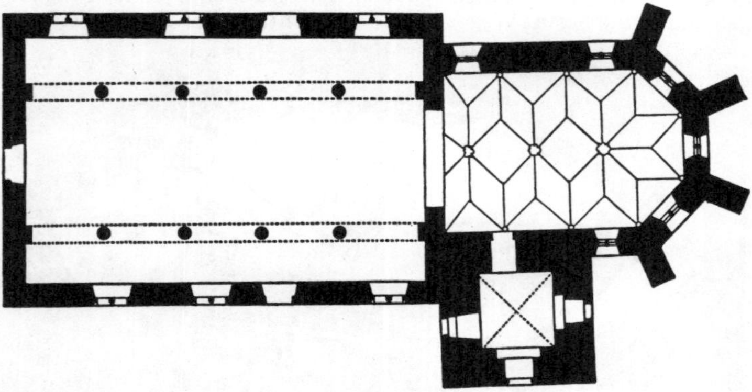

*Oberlenningen, Pfarrkirche St. Martin, Grundriß*

stammt nur noch der sterngewölbte Chor aus spätgotischer Zeit. Der übrige Bau von 1767. – Dicht bei Unterlenningen liegt auf einem Hügel im Tal die Ruine der aus dem 14. Jh. stammenden SULZBURG (zuerst den Herren von Neidlingen gehörig).

Die *Martinskirche* in OBERLENNINGEN ist eine dreischiffige, flachgedeckte Säulenbasilika mit sehr schmalen Seitenschiffen (Verhältnis zur Mittelschiffbreite wie 1 : 3) und besaß ursprünglich einen dem gotischen Chor vorausgehenden rechteckigen Chorschluß, an den eine gleichfalls rechteckige Erweiterung nachträglich angeschlossen worden war. Die Mittelschiffmauern aus geschnittenem Tuffstein. Die Mittelschiffsäulen mit Polsterkapitellen; dazu Steinmetzzeichen auf den Säulenstämmen, ähnlich einem griechischen Π oder A, was in Verbindung mit den ungewöhnlichen Polsterkapitellen und nicht zuletzt den zumeist kantiggebildeten Halsringen an eine griechische Wandertruppe von Bauleuten denken ließ. Datierung: 11. Jh. Erneuerungsarbeiten 1326 laut Inschrift über dem Westportal. 1495 Chor und Glockenturm errichtet. Romanisches Wandbild (hl. Martin), weitere Wandbilder der 1. Hälfte des 14. Jh. Chorgestühl 1513/14 von Jörg Fieglin aus Blaubeuren. Gotisches Vortragekreuz auf dem Altar. Die monumentale Plastik am Westbau von W. Ostermayer (1932). Ehem. *Schloß* der Freyberg und Schilling von Cannstatt, um 1576. Verputzter Fachwerkbau mit steinernem Erdgeschoß. Einfache Renaissanceportale. Gußeiserne Öfen von 1714 und 1796. – Über Oberlenningen auf einem in das Lautertal vorspringenden Ausläufer der Alb die Burg WIELANDSTEIN, Sitz der Schwelher von W. Die

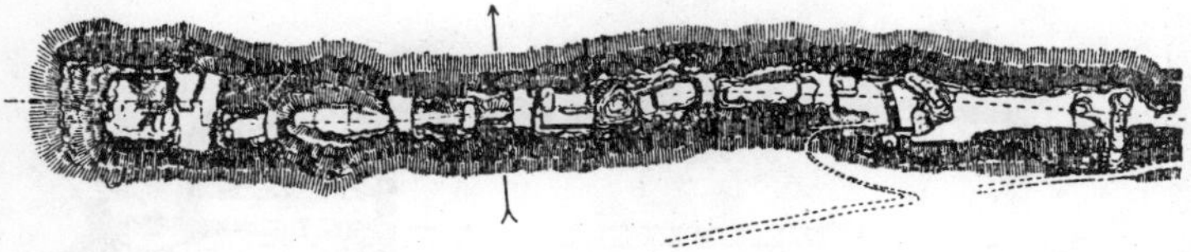

*Burg Wielandstein, Grundriß*

Anlage, 12./13. Jh., verteilt sich auf eine langgezogene Reihe von Felsklötzen und war gegen die Albhochfläche durch eine natürliche Schildmauer von zwei etwa 25 m hohen Felstürmen gedeckt. – Auf der rechten Talseite auf einem Felsgrat der Alb steht die DIEPOLDSBURG („Rauber"), wie der Wielandstein auf einer Gruppe von Felstürmen aufgebaut (1216 ein Ulricus miles de Diepoldsburc genannt). Obere und Untere Diepoldsburg. In dieser ein Zisternenschacht erhalten. – Das ehem. Städtchen GUTENBERG, prachtvoll eingebettet in einen Albeinschnitt (Beginn des Lautertals), hat ein *Rathaus* aus dem 17.Jh., mit gußeisernem Ofen von 1688. Reste der alten Befestigung. Darüber 1898 ergrabene Trümmer des wohl aus dem 15.Jh. stammenden Franziskanerklosters *Heiligenberg* und der Burg *Hohengutenberg* (1305 im Besitz der Herzöge von Teck). Über dem Dontal bei Gutenberg, von dichtem Wald verhüllt, die spärlichen Trümmer der Burg SPERBERSECK.

## 7. Nürtingen – Neuffen – Urach

NÜRTINGEN, von den Grafen von Württemberg um 1300 angelegt, baut sich auf beiden Hängen eines von Ost nach West gestreckten Bergrückens auf. In dieser Richtung verlaufen auch die drei Hauptstraßen der Altstadt, eine auf dem Rücken, die beiden anderen als Terrassen an den Hängen. Der plastische Aufbau gipfelt nach Westen im Turm und Dachrücken der Stadtkirche. Vom linken Neckarufer aus und von Südwesten erhält man den bestimmenden Eindruck des Ortsbildes. In ihrer räumlichen Erscheinung ist von allen Gassen die Marktstraße die reizvollste. Sie entwickelt sich westlich unter der Stadtkirche aus einer gewundenen Hohlgasse und verbreitert sich nach Osten, von hohen geschlossenen Straßenwänden eingefaßt, zu einem platzartigen Raum, dem im Süden, durch den Marktbrunnen abgeschieden, ein seitlich offener Nebenplatz angeschlossen ist. Die *Stadtkirche* St. Laurentius, eine spätgotische Staffelhallenkirche, steht

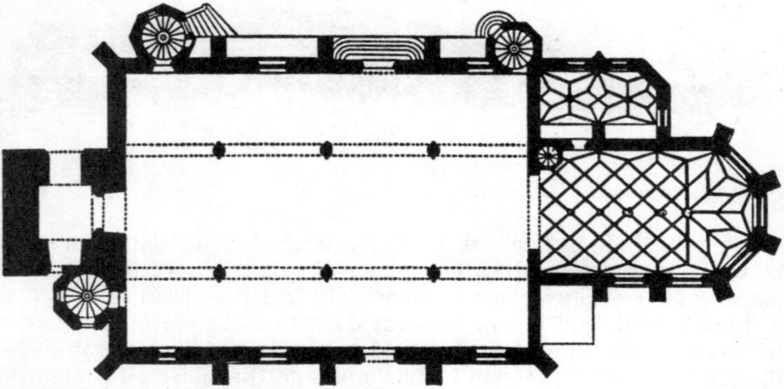

*Nürtingen, Stadtkirche, Grundriß*

am Rande des Rückens über dem Neckar, durch winklig vor- und rückspringende Häuser umhegt, die im Norden einen Nebenplatz mit Brunnen bilden. Die Kirche wurde 1506–1509 von Hans Buss errichtet, mit Hans Ensinger als Steinmetz. Der Sinn für feine, schlanke Formbildung durchdringt einheitlich den ganzen Bau und gibt ihm die bestimmende künstlerische Note. Hierin und in vielen Einzelheiten ist die Anlehnung an die Tübinger Stiftskirche unverkennbar. Im Innern – einem dreischiffigen, 1895/96 neugewölbten Langhaus – fallen die schlanken Pfeiler und die weiten Arkadenspannungen auf, die bewirken, daß der Raum saalartig vereinheitlicht wird. Der 1886 erneuerte Chor, von einem weitmaschigen Gewölbenetz überspannt, wird durch die Orgelempore zerschnitten, sehr zum Schaden seiner einst bedeutenden räumlichen Schönheit. Drei jüngere kunstvolle Wendeltreppen sind außen angebaut, davon zwei an der Nordseite, die westliche 1624 von H. Schickhardt; die an der Südseite des Turms laut Inschrift 1625/26 von Hans Hering. Der zierliche schmiedeeiserne Lettner und das Altargitter 1624 in Barockformen geschmiedet. Geschnitzte Emporenbrüstungen der Spätrenaissance. – Neben der Laurentiuskirche tritt die ehem. Friedhofskirche *Heiligkreuz* bescheiden zurück. Im äußeren Eindruck mehr Kapelle als Kirche, 1455 erbaut; der von H. Buss sterngewölbte Chor jedoch erst aus dem letzten Viertel des 15. Jh. und in feineren Zügen der äußeren Erscheinung dem Chor von St. Peter in Weilheim, wenn auch in stark verkleinerter Fassung, verwandt. Von den profanen Bauten beachtenswert der geschlossene, massige Fachwerkbau des *Rathauses* (zumeist 1808/09). Bedeutsam der Aufriß, unten geschlossene Arkaden und über einem mezzaninartigen Stock ein hohes, schwach vorkragendes Hauptgeschoß; darauf ein mächtiger Dachrücken mit Halbwalmen. Ein jetzt als Seminar dienender Gebäudekomplex des ehem. *Spitals* (J. A. Gross d. Ä., 1752–1754) – stereometrisch klare, durch strenge Fensterzeilen gegliederte Hauskörper mit Mansardendächern – umschließt einen unregelmäßigen Hof. Nach der Straße zu ein Torbogen. Von den Baumeistern Gross auch einige weitere Bauten in der Stadt nach dem großen Brand von 1750 errichtet. Reizvoller Fachwerkbau von 1676 ist die „*Alte Schmiede*". Schmiedeeiserner *Marktbrunnen* von 1789, sehr geschickt auf einen räumlichen Ruhepunkt, den Nebenplatz nördlich der Stadtkirche gestellt. *Lammbrunnen* von 1716 mit einem langrechteckigen Wasserbecken aus Gußeisen, vorn mit Wappen verziert, und einer sandsteinernen Brunnensäule mit Rocailledekor der Mitte des 18. Jh.; darauf ein „Wilder Mann", das Wappen von Nürtingen haltend. Im Neubau der von H. Lütkemeier 1956 errichteten kath. Johanneskirche Skulpturenschmuck von

O. H. HAJEK. Ein bemerkenswerter Neubau auch das staatliche Gesundheitsamt an der Straße nach Kirchheim von M. BÄCHER, 1966/67. Ähnlich im Gesamteindruck ist die Kirche in FRICKENHAUSEN, spätgotisch; von einem Meister HB (HANS BUSS), vgl. seine Büste unter denen der Apostel, die das Netzrippengewölbe tragen. Im Chor spätgotische Wandmalerei (vom ehem. Tabernakel). Der Turm von 1500. – Die Kirche von LINSENHOFEN ist frühgotisch, 1604 erweitert von HANS HOLDERRIET, Nürtingen. Schöne Fachwerkgiebelhäuser. – In BEUREN steht eine stimmungsvolle *Dorfkirche*, ursprünglich hochgotisch, aber spätgotisch verändert; mit hohem Chorturm (Satteldach an der Stirnseite). Erneuert 1904. Wandmalereien aus dem 3. Viertel des 15.Jh. Bemerkenswerter holzgeschnitzter Palmesel (Ende 15.Jh.). An der Außenseite ein Ölberg in gewölbter Nische von demselben Meister wie der Neuffener. *Rathaus* (1553) und andere Fachwerkhäuser.

NEUFFEN. *Martinskirche* aus dem 14. Jh. (1358?), eine gotische Rundpfeilerbasilika mit flacher Decke und gewölbtem Chor. Im System und in den Einzelheiten Anlehnung an die Marienkirche in Reutlingen. In der Durchführung jedoch sehr viel einfacher und an Bettelordenskirchen erinnernd. Die Wirkung beruht in der Hauptsache in den architektonischen Mitteln. Der sich stufenmäßig im Mittelschiff zusammenschließende Außenbau gipfelt im Nordostturm, der mit dem Chor eine für die Südostansicht ansprechende Gruppe ergibt. An der Fassade ein mehrfach restaurierter Ölberg, von Aberlen Schech 1504 gestiftet, vielleicht von CHRISTOPH VON URACH um 1520–1525 geschaffen. Im Innern ein ehem. Kanzeldeckel (aus Nürtingen), ein Virtuosenstück von 1620. Kapitelle mit Fratzen. Wandmalereien (hl. Georg) aus dem 16. und 17.Jh. Im Chor Grabmäler der Schilling von Cannstatt. – *Jägersches Schlößchen* und verschiedene Amtsbauten; gute Straßenbilder, alte große Fachwerkhäuser, darunter das „*Große Haus*“ (1595), ehem. Freihof an der Stadtmauer, die streckenweise noch erhalten ist; *Rathaus* mit Arkaden von 1657, erneuert 1952. Marktbrunnen 1731. – HOHENNEUFFEN, östlich des gleichnamigen Ortes auf einer mit dem Albplateau durch einen Grat zusammenhängenden Felskuppe aufgebaut. Mittelalterlicher Burgkern einer um 1100 gegründeten Hochadelsburg, dem im 16.Jh. mächtige Geschütztürme vorgelegt wurden. In der kolossalen Geschlossenheit der mit dem Felsunterbau verwachsenen Baumasse und in ihren großen Umrissen von imponierendem Eindruck. Unter Herzog Karl Alexander wurden 1733–1737 dem älteren Kernwerk an der Zugangsseite mächtige Bastionen mit Kasematten durch A.v. HERBORT vorgelegt. – Die hinter der Burg liegende, halbinselartige Hochfläche mit den Orten ERKENBRECHTSWEILER, GRABENSTETTEN und HÜLBEN war in keltischer Zeit eine gewaltige Festung, von der die am Rande mehrfach erhaltenen *Heidengräben*, teilweise mit Spuren der weit nach innen gezogenen Tore, noch Zeugnis ablegen. – Die Kirche in GRABENSTETTEN ist im Chorturm noch romanisch, im Langhaus spätgotisch. Romanischer Taufstein, spätgotisches Kruzifix. Reste von Wandbildern des 15.Jh.

URACH liegt an einem schon in vorgeschichtlicher Zeit stark benutzten Weg über die Schwäb. Alb. Ein Zweig der Grafen von Urach verlegte im Hochmittelalter seinen Sitz nach Süden und blüht noch heute unter dem Namen Fürstenberg (Baar). Im 13.Jh. kam Urach an die Württemberger und war im Spätmittelalter zeitweilig Residenz Graf Eberhards im Bart. Das Städtchen, im Mittelalter und bis in die neuere Zeit hinein stark befestigt, drückt sich östlich zu Füßen des Hohenurachs in die Zusammenmündung von Erms- und Elsachtal. Die Ortsanlage entwickelt sich hauptsächlich um zwei Zentren, den geräumigen, dreieckigen Marktplatz, von dem die Straßen z.T. radial auslaufen, und die Gruppe von Schloß und Stiftskirche. Den Hintergrund bilden auf allen Seiten bewaldete Berghänge. – Das architektonisch bedeutendste Werk ist die *Stiftskirche* zum hl. Amandus, eine großräumige Basilika von drei Schiffen mit Seitenkapellen, erbaut in den Jahren 1479–1499 von dem Baumeister des Grafen Eberhard im Bart, PETER VON KOBLENZ (sein Grabstein in der Turmhalle, † nach 1501). Der Bau, in vielen Einzelheiten – namentlich in dem äußeren Aufriß des Chors – von der Tübinger Stiftskirche inspiriert, zeigt bereits deutlich die feine elastische Formgebung, die allen Bauten des PETER VON KOBLENZ eigen ist, ohne allerdings – den Grund haben wir in der Verwendung des Kalktuffs als Baustoff zu suchen – die feine Oberfläche des Quaders zu erreichen, wie sie bei St. Peter in Weilheim

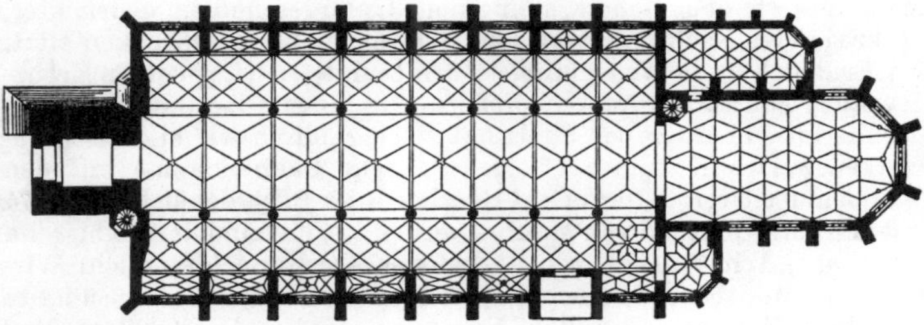

*Urach, Stiftskirche, Grundriß*

(Teck) auffällt. Der Chor, der nach der Gewohnheit des Meisters durch den niedrigen Triumphbogen mit stark vorgezogenem Gewände gegen das Langhaus isoliert erscheint, ist in seiner Breiträumigkeit mit dem Netzgewölbe der architektonisch anziehendste Teil der Kirche. Die in der Spätgotik nicht mehr zeitgemäße basilikale Form des Langhauses mag vielleicht durch die Marienkirche in Reutlingen eingegeben sein, auch das Sternrippengewölbe des Mittelschiffs geht noch mit seinem ausgesprochenen Spitzbogenquerschnitt auf ältere Vorbilder zurück. Bemerkenswert die Gliederung in stärkere, das Gewölbefeld abschließende Quergurten. Figürliche Schlußsteine. Ob am Außenbau an den Strebepfeilern die Baldachine in der Anlage alt sind – vgl. wiederum Reutlingen – bedarf noch der Klärung (Figuren neu). Quadratischer Westturm mit im 19.Jh. ausgebauten Obergeschossen. Von der reichen inneren *Ausstattung* seien nur erwähnt der überreich mit figürlichen (Patriarchen und Propheten) und architektonischen Elementen dekorierte Taufstein, ein Virtuosenstück des Christoph von Urach (1518); ferner die Steinkanzel, mit tief unterarbeitetem Astwerk, zwischen dem in tiefen Nischen Kirchenväter sitzen. Ikonographisch interessant die Darstellung des Pariser Kanzlers Gerson. Zwischen den wasserspeierartigen Fabeltieren hat sich der Werkmeister dargestellt. Kanzeldeckel 1632 von H. Schmid. Ein bedeutendes Werk der holzgeschnitzte Betstuhl des Grafen Eberhard mit Relief der Verspottung Noahs (1472). Grabmäler vom 14.Jh. an, darunter Arbeiten von J. Schmid. Reste von Glasgemälden: Kreuzigung frühes 14. Jh.; drei Scheiben von Peter Hemmel von Andlau, inschriftlich datiert 1475, vielleicht Reste eines ehem. größeren Zyklus. Sakristeischrank 1506. Der *Mönchshof* (ehem. Chorherrenstift) auf der Nordseite der Kirche ist heute ev. Seminar. – Das *Schloß* wurde um 1443 begonnen. Von der etwas zusammengestückten Baugruppe, die aus dem teilweise erhaltenen Graben aufsteigt, die Südostecke vor allem bemerkenswert: über hohem, steinernem Untergeschoß ein gedrückter, vorkragender Fachwerkstock, auf dem ein hoher Dachrücken sitzt. Im Erdgeschoß die vierschiffige Dürnitz mit hochsteigenden Kreuzgewölben auf kurzen Achteckpfeilern. Die jüngste Restaurierung des darüberliegenden Großen Saals hat ein heraldisch wie historisch bemerkenswertes Dokument freigelegt: acht Palmenbäume mit den Wappen der Urgroßeltern Graf Eberhards im Bart, der sich hier 1474 mit Barbara Gonzaga von Mantua vermählte. Es handelt sich hier um eine sog. „Acht-Ahnen-Probe". Auf der Nordseite (männlich) Wirtemberg, Montbéliard, Kurpfalz, Achaja-Piemont; auf der Südseite (weiblich) Visconti, Châtillon, Nürnberg, Genève. Der Goldene Saal im Fachwerkgeschoß in der Anlage von 1474. Man beachte die vollständige Auflösung der drei Außenwände in Glasfenster. Die Ausstattung, korinthische Säulen, Balkendecke, Portalumrahmungen, stammt von einem Umbau 1609. Aufs feinste geschnitzter Epitaph des Grafen Heinrich von Mömpelgard († 1519), Arbeit von PAUL MAIR aus Augsburg, 1577, als Modell für bemalten Eisenguß bestimmt. Ofen mit farbig gefaßtem Ton(?)aufsatz. – *Spitalkirche* (Chor) von PETER VON KOBLENZ. Dabei ein Renaissanceportal (1603). Der Marktplatz ein städtebauliches Meisterstück in der Bebauung (die Straßen biegen kurz nach dem Platz ab, so daß seine Geschlossenheit gewahrt wird). Auf dem Marktplatz eine Nachbildung des von Graf Eberhard gestifteten *Marktbrunnens* mit der Hauptfigur des hl. Christophorus, nach Entwurf PETERS VON KOBLENZ durch M. HILLENBRANDT und CHRISTOPH VON URACH geschaffen. Stattliche Fachwerkhäuser aus dem 15. und 16. Jh., z.T. noch in alemannischem Fachwerk (*Rathaus* auf freistehenden Holzstützen, in den Obergeschossen erneuert). Bemerkenswert, da in unseren Städten nicht gerade häufig, ein 1480 gestiftetes *Beginenhaus* mit einer um 1520 großzügig bemalten Holz-

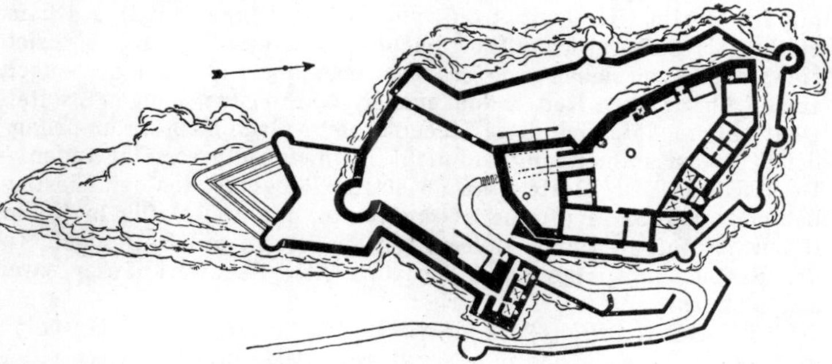

*Burg Hohenurach, Grundriß*

decke. Türme von der Stadtbefestigung. Die *Webervorstadt* ist eine Arbeiterkolonie des 16. und 17. Jh. Urach ist ein Beispiel, wie neuzeitliche Bauten in ein altes Städtchen eingefügt werden können, ohne den Charakter zu stören.

Westlich der Stadt auf bewaldetem Bergkopf die Burgruine HOHENURACH. Um einen gotischen Palas aus dem frühen 14. Jh. gruppiert sich der trotz seiner Ruinenhaftigkeit noch umfassend erhaltene Burgkern, dem Außenwerke mit Geschütztürmen des 16. Jh., namentlich von dem Ausbau durch Herzog Ulrich (1534) stammend, vorgelegt sind. Bemerkenswert der die Torfahrt deckende Riegelbau mit drei Geschützkammern. 1767 teilweiser Abbruch der Anlagen durch Herzog Karl Eugen.

## 8. Nürtingen – Metzingen – Reutlingen

Nürtingen Seite 284. – Die Kirche in GROSSBETTLINGEN entstand 1457. Sie besitzt im Chor ein Netzgewölbe über Apostelkonsolen, die Christoph von Urach zugeschrieben werden (um 1520). Die im Kern noch romanische Kirche in RIEDERICH besitzt Wandbilder aus dem Ende des 14. Jh. (Passion). – Die Stadt METZINGEN hat eine stattliche spätgotische Hallenkirche mit drei gleichhohen, 1872 gewölbten Schiffen. Chor und Sakristei haben die alten Netzrippengewölbe. Am Chorgewölbe figürliche Schlußsteine. Der Westturm mit reichgegliedertem Portal. Sein Steinkranz und Aufsatz von H. Schickhardt vollendet. An der Kirche Grabstein eines Steinmetzen Jerg Adler, 1512. An der Kirchhofmauer eingelassen ein Bildstock u.a. mit hl. Martin (Kirchenpatron), von Hans Huber (1522). Rathaus 16. Jh. Als kulturgeschichtlich hochbedeutsames Denkmal hat sich eine Gruppe von sieben *Keltergebäuden* erhalten, von denen eines noch einen frühbarocken Kelterbaum enthält. Nur in ganz wenigen Städten Deutschlands läßt sich diese „technische" Anlage noch im ursprünglichen Bauzusammenhang und nicht in ein Museum versetzt finden. – In NEUHAUSEN Reste eines Zwiefalter Pfleghofs, den der Klosterbaumeister Georg Rümelin 1601 erbaute, mit dreischiffigem Keller (Fachwerkaufbau 1901). Malerischer Kirchturm mit Satteldach. In der Kirche ein spätgotisches Kruzifix. Alte Fachwerkhäuser, zwei alte Keltern.

DETTINGEN. Die große *Pfarrkirche* St. Pankratius und Hippolyt mit spätgotischem Chor mit Nordturm (1494) und Sakristei, einer ehem. Kapelle, errichtet von Meistern aus dem Uracher Kreis um Peter von Koblenz. Das Langhaus wurde 1864 an Stelle einer romanischen Basilika neu gebaut. Drei spätgotische Tafelbilder um 1520. Im Ort einzelne Fachwerkhäuser, darunter der *Zwiefalter Hof* (1591) mit dem mächtig auf niedrigem Unterbau sitzenden Gleichseitgiebel und reichen Fachwerkfiguren. Die Kirche in ROMMELSBACH ist ein Bau des Klassizismus. Sie wurde 1827 von J. A. Gross d. J. als Emporenkirche errichtet. Rathaus von 1840. – Die Kirche in BETZINGEN hat einen unten romanischen Turm, mit malerischem Rhombendach, der in alter Gestalt erneuert ist, und ein spätgotisches Schiff (1492) ohne Chor, mit bemalter Decke (1505, erneuert 1904).

Das „*Gminder-Dorf*" ist eine von Th. Fischer erbaute Arbeitersiedlung bei Betzingen.

Die Stadt REUTLINGEN entstand unter dem Hohenstaufer Friedrich II. als kaiserliche Gründung im Anschluß an eine Marktsiedlung aus der Zeit Friedrich Barbarossas, wohl als Konkurrenz gegen die Pfalzgrafenstadt Tübingen. Die vom Flüßchen Echatz abgewendete Langseite und die untere Schmalseite gegen Norden sind geradlinig und treffen im rechten Winkel aufeinander. Die Hauptstraße in der Talrichtung ist leicht gewunden; etwas weniger ihre Parallelstraße. Vom Marktplatz, der sich seitlich an die Hauptstraße anschließt, geht eine Straße zum Tor der Flußseite (Tübinger Tor). Die anderen Haupttore waren das Obere und Untere an der Hauptstraße, Landstraße des Tals. Ein Häuserblock an ihr ist der Stadtkirche eingeräumt, die keinen Kirchhof hatte; der Friedhof lag bei der abgebrochenen eigentlichen Pfarrkirche außerhalb der Stadt. Ein kleiner Platz entstand um die Nikolauskapelle beim Unteren Tor; einer beim Gartentor und ein größerer beim ehem. Franziskanerkloster (erst durch Abbruch eines Teils des Klosters). Nach schweren Zerstörungen im letzten Krieg hat die Stadt durch Neubauten teilweise großstädtisches Gepräge erhalten. Von den Festungswerken der Altstadt sind zwei stattliche Tortürme erhalten: das *Tübinger Tor* mit Spitzbogentor, Wimperg und niederen Strebepfeilern aus dem späteren 13. Jh., nachträglich erhöht (1528); das *Gartentor* aus dem 14. Jh. mit runden Buckeln um die Schießscharten (16. Jh.). Ferner zwei Rondelle von der Zwingermauer und ein Schalenturm (nach innen offen) an der Südostecke der inneren Mauer. Dort, in der Joß-Weiß-Gasse, auch ein guterhaltenes Stück des Wehrgangs auf Kragbögen.

Die *Marienkirche* (Abb. 62) ist neben der Wimpfener Stiftskirche und

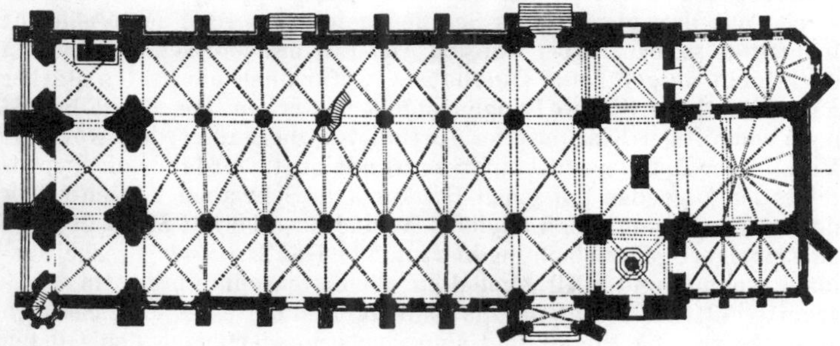

*Reutlingen, Marienkirche, Grundriß (vor der Restaurierung)*

den Bauten der Bettelorden der für die Entwicklung der Gotik in Neckarschwaben bedeutendste Bau. Nach einer Chronik wurde er zum Dank für eine 1247 glücklich abgewendete Belagerung noch im gleichen Jahr begonnen. Weihe 1343. Die durchgreifende Restaurierung und Erneuerung 1892–1904 durch H. Dolmetsch hat weitgehend die Gebäudehaut ausgewechselt, was bei Betrachtung von Einzelheiten zu berücksichtigen ist. Begonnen als Basilika in spätromanischem Stil, mit quadratischem, in frühgotischer Art gewölbtem Altarhaus (Zisterzienservorbild) und einem Turmpaar über den Ostenden der Seitenschiffe. Die Türme, die einen Vorchor flankieren, bildeten im Unterstock gewölbte Kapellen mit Bogenöffnungen nach zwei Seiten und halbrunden Apsiden gegen Osten. Die fertigentwickelte Gotik dringt erst in einer zweiten, stark von Wimpfen abhängigen Bauphase seit etwa 1280 ein. Der Chor, der wohl noch nicht eingewölbt war, wurde z. T. wieder abgebrochen, namentlich zur Gewinnung größerer Fensteröffnungen, und statt des früher beabsichtigten mächtigen Kreuzrippengewölbes mit einem eigenartigen Sterngewölbe überdeckt, das im Verein mit der Dreiergruppe von Fenstern in der Ostwand einen mehrseitigen Chorschluß vorzutäuschen versucht. Die Staffelung der diagonalen Strebepfeiler mit den Statuenbaldachinen mag von Freiburg bzw. Wimpfen abgeleitet sein. Die spitzen und hohen Ostfenster des Chors haben ihre Parallelen in den Chorfenstern der Predigerkirche in Basel oder den Fenstern der Westfront der Abteikirche von Salem. Der Chorgiebel hat ein Gitterwerk von frei vorgestellten Pfosten mit Spitzbögen und Maßwerk. Die Chortürme bekamen gleichzeitig hohe, schlanke Schallfenster. An der Westseite des Südturms sieht man noch über dem Seitenschiffdach den Wandbogen für ein hochliegendes Gewölbe, woraus zeitweilig der Schluß gezogen wurde, daß das Langhaus ursprünglich als Hallenkirche mit drei gleichhohen Schiffen geplant worden sei. Vielleicht handelt es sich hier aber um den Ansatz eines sehr schmalen, dann doch nicht ausgeführten Querhauses, wofür auch die beiden stärker ausgebildeten östlichen Langhauspfeiler sprechen. Die Frage bedarf noch endgültiger Klärung. Der Fortfall des Querhauses, dem wohl das Vorbild der Bettelordensbauten zugrunde liegt, wurde für die Typenreihe der folgenden gotischen Baukunst in Schwaben von entscheidender Bedeutung. Das Langhaus ist eine Basilika mit Strebebögen – eine einzigartige Erscheinung hierzulande. Das *Mittelschiff* verhältnismäßig schmal und niedrig gehalten; die Seitenschiffe breit. Im Querschnitt läßt das Langhaus die Einbeschreibung eines gleichseitigen Dreiecks zu. Die Pfeiler sind sinnreich gegliedert nach den Gurten und Diensten, die aus ihnen emporwachsen, und in Kämpferhöhe mit

Laubkapitellen (Hohlsims mit Blätterfüllung) geschmückt. Der Aufriß des Mittelschiffs nach dem beim Freiburger Münster und der Stiftskirche von Wimpfen umgebildeten System des Straßburger Münsters. Unmittelbares Vorbild vielleicht Freiburg. Eine selbständige, aus diesen Vorbildern nicht zu erklärende Abweichung sind die gekoppelten zweiteiligen Maßwerkfenster im Obergaden. Am Fuß der Seitenwände zieht sich, wie im Freiburger Münster, innen eine Nischenreihe mit Bank, Säulchen und Spitzbogenmaßwerk hin. Der *Westbau* mit dem Hauptturm stammt aus der 1. Hälfte des 14. Jh. (bis 1343) und steht unter dem Einfluß der zisterziensischen Bauschule von Salem. Die Einzelformen sind schärfer, trockener als am Schiff, wo sie noch eine lebendige Frische atmen. Der Turm ist ins Schiff hinein auf das erste Gewölbefeld des Mittelschiffs gestellt, ruht somit eigentlich, da er auch das Hauptportal enthält, auf vier Pfeilern und war auch im ersten Oberstockwerk nach dem Schiff und nach den Seitenräumen der „Sommerlaube" (Empore) mit Bögen geöffnet. Der Westbau überragt die hinten anschließenden Abseiten; er gleicht der Stirnwand einer Hallenkirche und ist von Erkertürmchen eingefaßt. Reichverzierte Stirnwand. Drei Portale nebeneinander, mit maßwerkgefüllten Tympana und Wimpergen. Vor dem Mittelschiff eine giebelförmige Nische, deren Rückwand mit einer Maßwerkrose durchbrochen ist. Davor ein zweifellos vom Straßburger Münster abstammendes Gitterwerk, das vor den Abseiten angeblendet ist. Die Giebelschenkel der Seitenpforten sind, was an westfranzösische Kirchen erinnert, alle drei in gleicher Firsthöhe über die Quergalerien emporgeführt, obwohl die Breite verschieden ist. Der *Turm* steigt in schlichter Masse viereckig empor und schließt über den gepaarten Schallfenstern mit einfachen Giebeln und einem achtseitigen Steinhelm ab. Zwei Umgänge mit Maßwerkbrüstungen kränzen den Helm, Krabben sprossen aus seinen Kanten bis hinauf zur Kreuzblume. Dieser Turm ist „einer der besten in Süddeutschland, originell, aber nicht anspruchsvoll, kräftig, klar" (G. Dehio). Auffallend, aber durch den Einfluß der Zisterzienser und Bettelorden hinreichend erklärbar, der ausgesprochene Mangel an figürlicher Bauplastik. Zwei Standbilder im Stil der Wimpfener Portalfiguren stehen in Gehäusen hoch auf den Eckstreben des Chors. Die Bildsäulen der Apostel, die an die Straßburger Schule des Hans Hammer erinnern, in den Gehäusen der Strebepfeiler am Langhaus sind spätgotisch, Anfang des 16. Jh. (wohl von einem Meister Anton, Gehilfen Peters von Koblenz). Die Bogenfelder der Westpforten sind nach Zisterzienserart mit Blendmaßwerk gefüllt, das nur spärlich mit Blättermasken und Zwickelfigürchen geschmückt ist. Das *Innere* der Kirche war nach dem Brand der Stadt (1726) von Wiesensteiger Gipsern barock ausstuckiert worden und wurde bei der Restaurierung in den ursprünglichen Zustand zurückversetzt. Die Reutlinger Marienkirche war in Schwaben an der Entwicklung des selbständigen Typs einer großen Stadtkirche als Bürgerkirche im Gegensatz zur Kathedrale entscheidend mitbeteiligt: großer Westturm, das Langhaus schon die Halle vorbereitend, Fehlen eines Querhauses, der Chor von zwei Seitentürmen flankiert (vgl. Ulm, Stuttgart, Heilbronn u. a.). Zugleich ist sie das erste Bauwerk, das im oberen Neckartal die Hochgotik vollentwickelt und unverkümmert zeigte und auch deswegen Schule machte (Herrenberg, Horb, Rottweil, vielleicht auch Gmünd und Esslingen). Die Giebelnische und das Schleierwerk findet man wieder am Kapellenturm in Rottweil, manche Einzelheiten an der Kirche zu Herrenberg. Das Motiv des achtseitigen Helms mit dem Kranz über vier Giebeln findet sich an den Stadtkirchen von Tübingen, Rottenburg, Rosenfeld und Dornstetten; die Helmkränze allein und asymmetrisch-malerisch angelehnte Wendeltreppentürmchen an den Prachttürmen der Esslinger Frauenkirche und des Ulmer Münsters. Der ganze Westbau mit den Ecktreppentürmchen ist schon im 14. Jh. in Biberach zu sehen, nur vereinfacht für Backsteinbau (und im Turmabschluß später verändert). Von der alten *Ausstattung* hat sich fast nichts mehr erhalten. Prachtvolle spätgotische Bildhauerarbeiten, wohl von Martin und Christoph von Urach, sind ein Heiliges Grab und der Taufstein (1499), an dessen Fuß in Nischen mit winzigen Vollfigürchen die Sakramente realistisch dargestellt sind. In der südlichen Sakristei Wandgemälde vom Anfang des 14. Jh.; in der westlichen Vorhalle und im Schiff an einigen Stellen solche gegen Mitte des 14. Jh.

*St. Nikolaus* ist eine einfache Kapelle mit gemischten altertümlichen und fortgeschrittenen Formen (1358). Der Chor mit schönem Sterngewölbe, ohne Strebepfeiler, wie die Haller Katharinenkirche. Am Türbogenfeld Malerei aus dem 14. Jh.: Christus am Kreuz-Lebensbaum. Die ehem. *Spitalkirche* (1333, erweitert 1555) mit ihrer gegliederten Pforte rettet jetzt allein dem Marktplatz sein geschichtliches Gepräge. Eingemauert ein Prangerspottbild, Flachbildwerk des 14. Jh. – Alte Profangebäude sind die beiden ehem. *Pfleghöfe* der Klöster Marchtal und Königsbronn (Museum), wozu auch gotische Hofkapellen gehören. Vom Zwiefalter Hof nur Portal von H. Motz 1557 erhalten (im Museum). Ehem. *Barfüßerkloster. Spendhaus* (Fruchtkasten). Aus der Barockzeit das alte *Lyzeum* (1728) und das *Dekanat*, beide bei der Marienkirche. – Einen besonderen Schmuck der Stadt bilden die alten Monumentalbrunnen; der *Lindenbrunnen*, ein Ziehbrunnen mit Kranz und Galgen in Stein, gotisch mit Zieraten der

Renaissance, von Hans Huber, 1544; der *Kirchenbrunnen* bei der Marienkirche, von Hans Motz, 1561 (Nachbildung); der *Marktbrunnen* mit Bildsäule (Nachbildung) Kaiser Maximilians II., von Leonhard Baumhauer, 1570; ein *Säulenbrunnen* mit Kugelknauf und Wetterfähnchen beim Gartentor und frei erneuerter *Löwenbrunnen* bei der Nikolauskirche, dieser wertvoll für die Bildwirkung der Choransicht.
Unter den Neubauten der Stadt verdient das neue *Rathaus* seiner Gestaltung und städtebaulichen Konzeption wegen Beachtung. Architekten waren W. Tiedje und R. Volz (1963–1966). – In REUTLINGEN-ENINGEN ist der *Untere Lindenhof* bemerkenswert als neuzeitliches, 1960–1967 errichtetes Versuchsgut für Schweine- und Rindviehhaltung mit modernsten Einrichtungen. – Von der 1090 erstmals genannten Hochadelsburg ACHALM stehen nur noch einige Stücke der Ringmauer (11./12. Jh.) und das Tor der Vorburg. Der Turm von 1838, auf alten Grundmauern.

## 9. Nürtingen – Tübingen

Nürtingen Seite 284. – Das Städtchen GRÖTZINGEN im Aichtal besitzt noch Reste seiner mittelalterlichen Festungswerke und schöne Fachwerkhäuser aus dem 16. Jh. Stattliche *Kirche*, spätgotisch, im 20. Jh. stark erneuert. Wohl noch 13. Jh. der Turm mit erhöht liegender Tür zu einer Steintreppe in der Mauerstärke. Chorstühle mit Flachschnitzerei. Gotische Fresken. – NECKARTAILFINGEN. Auf dem das Neckartal nördlich begrenzenden Höhenzug entwickelt sich

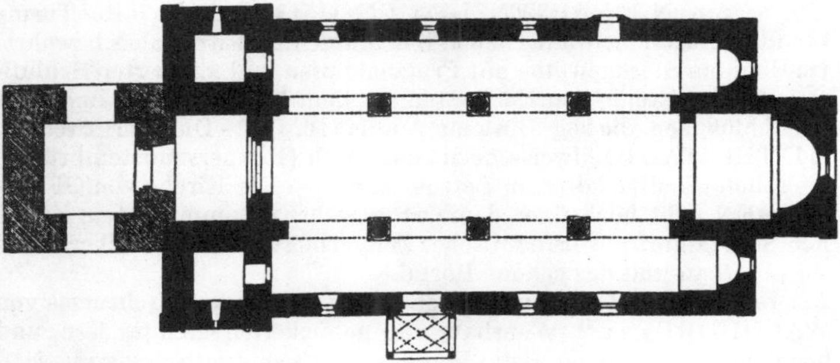

*Neckartailfingen, Pfarrkirche, Grundriß*

der langgestreckte Häuserzug, aus dem sich die bedeutende romanische *Pfarrkirche* (Abb. 50) mit westlich angefügtem spätgotischem Turm heraushebt. Es bestanden Beziehungen zum Kloster Hirsau, denn dieses erhielt 1090 einen Anteil an der Kirche von Neckartailfingen. Das Langhaus ist eine flachgedeckte Basilika mit auffällig überhohem Mittelschiff und weiten Arkadenspannungen. Die drei außen geradegeschlossenen Apsiden schließen direkt an die einzelnen Schiffe an, die Hauptapsis sehr hochgezogen und durch einen tonnengewölbten Chor, der lebhaft an westfranzösische oder burgundische Räume erinnert, von dem Mittelschiff getrennt. Im Westen zwischen den Stümpfen zweier Fassadentürme das einfach abgetreppte Portal, das etwa auf der gleichen Entwicklungsstufe wie das Hauptportal von Alpirsbach steht. Davor ein tonnengewölbtes Paradies (Westturm 1501). Obwohl die klassisch geschnittenen Würfelkapitelle einem erhaltenen von St. Peter und Paul in Hirsau nahestehen, wird man doch angesichts der Hochstreckung des Mittelschiffs, der entwickelten Großquadertechnik und der Verwandtschaft des Hauptportals mit dem von Alpirsbach die Kirche in das 2. Viertel des 12. Jh. datieren. Der künstlerische Reiz des Baus liegt in dem kubisch klar entwickelten Raumbild und der musivischen Schönheit des Großquaderschnitts, der zu seiner Wirkung spielerischen Zierat nicht braucht. Der Raumeindruck wurde etwas später noch durch buntfarbige frühhochgotische Malereien belebt. Sehr bemerkenswert schließlich noch ein romanischer Türklopfer. Durchgreifende Restaurierung nach dem letzten Krieg. – Das im Kern romanische Schiff der Kirche von SCHLAITDORF erhielt um 1500 einen Westturm mit Halle im Erdgeschoß durch HANS BUSS. Ein kleines Glasbild (Madonna im Strahlenkranz) entstand um 1460–1470. Kanzel 1564. – Die spätgotische *Kirche* von NECKARTENZLINGEN (1518) hat die alte Turmkrönung, Satteldach mit Giebelkreuzblumen und Eckfialen bewahrt. Im Chor ein Sterngewölbe mit Fratzenköpfen und figurierten Schlußsteinen. Grabsteine von Edelleuten aus dem 16. und 17. Jh. Beim Ort ein Schlößchen, die sog. Burg zur Mühle (16. Jh.).– Die Pfarrkirche in MITTELSTADT teilweise noch romanisch (Keupersandsteinbrüche, die schon im Mittelalter im Betrieb waren). – Die Kirche von OFERDINGEN liegt hoch über dem Ort in wehrhaft ummauertem Kirchhof. Sie stammt aus frühgotischer Zeit, erhielt in spätgotischer ihren Turmaufbau und das schöne Portal.

Aus romanischer Zeit stammt auch der Unterbau des Kirchturms von WALDDORF, einst Wehrbau mit gebuckelten Eckquadern und hochliegendem Zugang. Beim Bau des Schiffs spätgotisch verändert. – In RÜBGARTEN ist ein außen bemalter Flügelaltar von 1505 (bezeichnet Hans Syrrer); im Schrein Schnitzfiguren. – Das Jagdschloß EINSIEDEL nach einem Brand von 1619 im 17. und 18. Jh. wiederhergestellt. Der Weißdornbaum im ehem. Hof an Stelle eines älteren, der nach der Sage von Graf Eberhard im Bart aus Palästina mitgebracht worden war. – In KIRCHENTELLINSFURT steht ein Herrenhaus (16. Jh.) mit hübschem nördlichem Ausbau in einem Garten. Dazu gehört das „Schlößle". – Die alte Kirche in WANNWEIL, 2. Drittel 12. Jh., ist auf der Stirnseite in drei lombardisch anmutende Blendnischen mit Rundbögen und zwei schlanke Wanddienste mit Drachenknäufen gegliedert (zu vgl. die gleichartige Blendgliederung an der inneren Querschiffostwand von San Michele in Pavia). Das Erdgeschoß des auf einen älteren Bau hinweisenden Turms hat ein Kreuzgratgewölbe und eine flache Altarnische mit Rundfenster, deren Kämpfersimse Bildwerk aufweisen: einen Kopf mit Schnurrbart und gespaltenem Vollbart, eine Taube, spätromanisches, zweisträhniges Flechtornament. Ein ehem. Türsturz, der in diesem Raum aufbewahrt wird, zeigt ein Rahmenornament mit Schlingwerk und Drachen an dessen Enden. Ein im Erdgeschoß des Turms freigelegtes Fundamentstück, das z.T. für römisch erklärt wurde, wohl sicher gleichzeitig mit dem Turm entstanden. Im spätgotischen, sterngewölbten Chörlein, an dessen Stelle eine romanische Apsis stand, ein Wandtabernakel (1488) von Hans Augsteindreher; der Taufstein wohl ebenfalls von ihm. – Die Kirche in KUSTERDINGEN wurde 1507 errichtet. Sie ist im Chor netzgewölbt und mit Ranken und Vögeln ausgemalt. Ursprünglich auch die Felderdecke im Schiff, Kanzel und Taufstein (Umbau 1940).

Zu den bekanntesten Städtebildern in Schwaben gehört unstreitig die Ansicht von TÜBINGEN mit dem Blick von den Alleen am Neckar aus. Über der Stadt das feste Schloß, ein gewaltiger Baublock, dem in der Fernsicht nur die Ecktürme und Bastionen einen belebteren Umriß verleihen. Die alte Stadtansicht von Merian läßt gut erkennen, wie sich unter dem Schutz der einstigen Burg die Siedlung den Abhang zum Neckar hinunter und ihm entlang zur Flußbrücke hinüberzog, durch Verbindungsmauern mit dem Schloß zu einer geschlossenen Befestigung vereinigt. Als zweite Dominante im Stadtbild erhebt sich auf beherrschender Terrasse der hohe Hallenbau der Stiftskirche. Es ist einer der wirkungsvollsten Züge im Stadtbild, wie über den dunklen, von hochgiebligen Häusern beschatteten Gassen frei und luftig auf balustradengeschmücktem Unterbau der Chor aufragt. Die Bedeutung der Stadt ist historisch begründet in der einflußreichen Stellung der Grafen von Tübingen, zwischen 1134 und 1137 erstmals als Pfalzgrafen genannt. Ihre später aufwendige Hof-

haltung führte jedoch zu einem Ausverkauf ihrer Herrschaft. So kam 1342 die Stadt an die Württemberger, unter denen sie bis in die neuere Zeit zweite Hauptstadt war. Die bedeutende Universität geht auf eine Verlegung des Sindelfinger Chorherrenstifts hierher zurück: Das Stift stellte die ersten Professoren (1477).
Der Stadtplan spiegelt eine komplizierte Entwicklungsgeschichte des Orts. Räumlich bilden die krummen Straßen und Gassen abgeschlossene Bilder, erweitern sich zu Plätzen, denen monumentale Abschlußwände nicht fehlen. Zumal den Marktplatz wird man sich darauf ansehen, wie wohlabgeschlossen er ist und doch durch eine durchlaufende Straße und Stichgassen mit der Umgebung in Verbindung steht. An die Hauptplatzwand geschoben und hier der Aufmerksamkeit und Beachtung sicher, steht der prächtige *Renaissancebrunnen*, auf dessen Säule man den gewaltigen Neptun auf einem Meertier sieht (Bildhauer G. Miller von Stuttgart, 1617, jetzt Bronzekopie; Entwurf von H. Schickhardt). Dahinter das altehrwürdige *Rathaus*, 1535 als Fachwerkbau an Stelle eines Bürgerhauses errichtet. 1508 Aufstockung, das Erdgeschoß 1967 modernisiert (W. Tiedje). Fassadenmalerei auf der Giebelseite 1598, die der Breitseite zum Platz 1876. Im Innern die großen Wandfresken (Grisaille) der „Gerechtigkeitsbilder", 1596 von J. Züberlin nach Vorlagen von Tobias Stimmer und Wendel Dieterlin. Kunstuhr 1511. Weitere interessante Raumbilder bietet der Blick vom Holzmarkt nördlich der Stiftskirche zum *Bebenhäuser Pfleghof* hinauf, dessen Südwestecke durch Fenster, Stabwerkpforte, Baldachin- und Wimpergzier sich als Hauskapelle zu erkennen gibt. Der dreiflügelige, spätgotische Bau hat auch einen sehenswerten Innenhof und keck auf das Dach gesetzten Kranenerker. Oder man läßt an der Pforte des *Stiftshofes* den hochragenden alten Bau des in einem Augustinerkloster eingerichteten ev. Stifts auf sich herabblicken, steigt dann die engpaßartige Gasse hinauf und geht am Bärengraben hin durch die aussichtsreiche Neckarhalde mit dem Blick auf die grünen Alleen, die sich neben dem Flußufer erstrecken. Unten am Neckar der *Hölderlinturm* (erneuert), in dem der Dichter nach seiner Umnachtung noch 36 Jahre lang gelebt hat. Der mächtige Bau der *Alten Aula* wurde 1547 als Fachwerkbau errichtet und 1777 umgebaut (im Innern stark erneuert). Nahebei der *Alte Karzer*, schon seit 1515 in Benutzung (Seccomalerei 1736). Eine Welt für sich ist die tiefergelegene nördliche Altstadt an der Ammer, das Viertel der „Gogen". Die hier gelegene *Spitalkirche* mit ihrem altbemalten, spätgotischen Chorgewölbe und ihren Chorstühlen steht auf der einstigen „Leichlege", d.h. einem großen, früheren Friedhof. Das kath. *Konvikt* ist im Stil der deutschen Renaissance als giebelgeschmückte, wehr-

hafte Vierflügelanlage, mit ursprünglich offenen Hofarkaden, von dem berühmten Erbauer des Stuttgarter Lusthauses, G. Beer, 1588–1592 erstellt worden. Einstmals befand sich hier ein Franziskanerkloster. Näher muß man sich die beiden kunstgeschichtlich wichtigsten Stätten der Stadt ansehen. Die *Stiftskirche* St. Georg (Abb. 88, 89) gehört ganz der Spätgotik an, an verschiedenen Stellen der Kirche sind jedoch noch Überreste eines romanischen Vorgängerbaus eingemauert, Werkstücke und phantastische Skulpturen. Der vielleicht nach dem Vorbild der Reutlinger Marienkirche errichtete Westbau stammt aus der 1. Hälfte des 15. Jh. (Bauinschrift 1440). Seit 1470 baute man den Chor, seit 1478 errichtete man das Langhaus, ein Hallenbau mit stark überhöhtem Mittelschiff und Kapellen zwischen den eingezogenen Strebepfeilern – beides typisch für die im Neckarland und Altwürttemberg tätigen Spätgotiker. Damals wurde auch der früher freistehende Turm in eine einheitliche Westfront einbezogen. Steinmetzmeister war Hans Augsteindreher von Wiesensteig. Wölbung des Langhauses im 19. Jh. durch Chr. Leins, Umgestaltung des Inneren 1962–1965. Durch die aufs reichste mit Grabdenkmälern und Epitaphen ausgezierte Vorhalle treten wir ins Innere und erfreuen uns an den prächtigen Steinmetzarbeiten des Lettners, Taufsteins und der Kanzel aus der Erbauungszeit der Kirche und den trefflich geschnitzten Chorstühlen. Eine Seltenheit ist die teilweise Ersetzung des geometrischen Maßwerks in den Nordfenstern durch figürliche Reliefdarstellungen, darunter das sog. Wahrzeichen von Tübingen, der aufs Rad geflochtene hl. Georg. Beachtlich die alten Gewölbemalereien im Nördlichen Seitenschiff. Vor dem Lettner stark restauriertes Altartriptychon, unter dem Einfluß J. Ratgebs vielleicht im Umkreis H. Schäuffeleins entstanden (B. Bushart). Der einschiffige Chor wurde seit 1550 als Grablege des württembergischen Herzoghauses zum denkwürdigen Museum der Grabplastik aus den Zeiten der schwäbischen Renaissance. Was die Schmid, Weller, Schlör, Baumhauer und Jelin geschaffen haben: Die von Tieren getragenen tischähnlichen Sarkophage und Tumben sind reiche, schmuckvolle Werke in trefflicher Ausführung, denen jedoch die künstlerische Belebung im höheren Sinn abgeht. Bedeutend dagegen die Figur der Gräfin Mechthild († 1482), aus stilistischen Gründen wohl mit Sicherheit H. Multscher zuzuschreiben. Desgleichen hervorragend die Glasmalerei von Peter Hemmel (1476f.): Marienleben, Jüngstes Gericht, Passionsszenen und Stifterfiguren; jedoch nicht in ursprünglicher Vollständigkeit und Anordnung. P. Hemmels Werk ist hier dennoch am vollständigsten und umfangreichsten erhalten, künstlerisch in der reichen Farbskala, aber auch technisch in

der Feinteiligkeit der einzelnen Scherben z.T. auf höchster Stufe stehend. Bereits Goethe schenkte diesen Fenstern sein Interesse. Die Apostelfiguren im Chor gegen 1500.
Auf der steilen Burgsteige emporwandernd, gelangen wir zum *Schloß*, von dem aus sich uns eine herrliche Aussicht neckaraufwärts und hinüber zu den Albbergen auftut. Das schwere, pompöse äußere Portal des Schlosses von H. SCHICKHARDT und CHR. JELIN (1606) mit seinen Ausguckerkern an den Ecken ist in der Gesamtform besonders reizvoll und durch eine schon an die schweren, bizarren Formen des Barock anklingende Dekoration ausgezeichnet. Rechts dahinter eine mächtige Bastei. Wie ganz anders das innere eigentliche Schloßportal (1538), gleichfalls in Fußgängerpförtchen und Durchfahrt geteilt, dessen (restaurierte) Zierarchitektur die zurückhaltenden Formen der Frührenaissance hat. Das Schloßgebäude wurde mit Benützung mittelalterlicher Teile der bereits 1078 genannten Burg wesentlich unter Herzog Ulrich aufgeführt. Ursprünglich wurde es von vier mächtigen Rundtürmen (1507–1515) flankiert, der nordwestliche – zum Berg hin – wurde teilweise durch eine barocke Bastion ersetzt, der südwestliche – 1647 gesprengt – durch den an den Ecken kräftig bossierten Fünfeckturm (1667). Die vier Flügel etwas jünger, aber noch unter Ulrich errichtet. Im Innern des Schloßhofes einige zierliche Portale, nach antikisierenden Vorlagen, wie sie unsere Kunsthandwerker in der Renaissance benützten, geschaffen. Im Innern sei auf den großen Rittersaal im Nordflügel mit seinem reizenden dreiteiligen Erkerausbau hingewiesen; darunter den riesigen Keller mit dem großen Faß, einem jener Renommierstücke, wie sie Fürsten weinbautreibender Länder als Kuriositäten in ihren Schloßkellern aufzustellen pflegten. Die alte Schloßausstattung ist völlig verlorengegangen. – Einige neuere Bauten der *Universität* seien noch erwähnt. Die *Neue Aula* entstand 1841–1845 durch G. G. BARTH als Dreiflügelanlage (Umbauten 1927). *Mensa* von P. BAUMGARTEN aus Berlin, 1963 bis 1967. *Hörsaalgebäude* vom gleichen Architekten, 1965f.

## 10. Auf der Alb von Urach bis Ulm

Urach Seite 287. – ZAININGEN hat eine spätgotische Kirche mit Satteldachtürmen und hohen Kirchhofmauern. Reste der spätgotischen Ausstattung (Kruzifix; Chorgestühl; großes Wandbild des hl. Riesen Christophorus, 1496). – In FELDSTETTEN enthält die ursprünglich frühgotische, später mehrfach veränderte Chorturmkirche Wand- und Gewölbemalereien des 14. und 15. Jh. im geradegeschlossenen Chor. –

Die Grundmauern eines mittelalterlichen Klosterhofs zeigt der Hügel NATTENBUCH bei Feldstetten. Die Kirche in ENNABEUREN ist von 1756 (mit älteren Resten). Wandbilder aus der 1. Hälfte des 14. Jh. Die Kirche in SONTHEIM entstand 1766. In SUPPINGEN ist die Kirche im Chor des 15. Jh. noch netzgewölbt. Das Langhaus von 1569 wurde im 19. Jh. verändert. – Auf Apostelkonsolen ruht das Netzgewölbe im Chor der Kirche von BERGHÜLEN, 1504. Reste von Wandbildern gegen 1510 (Passion). – Durch eine reiche Ausstattung aus dem 17. und 18. Jh. überrascht die ev. Kirche zu MACHTOLSHEIM, deren Turm gleichfalls romanisch ist, mit mächtigen Eckstreben am Unterstock (das übrige spätgotisch, 1488). Chorgewölbe und Schiffdecke sind reich stuckiert in den um 1700 üblichen Formen durch U. SCHWEIZER: Akanthusgewinde, figurierte Konsolen, Rundschilder mit Flachbildern biblischer Geschichte. Empore mit Gemälden und Bildsäulchen. Altaraufsatz und Schmiedeeisengitter (1729). Kanzel klassizistisch, Orgel ebenfalls (1807) mit Rankenwerk und Vasen. – LAICHINGEN, das größte Dorf der Alb, das schon 1364 durch die Grafen von Württemberg die dann doch nicht ausgeführte kaiserliche Genehmigung für die Umwandlung in eine Stadt erlangt hatte, umschließt einen großen, befestigten Kirchhof (malerische Torburg, das sog. *Zeughaus* und *Heiligenhaus*). Das Achteck des aus dem 14. Jh. stammenden Kirchturms ist von H. SCHICKHARDT (1632). Die gotische, aber vielfach veränderte große *Kirche* hat noch ihre volkstümliche Einrichtung aus dem 17. und 18. Jh., Schmiedeeisengitter und -bogen am Altar, bemaltes Gestühl, Barockstuck in der Sakristei. *Rathaus* aus dem 16. Jh. Einzelne schöne Fachwerkgiebel. – WESTERHEIM hat eine stattliche Kirche im Zopfstil (1787/88) mit im unteren Teil gotischem Turm und eine Loretokapelle. – Der gotische Turm der Kirche in MERKLINGEN erhielt in der Barockzeit einen hohen Aufbau. In der Kirche ein geschnitzter Altar (1510). Gemalte Flügel aus dem Umkreis M. SCHAFFNERS. – In der spätgotischen Kirche von NELLINGEN eine mit Maßwerk und Tierornament bemalte Decke aus der Erbauungszeit. Aufwendig geschnitzte Türflügel um 1700. Grabmäler vom Ende des 16. Jh. – Der Kirchturm von OPPINGEN (1591) hat Lisenen und Bogenfriese am Äußeren des Glockengeschosses und in den steilen Giebeln. – Im romanischen Turmchor der sonst barocken Kirche von SCHARENSTETTEN gute Wandbilder (u.a. Schmerzensmann, Muttergottes, Schutzmantelmadonna, Heiligenmartyrien; gegen Mitte des 14. Jh.). Hochaltar um 1450. Im Schrein Kruzifix mit Heiligen, die in manchen Zügen Verwandtschaft mit Werken H. MULTSCHERS zeigen. Gemalte Flügel (Anbetung, Marientod, hl. Georg). – Aus dem 14. Jh. stammt der Rohbau der St.-Martins-Kirche in TOMERDINGEN, die eine der ältesten Kirchenglocken des Landes besitzt (um 1200, schmucklos). Im Innern mehrere gute Holzbildwerke der Spätgotik. Ebenso in der kath. Pfarrkirche des Orts. – Der ausgezeichnete Altar aus DORNSTADT jetzt im Stuttgarter Landesmuseum. – In der Marienkapelle von BÖTTINGEN (19. Jh.) ein Altar mit Flügelrelief (Marientod) um 1510 aus Ulm. – Die Chorturmkirche in JUNGINGEN von 1499 erhielt in protestantischer Zeit eine Ausmalung (1646). Die übrige Ausstattung vom Ende des 17. Jh. – Der Turmchor in LEHR ist im ZEITBLOM-Stil ausgemalt.

## 11. Ulm und das Lautertal

Die erste geschichtliche Erwähnung von ULM fällt in das Jahr 854 n.Chr. Damals war es eine königliche Pfalz, d.h. eine Hofburg mit Meierei und Gütern, deren Ertrag dem Hoflager des im Reich umherziehenden Königs und seinen Beamten zum Unterhalt diente. Zugleich war sie auch Residenz des Königs bei seinem jeweiligen Aufenthalt. Ausgrabungsfunde beim jetzigen Bahnhof ergaben, daß bereits die Alemannen bis ins 7. Jh. hier eine größere Siedlung hatten; vor ihnen saßen vermutlich Kelten hier und gaben dem Ort den Namen (keltisch = Fluß?). Bemerkenswertere römische Siedlungsreste fehlen. Aus dem auf dem Weinhof gelegenen, mit einer Kapelle (später Schwörhaus, vgl. weiter unten) verbundenen Königshof entwickelte sich zunächst eine Burgsiedlung, dann im 12. Jh. die Marktstadt zwischen Donau und Hafengasse und von 1316 an die Reichsstadt, die sich im Plan der Gassen und Straßen der Altstadt noch heute spiegelt. Ihr Wachstum verdankte sie der für den Handel günstigen Lage und der Bevorzugung durch die Könige. 1309 erscheint sie als freie Reichsstadt und stellt sich im Kampf der Bürger und Ritterschaft an die Spitze des schwäbischen Städtebundes. Durch Ablösung Reichenauer Ansprüche, Ankauf zahlreicher herrschaftlicher Besitzungen, starke Befestigung und planmäßige Erweiterung ihrer Stadt sicherte sich die umsichtige und zielbewußte Bürgerschaft ihre Machtstellung. Das bürgerliche Kraftgefühl und Selbstbewußtsein bekundete sich in einer baulichen Unternehmung, die den Ruhm der Stadt verkünden sollte, der Gründung des Münsters und Hereinverlegung der Pfarre in den Mauerring im Jahr 1377.

Mit dem *Münster* (Abb. 90–92) sollte die deutsche Bürgerkirche ihre konsequenteste Ausprägung erfahren. Im Chor begonnen, wurde seine Gestalt in der Folge ganz durch den Bau des riesigen Turms bestimmt, der in seiner monumentalen Größe vor allem Denkmal sein sollte, im Mittelalter des Ulmer Bürgertums, im 19. Jh. des deutschen Protestantismus. Will man das Münster als Gesamtwerk auf sich wirken lassen, so empfiehlt sich etwa der Standpunkt von Südosten. Dann halten die beiden Chortürme dem Westturm das Gegengewicht, deutlich setzt sich der schmale, niedrigere Chor vom Langhaus ab, und über das hohe Kirchendach gesehen, scheint auch der Westturm nicht außer allem Verhältnis zum Kirchenhaus zu stehen. Will man aber den Turm als ein Werk für sich betrachten, und das entspricht durchaus den Absichten seiner spätgotischen Erbauer, so nähere man sich ihm von Westen und bestaune die monumentale Riesenwand, die vor uns, die Häuser überschneidend, zu den Wolken emporsteigt, ein

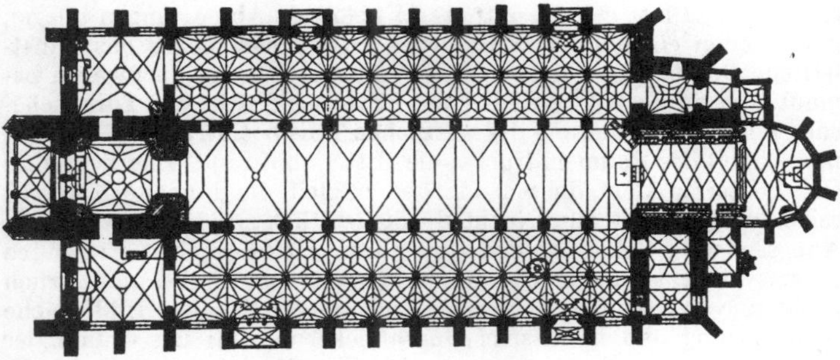

*Ulm, Münster, Grundriß*

Prospekt von stärkster Wirkung. Auf dem leeren Münsterplatz ist die Wirkung etwas niederdrückend, und es fehlt infolge der Freilegung im 19. Jh. der richtige Maßstab zur Beurteilung. Pläne nach dem letzten Krieg, den Platz im mittelalterlichen Sinn wieder zu schließen, wurden leider nicht ausgeführt. Der Turm ist schon durch das Material, den Werkstein, vor dem Backsteinbau des Kirchenhauses ausgezeichnet und trägt den ganzen Reichtum der Dekoration, die ganze technische Virtuosität spätgotischer Turmbaukunst zur Schau; zugleich aber auch den Bürgerstolz seiner Erbauer, die ihrer städtischen Pfarrkirche nachweislich mit Bezug auf das Straßburger Münster die Abmessungen und den Turm einer Kathedrale zu geben vermochten (Turmhöhe 161 m). Die unteren Teile sind noch etwas spröder und zurückhaltender in den Formen, je weiter nach oben, desto schmuckvoller, leichter und schwungvoller wird der Turm, ohne aber in Spielereien auszuarten. Der Hauptabschnitt liegt über den zwei Fenstern des oberen Vielecks; von der Plattform an schwingt sich in flottem Zug, von Stiegentürmchen begleitet, das hohe Achteck hinan. Über ihm als stolze, luftige Krönung die durchbrochene Helmpyramide, lieblich umspielt von geschwungenen Maßwerkkränzen. Die stilistische Entwicklung am Turm deckt sich mit den Forderungen der Ästhetik: je weiter nach oben, desto leichter, zierlicher, schwungvoller, desto entfernter von aller Erdenschwere! Im Gegensatz zum Formenreichtum des Turms, dem die ganze Liebe der alten Meister gehörte, ließ man im Langhaus Einfachheit walten, die bei den gewaltigen Dimensionen nicht ohne tote Stellen abgehen konnte. Im Innern haben wir eine fünfschiffige Basilika vor uns, 123,55 m lang, 48,75 m breit, 41,6 bzw. in den Abseiten 20 m hoch, ein Raum, in dem die ganze Einwohnerschaft Ulms im 15. Jh. – und noch ein paar tausend dazu – Platz gehabt hätten! So kolossale Abmessungen pflegen allein schon einen starken Eindruck zu machen, bevor das künstlerische Gefühl im einzelnen nach Wert und Unwert abzuwägen beginnt. Am wenigsten befriedigt das Mittelschiff: Die zur Turmsicherung nötige Vermauerung des westlichen Teils beeinträchtigt die Einheitlichkeit des Raumeindrucks; die Mittelschiffwände sind kahl, ihre Oberlichter zu klein, die Scheidbögen zu steil, die doppelte Kapitellreihe unorganisch – alles Nachteile, die letztlich auf die fortwährende Anpassung des Schiffs an den Kolossalturm zurückgehen. Erfreulich wirken die *Seitenschiffe:* Mit ihren schlanken Rundsäulen und zierlich leichten Netzgewölben bieten sie ein anmutig belebtes Bild, reiche Abwechslung und malerische Durchblicke, die uns das Gefühl der Leere wieder verscheuchen. Auch der Chor, für sich betrachtet, ist in seinen Proportionen wohlbefriedigend, mit seinem herrlichen Gestühl und den in alter Farbenpracht glühenden Fenstern ein Raum von erwählter künstlerischer Stimmung. Der Blick von hier gegen Westen führt auf das mächtige Turmfenster zurück, das das ganze Mittelschiff beherrschen sollte und ihm auch wirklich seine Gesetze vorgeschrieben hat, und vermittelt uns noch einmal einen Begriff von den Dimensionen, die hier ästhetisch bewältigt sein wollten.

Die älteste *Baugeschichte* des Ulmer Münsters ist noch nicht völlig geklärt. Bisherige Vorstellungen haben zwar durch neuere Forschungen (I. F. Schultz, R. Wortmann) erhebliche Korrekturen erfahren, dennoch kann das folgende nur der Versuch zu einer Klärung sein. 1377 Gründung als innerstädtische Pfarrkirche (Relief der Grundsteinlegung an einem Mittelschiffpfeiler der Südreihe). Weihegenehmigung 1383. Erste überlieferte Weihe 1405. Ein im Münster gefundener Denkstein mit dem PARLER-Zeichen (jetzt in der nördlichen Turmhalle neben dem Chor) und Rechnungen von 1387 und 1388 mit der Erwähnung eines älteren und eines jüngeren Meisters HEINRICH sowie eines Meisters MICHAEL weisen im Zusammenhang der Bauformen von Chor und Langhaus auf die Urheberschaft HEINRICH PARLERS (II) sowie die PARLER MICHAEL und HEINRICH (III). Der Plan der ersten Anlage stammt von dem 1387 als gestorben erwähnten HEINRICH (II). Auf ihn folgen in diesem Jahr MICHAEL und HEINRICH (III), die bei der Größe des Bauunternehmens zeitweise wohl schon vorher unter ihm gearbeitet haben. Von 1388 an ist HEINRICH (III) allein Kirchenmeister bis zu seinem Fortgang nach Mailand, 1391. 1392 Berufung ULRICHS VON ENSINGEN, zunächst für fünf Jahre, dann lebenslänglich (gleichzeitig Leiter der Bauhütten in Straßburg und Esslingen, † 1417). Nachfolger ist sein Schwiegersohn HANS KUN bis 1434 und dessen Sohn KASPAR KUN bis 1446; von 1448–1463 (†) MATTHÄUS ENSINGER, der Sohn ULRICHS; 1470 dessen Sohn MORITZ ENSINGER und nach dessen Ausscheiden MATTHÄUS BÖBLINGER von 1474 – 1494; von da bis 1512 BURKHARD ENGELBERG und als letzter Kirchenmeister BERNHARD WINKLER. 1543 Einstellung des Baus durch Ratsbeschluß. 1817 Übertünchung des Innern. 1845–1890 Ausbau unter den Münsterbaumeistern FERDINAND THRÄN (bis 1870), LUDWIG SCHEU (bis 1880) und AUGUST BEYER. Zerstörungen vor allem am Chor im letzten Krieg (wiederhergestellt). Durchgreifende Restaurierung seit 1965 im Gang.

Der Plan HEINRICH PARLERS (II) hatte einen einschiffigen Chor von zwei querrechteckigen Jochen mit $^5/_{10}$-Schluß vorgesehen, der vielleicht von einem bei der Bauführung bald wieder aufgegebenen Kapellennischenkranz umgeben war. Es ist aber nicht auszuschließen, daß in den inneren Blendarkaden des Chorerdgeschosses Werkstücke aus der beim Baubeginn des Münsters abgebrochenen Pfarrkirche „über Feld" mitverwendet wurden. Ferner war vorgesehen ein dreischiffiges Langhaus, das, wenn wir den etwas vereinfachten Modellen auf den Reliefs der Grundsteinlegung und der Weihe (Kopie in der Südostportalvorhalle) trauen dürfen, als Hallenkirche mit etwas schmaleren Seitenschiffen als heute angelegt war. Nach älteren südwestdeutschen Vorbildern (Freiburg [Brsg.], Reutlingen) zwei den Chor flankierende Türme und ein Westturm. Bis zur ersten kirchlichen Benutzung um 1383 waren der Chor mit behelfsmäßiger Abdeckung, die beiden Chortürme bis zur oberen Backsteingrenze und der Sakristeianbau am Südturm, wahrscheinlich auch die enggestellten Stützen der ersten acht Mittelschiffjoche ausgeführt und die Vorbereitung für den im PARLER-Plan vorgesehenen Westturm getroffen. Ob dagegen die im Gründungs- und im Weiherelief die gegen die Außenfluchten der Chortürme zurückspringenden Außenmauern der schmäleren Seitenschiffe jemals begonnen worden sind, ist vorerst nicht zu beweisen. Der PARLER-Anteil vor der Münstererweiterung ULRICHS VON ENSINGEN läßt sich aufgrund der tektonischen Einzelform, vor allem aber der figürlichen und pflanzlichen Bildhauerarbeit, ungefähr abgrenzen. So sind die dreieckigen Baldachine der Prophetenstatuen auf den Wasserschlagsimsen der Chorstrebepfeiler eine im Sinn der PARLER-Entwicklung fast schon anachronistische Übernahme von den um ein halbes Jahrhundert älteren Langhausfronten der Heiligkreuzkirche und daher HEINRICH (II) zuzuschreiben; ebenso zwei der östlichen Chormaßwerke. Die Ost- und Südsüdostfenster setzten bereits eine Kenntnis von Bauformen in Prag voraus, wo Mitglieder der PARLER-Familie kurz zuvor am Bau des Veitsdoms und der Allerheiligenkapelle beteiligt waren. Sie werden daher, wie auch sieben der acht Prophetenfiguren, MICHAEL zugeschrieben, der den Bau bis zum ersten Kranzgesims fertiggestellt haben dürfte. Das Baumeisterbildnis auf der Chorsüdseite in der Ecke zum Turm stellt vielleicht diesen Meister dar. Die Berufung MICHAEL PARLERS an die Straßburger und Kölner Bauhütte beweist seine hohe Einschätzung vor allem als Baumeister: Nach den großen Dimensionen, in denen er an beiden Domen gebaut hat, darf ihm die immer noch umstrittene großzügige Erweiterung des Ulmer Langhauses zur pseudobasilikalen Hallenkirche mit drei gleichbreiten Schiffen zugetraut werden, schon in der Länge des heutigen Baus. Man ist versucht, die großartige Erweiterung mit dem 1387 begonnenen Mailänder Dom in Verbindung zu bringen, dessen Plan in der Ulmer Bauhütte ebenso bekannt gewesen sein mag wie der Ulmer Münsterbau in Mailand. Es ist durchaus möglich, daß die riesenhaft gestaffelte Halle des Mailänder Doms den Anstoß zur Verbreiterung der Ulmer Seitenschiffe gegeben hat und daß man in Ulm mit dem Verzicht auf die Unterteilung der Seitenschiffe den Mailänder Plan noch übertreffen wollte. Die Bauentwicklung in Ulm legt die Annahme nahe, daß der alternde HEINRICH (II), nachdem der Chor vollendet war und mit dem Beginn des Langhauses eine Vergrößerung der Bauhütte notwendig wurde, zu seiner Entlastung MICHAEL und HEINRICH (III) nach Ulm gerufen hat. Wann die Bauführung übergegangen ist, läßt sich weder aus den Bauzusammenhängen noch durch die stilkritische Betrachtung sicher erkennen. Das gleiche gilt für das Neben- oder Nacheinanderarbeiten der beiden Söhne; wir wissen nur, daß HEINRICH (III) von 1388 ab allein als Kirchenbaumeister genannt ist.

Als Meister HEINRICH (III) 1391 an den Mailänder Dom berufen wurde, begann die Bauperiode der ENSINGER und BÖBLINGER, 1391–1494. ULRICH VON ENSINGEN trat mit dem Plan eines riesigen

Westturms hervor, und dem hohen Westfenster über der Vorhalle zuliebe riß er das ganze Langhaus aus den Proportionen, die Turmhalle sollte sich nämlich in voller Höhe zum Mittelschiff hin öffnen. Er überhöhte das Mittelschiff basilikal, während von den Parlern eine pseudobasilikale Anlage (Staffelhalle) ohne selbständige Beleuchtung des Mittelschiffs geplant war. Zugleich erhöhte er den Chor, den sein Sohn Matthäus 1449 wölbte. Die etwas niedriger ansetzenden Gewölbeanfänge der Parler-Zeit sind auf der Chorwestseite am Triumphbogen noch zu sehen. Desgleichen wölbte dieser das nördliche und wohl auch das südliche Seitenschiff. Ihre Gewölbeansätze sind über den heutigen im Dachraum noch zu erkennen. Da die Obergadenwände des Mittelschiffs nicht mehr im Lot standen und die Kapitelle zur Aufnahme des Gewölbes wegen der unregelmäßigen Pfeilerabstände ungleich waren, vereinfachte er sich die Arbeit durch Aufsetzen eines weiteren Stockwerks mit eigenen Kapitellen. Die hier angeschriebene Jahreszahl 1465 mit einem bisher nicht deutbaren Zeichen stammt vielleicht von einem Interimsmeister. In der Ensinger-Zeit ist auch ein größerer Teil der Maßwerke in den Chorfenstern entstanden. 1474 übernahm Matthäus Böblinger die Bauleitung und führte den Turm bis zum Beginn des Achtecks. Schon hatte er für den Weiterbau einen künstlerisch wohlgelungenen und gegenüber den Vorgängern technisch vereinfachten Plan entworfen, da kam das Unheil unverschuldet über ihn. Infolge Ulrichs von Ensingen tollkühner Konstruktion senkte sich der Turm (1493), und Burkhard Engelberg von Augsburg wurde berufen, ihn zu unterfangen. Es ist überliefert, daß er dazu damals 118 Gesellen von St. Ulrich und Afra, wo er zuvor den Bau leitete, abzog, eine für die Größe des mittelalterlichen Baubetriebs aufschlußreiche Zahl. Zugleich teilte er die Seitenschiffe je durch eine Säulenreihe und machte so die Basilika fünfschiffig (1502–1507). Bald darauf kam im Zusammenhang mit der Reformation das Werk ins Stocken, und 1543 wurde der Weiterbau des Münsters endgültig eingestellt, der Turmstumpf mit einem Notdach abgedeckt. So stand das Münster mit dem halbfertigen Turmriesen, gleich als wäre es wie im Märchen in einen Zauberschlaf gesunken, ein eindrucksvolles Denkmal vom Wandel der Zeiten und Gesinnungen. Die Romantik in ihrer Begeisterung für Kultur und Kunst des Mittelalters hielt es für eine Ehrenpflicht der Vergangenheit gegenüber, was jene aus freien Stücken aufgegeben hatte, nachzuholen. Von 1845–1890 erfolgte der Ausbau der äußeren Chorgalerie und der Chortürme, des Strebesystems und vor allem des Westturms durch A. Beyer, wobei man Böblingers Plan im wesentlichen zugrunde legte. Die dort vorgesehene Marienfigur als Krönung wurde auf dem protestantischen Bau jedoch durch eine Kreuzblume ersetzt. Zugleich wurde der Turm etwas gestreckt, um den gleichzeitig vollendeten Kölner Dom noch zu übertreffen. Die Originale der Turmhelmpläne ULRICHS VON ENSINGEN und MATTHÄUS BÖBLINGERS sind im Ulmer Museum erhalten; ein weiterer Plan J. SYRLINS d. Ä. im Stuttgarter Landesmuseum.

Die Betrachtung der *Ausstattung* beginnt beim Äußeren. Die ausgezeichneten Propheten an den Chorstrebepfeilern stammen aus den achtziger Jahren des 14. Jh. Sieben werden dem bereits in Prag geschulten MICHAEL PARLER zugeschrieben; nur eine, frontal ausgerichtete, stammt von einem älteren Meister. – Die Portalbildwerke im Nordwesten, Nordosten und Südosten stammen offenbar von der früheren Pfarrkirche „über Feld". Das Bogenrelief des *Nordwestportals* (bezeichnet 1356) mit der Geburt Christi und den drei Weisen dürfte von einem den Bildhauern des Rottweiler Kapellenturms nahestehenden Meister geschaffen sein; weitgehende stilistische Ähnlichkeit auch mit den Wächtergestalten des Hl. Grabs vom Straßburger Münster und den Tympanonreliefs des Westportals der Nürnberger Lorenzkirche. Das *Nordostportal* (Passion), um 1370–1375, ist einer unter JOHANN PARLER am Freiburger Münster (nördliches Chorportal) und am Augsburger Dom (südliches Chorportal) arbeitenden Werkstatt zuzuschreiben. Bei der Wiederversetzung am Münster wurde das Tympanon mit neuen Reliefblöcken ergänzt und mit neuem Gewände versehen. Das *Brautportal* (Südost, Jüngstes Gericht) ist der Augsburger PARLER-Werkstatt anzuschließen, um 1360–1370; zu beachten die frühe Form des Kielbogens (Spitzbogen mit aufgesetzter Kreuzblume) beim Baldachin des Tympanons. Das *Südwestportal* (Marienportal) wurde nach Ausweis der mit dem westlichen Hauptportal verwandten Gewändeprofilierung (gebrochene Kehlen) erst unter ULRICH VON ENSINGEN versetzt; ursprünglich war es wohl als Hauptportal unter dem PARLER-Westturm geplant. In den dichtgedrängten, kleinfigürlichen Reliefs des oberen Tympanons (vgl. südliches Chorportal des Augsburger Doms) ist ein allmählicher Rückgang der langbärtigen JOHANN-PARLER-Typen festzustellen. Die trennenden Gesimse der Bildstreifen noch mit Weinlaubranken wie beim nördlichen Chorportal des Freiburger Münsters. Ähnlicher Rankendekor in den Fußsimsen der unteren Spitzbogentympana. Läßt sich das obere Bogenfeld stilistisch in die Zeit um 1380 einordnen, so gehören die fortgeschritteneren drei Unterfelder bereits dem ausgehenden Jahrhundert an und erweisen sich als spätere Hinzufügungen. Neuzusammensetzung unter der Bauleitung ULRICHS VON ENSINGEN als südwestliches Seitenportal wahrscheinlich. Die Steinmetzwerkstatt Heinrichs (III) hat nach Übernahme der Bauleitung durch Ulrich unter diesem weitergearbeitet. – Das großartige *Westportal* in der Vorhalle unter dem Ensingerschen Westturm – im Tympanon die Schöpfungsgeschichte in drei Bildstreifen – hat eine besonders komplizierte Entstehungsgeschichte, auf die bereits die verschiedene Größe der Figurengruppen hinweist. Zu einem ersten, noch nicht ganz so groß geplanten Tympanon (1383) gehören der Teufelssturz des Scheitelstücks, die Erschaffung der ersten Menschen, das Opfer Kains und Abels und ein Teil des Brudermords. Noch durch die Parler, wohl unter Heinrich (III, 1387), wurde eine Erweiterung des Portals geplant. Alle bereits gearbeiteten Steine sind jedoch erst unter den Ensingern, nach Ergänzung mit Zwickelstücken, im zweiten Jahrzehnt des 15. Jh. versetzt worden. Der Figurenstil ist bei beiden Parler-Teilen gleich, so daß der gleiche Meister angenommen wird. Die Qualität der Darstellungen wurde bisher meist wenig gewürdigt und erst in neuerer Zeit richtig gesehen. Die Archivoltenfiguren (Propheten, Apostel, Heilige, Märtyrer, kluge und törichte Jungfrauen) 1410–1420. Die Statuen an der äußeren Stirnwand der Vorhalle von einem Meister Hartmann (1421) schlagen einen realistischeren Ton an. Ernst und hoheitsvoll steht am Portalpfeiler der Schmerzensmann (um oder bald nach 1429), der als Werk Hans Multschers gilt und vielleicht zunächst für einen anderen Standort geschaffen wurde. Die Anna Selbdritt und die übrigen Holz(!)figuren in den Nischen im malerischen Gewandstil des späten 15. Jh. Nicht auszuschließen ist, daß diese Figuren aus den Altären stammen, die ursprünglich in der Kirche standen und von deren Zahl und Pracht wir uns kaum noch eine Vorstellung machen können. Rund sechzig wurden im Langhaus des Münsters bei dem großen Bildersturm 1531 zerstört. Ein kleiner Teil scheint immerhin damals gerettet worden zu sein, wohl von den Stifterfamilien, und befindet sich heute noch häufig in Privatbesitz; Reste auch in den Chornebenräumen. – Trotz der großen Plünderung enthält das *Innere* immer noch eine Reihe wichtiger Kunstwerke. Ein riesiges Wandgemälde über dem Chorbogen: der Weltenrichter; gute Disposition und eindringliche Charakteristik (1471). Treffliche Steinmetzwerke sind der Taufstein (Baldachin vielleicht nach Entwurf Ulrich Ensingers) und das um einen Pfeiler des südlichen Seitenschiffs herumgeführte Weihwasserbecken; vor allem aber das in üppigster Fülle spätgotischer Baldachine, Fialen und Wimperge aufgebaute und statuengeschmückte Sakramentshaus (1467–1471), zu dessen Monstranzkasten zwei schöne Treppen mit reichverziertem Geländer emporführen, während darüber der turmähnliche, abwechslungsreich gebildete Deckel noch erheblich über die Höhe der Abseiten sich hinaufschwingt. Die bedeutendsten Steinhauerarbeiten sind einige Figurenkonsolen an den Mittelschiffpfeilern, von dem nach seinem Signum sog. „Meister der Reißnadeln" aus der Ensinger Bauhütte, aber noch ganz im Geist der Parler-Plastik geschaffen (die daraufgestellten Figuren 19. Jh.). Von ihm auch der Korpus der Kanzel. Über dieser, vom jüngeren Syrlin signiert, der phantasievoll ersonnene und virtuos geschnitzte Kanzelschalldeckel (1510), der im Innern eine regelrechte kleine Wendeltreppe besitzt. Die farbliche Fassung der Wand dahinter aus derselben Zeit. Schließlich der verstümmelte Rest des steinernen Familienaltars der Ulmer Patrizier Karg, 1433, bezeichnet H. Multscher, am Ostende des südlichen Seitenschiffs. – Unzerstört auf Ratsbeschluß blieb beim Bildersturm teilweise die Ausstattung des Chors. Glanzvoll als leuchtende Umfassung die großen Farbflächen der *Glasfenster*. Aus dem Anfang des 15. Jh. das nach seinen Formen sog. Medaillonfenster mit seinen noch schweren und dunklen Farben. Das nordöstliche und die beiden südlichen Fenster 1449–1453. Technisch und künstlerisch von größter Qualität neben dem nach seinen Stiftern sog. Kramerfenster das Ratsfenster von Peter Hemmel von Andlau, im Maßwerk datiert 1480 (Ostfenster, Kramerfenster links daneben). Der Dreisitz unter dem Chorbogen, 1468 unter Jörg Syrlin d. Ä. als Probestück für den Chorgestühlauftrag entstanden (Christus im Gesprenge, 19. Jh.). Das *Chorgestühl* bildet den Höhepunkt der spätgotischen Ausstattung. Mag man sich in den klaren tektonischen Aufbau, die wohlbedachte Verteilung und Gegenüberstellung des figürlichen und ornamentalen Schmucks, den unerschöpflichen Erfindungsreichtum der Motive oder das feinausgedachte, inhaltliche Programm vertiefen – stets vermehrt sich unsere Bewunderung für den Meister, der, von Gelehrten beraten, das Ganze künstlerisch erdacht und durch eine Schar wohlgeschulter Mitarbeiter hat ausführen lassen. Dargestellt sind alle diejenigen, die das christliche Heil vorausgesagt oder -geahnt haben: nicht allein die Propheten des Alten und des Neuen Testaments, sondern auch z. B. die antiken (römischen) Sibyllen. In diesem Inhalt ist das Gestühl Gegenstück zum Deckenbild Michelangelos in der Sixtinischen Kapelle des Vatikans. Es gilt heute als sicher, daß die Syrlin vor allem Unternehmer waren und Jörg d. Ä. als „Schreinerarchitekt" vorzugsweise nur die eigentliche Möbelarchitektur in eigener Werkstatt herstellte (künstlerische Leistung genug!), die figürlichen Bildhauerwerke aber an andere Künstler weitervergab. Diese sind namentlich nicht gesichert, die glanzvollen Büsten auf den Stuhlwangen werden jedoch Michel Erhart zugewiesen. Fialen und Baldachine im Krieg beschädigt, aber wiederhergestellt. Der jetzige Choraltar (1521) hat eine

lebendig geschnitzte Hl. Familie, wohl von Daniel Mauch, und großzügige Flügelgemälde von M. Schaffner. Kreuzaltar von H. Schäufelein. – In der von den Patriziern *Besserer* gestifteten *Kapelle* südlich des Chors qualitätvolle Glasmalereien (gleich nach 1430), mitgeprägt von der Tafelmalerei ihrer Zeit. Die bereits perspektivisch den Bildraum ausweitende und realistische Darstellung von Szenen aus dem Alten und dem Neuen Testament stammen von einem namentlich nicht gesicherten Meister, sowohl der Maler des Tiefenbronner Altars wie der Ulmer Hans Acker sind in Erwägung gezogen worden. Das spätgotische Kruzifix von Michel Erhart. Das realistisch lebensvolle Bildnis des Eitel Besserer, ein Meisterwerk Schaffners (1516), jetzt im Museum der Stadt.
Südlich vor dem Münster steht die *Valentinskapelle*, 1457. Etwas entfernter die *Dreifaltigkeitskirche*. Sie war ursprünglich Dominikanerkirche. Ihr schlanker, strenger Chor in den Formen der frühen Hochgotik (1305–1321), das Schiff vom Anfang des 17. Jh. (nur z. T. wiederhergestellt). Auch die spätgotische *Wengenklosterkirche* war in frühbarocker Zeit einer inneren Umwandlung unterzogen worden. Heute ist die gotische Langhausumfassung zum größten Teil zerstört. 1954 Anbau einer neuen Kirche in Nord-Süd-Richtung, deren Choraußenmauer in die Südwand des gotischen Langhauses eingesetzt ist. Portal mit Gründungsrelief (1399). Die neue Zeit hat mit Th. Fischers *ev. Garnisonskirche*, die absichtlich nicht an die historische Ulmer Kirchenbaukunst anknüpft, dem Stadtbild eine eigenartige, kräftige Note gegeben (1908–1910). Sehr früh wird hier in einem Sakralbau unverhüllt das Stahlbetonskelett gezeigt. Eine interessante Raumwirkung bietet die rückwärtige Emporenzone, die in merkwürdigem Gegensatz zu der harten Saalform des Gemeinderaums steht. Die Modernität des Gebäudes wird deutlich im Vergleich mit der kurz zuvor entstandenen neugotischen kath. Garnisonskirche (1904). Lohnend schließlich auch der Vergleich mit der, schon im bayrischen Neu-Ulm liegenden Kirche *St. Johann* (Dom. Böhm, 1922–1927), die in ihrem ganz expressionistischen Formenapparat wieder gotische Elemente anklingen läßt. – Unter den öffentlichen Gebäuden beginnen wir mit dem *Rathaus*, zunächst als Kaufhaus erbaut, 1419 erstmals als Rathaus erwähnt. An ihm lassen sich trotz neueren Erweiterungen und Wiederherstellungen zwei Hauptteile unterscheiden: der schlichte, rechteckige gotische Südostflügel, den nur die reicher behandelten Fenstergruppen vor einem Kornkasten oder dergleichen auszeichnen (1370), und der nördliche Flügel (1539) mit dem Doppelgiebel in Backstein, der das Motiv der Staffelung in hübscher Weise umbildet. Das übrige stammt aus dem 19. Jh.: die Wandbilder, sinnbildliche

Beispiele von allerlei Tugenden, nach alten Spuren zu Anfang des 20. Jh. neu gemalt. Prachtfenster auf der Ostseite mit den Figuren Kaiser Karls d. Gr., der Könige von Ungarn und Böhmen und zweier Knappen, 1427 von H. MULTSCHER (Originale im Museum). Auf der Südseite sechs (statt sieben) Kurfürsten. Kunstuhr 1520–1530, 1580 von I. HABRECHT überholt. In der Nähe der *Fischkasten* von J. SYRLIN d. J. (Kopie), an dessen schlanker, fialengekrönter Brunnensäule drei wappentragende Ritter unter Baldachinen stehen. Beim Museum der bronzene *Delphinbrunnen.* Die Säule als Prunkpokal ausgebildet, an den die acht wasserspeienden Delphine über ihren Kopf die Schwänze anlehnen (1585, Zutaten 1678). Auch sonst in der Altstadt noch viele alte Brunnenstöcke, zumeist allerdings in neuen Kopien. In den öffentlichen Bauten Ulms hat sich vor allem die späte Renaissance ein Denkmal ihrer künstlerischen und handwerklichen Tüchtigkeit gesetzt. Die Namen der Meister CLAUS BAUHOFER, der BUCHMÜLLER, CASPAR SCHMID, GIDEON BACHER und des großen Theoretikers JOSEPH FURTTENBACH begegnen uns des öfteren bald allein, bald in Gesellschaft. So erstand 1585–1593 als Warenlager und Kornhaus an Stelle eines Patrizierhofes der *Neue Bau* (Stadtwerkmeister HANS FISCHER und M. GAISER, Brunnen von C. BAUHOFER), mit sehenswertem Portal. Seine Flügel gruppieren sich im unregelmäßigen Fünfeck um einen brunnengeschmückten Innenhof; die schweren, auf massigen Stützen ruhenden Hallen (z. T. verbaut), das für Dachböden und Fruchtschütten vorgesehene hohe Dach, der Giebel mit Lastaufzug, der Wendeltreppenturm lassen die alte Bestimmung des Hauses sofort erkennen. Das Innere nach Zerstörung 1944 fast völlig erneuert. Das *Kornhaus* 1594 von CASP. SCHMID und M. GAISER blieb nur in den Außenmauern erhalten und erhielt 1961 im Innern einen großen Saal. Monumentale Sgraffitoquaderung im Erdgeschoß und um die Fenster. Das *Schwörhaus* wurde 1612/13 von C. SCHMID und L. HEMMERLIN d. J. als Weinstadel auf der Stelle der Pfalzkapelle zum hl. Kreuz errichtet (Fundamente einer karolingischen und hochmittelalterlichen Kirche ergraben). Barockgiebel nach 1785. Das Innere völlig neu gestaltet. *Salzstadel* 1592. Renaissance- und Barockbauten waren das ganz zerstörte *Alte* und das wiederhergestellte *Neue Zeughaus*; sie umschlossen mit ihren Monumentalwänden einen kleinen Platz. Solche architektonisch interessante „Höfe" gab es bis zum letzten Weltkrieg in Ulm noch mehrere. Auch im Wohnbau dominierte die Renaissance des 16. und 17. Jh., zunächst noch mit spätgotischen Elementen durchsetzt. Im massiven Erdgeschoß lagen Vortenne und Vorratsgewölbe, darüber in der Regel die Wohnräume im Fachwerkbau mit vorkragenden Geschossen. Der Giebel kehrte sich der Straße zu, bisweilen waren mehrere Giebel zusammengezogen, dabei gab es oft reizvolle Gliederungen und Füllmotive. Aufwendigere Privatbauten trugen Sgraffitoschmuck, später bevorzugte man Putzverzierung, die Quaderbau vortäuschte. Beispiele älterer Häuser vor allem in den Gassen nördlich des Münsters (Kohlgasse) erhalten. Freier stehende Häuser und Hofanlagen, zum Teil ganz in Stein, mit breitem Eingang, geschnitzten schweren Haustüren und schlichten Erkern erstellten sich die Patrizierfamilien der Kraft, Ehinger, Schad usw. (heute größtenteils zerstört). An der würdigen Innenausstattung arbeiteten Stukkateure, Schnitzer und Kunstschmiede einträchtig zusammen: Innenhöfe mit Holzgalerien, Vorplätze mit vornehmen Treppenhäusern, luftige Gartenhäuser mit leichten Arkaden. Erhalten der *Reichenauer Hof* an der Donaubrücke mit profanen Freskenresten gegen 1400. Ein Besuch im *Museum* führt uns die prunkvolle Einrichtung des Ulmer Patrizierhauses der Kiechel eindrücklich vor Augen und gibt uns die beste Vorstellung von den künstlerischen Qualitäten der Ulmer Gotik und Renaissance auf dem vielverzweigten Gebiet der Handwerkskunst (1559–1600). Außerdem enthält das Museum prächtig stuckierte Räume, kultur- und kunstgeschichtliche Sammlungen von der prähistorischen Zeit an, kirchliche Kunst und eine Abteilung guter neuzeitlicher Gemälde und vor allem Graphik. – Städtebaulich ungewöhnlich die seit 1610 für die Stadtsoldaten angelegte Wohnkolonie der *Grabenhäuschen* auf der Stadtbefestigung, besonders reizvoll beim Seelturm und am Frauengraben. Heute bereits denkmalwürdig die Festungswerke aus der Zeit, als Ulm Bundesfestung war (1842–1859), z.B. das *Blaubeurer Tor*. Überaus malerisch das Gerberviertel an der Blau. Reste der alten Stadtbefestigung: die ältesten am Weinhof (um 1220), der *Metzgerturm*, das behagliche Zundeltörchen. Vor allem ist ein Gang der Donau entlang zu empfehlen, von wo sich die alte Reichsstadt am eindrucksvollsten präsentiert. – Un er den Neubauten unserer Zeit ist einmal die *Hochschule für Gestaltung* zu nennen, die auf dem Kuhberg 1953–1955 nach den Plänen MAX BILLS errichtet wurde. Ein reiner Fertigteilbau ist die *Staatl. Ingenieurschule* (1961–1963, Architekten G. BEHNISCH, W. BÜXEL, E. TRÄNKNER, B. LAMBART).

In der kath. Pfarrkirche von EHRENSTEIN, in unserem Jahrhundert entstanden, finden wir noch einige spätgotische Holzbildwerke, darunter eine der Blaubeurer nahestehende Madonna. – Eine Muttergottes (Anfang 15. Jh.) auch in der Josephskapelle in KLINGENSTEIN. Das über dem Ort gelegene Schloß entstand aus mittelalterlichen Burganlagen. In einem Bau eine Schloßkapelle des 18. Jh. mit einem Altarbild von J. B. ENDERLE. – Einheitlich klassizistisch (1816) ist die stattliche Kirche von HERRLINGEN. Grabstein mit der Darstellung eines Ritters (1342). Schloß *Oberherrlingen* ist ein großes Steinhaus mit einem Quer- und zwei Längssatteldächern, 1588 erbaut und im 17. Jh. erweitert. Vom Schloß führt ein Kreuzweg zu einer Mariahilfkapelle (1708). – Die gotische Chorturmkirche in MÄHRINGEN wurde 1759 verändert. Tafelbild (Ende 15. Jh.). – In WIPPINGEN ein Altar der Ulmer Schule, 1505. In ASCH eine spätgotische Kirche, die in ihrem netzgewölbten Chor (um 1474) ein Wandbild besitzt (Maria im Ährenkleid). – Die Kirche in LAUTERN hat einen spätgotischen Altarschrein, 1509, mit Flügeln und gemalter Predella. – Ein kleines, einfaches Bergschloß von 1690 steht in HOHENSTEIN. Umfangreiche Wandgemälde aus dem 14. Jh. in der Kirche in BERMARINGEN.

## 12. Urach – Münsingen – Blaubeuren

Urach Seite 287. – Die große Kirche zu UPFINGEN ist 1448 erbaut (Inschriftstein), anscheinend vom selben Meister wie die zu Trochtelfingen und Kuppingen bei Böblingen, anschließend an die Schule von Reutlingen. Turm mit Satteldach und Eckfialen, Maßwerkfenster in der Glockenstube und am Giebel. Chor mit einfachen Rippengewölben. Ikonographisch interessantes Wandvotivbild, zwischen 1485 und 1495 vermutlich von Graf Eberhard im Bart gestiftet und in seinem Stil oberrheinisch beeinflußt: Gottvater mit Pfeil und Bogen; wohl Schutzbild gegen Epilepsie. Spätgotisches Glasbild (Fragment einer Madonnenscheibe). – In der Kirche um WÜRTINGEN ein spätgotischer Taufstein. – Die hinter Kirchhofmauern gelegene Kirche von GÄCHINGEN mit ihrem vorspringenden, achteckigen Helm hat in einem Anbau der Nordseite romanisches Mauerwerk mit kleinen Rundbogenfensterchen. – In DOTTINGEN steht eine einfachere altprotestantische Renaissancekirche (1605). – In den Dörfern auf der Alb gibt es zahlreiche alte Kirchen. Die schon 770 im Besitz des Klosters Lorsch befindliche Pfarrkirche von SEEBURG hat eine romanische Apsis und wohl noch alte Teile in den Langhausmauern. Im Innern kamen Wandmalereien zum Vorschein (13. und 14. Jh., Christus in der Mandorla mit Evangelistensymbolen, Bilder aus dem Leben Johannes d. T.). – In TRAILFINGEN eine spätgotische Kirche mit Satteldachturm.

MÜNSINGEN war ein altes Urdorf, das um die Wende des 13. Jh. zur Stadt erhoben wurde. Es ist daher z. T. planmäßig angelegt und von regelmäßigem, fast quadratischem Mauerring umfangen. Der heute weitgehend abgebrochene Mauerbering des 14. Jh. umschloß die Straßengabel von Urach ins Donautal, die mit dem nördlich anschließenden, gestreckten Marktplatz einen rechten Winkel bildet. Der Stadtplan zeigt aber auch noch Spuren der unregelmäßigen Dorfanlage. Münsingen hat eine frühgotische *Stadtkirche*. Das kurze Schiff ist eine Basilika (um 1300) in ausgesprochen bettelordenartig karger Gestaltung. Der Chor samt der Sakristei ein Werk des PETER VON KOBLENZ in Urach (1495/96) mit kunstvollem Stern-Netz-Gewölbe. Kanzel mit Schalldeckel in Spätrenaissance; Orgelgehäuse in Rokoko. Das *Rathaus*, mit Arkadenbögen im Erdgeschoß geöffnet, und einige andere Fachwerkbauten aus der Renaissancezeit; der Marktbrunnen um 1600 mit vier Röhren – eine Seltenheit auf der Alb – und einige schmiedeeiserne Wirtshausschilder bewirken schöne Gassenbilder. Das *Schloß* in der südöstlichen Stadtecke ist ein Steinhaus des 14. und 15. Jh. (jetzt Museum). In ihm wurde 1482 der „Münsinger Hausvertrag" geschlossen, der die geteilte Grafschaft Württemberg wieder vereinte. Daneben die alte Oberamtei mit Eckturm. – In BÖTTINGEN stammt der Chor der Kirche von 1511. Die Kapelle in MAGOLSHEIM ist im Bau noch mittelalterlich, in der Ausstattung dagegen barock. – Die Pfarrkirche in JUSTINGEN entstand 1697 unter Einbeziehung des gotischen Chors eines Vorgängerbaus. – Die große *Felsenburg Justingen* über Hütten im Schmiechtal ist erst im 19. Jh. dem Verfall überlassen worden. Erhalten sind Reste eines Wohnbaus und Teile der Umfassungsmauern. – Die Kirche in MEHRSTETTEN ist von 1577. Ein ehem. Klosterhof in HEUHOF. – Die Kapelle in TIEFENHÜLEN wurde 1607 umgebaut. Ihr Altar stammt aus der 1. Hälfte des 17. Jh. – Die aus dem 13. Jh. stammende Kirche in SCHMIECHEN wurde in der Spätgotik umgebaut. Aus der ersten Bauzeit noch eine tonnengewölbte Krypta. Der netzgewölbte Chor 1492 von H. BÜRER. Verschiedene spätgotische Bildwerke und Reste von Wandmalereien.

Über SCHELKLINGEN steht kühn auf Felsen eine *Burgruine* mit Bergfried aus Buckelquadern. Im vielleicht schon vor 1234 zur Stadt erhobenen Ort einige alte Häuser, teilweise ehem. Adelssitze: *Pfarrhaus* (1599), mit Eckerker; *Spital* (1532), dreigeschossiger Steinstock mit Fachwerkaufsatz; Gasthäuser *zum Rößle* (16. Jh.) und *zum Adler* (1724); *Urspringer Haus* mit schöner Zimmerdecke (1717); *Bemmelbergsches Schlößchen* (um 1550). Die *Friedhofskapelle St. Afra* enthält umfangreiche hochgotische, leider stark aufgefrischte Wandgemälde (um 1300). – Auf der Höhe zwischen Aach und Schmiech liegt der Klosterhof MUSCHENWANG bei einer abgegangenen Burg, ein Sommersitz der Nonnen (1586). – Eine reizende Barockkapelle steht auf dem *Herz-Jesu-Berg* zwischen Urspring und Schelklingen, erbaut 1708 von Zwiefalter Bauleuten. – Das um die Mitte des 12. Jh. gegründete Benediktinerinnenkloster URSPRING, ebenfalls an einem Albquelltopf erbaut, bestand bis 1806. Bemerkenswert als ein noch vor dem Ende des 30jährigen Krieges entstandenes frühbarockes Bauwerk die ehem. *Klosterkirche* von 1622. Rechteckige Saalanlage mit Wandpfeilern und tiefer Nonnenempore auf der Westseite, kreuzgratgewölbt und ursprünglich reich ausgestattet. Von einem Vorgängerbau die spätgotisch gewölbte Vorhalle erhalten; desgleichen noch ein Teil des gotischen Kreuzgangs (15. Jh.) und der Klausur mit Renaissancedecken (1622) und Erker. Daran angebaut die Wohnung der Äbtissin, mit Eckturm, Erker und Holzdecken aus derselben Zeit. Ferner zwei Gastgebäude. Das obere hat steile Steingiebel mit Fialen und unter den Traufsimsen der Fachwerkwände Lilienfriese aus gebranntem Ton. Das untere (1520, Prioratshaus) hat Staffelgiebel, einen gewölbten Eckerker, Holzfelder- und Stuckdecken. Die Ringmauer, z. T. auch Stützmauer gegen den Berg, umschließt den Aachtopf. – In HAUSEN ob Urspring steht in der Kirche eine vorzüg-

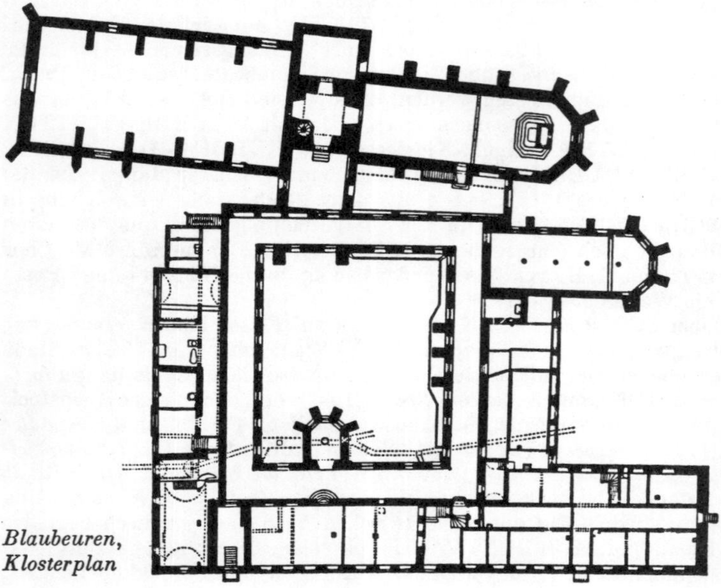

*Blaubeuren, Klosterplan*

liche Madonna, dem Schnitzmeister des Blaubeurer Altars nahestehend, und eine Nothelfergruppe (um 1525).
Unter den guterhaltenen, großen Klosteranlagen des Landes vertritt das ehem. Benediktinerkloster BLAUBEUREN (Abb. 8, 9) neben dem romanisch und hochgotisch geprägten Maulbronn und Bebenhausen und dem barocken Schöntal fast ausschließlich die altwürttembergische Spätgotik. In der teilweise überaus qualitätvollen und vollständigen Ausstattung werden darüber hinaus Einflüsse der nahegelegenen Reichsstadt Ulm faßbar. Bereits 1085 wurde das kurz zuvor von den Tübinger Pfalzgrafen gegründete und danach hierher verlegte Kloster durch Hirsauer Mönche bezogen. Nachdem es 1447 unter die Schirmherrschaft Württembergs gekommen war und eine innere Reform erfahren hatte, wurde es seit 1466 völlig neu erbaut und ausgestattet. 1561 Umwandlung in eine ev. Klosterschule, die in rechtlich erneuerter Form noch heute lebendig ist. Einzigartig die Lage des Klosters am sagenumwobenen Blautopf, eingebettet im geschützten Winkel der Berge.
Kaum erforscht ist bisher, wieweit die heutige Anlage die Gestalt und Lage des romanischen Klosters spiegelt. Merkwürdig und ungewöhnlich ist vor allem die *Kirche*, bei der durch einen mächtigen Turm das Langhaus und der Chor in zwei auch innen völlig selbständige Raumteile getrennt wird. Die ihm nördlich und südlich angeschlossenen Flügel wirken weder im Äußeren noch im Innern als Querhaus. Im ersten Geschoß besitzt der Turm eine Empore, die mit großen Triumphbögen gegen Chor und Schiff geöffnet war, es aber nur gegen jenen noch ist. Gegen das Schiff war sie früher durch einen lettnerartigen Vorbau (1501) auf fünf Spitzbögen erweitert, mit Passionsreliefs an der Steinbrüstung (jetzt in Oberdischingen) und Heiligenfiguren an den Pfeilern (jetzt im Landesmuseum Stuttgart). Zwischen den eingezogenen Strebepfeilern des Schiffs Kapellennischen. Baumeister der Kirche war PETER VON KOBLENZ, ein Bildhauermeister ANTON sein Mitarbeiter. Der Baubeginn lag wohl gleich nach 1482; Chorwölbung 1491, das Langhaus um 1500 vollendet. Hauptsehenswürdigkeit ist der überaus lange Chor, an dessen Ostseite früher noch eine Kapelle vorsprang. Ein altbemaltes (erneuert) Netzrippengewölbe mit figürlichen Schlußsteinen und Gewölbeanfängen (hier die zwölf Söhne Jakobs). An den Wänden, die Gewölbedienste unterbrechend, Standbilder der zwölf Apostel, aus Süßwasserkalkstein in eigentümlich kantigen Formen geschnitten und an den Köpfen leicht bemalt (abhängig von einigen Figuren des Tübinger Stiftskirchenchors). Reichverzierte Tragsteine und Baldachine; architektonisch bemerkenswert die turmhelmartig durchbrochenen Baldachinbekrö-

nungen. An der Südwand ein in dieser Form ungewöhnliches zweigeschossiges Erkerchörlein, der sog. Abtserker. Auf der Chorempore über schöner Maßwerksbrüstung ein herrliches Holzbild des gekreuzigten Christus von Michel Erhart. Das Chorgestühl inschriftlich bezeichnet von Syrlin d.J., 1493 (die Prophetenbüsten auf den Wangen z.T. Nachbildungen von 1875). Prächtiger Dreisitz (1496), dem leider die kleinen Standbilder weggekommen sind. Grabplatte des Abts Faber, dargestellt als Leichnam. Dies alles bildet mit dem riesigen Altarschrein und einst farbig verglasten Bildfenstern ein Gesamtkunstwerk, wie es sich aus mittelalterlicher Zeit kaum einmal findet. Der große *Altar* mit Gemälden und auf Gold- und Silbergrund bemalten Schnitzbildern der besten Ulmer Künstler ist der schönste und besterhaltene, den uns die schwäbische Kunst hinterlassen hat – malerische Bildnerei, ganz auf den Zusammenklang von Form und Farbe und die Vermittlung aller Gegensätze durch den Glanz des Goldes berechnet. Die Künstler sind namentlich nicht überliefert und können nur aus dem Vergleich mit anderen Werken erschlossen werden. Demnach stammt die Malerei von vier verschiedenen Meistern, darunter B. Zeitblom und B. Strigel, die Schnitzerei wohl von Gregor Erhart (die Flügelbildwerke vielleicht wieder von einem anderen). Die Gesamtplanung des 1493/94 entstandenen Altars ist Michel Erhart zugeschrieben worden. Die doppelten Flügel erlauben je nach Stellung drei Ansichten. Voll geöffnet, zeigt sich der Altar rein als Schnitzaltar. Die beiden Johannes beidseitig der Muttergottes erinnern, wie die 16 Bilder der ersten Altarwandlung (d. h. nur halb geöffnet), an eine Johannes dem Täufer geweihte Kirche, die schon vor der Klostergründung hier bestand. Von unübertrefflicher Feinheit des Ausdrucks die Köpfe der Heiligen. Bei ganz geschlossenem Altar sehen wir die Passionsgeschichte. Bei ihr wird unser Gefühl vielleicht verletzt durch das Häßliche und Grausame, worin die alten Bildner förmlich geschwelgt zu haben scheinen; ihre künstlerische Absicht dabei aber war, durch den Gegensatz die Hoheit und Reinheit des Gottmenschen um so eindrucksvoller hervortreten zu lassen. In der Predella die Brustbilder der Apostel, auf den dazugehörigen Flügeln die vier Evangelisten. Glanzvoll das Gesprenge des Altaraufsatzes mit dem Schmerzensmann und den trauernden Maria und Johannes.

Seit 1466 wurde, also noch vor der Kirche, das *Kloster* neu gebaut, ebenfalls durch württembergische Baumeister. Bildhauer des Klosters war um 1480 ein Bruder Hans Schick. Merkwürdigerweise schließt das Kloster nicht ganz an die Kirche an, sondern hat eine abweichende Achsenrichtung. Den Zwischenraum am Chor füllt eine netzgewölbte Sakristei. Der Kreuzgang geht unter dem Südarm der Kirche durch, der gleich dem kürzeren Nordarm nur eine Art von überhohem Nebenraum darstellt (Petrikapelle). Hier jetzt eine astronomische Uhr, deren Tafel im Stil Zeitbloms mit Figuren bemalt ist. Der Kreuzgang ist noch vollständig eingewölbt mit feinen Netzrippen, am reichsten im Nordflügel bei der Kirche. An seine Westseite legt sich die Abtei, die leider im 19. Jh. erneuert worden ist und dabei einiges von ihrer Ursprünglichkeit verloren hat. An die Südseite schließt sich das noch wohlerhaltene Refektorium an. Gegenüber springt die Brunnenkapelle (1482) in den Kreuzgarten vor. Das Refektorium (1479) hat eine Balkendecke mit sehr schönen figurierten Tragsteinen und einen Steinbaldachin, unter dem ein Marmorbrunnen stand. Der Oberstock darüber ist einbündig angelegt, mit Seitengang und einer Reihe tieferer Stuben. Dort zeigt noch das eine Eckzimmer gotisch geschnitzte Wand- und Deckentäfelung und eine alte Tür. Möglicherweise diente der Raum einst als Gastzimmer für Graf Eberhard im Bart. An der Ostseite des Kreuzgangs die zweischiffige Hauskapelle (1481), später zugleich Kapitelsaal, mit der Bücherei im Oberstock, die leider ihr Netzgewölbe verloren hat. Die Kapelle hat einfache Kreuzgewölbe, vielleicht aus einer früheren Bauzeit. In ihr sind die schönen mittelalterlichen Grabsteine von Edelleuten und Äbten (1356, 1428, 1444, 1476, 1480) aufgestellt, die ehem. in den Kapellennischen der Klosterkirche standen. Seitwärts daneben die kleine, fensterlose Margaretenkapelle (vielleicht einst Geißelkammer); tonnengewölbt und ausgemalt u. a. mit dem Martyrium der Heiligen (1486); Altartafel Zeitblom-Schule. Bei der Kapelle im Kreuzgang gemaltes Bogenfeld aus der Stadtkirche (Kreuzigung, um 1510). Der Südflügel des Klosters ist gegen Osten verlängert. In seinem oberen Stock ist, wie im Ostflügel, das Dormitorium erhalten, ein hakenförmiger, breiter und hoher Mittelgang mit verschalter Holzdecke in Form eines Spitztonnengewölbes von tiefbraunem Holzton; zu beiden Seiten Zellen. Zugleich ein wahres Schatzkästlein spätgotischer, altulmischer Schreinerkunst mit Schnitzereien und Bildwerk von bewunderungswürdiger Abwechslung. Im Scheitel der Vierung ein Christus als Weltenrichter. Heute ist das Dormitorium Schlafraum der Klosterschüler, das Refektorium Speisesaal, die Bücherei Hörsaal und die Abtei Vorsteherwohnung. Noch immer also dienen die Räume des Klosters ihrer alten Funktion. An der Außenseite, die von freundlichen Vorgärten eingefaßt ist, hat der Südflügel im Oberstock zwei Erker mit grünglasiertem Spitzdach. Daneben erhebt sich der Giebel des Ostflügels mit schönem Maßwerkfenster, wie es auch der Südflügel selbst an der Ostseite hat. Diese bietet mit den Chorschlüssen

der Kapelle und der Kirche, ihren Strebepfeilern und dem spitzbehelmten Vierungsturm ein ungewöhnlich malerisches Bild, dem die Felsen- und Waldwand einen stimmungsvollen Hintergrund gibt. Verzierte Bogen- und Maßwerkfriese, Rot und Grün auf weißem Grund, teils plastisch in gebranntem Ton, teils aufgemalt, begleiten die Stockwerke des Klosters, das mitsamt der Kirche nur in verputztem Mauerwerk, nicht in Quaderwerk gebaut ist. Auch die Giebel der Kirche und die Vorhalle gegen Süden sind mit den oberschwäbische Bauweise anzeigenden Mitteln der Putzmalerei und der Tonbildnerei – Maßwerk und Fialen – verziert. Die Gestalt des Täufers am Westgiebel (1498) zeigt den Stil ZEITBLOMS. Die Standbilder an der Südpforte sind wohl von Meister ANTON (1499). Auf dem Klosterhof steht unter Schattenbäumen der Johannesbrunnen (H. HUBER, 1551), dessen Säule ein uralter Freistein ist. – Die ehem. *Klosteroberamtei* an der Südseite (1510) hat altertümliche Innenräume aus der Erbauungszeit. Das ehem. *Badhaus* (1510) an der Ostseite, ein Riegelbau von Eichenholz mit Backsteinfachwerk, besitzt im oberen Stock Wand- und Deckenmalereien im Geschmack der frühen Renaissance. Das *Bandhaus* an der Westseite mit prächtigem Fachwerkgiebel ist von 1478. Daneben steht das spitzbogige *Klostertor* mit einem Überbau aus dem 18. Jh. Die Klostermauer geht noch fast rings um die Klostergärten; auch einer ihrer Türme ist erhalten.
Die um 1250 von Pfalzgraf Hugo von Tübingen neuangelegte Stadt hat in ihrer gotischen *Stadtkirche* (14. und 15. Jh., innen in neuerer Zeit umgestaltet) Denkmäler altulmischer Tafelmalerei (Altarbilder eines ZEITBLOM-Schülers) sowie Reste von Wandmalereien aus dem 15. Jh. Das *Spital* 1420 gestiftet und über älteren Vorgängerbauten errichtet. In seiner Flurhalle Wandbilder aus der Gründungszeit (u. a. Szenen aus dem Leben der hl. Elisabeth). Bemerkenswert die Einrichtung mit dem Wandaltar. Die eigentliche Kapelle bildet jetzt den Unterstock eines Nebengebäudes mit Eckerkern am Fachwerkgeschoß und der vertäfelten altdeutschen Schreibstube (1600). Fachwerkbauten der deutschen Renaissance mit steinernem Stuck sind das aus einem Kaufhaus und einer Zehntscheuer hervorgegangene *Rathaus* (1425 und 16. Jh.), das *Dekanatshaus* (1602), die ehem. *Oberamtei* und einige Bürgerhäuser in der Weber- und Aachgasse. Auch gotisches Riegelwerk ist in der letzteren noch zu finden. Dem Marktplatz fehlt nicht der übliche Röhrenbrunnen, hier mit einem Löwen als Wappenhalter. – Das sog. „*Rusenschloß*", Hohengerhausen, ist eine alte Grafenburg, älter als das Kloster und die Stadt, bietet aber weniger bauliche als landschaftliche Eindrücke. Der Palas war auf dem einzig erhaltenen, weit zwischen Felstürmen eingespannten Schwib-

bogen kühn über den Abgrund hinausgebaut. Zwei Türme, ein Hochmantel, eine Kemenate sind außerdem erkennbar, alles auf einem schmalen und zerrissenen Kamm von Felsenklippen. – Auch vom Schloß *Ruck* jenseits der Aach, näher bei Blaubeuren, sind noch Trümmer vorhanden.

## 13. Von Münsingen durch das Große Lautertal nach Zwiefalten

Münsingen Seite 314. – GRAFENECK war zur Zeit des Herzogs Karl eine zweite Solitude mit Schloßkirche, Opernhaus und großem Park. Heute sind fast alle Bauten dieser Zeit wieder verschwunden. Geblieben ist das jetzt hufeisenförmige Jagdschloß des Herzogs Christoph, 1556–1559, in barock veränderter Gestalt und auf mächtigem Unterbau. In der dunklen Zeit des Dritten Reichs war Grafeneck Stätte der Massentötung sog. „lebensunwerten Lebens". – Der Gestütshof MARBACH ist das älteste und größte der vier württembergischen Landesgestüte (16. Jh. f.). Von der Burg DAPFEN Unterbau eines Bergfrieds mit Buckelquadern erhalten. Der Turm der Kirche von 1515, der Chor von 1727 (wohl auf älterer Grundlage). – In gotische Zeit zurück reicht auch die Kirche in BUTTENHAUSEN. Einfaches Schloß des 18. Jh. Das Münsinger Lautertal ist berühmt durch seine Burgruinen, die keck auf Felstürme gesetzt sind. – HOHENHUNDERSINGEN – wohlerhaltener rechteckiger Bergfried aus dem 12./13. Jh. mit massivem Einbau (Tonnengewölbe), Wohnbau, Vorburg mit teilweise erhaltener Ringmauer. – Die mittelalterliche Kirche in BREMELAU erhielt 1747 eine barocke Ausgestaltung (Kanzel und Hochaltar 17. Jh.). – Die Burg BICHISHAUSEN mit Palas und Schildmauer, diese besonders malerisch, im Einklang mit dem Dorfbild. – Einheitlich barock ist die Kirche in GUNDELFINGEN. – Die Burg in NIEDERGUNDELFINGEN ist spätromanisch mit gotischem Ausbau. Die Kernburg ein nahezu regelmäßiges Mauerrechteck mit Graben und einem durch eine jüngere Wehrmauer an der West-, Nord- und Ostseite gebildeten Zwinger. Tonnengewölbe und Brunnenschacht. Südlich vor dem Zugang zur Burg eine Kapelle um 1700. – Die Burg HOHENGUNDELFINGEN hat einen mächtigen Buckelquaderbergfried des 13. Jh., die Burg DERNECK eine mächtige, spätgotische Schildmauer mit innerem Rondellvorsprung. Jägerhaus 17. Jh., Wirtschaftsgebäude. – In einer Kapelle in MÜNZDORF befinden sich Wandgemälde aus der Zeit um 1300 und um 1425. – Die sonst barocke Pfarrkirche in EHESTETTEN besitzt noch einen frühgotischen Chor mit Wandbildern und mehrere spätgotische Holzbild-

werke. Relief mit Gnadenstuhl Ende 16. Jh. Schloß aus dem 16./17. Jh. mit Fachwerkaufsatz. – SCHÜLZBURG, auf steilem Fels über der Lauter. Kernburg mit Wohnbau aus gotischer Zeit. Neues Schloß mit gewölbtem Unterbau. Vorburg.
MAISENBURG mit Kernburg auf einer nach Osten vorspringenden Bergnase. Schildmauer aus Buckelquadern. – WARTSTEIN, Felsenburg mit unregelmäßig viereckigem Bergfried und anstoßendem Wohnbau. Vorburg. – Als reizvoller Bau der Spätrenaissance ist die Kirche in ERBSTETTEN von Bedeutung (Ende 16. Jh.). Vesperbild um 1420 über dem Südportal. – Die Kirche von HAYINGEN ist im Kern gotisch, ursprünglich vielleicht dreischiffig, mit Vorhallenturm, in der Ausstattung, Gestühl und Altären barock (1724); Grabmäler 1374 und 1470. Ländliches Rokoko zeigt die gotische, 1769 vergrößerte *Friedhofskapelle*. Das *Rathaus* ist ein Fachwerkbau des 17. Jh. mit zwei Eckerkern. Das *Spital* ein Fachwerkbau von 1536. Der ehem. *Fruchtkasten* (umgebaut im 17. Jh.) war ursprünglich ein Schloß der Grafen von Württemberg. Schöne schmiedeeiserne Wirtsschilder beleben auch hier das Straßenbild. Reste der *Stadtmauer* an der Süd- und Westseite mit erhaltenem Turm an der Südwestecke. – Von dem 1516 durch Zwiefalten zerstörten Räubernest ALTEHRENFELS steht noch der Rest eines runden Bergfrieds. – EHRENFELS ist ein Prälatenschloß aus der Rokokozeit (1735f.), doch mehr noch im Gepräge der Barockzeit gebaut, mit großartigem Keller. – Die Kirche in LORETTO bei Zwiefalten von 1671 wurde profaniert. In der Kirche von SONDERBUCH gotische und barocke, z. T. gute Holzbildwerke, z. B. ein Vesperbild (um 1770). – Von den drei großen Barockkünstlern in Zwiefalten stammt die kleine Kapelle im nahen GOSSENZUGEN, ein Zentralbau auf kreisrundem Grundriß: J. M. FISCHER, J. M. FEICHTMAYR und J. SPIEGLER (Deckenbild 1749). Barock die Kirche in GAUINGEN (1688).

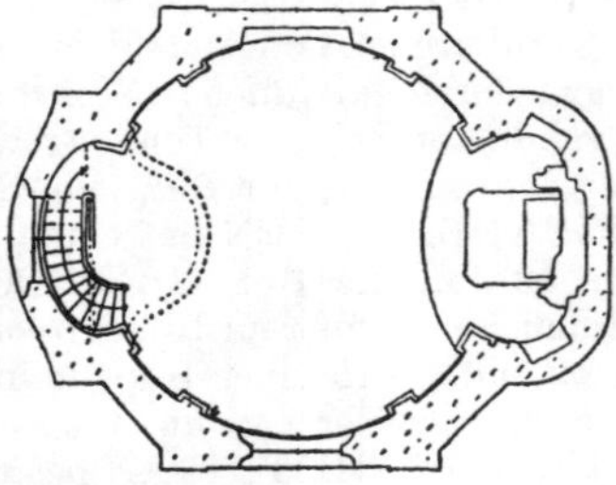

*Gossenzugen, Kapelle, Grundriß*

Von einförmigen Strecken der Rauhen Alb herabkommend, steht der Wanderer im engen Talwinkel von ZWIEFALTEN vor einer behäbigen Barockabtei (Abb. 107, 108) und sieht im Innern des Münsters eine wahre Festvorstellung des reichsten und feinsten Rokoko. Auch heute noch besteht der Ort fast ganz aus Bauten der Klosterzeit. Die spätgotische Pfarrkirche (1520) ist profaniert und verbaut. Die Klostermühlen, Gasthaus, Brauerei, Eisenhammer, Meierei sind z. T. noch in Betrieb. Das Kloster dient als Heil- und Pflegeanstalt und ist darum unzugänglich. Die Klosteranlage ist fast vollständig erhalten mit Mauern und Tor, Höfen und Gärten, und nur wenig verbaut. – Von der bereits 1089 durch die Grafen von Achalm (Reutlingen) gestifteten Benediktinerabtei, besetzt mit Mönchen aus Hirsau, sind keine Reste mehr sichtbar. Die *Klosteranlage* wurde nach dem 30jährigen Krieg fast vollkommen neu errichtet. 1668 wurde mit dem Westflügel (Gastbau, Abtei und Großkellerei) begonnen. Die Bauleute waren Veltliner Wandermaurer unter Führung des TOMMASO COMACIO. Es folgte der Südflügel (Refektorium), dann der Zwischenflügel (Fraterbau), und der Ostflügel (Konventsgebäude, Priorat, Festsaal, Kapitelkapelle und Bibliothek) machte den Beschluß, bis 1690. MICHAEL THUMB aus Bezau und der Jesuit HEINRICH MAYER von München waren die Baumeister. Wessobrunner Stukkateure, wahrscheinlich unter JOH. SCHMUZERS Leitung, und der Bildhauer MELCHIOR PAULUS von Ellwangen besorgten die Ausstattung. Die Nebengebäude sind z.T. noch später, nach Entwürfen des FRANZ BEER von Au im Bregenzer Wald, der auch hier Klosterbaumeister war, errichtet worden. Die Gebäude haben in der Hauptsache noch das Gepräge der Renaissance: niedere gepaarte Fenster und Stockwerke, der Schmuck beschränkt auf die Pforten und die Giebel der Mittel- und Eckbauten, die Stockwerksgurte, Pilasterstellungen und geschweifte Umrisse haben. Die von M. THUMB bis 1688 erbaute Kapitelkapelle ist jetzt ev. Betsaal; ein Saal mit unterwölbter Empore und gewölbter Decke, schön stuckiert und mit reichgeschnitzten Chorstühlen ausgestattet. Diese Rankenschnitzereien und der Wandstuck sind in Barockformen gehalten (vor 1688); die Gewölbestukkaturen von M. PAULUS um 1715. Bildchen aus dem Leben der Maria u. a., zart und weich wie in Wachs modelliert, abwechselnd mit gemalten. – Die *Kirche* wurde 1740–1765 mit teilweiser Bindung an die Grundmauern der romanischen Vorgängerin erbaut, zumeist nach Plänen des genialen JOHANN MICHAEL FISCHER von München, dem künstlerisch wohl bedeutendsten Architekten des süddeutschen Barock. An der Ausstattung wurde bis 1780, an der großen Orgel noch länger gearbeitet; als Steinbildhauer am Chor ein Meister MICHAEL, als Stukkateur der aus Wessobrunn gebürtige und in Augsburg tätige J. M. FEICHTMAYR. Das Chorgestühl von M. HERMANN aus Villingen (Schreinerarbeit) und JOSEPH CHRISTIAN aus Riedlingen (Schnitzarbeit; 1744–1752). Chororgel von JOSEPH GABLER aus Ochsenhausen (Westorgel modern). Die Deckenmalereien von FRANZ JOSEPH SPIEGLER (1751). Gewölbefresken der Vorhalle von FRANZ SIGRIST (1760). Deckenbilder der Seitenkapellen und Galerien von MEINRAD VON AU. Altarbilder von G. B. J. COLOMBA, B. und G. SCOTTI, F. L. HERMANN, J. G. MESSMER und N. GUIBAL. Bereits die westliche Stirnseite, die uns empfängt, darf zu den ganz großen Werken unter den süddeutschen *Kirchenfassaden* gerechnet werden. Als ein einziges hohes Geschoß gegliedert, wird sie von einem hinreißend rhythmisch umrissenen Giebel gekrönt. Aus dem flächigen, zurückweichenden Grund löst sich zur Mitte hin die Architektur in ein vorschwingendes, monumentales Paar von Doppelsäulen. Gebälk und Zwischengiebel sind aufgesprengt, symbolisch öffnet sich bereits der Raum der Kirche, und Rahmung und Bekrönung von Portal und Fenster erscheinen nur noch als Ornament, das es zu durchschreiten gilt. Das *Innere* empfängt uns zunächst in einer Vorhalle, um uns dann mit einer Überfülle von Eindrücken zu überwältigen. Es bedarf erst einer eingehenden Betrachtung, bis wir das auch hier vorwaltende Ordnungsgefüge erfassen können. In baukünstlerischer Hinsicht vollendet die Kirche einen Gedanken des Barockzeitalters, das sog. Schema der Jesuiten und der Vorarlberger Bauschule: einschiffiges Langhaus, zwischen den Wandpfeilern Kapellen und über diesen Galerien; flache Querhausflügel und eingezogener Chor. Durch die Dekoration wird dem Raum das Gepräge des reinsten und reifsten Rokoko verliehen. Licht und Farbe vereinigen sich, um eine Welt von Formen, für die es kein Gesetz der Schwere und keine Sprödigkeit des Stoffes mehr zu geben scheint, in ihrer berauschenden Gesamtwirkung bis zur Betäubung zu steigern. Ein Gesamtkunstwerk, das nichts Geringeres will als den Himmel der Seligen darstellen, nicht nur andeuten. Geistiges soll sinnlich, nicht etwa sinnbildlich, soll körperlich und greifbar nahe dargeboten werden. Der Raum erscheint weit, aber nicht tief, und fast gedrückt. Der Eindruck eines gleichmäßigen, nicht langgedehnten Raums, vielleicht sogar einer Art von Schaubühne, ist beabsichtigt. Deshalb sind die Säulengruppen hinter dem Schiff so gestellt, daß sie sich nach innen zu kulissenartig zusammenschieben. Die Säulen stehen auf hohen Untersätzen und tragen sehr hohe Gebälkaufsätze, die aber für das Auge mit der Decke zusammenfallen. Die Säulenschäfte sind in rotem Stuckmarmor gehalten, Basen und Kapitelle vergoldet; alle sonstige Architektur und die Wandflächen sind weiß getüncht, als Folie für die Ausstattung. In das ungeteilte Tonnengewölbe des Schiffs schneiden Stichkappen ein, die den oberen Lichtquellen Ein-

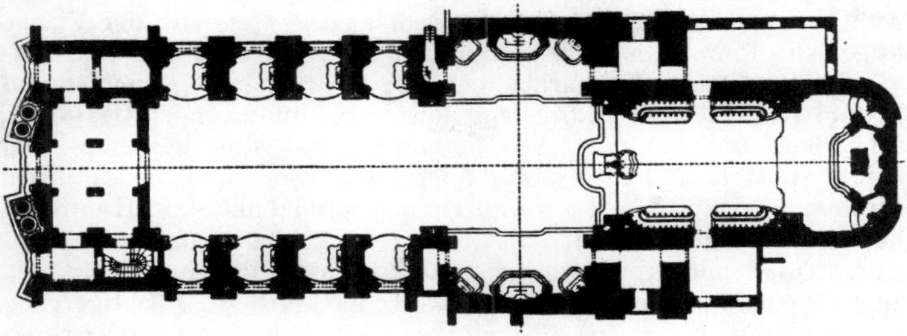

*Zwiefalten, ehem. Klosterkirche, Grundriß*

laß gewähren. Die Abteilungen der Galerien springen mit ihren vergoldeten Schmiedeeisenbrüstungen balkonartig vor, scheinbar getragen von überhängenden Stirnbögen, deren Krümmung durch alle drei Dimensionen geht, und von flachen Kuppeln. Vor das Schaubild des Chors legt sich, dunkel oder hell, je nach Beleuchtung, wie ein Schleiervorhang von kunstvoller Zeichnung, ein *Prachtgitter*; davor der Pfarraltar mit dem gotischen *Gnadenbild* der Muttergottes, einer ausgezeichneten Reutlinger Arbeit aus der Zeit nach 1400. Im kleinen wie im großen gipfelt die Architektur jeweils in ein malerisch empfundenes, plastisches Ornament, jenes muschelähnliche Rocaille, das aus dem Rahmenwerk des Barock als bezeichnender Zierat des Rokoko entwickelt ist, grundsätzlich asymmetrisch und scheinbar völlig natürlich. Seine gewundenen, gehöhlten und durchlöcherten, gezackten und geflammten Bilder umrahmen formlose, mit zartem Netzwerk übersponnene, auch wohl mit Spiegelchen besetzte Flächen, lösen sich vom Grund und greifen in die Nachbarzone über. Hier und da hängen naturalistische Pflanzenranken frei herab und dienen schwebenden Figürchen zum Halt. Ein riesengroßes und figurenreiches *Deckengemälde*, das alle Gurte vom Gewölbe verdrängt hat, füllt schließlich das Hauptgewölbe des Langhauses, ein anderes die Kuppel der Vierung. Kleinere entfallen auf den Altarraum, den Chor, die Kreuzarme und den Musikchor an der Stirnseite. Diese Deckengemälde sind die Höhepunkte der ganzen Dekoration. Sie wollen nicht so sehr durch Einzelheiten wirken als durch den Gesamteindruck der bewegten Formenfülle, des Licht- und Farbenreichtums und der Raumgliederung und

Raumweite, indem sie den Bau ins Blaue hinein fortsetzen, den Raum scheinbar öffnen und Einblick in den überirdischen Himmel gewähren. Der Übergang von Architektur zur Malerei wird überspielt vom Schaumrand der Rocailledekoration. Unfaßbar ist die Grenze (so hat wohl ein gemalter Engel ein plastisch angesetztes, von der Fläche losgelöstes Bein). Am unteren Rand des Bildes sind die irdischen Vorgänge in kräftigen Erdfarben gemalt; am Scheitel erscheinen auf klarem Himmelsblau und hellem Gewölk die himmlischen Gestalten, ätherleicht und lichtverklärt. Mit einer Kunst, die aller Schwierigkeiten spottet, sind die Riesenbilder komponiert und die zahllosen Figuren in den stärksten Verkürzungen gezeichnet. Das Hauptbild hat die Verehrung der Muttergottes in der Kirche und an den berühmtesten Gnadenorten, wie an den Orten der benediktinischen Mission, zum Gegenstand. Prunkvolles Bauwerk, namentlich großartige Freitreppen helfen die riesige Fläche füllen. Das Gemälde in der Vierung: Maria als die Königin der Engel und der Heiligen. Im Chor eine grausige englische Legende: wie ein Konvent, der von Protestanten ermordet wurde, zur Stunde des Chorgebets sich wiederbelebt. Deckenbild über dem Hochaltar: Der heilige Ildefons empfängt von Maria die heiligen Meßgewänder. Es sind zum Teil noch die „Konzepte" vorhanden, die die Mitwirkung der geistlichen Herren am Gegenständlichen der Bilder bezeugen. Sie zeigen, daß den Künstlern die Bildinhalte oft bis in die letzten Kleinigkeiten vorgeschrieben waren. Zugleich machen sie deutlich, daß nicht nur die künstlerische Form der gesamten Kirche einem großen Ordnungsgedanken folgt, sondern auch das Programm aller Altäre, Figuren und Fresken. Hier in Zwiefalten liegt die Quelle dafür in den Schriften Augustins, besonders in seinem „Gottesstaat", der in Parallele gesetzt wird zum Ordensstaat der Benediktiner, aber auch in seiner Gnadenlehre und Lehre von den christlichen Tugenden (E. Kreuzer). Die Spannung und das Wechselspiel zwischen den beiden Polen einer künstlerisch und ideellen, mathematisch klaren Geistigkeit auf der einen Seite und der dabei fortwährend zur bildhaft illusionistischen Vergegenwärtigung drängenden Realistik auf der anderen, darin liegt die große Leistung des süddeutschen Barock und damit Zwiefaltens. –

Die Altäre sind aus Holz und Stuckmarmor gebaut, reichvergoldet. Die figürliche und ornamentale Plastik ist von großer Schönheit. Die Nebenfiguren, weißpoliert oder zart naturalistisch getönt, sind nicht minder reizvoll als die besten Porzellanfiguren ihrer Zeit. Das in Orgeln gipfelnde *Chorgestühl* erregt Bewunderung und Entzücken durch die meisterhafte Schreinerarbeit, die das Holz in eine lebendige, bewegte Masse umsetzt, in die feinen, vergoldeten Flachbildwerke,

Landschafts- und Architekturbilder mit Staffage aus der heiligen Geschichte; und die anmutigen Putten, die in verschwenderischer Menge über das ganze Stuhlwerk verteilt sind; alle lächelnd, übermütig, drollig in ihrem Spiel, das ernsten Dienst im Heiligtum nachahmt. Das ist im Barock geworden aus dem geheimnisvollen Seraphim der altkirchlichen Kunst! (Reliefs: Leben Christi und Mariä, Büsten: hl. Benedikt, hl. Scholastika, Gregor, Hermann der Lahme.) Vor der Vierung die *Kanzel*, in ihrer figürlichen Dekoration den Tod menschlich als Frucht der Sünde und göttlich als sieghafte Erlösung verkörpernd. Von schauerlichem Realismus die von den Tugenden getrösteten Gerippe und Toten. Der Kanzel gegenüber, künstlerisch im Raumbild das Gleichgewicht wiederherstellend, Ezechiel, der Prophet und Visionär des Totenfeldes. Die Beichtstühle sind Dekorationsstücke in der Art der Kanzel. Die Grenze des Realismus erscheint hier bereits überschritten, wenn in ihren Moosfelsen und Palmen die Stätte des büßenden Einsiedlers vergegenwärtigt werden soll. Die Bilder darüber von JANUARIUS ZICK. – Die *Sakristei* enthält einen Überrest des Kirchenschatzes. Darunter ein goldenes romanisches Vortragkreuz (um 1120) und eine byzantinische Kreuzreliquientafel mit Zellenschmelz und Edelmetallfassung, 1. Drittel 12. Jh. – In der Vorhalle hängt ein bedeutendes Werk spätgotischer Holzbildnerei: ein Kruzifix vom Anfang des 16. Jh., wohl aus SYRLINS d. J. Werkstatt. Die Kirche in BAACH hat einen Chor vom Anfang des 16. Jh. und ein Langhaus von 1688. Halbfiguren von Propheten aus der Zeit des Chorbaus. Dorfbrunnen mit lebensgroßer, doppelseitiger Marienfigur (um 1700).

## 14. Tübingen – Rottenburg – Horb

Tübingen Seite 297. – In nächster Nähe von Tübingen, in SCHWÄRZLOCH, steht ein bemerkenswerter romanischer Bau. Das Schiff ist zwar als Gasthaus verbaut, aber die von kräftigen getreppten Strebepfeilern gestützte Ostpartie mit ihrer durch Lisenen gegliederten und mit Fries und Zahnschnitt verzierten Apsis ist noch erhalten. Ebenso im Innern das von Ecksäulen gestützte Kreuzgewölbe mit untergelegten zugespitzten Wulstrippen. Von Interesse sind die flachgemeiselten Reliefbildwerke, wie sie der spätromanische Stil in Schwaben liebt, darunter besonders die an einen Säulenschaft gelehnte Engelsfigur oder der Kampf der Ungeheuer; desgleichen die mit Pflanzen und Tieren gefüllten einfachen Rundbogenfriese. An der Apsis außen ein Bogenfries mit Zahnschnitt in der Bebenhauser Form.

Dieser und das Chorgewölbe sprechen für die Entstehung der Ostteile im 1. Drittel des 13. Jh., während für das heute zum Wohnhaus verbaute Langhaus nach Ausweis der Bauplastik eine frühere Entstehung – jedoch nicht vor dem letzten Drittel des 12. Jh. – möglich wäre. – Die Kapelle „beim Holderbusch“ zu HIRSCHAU am Neckar ist noch hochgotisch (1396). Sie birgt einen „Palmesel“, der in Prozessionen mitgeführt wurde.

WURMLINGEN hat eine stattliche *Dorfkirche* von 1821 (Turm 1485). – Die *Bergkapelle* wurde 1683 neu errichtet. Der Zerstörung von 1644 entgangen war nur ein bisher in seiner Bedeutung ungeklärter querrechteckiger, durch drei Säulen in zwei Schiffe geteilter Raum unter der geraden Ostwand der barocken Oberkirche. Der Raum ist von acht gratigen Kreuzgewölben, deren Scheitel horizontal durchlaufen, überdeckt. Die Stützen sind Säulen von Hirsauer Art, jedoch in einer jüngeren Ausformung der zwanziger oder dreißiger Jahre des 12. Jh. Die Kapitellbildung, die im Unterschied zu den Langhauskapitellen von St. Peter und Paul in Hirsau bereits den ganz flachen Halsring aufweist, läßt sich an Alpirsbach anschließen, wohin auch die Eckhülsen der Basen mit dem gerundeten Grat weisen. An diesen ebenerdigen Querbau, der von Osten her durch eine ursprüngliche Türöffnung zugänglich ist, schließt sich nach Westen ein tiefer, tonnengewölbter Stollen an, der vom Querraum aus durch eine Treppe von acht herabführenden Stufen zugänglich war. In der Oberkirche einige spätgotische Holzbildwerke. Zum malerischen Bild der Kapelle trägt die Ringmauer des Kirchhofs mit ihren Zinnenscharten und Toren bei. L. Uhlands schlichte Verse („Droben stehet die Kapelle...“) haben die Kapelle bekannt gemacht – soweit die deutsche Zunge reicht –, und seither haben auch andere Dichter sie besungen. Was den großen Eindruck hervorruft, ist nicht etwa eine besondere Kunstform der Kirche, sondern vor allem ihre Lage auf dem kegelförmigen Hügel, den kein Wald verhüllt, nur Weinreben bekleiden in der lichten Höhe und Weite, burgartig verschanzt in dem friedlich stillen Friedhof. N. Lenaus Gedicht vergleicht die Kapelle mit einem Kahn, der „sich auf leichter Welle schaukelt“. Das Begräbnis auf dem „Berg“ ist mindestens seit dem 12. Jh. überliefert, denn die Kapelle war vormals Pfarrkirche (St. Remigius) auch für Hirschau am Neckar und Ammern. Überliefert waren auch die Holzkreuze (weiß für alle Ledigen, gelb für Eheleute), die in ihrer Einfachheit, geschmückt nur mit Kränzen von Pflanzen oder Perlen, schon in ihrer Ordnung und Gleichform ein würdiges Gesamtbild gaben. Die gereimten Grabinschriften von volkstümlicher Einfalt sind verschwunden. Altüberliefert ist auch der *Große Jahrtag* auf dem Wurmlinger Berg, dessen sog. Stiftungsbrief zwar erst von 1348 ist, dessen Feier aber mindestens ins 12. Jh., auf die Zeit des Kirchenbaus, zurückgeht. Nach der Aufzeichnung von 1348 galt die Feier dem Gedächtnis des Kirchenstifters, eines Grafen Anselm von Calw. Nach der Reformation haben anfangs die ev. Geistlichen des Sprengels noch teilgenommen. Da die Stiftung in Kriegszeiten abgekommen war, wurde sie von der württembergischen Regierung wiederaufgenommen, 1816 jedoch aufgehoben. Zum Großen Jahrtag sollte schon am Vorabend der Kämmerer auf dem Berg vorfinden: zwei Wagen mit Holz und Heu und darauf sitzend eine haselbraune Gans für den Fuhrmann, angebunden einen dreijährigen Stier und drei Mastschweine – ein-, zwei- und dreijährig –; auch Bier (später Wein) von drei verschiedenen Jahrgängen. Dreierlei Brot war zum Essen aufzulegen – zu jedem Gang frisches – wie auch frisches Getränk. Sogar die Kleidung wurde den Priestern vorgeschrieben, in der Kirche waren die Sporen abzulegen, die Hunde draußen zu lassen. Eingeladen war auch der Vogt. In der Kirche sollte der Dekan die Stiftung verlesen und sogar beschwören, wie denn überhaupt viel und wegen kleiner Dinge dabei zu schwören war. Jeder Priester durfte seinen „Schatten“ mitbringen, einen Lehrling oder Knecht, und noch irgendeinen „Biedermann“ von unterwegs. Eingeladen waren auch alle Armen aus dem Gau. Ihnen sollten die Tierhäute zur Lagerung auf dem Friedhof ausgebreitet, auch die Becher gefüllt werden und alles Übrigbleibende gehören. Das Herrenmahl begann mit den Schweinsköpfen; dann folgten Ganspfeffer, Huhn in Brühe, Fisch und – als Hauptgang für je zwei Tischgenossen zusammen – eine Gans, gefüllt mit einem Huhn, worin ein Krammetsvogel (oder später eine Bratwurst) steckte. M. Crusius, der Tübinger Professor, machte dazu den Witz von der „Trojanischen Gans“. Nach dem Nachtisch ging man wieder in die Kirche und dann noch einmal zu einem Imbiß. Vor der Vesper war zu beraten, ob die Stiftung erfüllt sei. Die ganze Verbindung von Gottesdienst und Schmaus gemahnt an vorchristliche Kultsitten. Im Mittelalter knüpfte sich ein gewisser Humor daran, daß Essen und Trinken so wichtig genommen werden; aber altheilige Vorstellungen sind es doch, die darin nachwirken, vielleicht schon unbewußt. – In der Pfarrkirche von WENDELSHEIM wurde im Chor bei einer Restaurierung ein umfangreicher Zyklus von Wandmalereien aus der Zeit um 1400 freigelegt (Passionsgeschichte und Heilige).

ROTTENBURG ist eine Doppelstadt zu beiden Seiten des Neckars. Sie geht auf das römische Sumelocenna (Name keltisch) zurück, das eine bedeutende Stadt und der Hauptort einer Gaugemeinde war. Die römische Stadt war viel größer als die mittelalterliche und wie Ladenburg und Wimpfen ummauert (Reste beim Landesgefängnis wiedererrichtet). Ihr Grundriß bildete ein Dreieck mit dem Neckar als Basis, doch mit abgestumpften Ecken. Zwei nachgewiesene Bäder lassen das Kastell am Fuß des Talhangs östlich der alten Wurmlinger Straße (Jahnstraße) vermuten. Eine Wasserleitung kam (z. T. überdeckt) weither vom Rommelsbachtal hinter Obernau, wo noch Reste sichtbar sind. Das Hauptgräberfeld lag beim Lindele, am Weg nach Wurmlingen. Die römischen Baureste dehnen sich von dort bis zur Altstadt aus, mit Hypokausten, Säulen- und Gesimsteilen, Mauern mit bemalten Wänden, Brennöfen u. a. Außer den regelmäßigen Stadtgassen fanden sich in und bei der Stadt auch landwirtschaftliche Höfe. – In frühalemannischer Zeit entstand rechts des Neckars das Urdorf EHINGEN bei der ehem. Kirchen-Burgstelle „Altstadt", später links des Neckars auf fränkischem Königsgut SÜLCHEN. Die Grafen von Hohenberg, ein Seitenzweig der Zollern, gründete um 1280 im Anschluß an eine Burg die regelmäßig angelegte „Neue Stadt" Rottenburg, der ein Teil des Dorfes Ehingen angeschlossen wurde. Offensichtlich war die Gründung gegen die Pfalzgrafenstadt Tübingen gerichtet (vgl. ähnlich Reutlingen). 1381 kam Rottenburg an Österreich (1454–1482 Hof der Erzherzogin Mechthild), bei dem es bis 1806 verblieb. Dann wurde es württembergisch.

Die mittelalterliche Stadt war eirund, von einer dem Neckar gleichlaufenden Längsstraße durchzogen, die sich zum Markt erweiterte und seitlich rippenförmig von Quergassen begleitet wurde. Die Burg lag nordwestlich über der Stadt. An ihrer Stelle steht heute das Landesgefängnis (1842). Die beiden langen, gebogenen Seitengassen der Stadt (obere und untere) sind offenbar Ringgassen an Stelle der ältesten Stadtumwallung. Von den jüngeren Befestigungswerken der Doppelstadt stehen ansehnliche Reste, wie Stücke der inneren Mauer mit Wehrgang und Türmen, der Zwingermauer mit Rondellen und des breiten Grabens der inneren Stadt. Die Spitalvorstadt war von einer Mauer umschlossen, die wie die innere Stadtmauer dahinter vom Schloß bis an das Neckarufer herabreichte. In ihr das *Kalkweiler Tor* mit Torturm und Grabenbrücke. Die Häuser an der Steige zu diesem Tor haben sägeförmige Reihenstellung. Der Stadtteil rechts des Neckars (Ehingen) ist fast ganz regelmäßig angelegt, mit drei Parallelgassen zum Fluß. Hier das *Kapuzinertörlein*. Der sog. „Platz" ist durch die Gabelung der Tübinger und der Hechinger Straße entstanden. Die (obere) Brücke lag ursprünglich mit ihren Zugängen außerhalb der beiden Stadtteile.

Der heutige *Dom St. Martin* (seit 1828 kath. Bischofskirche) ist aus der alten, mehrfach vergrößerten Marktkapelle der Stadt hervorgegangen. Chor von 1424 (daran beteiligt Maurer DIETERICH aus Schwäb. Gmünd, 1432). Die Chorfenster bei einer Erneuerung der Kirche nach dem letzten Krieg tiefergezogen. An seiner Südseite, etwas einspringend, der Turm mit gotischem Gewölbe über dem Erdgeschoß; ausgebaut 1486 von einem hiesigen Meister SCHWARZACHER nach dem Plan des HANS VON BEBENHAUSEN. Er folgt dem Vorbild der Reutlinger Marienkirche, durchbricht aber den Helm mit maßwerkgefüllten Kreismustern, die z. T. auch Bildwerk enthalten (vgl. Frauenkirche Esslingen). Unter dem oberen Kranz schaut des Meisters Kopf, schon in der Art der deutschen Renaissance, heraus. Die Glockenstube hat noch unter dem Helm ein schönes Sterngewölbe. Das Schiff ursprünglich spätgotisch und zur Raumgewinnung aus der Achse des Chors gerückt, ein dreischiffiger Rundpfeilerbau, ursprünglich flachgedeckt. Nach dem großen Stadtbrand 1644 wurde das Schiff erneuert (runde Scheidbögen, Längstonne mit Stichkappen). Gleichzeitig Anbau der Sakristei. – Die *St.-Moritz-Kirche* in Ehingen wurde um 1320 als Chorherrenstiftskirche und Grablege der Hohenberger Grafen gegründet; heute Pfarrkirche. Ursprünglich eine flachgedeckte Basilika, seit einem Umbau, 1706, Hallenkirche mit überhöhtem Mittelschiff. Die südliche Seitenkapelle neben dem Chor steht auf der Grundmauer einer romanischen Nebenapsis, womit das frühere Vorhandensein einer Mauritiuskirche erwiesen ist. Der Chor stammt aus der 1. Hälfte des 14. Jh., der Turm wurde 1433, die zweistöckige Sakristei (oben ehem. Stiftskapitelsaal), mit schönen, z. T. altbemalten Netzgewölben, 1489 erbaut. Das Schiff hat Rundpfeiler und Spitzbögen, sein Obergaden (jetzt verdeckt) viereckige Doppelfenster und Spuren mittelalterlicher und späterer Ausmalung. An den Säulenschäften wurden Malereien vom Ende des 14. und Anfang des 15. Jh. aufgedeckt. Im Chor in einer Nische ein sehr gut erhaltenes Wandbild, das – wie sonst nur wenige Beispiele im Land – die ursprünglich kräftige Farbigkeit mittelalterlicher Fresken zeigt (Übertragung der Reliquien des hl. Mauritius, um 1450). Bedeutend sind die Grabmäler der Hohenberger, deren es einst noch mehr waren, eigentlich Tumbendeckplatten mit Bildnisgestalten aus der 1. Hälfte und Mitte des 14. Jh. Einige Grabsteine an der südlichen Außenwand auch aus dem Kloster Reutin bei Wildberg hierherversetzt. In der Kirche auch das Original des Marktbrunnens.

Beide Stadtteile entbehren trotz mehrfacher Zerstörung durch große Stadtbrände nicht ganz der Baudenkmäler, die auch die ehem. Hauptstadt der Grafschaft Hohenberg anzeigen. Heute besitzen sie vornehmlich barockes Gepräge, namentlich der Marktplatz und die Hauptstraße von Rottenburg mit dem *Rathaus* (1735 von einem

Maurer Felder aus Bezau in Vorarlberg), die Gasthöfe *zum Kaiser* und *zum Waldhorn* (1670), beides ehem. Adelssitze, ebenso das ehem. Oberamt, früher *Kreuzlinger Hof* (1763); der *Rohrhalder Hof*, *Dompfarrhof*, *Bühler Hof* und die *Zehntscheuer* (1740), jetzt Museum, mit Wappentafel. Die *bischöfliche Kurie* war vormals ein Jesuitenkollegium; zweiflügeliger Steinbau, zu dem die 1789 abgebrochene Jesuitenkirche den dritten Flügel bildete; Portale mit Freitreppen, Fensterverdachungen und Treppengiebel mit Obelisken schmücken das 1662–1664 ausgebaute Gebäude, das von Vorarlberger Bauleuten (Michael Beer) ausgeführt worden ist. Es enthält auch das Diözesanmuseum mit Bildwerken, Gemälden und kunstgewerblichen Altertümern kirchlicher Art. Auf dem Markt stand vor dem Dom die vielleicht schönste gotische *Brunnensäule*, die uns erhalten war (heute nach älteren Abbildungen berichtigte Nachbildung, Original in der St.-Moritz-Kirche). Sie wurde 1460 gestiftet von Mechthild, der Witwe des Erzherzogs Albert, aus erster Ehe Mutter Graf Eberhards im Bart. Dreiseitige Fiale mit Standbildern unter Baldachinen in drei Stockwerken: neben Figuren aus dem Alten und dem Neuen Testament die Heiligen Martin und Georg sowie Verwandte der Stifterin. Ein weiterer *Säulenbrunnen* mit einem Landsknecht als Wappenhalter steht jetzt vor der bischöflichen Kurie (Anfang 16. Jh., erneuert). – Das ehem. *Karmeliterkloster* (jetzt Priesterseminar) am Neckar wurde nach 1735 von H. Schopf aus Hechingen erbaut (Pläne). Gewölbter Kreuzgang. Die Kirche verbaut bis auf den rundschließenden Chor. An der Straße ein schönes Hofportal. – Das *Spital* (1560) ist eine nicht reizlose spätmittelalterliche Anlage mit mancherlei Veränderungen. – In Ehingen das *Nonnenhaus* bei der Pfarrkirche, die Alte Schule und manches Haus mit gutem Fachwerk über altem Unterbau, meist noch spätmittelalterlich.

Wie häufig bei Orten römischen Ursprungs umgibt ein ganzer Kranz von Kirchen und Kapellen die Stadt, alle aus älterer Zeit. – Die stattlichste und bedeutendste ist die von den Jesuiten 1682 erbaute und Michael Thumb zugeschriebene *Wallfahrtskirche St. Maria im Weggental* (jetzt mit Franziskanerkloster). Es ist ein Werk der Vorarlberger Schule im Jesuitenschema: tonnengewölbtes Langhaus mit Kapellen ohne Galerien zwischen den Wandpfeilern. Der ebenfalls tonnengewölbte Chor halbrundgeschlossen und schmaler als das Langhaus durch Einbau von Seitenräumen, über denen sich Emporen öffnen. Gute Pilasterkapitelle mit Engelsköpfen und Früchten. Am Schiffgewölbe Kranzgewinde als Besatz der Gurte und Grate, Akanthusranken als Füllungen. Ausstattung entsprechend. Hochaltar von eigenartigem Bau: Die Stuckrahmung des Altarblatts geht oben in ein

Flachrelief auf dem Chorgewölbe über (auferstandener Christus zwischen Petrus und Paulus). Stukkatur in älterer Wessobrunner Art um 1700 durch J. G. Brix aus Augsburg. Beachtenswert eine Holzfigurengruppe, Johannes und vier Frauen unter dem Kreuz, Mitte 15. Jh. Das Äußere der Kirche einfach, Pilaster, Fenster mit Verdachungen, Pforten mit Säulen und gebrochenem Giebel, Stirngiebel mit dünnen Voluten und Obelisken. Die Kirche ist – gleichzeitig mit der ebenfalls durch die Jesuiten errichteten Wallfahrtskirche auf dem Schönenberg bei Ellwangen begonnen – für die Entwicklungsgeschichte der Barockkirchen in Schwaben von großer Bedeutung. Über die Jesuiten führt eine Verbindung zu einem Urtyp der barocken Wandpfeilerkirchen: der Jesuitenkirche in Dillingen an der Donau, mit der unsere Kirche in Grundriß und Raumbildung eine ganz außerordentliche Ähnlichkeit besitzt. Eine nach dem 30jährigen Krieg immer noch ganz renaissancehaft wirkende Giebelgestaltung blieb selbst für Dom. Zimmermann in Steinhausen noch vorbildlich. Vor der Kirche ein Säulenbrunnen und das im Zopfstil bemalte Mesnerhaus (1773); am Wege alte Linden und Bildstöckchen. – Die *Sülchenkirche* auf dem Gottesacker, eine der Urkirchen der Gegend, ist im heutigen Bestand spätgotisch (1513), der Gründung nach älter, vermutlich aus der Merowingerzeit. Der breit wie eine Apsis angelegte Chor mit Bildwerk unter den Gewölbeanfängen aus der Mitte des 15. Jh. Grabmäler. Vor der Kirche ein mit dem Mesnerhäuschen überbautes ehem. Friedhofstor. – Die Ehinger *Friedhofskapelle* bei einer ehem. Frauenklause steht am Platz einer uralten Remigiuskirche, ist aber ein einfacher Barockbau (1711 f.) mit Holzdecken und Ausstattung aus der gleichen Zeit. Außen am Chor ein Christus am Kreuz mit Schächern, 16. Jh. – Die *Liebfrauenkapelle* auf der sog. Altstadt (Ehingen), rechts des Neckars, ist ursprünglich romanisch, aber umgebaut (1688). – Hochgotisch ist die Kapelle des *Gutleuthauses* am Neckar unterhalb Rottenburg. – Spätgotisch die *Theodorkapelle* an der Straße nach Seebronn; darin ein Ölberg und Bildwerke. Lohnend ein Besuch der aussichtsreichen Seebronner Warte mit Wartturm von 1422. – Schmucklos ist das *Georgskirchlein* auf der Kalkweiler Höhe (1644). – Der Hof *Schadenweiler* ist ein ehem. Adelsschlößchen aus dem 16. Jh., mit Ecktürmen an der Ringmauer, schön gelegen am Rammert, unterhalb der *Weilerburg*, von der sich kaum noch Spuren erhalten haben (Turm 19. Jh.). Dörfliche Spätgotik zeigt die Kirche in DERENDINGEN. Ein guter moderner Bau die *Real-* und *Hauptschule* mit gemeinsamer Aula, 1966–1968 von R. Ostertag. Eine reizvolle Anlage der Spätgotik die Kirche in WEILHEIM, deren netzgewölbter Chor 1499 und Langhaus 1514 entstanden. Baumeister waren ein Meister Franz und Hans von

BEBENHAUSEN. Die Holzdecke im Langhaus ist bemalt (Christus als Weltenrichter). – Als Grablege der Herren von Ehingen ist die Kirche zu KILCHBERG eines Besuchs wert. Die von der Tübinger Stiftskirche her bekannten Renaissancebildhauer haben in den kostümlich treuen, würdigen Rittergrabmälern ihre Kunst gezeigt. Spätgotische Holzfiguren. Malerisch der Komplex aus altem (1723 umgebautem) und neuem *Schloß* (1763) mit dem spätmittelalterlichen Bergfried und der mit Rundtürmen bewehrten Ringmauer. Grabungen erbrachten Reste eines wahrscheinlich nahezu regelmäßigen Achteckbaus aus dem 13. Jh., ähnlich vergleichbaren Burgbauten aus der Zeit Kaiser Friedrichs II. – BÜHL hat ein Schloß aus der 2. Hälfte des 16. Jh., mit runden Ecktürmen an der oberen Langseite und achteckigem Treppenturm in der Mitte der Hofseite. Auch die Gartenmauer hat Eckrondelle. In einem Zimmer des Schlosses Wandmalereien aus der Erbauungszeit: die Sieben Bösen Weiber mit Beischriften nach des Satirikers Th. Murner „Geuchmatt“ (1519). – In KIEBINGEN stammen Chor und Turm der erhöht stehenden Kirche aus dem 14. Jh.; innen ein Vesperbild, Anfang 15. Jh. Ein hübsches Bild bietet die Friedhofskapelle mit der Linde.

In der Kirche von WEILER, in klassizistischer Zeit errichtet, eine Holzfigur des hl. Remigius, Anfang 16. Jh. – Das *Schloß* der Johanniterkommende zu HEMMENDORF wurde 1790 neu aufgebaut. Vom älteren Bau haben sich zwei Rondelle, schlanke und zwischen Schloß und Kirche eingebaute Rundtürme, erhalten. Die *Kirche* hat im gotischen Chor einen bemalten Stuckfries aus dem 14. Jh. und ein gotisches Wandtabernakel. Grabstein mit Gestalt eines Komturs von 1608. Das *Alte Rathaus* mit Prangersteinen von 1618. *Friedhofskapelle* aus dem 16. Jh. – Die *Pfarrkirche* zu HIRRLINGEN wurde 1770 von dem Haigerlocher Baumeister CHR. GROSSBAYER errichtet, unter Beibehaltung eines gotischen Turms von 1581. Das weite Schiff flachgewölbt, der Chor im Halbkreis geschlossen und von Nebenräumen eingefaßt, auf denen sich Emporen mit herrschaftlichen Kirchenräumen öffnen. Deckenfresko von dem (außer der Frommenhauser Kirche, wo ebenfalls ein Deckenbild von ihm war) sonst nicht bekannten, wohl zu den Vorarlberger Wanderkünstlern gehörigen G. I. THUMB. Frühe Barockaltäre aus der ehem. Rottenburger Jesuitenkirche; daran jetzt spätgotische Holzfiguren. Grabdenkmäler der v. Ow, z. T. mit Rittergestalten (16. und 17. Jh.). Armreliquiar aus Silber mit Pfeil des hl. Sebastian (1606). Neben der Kirche ein ehem. *Dominikanerinnenkloster* (1358) mit Kapelle. *Friedhofskapelle* von 1664 und 1757 mit Votivtafelgemälden. Das *Schloß* der Herren v. Ow ist eine stattliche Baugruppe von 1557, umgeben von Ringmauer, Wassergraben und Feuersee mit Bogenbrücke; Hoftor 1757. In der Ringmauer beim Tor waren zwei drehbare, durchlochte Schartenverschlüsse aus Stein. Das hochgiebelige Hauptgebäude hat in der Mitte der Hofseite einen achteckigen Treppenturm, an der Vorderecke einen Erker, an den Außenecken runde Türme. Im Innern Stukkaturen des 16. und 18. Jh. – In der Kirche von BIETENHAUSEN ist ein romanisches Türbogenfeld mit zwei Tiergestalten, Sternen und einer ungeklärten Inschrift eingemauert. – Die Kirche von FROMMENHAUSEN ist baulich eine verkleinerte Nachbildung der Hirrlinger, ebenfalls von Chr. Grossbayer. – WACHENDORF, auf der Hochebene zwischen Neckar, Eyach und Starzel frei gelegen, ist eindrucksvoll mit der Gruppe der zwei Schlösser mit Schloßgarten und der Kirche mit dem Pfarrhaus. Die *Kirche* ist im Kern romanisch, aber zur Zeit der Spätgotik und der Renaissance umgebaut und erweitert worden. Erhalten ist ein abgestuftes, von einem Sockelwulst umzogenes Rundbogenportal und der Unterbau des Turms mit doppelten Ecksäulen und Rundbögen im Erdgeschoß. Oben gotische Schallfenster mit Maßwerkfüllungen und ein Satteldach mit Staffelgiebeln. Vieleckchor mit verziertem Netzrippengewölbe. Grabdenkmäler mit Wappen und Bildnissen derer v. Ow (1480–1671). Hübsche Steinkanzel in Renaissance (1598) mit Evangelistenbildern und Wappenschmuck. Das *Alte Schloß* ist ein dreistöckiges Steinhaus mit gepaarten Fenstern. Oben ein Saal mit Ahnenbildern. Der Eckturm mit Verlies zweimal erhöht (1574, 1822). Ein schmaler Zwischenbau enthält das wappengeschmückte Tor (1555) zum Schloßhof. Das *Neue Schloß* ist zweistöckig, sein Eckturm abgebrochen. Es enthält bedeutende Altertumssammlungen. An das Neue Schloß stößt im rechten Winkel das 1666 erbaute sog. Reiterhaus, ein Stallgebäude mit Bühnen und einem Gefängnisturm. Auf dem Friedhof vor dem Ort eine Rokokokapelle (1733, Altarblatt von F. J. Spiegler).

In dem ehem. Burgstädtchen OBERNAU (Au) steht ein runder Bergfried (13. Jh.) von der Burg der später weitverzweigten Edelherren von Ow und des Dienstmannengeschlechts, zu dem der Dichter Hartmann von Aue gerechnet wurde (wohl zu Unrecht). Der Ort wurde 1297 als Stadt gegründet, die sich aber nicht entwickelte. – Die herrschaftliche Meierei zu BIERINGEN hat teilweise noch altertümliches Gepräge (1624). Das *Kirchlein* auf dem ummauerten Gottesacker jenseits des Neckars, die frühere Pfarrkirche, bildet mit dem Mesnerhaus ein Idyll und zeigt noch einzelne frühgotische Formen. Im Innern ikonographisch interessante Wandgemälde des frühen 15. Jh. (Jugend Jesu). In der heutigen Pfarrkirche spätgotische Holzbildwerke. – Bei SULZAU sind am Neckartal die letzten Reste der alten Burg *Sulzau*

(„Bürgle“) und der *Siegburg* zu sehen. – Das großartig gelegene Schloß WEITENBURG über Sulzau geht auf eine vielleicht schon in hochmittelalterlicher Zeit entstandene Burg zurück. Nach Zerstörung im Bauernkrieg wiederaufgebaut, ist es gleich Hohenmühringen weitgehend in neugotischem Stil („englisch-gotisch“) durch J. G. RUPP aus Reutlingen erneuert worden. Trotzdem wirkt es dank seiner stolzen Lage und den Resten älterer Anlagen und Ringmauern. Das eigentliche, einen Hof umschließende Schloßgebäude besteht aus einem Steinhaus mit Staffelgiebeln und ursprünglich gepaarten Fenstern und zwei jüngeren Flügeln nebst der Schloßkapelle. Über einer Tür im Hauptbau steht die Jahreszahl 1585, über einem schönen Portal 1661. Hofportal in Spätbarock. (Die Anlage ist heute Hotel.) – WEITINGEN hat eine stattliche spätgotische *Kirche* mit Westturm, der eine Vorhalle bildet und ein Satteldach trägt. Schöngewölbter Chor. Kapelle, 1770 barockisiert, mit einem reichen spätgotischen Bildstock. Trümmer einer Burg *Urnburg* (1464 zerstört) stehen westlich vom Ort. – Die neuzeitliche Kirche zu BÖRSTINGEN enthält ein spätgotisches Vesperbild und Grabmäler eines Ritters und seiner beiden Frauen (Ende 16. Jh.).

BIERLINGEN, das früher befestigt war, besitzt eine stattliche Kirche mit hohem, wegen seiner Aussicht berühmtem Turm (1478, Oberteil neuzeitlich), der unten eine Vorhalle bildet. Netzgewölbter Chor, geschmückt mit figürlichen Konsol- und Schlußsteinen. Einige Bronzeepitaphe 2. Hälfte 16. Jh. – Der nahe Hof NEUHAUS war ein Schloß mit Kirche, wovon aber nur die Ringmauer mit Ecktürmen und Tor (1594) und ein Zugbrunnen (1695) erhalten sind; immer noch ein eindrucksvolles Bild. – FELLDORF besaß in seiner Rokokokirche (1747) ein feines Flügelaltärchen (1534), von dem nur noch die Muttergottes vorhanden ist. – Auf der Bergspitze zwischen dem Neckar- und dem Eyachtal stehen Trümmer – Mantel, Kellergewölbe und Graben – einer Burg FRUNDECK. – Von der Burg AHLDORF ist nur ein verbauter Rest des hohen Turms erhalten. – Ein malerisches Bild gewährt, von Horb her, der Ort MÜHLEN mit Kirche, Schloß und Gasthaus, letzteres mit Vorhalle und getäfelter Stubendecke (17. Jh.). Das *Schloß* (1. Hälfte 17. Jh.) ist klein und einfach, wirkt aber durch seine erhöhte Lage an der Straße, die tiefgelegene *Kirche* durch ihren Staffelgiebelturm. In ihrem Innern zwei beachtenswerte Rittergrabmäler aus dem 16. Jh. – Ein Idyll im Stil der Zeit um 1800 ist der Hof EGELSTAL am Ausgang eines Seitentälchens nach dem Neckar, ansprechend durch seine behagliche, geschlossene Bauart mit Einfahrt, einem Oberstock, Glockentürmchen auf dem langen Dachfirst. – Horb Seite 395.

## 15. Vom Lichtenstein nach Riedlingen

Lichtenstein Seite 340. – GROSSENGSTINGEN hat eine *Barockkirche* (1717) und eine *Rokokokapelle* (1750), beide vom Kloster Zwiefalten gebaut, jene vielleicht nach Plänen von FRANZ BEER, wie auch das abgebrochene Prälatenschloß. – In der Kirche von KOHLSTETTEN Wandbilder (um 1500, Passion). – In OFFENHAUSEN bei Gomadingen steht eine große ehem. *Dominikanerinnenkirche*, frühgotisch in strengen Formen und hohen Proportionen (2. Hälfte 13. Jh.). Das *Gestüt* geht bis in das 16. Jh. zurück. – Die Ausstattung der Kirche in GOMADINGEN stammt aus dem 17. und 18. Jh. Die aus gotischer Zeit stammende Kirche in ÖDENWALDSTETTEN besitzt Fresken aus dem 14. Jh. Die Kirche in BERNLOCH ist in ihrer heutigen Gestalt von 1774. – Ein Turmstück von phantastischen Umrissen zeigt die BURG HOHENSTEIN bei Oberstetten auf der Albhochfläche, ein Felsennest mit teilweise erhaltenem rechteckigem Bergfried und großer, ummauerter Vorburg. – In OBERSTETTEN eine Renaissancekirche, in einiger Entfernung die Reste der *Ödenburg*. – Ein ehem. Klosterhof von 1616 in MASSHALDERBUCH. Einheitlich barock die Kirche in AICHELAU. – Die 1777 erbaute Kirche in AICHSTETTEN besitzt, z. T. in einen Altar des 18. Jh. versetzt, spätgotische Holzbildwerke. – Die Kirche in PFRONSTETTEN wurde 1736 aus einer mittelalterlichen Anlage weitgehend umgebaut. Spätgotische Holzbildwerke, darunter ein Vesperbild. – Die Kirche in WILSINGEN wurde im 17. und 18. Jh. barockisiert. Deckenbild vielleicht von J. I. WEGSCHEIDER (1754). – Auch die jetzt barock erscheinende Kirche in TIGERFELD ist im Kern noch gotisch. Barock die Kirche in GEISINGEN (1714). – In DÜRRENWALDSTETTEN über dem Dorf 1781 neu gebaute Pfarrkirche, mit Wand- und Deckenmalerei von J. ZICK (1782): Verkündigung an die Hirten, Anbetung der Hirten, Anbetung der Weisen.

In der *Anastasienkapelle* in ITTENHAUSEN (1625) ein Holzbildwerk der Muttergottes, gegen Mitte des 15. Jh. In der *Annenkapelle* wertvolle thronende Muttergottes aus der 2. Hälfte des 12. Jh. Die Kirche in BILLAFINGEN entstand durch mehrmaligen Umbau einer Chorturmkirche, 1488 und im 18. Jh. – Die Pfarrkirche in FRIEDINGEN von 1750. Deckenbild von J. A. MESSMER, 1761. Vesperbild um 1750. – LANGENENSLINGEN, unfern von Riedlingen, hat ein ehem. *Schloß* (jetzt Rathaus) mit Ecktürmen (16. Jh., bis in unsere Zeit mehrfach umgebaut). Die ehem. *Pfarrkirche* am Friedhof ist ein einfaches Rokokogebäude mit mittelalterlichen Resten, Zwiebelturm und Deckenbildern von MEINRAD V. AU (1751).

Auf dem Schloßberg Spuren der Burg *Habsberg.* – Die Pfarrkirche in WILFLINGEN entstand um 1720–1730. Altäre um 1770. *Schloß* mit runden Ecktürmen, 16. und 18. Jh. – Das spätgotische Kirchlein von ANDELFINGEN hat einen Lilienfries am Chor und Giebelschmuck am Westturm. Das Innere 1760 umgebaut.

In stiller Abgeschiedenheit, wie so manche Klöster dieses Ordens, liegt das frühere *Zisterzienserinnenkloster* HEILIGKREUZTAL (Abb. 31), ursprünglich in Altheim, später in die „Wasserschapf", wie die Gegend hieß, verlegt. Das Kloster ist wenigstens noch in der Grundanlage erhalten. Die 1256 geweihte ursprüngliche Kirche war als einschiffiger, flachgedeckter Rechteckchor und zugleich nordöstlicher Abschluß des Klaustrumquadrates im Osten an den in Backstein erbauten, ebenfalls einschiffigen Emporenbau der Frauen angeschlossen. Im Erdgeschoß dieses noch romanischen Baus die Laienkirche. Aus der Kirche in den Kreuzgang führte ein später vermauertes, reichabgetrepptes Rundbogenportal. Nach Süden, an die Kirche angebaut, der romanische Ostflügel der Klausur mit Kapitelsaal und wohl auch

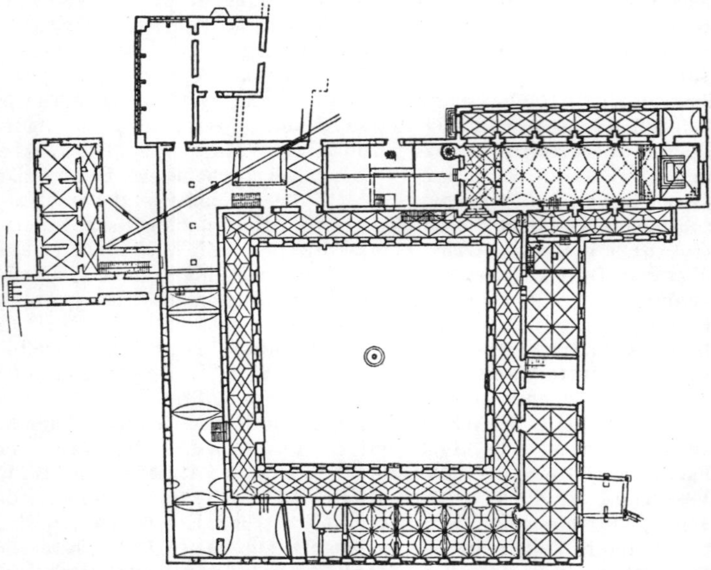

*Heiligkreuztal, ehem. Kloster, Grundriß*

schon Winterrefektorium im Erdgeschoß und dem Dormitorium darüber. Zu Beginn des 14. Jh. Verlängerung und Erweiterung der Kirche zur dreischiffigen Basilika. Weihe 1319. Großes Maßwerkfenster in der geraden Chorostwand. Kreuzförmige Pfeiler mit noch romanischen Kämpferplatten. Spitzbogenarkaden. Einwölbung des Mittelschiffs 1530. Gleichzeitig die „Borkirche" im Westen. Die Wandgemälde des Chors, z. T. aus dem Marienleben und der Kindheit Jesu, sind lebendige Arbeiten des Meisters von Messkirch, 1533. In den Seitenschiffen Freskenreste des 14. Jh. Unter der Ausstattung befinden sich hervorragende Werke, so die bedeutenden Glasmalereien des großen Chorfensters, gegen 1312 (Christus, Heilige, Madonna mit Stifterin); das reiche spätgotische Sakramentstabernakel von 1424; die Holzgruppe Christus und Johannes mit wertvoller alter Fassung (1. Hälfte 14. Jh.); eine spätere Gruppe der Kreuztragung, die zur Kunst des Hans Multscher in Ulm in Beziehung steht; das Renaissancegestühl von 1533 auf dem Frauenchor im Westen. – Unter den Klostergebäuden findet sich nichts architektonisch Bedeutendes. 1549 die Pfisterei mit breit ausladendem, reichgestaffeltem Giebel. Reste vom spätgotischen Kreuzgang. Das alte Kornhaus in Fachwerk. Die ganze Klosteranlage ist noch von einer Ringmauer mit zwei Torbauten umschlossen. – Die Straße von der Stadt nach Heiligkreuztal führt uns durch ALTHEIM, dessen spätgotische *Kirche* von 1487f., ursprünglich Pfarrkirche von Riedlingen, ein ansprechendes Außenbild bietet: ein Achteckchor mit Strebepfeilern, nördlich ein polygonaler Anbau mit figürlichen Rippenkonsolen, jetzt Sakristei, der Westturm mit seiner Satteldachdurchdringung 1908f. in ein nach Westen vorgebautes Querhaus einbezogen. Im Innern sehr qualitätvolle Rokokostukkatur von J. A. Feichtmayr und Deckenmalerei (Vision des Apokalyptischen Lammes, Apotheose des hl. Martin) von F. J. Spiegler, 1747. Prunkvoller Hochaltar, Stuckmarmor von Feichtmayr, Altarbilder von Spiegler. Holzfigur der hl. Apollonia, 1480. – Riedlingen Seite 428.

## 16. Reutlingen – Lichtenstein – Trochtelfingen – Gammertingen

Reutlingen Seite 291. – PFULLINGEN war im frühen Mittelalter als Sitz der Grafen des Pfullichgaus ein bedeutender Ort und besitzt seit 1699 Stadtrecht. Die *Martinskirche* ist von Hans Augsteindreher 1463 erbaut, Ende 19. Jh. modernisiert. Grabungen 1962 erbrachten Reste einer romanischen, frühromanischen und karolingischen Vorgängeranlage. Vielleicht ging sogar eine hölzerne Urkirche voraus.

Der Chor hat schöne Maßwerkfenster und Netzgewölbe. Der Westturm bildet unten eine gewölbte Vorhalle. Romanischer Taufstein; Grabsteine und Gedächtnistafeln. Vom 1252 gestifteten *Clarissenkloster* steht noch ein Teil des einfachen, hohen Schiffs mit frühgotischen Maßwerkfenstern und frühgotischer Architekturmalerei, die die Fensterarchitektur fortsetzt; ferner ein Mauerstück mit dem Sprechgitter des Klosters (Steinumrahmung in den frühen Formen der Reutlinger Marienkirche). Das von Herzog Christoph 1561–1565 durch A. Tretsch erbaute *Jagdschloß* ein großer Steinkasten mit Dacherkertürmen an den Ecken. Innen noch Kassettendecken. Alte Häuser in der Stadt: das *Rathaus*, ein später, aber trefflicher Renaissancebau (1686) mit Toren und Steinkonsolen; die sog. *Freiung* an der Marktstraße, ein Doppelhaus mit Staffelgiebel und Erker (1529); das *Amtshaus* an der Schloßstraße (1806). Ein Denkmal neuzeitlicher Baukunst ist die 1904 von Theodor Fischer erbaute, unter Adolf Hölzel von verschiedenen Künstlern ausgemalte *Festhalle*. Von Th. Fischer auch der Erlenhof bei Pfullingen. – Die Kirche von UNTERHAUSEN ursprünglich hochgotisch mit Turmchor und Resten der Kirchhofbefestigung. Gotische Fresken und Taufstein. – Die Kirche in HOLZELFINGEN ist im Schiff erneuert worden; der Chor spätgotisch, netzgewölbt. Der seitlich darangerückte Turm 1699 und 1764 erneuert. Oberteil achteckig mit schlanker Spitze. Die Kirche, die noch ummauert ist und östlich am Felsrand steht, gewährt besonders gegen die Zellertaler Steige ein malerisch reizvolles Bild. Sie enthält ein schönes Christusbild am Kreuz (16. Jh.) In der Umgebung die in ihren Grundmauern ausgegrabene Burg *Greifenstein*.
SCHLOSS LICHTENSTEIN über Honau ist auf mittelalterlichen Grundmauern 1840/41 nach A. Heideloffs Plänen von J. A. Rupp in den frühen, noch vom Klassizismus geprägten Formen der Neugotik erbaut worden. In der äußeren Erscheinung eindrucksvoll durch glückliche Anpassung an die Lage, gute Gliederung der Masse und schlichte Behandlung der Einzelheiten. Das Innere, das pietätvoll in der ursprünglichen Einrichtung des fürstlichen Erbauers bewahrt wird, ein Denkmal des romantischen Geschmacks. Unter den vielen Kunstschätzen – altdeutsche Gemälde, Holz- und Steinbildwerke, Glasmalereien, Gläser, Stickereien, Waffen, Geschütze – auch die Ahnenbüsten und andere Bildwerke vom Großen Lusthaus zu Stuttgart, Arbeiten von M. Krauss, J. Roment und S. Schlör. Den Stil des Heiligen Grabs von Reutlingen zeigt ein Sakramentshäuschen aus Offenhausen (vielleicht von H. Augsteindreher).
Im obersten Teil des Lauchertgebiets, hoch auf der Alb, sind einige alte Ortschaften von Bedeutung: GENKINGEN mit der aus der

romanischen Periode stammenden, 1691 veränderten Kirche. Sie hat auf ihrem seitlich stehenden Turm einen jener grotesken, aber nicht bildwidrigen, achteckigen Dachhelme aus dem 17. Jh., die über die Turmseiten vorkragen. – Die Kirche von WILLMANDINGEN ist frühgotischen Ursprungs, aber größtenteils erneuert. – SALMENDINGEN mit *Kirche* von 1746. Altargemälde von J. Spiegler. *Burgruine* mit Turmstumpf. Östlich vom Ort der Kornbühl, ein einsamer, kahler, runder Bergkegel mit herrlicher Aussicht. Hier die *Wallfahrtskapelle* St. Anna („Kornbühlkapelle"), Anfang 16. Jh. – MELCHINGEN mit *Rokokokirche*, 1767–1769 von Chr. Grossbayer aus Haigerloch nach Entwurf von Tiberius Moosbrugger aus Marchtal. Deckengemälde von F. Dent aus Hechingen. Die Kirche besitzt die älteste datierte Glocke des Landes, 1273. Gotische *Burgruine;* zweiteilig, mit Badehaus, Brunnen und zwei Steinhäusern (das eine fünfeckig). – Ursprünglich frühgotisch die 1866 erneuerte Kirche von ERPFINGEN mit der auf die Zeit der Gründung als Urpfarrei zurückgehenden kleinen Steinfigur des Titelheiligen Nabor. Wie die Willmandinger Kirche hat sie den kreuzgewölbten Chor im Turm, in der Sakristei ein Tonnengewölbe (die Willmandinger ein spitzbogiges). Von der Burg *Hohenerpfingen* ist die Anlage erhalten, darin ein sechseckiger Turmstumpf. – Bei STETTEN (unter Holstein) auf der Alb steht eine Burgruine *Holstein*, ein Mauerring auf felsigem Talrand, mit den Umrissen zweier Steinhäuser, deren eines in abenteuerlichem Umriß weithin sichtbar ist.

TROCHTELFINGEN an der Seckach war ursprünglich im Besitz der Grafen von Gammertingen, im 13. Jh. der Pfalzgrafen von Tübingen, später der Grafen von Hohenberg. Es bietet in manchen Partien noch das Bild einer alten Festung mit Ringmauern. Besonders stattlich macht sich ein heute freistehender, hoher, runder *Geschützturm* des 16. Jh. an der Südwestecke. Vom Oberen Tor steht, in ein Wohnhaus eingebaut, noch der eine von zwei runden Flankentürmen aus Backstein. Das südliche Viertel der Stadt wird von den öffentlichen Gebäuden, Schloß, Kirche, Rathaus, Fruchtkasten usw., eingenommen. Der nördliche Stadtteil war die Marktstadt, die sich an dieses ehem. Burgviertel anschloß. Als Markt diente die erweiterte Hauptstraße, zu der eine obere und untere Gasse parallel laufen. Auf dem *Marktbrunnen* steht ein Heiligenbild von J. G. Weckenmann (1779). Das *Werdenbergsche Schloß* ist ein Steinhaus in spätgotischen Formen, mit Treppengiebeln und Wendeltreppe. Ältere Fachwerkhäuser, z. T. noch in alemannischer Konstruktion. Mühle 1607. Die *Kirche* ist im Chor und Turm hochgotisch (1322), im Schiff spätgotisch (1451, verwandt die Kirche von Upfingen bei Urach). Der Chor rechteckig mit

Kreuzrippengewölben, der Turm viereckig bis zum Dach, mit Staffelgiebeln und Maßwerkfenstern. Schiff mit hölzerner Kielbogendecke. Darin die Tumba eines Grafen Johann v. Werdenberg (1465), wohl von einem Uracher Meister, mit Figur und Wappen, und andere Grabmäler. Deckengemälde im Chor (Majestas Domini) 1. Hälfte 14. Jh., Wandbild im Langhaus (Jüngstes Gericht, Thronende Muttergottes) 2. Hälfte 15. Jh. Drei trauernde Frauen, Holzfiguren um 1430. *Friedhofskapelle* mit spätgotischen Fresken. *Rundkapelle* nördlich der Stadt um 1600. Kirchlein auf dem *Hünenstein*, 1422 und 19. Jh., einst zwiefaltisch. *Haidkapelle* 1475, mit Holzbildwerken aus der Werkstatt von J. SYRLIN d. J., um 1490. In Stadtnähe die Hennensteinkapelle, gotisch, mit Fresken. – Ähnlich wie in Holzelfingen der Turm der Kirche in HAUSEN a. d. Lauchert, die hinter Kirchhofmauern malerisch auf einer felsigen Anhöhe steht. Sie enthält frühgotische Wandmalereien. – Das ehem. Benediktinerinnenkloster MARIABERG ist samt der Kapelle 1682 von MICHAEL THUMB (?) neu aufgeführt worden. Es liegt sehr stattlich auf einer Abstufung der Seitenwand des Laucherttals, vorn an den Felsenrand gerückt, seitlich vom Klostergarten, hinten von einem Waldpark mit Baumriesen umrahmt. Das Konventsgebäude bestand aus vier Flügeln, deren nördlicher die Klosterkirche mit Chorapsis und Nonnenempore (im Westen) enthält. Ursprüngliche Einrichtung im Barockstil erhalten. Die Raumwirkung der Kapelle ist eng. Im Kloster zwei Stuckdecken aus der Erbauungszeit, Quadratur mit derben, z. T. frei herabhängenden Blattranken. – In BRONNEN a. d. Lauchert ist eine Barockkapelle, 1708 erbaut vom Kloster Mariaberg durch den Baumeister von Zwiefalten, wohl FRANZ BEER; Stuckdecke mit sinnbildlichen Emblemen und Ranken; das Altarbild „die Verkündigung" von dem Zwiefalter Maler F. J. SPIEGLER. – Die regelmäßig angelegte Stadt GAMMERTINGEN an der oberen Lauchert wurde im 13. Jh. vermutlich von den Grafen von Veringen angelegt. Reich ausgestattete fürstliche Gräber gehörten zu einer alemannischen Siedlung (die sehenswerten Funde in Sigmaringen und auf Hohenzollern). Der Ort bietet heute wenig Altes. Die *Kirche* ist nüchtern klassizistisch (1803 nach veränderten Entwürfen von M. D'IXNARD), der Kirchturm mit seinen Staffelgiebeln noch gotisch. Großes ehem. Altarbild, um 1805. Das *Schloß*, jetzt Rathaus, angeblich 1776 begonnen von dem bedeutenden Architekten MICHEL D'IXNARD, erscheint zunächst als einfaches, dreigeschossiges Gebäude mit Giebeldach und flachem Risalit. Schönes kleines Treppenhaus mit zwei kolossalen ionischen Säulen und Empore. Die vornehmen Proportionen D'IXNARDscher Bauten sind auch an diesem kleinen Beispiel greifbar. Deckengemälde (Helios auf dem Sonnen-

wagen) von einem unbekannten Maler. Im Saal Getäfel mit Beschlägen. Auf der Schloßterrasse Steinfiguren im Zopfstil von J. G. Wekkenmann aus Haigerloch. Bei der Michaelskapelle einige ältere Häuser noch mit alemannischem Fachwerk.
In FELDHAUSEN stammt die Pfarrkirche aus dem 18. Jh. und enthält eine sehr schöne stehende Muttergottes mit Christuskind, aus der Werkstatt von Gregor Erhart, um 1500. Friedhofskapelle um 1590. – Altertümlich ist das ehem. Städtchen HETTINGEN an der Lauchert, mit dem aus einer über dem Ort gelegenen Burg erwachsenen *Schloß*, wo eine gotische Schildmauer und ein Wohngebäude erhalten sind. Darin Stukkaturen und eine geschnitzte Treppe mit Figuren aus dem 18. Jh. Erbaut um 1720, mit Kapelle und vielleicht noch mittelalterlichem Turmbau, der auf Fels steht und die überwölbte Einfahrt deckte. Abgetreppte Anschlußmauern gehen zum Städtchen hinab. Die *Kirche* ist ein spätgotischer Bau von reizvoller Gestalt und Ausstattung, anscheinend von den gleichen, von Zwiefalten geschickten Bauleuten wie die zu Bingen a. d. Lauchert. Chor und Querkapelle (1499), Vorhallenturm mit Barockaufsatz und Kuppeldach. Innen schöne Netzgewölbe über Chor und Kapelle, Reste eines Lettners. Wand- und Deckenmalereien aus dem Anfang des 16. Jh. (Blumenmalereien in den Gewölbekappen, Apostelkreuze mit den Halbfiguren der Apostel und Spruchbändern, hl. Martin mit Bettler und Stifterfiguren). Ein zierliches Wandtabernakel in Turmform mit Bildwerk (Stammbaum Christi), drei Grabdenkmäler für die Speth (Ende 16. Jh.) von dem Ulmer Bildhauer Hans Amann um 1585. Taufstein (1614) mit bemaltem Deckel, ehem. Altarbild von J. Hertz (1715) u.a. Am unteren Ausgang des Orts eine Kapelle mit Rokokostuck. Eine andere in malerischer Lage rechts oberhalb des Orts (1612); ausgemalt 1668 und Ende 18. Jh.

## 17. Reutlingen – Hechingen

Reutlingen Seite 291. – Die Kirche in WANKHEIM besitzt aus spätgotischer Zeit ein reizvolles Netzgewölbe im Chor (1489–1497, von Clas Binnder), das mit Blumen und Ranken ausgemalt ist. Das Schiff Ende 18. Jh. Kruzifix aus dem 17. Jh. Grabdenkmal für Veronika Megenzer v. Felldorf († 1573). – Über dem Schiff der Kirche in IMMENHAUSEN ein Fruchtkastenaufbau aus jüngerer Zeit. Der Chor noch spätgotisch sterngewölbt. – Ganz einfach, aber hübsch auf einem freien Hügel im Steinlachtal gelegen ist SCHLOSS BLÄSIBERG, das seinen Namen einer ehem. Blasiuskapelle verdankt. – Die an Stelle einer Burg errichtete ehem. *Wallfahrtskirche* St. Maria zu BRONNWEILER im Wiesaztal ist im Schiff romanisch, im Chor und Seitenraum spätgotisch (1475). Der Chor hat vierseitigen Schluß, so daß auf die Mittelachse eine Ecke fällt, sonst eine Liebhaberei der böhmischen Baumeister aus der Familie PARLER (auch an der Stadtkirche in Leonberg). Die Gurten des Sterngewölbes im Chor ruhen auf Fratzenköpfen. Darunter stehen hübsche gotische Chorstühle um 1500 aus Tannenholz mit Flachschnitzereien (u.a. ein Kakadu). Das Erdgeschoß des Turms ist Sakristei, noch mittelalterlich eingerichtet. Reste gotischer Wandmalerei. Der Turm hat Maßwerkfenster wie der Chor; steinerne Wasserspeicher. – An der 1892f. von J. G. RUPP errichteten Kirche in GÖNNINGEN stammt der Chor noch aus spätgotischer Zeit. – GOMARINGEN liegt malerisch und aussichtsreich am niederen Steilhang des Wiesaztals nahe der Mündung in die Steinlach. Das Ortsbild wird bezeichnet durch ein Schlößchen und durch den Kampanile der im italienisch-klassizistischen Stil von RUPP 1840 erbauten Kirche. Das *Schloß* besteht aus zwei in Eichenholzfachwerk aufgeführten Flügeln, die auf der alten, den Burghof im Viereck umfassenden Burgmauer sitzen. In der Nordostecke stand einst der Turm. Noch geht der Zugang über eine Grabenbrücke. Im Schloßhof ein steinerner Galgenbrunnen von 1548. Hier hat Gustav Schwab als Pfarrer gewohnt. – Der schöne, netzrippengewölbte Chor der um 1500 entstandenen Kirche in DUSSLINGEN besitzt gute figurierte Schlußsteine. Drei Meisterschilde könnten von den Meistern FRANZ und HANS VON BEBENHAUSEN stammen. Eine ehem. Burg erhielt über ihrem sechseckigen Buckelquaderunterbau einen Fachwerkaufsatz. – Eine guterhaltene spätgotische Dorfkirche von 1522 besitzt OFTERDINGEN an der Steinlach. Schiff flachgedeckt; Chor netzgewölbt mit geschnitztem Gestühl aus Tannenholz. Seitenturm mit netzgewölbtem Erdgeschoß (Sakristei) und zinnenbesetztem Satteldach. Steinkanzel spätgotisch. Glasbild mit hl. Georg, um 1470–1480. *Rathaus* 1523. – Der stattliche Flecken MÖSSINGEN hat noch manche alte Fachwerkhäuser; dazu gehört das *Rathaus* (1567). Die *Kirche* ist spätgotisch (1517). Im Schiff bemalte Holzdecke, der Chor netzgewölbt und mit Bildwerk geschmückt. In der Nordwestecke des Langhauses ein Altarziborium mit der Jahreszahl 1527. Der Turm mit maßwerkverzierten Schallöffnungen und Satteldach steht vor der Mitte der Stirnseite.

Die schöngelegene, noch von Friedhofmauern, Tor und Bäumen umfriedete *Kapelle* in BELSEN ist ein noch guterhaltenes romanisches Baudenkmal aus der 2. Hälfte des 12. Jh. Der Stirngiebel erhöht, der Chorturm abgetragen, die Apsis durch ein gotisches Chörlein ersetzt. Die Bogenfelder der zwei Pforten, gemustert mit z. T. kreisförmig angeordneten Meißelschlägen, scheinen überarbeitet zu sein. Die Wandsäulen am Westtor trugen wohl einst ein Vordach. Von den ursprünglichen Fensterchen ist nur eines auf der Südseite erhalten. Am Dachgesims sind noch die Ortsteine mit Bildwerk vorhanden, worin die Schalbretter des Dachfußes eingefalzt waren. Der Vorchor im Turm hat seine eigenartige Wanddekoration mit Flachnischen und Stützsäule unterm Bogenscheitel bewahrt. Grundmauern einer älteren kleineren Kapelle (11. Jh.) wurden im Schiff gefunden. Das Bauwerk hat Ähnlichkeit mit der Weilerkirche bei Owingen (Hohenzollern). Die romanischen Bildwerke außen am Stirngiebel scheinen das überwundene Heidentum andeuten zu sollen. – Im Dorf schöne *Fachwerkhäuser* vom 16. bis ins 18. Jh., mit Simsverdachungen und Schnitzwerk, auch Spruchinschriften. An einem nennt sich der Zimmermeister JAK. MILLER, 1717.

HECHINGEN. Obwohl das alte große Fürstenschloß an der Nordwestecke der Oberstadt über der Starzel verschwunden ist, läßt das Stadtbild noch immer eine besondere geschichtliche Bedeutung erkennen, zumal wenn im Hintergrund der Hohenzollern erscheint. Die Grafen von Zollern waren es nämlich, die in der 1. Hälfte des 13. Jh. eine Burgsiedlung zu einer planmäßig angelegten Stadt ausbauten und zu einem Verwaltungsmittelpunkt ihrer Herrschaft machten. Ein breiter Straßenmarkt, an dessen Ende später das Rathaus errichtet wurde, bildet das Rückgrat des quadratrasterförmig angelegten Orts. Die Häuser kehren der Straße den Giebel zu; schöne Fachwerkbauten des 16.–18. Jh. sind erhalten. Zur Zeit des Schloßbaus unter dem Grafen Eitelfriedrich IV. (1576–1605) war Hechingen ein Zentrum höfischer Kunst, die nach der Art der deutschen Renaissance zugleich noch gut volkstümlich war. Der große Saal und die Kapelle des damals neuerrichteten *Schlosses* sollen an Pracht dem von Heiligenberg bei Überlingen nicht nachgestanden haben. Der heutige klassizistische Bau wurde nach Plänen des begabten Frankfurter Architekten RUDOLF BURNITZ 1818/19 erbaut. Gegenüber das sog. *Alte Schloß* („Prinzessinenpalais"; ursprünglich Alte Kanzlei) ist ein einfacher Bau des 18. Jh. Der untere Torturm mit Staffeldurchgang, oben achteckig, wurde gegen 1580 erbaut. Ein Rondell an der Ostseite der Stadt. Teile der Stadtmauer an der Ost- und Nordfront. Das *Rathaus* wurde um 1500 erbaut, heute ein Neubau von 1956 (P. SCHMITTHENNER). Die *Stadtpfarrkirche* (ehem. Stiftskirche), die Goethes Interesse erweckt hat, ist ein Werksteinbau im frühklassizistischen Stil, von dem großen Architekten MICHEL D'IXNARD aus Nîmes, später ansässig in Straßburg, Schöpfer der Rotunde von St. Blasien, dem wir aber auch in Oberschwaben manches edel proportionierte Bauwerk verdanken (Buchau), 1780–1783 erbaut, anfangs mit Chr. Grossbayer als Bauleiter. Saalkirche mit Querschiff, weitem Chorrund und einem Stirnturm. Das Äußere noch unversehrt, vornehm kühl gegliedert, mit Lisenen, Flachnischen und glatten Füllungen. Ein kräftiges Hauptgesims zieht rings herum, auch um den Turm, der aus dem Walmdach hervorbricht, zuerst in ein abgerundetes Viereck, dann in einen glatten Rundkörper übergeht, mit Vasen als Eckaufsätzen und schlichtem Kuppeldach. Das lichte Innere großräumig. Flache Decken über einem mächtigen Gesims, getragen von ionischen Pilastern. Empore und Fürstenloge auf der Westseite. Also eine erheblich einfachere Raumgestaltung als in Buchau. Schöne klassizistische Ausstattung. Jedoch nur in den Querkapellen sind die Deckenbilder des Meinrad v. Au erhalten. Das Hauptdeckenbild von dem Nazarener F. Schabet aus Waldsee (1846–1848). Die Altarbilder von Hofmaler Joseph Melling aus Karlsruhe. Die Gruppe der Taufe Christi und andere Plastiken an Beichtstühlen, Emporen usw. von J. Geiger, z. T. nach Entwürfen d'Ixnards (1783). Hauptstück der Kirche ist aber die Deckplatte einer leider im übrigen zerstörten Tumba des Grafen Eitelfriedrich v. Zollern († 1512), einem Gußwerk, das Hans Vischer zugeschrieben wird. Sie zeigt die Gestalten des Grafen und seiner Frau, umrahmt von Schriftbändern und Wappen auf den Ecken. Entstanden um 1515. Das *Spital* wurde mit seiner Kirche in der Unterstadt 1602 noch in gotisierendem Stil erbaut. Die Kirche mit ihren Netzgewölben aus Holz und Stuck, verziert mit Konsolen und Knöpfen, eine vereinfachte Fortsetzung der Art von St. Luzen. Hochaltar in Rokoko, mit einem Bild von F. Dent 1779. Nebenaltäre von 1602 mit figurenreichen Gemälden volkstümlicher Art. Kanzel in Barockformen geschnitzt (1711). – Ein einzigartiges Denkmal der deutschen Renaissance ist die ehem. Franziskanerkirche *St. Luzen* mit ihren Stukkaturen. Württemberg hat sonst nichts dergleichen aufzuweisen! Für Hechingen ist es ein Ersatz der Herrlichkeiten, die mit dem Schloß zerstört worden sind. Schon von außen ist St. Luzen ein reizendes, nur durch die Nachbarschaft der ehem. Brauerei gestörtes Idyll, mit den Linden, die es umgeben, und den Stationsbildern. Ein barocker Rundbau, der den Kalvarienberg und zugleich das Hl. Grab darstellt, mit einer ergreifenden Kreuzigungsgruppe von J. G. Wekkenmann (1755). An der Westseite der Kirche ein kleiner Friedhof. Neben der Kirche steht noch das ehem. Klösterlein der Franziskaner. Die Kirche wurde 1586–1589 durch Graf Eitelfriedrich IV. erbaut; einschiffig, mit eingezogenem, langem und dreiseitig geschlossenem Chor. Im Äußeren ziemlich einfach. Das Gewölbe in Holz gezimmert und stuckiert: im Schiff Netzgewölbe mit Wappenschildern; im Chor zunächst ein Schleifensterngewölbe, wie es auch die südlich angebaute Antoniuskapelle hat, dann am Schluß eine langgezogene Muschel, die nur in der Verkürzung gut aussieht. An den Wänden eine Halbsäulenstellung auf Konsolen und ein Gebälkegesims, auf dem die Gewölbefüße stehen. Zwischen den Säulen Muschelnischen, in denen am Langhaus die Standbilder der zwölf Apostel stehen, im Chor die Patrone der sieben Hauptkirchen Roms. In den Schildbögen der Gewölbe mächtige Kartuschen um die Rundfenster. An den Fensterlaibungen und in den Zwickeln Rollwerk und anderes Ornament. Alles weiß auf gelbem Grund, eine festliche, ja ein wenig weltlich anmutende Pracht. WENDEL NUFERER aus Herrenberg ist als leitender Stukkateur genannt. Die farbige Fassung von HANS DEPAY aus Riedlingen, 1586. Auch die Kanzel mit ihrem Schalldeckel ist ein Prunkwerk mit Figuren und reicher Ornamentik, halb gotisch, halb antikisch von HANS AMANN aus Ulm, 1589. Die beiden Seitenaltäre sind Hochbarockwerke von 1702. Der Hochaltar ein Rokokostück von 1743. – Die Villa *Eugenia* vor der alten Stadt wurde im Mittelstück 1776 als Gartenpavillon erbaut, die Seitenflügel 1833. Der querovale Mittelsaal mit seiner flachen Decke ist noch im Zopfstil ausgestattet; er wird eingefaßt von Nebenzimmern und einem kleinen Vorraum. Im Park klassizistisches Billardhäuschen, um 1830. – *Schloß Lindich* wurde 1740 erbaut. Die Einzelformen einfach, aber die Raumgestaltung nicht alltäglich. Ein regelmäßiges Viereck mit zwei Stockwerken, einem kreuzförmigen Dachstock und einem niederen, achteckigen Turmaufsatz. Das Achteck ist schon im Erdgeschoß angedeutet, das von zwei Mittelgängen durchkreuzt wird. Der eine Quergang ist das Treppenhaus, der andere zur Hauskapelle gezogen. Ein Kranz von Pavillons für Kavaliere legt sich um den Vorplatz mit drei Seiten des Achtecks, von dem strahlenförmig Wege ausgehen; eingefaßt von hohen Buchshecken und Baumreihen. Eine grüne Gasse lenkt den Blick vom Schlößchen auf den Hohenzollern. – Die *Kreuzkapelle* am Weg zum Hohenzollern ist spätgotisch; hübsch gelegen im belaubten Friedhof. Auf dem Martinsberg steht ein schönes Kruzifix von J. G. WECKENMANN.

## 18. Von Hechingen durch das Vehlatal und das Laucherttal nach Sigmaringen

Hechingen Seite 345. Das Schloß auf dem HOHENZOLLERN, ein Stück preußischer Romantik auf schwäbischem Boden, wurde 1850 bis 1867 erbaut nach Plänen des Festungsbaumeisters v. PRITTWITZ und der Architekten und SCHINKEL-Schüler F. A. STÜLER und L. PERSIUS; im Grundriß eng an die Reste der früheren, 1454 von neuem erbauten, 1618 und später verstärkten Feste angeschlossen, im Aufriß spätklassizistische Neugotik: als Denkmal einer langen Geschichte thront die „mittelalterliche" Burg auf dem hohen Bergkegel. Die Basteien und die Schloßgebäude mit den Türmen folgen dem alten Lageplan. Neu ist die Auffahrtsrampe mit den drei Kehren und den dazugehörigen Verteidigungswerken: ein Meisterwerk damaliger Kriegsbaukunst. Für die Landschaft bedeutet die Burg einen wirkungsvollen und eigenartigen Schmuck; besonders bei Lichtstimmungen, die das einzelne nicht allzu scharf erkennen lassen. Über das halbe Schwabenland ist die charakteristische Silhouette mit ihren sieben Türmen sichtbar. Der Kunstfreund findet in der *kath. Burgkapelle*, die mit den schönen Netzgewölben im Schiff und Chor noch ein echtes spätgotisches Baudenkmal ist (1454), ein Kunstdenkmal von seltener Art: drei Sandsteinplatten mit Flachbildwerken in annähernder Lebensgröße, vielleicht noch aus dem 11. Jh., die im Schiff vor der Kapelle gefunden wurden. Die mittlere Tafel scheint ein selbständiges Stück zu sein; sie stellt den Titelheiligen, Erzengel Michael, als Drachentöter dar. Darunter, klein, die Mitpatrone, die Heiligen Drei Könige, wie sie ihre Gaben der Gottesmutter darbringen, die statt des Kindes ein Buch hält (d. h. Christus als das fleischgewordene Wort) – eine sonst in der Ikonographie selten vorkommende Darstellung. Die beiden seitlich aufgestellten Platten sind Bruchstücke einer großen Tafel, die den Spuren nach noch mehr Gestalten enthielt. Die Figur zur Rechten scheint Johannes der Evangelist zu sein, so aufgefaßt, wie er unter dem Kreuz Christi dargestellt zu werden pflegt, mit der Gebärde des Grams. Die andere Gestalt wird als der Apostel Petrus gedeutet. Die Bildwerke wurden offenbar nach einer Vorlage aus der byzantinischen Kleinkunst – etwa einem Diptychon von Elfenbein – anscheinend von einem handwerksmäßig arbeitenden Steinmetzen ausgeführt. Die Kapelle enthält weiter einen bedeutenden Zyklus hochgotischer Glasgemälde aus dem Ende des 13. Jh., die sich früher in der Klosterkirche Stetten im Gnadental befanden (Bibelfenster, Passionsfenster, Ornamentfenster), Totentafeln und andere Kunstdenkmäler. In der früheren Schloßküche ist eine Schatzkammer mit Kleinodien aus dem Besitz des ehem. preußischen Königshauses, insbesondere Friedrichs des Großen, eingerichtet. Im Obergeschoß des früheren Wehrhauses befindet sich die Hohenzollerische Landessammlung mit je einer vorgeschichtlichen, kunstgeschichtlichen, historischen und volkskundlichen Abteilung. In der ev. Kapelle sind die Särge der bei-

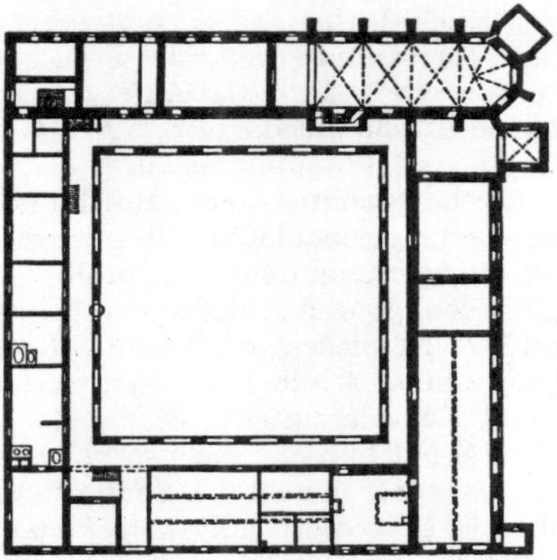

*Stetten, ehem. Kloster, Grundriß*

den Preußenkönige, Friedrich Wilhelms I. und Friedrichs d. Gr., aufgestellt. – Einen spätgotischen Chor hat die Kirche von ZIMMERN am Westfuß des Hohenzollern, der sich hier besonders eindrucksvoll darstellt. – Die Kirche *Maria Zell* bei BOLL am Fuß des Zeller Horns wurde 1757 unter Benutzung der Mauern einer gotischen Kirche neu erbaut, sehr einfach gehalten, aber von vortrefflicher Bildwirkung mit der Ringmauer des Kirchhofs von Boll und dem Hintergrund des Bergwalds. Sie besitzt eine Glocke noch in der sog. Zuckerhutform, um 1200.

STETTEN „im Gnadental" (bei Hechingen) war ein Dominikanerinnenkloster, gestiftet 1267, zugleich vom 13. bis ins 15. Jh. Grablege der Grafen von Zollern. Ein Brand hat die Klostergebäude zerstört, bis auf den Nordflügel, der auch die Kirche enthält; ein hochgotisches Bauwerk aus dem Ende des 13. Jh., mit einer seitlich angebauten Kapelle. Vom Kreuzgang ist nur ein Bogen des Westflügels erhalten, unter dem ein Ziehbrunnen steht. Die *Kirche* ist einschiffig, ein hoher, lichter Saal, in vier Jochen kreuzgewölbt. Im westlichen Teil flachgedeckt; hier die tiefe Empore des Nonnenchors. Der Raum unter der Empore ist zum größten Teil durch eine Wand von der Kirche abgetrennt. Edles Fenstermaßwerk. Das Innere, namentlich der Nonnenchor, wurde 1738 und 1767 mit Stukkaturen, Altären, Bildern und Schnitzwerk neu ausgestattet. Im Chor hat sich ein turmförmiges, spätgotisches Wandtabernakel erhalten. Die *Johanniskapelle* neben dem Chor (Sakristei) wurde noch etwas früher als die Klosterkirche erbaut, aber gegen Ende des 16. Jh. mit Maßwerkfenstern nachgotischer Art und mit Renaissancestukkaturen ausgestattet. – In der 1900 entstandenen Kirche von SCHLATT spätgotische Holzbildwerke. Ursprüngliche Kirche war die jetzige *Friedhofskapelle* auf dem Berg aus dem 14. Jh. mit Wandbildresten. – JUNGINGEN hat in seiner einfachen Kirche beachtenswerte Holzbildwerke der Renaissance, die aus der Hechinger Schloßkapelle stammen (Ende 16. Jh.). Kruzifix um 1500. – Die der Gründung nach uralte Kirche zu KILLER (= Kirchweiler), die dem ganzen Killertal den Namen gab, wirkt mit ihrem Turm von 1567, der niedriger ist als das Langhaus von 1776, ungewollt eigenartig und malerisch. Bemerkenswert die auf die Wände gemalten Altar- und Kanzelarchitekturen. Glocke aus dem 13. Jh. – HAUSEN im Killertal hat hübsche Fachwerkhäuser aus dem 18. Jh. Die *Kirche* von CHR. GROSSBAYER 1785. Spätgotische Holzbildwerke (u.a. Vesperbild). – RINGINGEN mit *Kirche* von 1724 und *Burgruine*. – Die Pfarrkirche von BURLADINGEN wurde 1769 von CHR. GROSSBAYER errichtet. Deckenbilder von F. DENT (erneuert). Spätgotische Madonna. – Auf einem Zwillingspaar von Bergkegeln steht die Doppelburg LICHTENSTEIN, angelegt von den hier erstmals 1182 genannten Herren von Lichtenstein über Honau. Vorderlichtenstein war dreieckig, Hinterlichtenstein viereckig, beide mit vorspringendem Turm. – Im Seitental der Vehla liegt NEUFRA, dessen Mauritiuskirche spätgotische Holzfiguren und einige Renaissancegrabmäler enthält; in der Muttergotteskapelle (1591) ein Flügelaltar in Renaissanceformen. *Hochbergkapelle* 1751 nach 14 schweren Hageljahren errichtet, mit zahlreichen interessanten Votivbildern. – Die Kirche von HARTHAUSEN auf der Scheer (1740) besitzt eine Rokokoausstattung mit einem Altarbild von MEINRAD V. AU und zwei Schnitzwerke von 1520 vom Meister des Heinstettener Altars (Beweinung und Kreuzigung), erstere mit Flügelbildern der Brüder HANS und JAKOB STRÜB aus Veringendorf (sog. MEISTER VON SIGMARINGEN). – Spätgotische Wandmalereien enthält die Kirche in HERMENTINGEN: Passionsgeschichte um 1490 im Langhaus. Im Chor Jugend Christi und Jüngstes Gericht, um 1450. – Am Wallfahrtsort DILLSTETTEN stand ursprünglich Veringenstadts Pfarrkirche. Heute beim Ort eine Kapelle von 1752.

Noch altertümlich und in eine herbe, baumarme und felsenreiche Landschaft eingestimmt ist das Ortsbild von VERINGENSTADT. Vier Höhlen mit bedeutenden altsteinzeitlichen Funden dokumentieren die frühe Bedeutung dieses Raums (vgl. die Figur eines Urmenschen an der Brücke von A. RIETH). Achtunggebietende Trümmer der *Grafenburg* ragen auf einem Felsenrücken, den die Lauchert in weitem Bogen umschlingt. An den Burgberg drängt sich das Städtchen mit seiner Kirche, eingefaßt von Anschlußmauern. Der Stadtteil im Tal zwischen der Landstraße mit ihren beiden Brücken und dem Bogen des Flusses ist regelmäßig angelegt. Von der Burg ist ein romanischer Torbau, umfangreiche Mauerreste und der Stumpf eines mächtigen Wohnturms erhalten. Auch die *Burgkapelle* St. Peter ist romanisch, wenigstens in den Ostteilen. Ihre Apsis 1505 von Hans und Jakob Strüb aus Veringenstadt ausgemalt (Maria als Königin des Himmels und der Erde). Die neugotische, hoch am Steilhang klebende *Kirche* hat in der Turmvorhalle ein spätromanisches Portal und bewahrt einige spätgotische Holzbildwerke. Das gotische, früher mit Lauben geöffnete *Rathaus* ist äußerlich umgebaut, hat aber noch alte Einbauten (Saal, Ernsäulen; Heimatmuseum). Auch unter den Bürgerhäusern sind solche mit gotischen Formen. In Stadtnähe die Friedhofskirche Deutstetten. Saalbau Mitte 18. Jh. Spätgotisches Vesperbild. – VERINGENDORF, als Siedlung viel älter als die Stadt, hat eine alte, kleine Kirche, die, umgeben von Friedhofbäumen, auch ein malerisches Bild bietet. Der ursprüngliche Bau des 11. oder 12. Jh. war eine dreischiffige Basilika mit drei Apsiden und vorgelegten gewölbten Chören, die durch Arkadenbögen miteinander in Verbindung stehen. Der Hauptchor tonnengewölbt, die Nebenchöre kreuzgewölbt. Baugeschichtlich wichtig ist der in Schwaben häufigere Stand der Glockentürme über den Nebenchören wie bei der Peter-Pauls-Kirche in Reichenau-Niederzell und der Stadtkirche in Backnang. Der Chorbogen ruht auf primitiven Halbsäulen mit schmucklosen Kapitellen. Die ursprünglichen Schallarkaden der Türme sind vermauert. Im 14. Jh. wurde der Chor erweitert, im 18. Jh. das Schiff neu gebaut und die Türme erhöht. Romanischer Taufstein. Im Chor bedeutende Wandmalereien aus der 1. Hälfte des 14. Jh. (Majestas Domini, Apostel, Gnadenstuhl, Passionsszenen, Anbetung der Könige, die klugen und die törichten Jungfrauen usw.; wohl von einem Konstanzer Meister, der auch die Kirche in Oberwinterthur ausmalte). Auf dem Hochaltar sehr schönes Kruzifix aus dem 13. Jh. Auch sonst mehrere bedeutende Holzbildwerke, zumeist der Spätgotik. Die Pfarrkirche von BENZINGEN ist in ihrer Ostpartie (Apsis) noch romanisch. Die Evangelisten der Kanzel von J. Christian d. Ä. –. JUNGNAU an der Lauchert hat einen schönen frühgotischen Bergfried von der abgegangenen *Burg*, der früher einen Fachwerkaufsatz mit Satteldach trug. Verlies und Eingangsstockwerk sind eingewölbt. Die Schloßgebäude teils verbaut, teils abgebrochen. Ältere Fachwerkhäuser. Mühle 1614. Kleine Rokokokirche. – Sigmaringen Seite 358.

## 19. Hechingen – Tailfingen – Ebingen – Inzigkofen

Hechingen Seite 345. – RANGENDINGEN hat eine ehem. *Dominikanerinnenkirche* aus dem 18. Jh. Darin noch das Chorgestühl mit geschnitzten Aufsätzen, das Brüstungsgitter des Nonnenchors, drei ungefaßte Rokokoaltäre mit gemalten Tafeln, ferner Holzfiguren, Stukkatur und anderes. – Die Kirche von WEILHEIM, ein schlichter Bau von Chr. Grossbayer (1767), hat einen wehrhaften spätgotischen, übereckgestellten Stirnturm und liegt hoch in ummauertem Friedhof, der eine gotische Pforte aufweist. Verschiedene spätgotische Holzbildwerke. Glocke• aus dem 13. Jh. – In GROSSELFINGEN Mauerreste einer Burg (Zehntscheuer). Ansehnlicher die Ruinen der nahen *Hainburg* (Schildmauer u. a.). – Die freigelegene, vom Friedhof umgebene Kirche in STEINHOFEN (1795), mit ihrem schlichten, sattelförmig gedeckten spätgotischen Turm, soll N. Lenau im Vorbeifahren zu dem Gedicht „Lieblich war die Maiennacht" angeregt haben. – In der Kirche von BISINGEN eine Muttergottes (um 1440); Beweinungsgruppe (um 1450). – In dem modernen großen Industrieort TAILFINGEN ein freistehender Kirchturm, wohl von 1506, neben der Südwestecke der Kirche (1777).

BURGFELDEN. Ein kleines Albdörflein in rauher, unfruchtbarer Lage, dicht am Plateaurand über dem Tal der Eyach. Im frühen und hohen Mittelalter war es Zentrum einer kleinen Herrschaft. Aus jener Zeit erhalten ein romanisches, dem hl. Michael geweihtes *Kirchlein*. Ehem. Urpfarrkirche mit einem noch im 15. Jh. großen Sprengel. Teilweise noch sichtbar erhaltene Grabungsergebnisse weisen auf eine kleine, wohl karolingische Saalkirche mit anschließendem Rundbau, der ein Plattengrab (Stifter?) enthielt. Der heutige Bau ist eine einfache Rechteckanlage mit einem an der Ostwand ansitzenden, aus der Längsachse ein wenig nach Süden verschobenen, quadratischen Glockenturm. In seinem Erdgeschoß ist er durch einen Durchgang mit dem Chor der Kirche verbunden. Die verschobene Lage rührt daher, daß der Turm schon zu einem älteren Langhausbau gehörte. Der schlanke Glockenturm mit jederseits zwei gekuppelten Schallöffnungen übereinander erinnert an tessinische Glockentürme. Aufgrund solcher Zusammenhänge darf der Turm und das mit diesem einst zusammenhängende, ältere Langhaus etwa in das letzte Viertel des 11. Jh. gesetzt werden. An den Turm ist nach Abbruch der älteren Kirche, unter teilweiser Benutzung ihrer Grundmauern, noch in romanischer Zeit ein über die Südflucht des Turms hinaus erweitertes rechteckiges Langhaus angeschlossen worden, dessen Westgrenze um wenige Meter über die heute stehende Westfront hinausgegangen ist

(Verkürzung im 16. Jh.). Auch dieser Neubau ist wie der Turm in einem Verband von sauber geschnittenen Tuff- und Jurakalksteinquadern hergestellt. In seinem Innern ein Zyklus romanischer *Wandmalereien*, der inhaltlich wie künstlerisch von außerordentlicher Bedeutung ist. Obwohl durch eine unsachgemäße Aufdeckung 1892 stark beschädigt (1954 jedoch hervorragend gesichert), bilden die Malereien bis jetzt die wichtigste Quelle für die Kenntnis der schwäbischen Bildanschauung in romanischer Zeit. An der Ostwand ein nahezu vollständig erhaltenes Jüngstes Gericht, an der Nordwand die Propheten und ein Überfall, d.h. die erste Szene der Erzählung vom barmherzigen Samariter. An der Südwand u.a. der hl. Michael mit dem Drachen, die Parabel von dem reichen Mann und dem armen Lazarus. Das Darstellungsprogramm unterstreicht noch in dieser bereits dritten Kirche ihre Bedeutung als Grabeskirche. Über den Fresken läuft ein sog. perspektivischer Mäander hinweg, der nach der Bildauffassung seiner Zeit jedoch durchaus flach gesehen wurde. Der unvollständige Bildzyklus steht stilistisch dem Apsidenbild der Kirche in Reichenau-Niederzell und dem Jüngsten Gericht in der Vorhalle der Georgskirche in Oberzell nahe. Beides sind Werke aus dem 2. Viertel oder der Mitte des 12. Jh., und so darf auch die ältere, allein schon aus baugeschichtlichen Gründen unhaltbare Datierung der Burgfelderner Malerei ins 11. Jh. als überwunden gelten. Sie ist im Anschluß an die Erbauung des Langhauses um 1100 entstanden und bestimmt dadurch auch die früheste Möglichkeit für die Entstehungszeit des Langhauses. – Die SCHALKSBURG ist eine Berginsel mit Steilhängen, nur auf einem schmalen, unbefahrbaren Felsengrat zugänglich. Am Zugang von Osten steht ein wiederhergestellter viereckiger, romanischer Bergfried aus mächtigen Buckelquadern, wie aus dem Fels gewachsen (die zugehörige Schildmauer verschwunden). Vor ihm drei gestaffelte, tief in den Fels gehauene Gräben. Ein zweiter Burgteil, von dem Gräben erhalten sind, am Südrand der Hochfläche und ein späterer sechsseitiger Wartturm an der Westspitze. – In LAUFEN schöne Fachwerkhäuser. – LAUTLINGEN hat ein *Schloß* aus der Mitte des 19. Jh. und ältere hübsche Fachwerkhäuser (Gasthaus zur Krone, 1697 von Zimmermeister OSWALD). *Gedenkkapelle* für die hier geborenen und am 20. Juli 1944 hingerichteten Claus und Berthold Schenk von Stauffenberg (Christus von G. MARCKS, 1957). – Das ehem. Frauenkloster MARGRETHAUSEN ist z.T. ein Barockbau (Chor 1934). Das Innere stuckiert mit Akanthusgewinden. Die Rokokokanzel reichgeschmückt. Spätgotisches Holzbildwerk (Muttergottes), Christus am Kreuz 17. Jh.

EBINGEN wurde um 1250 von den Grafen von Hohenberg gegründet. Von seiner Stadtbefestigung ist ein runder Eckturm erhalten. Schöner Marktbrunnen mit Rittergestalt (1545, von L. BAUMHAUER?). Der Chor der *Stadtkirche* St. Martin hochgotisch. Der Turm ist 1670 erbaut, neuerdings überschlank erhöht. Das Schiff war eine frühgotische Basilika mit Säulen und achteckigen Pfeilern. Die heutige Kirche in Jugendstilformen erbaut und nach Kriegszerstörungen wiederhergestellt. Einige ältere Kunstdenkmäler blieben erhalten: Spätgotisches Portalrelief mit hl. Martin zu Roß, Grabstein des Ritters Heinrich von Ringelstetten, genannt Affenschmalz, von 1413, reichgeschnitzte Kanzel von 1682. *Kapellenkirche* 1380 und 1490. Spätgotisches Sakramentshäuschen. Vesperbild (Kopie!). – In EHESTETTEN eine ehem. Kapelle in romanischen und hochgotischen Formen (heute Scheune). – Im Schmeiental ist das wichtigste Baudenkmal die noch bewohnbare Burg STRASSBERG über dem gleichnamigen Dorf. Abgegangen ist die Vorburg mit der Kirche (bis auf einen Rest des Westbaus mit Turm; wohl Umbau des 17. Jh. einer älteren Anlage). Das auf einem Felsklotz stehende Kernwerk der

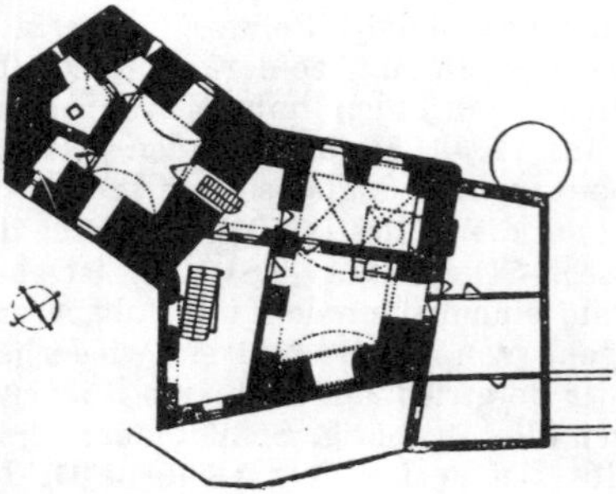

*Straßberg, Burg, Grundriß*

Burg besteht aus einem fünfeckigen ehem. Wohnturm mit dicken Mauern, tiefen Fensternischen und kleinen Scharten; er soll früher einmal höher gewesen sein. Angebaut ein Steinhaus mit anschließendem Torhaus, das runde Flankentürmchen besitzt. Der Hauptturm gehört wohl schon dem 13. Jh. an. Sein Eingangsgeschoß ist (nachträglich?) eingewölbt (seit 1906 Kapelle). Auch das Steinhaus hat gewaltige Mauern, eine gewölbte Küche mit Backofen, einen Saal mit Balkendecke. Die *Kirche* unten im Dorf ist 1737–1742 erbaut. Darin ein schönes Grabmal (um 1630), das die Burg in der alten Gestalt abgebildet zeigt. – Die Kapelle zu KAISERINGEN enthält ein Holzbildwerk vom Anfang des 16. Jh. (Dreifaltigkeit mit der gekrönten Muttergottes). – Die Kirche von FROHNSTETTEN auf der Alb wurde 1617 von MARTIN BARBIERI aus Roveredo erbaut, doch im 18. Jh. verändert, und enthält eine Gedenktafel von 1617, Erzguß von HANS BRAUN aus Ulm. – Die Kirche im badischen STETTEN am kalten Markt entstand gegen Mitte des 17. Jh. Ihre Ausstattung von 1720f. Hochaltar und Triumphbogen-Christus werden der Werkstatt der HEGENAUER zugeschrieben (um 1740). Das Rathaus war ehem. ein Schloß (17. Jh.). – STORZINGEN hat eine einfache Rokokokirche von 1758 mit einem Altarbild von MEINRAD V. AU (1769). In der Nähe die Burgruine *Weckenstein* samt einer vorgeschobenen Warte. – Inzigkofen Seite 360.

## 20. Das Donautal von Mengen bis Tuttlingen

Mengen Seite 430. – In nächster Nähe von Mengen liegt das Pfarrdorf ENNETACH, früher auch Altmengen oder Mengendorf genannt, dessen *Kirche* durch ihre mit dem Gesamtbau trefflich zusammengehende Ausstattung bekannt ist und ein gutes Beispiel für eine mit Geschmack erbaute und eingerichtete spätgotische Landkirche abgibt. Als Erbauer des Chors, 1491f., finden wir einen sonst im Oberland wenig beschäftigten Meister, ABERLIN JÖRG von Stuttgart, dessen lichte, freundliche Hallenkirchen mit Seitenkapellen in Altwürttemberg uns oft begegnen. Auch hier bewährt er sich in der Gestaltung des Ganzen wie in der feinen Durchbildung des Einzelnen. Das einschiffige Langhaus nicht gewölbt, wohl aber der hohe Chor mit schönen Maßwerkfenstern. Der freistehende gotische Turm an der Nordseite ist nur durch einen Zwischenbau mit der Kirche verbunden. Steinernes Sakramentshaus in der Form einer schlank emporschießenden Stabwerkfiale, mit schönem Statuenschmuck besetzt. Lob verdienen die Werke, die aus des jüngeren SYRLIN Bildschnitzer- und Schreinerwerkstatt hervorgegangen sind: der Levitensitz (1506) und das Chorgestühl (1509) mit manchem lebensvollen Bildwerk. Unter den Einzelfiguren auf den Altären finden sich einige bemerkenswerte Figuren – alles zusammen ein kleines Kirchenmuseum mit dem Vorzug einheitlicher Abstimmung auf die in den Handwerkskünsten hochgebildete Spätgotik. – Von Ennetach aus besuchen wir das reizend gelegene Donaustädtchen SCHEER, von einem hoch über dem Fluß gelegenen *Schloß* gehütet, das, aus einer Burg hervorgegangen, um 1486–1496 von Meister LIENHART aus Mengen wohl großenteils neu erbaut wurde. Kapelle 1505. Hoch ragen die Treppengiebel dreier

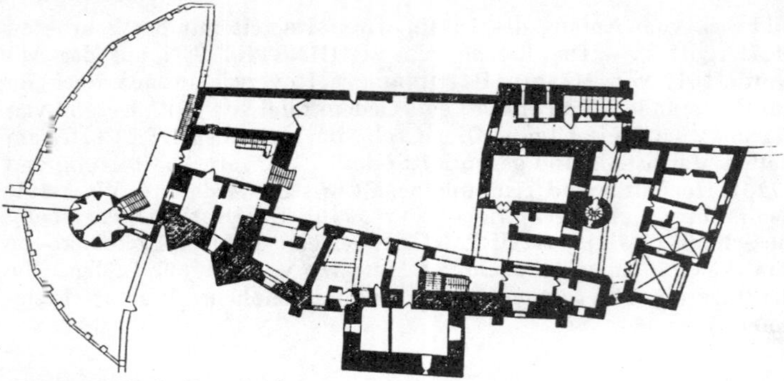

*Scheer, Schloß, Grundriß*

trutziger Steinhäuser. Am Mittelbau ein hübscher Erker mit spätgotischem Blendmaßwerk. Nördlich ist dem modernen Zwecken angepaßten Schloß ein Torbau des 17. Jh. mit gebrochenem Dach, Wappen Thurn und Taxis (1786), vorgelegt. Auf der Höhe neben dem Schloß steht die kath. *Pfarrkirche* St. Nikolaus, 1742–1752, aus einer Basilika des 14. Jh. in einen Barockbau umgewandelt, dessen wirkungsvolle Stuckierung und Ausmalung den Durchschnitt erheblich überragt. Im Deckenbild des Chors Verherrlichung der Eucharistie, an der Ostwand Glorie des hl. Nikolaus (von J. Fr. Öfele). Das ursprüngliche Bild im Schiff wurde 1935 durch ein Erdbeben zerstört. An den Seitenwänden gemalte Emporen, von denen Zuschauer sich herablehnen (von J. Esperlin, 1747–1752). Ähnlich illusionistisch die auf die Wand gemalte Architektur des Hochaltars. Nebenaltäre wie die gesamte Stuckierung der Kirche von Joseph Anton Feichtmayr, 1742–1745. Die Kirche besitzt ein bedeutendes Büstenreliquiar des hl. Wunnibald aus dem 14. Jh. Beachtenswert auch die Bildwerke außen und innen an der Chorwand, der 1492 gestiftete Ölberg mit der trefflichen Kreuzgruppe und das Rittergrabmal (Truchseß Andreas von Waldburg-Sonnenberg, † 1511). Steigen wir von der Höhe in das Städtchen hinab, wo noch manche hohen Giebelhäuser dem Gassenbild einen altertümlichen Charakter verleihen, und überschreiten die Donaubrücke, um zur Loretokapelle auf dem linken Ufer hinaufzuwandern. Unterwegs fällt uns die erneuerte *Burg Bartenstein* in die Augen, malerisch auf Felsen über dem Fluß aufgebaut, mit Erker, Rund- und Viereckturm. Die *Loretokapelle* darüber, 1628 begonnen und 1745 geweiht, ist eine waldburgische Stiftung, mit einer von gratigen Kreuzgewölben überdeckten, von Pfeilern getragenen Vorhalle.

SIGMARINGENDORF, an der Mündung der Lauchert, enthält malerische Ortsbilder, dank dem gotischen *Kirchturm* mit seinen Staffelgiebeln (Vesperbild um 1400), der kleinen *Bruckkapelle* mit ihrem Vordach, dem stattlichen Pfarrhof aus dem 17. Jh. und dem Schlößchen *Ratzenhofen* mit seinen Eckerkerchen aus derselben Zeit. In HITZKOFEN steht ein Barockkapellchen mit offenem, massivem Giebeltürmchen. Ältere Fachwerkhäuser. Am Rathaus ein Steintafelbild, 1625. – BINGEN an der Lauchert ist ein stattlicher Ort mit mehreren alten Bauernhäusern. Die *Kirche* liegt hoch und frei auf dem beherrschenden Kirchberg. Sie ist spätgotisch, vom Kloster Zwiefalten 1522 erbaut, umgebaut 1790. Erweiterung 1963. Der Turm hat ein Satteldach mit architektonisch ausgebildeten Staffelgiebeln. Turmvorhalle und Chor haben schöne Netzgewölbe mit Zierrippen in maßwerkartiger gewundener Führung. Hauptschatz der Kirche sind die Überreste eines spätgotischen Altarschreins mit fünf Gemälden B. ZEITBLOMS (die Außenseiten von einem Gesellen, dem Meister des Pfullendorfer Altars) und Holzbildwerken aus der Werkstatt SYRLINS d. J., Muttergottes, Maria Magdalena, Petrus und Johannes d. T., die z. T. neuerdings N. WECKENMANN zugeschrieben werden (W. Deutsch). Weitere spätgotische Holzbildwerke, u. a. Beweinungsgruppe von M. SCHAFFNER, und Grabsteine derer v. Hornstein, darunter drei mit Porträtfigur (1603, 1611, 1612). Der *Pfarrhof*, ein Steinhaus mit Treppengiebel (1602), vom Kloster Zwiefalten erbaut, ist mit dem Kirchberg durch einen Gang verbunden. Das Gasthaus *zur Krone*, ein hoher Fachwerkbau mit vortretenden Geschossen, doppelter Laube von starken Eichenbalken und alten Stubendecken, war mit der gegenüberstehenden Scheuer ebenfalls ein Hof des Klosters. Die *Eulogiuskapelle* beim Ort hat hübsche Stukkaturen. – Schloß HORNSTEIN über der Lauchert, die Stammburg eines lange blühenden Geschlechts, ist von diesem, nachdem die Burg 1818 f. als Zuchthaus diente, 1869 zurückgekauft und abgebrochen worden bis auf den Torbau mit rundem Eckturm, der die runde Kapelle mit reicher barocker Stuckdecke enthält. Vesperbild um 1430. Überreste einer spätgotischen kleinen Hauskapelle. Die Lage am Rand einer Felsenwand über Baumkronen ist entzückend. Der älteste, ganz an die Spitze der Felsenzunge vorgeschobene, unregelmäßig geformte Teil der einst ausgedehnten Burg war gedeckt von einer Schildmauer mit Buckelsteinen. Sein äußerster Vorsprung war die Kapelle. An die Schildmauer wurden später (nach 1513) zwei runde Flankentürme angebaut, der eine zugleich Treppenturm des Wohngebäudes, das die Nordwestseite der Vorburg einnahm. Das große Wirtschaftsgebäude an der Nordostseite ist in seinen Umfassungsmauern noch zum Teil erhalten. Außer dem nördlichen Torbau mit dem großen Rundturm hatte die Vorburg noch ein zweites, gegen Südosten gerichtetes Tor. – Von der Burg BITTELSCHIESS, die am Eingang des danach benannten Tälchens malerisch auf einem Felsen steht, ist ein als Warte vorgeschobener Rundturm erhalten, in dem eine Kapelle eingerichtet ist. Die Burg wurde bereits 1579 abgebrochen.

Die Stadt SIGMARINGEN, die sich etwa südlich an den Burghügel anlehnt, wurde wohl schon in der 1. Hälfte des 13. Jh. planmäßig angelegt. Vom oberen zum unteren Tor zog sich die Donautalstraße hindurch, in der Mitte einseitig erweitert zum Marktplatz. Eine Nebenstraße geht ihr südlich parallel; sie gehört zu einem Straßenzug, der in einigem Abstand der Stadtmauer entlanglief; eine Abzweigung führte gegen die Südostecke, wohl zu einem alten Tor. Von der Stadtbefestigung ist an der Südwestecke ein Rundturm erhalten. Am Marktplatz stehen einige ältere Häuser. Der Leopoldsplatz mit den Staatsgebäuden aus der Biedermeierzeit und die Karlstraße geben gut zusammengestimmte Architekturbilder. Das Schönste sind die Alleen, Parkanlagen und Wälder bei der Stadt, zusammen mit dem Wasserlauf der Donau und den Felsen, die an ihn herantreten. Das *Schloß* hat durch den Wiederaufbau am Ende des 19. Jh. und durch Anbauten an Stattlichkeit und Formenreichtum verloren. Der Reiz der Lage auf dem jähen Donaufelsen ist unzerstörbar. 1077 hat die Feste einer Belagegerung des Gegenkönigs Rudolf von Schwaben standgehalten. Die ältesten Teile des heutigen Bestandes sind der Turmrumpf mit dem anstoßenden Rundbogentor, die aus Buckelquadern gefügten, später überbauten Ringmauern gegen die Donau und die Stadt sowie der Mauerstock des Palas samt dem Küchenbau. Der Palas stand, etwas vorspringend an der Donauseite, in der Ringmauer. Gegen das Tor zu schloß sich der Küchenbau ihm an. Reste eines Erkers, Kragsteine und kleine Tragbögen sind vom Palas erhalten. Gegen die Stadt hin legte sich dem Burghof ein tieferer Zwinger vor. Am Ausgang des Mittelalters, unter den Werdenberger Grafen, wurde das Tor verstärkt durch einen vorgeschobenen Torbau mit überwölbter Einfahrt, Kasematten links und rechts davon und zwei runden Flankentürmen vorn. Die schöne Sühnetafel über dem Eingang, vielleicht ein Werk A. DAUCHERS von Augsburg, trägt die Jahreszahl 1526. Schon früher, Ende des 15. Jh., war nördlich vom Palas, ihn teilweise umfassend, quer über den Burghof ein Doppelbau erstellt worden. 1627 schuf HANS ALBERTHAL von Dillingen die massiven Aufbauten am Tor und um den Bergfried. Die Steinhäuser am Nordende der Burg brannten im 30jährigen Krieg aus und wurden von dem Bregenzerwälder Baumeister MICHAEL BEER wiederaufgebaut. 1893 brannte abermals der

Nordostflügel des Schlosses nieder und wurde unter Leitung E. v. SEIDLS wiederaufgebaut. Weitere Flügel, zum Teil mit Terrassendächern, schließen sich dem Hochschloß an. Das Schloß enthält noch historische Räume und in den Wohnräumen, Kasematten u. a. Kunst- und Altertumssammlungen. Die 1865–1867 als spätromantischer Museumsbau baulich und in ihrer Ausmalung interessante *Kunsthalle* wurde von J. LAUER erbaut und von dem Düsseldorfer A. MÜLLER ausgemalt. Sie enthält eine größere Anzahl vor allem schwäbischer Werke der Malerei und Plastik, zumeist aus spätgotischer Zeit. – Die *Pfarrkirche* wurde von MARTIN ILG aus Dornbirn an Stelle einer älteren, vermutlich um 1444 entstandenen 1757–1763 erbaut. Der Turm im unteren Teil noch von 1580. Die Kirche ist einschiffig, mit eingezogenem Chor und bescheidenen Kreuzarmen. Bedeutender als die Architektur ist die Ausstattung mit Deckenbildern des M. v. AU, Stukkaturen von J. SCHWARZMANN und schönen Stuckmarmoraltären, deren Entwurf J. M. FEICHTMAYR zugeschrieben wird (Bildwerke von J. G. WECKENMANN u. a.). Ein Kleinod der Kirche ist die kupferversilberte und teilvergoldete Fidelistür, zwei Flügel von einem Schrein, der sich ehem. im Schloß befand, mit getriebenen Gestalten der Muttergottes, 14 Nothelfer und eines Stifters mit dem Werdenberger Wappen (um 1500). Die *ev. Kirche* in gotischem Stil nach F. A. STÜLERS, des SCHINKEL-Schülers, malerischem Plan, 1862. Das ehem. Kloster *Hedingen* beim Friedhof vor der Stadt gibt heute noch ein idyllisches Bild, besonders an der Ostseite mit der Terrasse, die mit Standbildern und Bäumen geschmückt ist. Die Kirche wurde 1680 erbaut, einschiffig in steilen Proportionen, mit eingezogenem Chor, der sich jetzt in einen stolzen, hohen Kuppelbau öffnet, und einem seitlichen Anbau. Letzterer ist als Marienkapelle um 1747 erbaut in feinstem Rokoko, stuckiert von N. SCHÜTZ aus Landsberg. Figuren des hl. Wendelin und Eulogius von J. J. CHRISTIAN. Ungewöhnlich in seiner realistischen Bildhaftigkeit der Gefängnis-Christi-Altar von M. HOBS. Schmiedeeisengitter. Der Kuppelbau für die fürstliche Gruft mit drei ins Kreuz gestellten Apsiden ist in italienischer Hochrenaissance erbaut von DE PAY um 1889, an sich sehr stimmungsvoll mit seinem gedämpften Oberlicht und der prachtvollen, von gediegenem Gold blinkenden Ausstattung, die auf tiefen Ton gestimmt ist; doch zu dem Barockschiff nicht recht passend. Die *Josefskapelle* ist ein hübscher achteckiger Kuppelbau, erbaut 1629 von HANS ALBERTHAL, umgebaut 1660 von MICHAEL BEER, nochmals verändert 1739 und mit Altarfiguren von J. J. CHRISTIAN aus Riedlingen, Stukkaturen von N. SCHÜTZ und Deckenbildern von J. I. WEGSCHEIDER geschmückt. Kath. Pfarrkirche St. Fidelis 1965 (M. SCHÄTZLE), Zentralbau.

Sehr hübsch sind die neuen Bauten des Klosters GORHEIM auf die Bildwirkung in der Landschaft berechnet (17. und 18. Jh., 1911). Die *Pfarrkirche*, zeitweilig Franziskanerinnenkirche, zu LAIZ ist einfach und wirkt heute nicht mehr besonders altertümlich. Um 1450 in Form einer Staffelhalle erbaut, wurde sie 1765–1768 durch teilweise Abtragung der Langhauswände außen zu einer Basilika umgewandelt. Die spitzbogigen Arkaden zwischen Mittelschiff und Seitenschiffen wurden durch gedrückte Korbbögen ersetzt. Der Chor, ursprünglich Chorturm, wohl noch aus dem 12. oder 13. Jh., enthält spätgotische Wandbilder (um 1430), die Chordecke und die Langhauswände Wandmalereien von MEINRAD V. AU aus dem Jahr 1768. Der spätgotische jetzige Kirchturm halb ins Nordschiff hineingestellt. Der Westteil, angebaut 1687 wohl von Vorarlberger Baumeistern, hat auf der Empore einen reizenden Altar von dem Sigmaringer Bildhauer J. B. HOBS (1771) mit dem Gnadenbild, ein Vesperbild von etwa 1440. Die Kirche enthält noch weitere wertvolle Plastiken und Grabsteine, u. a. eine Muttergottes, die H. STRIGEL d. Ä. zugeschrieben wird. Die moderne Stuckdecke, wie auch das Kriegerdenkmal außen, von J. HENSELMANN aus München. – INZIGKOFEN an der Donau ist ein ehem. Nonnenkloster (1354–1803). Die *Klosterkirche* wurde 1780 von CHR. GROSSBAYER erbaut, wohl unter Benützung älterer Reste von 1388 und 1659. Einschiffig, mit viereckigem Chor; Turm an der Südseite über dem Eingang, unten gotisch, darüber ein Achteck mit Zwiebelhelm. Auf der Empore das Chorgestühl der Nonnen. Auf der Brüstung ein Holzgitter mit Blattwerk und Blumen, Nonnenarbeit aus Papier und Gips. Zopfaltäre; eines der Altarbilder von STOOR aus Konstanz 1696. Holzkanzel. Nepomukfigur aus Ton. Totenschilde. Die Klostergebäude wurden 1659–1663 von MICHAEL BEER gebaut (heute Volkshochschulheim). Im Innern besonders bemerkenswert die vielen verschiedenen geometrischen Stuckdecken. Am Nordgiebel ein kleines Kruzifix aus Ton (1463). Im ehem. Nonnenfriedhof eine eherne Totentafel (1572) und schmiedeeiserne Grabkreuze. Im Klostergarten eine ovale Kapelle (Einsiedlerkapelle), erbaut 1729; 1740 fein stuckiert von N. SCHÜTZ, ausgemalt von J. I. WEGSCHEIDER. Außerhalb das ehem. *Amtshaus* (1726), umgebaut 1811. Aber packender als alles Bauwerk ist die Natur in dem berühmten Wald- und Felsenpark, den die Donau durchzieht. – GEBROCHEN GUTENSTEIN, weiter unten an der Donau, unter der Mündung der Schmeien, ist ein unzugängliches Trümmerstück von einem kleinen, turmartigen Felsennest, dessen Anlage Staunen erregt. Der hochliegende Eingang war nur mit der Leiter zu erreichen. Der ausgehöhlte Burgfelsen wurde durch eine Vormauerung gestützt. – Die Burg DIETFURT, wohl vom Ende des

13. Jh., stand auf einem Felsenklotz an der Donau, der die Furt einer Reichsstraße beherrschte. Erhalten ist vornehmlich der Turm mit interessanten Einzelformen: Eingang, Gewölbe, Aufgang in der Mauer, Zinnen. Der Wohnbau stand weiter unten beim Tor. – VILSINGEN besitzt in seiner einfachen Friedhofskirche, die vielleicht auf einen bereits 850 genannten Bau zurückgeht, Fresken aus der Zeit um 1535 (Passionsgeschichte und Fries der klugen und törichten Jungfrauen) bzw. von 1627. – GUTENSTEIN (auf badischem Gebiet) ist ein heute noch bewohnbares Schlößchen von einfachem Äußeren, auf einem Felsen über Fluß und Dorf gebaut. – Ein merkwürdiger und in der Verbindung mit den Mauern und Staffelgiebeln eines Meierhofes malerischer Bau ist die Kapelle von TIERGARTENHOF; eine kleine Basilika im Anschluß an einen romanischen Vorgängerbau mit unregelmäßigen Rundarkaden, Tonnengewölben, runden Oberlichtern und rundbogigen Unterfenstern. Das Chörlein dreiseitig geschlossen, mit sechsteiligem Gratgewölbe, Rundpforte, Dachreiter. Bei Tiergarten stehen die Burgen Falkenstein und Gutenstein. FALKENSTEIN hat eine ungemein kühne Lage, besonders die untere, auf einen Felsenturm gestellte kleine Burg, die heute unzugänglich, früher auch nur über Stiegen erreichbar war. Die obere war gleichfalls ein Felsennest, erweitert durch einen oberen Vorhof und einen unteren Zwinger. Gottfried Werner v. Zimmern soll die Burg um 1525 in der Hauptsache erbaut haben; der Gründung nach war sie viel älter. Ein hoher Turm gestattete den Überblick über die Hochebenen links und rechts der Talspalte. – Im badischen KREENHEINSTETTEN entstand die Pfarrkirche 1778–1782. Nur der Nordturm erinnert noch an einen mittelalterlichen Vorgängerbau. Beachtenswerte Holzbildwerke der Zeit um 1500 im sonst neugotischen Hochaltar. – Hochausgesetzt über einem Steilabfall des Donautals das Schloß WERENWAG, von einem Park umgeben. Es entstand an Stelle einer schon im hohen Mittelalter genannten Burg und gehört in seinem Baubestand heute weitgehend dem 17. und 18. Jh. an. – Vom Standpunkt des Festungsbaus im 16. Jh. interessant ist die Burg WILDENSTEIN, die unter den Grafen von Zimmern zwischen 1513 und 1554 entstand. Geschützstände, Basteien, Zeugkammern und Kasematten geben einen guten Eindruck von einer Schloßfestung der Renaissance. Größere Reste der alten Ausstattung (u. a. Wandmalereien).

Das heute in der Wissenschaft durch seine Forschungen zum ältesten lateinischen Bibeltext weltberühmte Benediktinerkloster BEURON wurde als Augustinerchorherrenstift um 1075 gegründet und nach Erhebung zur Abtei (1687) neu gebaut, mit langgestrecktem Innenhof, gewölbten Kreuzgängen und schmalen Klosterflügeln. Die Klosterbauten 1694–1705 von FRANZ BEER und JOHANNES GEORG BRIX. Die *Kirche* 1732–1738 von MATTHÄUS SCHARPFF aus Rottweil ist eine eigenartige Anlage. Die nach innen gezogenen Strebemauern sind als Pfeiler ausgebildet, von der Wand abgelöst und tragen weite Bögen, an die sich flachkuppelartige Kreuzgewölbe anschließen. Die Pfeilerarkaden ziehen sich auch um den Chor herum. In Höhe der Gebälkaufsätze, über den Kapitellen, sind geradlinige Galerien gehängt, die merkwürdig weit oben hängen. Der Turm steht südlich neben dem Schiff. An der Nordseite ist die neue Gnadenkapelle angebaut. Die reiche Ausstattung, die durch die sog. Beuroner Kunstschule stark entstellt war, wurde nach dem zweiten Weltkrieg in ihrer ursprünglichen Form wiederhergestellt. Die Stukkaturen sind von dem Wessobrunner J. SCHÜTZ aus Landsberg. Die Fresken von J. I. WEGSCHEIDER aus Riedlingen, um 1738. Das Hauptbild in der Mitte stellt die Gründungslegende dar, ein Stück Waldromantik aus der Rokokozeit. Der nur teilweise erhaltene Hochaltar von J. A. FEICHTMAYR sowie J. G. und F. A. DIRR ist mit seinen hohen schlanken Säulen geschickt an die Schlußpfeiler des Chors angeschlossen. Kapitelsaal, Kapelle und Bibliothek zeigen z. T. noch alte Barock- und Rokokostukkaturen und Malerei (teilweise moderne Erweiterungen). Zum neueren Kirchenschmuck und Klosterinventar gehören mancherlei sehenswerte Kunstwerke. So der von Kaiser Wilhelm II. 1910 geschenkte Christus am Kreuz in der Vorhalle (Bronzeguß). Den Beuroner Stil läßt man am besten in der von Pater M. GISLER geschaffenen *Gnadenkapelle* der Kirche (1898–1901) auf sich wirken. In seiner frühen Form in der Kapelle *St. Maurus* „im Felde" (1870), einem Werk des Schulhauptes D. LENZ aus Haigerloch. Niemand kann sich dem Eindruck dieser reinen, frommen Kunst entziehen, die zwar gedankenmäßig, aber dennoch in der Wirkung künstlerisch ist, weil sie sich auf einfache Mittel und folgerichtige Abstraktion beschränkt. – Eine alte *Holzbrücke* führt beim Ort über die Donau.

BRONNEN ist mehr eine Warte als eine Feste. Wohnturm mit Burghof und Kapelle auf einem Felsen, der durch eine überbrückte Kluft vom Hinterland abgeschieden ist. Im obersten Stock ein Saal mit Rokokostukkatur. – Einen einheitlich barocken Eindruck macht die Kirche in BUCHHEIM, deren Ausstattung mit Stuck, Deckenbildern, Altären und Kanzel dem 18. Jh. angehört. – Das nach 1300 von den Grafen von Hohenberg gegründete Städtchen FRIDINGEN hat sehr wenig Reste seiner Befestigung bewahrt. An einigen Häusern Spuren von Fassadenmalerei im Rokokogeschmack. Die Kirche ist neuromanisch, enthält aber einige gotische Holzbildwerke. *Annenkapelle* mit gotischem Chor und Langhaus von 1730 an der Donaubrücke gegen Mühlheim. Darin spätgotische Fresken, Deckengemälde von J. A. WEZEL 1765, Rokokoaltäre und ein schmiedeeisernes Chorgitter. Von einem Schlößchen sind Reste erhalten. – ALTFRIDINGEN ist eine längst aufgegebene Siedlung und Burg aus dem Mittelalter, in fast sturmfreier und landschaftlich romantischer Lage auf einem schroffen Felsvorsprung an der Donau. Ringmauern, Tor und Türme, auch ein paar Steinhäuser sind unter Gestrüpp und Baumwuchs in ihren Grundmauern noch zu erkennen. – Ebenfalls bei Fridingen ein *Burgstall* (= Neuhohenberg) – Wall und Graben, Mantel- und Turmgemäuer – mit Vorwerk oder Warte auf dem Stiegelfelsen; eine Burgruine PFANNENSTIEL und Mauerreste einer Burg KREIDENSTEIN, gleichfalls auf steilem Felsen. – Wichtiger sind das Schlößchen Bronnen und die auf badischem Gebiet gelegene Burgruine KALLENBERG (Buckelquaderturm). – Schloß und Stadt MÜHLHEIM liegen hoch auf einer Bergzunge am Donautal und geben das seltengewordene Bild eines durch moderne Ansiedlungen kaum gestörten Anblicks einer mittelalterlichen Stadt. Das *Schloß*, vorn an der Spitze mit zwei runden Ecktürmen, Mansardendach und Zwiebelhauben, wurde 1751–1753 nach Plänen F. A. BAGNATOS umgebaut. Stuckierte Schloßkapelle und Ahnensaal mit schönem Fayenceofen. Die Stadt dahinter, z. T. noch umfaßt von Ringmauern, mit einem frühgotischen Buckelquaderturm über dem *Oberen Tor*, wurde in der 1. Hälfte des 13. Jh. von den Grafen von Zollern gegründet. Sie besteht aus drei Längsstraßen, die von engen Quergäßchen gekreuzt werden. Besonders die südliche Seite der Stadt wirkt altertümlich mit den über die Mauer vorgebauten Häusern und hölzernen Lauben. Das *Rathaus* ist ein kraftvoller, gotischer Fachwerkbau aus Eichenholz, mit offener Halle im Unterstock und Malereien im Oberstock (errichtet bald nach 1409). Ein weiteres sehr altes Fachwerkhaus auf der Südwestecke der Stadtmauer beim Oberen Tor. Ein paar massive Herrschaftsgebäude oben und unten am Schloßberg. Die ursprünglich im klassizistischen Zopfstil erbaute *Kirche* im Innern 1956/57 verändert. Der Seitenturm noch mittelalterlich, unten mit Buckelquadern. *Kapelle* an der Steig ins Tal (1610) mit Barockaltar (1727). – Unten links der Donau, in der Altstadt – auf einer ursprünglich römischen Niederlassung und Ausgangspunkt der Stadtentwicklung –, steht im ummauerten Friedhof die *Alte Pfarrkirche* St. Gallus samt einer Kapelle. Die Kirche ursprünglich romanisch, 2. Hälfte 12. Jh., einschiffig mit Seitentür. Musivisch behandeltes Mauerwerk aus hellem Kalkstein und gestreift von Tuffsteinschichten. Chor hochgotisch, mit Wandgemälden aus dem 14. und 15. Jh. (kluge und törichte Jungfrauen). Das Seitenschiff spätgotisch. Höchst malerisches Innenbild dank der Ausstattung mit gotischem Chorgestühl, Barockempore, Rokokoaltären (Altarbild von A. Korb 1774), Grabmälern. Die *Veitskapelle* hat eine Außenkanzel in Rokoko und einen Barockaltar. Spätgotische Veitsdarstellung. Nahebei ein Kapellchen unter einer Linde. Alles in reizvoller Fluß-, Felsen- und Waldlandschaft. – Auf dem *Welschenberg* südlich der Stadt die Trümmer einer großen Wallfahrtskirche von 1754 (verfallen seit 1813). – Die Kirche in STETTEN ist neugotisch, entworfen von Dombaumeister Fr. v. Schmidt aus Wien (1864), zweischiffig mit Vieleckchor und steinernem Giebelfirstturm, unterstützt von einem Strebepfeiler. – Die NENDINGER Kirche ist 1755 im Rokokostil erbaut und 1863 mit gotischem Turmaufsatz versehen worden. Rokokoaltäre mit Gemälden von J. I. Schilling 1759. Das Kirchlein beim „Fronhof" (wohl die alte Pfarrkirche) ist romanisch, aber verändert; noch ummauert. Barockaltar. Zwei kleinere Kapellen, im Ort und jenseits der Donau. Das früher direkt an der Donau gelegene TUTTLINGEN brannte 1803 nahezu vollständig ab. Von seinen ehem. Festungswerken steht noch ein Turm. An der Ostseite hat sich z. T. der Graben erhalten. Die an einem wichtigen Straßenknotenpunkt gelegene und seit 1377 württembergische Stadt war – mit der Honburg darüber – eine ziemlich starke Grenzfestung geworden, darum „Kleinbreisach" genannt. Ein alter steinerner Fruchtkasten hat den Brand überdauert. Alt ist teilweise auch noch die Donautalvorstadt jenseits der Brücke. Nach dem Brand wurde die Stadt über dem Brandschutt in etwas höherer Lage nach dem Plan des Landbaumeisters C. v. Uber neu angelegt (gleichzeitig Verlegung des Donauverlaufs): ausschließlich rechteckige Häuserblöcke, 15 im ganzen, mit Binnenhöfen und Feuergäßchen. Die zwei breiteren Hauptstraßen kreuzen sich in der Mitte und erweitern sich hier zum Markt. An ihm steht das *Rathaus* von 1804, mit zwei Türmchen auf dem langen First. Ein Eckhaus der Hauptstraße ist abgerundet. Dem rationellen Plan entsprach die gleichmäßige Bebauung, die uns heute wieder freundlich und nicht unkünstlerisch anmutet. Schlichte Fachwerkfassaden von bescheidener, gleichmäßiger Höhe, mit massivem Unterstock und glattem Dach; meist aneinanderstoßend und hell getüncht. Die Flucht hier und da unterbrochen durch ein schöngeschmiedetes Wirtsschild. Die *Kirche* nach Plänen des Bauinspektors Niefer 1815 erbaut, 1900 geschickt von Dolmetsch umgebaut; der Turm 1868 in „romanischem" Stil ausgebaut. Das Innere ein großartiger, flachgedeckter Saalraum mit zwei Reihen ägyptisierender Säulen, an denen die Emporen eingehängt sind. Auf dem Friedhof einige ältere Grabmäler. Das kath.

Gemeindezentrum *Maria Königin* in der Kreuzstraße 1959/60 von den Architekten Gottschlich und Schraube aus Rottweil errichtet. – Die Trümmer der HONBURG sind durch Wiederaufbau der zwei Ecktürme wieder wirkungsvoll geworden. Sie war eine Festung von ansehnlichem Umfang. Das Schloß mit seinen vier Ecktürmen gegen die Stadt hin aufragend. Fensterrahmen und dgl. sind herausgebrochen. Davor, durch einen mächtigen Graben und Wall abgeschnitten, der rechteckige Waffenplatz mit Ringmauer und Rundvorsprüngen (Rondellen). Gegen den flachen Berghang, die Hauptangriffsseite, wieder durch einen tiefen Graben verwahrt. Die Mauer hier verstärkt und von zwei mächtigen Rundtürmen flankiert. Die Feste wurde wohl 1460f. unter Graf Eberhard im Bart, ohne daß eine Vorgängeranlage vorhanden war, vollkommen neu erbaut. Sie ist keine Burg mehr im alten, eigentlichen Bedeutungssinn (d.h. befestigter Wohnsitz eines Adeligen), vielmehr ein reiner Festungsbau und damit als sehr frühes Beispiel für dessen Typ im 15. Jh. baugeschichtlich von hohem Interesse. Während des 30jährigen Krieges (1645) zerstört.

## 21. Horb – Haigerloch – Balingen – Beuron

Horb Seite 395. – NORDSTETTEN, des Dichters der „Dorfgeschichten" Berthold Auerbach (1812–1882) Heimat, stellt sich ungemein stattlich dar mit seinem ehem. *Schloß*, einem dreistöckigen Langbau der Rokokozeit (1734f.). Von der Ringmauer ist nur noch ein Eckturm vorhanden. Die *Kirche* hat durch Erweiterung und Umbau (1883) ihren Rokokostil zumeist verloren. Doch bewahrt ihn vornehmlich der Turm. Sie besitzt einen alten Sakristeischrank und eine gotische Monstranz für eine Kreuzpartikel. Spätgotische Holzbildwerke um 1400 und 1500. Einzelsiedlungsbilder geben der ummauerte *Buchhof* (1706) und der Wallfahrtsort TABERWASEN aus dem 18. Jh. – Die *Pfarrkirche* von DETTENSEE hat einen guterhaltenen spätgotischen Chor mit starkem Seitenturm und hübscher Ausstattung: Wandtabernakel, Sitznische, Glasgemälde (Heilige, wohl um 1500), alte Bemalung im Gewölbe. Noch zum Hof zusammengeschlossene Nebengebäude eines *Wasserschlosses* aus dem Ende des 16. Jh., mit einst drei Rondellen an den Ecken der Hofmauer. Das Hauptgebäude abgebrochen. – EMPFINGEN hat an seiner neuromanischen Kirche einen hochgotischen Turm, ehem. Chorturm. Am Schiff eingemauert Reste eines romanischen Bogenfrieses mit Bildern, Zeichen und Mustern. 1925 wurden die Grundmauern einer alten Kirche ausgegraben (angeblich 10 × 3,8 m), offenbar Reste der Urpfarrkirche, die einen weitausgedehnten Sprengel bis zum Neckar besaß und nach der Überlieferung im 9. Jh. entstanden und im 30jährigen Krieg zerstört worden war. – In WIESENSTETTEN ist die Kirche ein einfaches Barockwerk (1727), umgeben von schönen Bauernhäusern. – MÜHRINGEN im Eyachtal hat eine *Rokokokirche* (1752). Bürgerliche und herrschaftliche Gebäude wie der sog. *Christiansbau* (1790) bewirken einen städtischen Eindruck. Das Gasthaus zum Adler hat aus dem Barock Schneckengiebel und Eckerker. Das Schloß *Hohenmühringen* ist zumeist neugotisch (1857 von J. A. Rupp, Reutlingen), als Bau der späten Romantik jedoch nicht weniger interessant. Alt ist z.T. noch das Untere Schloß, d.h. der Bauhof. Im oberen Schloßhof, den man über eine Grabenbrücke erreicht, steht die alte, aber erneuerte und veränderte Schloßkapelle mit zwei alten, wiederhergestellten Altarschreinen. Alt ist auch der große Heidenturm, bis auf die Zinnenkrönung. Im Schloß Waffen- und Kunstsammlungen. Jenseits des Burggrabens steht der sog. Neue Bau aus der Renaissance, eigentlich Fruchtkasten, jetzt bewohnt. Garten- und Parkanlagen schließen sich an das Schloß an. Auf dem Schloßbrunnen ein neueres Standbild der hl. Cumerana (Kümmernis). – In WEILDORF stammt der Chor der Kirche aus dem 12. Jh.; spätgotisch verändert.

HAIGERLOCH ist aus zwei im 13. Jh. je im Anschluß an eine Burg gegründeten Städten entstanden: Unterstadt rechts und Oberstadt links der Eyach, beide in Spornlage. Nach Vereinigung der beiden Orte wurde 1468 ein gemeinsames Rathaus errichtet (abgebrochen). So günstig die Lage für Burgen ist – im kleinen ähnlich der von Luxemburg –, so ungünstig ist sie nach heutigen Begriffen für eine Stadt. Um so malerischer aber ist das Stadtbild. In zwei engen Schleifen fließt die Eyach mit starkem Gefälle um die beiden Bergzungen, die die Burgen tragen; ihr Tal ist eine Schlucht mit enger Sohle und jähen Felsabhängen. Die Lauben mancher Häuser in der Oberstadt, und zwar auf beiden Seiten, hängen über dem Abgrund, der vom Geräusch des Flusses erfüllt ist. Flügelmauern, die an den Felswänden kaum Fuß fassen konnten, schlossen die Städte an die Burgen an. Das *Schloß*, das sich auf dem Felsenrücken rechts der Eyach über der Schloßkirche aufstaffelt, gehört in seinem heutigen Bestand zumeist dem Neubau um 1580 an. Die Schloßgebäude sind einfach gehalten, wirken aber gut durch die Gruppierung. Ein Torturm und ein Treppenturm im Hof. Über dem nördlichen Tor ehem. eine Kapelle. Alle Türme des Schlosses haben ähnliche Hauben aus der Barockzeit. Das Hauptgebäude wurde 1662 von Michael Beer erhöht und umgebaut. Die Gipser, die die derben Stukkaturen Ende des 17. Jh. im Innern schufen, kamen aus Zwiefalten. Die *Schloßkirche* (Abb. 27) erscheint mit ihrem Chor, den sie nach Süden kehrt, noch wie ein spätgotischer Bau, wurde aber erst 1591–1607 von HANS STOCKER aus Rottenburg errichtet und im Innern 1748 einheitlich als Rokokoraum ausgestattet, vielleicht unter Beratung des Münchner Baumeisters J. M. FISCHER (Bauleitung CHR. GROSSBAYER). Das Schiff hat beiderseits Kapellennischen mit Stichbögen. Der Turm steht neben der linken Südecke. Chor und Eingang sind aus der Mittelachse verschoben, was man im Raum aber kaum bemerkt. Es ist erstaunlich, daß sich die Kirche auf dem abfallenden Felsgrat überhaupt errichten ließ. Der Chor hatte vermutlich ein Netzgewölbe, das Schiff aber eine kunstreiche Holzdecke; jetzt haben beide flache Kuppeln aus Holz und Stuck mit Fresken und Stukkaturen im Stil des Zwiefalter Münsters. Der führende Stukkateur war NIKOLAUS SCHÜTZ aus Landsberg, die Decken- und Altarbilder schuf der Sigmaringer MEINRAD V. AU, die Nebenaltäre der Sigmaringer F. M. HOBS. Hauptschmuck der Kirche ist immer noch der Hochaltar, ein Denkmal der späten deutschen Renaissance mit seiner Überfülle von Figuren, verteilt über eine noch ganz ornamental aufgefaßte Architektur in drei Geschossen (unbekannter Meister, Figuren zumeist von V. MOLL aus Überlingen). Geschnitztes Chorgestühl, ein Chorgitter, Kanzel und Kirchengestühl, eine Doppelempore an der Eingangsseite: alles in Rokokoformen. Vor dem Chorgitter eine Mater dolorosa von dem Haigerlocher Bildhauer J. G. WECKENMANN, um 1750. Im unteren Städtchen die einfache *Unterstadtkirche* aus dem 13. Jh., deren Chor im 15. Jh. verändert wurde. Vesperbild 15. Jh. Hier der Grabstein des Baumeisters CHRI-

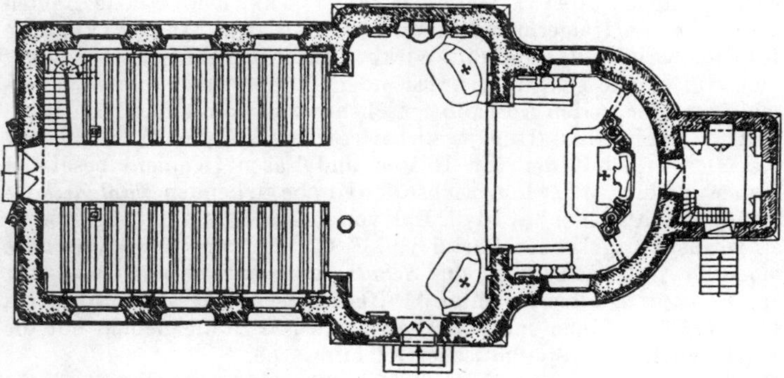

*Haigerloch, Wallfahrtskapelle St. Anna, Grundriß*

STIAN GROSSBAYER († 1782). Sein Wohnhaus mit Steinportal und Fassadengemälden an der Straße nach Imnau. Auch sonst noch einige ältere Häuser, wie das Gasthaus zum Schwanen mit dem Renaissancerelief von Adam und Eva am Giebel. Die Figur auf dem *Marktbrunnen* ist von J. G. WECKENMANN (1774), von ihm auch einige Grabsteine mit Reliefbildwerk bei der Unterstadtkirche. – Der romanische *Oberstadtturm* der Gegenburg entstammt, nach seinen überaus dicken Buckelquadermauern und den Steinmetzzeichen zu schließen, sicher aus staufischer Zeit. Er wurde 1746 zu einem Glockenturm mit großen Schallöffnungen und achteckigem Aufsatz erhöht. Im Hag das sog. *Hagschloß* von 1749. Hauptziel bei der Oberstadt die *Wallfahrtskapelle St. Anna* (Abb. 28) auf dem linken Talrand. Sie wurde 1753 bis 1755 durch den kunstsinnigen Fürsten Joseph erbaut, der auch die Schloßkirche erneuern ließ. Als Baumeister gilt der Überlieferung nach JOHANN MICHAEL FISCHER, der jedoch bestenfalls nur beratend gewirkt haben kann, da sich die Kirche schon im Grundriß mit ihrem rechteckigen Querschiff, dessen ausgerundeten Ecken und dem korbbogenförmig geschlossenen Chor kaum in das gleichzeitige Werk des Baumeisters einordnen läßt, das ganz von einfachsten geometrischen Grundformen, bisweilen kristallin gebrochen (Achteck), geprägt wird. Die genialen eleganten Stukkaturen wie die Altäre schuf der berühmte JOHANN MICHAEL FEICHTMAYR aus Augsburg, einer der bedeutendsten Vertreter der Wessobrunner Schule. Mit den Deckengemälden erreichte der Sigmaringer Maler MEINRAD V. AU den Höhepunkt seines Schaffens (Legende der hl. Anna). Die Holzplastiken der Altäre sind von dem hochbegabten, von Fürst Friedrich nach Haigerloch berufenen JOHANN GEORG WECKENMANN. Die örtliche Bauleitung hatte der Haigerlocher Baumeister CHRISTIAN GROSSBAYER. Die Kapelle wirkt mit ihrem in Wirklichkeit bescheidenen, von einer querovalen, nur scheinbar kreisrunden Kuppel überwölbten Querschiff und der weiten Apsis überraschend großräumig und einheitlich und mit ihrer Ausstattung wahrhaft fürstlich. Außen ist der ganze Kapellenplatz mit der von Büsten und Vasen (Kopien) besetzten Mauer und dem in der Längsachse der Kirche stehenden *Kaplaneihaus* (1746) ein entzückendes Idyll. Das von einem Balkon mit Schmiedeeisenbrüstung gekrönte Portal von J. G. WECKENMANN. Eine gute moderne Architektur zeigt das *Schulzentrum* südlich des Orts, ganz aus Betonfertigteilen errichtet (G. BEHNISCH und H. BIDLINGMAIER, 1963–1965). – Einen spätgotischen Turm mit Staffelgiebeln hat die Kirche zu HART. Spätgotische Holzbildwerke.

Hochgotisch mit nachgotischen Umbauten (1601) ist die *Friedhofskapelle* in GRUOL, deren Chorturm ein malerisches Spitzdach trägt.

Bemalte tonnenförmige Holzdecke. Reizvoll zusammengestellte Ausstattung aus verschiedener Zeit. In der Pfarrkirche des 19. Jh. spätgotische Holzbildwerke. – Die *Friedhofskapelle*, sog. Weilerkirche, bei OWINGEN ist ein gut durchgebildeter romanischer Kapellenbau aus der 2. Hälfte des 12. Jh., ähnlich der Belsener Kapelle, hat aber den ursprünglichen Turmchor mit seiner Apsis verloren. Der steile Stirngiebel ist nicht mehr der ursprüngliche. Doch ist die Stirnseite immer noch das Interessanteste, mit der eine Vorhalle andeutenden Mittelvorlage, aus der die Pforte mit zwei Säulenstellungen hervortritt. Das Bogenfeld ist in zwei Reihen ausgefüllt mit Kerbschnittmustern, ebenso die trapezknaufartigen Kapitelle. Ähnliche Halbsäulen stehen unter dem Chorbogen. Vesperbild und Kruzifix um 1500. In der barocken *Pfarrkirche* eine schöne Gruppe trauernder Frauen und ein kreuztragender Christus, um 1460. – Die Kirche zu OSTDORF ist im Chor hochgotisch, verwandt der Friedhofskirche von Balingen. Der Turm unten romanisch. Reste figürlicher Glasmalereien (15. Jh.). Schöner Meßkelch aus dem späten 15. Jh. Holzbildwerke vom Anfang des 15. Jh. – ENGSTLATT hat im Chor der malerisch ummauerten, spätgotischen *Kirche* ein Wandgemälde von 1471: Kreuzigung vor Landschaft (Umgegend von Engstlatt?). – GEISLINGEN hat an der neuen Kirche noch einen alten Turm und einen stark umgebauten, spätgotischen Chor (1499) mit alter Taufkapelle. Mehrere spätgotische Holzfiguren. Hochaltarkruzifix von S. Schweizer, um 1600. Grabmäler aus dem 16. und 18. Jh. Das große, noch von zwei Gräben im Viereck umzogene *Schloß* ist ein Spätbarockbau von einfacher Erscheinung. Hauptportal dorischer Ordnung (1783). Ehem. Schloßkapelle mit Stukkaturresten vom Ende des 16. Jh. Gepflegter Schloßgarten mit alten Linden und Pavillon im Zopfstil, mit Delfter Kacheln ausgekleidet. Stattliche *Friedhofskapelle* im Spätrenaissancestil (1665) mit Vesperbild (um 1460).

Die Stadt BALINGEN wurde 1255 von den Grafen von Zollern gegründet. Sie brannte zuletzt 1809 ab und wurde nach einem schematisch regelmäßigen Plan wiederaufgebaut. Erhalten blieb die Führung der langen, schwach geknickten Hauptstraße als Mittelachse der Stadt. Rechtwinklig auf sie stößt die *Stadtkirche* St. Nikolaus mit dem überraschend hoch aufsteigenden Chorturm. Der Bau wurde mit dem Chor 1443 begonnen, möglicherweise durch Hänslin Jörg (H. Koepf) und vielleicht von dessen Sohn Hans Jörg d. J. weitergeführt (Chorgewölbe). Vollendet von den Tübinger Meistern Franz (1510 Südportal, 1512 Verdingungsurkunde für den Bau des Langhauses) und Stephan (1541 oberstes Geschoß des Turms). Das Langhaus ist ein Hallenbau mit Wandpfeilern und altgewölbten Seitenschiffen; das

Mittelschiff stark überhöht (Wölbung hier erst 1912). Sein Äußeres ist bescheiden gehalten. Die für ein spätgotisches Langhaus ungewöhnliche Länge läßt vermuten, daß beim Neubau ältere Langhausfundamente benutzt worden sind. Der zur Hälfte auf dem Chorhaupt sitzende Achteckturm muß nach Ausweis der Mauerstärken der östlichen Chorhälfte schon in seiner Planung dem Meister von 1443 zugeschrieben werden, der mit ihm offenbar eine städtebauliche Wirkung gleich der des ungefähr zu derselben Zeit vollendeten Kapellenturms in Rottweil beabsichtigte (das Motiv der Maßwerkfriese unter Gurtgesimsen erscheint auch unterhalb der oberen Umgangsbrüstung des Kapellenturms). In dem krassen Richtungsgegensatz des niedrig hingestreckten Schiffes und der Senkrechten des Turms äußert sich die spätgotische Anschauung unverhüllt, ebenso in der Art, wie die eigentliche Fassadenwirkung nach Osten verlegt ist, einfach weil hier die Hauptverkehrsstraße vorüberläuft. Im Innern spätgotische Steinkanzel von Meister Franz. Der Schalldeckel von dem hiesigen Meister Simon Schweizer, der auch das Altarkruzifix und das Grabmal der Magdalena v. Degernau im Chor (1605) geschaffen hat. Die Kirche war früher ausgemalt. – *Gasthaus zur Rose*, 1701, mit geschnitzten Eckfiguren (Adam, Eva und Ritter). Von der alten Stadtmauer im Südosten der *Wasserturm* mit anschließendem Mauerzug samt Graben erhalten. *Zollernschlößchen*, nach 1934 im alten Fachwerkstil fast vollkommen neugebaut (Museum). – Nordöstlich der Stadt die spätgotische *Siechenkapelle* mit Resten von Wandmalereien. – Am rechten Eyachufer außerhalb der Stadt die *Friedhofskirche*, bis 1516 Pfarrkirche U. L. Frau. Kurzes rechteckiges, ursprünglich wohl dreischiffiges, jetzt flachgedecktes Langhaus und ein in drei Seiten des Achtecks schließender, kreuzrippengewölbter Chor, beide um die Wende des 13. Jh. entstanden. Die östliche Stirnwand des Langhauses (nördlich vom Chor) spätromanisch (Rundbogenfenster mit umrahmendem

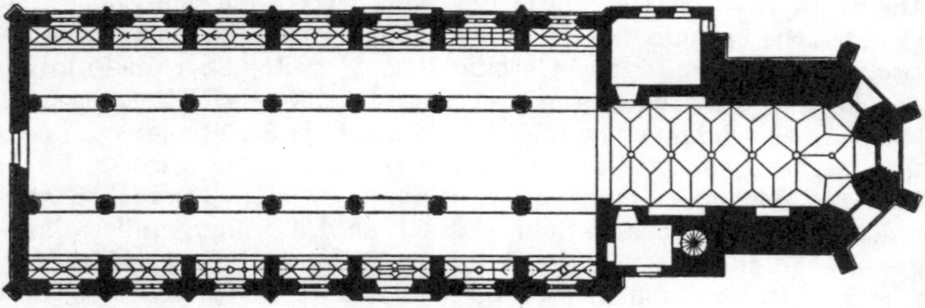

*Balingen, Stadtkirche, Grundriß*

Rundstab). Der südöstliche Glockenturm gehört zu einem noch älteren Bau, wohl des 11. Jh. Geschlossener Unterbau mit gekuppelten Schallöffnungen im ursprünglichen Glockengeschoß, Säulen mit Pyramidenstumpfkapitellen und roher Schaftanschwellung. Die Erhöhung in Fachwerk aus späterer Zeit. Großes Wandbild des hl. Christophorus aus der Zeit des gotischen Neubaus. Grabsteine von 1458, 1597 und 1692. Zwei Bohlen einer Holzdecke mit wichtigen figürlichen Malereien (Passion Christi) aus dem Anfang des 12. Jh., sind in das Stuttgarter Landesmuseum gekommen.

ERZINGEN besitzt an seiner sonst neuen Kirche einen spätgotischen Chor. – TIERINGEN auf der Lochenalb hat eine Renaissancekirche, die wohl von G. BEER, dem Stuttgarter Lusthausbaumeister, 1595 unter Wiederverwendung älterer Teile erbaut worden ist. Fischblasenmaßwerk in den Fenstern. Eingreifende Veränderungen 1953/54. Wehrhaft ummauerter Friedhof. – Die Kirche in OBERDIGISHEIM besitzt einen spätgotischen Chor und Taufstein mit vier Löwen am Fuß. UNTERDIGISHEIM hat ein *Barockkirchlein* (1723) mit spätgotischem Taufstein (1518). – Die Pfarrkirche in OBERNHEIM wurde 1753f. durch J. C. BAGNATO errichtet. Sie dient heute als Querschiff einer Erweiterung von 1924. Die Deckenbilder der alten Kirche von J. APPIANI. – NUSPLINGEN im Beeratal ist ein ehem. hohenbergisches Städtchen mit regelmäßiger Anlage im Viereck mit Straßenkreuz und zum Markt erweiterter Vierung. Vor einem Brand hatte es Mauern mit Gräben und vier Tore. Auf der Kreuzung liegt der „Herrenplatz“, an dem das *Rathaus* steht. Die alte *Pfarrkirche* ist 1861 neugebaut worden, bis auf den Turm und den aus der Spätgotik und Barockzeit stammenden vieleckigen Chor. Die *Friedhofskapelle*, ehem. Dorfpfarrkirche, romanisch und gotisch; im Turmchor mit Kreuzrippengewölbe auf Achteckdiensten. Als Choreingang ein breiter Spitzbogen auf romanischen Kämpfern. Schiffdecke aus der Pfarrkirche, bemalt mit Blumen, Fruchtstücken und einem Bild von einem Maler J. R. MOHR, 1711. Auch die Empore reich und bunt bemalt. Nachgotischer Altarschrein. Seitenaltäre und Orgel im Rokokostil. Spätgotisches Wandtabernakel. Auf dem Friedhof schöne Schmiedeeisenkreuze mit Blechzieraten, wie auch sonst im Bezirk bisweilen noch erhalten. – EGESHEIM im Anhäuser Tal, nahe bei der Mündung in die Beera, ist landschaftlich eine Perle des Heubergs mit der gotischen, 1758 veränderten *Liebfrauenkirche* im ummauerten Friedhof. Sie hat eine Rokokoausstattung mit Stuck- und Deckengemälden von J. I. WEGSCHEIDER und Stationsgemälden von F. DENT (1758). Am Talhang eine *Loretokapelle* (1747). Von der auf der Höhe gelegenen Burgruine *Graneck* steht noch der quadratische, an einer Seite offene

Bergfried und ein Stück der Schildmauer. Ein Felsenloch scheint als Fluchtgang eingerichtet gewesen zu sein. – REICHENBACH hat ein Barockkirchlein (1721) mit malerischem Dachreiter. Am Chorgewölbe Stuckrippen und Laubwerk; Rokokoaltäre. – Im Beeratal steht oberhalb von Bärental das ehem. Jagdschlößchen ENSISHEIM aus dem 16. Jh. Dabei ein Bauernhaus mit Rokokomalereien um Tür und Fenster. – Kirche und Friedhofskapelle von IRRENDORF, jene neuromanisch, diese echt spätgotisch, sind im 20. Jh. von der Beuroner Schule ausgemalt worden. – Beuron Seite 361.

## 22. Haigerloch – Rosenfeld – Spaichingen

Haigerloch Seite 366. – Kloster KIRCHBERG, ursprünglich Augustinerinnen-, dann Dominikanerinnenkloster, an Stelle einer Hohenbergischen Burg um 1237 errichtet, liegt einsam in parkartiger Berglandschaft mit prächtiger Aussicht auf den Hohenzollern und die Albkette. Das Hoftor eine moderne Nachbildung der Anlage von 1749. Im Hof hat man zur Linken das sog. Herrenhaus; vor sich den Westflügel des Klosters, einen stattlichen Barockpalast, 1733 erbaut vom Klosterbaumeister JOSEPH FEUERSTEIN aus Rottweil, mit dem Barockgiebel der *Kirche*, die den Nordflügel der Anlage bildet. Sie wurde 1688 über den alten Fundamenten und unter Verwendung teilweise auch aufgehenden Mauerwerks der ersten Kirche von zwei Tiroler Werkmeistern unter der Bauleitung eines Paters BRACHELL aus Wesel neu erbaut. Einfaches Rechteck ohne besonders betontes Altarhaus, aber mit tiefer Westempore, die den Nonnenchor bildete. Zwei große Altäre, zwischen denen ein Triumphkreuz hängt, scheiden den Altarraum vom Schiff. Die Ausstattung ist einheitlich in Spätbarock, von einem Klosterschreiner um 1745, Gestühle und Altarbildrahmen ungewöhnlich reichgeschnitzt (vor allem im Nonnenchor). Mittelalterliche Holzbildwerke; Grabsteine aus dem 13.–15. Jh. mit Wappen, darunter Graf Albrecht II. von Hohenberg († 1298). Vor der Kirchentür steht eine sechseckige Grabkapelle, anscheinend auf frühgotischer Grundlage (Neubau 1692 vollendet). Hinter dem Klostergebäude zwei lange Fensterwände des hochgotischen Kreuzgangs mit feinem Fenstermaßwerk. Ein Türbogenfeld davon mit Bildwerk jetzt im Chor der Kirche. Auf dem ehem. Nonnenfriedhof stehen schöne Schmiedeeisenkreuze aus dem 17. und 18. Jh., alles wild verwachsen und halb zerfallen. Ein frühgotisches Portal bildet den Zugang. – Ein Idyll ist das nahe Bruderhaus BERNSTEIN. 1729 erbaut von J. FEUERSTEIN, mit schönen Stukkaturen und Deckengemälden in der Kirche. Auch Zellen und Säle sind z. T. erhalten, ebenso der altertümliche Klostergarten. Ein stilles Waldtal ist die Umgebung. – Das Städtchen BINSDORF nach einem Brand 1904 in ländlicher Bauweise wieder aufgebaut. Die *Loretokapelle* (1627, modern erweitert) reizvoll durch Lage, Ausstattung und Umgebung. Südlich des Orts, zwischen Geislingen und Isingen, war in römischer Zeit ein riesiges, weithin sichtbares Denkmal errichtet worden, die „*Flavischen Altäre*", von denen die Stadt Rottweil ihren Namen erhalten hatte. Bruchstücke wurden 1953 ergraben. –

Lohnend nicht nur der ausgesetzten und aussichtsreichen Lage wegen ist ein Besuch des altertümlichen Städtchens ROSENFELD. Von den Herzögen von Teck um 1250 gegründet, paßt sich sein dreieckiger Grundriß der Bergnase an. Die schildmauerartige Seite an seinem oberen Ende wurde einst von einem festen Schloß und einem wehrhaften *Steinhaus* flankiert. Letzteres ist auf der nördlichen Stadtseite noch erhalten. Das bereits seit 1317 württembergische Städtchen wurde oft von Bränden heimgesucht. Spätgotische *Kirche* mit feinen Bildkonsolen am erneuerten Chorgewölbe. Bemerkenswert ist die Westvorhalle (Anfang 15. Jh.). Die Kirche enthält ein Grabdenkmal mit Ritterbild (16. Jh.) und spätgotische Glasfenster (zwei Wappenscheiben aus dem Umkreis des Hausbuchmeisters, um 1480). Sog. *Klosterhof*. Der große *Fruchtkasten* mit sechs Steinsäulen, Renaissance, 1581 erbaut. Das *Ursulahaus* gegenüber gilt als das Geburtshaus der Stammutter der Markgrafen von Baden. Reste der Stadtbefestigung. Rathaus mit getäfeltem Saal (15. Jh.). Marktbrunnen 1560. – In BICKELSBERG erinnert nur noch ein Turm an die ältere Kirche des Mittelalters. Die heutige von 1746. Spätgotischer Taufstein, ebenso in BRITTHEIM.– In ISINGEN eine kostbare Kirchenschiffdecke aus Holz mit spätgotischer Malerei, Ranken und Tiere. Netzgewölbter Chor. – Spätgotisch ist die stark veränderte Chorturmkirche in LEIDRINGEN. Gleichzeitig der Taufstein, figürliche Schlußsteine im Netzgewölbe des Chors. Spätgotische Holzbildwerke (u. a. Vesperbild) in der Kirche von DAUTMERGEN. – Die Kirche von GÖSSLINGEN steht wie eine Burg hoch über dem Dorf im festen Friedhof. Die Spätgotik hat ihr im wesentlichen ihre jetzige Gestalt gegeben und den Turmchor mit einem trefflichen Sterngewölbe geschmückt. Ihr verdankt man auch das schlanke, über 7 m hohe Sakramentshaus und das schöne, überlebensgroße Kruzifix.

In WEILEN unter den Rinnen die Kirche St. Nikolaus von 1753, im 19. Jh. umgebaut. Spätgotisches Sakramentshäuschen. Sehr gute spätgotische Figuren der Muttergottes und anderer Heiliger (um 1530). Ihr unbekannter Künstler stammt vielleicht vom Oberrhein. Vesperbild um 1390. – Die Kirche in DEILINGEN ist spätgotisch erbaut, aber 1698 durch einen Querbau erweitert und 1764 verlängert worden. Durchgehend gewölbt und stuckiert in Wessobrunner Art (vgl. Rottenmünster). Das Schiff hat Kreuzgewölbe, deren Grate von Laubkränzen in Stuck umhüllt sind. Pilaster, an deren Blätterkapitelle ein Engelchen aus Voluten und Fruchtgirlanden blickt. Im Chor sind die Pilaster kanneliert; die Gewölbegrate mit Blätterrippen behängt, die sich zu runden Kränzen zusammenschließen; darin Darstellungen in erhabener Arbeit. Hochaltar mit Säulen, Laub- und Bildwerk. Seitenaltäre mit Gemälden von J.G. Wolcker, einem Schüler Bergmüllers. – Die 1727 neuerbaute Kirche von SCHÖRZINGEN hat eine prächtige, noch vollständige Barockausstattung, farbig und reich vergoldet. Ein Altarbild von F. Hoffer (1742). Turm mit geschwungenen Staffelgiebeln und Kugelknäufen darauf. Das Pfarrhaus (1724) ehem. bemalt. Stattliche massive Gasthäuser aus dem 18. Jh. – Die öde Burg OBERHOHENBERG auf dem Hohenberg, der sich über dem Deilinger Hochtal dem Hohenstaufen ähnlich erhebt, stand gegen Westen dicht am Rand einer hohen Felswand. Sie war der Stammsitz der Grafen von Hohenberg, eines Seitenzweigs der Zollern, die sich ein bis in den Schwarzwald reichendes Territorium erwarben. 1381 wurde die Grafschaft an Österreich verkauft (vgl. Rottenburg). Die Burg wurde 1449 von Rottweil zerstört und nicht wiederhergestellt. Ihre Grundmauern wurden vor einiger Zeit ergraben. Nachgewiesen dadurch wurde namentlich die Schildmauer mit dem südlichen Tor und einem starken, regelmäßig achteckigen Flankenturm aus Buckelquadern; an der nördlichen Schmalseite ein runder Turm, der halb in den Zwinger vortritt. Ein Wohngebäude stand an der Nordseite und eines an der Südseite der Mauer. Es war anscheinend eine Art von Doppelburg mit mehreren Vorburgen oder Zwingern. Der Gutshof zu Füßen der Burg erinnert an das wenig später nach deren Zerstörung abgegangene Städtchen Hohenberg. – In WELLENDINGEN ein schlichtes Barockschloß (heute Rathaus). – WEHINGEN, der Hauptort auf dem Großen Heuberg, besitzt eine einsame *Friedhofskirche* (Fronhofer Kirche), spätgotisch (1440) mit romanischen Spuren am geraden Chorschluß. Schiff und Chor gleichbreit, durch einen Spitzbogen geschieden. Rokokokanzel, Barockaltäre. Turm seitlich, mit Staffelgiebeln und Maßwerkfenstern. Am Kirchhofeingang eine schöne Linde. An der Südspitze des Hohenbergs eine *Wallfahrtskapelle* (1900 umgebaut). *Hüttenwerk Harras* seit 1697, jetzt Forsthaus. Der alte Hochofen bereits 1839 abgebrochen.

In BUBSHEIM steht noch die alte kleine, gotische Kirche (1451) mit Chorturm, den ein schlichtes Satteldach deckt. Das Langhaus soll einem Neubau weichen. Ummauerter Friedhof. Anziehend das Bild, wie das Dorf am Talrand liegt. Alte Mühle im Tal. – BÖTTINGEN hat eine spätbarocke Kirche von 1793, mit gotischem Turm. Der Hochaltar hat einem neuromanischen weichen müssen. Erhalten sind die echten alten Rokokowerke an Seitenaltären, Kanzel, Beichtstühlen und Kirchenbänken. – Die reizvoll gelegene Friedhofskirche von AGGENHAUSEN entstand 1750. Das gleichzeitige Deckenbild erinnert an eine Ablaßbulle für den Bau einer Vorgängerkirche, 1344. – Ein Schmuck der Landschaft ist die ummauerte Friedhofskapelle mit Mesnerhaus bei MAHLSTETTEN (1750), das letzte Überbleibsel eines Pfarrdorfs Aggenhausen auf der Hochebene hinter dem Dreifaltigkeitsberg, am Ende eines Talanfangs gelegen. Bis ins 18. Jh. Marienwallfahrt. An der Decke ein großes Fresko von A. Hamma aus Fridingen (1783), bäurisch. Rokokoaltäre. – DÜRBHEIM hat eine schöne *Rokokokirche* (1763) mit gotischem Chor und romanischem Seitenturm (1862 erhöht). Hochaltar 1738 mit feinem Marmorrelief. *Friedhofskapelle* ebenfalls in Rokoko (1773), bei der früher Einsiedler wohnten. – Die Kirche in BALGHEIM, noch umgeben vom ummauerten und mit Schmiedeeisenkreuzen geschmückten Friedhof, ist sehr reich ausgestattet in verschiedenen Stilphasen des 18. und 19. Jh., die miteinander harmonisieren. Unter Beibehaltung eines alten, unten tonnengewölbten, oben mit Maßwerkfenstern spätestgotischer Form ausgestatteten Turms ist sie 1702–1709 von A. Linner aus Möhringen a. D. erbaut worden; 1794 verlängert. Das Innere mit Pilastern und stuckierten Gewölben. Stuckverzierungen von U. Schweizer aus Deggingen (1738). Altäre von Greissing aus Überlingen (1740). Hinter dem Hochaltar an der Rückwand ein schönes klassizistisches Marmorrelief aus der Salemer Werkstatt. Beichtstühle in reichem Rokoko, Kanzel und Chorstühle klassizistisch. Reicher Silber- und Paramentenschatz, z. T. aus Rottenmünster. Ölberggehäuse mit gewundenen, rebenumschlungenen Säulen (1685). – Spaichingen Seite 376.

## 23. Rottweil – Trossingen – Spaichingen – Tuttlingen

Rottweil Seite 414. – In DEISSLINGEN ist an der neuromanischen Kirche noch der Turm alt: In einem Bauernhaus mit Scheune erkennt man das frühere „Klösterle". – In der Pfarrkirche von DAUCHINGEN ein sehr gutes Holzbildwerk der Muttergottes aus der Zeit um 1300. Kruzifix und hl. Barbara spätgotisch. – TROSSINGEN hat noch eine große ev. Kirche aus der Rokokozeit (1742), errichtet von

J. A. GROSS d. Ä. und H. M. KRAFT. Der ältere Turm mit spätgotischen Maßwerkfenstern unter dem zopfigen Achteck. Von einer zweiten Kirche ist ein unscheinbarer Turm erhalten, das übrige in ein Wohnhaus verbaut. 1827 schuf in Trossingen der Tuchmachersohn Christian Messner seine erste handgefertigte Harmonika, Ausgangspunkt des bedeutenden wirtschaftlichen Aufschwungs der Stadt. – Die Rokokokirche in WEIGHEIM (1763) hat eine neugotische Ausstattung bekommen. Das Pfarrhaus (1762) ist umgeben von Spuren einer *Wasserburg*. Eine verschindelte Kapelle steht außerhalb an einer Wegkreuzung, hoch und frei. – In MÜHLHAUSEN ist die frühgotische Kapelle neben dem Chor der 1715 und 1895 erneuerten Kirche der Unterstock eines Turms, einst Sakristei. – TUNINGEN hat ein hübsches *Rathaus* mit Mansardendach. Die *Kirche* ist – bis auf den Turm mit seinen Staffelgiebeln – 1728 von einem „architectus FRITSCHE" erbaut worden, der auch eine gemalte Gedenktafel gestiftet hat. Aus derselben Zeit ein schmiedeeiserner Altaraufsatz, wie sie auch sonst in ev. Kirchen der Gegend aus dieser Zeit vorkommen. – In TALHEIM ist das *Ochsenbeckenhaus* ein prächtiger Fachwerkbau von 1757.

Die Burg auf dem HOHENLUPFEN bei Talheim ist in ihren Grundmauern ausgegraben worden, die ein schöner Tannenhochwald überschattet. Sie ist der Stammsitz eines seit 1065 bezeugten Hochadelsgeschlechts, das sich eine größere Herrschaft erwarb. – OBERFLACHT ist berühmt durch das seit 1809 bekanntgewordene frühalemannische Gräberfeld auf dem Kreuzbühl mit seinen „Totenbäumen" (d. h. Baumsärgen) in hölzernen Grabkammern mit reichen Beigaben (Landesmuseum Stuttgart). – Auf dem Kirchberg zu SEITINGEN im Eltatal bilden Kirche und Pfarrhaus mit Nebengebäuden eine malerische, von der Kirchhofmauer umschlossene Gruppe. Die große *Kirche* wurde 1759 erbaut, hat eine Stuckdecke mit meisterhaften (aber neu übermalten) Fresken von dem Kemptener Hofmaler FR. L. HERMANN (vgl. Zwiefalten), Rokokoaltäre, Chorgestühl und Kanzel. Auf einem Hügel nahebei das Kirchlein *St. Eucharius*, gotisch, 1721 ausgestattet. Im Dorf ein *Steinhaus* (Speicher) mit Staffelgiebeln. – Die *Burg* auf dem HOHENKARPFEN ist ganz abgegangen. Die Grundmauern aber z. T. ergraben. Die Höhenburg wird bereits im 11. Jh. als Reichslehen genannt. – Das altwürttembergische (1444), ev. Dorf HAUSEN ob Verena bietet mit seinen altertümlichen, z. T. in Renaissanceformen verzierten Fachwerkhäusern und seinem ummauerten spätgotischen Kirchlein ein anmutiges Bild. In der *Kirche* spätgotische Altarpredella und ein steinernes Wandgrabmal (um 1600).

SPAICHINGEN, erst seit 1828 Stadt, ist aus einem langgedehnten

Straßendorf mit kurzen Feuergassen entstanden. Als einzige ältere Bauten besitzt es das *Schloß* (Obervogtei) von 1683 und das Kameralamtsgebäude vom Ende des 18.Jh. Auf dem *Dreifaltigkeitsberg* steht die Wallfahrtskirche, als Nachfolgerin eines spätgotischen Baus 1660–1669 erbaut und 1763 erweitert. Stattlicher Barockbau mit Zentralkuppel, kurzen Querarmen, halbrundem Chorschluß und Westturm vor dem Langschiff (westliche Teile 1660f., östliche einschließlich Vierungsteil 1763). Mächtige, gepaarte Freisäulen tragen über einem Gesims- und Gebälkstück die flache Vierungskuppel. Ausstattung in Barock und Rokoko. Altarbilder von F. Dent, 1765. Die Stukkaturen und Malereien neuzeitlich (1875). Der Turm bildet unten eine Vorhalle und hat seit neuerer Zeit oben auf dem Achteck eine Plattform (Aussichtsturm), nicht zum Vorteil der Erscheinung. Dafür bietet der Baldenberg, wie der Ort vormals hieß, eine Fernsicht von der Zugspitze und dem Karwendel bis zur Jungfrau und dem Montblanc; die Alpenkette dehnt sich hier im Süden über ein Drittel des Gesichtskreises aus.

In RIETHEIM sind *Schloß* (1720 umgebaut, darin geschichtliche Familienbilder) und *Kirche* (1835) in einfachen Formen neuerer Zeit gehalten. Am alten Kirchturm ein rohes romanisches Steinbild. An der Kirche einige Grabmäler der Widerhold (18.Jh.). – Die spätgotische Kirche zu WEILHEIM enthält ein Renaissance-Ziborium mit prächtiger Krönung. – WURMLINGEN, der Hauptort der ehem. Herrschaft Konzenberg, hat eine stattliche *Galluskirche* klassizistischen Stils (1782), erbaut von Fr. J. Salzmann, Donaueschingen. Deckenmalerei 1784 von G. Hölz. Die Wandmalerei von 1787 ersetzt durch neue von B. Locher. Stukkaturen und Altarbildwerk von Fr. Vollmar, Riedlingen. Stuckmarmoraltäre von Leo Moosbrugger. Der Turm unten alt (1499). Ehem. *Wasserschloß*, jetzt Schulhaus, mit sehr dicken und hohen Steinwänden. Altes *Pfarrhaus*, früher Franziskanerinnenklause. Ehem. *Rathaus* (1602). Auf dem Friedhof (Tor 1618) steht eine ehem. *Kapuzinerkirche* von 1764 (Teile von 1613), mit drei volkstümlich-reichen Altären. – Die Ruine KONZENBERG war im hohen Mittelalter Mittelpunkt einer kleinen Herrschaft. Vorhanden sind noch der Stumpf eines ungemein starken romanischen Bergfrieds, der beim Eingang stand, und Reste von Ringmauer und Ringgraben unterm Bergrand. Vorwerk mit Gräben gegen den Bergrücken, den schöner Wald umhüllt.

**Das Kapitel ‚Im Schwarzwald' umfaßt folgende Wanderrouten:**



*Wir verweisen auf die dem Buch beiliegenden Übersichtskarten.*

# V. Im Schwarzwald

## 1. Das Nagoldtal von Bad Liebenzell bis Nagold

Im Tal der Nagold das Städtchen BAD LIEBENZELL mit burgartigem Kirchhof und großartiger Burgruine. Von der *Kirche* ist der hochgotische Chor, mit geschnitztem Stuhlwerk aus dem 16. Jh., alt; umgeben von einigen älteren Grabdenkmälern. Die *Burg*, die mit

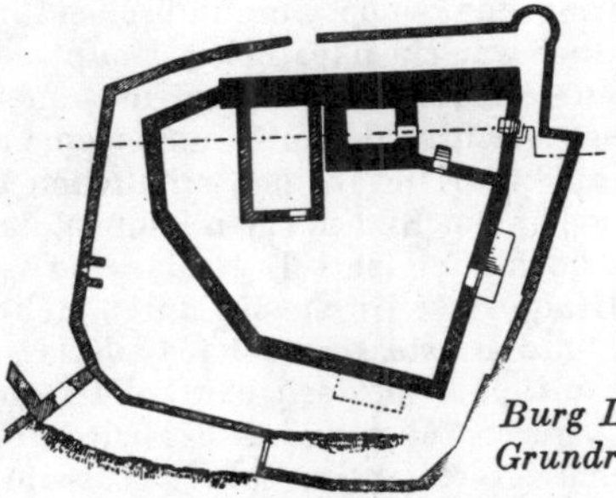

*Burg Liebenzell, Grundriß*

langen Flügelmauern an die Stadtfeste angeschlossen war, zeigt mächtige Vorwerke und ein romanisches Kernwerk; Schildmauer mit daran angelehntem Bergfried (Buckelquader). Der Turm ist an seinem oberen Ende tonnengewölbt. Eine Wendeltreppe in der Mauerstärke ermöglicht den Zugang zur darüberliegenden Plattform, eine gleichartige Treppe einen Aufgang in der Schildmauer. Der Wehrgang auf deren Krone ist tonnengewölbt unter dem Bergfried durchgeführt. An die Innenseite der Schildmauer stießen die steinernen Wohnhäuser, deren z. T. ursprünglich erhaltenen Mauern schöne romanische und frühgotische Formen zeigen. Bergfried und Schildmauer 1. Hälfte 13. Jh. Mauer und Zwinger umschlossen den Burghof auch an der Rückseite gegen die Stadt. Moderner Ausbau durch ein internationales Jugendzentrum. – Ein spätgotischer Chor an der Kirche in BIESELSBERG. – In der Kirche von MONAKAM ein kleiner Altarschrein, der mit dem SCHÜCHLINschen Altar zu Tiefenbronn im plastischen wie im malerischen Teil Verwandtschaft zeigt (Figuren und Szenen aus der Passionsgeschichte). – Die Kirche in MÖTTLINGEN besitzt im Chor ein spätgotisches Netzgewölbe. Noch von einem romanischen Bau der Triumphbogen und ein Portaltympanon mit Ritzzeichnungen. Reste der spätgotischen Ausstattung.

HIRSAU. Zwischen düstergrün bewaldeten Bergzügen weitet sich eine mit grünen Matten gepolsterte Talfläche, die die Nagold in eigenwilligen Krümmungen durchrinnt. Aus diesen Matten wächst zu beiden Seiten des Flusses, Häuser und Baumwipfel durcheinander, Hirsau heraus. Der alte rotgraue Turm von St. Peter und Paul und die Volutengiebel der Schloßruine geben dem Ort den besonderen Charakter. Wir betreten hier Boden eines historischen wie kunstgeschichtlichen Geschehens von weit überregionaler Bedeutung. Vor allem über Hirsau wurden durch die treibende Kraft des großen Abts Wilhelm (†1091) die Reformgedanken des burgundischen Cluny nach Deutschland vermittelt, hier war ein päpstliches Hauptzentrum in den Auseinandersetzungen des Investiturstreits. Um so mehr ist zu beklagen, daß keiner der hier errichteten Bauten unversehrt auf uns gekommen ist und wir uns nur mühsam aus den erhaltenen Resten, Grabungsbefunden und Quellen ein Bild machen können, das in vielen wichtigen Einzelheiten noch offen ist. – Legendär und vorerst nicht weiter faßbar ist die Stiftung einer Kirche 645 durch Helizena von Calw. Als identisch mit ihr und älteste kirchliche Niederlassung gilt die wahrscheinlich schon mit einer klösterlichen Zelle verbundene *Nazariuskirche*, vermutlich gegen 765 von Graf Erlafried von Calw gegründet. In ihrer durch eine Altartafel (im Calwer Museum) für die 2. Hälfte des 15. Jh. nachgewiesenen Gestalt war sie eine dreischiffige Basilika mit Ostturm und anschließendem rechteckigem Chor gewesen, die auf einem durch die Bahnlinie angeschnittenen Vorsprung des Ottenbronner Berges dicht über dem Bahnhof gelegen war. Abgegangen im 16. Jh. Eine Gedenktafel erinnert an sie. – Pfarrkirche von Ottenbronn und den umliegenden Dörfern war die auf dem rechten Ufer der Nagold gelegene und wohl in der 1. Hälfte des 11. Jh. erbaute *Bartholomäuskirche* zu Pletschenau, von der nur noch der Friedhof erhalten ist.

Nach langer Zeit der Profanierung und Zerstörung wurden 1955 die Reste der *Aureliuskirche* (Abb. 36) wieder kirchlicher Verwendung zugeführt. Dunkles Dämmerlicht und gruftartige Kühle empfängt den Besucher in dem heute ganz auf die Wirkung des nackten Steins hin angelegten Raum, dessen stimmungsvolle Mittelalterlichkeit die archaisierende moderne Ausstattung noch unterstützt, jedoch nicht unbedingt ihrem ursprünglichen Charakter entspricht. Das Schiff heute eine flachgedeckte Halle. Abschlußwand (Christus sendet zwei Apostel aus; Abt Wilhelm einen Mönch aussendend) – wie der Schrein mit der aus Zwiefalten zurückgeführten Reliquie des hl. Aurelius und die siebenarmigen Leuchter – von O. H. Hajek. Madonna um 1400, spanischer Herkunft. Kompliziert und nicht bis ins letzte

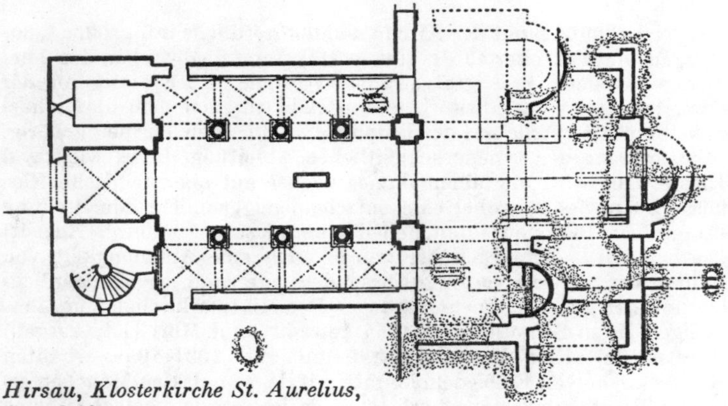

*Hirsau, Klosterkirche St. Aurelius, Grundriß*

geklärt ist die Baugeschichte. Dies gilt vor allem für die im folgenden genannten baugeschichtlichen Ableitungsversuche. Zwischen 830 und 838 Gründung einer Zelle, in die durch Vermittlung des Bischofs Noting von Vercelli die Gebeine des hl. Aurelius aus der Dionysiuskirche in Mailand übertragen worden sind. Die beiden ältesten titelgebenden Reliquien Hirsaus – Nazarius und Aurelius – würden daher aus Mailand stammen. In der 1933 f. im Baugrund der heutigen Kirche freigelegten ältesten Bauanlage darf wohl die Aureliuskirche jener Zeit erkannt werden. Sie war nach dem Befund eine dreischiffige Basilika mit einem gleichbreiten Querhaus und unbekanntem Chorschluß und wahrscheinlich querrechteckiger Vorhalle gewesen. Drei Steinreliefs aus dem ersten Bau heute im Landesmuseum Stuttgart. Um das Jahr 1000 ging das Kloster wieder ein, und die Bauten gerieten wohl in Verfall. Der Neubau der heute nur noch z. T. stehenden Aureliuskirche ist samt dem Kloster auf Betreiben des 1049 in Deutschland weilenden Papstes Leo IX. 1059 von Graf Adalbert II. von Calw begonnen und nach dem Eintreffen von Mönchen aus dem Kloster Einsiedeln (1065) im Jahr 1071 geweiht worden. Ursprünglich kurze, dreischiffige Pfeiler(?)basilika, flachgedeckt. Durch eine Abbildung um 1480 (im Calwer Museum), durch schriftliche Überlieferung und Grabung sind weiter bezeugt: die quadratische Vierung mit steinernem Turm darüber, ebenso quadratische Kreuzarme mit Ostapsiden, der gestreckte Rechteckchor mit eingezogener Halbkreisapsis und gerader Quergangskrypta an der Ostseite des Chorquadrats. An der Westseite des Langhauses ein Turmpaar, von dem der südliche aus der Erbauungszeit der Kirche und der nördliche mit großen Quadern aus dem 12. oder 13. Jh. (erneuert?) stammt. Zwischen den Türmen eine ehem. kreuzgratgewölbte Vorhalle. Über dieser an der Ostseite Reste eines Apsiserkers, vielleicht zu einer dem hl. Michael geweihten Altarstelle auf der Empore zwischen den Türmen gehörig. In der Frage der typengeschichtlichen Ableitung dieses wichtigen Klosterbaus wird vor allem immer wieder auf oberrheinische Einflüsse hingewiesen, wobei eine entscheidend grundlegende Stellung des großen, 1042 geweihten Benediktinerklosters Limburg (Haardt) deutlich wird. Demgegenüber wurde auch eine Abhängigkeit von Bauten der Schweiz vermutet, besonders aufgrund der Planähnlichkeit mit den gleichzeitig entstandenen Benediktinerkirchen von Allerheiligen (I) in Schaffhausen (1064 geweiht) und Muri (Kt. Aargau) (Westpartie). Eine Verwandtschaft mit der 1031–1039 erbauten Klosterkirche von Einsiedeln könnte mit der von dessen Mönchen erfolgten Besetzung des Aureliusklosters erklärt werden, jedoch ist nach neuerer Ansicht vor allem die Ostgestaltung des Einsiedler Baus noch keinesfalls gesichert. Nach 1120 Umbau der Aureliuskirche: Die – allerdings nur sehr ungenügend gesicherten – Pfeiler werden durch Säulen ersetzt, die Seitenschiffe gewölbt, der Chorraum erhält nach dem Vorbild der Peter-und-Paul-Kirche flankierende Nebenräume, die die Querhausapsiden ersetzen. Aus dieser Zeit haben sich seit dem teilweisen Abbruch der Kirche 1584 die heute noch sichtbaren Teile des Westbaus und des Langhauses erhalten.

Von der großartigen *Peter-und-Paul-Kirche* des Abtes Wilhelm (1082 bis 1091 errichtet) sind nach der Zerstörung durch Mélac 1692 und der darauffolgenden Abtragung der Brandruine durch die Ortsbewohner nur noch der Nordwestturm (Eulenturm) und (teilweise er-

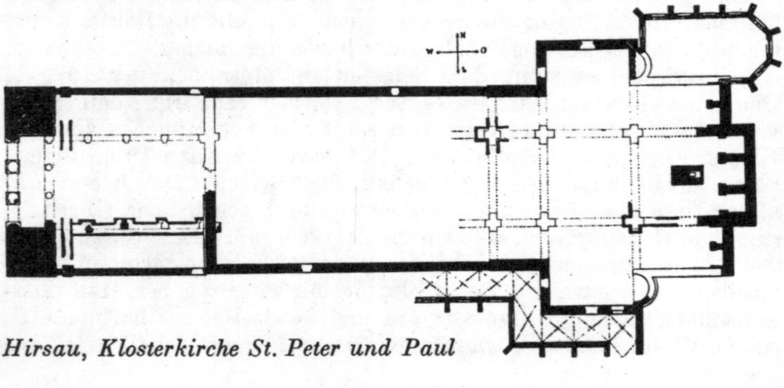

*Hirsau, Klosterkirche St. Peter und Paul*

neuert) Stücke der Umfassungsmauern erhalten; streckenweise, so namentlich an der Nordseite, bis etwa zur Hälfte der ursprünglichen Höhe. Die z. T. durch Grabungen freigelegten, teilweise aber auch nur

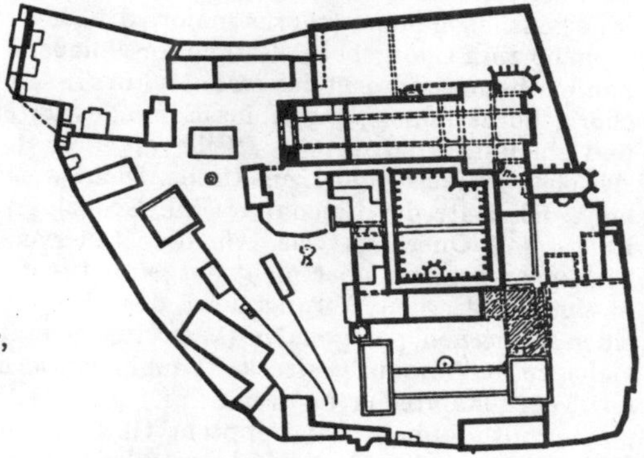

*Hirsau, ehem. Kloster, St. Peter und Paul, Lageplan*

nach Vermutung (!) ergänzten Baureste gestatten ungefähr die Rekonstruktion der in ihrer liturgischen Gliederung ungemein einflußreichen Kirche; alte Abbildungen (die wichtigste, vor der Zerstörung, auf dem Zinnsarkophag des Herzogs Wilhelm Ludwig, † 1677, und eine Rötelzeichnung der Ruine von 1702) vermitteln ein ungefähres Bild der ursprünglichen Erscheinung. Im einzelnen wie im grundsätzlichen sind jedoch auch bei dieser Kirche noch viele Fragen ungelöst. Der baugeschichtliche Befund läßt vier Entstehungsabschnitte erkennen: 1. Die 1091 geweihte Kirche Wilhelms, abschließend mit der Westwand des Langhauses. 2. Ein offener Vorhof, Ende 11. Jh. bzw. um 1100. Seine Außenmauern stoßen mit Fugen an die Westecken des Langhauses und endigen westlich mit vorsprungartigen Verstärkungen. Das Kleinquaderwerk gleicht dem der Kirche. 3. Das Westturmpaar mit zumindest geplantem dreiteiligem, kreuzgewölbtem Portalzwischenbau (Anfang 12. Jh.); frühes Beispiel eines nach lombardischer Art konstruierten Kreuzgewölbes mit rechteckigen Diagonalgurten. 4. Umbau der Vorhalle zu einer basilikalen Vorkirche, etwa im 2. Viertel des 12. Jh. Die *Kirche Wilhelms* stellte mit ihrer Länge von 69 m (vom Kirchenportal bis zur mittleren Chornische) den nicht seltenen Versuch dar, den gestreckten und großräumigen Typ der altchristlichen Basilika nach dem Norden zu verpflanzen, und zwar in der reicheren Gliederung, wie sie durch das besondere liturgische Bedürfnis der nach dem Muster von Cluny reformierten Benediktiner von Hirsau gefordert war. Nördlich und südlich vom rechteckigen Hauptpresbyterium die von den Cluniazensern für weitere Altäre verlangten Seitenkapellen, die vom Hauptchor durch offene Arkaden oder Scheidewände abgetrennt waren. Die Vierung enthielt den Chor im eigentlichen Sinne (chorus maior), d.h., hier versammelten sich die Mönche zum Chorgebet. Westlich anschließend – und in dieser auch baulich betonten Form das erste Mal in Hirsau auftretend – der Vorchor (chorus minor), gegen das Langhaus durch einen Schwibbogen und ein Paar kreuzförmige Pfeiler abgetrennt. Hier war die Grenze zwischen Mönchs- und Laienkirche. Dicht westlich vor dem Vorchor auch der Platz des Laienaltars (hl. Kreuz). In den Ecken zwischen Lang- und Querhaus war, wie die Mauerverstärkung anzeigt, ein Turmpaar geplant, aber nicht ausgeführt worden. Das Geläute hing in einem hölzernen Vierungsturm, der 1566 abgebrochen und durch einen steinernen, polygonalen Dachreiter ersetzt wurde. Das im Vergleich zu St. Aurelius gestreckte Langhaus war durch je sieben Säulen mit Würfelkapitellen in drei Schiffe geteilt. Das westliche Hauptportal mit doppelt abgetrepptem Gewände und herumgezogenem Sockelgesims. Ähnliche Portale guterhalten am Nordquerhaus. Entwicklungsgeschichtlich wichtig ist das Fehlen einer Krypta. Auf einige Einzelheiten sei noch etwas ausführlicher eingegangen. Das Presbyterium mit den Seitenkapellen muß zunächst in der allgemeinen liturgischen Anordnung als ein Abkömmling der Majoluskirche von Cluny gelten, ist in seinem geradlinigen Ostabschluß allerdings oberdeutschem, bis auf Reichenau-Niederzell zurückgehenden Brauch angepaßt. Es ist aber nicht das früheste Beispiel dieser Nachfolgeschaft in Südwestdeutschland. Sowohl für das Konstanzer Münster (Bau Lamberts um 1000) als auch für die 1064 geweihte Benediktinerkirche von Muri (Kt. Aargau) ist ein dreischiffiger Ostabschluß wahrscheinlich. Das Motiv scheint der griechisch-byzantinischen Architektur entnommen. Ob die Übertragung über Monte Cassino oder über die von den östlichen Pastophorienchören abgeleiteten dreiteiligen Chöre des Mailänder Bereichs erfolgt ist, läßt sich nicht genau entscheiden, obwohl einzelne Anzeichen für die Lombardei und auch Venedig sprechen. Neben diesen Ableitungsversuchen steht aber auch bei dieser Kirche der Hinweis auf Limburg (Haardt) (W. Hoffmann) u.a. rheinische Bauten wie St. Georg in Köln. Im Presbyterium vier Altäre, drei in den Nischen der Rückwand und davor in der Mitte freistehend der Hochaltar. In den Seitenkapellen je zwei Altäre. Apsiden schließlich auch an den Enden der Querhausarme. Grundform und Lage des Hauptaltars sind durch wiederholte Bodenuntersuchungen ermittelt worden. Sein erhaltener Unterbau war ein ziemlich genau in der Mitte des Presbyteriumrechtecks liegender langrechteckiger Block (3,6×2,4 m), auf dessen westlicher Hälfte ein massiver, querrechteckiger Blockaltar (2,4×1,95 m) aufgebaut war. Im Fundament des Altars zwei Altargräber in Gestalt von übereinanderliegenden kurzen Stollen, an die nach Osten eine außerhalb des Altarblocks gelegene rechteckige Vertiefung und hinter dieser ein Podest anschließen. Die Anlage ist wohl ein Doppelsepulkrum zur Bergung von Reliquien mit einer kleinen Confessio hinter dem Altar. Die an der Chorostwand hinter dem Hauptaltar stehenden drei Altäre waren nach dem Ruinenbild von 1702 in tonnengewölbten Nischen eingeschlossen gewesen, die nach Ausweis der aufgedeckten Fundamente eine Raumtiefe von wenig mehr als 3 m gehabt hatten. Die von diesen Gewölben getragene Tribüne in dem nach Osten vorgestaffelten Chor hatte bei gleicher Tiefe eine Breite von fast 11 m gehabt. Nach der Analogie mit Alpirsbach (vgl. dort) besteht daher auch in Hirsau die Möglichkeit eines zumindest geplanten Tribünenaltars an der Ostwand des Chors. – Von den Westtürmen der Kirchenanlage ist nur der nördliche, der *Eulenturm* (Abb. 35), erhalten. Der Aufbau in Nachahmung des Glockenturms von St. Peter in Rom. Die Ausführung in feinbearbeitetem Großquaderwerk. Am zweiten Gurtsims phantastischer Figurenfries, verwandt mit den Tierfiguren des aus Alpirsbach stammenden Taufsteins in der Stadtkirche von Freudenstadt und den skulptierten Köpfen an den Säulenbasen in der Kirche von Alpirsbach. Die inhaltliche Bedeutung unklar. Die bisher beste Deutung von K. Greiner als astronomischer Bildfries. Nördlich des Chors die spätgotische Allerheiligen- oder Riesenkapelle (ebenfalls Ruine), südöstlich die 1508–1516 durch Martin von Urach erbaute und 1888 erweiterte *Marienkirche.* Im Obergeschoß der Bibliotheksaal, jetzt Museum mit Sammlung vor allem von Architekturstücken. Von dem im Anschluß an die Kirche erbauten ältesten Klaustrum der Südseite nur noch die Umfassungsmauern des *Kapitelsaals* erhalten (zahlreiche spätere Ausflickungen). Gekuppelte Lichtöffnungen auf Tragpfeilern. Der sehr große *Kreuzgang* zum überwiegenden Teil spätgotisch, 1485–1494 von Peter von Koblenz, Hans Spryss und Martin von Urach. Bemerkenswert, daß die Außenmauer des Klosterwestflügels in gleicher Flucht mit der Westwand der Kirche liegt. Dadurch wird wahrscheinlich, daß der spätgotische Umbau des Klosters die alten Grundmauern benutzt hat und die Westwand der Kirche als ursprünglicher Abschluß gedacht war, Vorhalle und Türme dagegen nachträgliche Erweiterungen sind. Reste des ehem. Refektoriums wurden 1969 ergraben. Von eindringlicher Ruinenpoesie das herzogliche *Jagdschloß*, 1586–1592 von Georg

Beer in den Formen der Stuttgarter Renaissance erbaut. Hoher Steinkasten mit Doppelgiebeln. Aus dem Innern steigt der mächtige Wipfel einer Ulme empor (vgl. das Gedicht L. Uhlands). Von den Nebengebäuden des Klosters erhalten: ehem. Wohnung des Klostervogts über dem Unteren Tor, die Mühle, Küferei, Pfisterei (Bäckerei), Mesnerhaus u.a. Mehrschaliger *Brunnen*, romanisch das Steinbecken, das übrige 19. Jh. – Neben den hier genannten Kirchen scheinen in Hirsau noch drei weitere bestanden zu haben: ein Frauenklösterchen, das später nach Kentheim verlegt wurde, eine Marienkapelle bei St. Aurelius und schließlich – einzig noch zugänglich – Reste wohl einer Kapelle, die im Gasthof „Waldhorn" verbaut sind und die z.T. als die eigentliche erste Aureliuszelle angesehen worden sind. – Beachtenswert die reizende, aus feingeschwungenen Bogenkurven zusammengesetzte *Nagoldbrücke* (1561 von Endriss Berwart ausgebaut), die mit dem Baukubus der Ölmühle (Pagodendach) eine architektonisch eindrucksvolle Gruppe bildet. Leider ist die ursprüngliche Schönheit durch einen Umbau der Brücke beeinträchtigt worden.

In der 1700 gegründeten Waldensersiedlung NEUHENGSTETT (ursprünglich Le Bourset) bemerkenswert eine einfache Kirche. – Bis in romanische Zeit zurück reicht der Chorturm der Kirche in ALTHENGSTETT, der in spätgotischer Zeit durch ein kleines Chörchen erweitert wurde. Das Pfarrhaus 1609 von M. Möslin aus Stammheim erbaut. – Auf der Höhe links der Nagold liegt bei Calw das Dorf ALTBURG mit der spätgotischen *St.-Martins-Kirche*. Die geschnitzte Holzdecke des Schiffs wölbt sich im mittleren, von vier Holzsäulen gestützten Teil zu einer Spitztonne.

CALW war im hohen Mittelalter Sitz des bedeutenden gleichnamigen Grafengeschlechts (seine Burg über der Stadt fast spurlos abgegangen). Schon im 13. Jh. Stadt und seit 1345 württembergisch, entwickelte es sich auf der Grundlage von Gerberei und Textilfabrikation früh zu einer wichtigen Industriestadt. Große Zerstörungen 1634 und 1692. Aus dem Durcheinander der Dächer ragt imponierend ein steiler, in den einzelnen Geschossen überkragender Giebel eines Fachwerkhauses von 1694 (Haus Rau, Lederstraße) empor, das mehr als alle anderen Bauten dem Stadtbild die besondere Note verleiht. Ein ganz reizvolles Stimmungsbild ist die alte *Nagoldbrücke* mit der auf einem Pfeiler sitzenden kleinen *Kapelle* (Abb. 10). Diese, etwa um 1400 entstanden, ihrer architektonischen Gestalt nach über einem quadratischen Grundriß mit abgeschrägten Ecken und angesetzter Giebelfassade entwickelt. Innen eine Flachdecke mit untergelegten Rippen in oktogonaler Anordnung. Heute Gedenkstätte. Von der

*Stadtkirche* ist nur der aus dem Ende des 14. Jh. stammende Chor alt. Ein eindringliches Bild bietet der ansteigende Marktplatz mit der Kirche und dem *Rathaus*, dessen Rundbögen die beiden obengenannten Zerstörungen der Stadt überdauert haben. Marktbrunnen 1686. Lohnend ist auch der Blick vom Tal aus in die Metzgergasse mit ihren übereinandergestaffelten Giebeln. Stattliche Bürgerhäuser aus der Zopfzeit, vornehmlich in der Vorstadt rechts der Nagold, erbaut von dem Stuttgarter Hofbaumeister R. F. H. Fischer, darunter das hervorragend restaurierte *Haus Vischer-Schüz* (1787–1791, jetzt Museum). Das Haus gibt einen guten Eindruck, zu welchem Reichtum die Kaufleute der berühmten ,,Calwer Zeughandels-Compagnie" gelangt waren. Von der Ausstattung des frühen Klassizismus besonders die Tapetenmalereien im ersten Obergeschoß sehenswert.
In die Kirche von STAMMHEIM (1790) wurde ein hochmittelalterlicher Chorturm einbezogen. – Die Kirche von GECHINGEN wurde laut Inschrift 1481 von einem Meister Heinrich Wieland erbaut, ist aber später mehrfach verändert worden. – Im Grunde des Nagoldtals, von Wiesenflächen halb umfaßt, liegt innerhalb einer steinernen Umfassungsmauer das *Candiduskirchlein* von KENTHEIM. Der älteste Teil, vielleicht um die Jahrtausendwende erbaut, steckt heute in der unteren östlichen Hälfte des Schiffs (vgl. die niedrigen zugemauerten Rundbogenfensterchen) und im Chorturm. Um oder nach 1075, nachdem das Kirchlein wohl vom Kloster Reichenau in den Besitz von Hirsau übergegangen war, Vergrößerung des Langhauses. Im 14. oder 15. Jh. entstand durch Ummantelung und Überhöhung der Osthälfte der Chorturm mit dem tonnengewölbten Altarhaus im Erdgeschoß. Glockenstube alemannisches Fachwerk. Der dämmernde Innenraum voll von Altersstimmung. An der Nordwand in drei Reihen übereinander Wandgemälde (Leben und Passion Christi) wohl aus dem frühen 14. Jh. Die Wandbilder des Chors (im Gewölbe der Weltenrichter auf dem Regenbogen) 1. Hälfte 15. Jh. Romanischer Taufstein.
Das altwürttembergische Städtchen ZAVELSTEIN, ,,kleinste württembergische Stadt", hat in seiner Kirche zahlreiche Grabmäler von Edelleuten. Von der *Burg* ragt der romanische Buckelquader-Bergfried (1. Hälfte 13. Jh.) neben zerfallenen Renaissancegiebeln eines von H. Schickhardt erbauten Schlosses und mittelalterlichen Ringmauern auf, von Efeu dicht umhüllt. – Im Tal BAD TEINACH mit *Fürstenhaus* aus dem Anfang des 18. Jh. und *Gasthaus* von N. Thouret und G. G. Barth (1842). Die Brunnenschalen vor dem Fürstenhaus stammen aus dem Kreuzgang zu Hirsau. In der als Hofkirche der württembergischen Herzöge reicher als die übrigen Bauten der Zeit ausgestatteten frühbarocken *Kirche* umfangreiche Reste der ur-

sprünglichen, altprotestantischen Einrichtung (1665), beachtenswert der Flügelaltar der Prinzessin Antonia mit kabbalistischen Darstellungen von komplizierter Symbolik (J. F. GRUBER, 1673). – In OBERKOLLWANGEN ist der Chorturm der Kirche noch romanisch. – Die spätgotische Kirche von NEUWEILER, malerisch gesellt mit einer alten Linde und umfaßt von hohen Kirchhofmauern, hat im Innern eine alte Ausstattung und Einrichtung aus ungestrichenem Tannenholz. – Romanisch ist der Chorturm der Kirche in MARTINSMOOS, der im Innern tonnengewölbt ist. – Das Kirchlein von OBERHAUGSTETT, ursprünglich romanisch, hat Wandbilder aus dem 15. Jh. und ein romanisches Türbogenfeld. – Auf der Höhe südlich von Teinach das ehem. Bergwerkstädtchen NEUBULACH mit alten Häusern, Resten der Befestigung und höchst unregelmäßigem Gassenplan (1505 vollständig abgebrannt). In der Kirche gotische Grabsteine. Die Reste eines mittelalterlichen Schlößchens an der Stadtmauer wirken noch immer malerisch. Desgleichen ein Torturm. Die Kirche in ALTBULACH im Kern romanisch, im netzgewölbten Chor spätgotisch, mit Grabmälern von Burgherren aus dem 14. und 15. Jh. – Über der Nagold die Ruine der Ministerialenburg WALDECK, einst Sitz der gleichnamigen Truchsessen. Umfangreiche Reste sind erhalten und lohnen einen Besuch. Auf einem Felsblock der spätromanische Kern einer mächtigen Schildmauer aus Buckelquadern, an die sich Turm und Wohnteile anlegten (z. T. restauriert). Umgeben von Mauer- und Zwingeranlagen gotischer Zeit. – Malerisch, vor allem auch durch zwei hohe Bäume, ist die Kirche in GÜLTLINGEN gelegen (1467).

Ein noch ganz altertümlich wirkendes Burgstädtchen in waldumschlossener Berglage ist WILDBERG. Die Nagold umfließt hier in einem Hufeisenbogen eine Bergzunge mit steilen Abhängen und schmalem Grat. An ihrem vorderen Ende die Ruine einer vollkommen regelmäßig rechteckigen *Burg* der Grafen von Hohenberg, mit Buckelquadermauern der 1. Hälfte des 13. Jh. An den Schmalseiten die Stümpfe je eines Turms. Großartiges Burgtor, wie in der Regel bei allen Burgen jener Zeit als reines Mauertor ausgebildet. Auf der Talseite weitläufige spätgotische Zwingerbauten. Als Einbau in die Burganlage ist ein großes Wohnzentrum mit Ferienhausbauten im Entstehen, das in seiner Bauform den Gedanken mittelalterlicher Türme wiederaufnehmen und der Stadtsilhouette einen wirkungsvollen Akzent geben wird. Vor der Burg die Altstadt, die sich am sanfteren Nordabhang in die Tiefe streckt und im Tal den Fuß des Bergs umzingelt hat. Die Ringmauern im Tal hat ein Hochwasser z. T. zerstört, die ansteigende Flügelmauer am Nordabhang ist mit zwei Tür-

men erhalten. Ebenso die tiefen Halsgräben vor Stadt und Burg. Das *Rathaus* ist ein Fachwerkbau von 1480 mit schräger Durchfahrt einer Gasse. Es besitzt acht sehenswerte Wappenscheiben (Glasbilder) von 1556–1620. Der Marktbrunnen mit Brunnenmann von M. und B. Berwart, 1554. Die *Kirche* erneuert (1772) bis auf den spätgotischen Chor (Aberlin Jörg, 1487) und den romanischen Turm mit malerischem Abschluß aus dem 17. Jh. In der Unterstadt reizvolle Fachwerkgiebelhäuser und ein altes Badehaus mit Säulen und Gewölben aus dem 16. Jh. Ein romanisches Steinhaus mit verzierten Doppelfenstern wurde leider im letzten Krieg zerstört. Von dem durch die Hohenberger Grafen um 1252 gestifteten Dominikanerinnenkloster *Reutin* bei der oberen Nagoldbrücke sind nur einige Wirtschaftsgebäude erhalten, doch bildet die Anlage noch immer ein malerisches Bild. Einige mittelalterliche Grabsteine, die wichtigsten jetzt in Rottenburg.
UNTERSULZ liegt in einem rechtsseitigen Nebental der Nagold. Der ehem. Chor seiner Kirche ist als Sakristei erhalten. An den Turm, der auch die romanische Glockenstube mit Schallarkaden bewahrt hat, ist eine schöne spätgotische Kirche (1489) angebaut, deren Chorgewölbe noch seine alte Bemalung besitzt. Eine hohe Ring- und Stützmauer des Kirchhofs gibt dem Bild besonderen Reiz. – Links der Nagold: Eine der schönsten Dorfkirchen des Landes ist die von EFFRINGEN. Im Langhaus eine echte Hallenkirche mit gleichhohen und auch annähernd gleichbreiten Schiffen, um 1500 durch Hans von Heimsheim erbaut. Die Netzgewölbe mit Ranken und figürlicher Staffage im Stil der Frührenaissance altbemalt. Der Chor mit Kreuzrippengewölben aus der 2. Hälfte des 14. Jh. Romanischer Taufstein, spätgotische Steinkanzel, Chorgestühl von Jörg Abt (1481), Glasbild mit Fragment einer Kreuzigung (1. Jahrzehnt des 15. Jh.). – Nagold Seite 392.

## 2. Neuenbürg – Herrenalb – Wildbad

Ein Schwarzwaldgebiet, an landschaftlichen Reizen reicher als an Denkmälern der Kunst. Zwar fehlt es nicht an Ansiedlungen in den lieblichen, zwischen dunklen Tannenwäldern eingesprengten Wiesentälern, auch auf den bewaldeten Höhen hat man früher durch Niederbrennen des Walds Platz für Dörfer geschaffen, aber ihre Kirchen sind fast alle neu, und höchstens noch ein paar Türme stehen als Zeugen älterer Zeit. Für die Entstehung von größeren Städten fehlten die Bedingungen. NEUENBÜRG ist freundlich am Ufer der Enz zu

Füßen des Schloßbergs gelegen, um den sich das Flüßchen herumwindet, umrahmt von waldigen Höhen. Seine Befestigung, u.a. einen hohen Brückentorturm, und seine alten Häuser hat es durch eine Feuersbrunst im späten 18. Jh. eingebüßt. Die von einem festen Friedhof umschlossene *Schloßkirche* stammt in ihrem Grundbestand noch aus früher gotischer Zeit, wie auch ihre umfangreichen Wandmalereien, die vor allem gegen die Mitte des 14. Jh. entstanden sind. Ikonographisch bedeutsame Szenen aus der Jugendgeschichte Jesu, Pfingsten, Marientod, Marienkrönung und ein großes Weltgerichtsbild. Letzterem gegenüber eine Darstellung des gleichen Geschehens, aus der Zeit um 1460, die einen aufschlußreichen Vergleich der verschiedenen Stilstufen erlaubt. Auf dem Schloßberg ein ausgedehnter Befestigungskomplex, innerhalb dessen man ein *Renaissanceschloß* des 16. und 17. Jh., einen zweiflügeligen, massiven Bau von H. SCHICKHARDT mit Ringmauern und Zwinger, von den efeuumsponnenen Ruinen des „Alten Schlosses" unterscheiden kann, einer weiter östlich gelegenen *Burg* in der Gestalt eines monumentalen hochmittelalterlichen Steinkastens (später als Fruchtkasten verwendet). Alle Reize der Ruinenromantik umweben die Trümmer der im Wald versteckten Burg. Auf der gegenüberliegenden Seite des Tals haben sich schwache Reste der WALDENBURG erhalten.
Rechts der Enz: Netzgewölbte Turmchöre in ENGELSBRAND und GRUNBACH. – Ein merkwürdiges Bauwerk stellt der reich ausgemalte (Mitte 15. Jh.) *Chorturm* der Kirche in LANGENBRAND dar, der über vier frei vor den ausgerundeten Ecken stehenden Pfeilern ein Kreuzrippengewölbe besitzt. Es wird vermutet, daß hier in gotischer Zeit eine ursprüngliche doppelgeschossige Burgkapelle des 11. oder 12. Jh. umgebaut worden ist.
Links der Enz: In GRÄFENHAUSEN sind römische Bildsteine eines Altars am Kirchturm (wie in Feldrennach am Schiff) eingemauert. – Ein einfaches *Schloß*, 1598 auf dem Platz einer mittelalterlichen Burg erbaut, steht in RUDMERSBACH (Ottenhausen). 1711 war Prinz Eugen hier zu Gast. Das Pfarrhaus aus einer Kapelle umgebaut. – In FELDRENNACH eine spätgotische Turmvorhalle. – Ein spätgotisches Glasbild in der Kirche von SCHWANN (Wappen, kurz vor 1500).
In ältere Zeiten der Siedlungsgeschichte führt uns das 1149 gegründete und mit Maulbronner Mönchen besetzte Zisterzienserkloster HERRENALB (d.h. Mönchs-Alb) im milden Albtal zurück, das, wenn man von der rauhen Berghöhe des waldigen Dobel herkommt, wie eine liebliche Überraschung anmutet und bereits Züge eines verschiedenartigen landschaftlichen Charakters trägt. Einsam mag frei-

lich das Tälchen gelegen haben, bevor die Ordensleute als Träger und Verbreiter wirtschaftlicher und geistiger Kultur dorthin vordrangen. Gerade für die Erschließung des Schwarzwalds spielten die Klöster siedlungsgeschichtlich eine bedeutende Rolle. Vor allem die Zisterzienser besaßen als Kolonisatoren und geschickte Organisatoren über den kirchlichen Baubereich hinaus einen Ruf. Da die Klostergründungen der Benediktiner wie der Zisterzienser und Prämonstratenser im Mittelalter grundsätzlich meist auf weltlichen Anstoß hin erfolgten, d.h. von einem Adeligen gestiftet und ausgestattet wurden, spielten sie auch eine territorialpolitische Bedeutung. Das Kloster Herrenalb wurde von Graf Berthold III. von Eberstein nach seiner Rückkehr vom zweiten Kreuzzug zusammen mit seiner Gemahlin Uta gegründet; auf beide geht auch die Stiftung des benachbarten, etwa 30 Jahre jüngeren Nonnenklosters Frauenalb (heute badisch) zurück. Das Kloster wurde schon früh mit stattlichem Besitz beschenkt. Streitigkeiten zwischen den württembergischen und badischen Grafen führten 1403 zu seiner wehrhaften Befestigung. Im Bauernkrieg wurde das Kloster teilweise zerstört, in großem Maß dann im 30jährigen Krieg. Von der romanischen *Klosterkirche* steht noch die westliche Vorhalle (das Paradies), die Westwand der Kirche und Teile der Ostpartie, letztere in spätgotischer Zeit umgebaut. Ursprünglich war die Kirche eine langgestreckte, querschifflose Basilika mit je acht Pfeilerarkaden, die durch eine Querschranke in Herrenchor und Laienhaus geteilt wurde. Jedes der drei Schiffe endete in einer Halbkreisapsis, eine Chorlösung, die für eine Zisterzienserkirche ungewöhnlich anmutet. Die baulichen Vorbilder scheinen hier im Bereich einer Reihe von der Hirsauer Reform geprägter Kirchen zu liegen. Ein hohes, breites Portal, dessen Abtreppungen mit schlanken Säulchen ausgesetzt sind, führt in das Langhaus, auf dessen Areal heute das nach der großen Zerstörung von 1643 wesentlich kleiner errichtete von 1739 steht. Eine Inschrift nennt die Stifter. Aus dem Scheitel des Portals ist ein richtiger Baum entsprossen, ein Bild von eigenartigem Reiz, wenn es auch die bauliche Bestimmung eines Bogenfeldes nicht eben ist, Bäume zu tragen. Dem Mittelschiff und dem Nordschiff legte man um 1200 ein früher überdachtes *Paradies* vor, das im Osten an die Kirche und im Süden an die Klausur stieß. Auf den freien Seiten öffnet es sich ähnlich wie ein Kreuzgang in gekuppelten Rundbogen, die von trefflich gruppierten Säulchen – es sind z.T. bis zu sechs auf einer Gruppe – getragen werden. Bei aller Schlichtheit im Detail wirkt das Paradies durch die Durchdringung von Kunstgebilde und Natur, und – rein architektonisch – durch seine klare Anordnung und Auflösung der Wand. Der Chor der Kirche enthält eine Sehenswürdigkeit in dem architektonisch und bildnerisch reichverzierten Grabdenkmal für den Markgrafen Bernhard I. von Baden († 1431). Der Markgraf liegt, die Hände zum Gebet gefaltet, in Ritterrüstung auf arkaturverzierter Tumba, zu seinen Häupten wölbt sich eine prächtig dekorierte Nische im Spitzbogen, ihre Stirnwand mit Fialen- und Statuenschmuck. Die ganze Anlage geht auf französische, durch das Elsaß vermittelte Vorbilder zurück. Von den früheren Klostergebäuden sind noch einige an Amtswappen zu erkennen. Das schon im Mittelalter zur vollen Reichsunmittelbarkeit aufgestiegene Kloster war von einer Befestigung umgeben; Reste davon noch sichtbar (Rathaus). – In LOFFENAU ein Glasbild (Petrus und Paulus, 1. Hälfte 15. Jh.); hier auch ein beachtenswertes Wandbild mit der Darstellung einer „Hostienmühle", gegen 1400.

Als feste Stadt wird das nicht zuletzt durch L. Uhlands Gedicht bekanntgemachte WILDBAD schon im 14. Jh. erwähnt, und die württembergischen Herzöge haben es, wie bei den übrigen Heilbädern ihres Landes, nicht an tatkräftiger Förderung durch Erstellen von Badgebäuden, Amts- und Herrschaftshäusern fehlenlassen. Aber wiederholte Feuersbrünste und die praktischen Bedürfnisse der Neuzeit haben weitgehend mit den älteren Gebäuden aufgeräumt. Rokokokirche von J. C. D. Leger, 1746–1748. Das alte Badhaus aus der 2. Hälfte des 18. Jh. Mit seinem letzten größeren Werk, dem 1845 vollendeten *Badhaus*, versuchte N. Thouret noch den Schritt von der klassizistischen Architektur zur romantisch historisierenden; daher die romanisierenden Einzelformen an dem sonst noch ganz monumental empfundenen Baublock. Wohlgelungen die modernen, in ihrer Architektur ganz in das Gelände eingebundenen Ladenbauten des *Kurzentrums* mit originellem gedecktem Gang (Architekt J. Kiefner, 1964). Eine bemerkenswerte Neubaugruppe ist die Wohnsiedlung *Hohenacker*, die von H. Kammerer und W. Belz 1964–1967 errichtet wurde.

## 3. Nagold – Horb

Von der uralten Bedeutung des Bereichs um NAGOLD zeugt der große vorkeltische Fürstengrabhügel „Krautbühl", der guterhalten südwestlich vor der Stadt liegt. Aus römischer Zeit wurde ein Gutshof ergraben. Im frühen Mittelalter ist der Sitz der Grafen des Nagoldgaus, aus denen die späteren Pfalzgrafen von Tübingen hervorgingen, und ein Königshof bei der *Remigiuskirche* bezeugt. Diese ist ohne Zweifel das älteste und wichtigste erhaltene Bauwerk. Vor der Stadt auf einem Friedhof gelegen, war sie ursprünglich Pfarrkirche auch der Altstadt. Sie wird bereits 773 genannt und reicht historisch bis in merowingische Zeit zurück, in der sie ursprünglich als Missionskirche und Kirche des Königshofs erbaut worden ist. Grabungen ergaben Reste sehr alter Anlagen, die wie der heutige Bau nicht nach Osten orientiert sind, sondern sich an römischen Gebäudeteilen ausrichten. Von einem vielleicht karolingischen Bau erhalten die Südwand des Chors, die Triumphbogenwand und die Südwand des Langhauses. Ergänzt man diese Bauteile nach den Grabungsbefunden, so ergibt sich ein rechteckiger Chor und ein langrechteckiges Langhaus. Auf seiner Südseite heute freigelegt zwei Fensteröffnungen, deren Querschnitt mit den Fenstern der Einhardsbasilika in Steinbach (Odenw.) übereinstimmt. Die angelsächsische Spreizung der Gewände ist zu vergleichen mit Goldbach und Reichenau-Oberzell. Die gedrungenen, in die Gewände des Triumphbogens vermauerten Rundpfeiler sind römischen Ursprungs. Der Glockenturm aus dem Beginn des 12. Jh., vielleicht Chorturm einer kleinen Nebenkapelle (vgl. dafür den großen Bogen im Erdgeschoß). In den Schallöffnungen Säulchen mit Würfelkapitellen. Um 1320–1325 Ausmalung des Langhauses, von der gleichen Werkstatt wie die Malereien in der Kirche von Aichschieß bei Esslingen, der Peterskirche bei Oberstenfeld und in der Kapelle der Burg Lichtenberg bei Oberstenfeld: Szenen aus der Jugend Christi und der Passionsgeschichte und St. Michael von bedeutender Qualität, für die der Begriff „Nagolder Stil“ sich eingebürgert hat und deren künstlerische Quellen im Bodenseegebiet liegen. Aus der 2. Hälfte des 15. und dem Anfang des 16. Jh. der dreiseitige Chorschluß, der südliche Kapellenanbau, Vergrößerung des Langhauses und das oberste Geschoß des Turms. Grabsteine von 1374, 1575 und 1652. – Die im 13. Jh. zur Stadt gewordene Siedlung Nagold kam 1363 an Württemberg. Im 19. Jh. durch mehrere Brände verheert, hat sie doch ihr altes Gepräge bewahrt. Zwei gotische Fachwerkhäuser in der Turmgasse leider erst jüngst abgebrochen. Auf der Nagoldseite ein mittelalterliches Steinhaus (Meierhof) mit bossenbewehrtem Unterstock und Fachwerkaufsatz. Im barock umgebauten Rathaus, das noch mittelalterliche Mauerreste enthält, vier Glasbilder (Wappenscheiben, 1580–1609). Von der alten Stadtkirche blieb nur der Turm von 1401 stehen. Vor der Altstadt der stark aufgeputzte Fachwerkbau der „Post“ (1697, Wirtshausschild modern). – Die Burg *Hohennagold* steht auf Siedlungsresten, die bis in die Spätbronzezeit zurückreichen, und wurde wohl um die Mitte des 13. Jh. von den Grafen von Hohenberg errichtet. 1646 zerstört. Der Anlage nach hochmittelalterlich die etwa dreieckige Hauptburg. Langgestreckte Schildmauer mit gotischem Flankenturm. Dahinter der kreisrunde Bergfried mit östlichem, hochgelegenem Eingang (13. Jh.). Teile des Palas und Frauenhauses mit Küche und Keller; dabei Brunnenturm. Gut erhalten die charakteristisch spätgotische Erweiterung der Burg. Um die Kernburg doppelter, ringsumlaufender Zwinger. Von der Hauptburg durch einen breiten Graben getrennt die unregelmäßige, sich ganz dem Gelände anpassende Vorburg, vom anschließenden Bergzug durch einen weiteren Aushub getrennt. Mauertürme mit Schlüsselscharten. Bemerkenswert ein Turm mit polygonal spitz zulaufendem Grundriß.

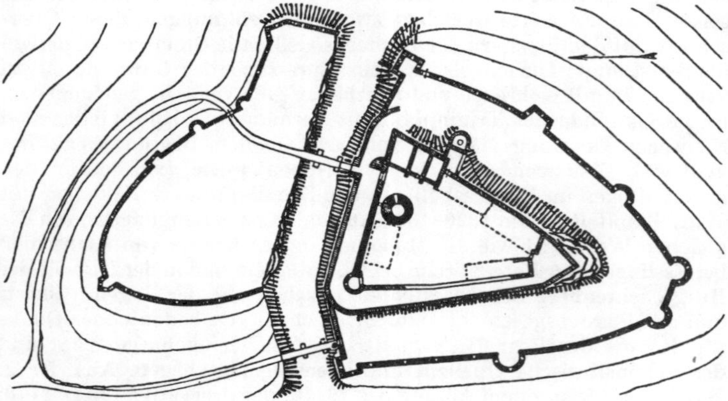

*Burg Hohennagold, Lageplan*

Rechts der Nagold: Das auf der Hochfläche aussichtsreich gelegene Schloß SINDLINGEN war eine Wasserburg des 15. und 16. Jh. Umbau im 18. Jh. Die Schloßkapelle hat die Einrichtung aus der Zeit der Franziska von Hohenheim und eine Marmorbüste von ihr bewahrt. Auf dem Friedhof liegt der Pietist J. M. Hahn begraben († 1819). – Die Kirche zu VOLLMARINGEN ist ein neugotischer Bau von J. G. Rupp (1845), recht bezeichnend für das Zeitalter der späten Romantik. Dreischiffig, mit Säulen und Gewölben aus Holz, ursprünglich weiß getüncht, Säulen und Rippen steinfarbig, Schlußsteine vergoldet, Gewölbeflächen blau mit goldenen Sternen. Hoher Turm mit Kreuzdach und Spitzhelm. Am Choraltar Kreuzigungsgruppe (spätgotische Maria und Johannes). In der Turmhalle Schlußsteine aus dem spätgotischen Vorgängerbau. Die sog. *Londorfer Kapelle* auf dem Gottesacker (frühere Pfarrkirche) ist z. T. noch romanisch, doch unscheinbar, und enthält ein spätgotisches Holzbildwerk und eine Nachbildung des DÜRERschen Dreifaltigkeitsbildes. Das ehem. *Schloß* (1899) ist in seinem nördlichen Querflügel mittelalterlich, wie die Buckelsteine zeigen. Ansehnlich auch das ehem. Rentamt. Das Dorf war früher ummauert. – An der Kirche in GÜNDRINGEN steht ein Rittergrabstein (1576). Der Kirchturm zu HOCHDORF ist unten noch romanisch, tonnengewölbt. – GÖTTELFINGEN „im Gäu" hat eine Kirche im Zopfstil (1788); der Turm noch spätgotisch (1497). – Das stattliche Dorf EUTINGEN wurde nach einem Brand 1685 regelmäßig wiederaufgebaut und hatte früher vier Tore. Die große *Kirche* ist spätgotisch (1494). Der Polygonalchor hat ein verziertes Netzgewölbe und ein schönes, altbemaltes Wandtabernakel aus Stein von einem Bebenhäuser Bildhauer. Spätgotische Reliefs und Holzbildwerke. Reste früherer Ausmalung (um 1500 und um 1600). Deckenmalerei von FRANZ HÖRMANN 1791. Außen ein reicheres Portal gegen Süden. Der hohe Turm – unten mit Durchgang, quer – scheint seinen überaus dicken Mauern nach ursprünglich vor allem Wehrfunktion besessen zu haben und ist seiner asymmetrischen Stellung nach wohl älter als die Kirche. Die malerische *Burgruine* im Eutinger Tal stammt zumeist aus dem 16. Jh. Turm und Ringmauer sind noch zu erkennen. – Die spätgotische Kirche zu BILDECHINGEN hat einen Vieleckchor mit Kreuzrippengewölben, die auf Diensten oder Fratzenkonsolen ruhen. Älterer Turm, dessen Erdgeschoß sich mit zwei hohen Spitzbögen gegen das Schiff öffnet, unterfangen von einem Rundpfeiler. Vesperbild aus Alabaster um 1420 (teilweise modern ergänzt) auf dem Altar. Außen Muttergottes, 16. Jh.

Die Stadt HORB am oberen Neckar hat in ihrer Lage und Anlage Ähnlichkeit mit Besigheim, nur daß das Seitental, das hier einmündet, kein breites Flußtal ist. Zwei Burgen, eine obere, die „*Hohenbergische*", und eine ältere unten, „*Herrenberg*" (Pfalzgrafen von Tübingen), begrenzten auch hier die auf einen schmalen abfallenden Bergrücken gebaute Stadt. Flügelmauern gingen von ihnen bis an die beiden Wasserläufe und im Seitental, kurzweg „Tal" genannt, sogar am jenseitigen Hang wieder in die Höhe, wo sie durch eine langgezogene Wehr- und Stützmauer verbunden wurden. Auch im Neckartal bildete sich flußaufwärts vor dem Ihlinger Tor eine Vorstadt, die ummauert und an die obere Burg angeschlossen wurde. Die Bergmauer der Vorstadt im „Tal" war mit Rundwerken und Türmen besetzt, von denen sich einer, an der Nordwestecke, vollständig erhalten hat (Putzgemälde, hl. Georg, 1480). Von den ehem. neun Toren sind vier erhalten: das innere *Ihlinger Tor* mit dem Luziferturm, *Gaistor*, *Wassertor* an einer Neckarfurt, *Schüttetor*. Neben diesem, an der obersten Stelle der

Stadt, der hohe, mit Buckelquadern eingefaßte *Schurkenturm*, der mit der oberen Kirche und den alten massiven Amtsgebäuden an der Stelle des Hohenberger Schlosses eine stattliche, die Silhouette der Stadt krönende Gruppe bildet. Seine kastenartige Einrichtung, Gefängniszellen aus dicken Holzbalken, noch gut erhalten. Auf der Höhe dahinter steht ein mittelalterlicher *Wartturm* (Schütteturm, 1422) und eine kleine frühbarocke Wallfahrtskapelle. Die Stadt ist 1725 abgebrannt, hat aber doch viele altertümliche Stein- und Fachwerkhäuser aufzuweisen. Der noch gepflasterte Marktplatz ist nur eine Verbreiterung der Hauptstraße. Die Quergassen, die von ihr in die beiden Täler hinabsteigen, sind unbefahrbar steil. Die obere ehem. Stiftskirche *Hl. Kreuz*, die über hohen Stützmauern aufragt, ist ursprünglich eine hochgotische Hallenkirche vom Ende des 14. Jh. und wurde nach dem Brand 1725 in eine Saalkirche umgewandelt. Erhalten sind die drei Chorschlüsse mit ihren verzierten Streben und zwei Doppelportale am Schiff, das südliche mit einem Bildwerk (Christus am Kreuz) im geschweiften Wimperg. Jetzt hat das Schiff ein flaches Scheingewölbe mit Frührokokostukkaturen, Gestühl in Barockschnitzerei und einen malerischen Orgelprospekt mit Rückpositiv. Bedeutendes Kunstwerk die qualitätvolle Muttergottes (Stein, um 1430). Die untere *Liebfrauenkirche* des Spitals ist im Grundriß verschoben. An einen hochgotischen Chor mit schönem Maßwerkportal im Stil von Reutlingen und Herrenberg stößt ein spätgotisches Langhaus mit niedrigerem Seitenschiff und westlichem Vorhallenturm. Das Innere mit seinen mannigfaltigen Gewölben, die von schlanken Achteckpfeilern unterstützt werden, und die äußere Choransicht mit dem dreieckigen Abschluß des Seitenschiffs sind überaus malerisch. Großer geschnitzter Flügelaltar (um 1520); der Mittelteil als drei Kirchenchöre gestaltet mit Marienkrönung, Johannes d. T. und Jakobus; hoher Aufsatz mit Kreuzigung. Kreuztragung aus der 1. Hälfte des 15. Jh. Eine Reihe bemerkenswerter Grabsteine aus der Frührenaissance, darunter einer im Stil Jakob Wollers (der vielleicht auch an der Brunnensäule beteiligt ist) und einer von einem D. K. 1570. Auf der unterwölbten Chorempore steht ein prächtiges Chorpult aus Schmiedeeisen, Rokoko. Das *Spitalgebäude* 1650–1655 als Franziskanerkloster an Stelle der unteren Burg erbaut, massiv und stattlich, mit Rundbögen im Kreuzgang. *Rathaus* 1765. Alte Häuser: das sog. *Steinhaus* von der unteren Burg, mit Buckelsteinen an den Ecken und Staffelgiebeln; das *Gesindehaus*, jetzt Gasthof zum Hirsch; das ehem. *Oberamt*, vom Anfang des 16. Jh., vormals Dominikanerinnenkloster (profanierte Kapelle); das ehem. *Stift*, jetzt Pfarrhaus; das vormalige *Haus der Herren v. Ow* (Haus zum Hohen Giebel), ein qualitätvoller

Eichenfachwerkbau von 1622 (jetzt Museum); das sog. *Schlößchen* der v. Stuben, mit Arkadenhof (beide beim Ihlinger Tor) und die sog. *Talscheuer*, vormals Zeughaus. Drei alte Röhrenbrunnen mit Bildsäulen aus der Renaissancezeit haben sich erhalten (z. T. restauriert), einer mit Ritterbild, der andere mit einem Löwen als Wappenhalter. Eine Brunnensäule im Tal ist am Schaft mit einem reizenden Bilderfries von tanzenden Kindern geschmückt, der an Schweizer Brunnensäulen erinnert. Ein anheimelndes Bild gibt das Tortürmlein am Badeplatz.

Links der Nagold: Das Schloß in UNTERSCHWANDORF von H. SCHICKHARDT, Anfang des 17. Jh. ausgebaut. Sehenswert die spätgotische Kapelle mit Netzgewölbe und Maßwerkfenstern. – Das Kirchlein in BEIHINGEN mit romanischem Ostturm. – Das Städtchen HAITERBACH hat durch Brände sein altertümliches Gepräge verloren. Seine regelmäßige Anlage geht dennoch vielleicht auf die Gründung zurück. Von der alten Kirche ist der Chorturm mit dreiseitigem, von Streben gefaßtem Chörlein im Maulbronner Stil erhalten. Von der romanischen Kirche zu ALTHEIM ist heute nur noch ein Teil des Turms erhalten. Darin einige Bildwerke eingemauert.

## 4. Nagold – Altensteig – Pfalzgrafenweiler – Freudenstadt

Nagold Seite 392. – Das Ortsbild von ROHRDORF ist eindrucksvoll durch die beherrschende Gebäudegruppe der ehem. Johanniterkommende mit Kirche. Von der *Kirche* der Chor 1311, das schief verlängerte Schiff 1740. Aus dem Altarschrein zwei schöne Holzfiguren erhalten (1485), die Flügel jetzt in der Stuttgarter Staatsgalerie. Das jüngere *Schloß* aus dem 16. Jh., mit Tor und Erker, ist heute Rathaus. Dahinter steht das ältere von 1430, mit schönen dreiteiligen Fenstern und Holzeinbau. – Im Nagoldtal unterhalb Altensteig folgt EBHAUSEN, von dessen dreischiffiger gotischer Kirche nur der hohe Westturm (1455) einem neugotischen Erneuerungsbau entgangen ist. Hochgelegen hinter festen Mauern, ist er eine Zierde des Tals. – ROTFELDEN hat eine Renaissancekirche, erbaut von FR. VISCHLIN 1626.

ALTENSTEIGDORF hat im romanischen, schon nach frühgotischer Art gewölbten Turmchor seiner Kirche schöne Ecksäulen und an den Wänden Blendbögen. Wandbilder aus dem 13. Jh. Das Schiff im späteren Mittelalter und in der Renaissance ausgemalt. Die große Wandfläche über dem aus der Mitte gerückten kleinen Triumphbogen füllt eine Darstellung des Jüngsten Gerichts. – ALTENSTEIG gehört wegen seiner Lage an steilem Abhang und seiner altertümlichen Architekturbilder zu den reizvollsten Kleinstadtbildern Schwabens. Zuoberst ein in seiner Hauptmasse spätgotisches, doppeltes *Bergschloß*, mit noch spätromanischer Schildmauer (zugleich Tormauer), Flankentürmen, altem Steinhaus mit Fachwerkaufsatz und darin – eine Seltenheit – wohlerhaltenem spätgotischem Holzeinbau mit Schnitzereien. Seitlich die *Stadtkirche* (1775), darunter die Giebelhäuser. Unter ihnen bemerkenswert das *Rathaus* mit Buckelquadern und Spitzbogenpforte, an der Vorderseite sechs-, an der Bergseite nur dreistöckig. Flügelmauern liegen vom Schloß zu Tal, die Stadt umschließend.

In GRÖMBACH eine einfache Kirche aus der 2. Hälfte des 18. Jh. – Das Kirchlein in WÖRNERSBERG bewahrt einen kleinen spätgotischen Altarschrein mit geschnitzten Figuren. – Turmchöre in SPIELBERG und EGENHAUSEN. Hier auch hochgotische Wandgemälde, z.T. wieder übertüncht. – PFALZGRAFENWEILER wurde nach einem Brand 1798 regelmäßig und geräumig wiederaufgebaut. Der Turm seiner Kirche noch spätgotisch. Von der *Burg*, die 1165 im Kampf Welfs VII. gegen den Pfalzgrafen von Tübingen zerstört, aber später wiederaufgebaut wurde, ist nur der Burghügel erhalten. Von der Burg *Vörbach* am Waldachtal sind Gräben und der Sockel des Hohen Turms, der 1798 abgetragen wurde, erhalten. – Im Waldachtal ein schöner romanischer Bergfried von der Höhenburg MANTELBERG. – CRESBACH hat noch einen frühgotischen Kirchturm, unten tonnengewölbt, oben mit spätgotischen Maßwerkfenstern. Unfern die Trümmer der kleinen Burg *Rüdenberg* über dem Waldachtal (Turm mit Mantelmauer). – Die Kirche in HEILIGENBRONN von 1745; unter dem Hochaltar im Chor fließt ein Heilquell. Am modernen Krankenhaus Vesperbild, Mitte 14. Jh. – In HÖRSCHWEILER ist von einer gotischen Kirche nur noch der Turm übrig.

DORNSTETTEN ist ein Bergstädtchen oberhalb des Glattals in der Lage einer Burg. Die alte Stadt bildet ein Dreieck, das durch einen Graben vom Hinterland abgeschnitten war, und bestand aus drei gleichlaufenden Straßen und einigen Quergäßchen, hat aber einen geräumigen Marktplatz mit stattlichen Fachwerkhäusern und einen Kirchplatz an Stelle des Kirchhofs. Ehem. zwei Tore. Der Ort wurde um 1270 bei der sehr alten Kirche von den Grafen von Urach-Fürstenberg angelegt. Bereits 1320 württembergisch geworden, blieb er bis 1807 Amtsstadt. Die mit Häusern überbauten Stadtmauern sind z. T. erhalten. Die spätgotische *Martinskirche* hat einen schönen, denen von Tübingen und Reutlingen ähnlichen Turm (1490), der unten einen Durchgang bildet. Oben ein kleines Oktogon mit Maßwerkgalerie, vom Viereck zum Helm vermittelnd. Im Schiff sind romanische Säulenfüße benutzt, für die Emporensäulen solche aus der Renaissancezeit. Wandmalereien aus der Zeit um 1600 (überlebensgroße Apostel und Propheten). Der Chor, der über die Flucht der Stadtmauer vorsprang und eine Art von Bastei als Unterbau besaß, hat ein Netzgewölbe mit figurierten Konsolen und Schlußsteinen. Alte Grabplatten. Ein *Rathaus* aus dem 17. Jh., ein ehem. *Amtshaus* und eine ganze Reihe anderer, sehr stattlicher Fachwerkhäuser, zwei Vierröhrenbrunnen (1509 und 1743) mit Bildsäulen und einige Wirtsschildarme wahren den städtischen Eindruck.

HALLWANGEN hat ein Kirchlein aus der Renaissancezeit. Auf dem freien Platz daneben stand ein Dominikanerinnenkloster Engeltal. – Die Kirche zu GRÜNTAL ist im Schiff (mitsamt der Kanzel) 1592 von H. SCHICKHARDT erbaut worden. Der Chor ist spätgotisch, der Turm – ein Wahrzeichen in seiner gedrungenen Gestalt –, wie die Eckbossen zeigen, noch älter. Ein malerisches Siedlungsbild ist der *Frutenhof*.

FREUDENSTADT, hoch auf der Wasserscheide zwischen Murg und Glatt, wurde 1599 von Herzog Friedrich von Württemberg als Bergwerkstadt und Festung, die drei Schwarzwaldübergänge sperrte, gegründet. Die Festungswerke allerdings erst 1661 in Angriff genommen, nach Plänen von MATTHIAS WEISS, 1674 wurde der Bau eingestellt (der Kienberg hätte die Zitadelle werden sollen). Doch schon der lagerartige Stadtplan von H. SCHICKHARDT ist auf eine Festung zugeschnitten. Er entstand im Anschluß an italienische Theoretiker, jedoch scheinen auch Einflüsse DÜRERS und – schließlich ausschlaggebend – des herzoglichen Bauherrn mit im Spiel gewesen zu sein. Sein Schema gleicht dem des Mühlespielbretts. In der Mitte ein großer quadratischer Platz, auf dessen Mitte wieder ein fürstliches Schloß stehen sollte, übereck und von einem Graben umgeben. Vom Schloß kreuzförmig ausgehend vier Straßen zu den Toren; außen herum zwei konzentrische Gassenvierecke und eine viereckige Umwallung. Die Bebauung war so, daß die Rückseiten der inneren Häuserreihe an die äußere Gasse stoßen. Das Schloß blieb ungebaut. Herzog Friedrich ließ den Platz mit Zierbäumen bepflanzen. Die Ecken wurden infolge seines fürstlichen Einfalls mit öffentlichen Gebäuden in Winkelhakenform besetzt: Kirche, Rathaus, Kaufhaus, Spital. Hallengänge oder Lauben im Erdgeschoß der Häuser am Markt waren neben der zweiflügligen Stadtkirche bezeichnend für das Stadtbild. Die Häuser zunächst nur zweistöckig mit steinernem Unterstock und Fachwerkwänden, ursprünglich die Giebel gegen die Straße. Die schönen Festungstore aus dem 17. Jh. sind

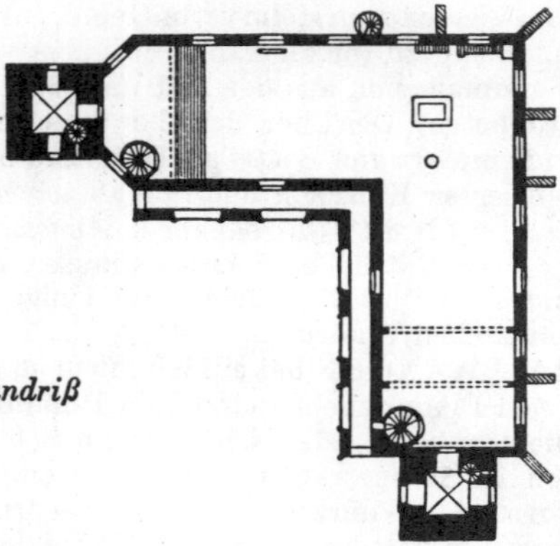

*Freudenstadt, Pfarrkirche, Grundriß*

leider im 19. Jh. abgebrochen worden. Die Stadt ist 1632 abgebrannt und 1945 nahezu vollständig zusammengeschossen worden. Der Wiederaufbau veränderte die ursprüngliche Struktur: Statt der Giebel kehren jetzt die Häuser ihre Traufe zum Platz hin und bilden somit lange einheitliche Zeilenblöcke. Die im letzten Krieg bis auf Teile der Umfassungsmauern niedergebrannte, aber nach dem alten Plan wiederaufgebaute *Stadtkirche* (Abb. 22) war ein Werk von H. Schickhardt (1601–1608). Der Bau hat die sonderbare Form eines Winkels. Das Äußere im wesentlichen noch gotisch, namentlich der Aufbau der beiden ungefähr gleichen Türme, die an den Enden der Flügel stehen, und die Form und Füllung der Fenster. Dagegen sind die Pforten in antikischen Formen gehalten und mit Bildwerken geschmückt (Bildhauer H. G.). Die Türme haben gleichmäßige Achteckaufsätze mit Steinkranz und geschweifter Haube. Daß von Anfang an der eine von den beiden im rechten Winkel aneinanderstoßenden Flügeln das Männerschiff, der andere das Frauenschiff war, ist Legende; ursprünglich diente nur der westliche Flügel als Gemeinderaum. Kanzel und Altar standen im ausspringenden Winkel, die Orgel hing zunächst als Erker an der Südwand. Die beiden Emporen an den Schmalenden wurden durch einen Laufgang auf Konsolen an beiden inneren Langseiten verbunden (d.h. über den außen an der Kirche durchgeführten Lauben). Die Brüstungen waren mit bemalten Stuckbildwerken geschmückt. Die flachen Scheingewölbe der Decke waren aus Bohlen und Stuck hergestellt und an das Hängewerk des Dachstuhls – ein Werk E. Gunzenhäusers – angehängt. Wegen des flachen Gewölbes und der vorgeschobenen Empore erschien der Raum gedrückt, mehr wohnlich als feierlich. Die Rippenkreuzungen einst überall mit bunten Wappenschildern besetzt. Die Wände weiß getüncht, aber um die Türen bemalt mit Zieraten in gelbem Ton, barocke Rahmenarchitekturen mit Bildwerk und Fruchtgehängen. Leider wurde beim Wiederaufbau die Decke etwas höhergelegt und nur in Anlehnung an die ursprüngliche Gestalt wiederhergestellt, desgleichen die Emporen tiefergelegt. Die ursprünglich so prächtige, fast ein wenig weltliche Ausstattung zeigte – viele Freilegungen von Fresken aus jener Zeit beweisen es –, daß der protestantische Kirchenbau in Württemberg damals zunächst keineswegs schmuckfeindlich gesonnen war. Von der *Ausstattung* ist erhalten und schon seit der Renaissancezeit in der Kirche aufbewahrt der aus Alpirsbach stammende Taufstein mit phantastischem Tierornament (2. Drittel 12. Jh.), vielleicht nach dem Physiologus. Inschrift am Stein: Der Mensch erbricht wie der Hirsch das von der Schlange eingeflößte Gift. Kunstgeschichtlich hochbedeutend das holzgeschnitzte und altbemalte Lesepult mit vier Evangelistenfiguren (2. Viertel 12. Jh.). Ergreifend schöner Christus am Kreuz (Anfang 16. Jh.). Offensichtlich sollte die Kirche durch die mittelalterliche Ausstattung, wie auch durch ihre an den gotischen Kirchenbauten der altwürttembergischen Landstädte angelehnten äußeren Gestalt, künstlich mit einer Tradition versehen werden (W. Fleischhauer). In diesem Zusammenhang ist zu bedauern, daß die dazugehörenden Giebel des Marktplatzes der Traufe zu weichen hatten. Kath. Pfarrkirche 1930 von A. O. Linder.

## 5. Nagold – Berneck – Schwarzenberg – Klosterreichenbach – Freudenstadt

Nagold Seite 392. – BERNECK (Abb. 4). Auf dem sanft abfallenden Kamm einer langgestreckten Bergzunge ist die winzige Altstadt erbaut, nach dem breiteren Bergmassiv durch eine hohe, von zwei aufgesetzten Türmchen flankierte, spätromanische Schildmauer mit bedecktem Wehrgang gesichert (Buckelquader, Steinmetzzeichen). Die alte *Burg* lehnte sich an diese an. Heute steht auf ihren Grundmauern ein 1846/47 erbautes Schloß. Von diesem aus gruppieren sich die Häuser stufenweise bis zum einfachen Kirchlein hinab, das am Ende der Bergzunge mit seinem Dreiseitenchor dem kleinen Gruppenbild einen charakteristischen Abschluß gibt. Das überaus typische und schönerhaltene Ortsbild hat seine Schauseite im Süden. Hier tritt der locker terrassenartige Aufbau der Häuser, die z. T. hoch auf der Stadtmauer aufsitzen, überhaupt die besondere aus der Anpassung an das

Gelände gegebene Eigenart der Stadtkomposition am eindrucksvollsten in Erscheinung. Die 1753 erneuerte *Kirche* enthält ein Wandtabernakel (um 1490) und bemerkenswerte Grabmäler, Arbeiten von J. Schmid und L. Baumhauer. – Von der Burg HORNBERG, im Wald auf einer Bergnase versteckt, steht noch der große Buckelquaderbergfried. – Die alte Kirche in SIMMERSFELD, im Hirsauer Stil des angehenden 12. Jh., ist leider 1889 durch eine neuromanische Anlage ersetzt worden. Nur die Bogenfelder der zwei Portale sind wieder verwendet, eines mit Inschrift, das andere mit Kreuz und Sternornamenten. – Das Kirchlein von URNAGOLD liegt hoch auf der Wasserscheide zwischen Enz und Nagold. Sein romanischer Chorturm wurde erweitert mit einem spätgotischen Chörlein, das mit ihm eine netzgewölbte Halle bildet; ausgemalt im weltfreudigen Geschmack der Renaissance mit einem Chor von Engeln. Das Schiff 1754 erneuert.

Die Dörfer um die obere Nagold wie GÖTTELFINGEN haben ev. Kirchen aus der Zopfzeit, die zwar einfach, aber doch nicht ohne Reiz sind. – Nur durch seine Lage wirkt das Kirchdorf SCHWARZENBERG malerisch. Es liegt an einem Abhang über einer Art von Klamm. – Ein kunstloses Altertumsdenkmal ist die sog. *Rinkenmauer* auf einer Höhe bei Baiersbronn, ein Randwall in Trockenmauerwerk aus großen unbehauenen Blöcken, vielleicht frühmittelalterlich. – Ein Beispiel der Waldkirchen, wie sie dank den Klöstern Hirsau, Alpirsbach u.a. im ganzen Schwarzwald verbreitet waren, steht in IGELSBERG. Hier ist der Choranbau hochgotisch, noch mit Maßwerkfenstern geschmückt. Der umgebende Friedhof mit seiner Mauer erhöht Stimmung und Bildwirkung wie in Urnagold. – Denkmal längst vergangener Zeiten ist das Kirchlein in HESELBACH, eine ehem. Waldkapelle von Klosterreichenbach. Hinter Friedhofmauern liegt es auf einem schöngerundeten Wiesenhügel des rechten Murgtalhanges unterhalb von Reichenbach. Der gedrungene, mit einem Zeltdach abgedeckte Turm bildet mit seinem tonnengewölbten Unterstock den Altarraum, der sich mit einem Rundbogen nach dem wenig breiteren flachgedeckten Schiff öffnet. Der Turm trägt noch – eine große Seltenheit – zwei Glocken aus dem 13. Jh. Das Schiff 1791 umgebaut, hat aber noch eine Rundbogenpforte mit romanischem Bildwerk. Im Bogenfeld das Brustbild des Erlösers, der den Kreuzstab hält; am Sturz die Sinnbilder der vier Evangelisten und inmitten das Lamm Gottes in Rundrahmen. Es scheint eine enge Verwandtschaft der Darstellung mit einer ähnlichen in Sigolsheim (Elsaß) zu bestehen. In der Kirchhofmauer ist ein Bildstein eingemauert, der die Gestalt des Petrus zeigt. Bau und Bildwerke gehören dem 12. Jh. an. –

KLOSTERREICHENBACH. Der Ort ist wichtig wegen der ehem. *Benediktinerprioratskirche* zum hl. Georg, 1082–1085 errichtet, somit

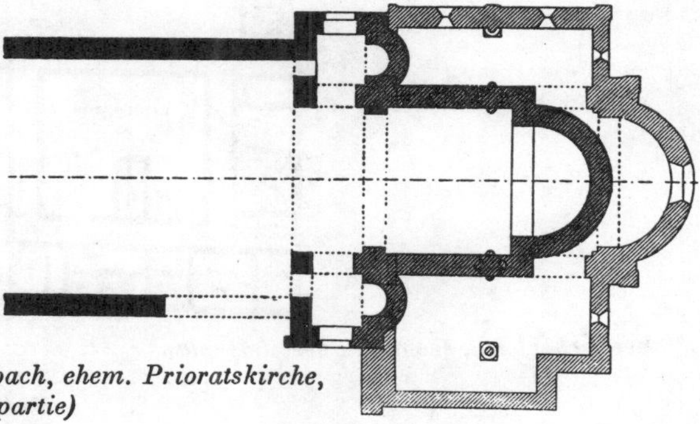

*Klosterreichenbach, ehem. Prioratskirche, Grundriß (Ostpartie)*

der früheste unter den von Hirsau abhängigen Bauten und unter der bestimmenden Einwirkung Abt Wilhelms entstanden. Von dem ursprünglichen Bau erhalten das einschiffige, gestreckte Langhaus, die Umfassungsmauern der Vorhalle (deren obere Scheidewand gegen das Langhaus Zutat einer Restauration von 1895f. ist) und Teile des östlichen Turmpaares. Der Grundriß der Ostteile durch Grabung festgestellt: ein nahezu quadratischer Hauptchor mit etwas eingezogener Halbkreisapsis und halbkreisförmigem Abschluß der Nebenchöre im Erdgeschoß der Türme. Zwischen den Türmen ein kurzes Tonnengewölbe; Kämpfersims. In der Südmauer des Langhauses (dicht an der Westwand) ein Portal aus langen Gewändeblöcken und flachgegiebeltem Sturz. Kleine, hochliegende Langhausfenster. Kleinquaderverband mit durchgehenden Lagerfugen auf der gleichen Stilstufe wie St. Peter und Paul in Hirsau und Alpirsbach. Der Grundriß ist wohl als Reduktion von St. Aurelius in Hirsau aufzufassen, das als Prioratskirche des Hauptklosters maßgebend für die Gestalt der Prioratskirchen im Bereich der Hirsauer Reform wurde. Von Hirsau übernommen der herausgezogene Rechteckchor mit Halbkreisschluß und die als Arme eines zusammengeschrumpften Querschiffs aufzufassenden Nebenchöre. Entwicklungsgeschichtlich wichtig sind die Türme, die in ihrer heutigen Gestalt allerdings eine Rekonstruktion von 1895 sind. Möglicherweise ist hier einer der Ausgangspunkte für die später in Schwaben so beliebten chorflankierenden Doppeltürme zu fassen. Das Langhaus den kleineren Verhältnissen entsprechend

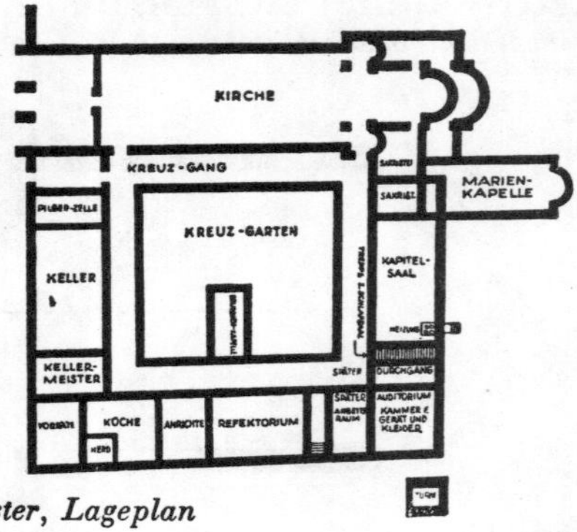


*Klosterreichenbach, ehem. Kloster, Lageplan*

einschiffig, jedoch im Gegensatz zu der Kürze der vorwilhelmischen Aureliuskirche und im Sinne der mit St. Peter und Paul einsetzenden Gepflogenheit in die Länge gestreckt. Daß es sich hierbei um einen verbreiteten Typ der Hirsauer Prioratskirche gehandelt hat, läßt die Ähnlichkeit des Grundrisses u. a. mit Wagenhausen bei Stein a. Rh. annehmen. Um bzw. nach 1180 Erweiterung des Chors zu einer dreischiffigen basilikalen Anlage nach dem Vorbild der Ostseite von St. Peter und Paul in Hirsau. Die Turmchöre wurden Durchgänge zu den geradegeschlossenen Nebenchören, die sich nach dem Hauptchor in je zwei Arkaden auf Bündelpfeilern öffnen. Wandstützen und Einwölbung der Nebenchöre 1. Drittel 13. Jh. Bei der Beurteilung ist Vorsicht geboten, da der Chor 1895f. wegen Baufälligkeit abgetragen und mit dem alten Material wiederaufgebaut worden ist, wobei eine weitgehende Überarbeitung des Äußeren stattgefunden hat. Im 2. Viertel des 13. Jh. auch Umbau der Westvorhalle: Durchbruch von drei Rundbogentoren und Einwölbung in mißglückter Nachahmung des Maulbronner Paradieses mit rundbogigen Kreuzrippengewölben auf kurzen Säulenbündeln. Im Chor ein spätgotisches Wandtabernakel. Zwei bronzene Löwentürklopfer (12. Jh.), jetzt im Stuttgarter Landesmuseum. Grabplatte des Stifters. Vom Klostergebäude ist der Westflügel erhalten, mit romanischen Säulen in der Halle des Erdgeschosses. Vom Ost- und Südflügel die Grundmauern freigelegt. Das ehem. *Bandhaus*, mit großem Keller, Rundbogenfenstern und -türen, ist noch romanisch. Ein viereckiger Turm blieb als Gefängnis erhalten. – Freudenstadt Seite 399.

## 6. Horb – Freudenstadt

Horb Seite 395. – In GRÜNMETTSTETTEN eine Kirche von 1769. – Die Kirche von DETTLINGEN (1712) hat Teile eines Altarschreins aus dem Anfang des 16. Jh. und einen kleinen spätgotischen Altarschrein mit beidseitig gemalten Flügeln. – Die Kirche von SCHOPFLOCH (1618) hat einen romanischen Turm mit gotischem Kreuzrippengewölbe auf Fratzenköpfen. – Die hochgelegene Kirche in GLATTEN hat einen spätromanischen Turmchor mit einem Kreuzrippengewölbe auf Ecksäulen und Kämpfersimsen am Spitzbogen gegen das Schiff; sonst spätgotisch. Großer Taufstein 14. Jh. Bei der Kirche das 1600 erbaute Pfarrhaus. – OBERIFLINGEN hat eine stattliche spätgotische Kirche (1509) mit romanischem Turm (Buckelquader); Wandtabernakel von 1515, spätgotisches Kruzifix. – Im Glattal ist NEUNECK mit Mühle und Brücke, Kirche und Bergschloß ein bildhübscher Ort. Leider steht von der eigentlichen Burg des später weitverzweigten Geschlechts nichts mehr, sondern nur noch das *Untere Schloß* mit steinernem Unterbau. Das spätgotische *Kirchlein*, mit niederem Staffelgiebelturm neben dem Chor, hat manches von der alten Einrichtung bewahrt. Flachdecke (1493), Wandtabernakel, Taufstein (1524), Steinkanzel, Grabmäler mit Bildnissen aus dem 16. Jh. Auf dem *Rockesberg*, einem Hügel über dem Glattal, liegt dicht überwachsen in hohem Edeltannenwald eine längst verfallene mittelalterliche Siedlung mit Ringmauern, Gräben und Wällen, Tor und Vorwerk und Grundmauern von Häusern. – LOSSBURG ist ein ehem. Burgstädtchen und vielleicht eine alte Paßfeste am Eingang in das Kinzigtal. Von einer Wasserburg hat sich der künstlich auf einem Pfahlrost aufgeschüttete Burghügel erhalten. Bemerkenswerter Speicherbau von 1822 auf dem Marktplatz. Beim Ort steht ein Steinkreuz aus dem 14. oder 15. Jh. mit Flachbildern eines Bärenjägers. – Im Weiler ÖDENWALD findet man neben ungemein stattlichen Bauernhöfen einen nachmittelalterlichen Marktbrunnen. – In LOMBACH haben sich von einem spätgotischen Kirchenbau Turm und Chor erhalten, letzterer zur Renaissancezeit ausgemalt. Beachtenswertes Kruzifix. – LAUTERBAD ist ein Idyll im Gepräge des Spätbarock (1721). – In DIETERSWEILER drei alte Steinhäuser. – Freudenstadt Seite 399. – Die ältesten Teile des Silberbergbauorts und späteren Eisenwerks CHRISTOPHSTAL, im mühlenreichen Waldtal des Forbachs, haben einiges geschichtliches Gepräge bewahrt: das ehem. Verwaltungsgebäude von 1758, über dessen Rokokopforte der hl. Christoph ausgehauen war, mit der Linde auf dem Vorplatz neben dem Amtsgarten, und das um 1600 wiederaufgebaute Talwirtshaus. Auf der anderen Seite die Hammerwerksgebäude von 1825 und 1838. Am jenseitigen Abhang das malerische sog. *Bärenschlößchen*, ursprünglich ein ummauerter Freihof des Münzmeisters der hier zeitweilig geprägten „Christophs-Taler". Steinhaus mit Wendeltreppe und Treppengiebeln von 1627. – Das weiter oben im Forbachtal gelegene Kloster und Hospiz KNIEBIS ist jetzt ein Bauernhaus. Die hochgotische Klosterkirche ist Ruine (1799 von den Franzosen zerstört). Reste der Vorhalle mit vermauerten Torbögen, darüber etliche spätgotische Maßwerkfenster, eine Seitenpforte, weitere Grundmauern. Auf dem oberen Kniebis die von A. Herbort 1734 errichtete *Alexanderschanze* und die von J. F. Rösch 1796 erbaute *Schwabenschanze*. In der Nähe, auf badischem Boden, eine ältere *Schwedenschanze*.

## 7. Horb – Sulz

Horb Seite 395. – Von dem im Bauernkrieg zerstörten Schloß ISENBURG über dem gleichnamigen Dorf sind einige Trümmer – Turm, Mauerwerk, Wall und Graben – übriggeblieben. – REXINGEN hat eine große kath. *Kirche* im einstigen Finanzkammerstil (1841), die aber alte Holzbildwerke enthält. Die aus dem 13. Jh. stammende *Johanniterkommende* ist bis auf das Meiereigebäude (1609) abgebrochen. – Das Kirchlein zu IHLINGEN, die alte Mutterkirche von Horb, ist hochgotisch, aber vielfach verändert. Schiff und Chor gleichbreit, letzterer geradegeschlossen. Turm neben dem Chor, mit einem Kreuzgratgewölbe. Holzkanzel auf einem Kragstein (1617). Ein paar alte Häuser bilden eine hübsche Gruppe mit der Kirche. – Spätgotisch ist die Kirche zu DIESSEN im schönen Dießener-Bachtal, mit schöngewölbtem Chor und Turm daneben (Turmaufsatz verändert); erbaut von Meister Hans (Spryss d. J.?) von Baden, 1498. Wernausche Grabsteine und ein Grabdenkmal (1677). Zwei Tafelbilder um 1500. Fachwerkhäuser aus dem 18. Jh. In der Nähe die Ruine einer spätgotischen Burg; Zwingermauern, spitzbogiger Torturm, Wirtschaftsgebäude (1768), Umfassungsmauern des Wohnbaus mit Wappen des Junkers Hans v. Ehingen (1555). – DETTINGEN am Neckar hat ein ehem. *Amtshaus* („Schloß") des Klosters Muri in der Schweiz, ein hohes, durch Pilaster gegliedertes Gebäude, das sich in vier Flügeln um einen Innenhof legt, nach außen durch die beiden Mansardendächer aber als Doppelhaus in Erscheinung tritt. Auch die *Kirche* wurde von Muri erbaut (1738, Turm 1765). Schöne Muttergottes auf Mondsichel und andere Figuren, dem Meister des Oberndorfer Altars zugeschrieben (um 1500). – GLATT war der Hauptort der Murischen

Herrschaft am oberen Neckar. Das *Schloß* macht heute noch einen stattlichen und malerischen Eindruck, ist aber verwahrlost. Noch heute wird es von einem Graben umgeben. Den vorgelegten sog. Bauhof fassen massive Wirtschaftsgebäude mit Tor und runden Ecktürmen ein. Das Schloß bildet eine regelmäßig symmetrische Dreiflügelanlage mit vier Ecktürmen, an der Vorderseite geschlossen durch eine hohe Mauer mit Wehrgang und gotischem Torturm (1533). Die in der Hauptachse liegende Kapelle (profaniert) mit ausspringendem Chörlein hat Stukkaturen der älteren Wessobrunner Art und ein Portal mit Wappentafel (1686). An den Fenstern des Schlosses außen Reste gemalter Renaissanceumrahmungen und Barockmalereien. Die *Pfarrkirche* ist spätgotisch (1498–1515, Turm 1881). Reizendes Wandtabernakel in Frührenaissance (1550). Grabdenkmäler, meist mit Porträtfiguren des 16. und 17. Jh. Der *Pfarrhof* ist ein altes Amtshaus mit rundem Eckturm, der einen Kerker enthielt (Mitte 16. Jh.). – Die Ruine der Burg *Wehrstein* über FISCHINGEN, die bis auf die Merowingerzeit zurückgeführt wird, bietet in ihrem heutigen Bestand nicht mehr viel Bemerkenswertes, imponiert aber durch ihre Lage und Ausdehnung. – RENFRIZHAUSEN hat eine hübsche, ehem. romanische Chorturmkirche (1725 barockisiert).
SULZ ist eine alte Salzstadt, aus der Württemberg bis 1803 seinen gesamten Salzbedarf bezog. Der Ort wurde nach einem Brand 1794 fast vollkommen neu aufgebaut (Pläne des Landbaumeisters C. v. UBER), regelmäßig und gleichförmig, doch nicht ungefällig. Der übereck gestellte quadratische Marktplatz nimmt die Mitte der Stadt ein. Brunnendenkmal aus der Zeit des Wiederaufbaus. Das Verwaltungsgebäude der Saline auf dem unteren Wörth stammt vom Ende des 18. Jh. Malerische *Steinbrücke* von 1734 (modern erweitert). Spätgotische *Stadtkirche*, im älteren Stadtteil hochgelegen, begonnen 1513 von einem Rottweiler Meister H. H. aus der Stuttgarter Schule, fortgeführt von einem einheimischen Meister M. S. Der Turm älter, vielleicht noch romanisch, mit seltsamen Mauerbildwerken. Einige Reste der alten spätgotischen Ausstattung (Kanzel, Taufstein, Sakristeitür) und in dem schönen weiten Chor, dessen Gewölbe mit Bildwerk geziert ist, einige bedeutende Grabdenkmäler. Eines von Erz in Steinrahmen mit Frührenaissancezieraten (1528).

## 8. Sulz – Alpirsbach – Schramberg

Sulz (siehe oben). – Die Kirche in HOPFAU besitzt noch romanische Bauteile. Spätgotischer Taufstein. – Tief im Wald die Trümmer der

Burg LICHTENFELS. Guterhaltene, über 3 m starke Schildmauer mit zwei hohen Schießschlitzen und dahinterliegenden, durch einen kurzen Gang miteinander verbundenen Mauernischen. Bemerkenswerter Mauerverband an den Ecken (Fugen auf der Kante). Sehr schönes Buckelquader-Mauerwerk. – Im Tal der Glatt hat LEINSTETTEN ein Rokokoschlößchen mit altem Garten. In der Kirche Grabdenkmäler von Edelleuten aus dem 16. Jh., auch ein kleines Holzbild der Muttergottes aus dem 13. Jh. – Die romanische Kirche von UNTERBRÄNDI ist jetzt ein Bauernhaus; im Stall noch romanische Säulen und zwei Grabdenkmäler. – DORNHAN, seit dem 13. Jh. mit Stadtrecht, ist ein ehem. württembergisches Amtsstädtchen, 1718 abgebrannt. Die *Kirche* besitzt einen im Grundstock noch romanischen Turm und einen spätgotischen, netzgewölbten Chor (von HANS HAMMER?), um 1510. Auf der schrägen Fensterbank der Sakristei ein Löwe. Klassizistisches Grabdenkmal. – In BUSENWEILER steht eine profanierte gotische Kapelle. In RÖMLINSDORF ein rein romanisches Kirchlein (rechteckiger Grundriß, Chorbogen auf abgeschrägten Kämpfern). In PETERZELL ein romanischer Taufstein.– ALPIRSBACH. Ein unregelmäßiger Ortskomplex von düstergrünen Bergmassen umdrängt. Das Durcheinander der Fachwerkhäuser wird von der hochragenden romanischen Pfarrkirche (Abb. 1, 2) beherrscht, die – ehedem Kirche einer Benediktinerabtei der Hirsauer Reform und Tochter von St. Blasien – wie kein anderes Bauwerk im Lande den architektonischen Kanon der Reform-Benediktiner in bester Erhaltung zeigt. Gegen 1095 Klostergründung durch Angehörige aus den Häusern Sulz, Zollern und Neckarhausen auf einem gemeinsam ererbten Hofgut. Die überlieferte Weihe 1095 bezieht sich auf ein nicht mehr nachweisbares, vielleicht nur aus Holz errichtetes Oratorium (P. Virgil Fiala). 1099 wird eine kleine Steinkirche geweiht, von der sich nordwestlich direkt vor der Klosterkirche die einstige Turmhalle erhalten hat (heute Garage, vgl. den Grundriß) und die später als Pfarrkirche diente. Die eigentliche Klosterkirche wurde im 1. Drittel des 12. Jh. begonnen, ihre Vollendung zog sich bis zur Mitte des Jahrhunderts hin. Dem System nach stellt sie eine dreischiffige Flachdeckbasilika mit Querschiff, ausgeschiedener Vierung und dreischiffigem Chor dar, der jedoch in gotischer Zeit Umbauten erfahren hat. Westliche Vorhalle (Paradies). Tiefgreifend ist der Eindruck des hochgestreckten Innenraums der Kirche. Seine stereometrische Klarheit und Größe, die strenge Flächigkeit der raumumschließenden Wände, der einfache Rhythmus der glattgerundeten Säulen und endlich die in den unteren Raumschichten dämmernde und nach oben zu immer heller werdende Atmosphäre des Lichts tragen zu der unvergeßlichen

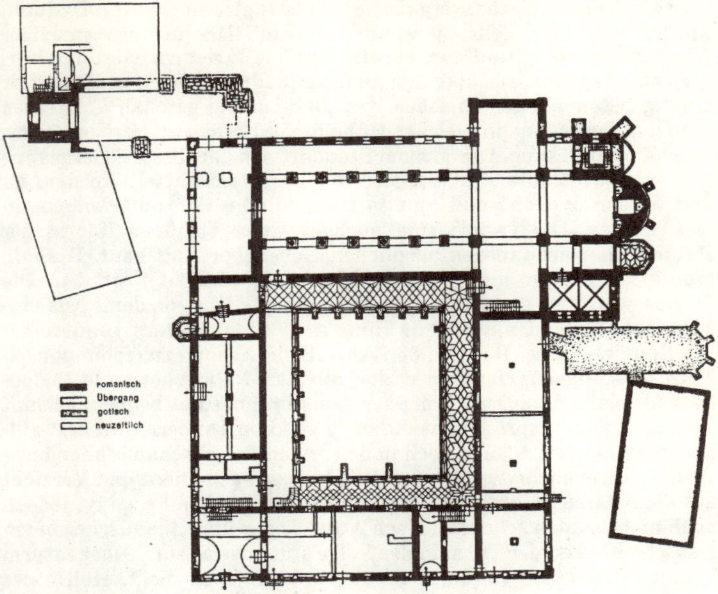


*Alpirsbach, ehem. Kloster, Grundriß*

Gesamtwirkung bei. Klarheit der Form, die Einordnung der Einzelteile zur architektonischen Gesamtwirkung, sind auch das Merkmal des Außenbaus. Man beachte jedoch das asymmetrische Sichauftürmen der Ostseite; namentlich von Nordosten gesehen, ein durchaus malerisches Bild. Hier läßt sich schon von der Gesamterscheinung der Anlage her ein Planwechsel erkennen. Beginnen wir bei der Betrachtung entsprechend dem mutmaßlichen Bauvorgang mit der Partie des *Chorbaus*. Die Nebenchöre endigten in halbrunden Apsiden. Beim nördlichen Nebenchor ist der Apsissockel außen noch sichtbar, beim südlichen ist die Rundung von dem 1506 weiter nach Osten hinausgebauten dreiseitigen Chor überdeckt worden. Die in ihrer oberen Partie gotisch umgebaute innere Rundung der Hauptapsis ist im unteren Teil durch einen segmentförmigen, etwa 3,8 m hohen Mauerklotz ausgefüllt, in dessen Stirnseite ein mittlerer, tonnengewölbter Stollen und beiderseits je eine Apsisnische hineingetrieben sind. Eine seltene, vielleicht aus Oberitalien übernommene Planform (zu vgl. die romanische Bergkirche von S. Pietro in Civate). Dadurch wurden drei Altarstellen gewonnen, die mittlere in kryptenartiger Abgeschlossenheit, und darüber die Tribüne für einen vierten Altar, der vom Langhaus aus über den im Chorquadrat stehenden Hochaltar hinweg besonders gut zu sehen war. Der Zugang geschah über einen Laufsteg durch eine in gleicher Höhe in der Südwand des Nordturms sitzende Türöffnung. Der genaue Standort des vor dieser Altargruppe stehenden Hochaltars ist bis jetzt noch nicht ermittelt worden. Er darf wie bei St. Peter und Paul in Hirsau in der Chormitte angenommen werden. Die Treppe zum hochgelegenen Tribünenaltar in der Hauptapsis wurde in den nördlichen Nebenchor eingebaut. Deshalb mußte auf die für hier geplante Altarstelle verzichtet werden. Die Treppe wurde in dem Raumquadrat unmittelbar vor der Apsis eingebaut, aber nicht nur bis zur Höhe des Tribünenaltars, sondern bis zur Emporenlaube. Das gab den Anstoß, die Treppe zu einem ganzen Turm auszubauen. Dadurch verlor auch der Nebenchor seine Bedeutung als Kultraum. Der Turm über dem nördlichen Nebenchor scheint also nicht zum ursprünglichen Plan zu gehören, sondern wäre erst aufgrund eines – wenn auch noch in den ersten Bauabschnitt fallenden – Planwechsels nach Verstärkung der Umfassungsmauern und Verzicht auf die Altarstelle über dieser errichtet worden. Die Frage ist jedoch noch nicht eindeutig gelöst. Nach Ausweis der übereinanderliegenden Bauschichten ist der Turm in der Folge stufenweise zum Glockenturm ausgebaut worden. In einem ersten, wohl noch in die 1. Hälfte des 12. Jh. fallenden Bauabschnitt bis zum Dachgesims des Hauptchors (gleich Höhe des Langhaus-Dachanfangs). In der 2. Hälfte des 12. Jh. erfolgte dann seine Erhöhung um das mit einem dreiteiligen Rundbogenfries zwischen Lisenen abgedeckten Geschoß. Bei der weiteren abschnittsweisen Erhöhung in gotischer Zeit erwies sich der Unterbau als zu schwach und mußte zwischen 1414 und 1432 durch zwei Strebepfeiler verstärkt werden. Die Außenmauer der Hauptapsis in vortrefflichem Großquaderverband. Die vorgelegten Rundpfeiler aus der Zeit der gotischen Chorerhöhung, deren Strebepfeiler sie tragen. Ihre attischen Basen (mit Ecksporen) lehnen sich an die Säulen des Langhauses an. Bemerkenswert der Wulstsockel, der sich um das ganze Gebäude herumzieht. Zwischen Turm und Nordquerschiff eine vielleicht für die Stifterfamilien bestimmte Emporenlaube, die vom Turm aus zugänglich war und – wenn auch nicht dem ursprünglichen Plan –, so doch dem ersten Bauabschnitt zuzurechnen ist. Im östlichen Teil des *Langhauses* diente das letzte Joch ehem. als Vorchor (chorus minor) und ist dafür auch baulich akzentuiert: Das letzte Stützenpaar besteht aus Vierkantpfeilern, das davorliegende ist mit figürlichem Schmuck versehen. Eine unverkennbare Verfeinerung in den Einzelformen des Langhauses (Verwendung der Säule in den Emporenöffnungen der Westfront an Stelle des Pfeilers in der Stifterlaube, Ersatz der geschrägten durch attisch oder mit dem Rundwulst profilierte Deckplatten u. a.) führt zu der Annahme, daß sich die Aufführung der Mittelschiffwände und der Westfront bis ins 2. Viertel des 12. Jh. hingezogen hat. Die neuere Forschung widerlegte die Hypothese einer doppeltürmigen Westfront. Ihre geringe Stärke schließt diese Verwendung aus. Zweifellos war nach Ausweis der beiden Doppelöffnungen in der westlichen Mittelschiffwand hier eine Empore geplant. Bis zu welchem Stadium ihre Ausführung gediehen war, ist vorerst nicht zu erkennen, da die ganze Westwand der Vorhalle im 15. Jh. unter Verwendung älterer Quader und Werkstücke neu aufgeführt worden ist. Ebenso sind in gotischer Zeit der Westgiebel und Teile der darunterliegenden Stirnwand erneuert worden. Das Westportal aus feingearbeiteten Quadern. Im Tympanon in Dreiviertelrelief Christus (bartlos) auf dem Regenbogen thronend, in einer von zwei schwebenden Engeln gehaltenen Mandorla. Links kniender Mönch, rechts kniende Frau im Ordensgewand, wahrscheinlich ein Stifterpaar, beide im Betgestus. Umrahmendes Band- und Palmettenornament. Arbeit aus dem 2. Viertel des 12. Jh. Die feineren Züge des Bauwerks deuten nicht auf eine größere Beeinflussung durch St. Peter und Paul in Hirsau, diese Kirche weist im Grundriß wie vor allem in formalen Einzelheiten wesentliche Unterschiede auf. Wir können mit einiger Wahrscheinlichkeit an eine Abhängigkeit von dem Mutterkloster St. Blasien denken. Die Kirche wurde in jüngster Zeit hervorragend restauriert, besonders das leichte Gestühl statt der sonst üblichen schweren Holzbänke verdient vom Standpunkt der Denkmalpflege aus rühmliche Erwähnung. Von den wenigen erhaltenen alten *Ausstattungsstücken* einige sehr wertvoll. Am Hauptportal zwei Bronzetürklopfer (Löwenköpfe), 12. Jh. Eine romanische Chorbank unersetzlich seltenes Beispiel romanischer Schreinerkunst (12. Jh.?). Chorstühle von HM 1493. Ehem. Hochaltarschrein, um 1520, mit Marienkrönung und in Braun gemalten Flügeln, bereits im Charakter der deutschen Frührenaissance. Grabsteine vom 12. Jh. an. Bemerkenswert der eines Ritters um 1270, mit vollplastischer Darstellung des Toten. In der Hauptapsis (mittlerer Stollen) hochmittelalterliche Gewölbemalereien (Jüngstes Gericht, Kruzifix), Freskenreste auch im Langhaus (um 1420). Die bedeutende Farbverglasung der Fenster aus dem 12. Jh. ist bis auf wenige Reste, die in das Stuttgarter Landesmuseum gelangten (Simson mit den Toren von Gaza, Evangelistensymbole), zugrunde gegangen. Für die Vergegenwärtigung der ursprünglichen Raum- und Lichtwirkung sind sie von größter Wichtigkeit. Das Ehrenmal in der Vorhalle von G. MARCKS, 1959. – Im 1. Viertel des 13. Jh. Anbau einer *Sakristei* an den südlichen Nebenchor im Formcharakter des Maulbronner Kreuzgangs (Südflügel). Fresken 14. Jh. Von dem *Klaustrum*, das sich als nahezu quadratische Anlage südlich an die Kirche anschließt, ist aus romanischer Zeit nur noch der unmittelbar an das südliche Querhaus der Kirche stoßende Kapitelsaal mit gekuppelten Säulenöffnungen erhalten (vielleicht Mitte 12. Jh.). Die übrigen Teile (südliches Stück des Ostflügels, Süd- und Westflügel) entstammen einem Umbau 1480–1490. Im Obergeschoß des Ostflügels das Dormitorium mit teilweise erhaltenen Zellen, im Südflügel der Konventsaal mit gewölbter Holzdecke und gewölbtem Steinbaldachin auf zwei Freipfeilern. Im Westflügel die Abtwohnung mit Erker und Holzdecken. Refektorium seit 1956/57 kath. Kirche, Altar und Taufe von O. H. HAJEK. Die Kreuzgangflügel (mit Ausnahme des westlichen) mit reichen Stern- bzw. Netzrippengewölben. Figürliche Schlußsteine. Im Ostflügel die Jahreszahl 1483. – Westlich des Klosters, auf der Straßenseite gegenüber, das leider stark verbaute Steinhaus der Klostervögte, ein *Wohnturm* mit frühgotischen Fenstern und jüngerem Fachwerkaufsatz. *Rathaus* mit Arkaden (1566). Am Klosterplatz „Altes Schloß“ (Haus 87) mit reicher Fachwerkfassade (17. Jh., 1708 umgebaut).

Das im Kinzigtal zerstreute Dorf REINERZAU, ein alter Bergwerksort, hat Bauernhäuser einer Bauart, die bis Zwieselberg bei Freudenstadt reicht. Ihre Hausform stellt eine vereinfachte Form des Kinzigtaler Schwarzwaldhauses dar, die durch die vollständige konstruktive Trennung von Dach und Haus gekennzeichnet ist. Die spätgotische, von den Mauern des Friedhofs umgebene Kirche mit ihrem Satteltturm bildet den Mittelpunkt einer enger zusammengeschlossenen Gruppe von Höfen.

In RÖTENBERG eine Weihinschrift von 1128 und romanisches Bildwerk, eingemauert am Turm der gotischen Kirche. Römische (?) Säulenfüße als Sockel der Emporensäulen, Muttergottesbild aus Stein (um 1400), spätgotischer Taufstein (1487) mit dem Bild einer Fledermaus am Fuß. Der gotische Kirchturm von AICHHALDEN hat ein Satteldach mit Renaissancegiebeln. – SCHRAMBERG hat sich die alte Barockkirche samt Turm neben der neueren Stadtkirche bewahrt und in der Falkensteinkapelle am Eingang des wildromantischen Bernecktals ein schönes spätgotisches Holzbildwerk: Grablegung Christi. Von den Burgen um die Stadt ist *Hohenschramberg* (auch Nippenburg genannt) als frühe Festung burgenbaugeschichtlich die sehenswerteste. Zweiteilig, mit gewaltigen Bollwerken aus der ersten

Zeit der Feuergeschütze. 1457–1459 errichtet von dem weithin berüchtigten Raubritter Hans von Rechberg, der anläßlich einer Belagerung durch Graf Eberhard von Württemberg hier tödlich verletzt wurde. Später mehrfach erneuert. Verfallene Steinhäuser aus spätgotischer Zeit, das Ganze prachtvoll überwachsen von der Pflanzenwelt des Schwarzwalds. Burg *Schilteck* besteht in der Hauptsache aus einem, in den oberen Teilen ergänzten Bergfried (Buckelquader und Steinmetzzeichen) und rechteckiger Ringmauer, aufgebaut auf einem Porphyrfelsen an der Schiltach unterhalb der Stadt. Talaufwärts, am Eingang in das Bernecktal, die Steigen zweier Karrenwege – mittelalterliche Landstraßen – beherrschend, die Burgengruppe *Ober-* und *Unterfalkenstein*, die sich über einen ganzen Kamm von unzugänglichen Granitklippen ausdehnt. Am besten ist ein Turm erhalten. Die Burg gilt als die letzte Zuflucht des Herzogs Ernst von Schwaben (1030) und scheint die älteste der Schramberger Burgen zu sein, nach der auch die Herrschaft hieß.

## 9. Sulz – Waldmössingen – Rottweil

Sulz Seite 407. – Die Kirche in WEIDEN besitzt noch einen hochmittelalterlichen Chorturm. – Die Kirche in AISTEIG hat vom spätgotischen Bau noch den Westturm und die netzgewölbte Sakristei. Sonst 18. Jh. – In MARSCHALKENZIMMERN ein spätgotischer Taufstein. – Auf den Höhen links des Neckars findet man in HOCHMÖSSINGEN Reste eines mittelalterlichen festen Kirchhofs. – In FLUORN Turm und Portaltympanon einer romanischen, jetzt weitgehend modernen Kirche erhalten. Im Bogenfeld Lamm Gottes. – In WINZELN ein altes Kirchlein spätestgotischen Stils (1540). – In WALDMÖSSINGEN gabelte sich die einzige den Schwarzwald überquerende römische Straße nach Norden und Süden. Ein Militärlager sicherte diesen wichtigen Punkt. Kirche mit romanischen Spuren. – In DUNNINGEN wurde anläßlich eines Neubaus des Kirchenschiffs 1966 ein reich ausgestattetes frühmittelalterliches Fürstengrab gefunden. Romanisches Steinrelief. Das Chorgestühl, 1785, von L. OHNMACHT stammt aus Rottweil. – Die Kirche von MARIAZELL, einem ehem. Städtchen, besitzt auf romanischem Chorgewölbe ein gotisierendes Achteck mit Steinkuppel aus der Renaissancezeit (1607), Meister VR. Die Spitzbogenfenster des unteren Achteckgeschosses zeigen im Maßwerk die Buchstaben AVE MARIA. Die Kuppelkanten sind besetzt mit Krabben, das Innere der Kuppelhalle ist geschmückt mit Wappenschildern. Der Turm gehört durch Eigenart und Stattlichkeit zu den bedeutendsten der Gegend. – Die Kirche in STETTEN ob Rottweil stammt im Kern noch aus romanischer Zeit (Chor). Holzbildwerke (Maria und Johannes, wohl Anfang 16. Jh.). – Romantisch, tief im Wald versteckt, heute die Burg HERRENZIMMERN, in der berühmten Chronik der Herren von Zimmern oftmals genannt. Die umfangreiche Ruine birgt noch wohlerhaltene Reste vom Wohngebäude, über dessen turmartigen, steinernen Unterstock ein ausladendes Fachwerkgeschoß aufsaß. Die Burg brannte 1500 ab, wurde darauf wiederhergestellt und am Ende des 16. Jh. an Rottweil verkauft. Auf einem freiragenden Umlaufberg des Neckars, fern den modernen Straßen, die historisch so rätselvolle NECKARBURG, bereits 793 als eine der frühesten Burgen des Landes genannt. Die Ruine eines regelmäßigen Baus mit Ecktürmen jedoch nachmittelalterlich. Nahebei eine 1769 umgebaute Michaelskapelle.

ROTTWEIL gehörte schon zu römischer Zeit zu den wichtigsten Punkten des Landes und war bereits damals Stadt (municipium Arae Flaviae), von deren luxuriös eingerichteten Villen noch das berühmte Orpheusmosaik (jetzt im Heimatmuseum) zeugt. Sie lag südlich des Neckars im Bereich der heute sog. *Altstadt.* Auf der Hochfläche jenseits des Neckars, in der Mittelstadt, waren nacheinander zwei große Militärlager errichtet worden. Hier wurde 1967 auch eine umfangreiche römische Badeanlage freigelegt. Ein nach den Wirren der Völkerwanderung auf der Mittelstadt errichteter Königshof ist für das 8. Jh. nachweisbar, seine Lage ist heute durch die (neugepflanzte) *Pürschgerichtslinde* gekennzeichnet. Nachfolgerin der Urpfarrkirche ist die zu Anfang des 12. Jh. über einem noch zugänglichen Rest eines römischen Badegebäudes in der Altstadt errichtete *Pelagiuskirche,* ursprünglich eine Basilika mit zwei den Chor flankierenden Türmen (im 19. Jh. völlig umgebaut, das Langhaus noch alt, Westturm spätgotisch).

Etwa um 1200 wurde dann die mittelalterliche Stadt angelegt, die sich später zur freien Reichsstadt entwickelte und 1802 an Württemberg kam. Ihr regelmäßiger Stadtgrundriß gehört zu den klarsten und schönsten im ganzen südwestdeutschen Raum. Großartig der Blick auf die türmereiche Silhouette der hoch über dem Neckar auf einem von steilen Schluchten geschützten Plateau gelegenen Stadt, wenn man sich ihr auf der Straße von Balingen her nähert. Von den Befestigungen ist fast noch der ganze Unterbau der Mauern erhalten. Der *Hochturm*, bis zum Knopf der Spitze 54 m hoch, wurde in der 1. Hälfte des 13. Jh. in zwei Abschnitten aus Buckelquadern errichtet. Das *Schwarze Tor*, aus dem beim Rottweiler Narrensprung an Fasnacht die Narren hervorbrechen, im Unterstock aus der gleichen Zeit;

*Rottweil, Heiligkreuzkirche, Grundriß*

der Aufbau Renaissance, mit später zugemauerten Zinnen. Aus staufischer Zeit auch die mächtigen Pfeiler der *Hochbrücke* über den Stadtgraben. Charakteristisch ist die Stellung der hohen, ansehnlichen *Bürgerhäuser* mit der Traufe gegen die Straße; wie allgemein im äußersten Südwesten Deutschlands und vor allem in der Schweiz. Besonders liebte man in Rottweil auch die mehrere Geschosse durchlaufenden, dreiseitig vorspringenden Erker. Viele tragen Wappen, rankenverzierte Brüstungen und Jahreszahlen. Einige reizvolle Architekturfassaden wurden zur Barockzeit von dem Vorarlberger J. FEUERSTEIN errichtet; hervorzuheben die des jetzigen Heimatmuseums in der Oberen Hauptstraße (1709). Ein eigenartiges Mittelding zwischen Renaissanceform und gotischer Konstruktion ist der zentralgelegene *Marktbrunnen;* seine Säule ist im Grunde eine in antikisierendem Stil umgedachte spätgotische Turmpyramide mit 16 Statuetten nach Holzschnitten von H. BURGKMAIR (um 1540, Kopie). Das aus der Zusammenlegung zweier Gebäude entstandene *Rathaus* erhielt eine einheitliche, spätgotische Fassade. Im Innern ist vor allem der Ratssaal (1521) mit seinen gemalten Glasscheiben aus der Renaissance sehenswert. Nördlich davon das *Münster zum Hl. Kreuz*, an dem man ohne Mühe drei Bauperioden erkennen kann. Zum ältesten Bestand gehören die zwei spätromanischen Arkaden im Innern des Mittelschiffs neben dem Turm und – etwas jünger – dessen drei erste Geschosse. Grabung und Baubefund lassen die erste Kirche als langgestreckte Basilika mit rechteckigem Altarhaus rekonstruieren. Die Erbauung dieser Teile fällt in das 2. Drittel des 13. Jh. Eine frühe Stufe der Maßwerkfenster bemerkt man am dritten Turmgeschoß, deren gute Blattwerkkapitelle entfernt an Werke des Naumburger Meisters erinnern.

Zeitlich folgt die feine Sedilien-Nischen-Arkatur des das Langhaus beträchtlich überragenden Chors aus der 1. Hälfte des 14. Jh. Der obere Teil mit den hohen schlanken Fenstern und dem beginnenden Fischblasenmaßwerk aus dem Ende des 14. Jh. Ein Kreuzrippengewölbe, teilweise auf Blattkonsolen ruhend, überspannt den Raum. Der jüngste Bauteil ist das Langhaus, an dem sich Jahreszahlen von 1497 bis 1532 finden. Als Vorbild für die Anlage – überhöhtes Mittelschiff ohne eigene Beleuchtung, die Strebepfeiler zur Bildung von Seitenkapellen eingezogen – diente die Stiftskirche in Stuttgart, wie denn auch die Stuttgarter Bauschule, Meister H. H. (Hans Hammer?) und J. B. (Joh. Berss) am Rottweiler Langhaus beteiligt gewesen zu sein scheinen. Vielgestaltige, wechselnd gemusterte Stern- und Netzgewölbe mit figurierten Konsolen und Schlußsteinen werden von den reichprofilierten Pfeilern getragen. Die zeitliche Reihenfolge der Überwölbung geht vom Südschiff (1497) über das Nordschiff (1507) zum Mittelschiff (1517); die Nepomukkapelle westlich vom Turm 1534. Die spätgotische Portalvorhalle auf der Südseite 1900 stark verändert. 1912–1914 Verlängerung des Langhauses nach Westen und Erweiterung der Sakristei. Beachtenswert die *Ausstattung* der Kirche, besonders die spätgotischen Altäre in den Seitenkapellen. Fast alle Altäre stammen jedoch nicht aus dieser Kirche, sondern wurden erst im 19. Jh. durch A. Heideloff z. T. von weither zusammengekauft. Gutes Hochaltarkruzifix, Veit Stoss zugeschrieben (W. Boeck). Prächtiger Kanzellöwe (H. C. Amrhein, um 1660, nach spätgotischem Vorbild). Andachtsbild (Verehrung der Eucharistie) um 1440. Die Bildwerke des Rokokogestühls zeigen u. a. einen Narren mit Wickelkind. Kulturgeschichtlich interessant die Zunftstangen aus dem 18. Jh. in der Nepomukkapelle. – Städtebaulich wirkungsvoll als Abschluß einer der Hauptstraßen steht die jetzt ev., frühere *Dominikanerkirche* (1268 f.). Vom ersten Bau hat sich im Kern der gotische Chor mit prächtig reichem $^7/_{12}$-Schluß und die Sakristei (Wappenschlußstein) erhalten. Das Langhaus wurde 1753–1755 barock erneuert, der Chor mit einer niedrigeren Decke versehen und seine ursprünglich schmalen, hohen Fenster verkürzt. Im barocken Freskenschmuck eine Darstellung der Bestürmung Rottweils durch die Franzosen im 30jährigen Krieg, ein großes, historisches Gemälde von J. Wannenmacher (1755). – Von der Kirche der urkundlich 1274 erstmals genannten Johanniterkommende haben sich in der Südostecke der Stadt Grundmauern mit Resten des Portals erhalten. – Der kunstgeschichtlich bedeutendste Bau Rottweils, der *Kapellenturm* (Abb. 63, 64), stammt aus der Blütezeit der schwäbischen Hochgotik (um 1330 beg.). Dem 14. Jh. gehören jedoch nur die drei unteren Geschosse an. Das Oktogon, von hohen Fenstern durchbrochen und mit Galerien geschmückt, setzte 1473f. ein spätgotischer Baumeister auf. Die Westfassade der unteren Geschosse wurde 1907 nach dem Vorbild der Reutlinger Marienkirche und leider nicht nach der ursprünglichen Form erneuert. Deutlich sichtbar ist z.B., daß sich über dem Portal zwischen den Treppentürmchen eine offene Galerie befand. Der bedeutsame Skulpturenschmuck (Heilsgeschichte) verteilt sich auf die drei Portale, darüber auf der West- und Südseite Apostel und Propheten (jetzt in der Lorenzkapelle), an der Ecke eine Madonna (Kopie). Für diese Plastik – durchweg von großer Schönheit des Entwurfs, großzügiger Linienführung und guter räumlicher Einpassung – wurde der Begriff „Rottweiler Stil" geprägt; ein aus dem Westen kommender Meister hat sie geschaffen. Beachtenswert auch die beiden Reliefs an den Treppentürmchen, die Verlobung des Ritters („Brautrelief") und die beiden Männer mit dem Evangelienbuch. In der Turmkapelle Kruzifix (um 1350) und Madonna (um 1400). Daß es vor allem der Turm war, mit dem sich die Bürgerschaft Rottweils ein Denkmal setzen wollte, zeigt die Kirche selbst, die über den Durchschnitt ihrer Zeit nicht hinausragte. Der Chor 1478f. von Aberlin Jörg wurde zusammen mit dem Neubau des Schiffs (Hallenbau, 1727) durch den Jesuitenpater Guldimann umgestaltet. Die Deckenfresken von dem Jesuitenbruder Firtmair, einem Schüler C. D. Asams. – Die gotische *Lorenzkapelle* (Abb. 65; um 1580) steht an der nordöstlichen Stadtmauer im ehem. Friedhof. An ein breites, netzgewölbtes Schiff mit hübschen Portalen schließt sich der abgerundete Chor, im Unterbau als Geschützturm ausgebildet. Das Innere birgt außer Wandmalereien ein überaus sehenswertes Museum altschwäbischer Holzplastik, in dem in der Feinheit der technischen Ausführung, Ausdruckskraft des Gefühls, empfindungsvoller Linienführung und Gruppierung qualitätvollste Stücke neben zahlreichen Arbeiten in gutem Durchschnittscharakter zu sehen sind. Die Sammlung wurde gegen Mitte des 19. Jh. von Dekan Dursch aus dem schwäbischen und angrenzend fränkischen Raum zusammengebracht. Sie wurde später durch Originale vom Kapellenturm bereichert. Ein Neubau für das Museum ist an Stelle des ehem. Dominikanerklosters geplant. – Südlich vor der Stadt der Barockbau der *Kapelle zur Ruhe Christi* (J. Feuerstein, 1715). In der Nähe der steinerne Hofgerichtsstuhl von 1781 (Original im Museum). – Das ehem. Zisterzienserinnenkloster ROTTENMÜNSTER wurde kurz nach 1220 gegründet und 1661f. von Mich. Beer und Mich. Thumb in einfachem Barock neu errichtet (heute Heilanstalt). Gegenüber die architekturgeschichtlich als frühe Industriebauten sehenswerten Kuppeln der *Saline Wilhelmshall* (1824f.; eine noch erhalten).

## 10. Sulz – Oberndorf – Rottweil

Sulz Seite 407. – Neckaraufwärts am östlichen Talrand, auf einer Bergzunge die bedeutende Ruine der Grafenburg ALBECK. Vorhof, Tor (um 1370), Burghof und Hinterhof. Burgenkundlich bemerkenswert das Fehlen eines Bergfrieds. Die Kernburg besteht lediglich aus einem umfangreichen, wehrhaften Steinhaus mit jetzt zwei Geschossen, frühgotischen Fenstergruppen, mächtigen offenen Kaminen und Buckelquadern an den Außenecken; frühgotische Steinmetzzeichen. Treppe und Abort in der Wanddicke. Zweifellos dürfte eine Beziehung zu der Burg Hohengeroldseck bei Lahr (Schwarzwald) bestehen. Die Herren von Geroldseck gehören zu den Vermittlern der frühen Gotik rechts des Rheins. – In BERGFELDEN die stattliche Dorfkirche von D.S., 1513–1517 erneuert. Netzgewölbter Chor. Ikonographisch bemerkenswerte Fresken mit der Kreuz-Christi-Legende. Reste einer starken Kirchhofbefestigung, die auch ein Dominikanerinnenkloster mitumschloß. – Die Kirche in VÖHRINGEN hat einen Chorturm. Spätgotischer Taufstein mit Bildwerken (Fratzentiere). – Ein hochmittelalterlicher Chorturm auch an der Kirche in WITTERSHAUSEN. – Die Mauritiuskirche in BOCHINGEN wurde in der Spätgotik umgestaltet und erhielt damals das schöne Netzgewölbe über figürlichen Konsolen. Holzbildwerke (u. a. spätgotisches Vesperbild). – In BOLL ein spätromanischer Chorturm.

OBERNDORF wurde wohl um 1250 von den Herzögen von Teck gegründet, die über dem etwas neckaraufwärts gelegenen Altoberndorf auf der Burg *Wasseneck* ihren Sitz hatten (Reste der Grundmauern). Von den Ring- und Zwingermauern der oberen, regelmäßig angelegten Stadt haben sich ansehnliche Reste erhalten, die mit Giebeln und hölzernen Laubengängen überbaut sind. Die *Stadtkirche* ist in ihrem Mittelschiff noch romanisch, desgleichen in dem starken Turm mit dem tonnengewölbten Chor im Erdgeschoß. Seine Stellung im Baukörper erklärt sich aus seiner Zugehörigkeit zur Stadtbefestigung. Nach einem Umbau 1850 Vergrößerung 1926 durch O. LINDER in expressionistischen Formen. Im Kircheninnern rechteckige Werkstücke mit reliefiertem Band- und Blattwerkornament vermauert (2. Hälfte 12. Jh.). Geschnitzte Stühle aus der Augustinerkirche. Bei der Kirche ein Rokokostandbild des hl. Nepomuk von J. G. WECKENMANN aus Haigerloch. Ein Gebäude daneben ist ein ehem. Dominikanerinnenkloster (1780). Das ehem. Kameralamt eine frühere *Pfalz* des ersten Stadtherrn (stark umgebaut, Heimatmuseum). In der Unterstadt steht das bald nach 1260 gegründete ehem. *Augustinerkloster* (Abb. 57). Seine profanierte Kirche wurde 1772–1777 durch CHR.

GROSSBAYER aus Haigerloch errichtet. Typisch für ihn der geschwungene Chorbogen. Überaus qualitätvoll die Fresken von J. B. ENDERLE aus Donauwörth. Vor der Kirche schöner Rokokobrunnen mit dem hl. Nepomuk (J. G. WECKENMANN). Malerische *Neckarbrücke* (1660). In der erneuerten Chorturmkirche von TRICHTINGEN ein spätgotischer Taufstein und zwei Votivglasbilder (Mitte 17. Jh.). – Guterhalten das Bergschloß LICHTENEGG, mit hohen Ringmauern und daraufgesetztem Doppelhaus mit gotischen Zinnengiebeln. Vor dem Graben eine Schloßkapelle in Spätrenaissance mit barocker Ausstattung. – Von der SCHENKENBURG sind nur noch wenige Reste erhalten (Turm). – Das ehem. Reichsdorf EPFENDORF im Neckartal, wo noch der Jahrestag der aus Scheffels Ekkehard bekannten Herzogin Hadwig begangen wird, besitzt an der 1865 neuerbauten *Remigiuskirche* einen mächtigen hochgotischen Turm und alte Grabsteine. – Die Burgruine IRSLINGEN (im Schlichemtal) malerisch gelegen und großartig genug für den Stammsitz des Geschlechts, das unter den staufischen Kaisern als Herzöge von Spoleto, Reichsverweser in Sizilien und Statthalter in Unteritalien, später als geachtete oder gefürchtete Reiterhauptleute sich einen Namen machte. – Von der 1312 zerstörten Burg HOHENSTEIN steht nur noch ein Wandstück. – Von den Kirchen der Landorte stammen viele aus dem 17.–19. Jh., haben aber häufig ihren alten Turm beibehalten, wie z. B. in DIETINGEN, wo wir – wie auch sonst in den Kirchen des Bereichs – spät- und nachmittelalterliche Holzbildwerke finden. – Rottweil Seite 414.

**Das Kapitel ‚In Oberschwaben' umfaßt folgende Wanderrouten:**



*Wir verweisen auf die dem Buch beiliegenden Übersichtskarten.*

# VI. In Oberschwaben

## 1. Das Donautal von Ulm bis Zwiefalten

Ulm Seite 302. – Außen und innen bedeutend das *Schloß* zu ERBACH: ein hohes Doppelhaus mit Staffelgiebeln, auf allen vier Ecken mit runden Türmen bewehrt, von einer guterhaltenen äußeren Befestigung umzogen, halb Ritterburg, halb Herrenschloß, letzteres besonders wegen der großzügigen Raumverteilung. Die Mitte nehmen übereinanderliegende große, im Erdgeschoß tonnengewölbte Hallen und Erne ein, zu deren Seiten die Wohngelasse sich gruppieren. Im Schloßhof, im Schatten der Bäume, ein schöner Renaissanceziehbrunnen. Zu diesem massigen Baukörper fügt sich die elegant umrissene *Rokokokirche*, 1767f. von dem Augsburger H. KLEINHANS, Schüler von J. G. FISCHER und D. ZIMMERMANN erbaut (vgl. die z. T. bewegten Fensterumrisse), mit ihrem schlanken Turm zu einem kontrastreichen Bild zusammen. Schon ihr Grundriß verrät die Vorliebe jenes Stils für die bewegt geschwungene Linie, und auch ihre heitere Ausstattung ist von beachtlicher Qualität. Fresken von M. KUEN aus Weißenhorn (1768), Stuck von I. FINSTERWALTER aus Augsburg (Rosenkranzfest, Dankprozession nach dem Sieg von Lepanto, Sterben des hl. Martin). – Zu den bedeutendsten Orten des Bezirks gehört OBERDISCHINGEN, ein Sitz der Grafen Schenk von Castell. Man

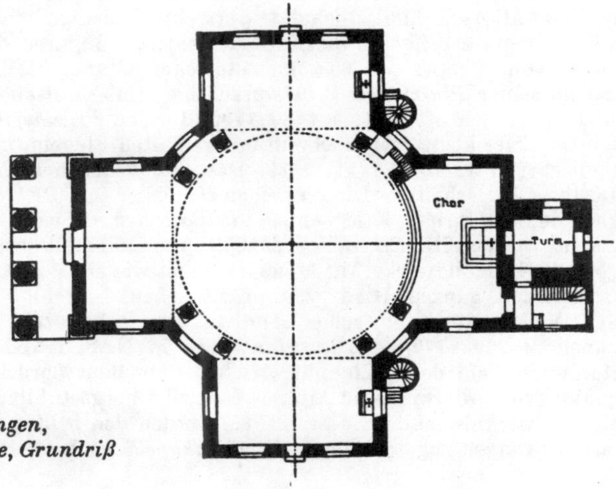


*Oberdischingen, Pfarrkirche, Grundriß*

kann ohne Mühe ihre „Residenz“, die Beamtenwohnungen der Herrengassen, in dem östlichen städtischen von dem dörflichen Teil des Ortes unterscheiden. Vor allem im 18. Jh. bestand hier eine als Strafanstalt und Hinrichtungsstätte des Schwäbischen Kreises weithin bekannte „Fronfeste“ (abgebrochen). Berühmt-berüchtigt der „Malefizschenk“, Franz Ludwig Schenk v. Castell. Eine seltsame Überraschung bietet die *Pfarrkirche* (1800–1832): Eine klassizistische Rotunde mit vier Kreuzarmen und einer Kuppel nach dem Vorbild des Pantheon erwartet man im Oberschwäbischen nicht ohne weiteres! Die innere Raumbildung ist durchaus befriedigend. Sie wird vor allem geprägt durch die den Kuppelring tragenden ionischen Doppelsäulen. Als erster Urheber des Plans wird Ph. de la Guêpière vermutet, auch auf N. Thouret ist hingewiesen worden. Wichtigstes Ausstattungsstück die im neuen Hochaltar eingebauten spätgotischen Passionsreliefs aus Stein von der Orgelempore der Blaubeurer Klosterkirche, ein Werk des Steinmetzen Anton (1501). Über dem Ort steht die im Chor 1712f. von Chr. Wiedemann, im Langhaus 1795f. erbaute Gruftkirche der Schenken, die *Wallfahrtskirche* zur Hl. Dreifaltigkeit, deren eigentümlicher Grundriß eine ungewöhnlich abgestufte Ostansicht zur Folge hat. Der Innenraum mit Emporen in klassizistischer Manier – ganz anders als die Pfarrkirche – nicht ohne Reiz. – Die Kirche in ERSINGEN stammt aus spätgotischer Zeit, wurde aber 1766 barockisiert. Aus dem Ende des 15. Jh. ein Wandbild im Chor (Stigmatisation des hl. Franziskus). Drei veränderte spätgotische Altarschreine: Hochaltar (im Schrein Heilige neben Muttergottes, gemalte Flügel von Hans Acker); die Figuren der Nebenaltäre vom Meister des Kreenheinstettener Altars. – RISSTISSEN hat an seiner *Pfarrkirche* (1787) prächtige römische Reliefbildwerke eingemauert, Muttergottes 1480–1490. In der *Friedhofskapelle* ein sehenswerter kleiner Altarschrein mit gemalten Flügeln, inschriftlich signiert von Jacob Acker, 1483. Das *Schloß* aus dem Anfang des 18. Jh., 1782 erhöht. – Die einfachen Schlösser in ÖPFINGEN sind nach dem 30jährigen Krieg ohne künstlerischen Aufwand wiederaufgebaut worden. Die *Pfarrkirche* enthält gute Grabmalkunst und spätgotische Holzbildwerke. Ihr hoher Turm ist wie ein Wahrzeichen der Gegend im ganzen Ried weithin zu sehen. – Schloß GAMERSCHWANG ist ein einfaches Landhaus der Rokokozeit, mit Hauskapelle (1760–1770). – Die *Pfarrkirche* in NASGENSTADT entstammt bis auf den noch spätgotischen Chor dem Barock. Überaus qualitätvolle Bildwerke an Altären, Kanzel, Chorgestühl und in einer Muschelwerknische der Südwand; sie werden den beiden Christian aus Riedlingen zugeschrieben. *Wendelinkapelle* noch 17. Jh. (1695f.).

Die in der 1. Hälfte des 13. Jh. durch die Grafen von Berg gegründete Stadt EHINGEN trägt infolge von zwei verheerenden Bränden im 17. und 18. Jh. wesentlich neuzeitlichen Charakter. In der Hauptstraße manche stattliche Privathäuser mit Portalen, Konsolen oder Gesimsen aus der Barockzeit; sie alle übertrifft das ehem. *Ritterhaus* der Donaukantone am abgegangenen Nikolaustor (Landratsgebäude). Seine wohlabgewogene, auf kräftige Schattenwirkung angelegte Erkerfassade wird durch einen hohen, horizontal und vertikal gegliederten Giebel mit geschweiftem Umriß vortrefflich gekrönt. In Übereinstimmung dazu im Innern die schweren Stukkaturen des 17. Jh. Einen charakteristischen Gegensatz im Innern und Äußern bildet das Amtsgericht (um 1750), früher *Ständehaus*, an dem sonst ganz modernisierten Marktplatz. Angesichts der schwerlastenden Rankengewinde der Zeit vor 1700 am Ritterhaus, erscheinen die anmutig von Pilaster zu Pilaster geschwungenen Rokokogirlanden und eleganten Kartuschen im Ständesaal – einem der schönsten Profanräume Oberschwabens – um so leichter. Aus älterer Zeit ist das *Hohe Haus*, der frühere Marchtaler Klosterhof von 1495 mit anstoßender Kapelle, ein gutes Beispiel des leider durch Verputz so oft seiner schönsten Wirkung beraubten Fachwerkbaus, während das alte *Spital* erfreulicherweise noch sein Angesicht unverhüllt zeigt. Spitalkapelle 1493 (Südportal mit Gnadenstuhl in Kielbogennische). Die *Pfarrkirche*, nördlich auf hohen Substruktionen ruhend, ist äußerlich kahl und von keiner Seite einheitlich aufzufassen. Die Weiträumigkeit des Innern im 17. Jh. durch Umbau einer Hallenkirche des 15. Jh. durch J. G. WIEDEMANN. Chor 1749 von F. A. BAGNATO. Auf ihren Altären eine Reihe wertvoller Holzskulpturen des frühen 16. Jh. Bemerkenswert auch die Altäre (mit Verkündigung, Auferstehung Christi, Marienkrönung) aus dem Anfang des 17. Jh. von dem zwischen Renaissance und Barock stehenden M. BINDER. Die ebenfalls im 17. Jh. umgebaute *Liebfrauenkirche* in der unteren Stadt zeigt zwar äußerlich noch die Einfachheit ihrer einstigen Bestimmung als Franziskanerkirche, ist aber im Innern um so reicher mit teilweise prunkvollen Altären ausgestattet. In ihr auch das steinerne Gnadenbild einer Muttergottes, ein gehaltvolles Werk der Ulmer Kunst aus dem Kreis um HANS MULTSCHER, um 1450. Architektonisch weitaus am bedeutendsten aber ist die *Konviktskirche*, 1719f. Im Grundriß zeigt sie eine ungewöhnliche und bemerkenswerte Kombination von Hallenbau und Zentralanlage, die das reichere Raumbild des ersteren mit der Einheitlichkeit der letzteren zu verbinden sucht. Die ausgezeichnete Restaurierung von 1958f. hat den Hochaltar in die „Vierung" gestellt. Die Kirche stößt an das kurz vorher erbaute Konvikt an und schließt gewissermaßen als dessen

Westflügel den Hof ab. Baumeister war wohl Franz Beer, Urheber der Stukkatur Melchior Paulus aus Ellwangen. Unbekannt ist der Künstler der Deckenbilder. Wichtiges Altarbild (Marientod) von J. G. Bergmüller, 1718. Von der weitastigen Friedenslinde überschattet die *Martinskapelle* auf dem Friedhof in stimmungsvoller Lage. Spätgotische Bildwerke und Kreuzigungsgruppe von M. Binder, um 1610.

Im spätgotisch netzgewölbten Chor der später barockisierten Kapelle von STETTEN ein Altar aus der Werkstatt der Binder (um 1610 bis 1615). Schöne Muttergottes (um 1510). Bis in gotische Zeit zurück reicht die immer wieder erneuerte Kirche in KIRCHBIERLINGEN. Deckenbilder im Schiff von J. K. Kohler (1744); im Chor von K. Huber (1812), der auch die Blätter der Altäre schuf. Pfarrhaus 1758 von J. Moosbrugger.

Besser als Ehingen hat das vor 1266 als Stadt gegründete und später zu den fünf österreichischen Donaustädten zählende MUNDERKINGEN seinen altertümlichen Baucharakter bewahrt; noch um 1800 war es ein befestigtes, durch Mauern und Türme sowie auf zwei Seiten durch die Donau geschütztes Städtchen und hat noch heute eine Anzahl eindrucksvoller Stein- und Fachwerkbauten. Beherrschend erhebt sich über dem Fluß der schloßartige *Pfarrhof* von 1691–1705 mit seinen geschweiften Giebeln. Reste der Ausstattung aus der Erbauungszeit. Dahinter der Garten mit reizendem, auf die Gartenmauer gesetztem rebenumwachsenem Gartenhäuschen, vom Kloster Marchtal als Gästehaus erbaut. Daneben die Überreste eines Tertianerinnenklosters. Der *Pfleghof* von Kloster Zwiefalten ist ein prächtiger Fachwerkbau des 18. Jh., mit hübschen Schnitzereien in Form von Abtsstäben an den Eckbalken, wie man sie ähnlich beim *Gasthaus zum Hecht* wiederfindet. Daneben zwei hohe Bürgerhäuser aus dem 16. Jh., deren Fachwerk sich leider noch unter Putz befindet. Das *Rathaus* von 1563, früher mit offener Halle im Erdgeschoß, der Giebel wie beim alten Spital an der Donaubrücke durch Pilaster und Nischen gegliedert. Gegenüber der *Marktbrunnen* von dem Tübinger L. Baumhauer, eine gute Renaissancearbeit, die den beiden anderen (erneuerten) Brunnen wohl zum Vorbild diente. Die *Pfarrkirche* St. Dionys ist eine spätgotische Halle in barocker Umarbeitung; der reichstuckierte Chor enthält ein schöngebautes Gestühl mit Rankenkrönung. An den Schiffwänden acht Tafeln eines Passionsaltars, ulmisch, 1473, wohl vom alten Hochaltar; jetziges Hochaltarbild von M. Zehender 1964. Mariä Verkündigung 1738, Erbärmdechristus 1510. Die Umgestaltung im 18. Jh. verkündet äußerlich der schmucke Achteckaufsatz auf dem hohen gotischen Viereck des Turms. Den gleichen Aufsatz sehen wir bei der *Friedhofskapelle*, die vor dem abgebrochenen Oberen Tor im Schatten einer Linde steht. Ebenfalls mehr durch ihre Lage und Legende als durch ihre architektonische Bedeutung ist die Wallfahrtskirche auf dem *Frauenberg* bemerkenswert (1722), die von dem einheimischen Maler F. J. Gerber ausgemalt wurde. Prächtiger, noch schwerer barocker Hochaltar aus der Erbauungszeit. An den Turm der Kirche stößt das Haus des Bergmesners an. – Von der Marchtaler Höhe sieht man jenseits der Donau auf hohem Felsen das Zwiefaltener Prälatenschloß, die Propstei MOCHENTAL, von dem dunklen Hintergrund ausgedehnter Wälder sich helleuchtend abheben; schon immer wegen seiner Lage in der Waldeinsamkeit eines Besuches wert. Vom Propsteigebäude (1732–1734) – bei aller äußeren Einfachheit doch von gutem Umriß – zweigen zwei Flügel gegen den Ökonomiehof ab, so daß ein nahezu geschlossener Komplex zustande kommt. Die Nikolauskapelle in einem der Seitenflügel hat ihre Ausstattung weitgehend verloren, besitzt aber noch ihre Stukkaturen und das Deckenbild von F. J. Spiegler. Darüber der Jagdsaal, ein froher Festraum mit qualitätvoller malerischer und plastischer Ausstattung; insbesondere verkündet das Deckenbild von J. Wegscheider aus Riedlingen mit seiner fürstlichen Jagdgesellschaft unter perspektivisch gemalter Kuppel die heitere Bestimmung des Raums.

Auf der Höhe über dem durch landschaftliche Reize ausgezeichneten Donautal erhebt sich das Kloster OBERMARCHTAL (Abb. 55, 56). Die jenseits des Flusses gelegene *Altenburg* (Wallreste) gilt als der Stammsitz des frühmittelalterlichen schwäbischen Herzogsgeschlechts der Alaholfinger. Wir befinden uns hier also in geschichtsträchtigem Raum. Ein bereits 776 gegründetes Benediktinerkloster wurde im 11. Jh. in ein Chorherrenstift verwandelt. 1171 wurde an seiner Stelle unter Pfalzgraf Hugo von Tübingen ein Prämonstratenser-Chorherrenstift errichtet, das 1500 bis zur Reichsabtei aufstieg, in seinen weltlichen Angelegenheiten also direkt dem Kaiser unterstand. Ende des 17. Jh. entstand der großartige neue Klosterkomplex. Seine *Kirche* wurde 1686 von Michael Thumb begonnen und von Christian Thumb und Franz Beer vollendet. Sie ist im sog. „Vorarlberger Schema" erbaut und folgt darin dem Vorbild der Wallfahrtskirche auf dem Schönenberg bei Ellwangen: Dem tonnengewölbten Hauptschiff legen sich zweigeschossige Nebenräume, Kapellen und Emporen zwischen den eingezogenen Wandpfeilern, an. Hinter dem nur wenig ausladenden Querschiff ein innen eingezogener, d.h. schmaler als das Langhaus ausgeführter, langer Chor, in dem sich, durch eine brückenartige Querhausgalerie vermittelt, das Kapellen- und Emporen-

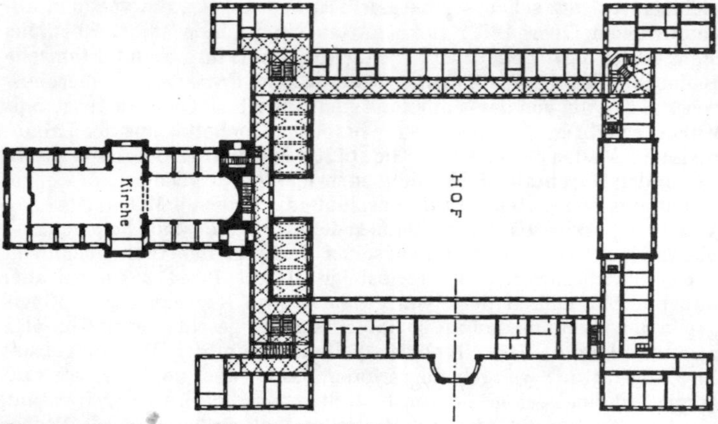


*Obermarchtal, ehem. Kloster, Grundriß*

system fortsetzt. Die für die Baukunst Oberschwabens bedeutende Kirche steht am Anfang einer Typenreihe, deren deutsche Wurzeln in Jesuitenbauten wie der Studienkirche in Dillingen liegen, als Teil derer später auch die Klosterkirche in Zwiefalten angesehen werden darf. Für den vornehmen Eindruck des Innern entscheidend ist die Stukkatur des Wessobrunners JOH. SCHMUZER, die sich der Gliederung der Gewölbe organisch anpaßt und sich im Chor, 1776 überarbeitet, in freierer Dekoration ergeht als im Langhaus. Das Innenbild wird durch die ganz in Weiß gehaltene Architektur, das Dunkelbraun des Holzes und die Vergoldungen der Altäre auch farblich bestimmt. Die *Ausstattung* im einzelnen: der prunkvolle, mächtige Hochaltar mit Gemälden des Augsburgers J. HEISS, das Chorgestühl (1690) von P. SPEISSEGGER mit seinem durchbrochenen Aufsatz im jüngeren Zopfstil, das schmiedeeiserne, architektonisch gedachte Chorgitter. Auf einem Seitenaltar gutes Vesperbild, M. ERHART zugeschrieben. Kruzifix um 1200 im Sakristeigang. Geschnitzte Schränke in der Sakristei. Die Außenseiten der Kirche sind schlicht und doch monumental behandelt. – Auf ihrer Ostseite schließt sich das *Kloster* an in Form eines geschlossenen, weitläufigen Vierecks, mit Eckpavillons und einem nach außen vorspringenden kräftigen Mittelrisalit (erneuert) durchaus schloßartig wirkend. Unter den Klausurräumen sind der fein und zart stuckierte *Kapitelsaal* und sein Gestühl, ein wildgeniales Schnitzwerk des Tirolers A. ETSCHMANN (1706–1711), sowie das als Spiegelsaal angelegte, von G. I. Appiani festlich ausgeschmückte *Refektorium* hervorragend; zwei Holzplastiken von H. Multscher. Das Kloster bildet mit seinen Wirtschaftsgebäuden einen ummauerten Bezirk von gepflegter Abgeschlossenheit, zu dem ein Torturmgebäude Zutritt gewährt. – Bescheiden, aber doch anheimelnd mit seinen Erkern ist das Schloß in UNTERMARCHTAL. – Bedeutend nach Umfang und Erhaltung die Burg RECHTENSTEIN im malerischen Donautal; der mächtige Bergfried war bewohnbar, er sperrte den Zugang aus der östlich gelegenen Vorburg und hing baulich mit dem Palas zusammen. Unter der Burg steht ein reizendes *Rokokokirchlein* von 1744. Vesperbild aus der Zeit um 1400. Die Kirche in EMERINGEN stammt von 1625.

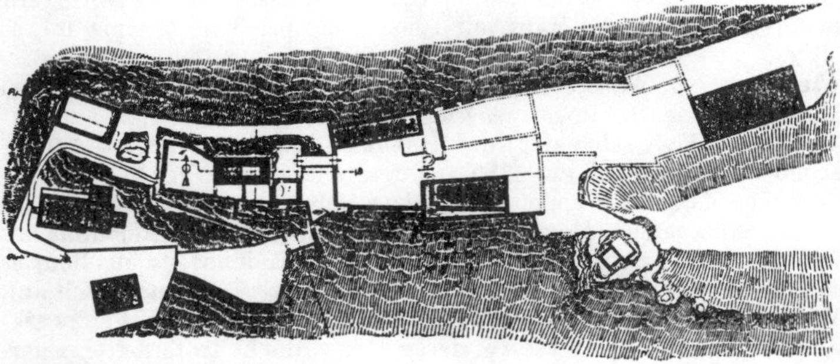

*Burg Rechtenstein, Lageplan*

## 2. Das Donautal von Zwiefaltendorf bis Sigmaringen

Im 15. Jh. erbaut und im 18. Jh. verändert wurde die Kirche von ZWIEFALTENDORF, die ein südlich an den Chor gestellter Turm mit Lisenengiebel und Kreuzblume ziert. Im Innern gibt es viel zu sehen: ein Wandtabernakel mit flankierenden Türmchen und Relief des Tuchs der hl. Veronika; das von Jörg Syrlin bezeichnete Chorgestühl (1499), einfach gehalten, nur mit Säulchen unter den Wangen; eine stattliche Reihe von Grabdenkmälern vom 15.–17. Jh., die einen durch gute Porträtdarstellung, die anderen durch schöne Wappenornamentik oder Reliefszenen ausgezeichnet. Im Dorf steht ein behäbiges *Renaissanceschloß*. – In malerischer Lage über der Donau Kirche und Pfarrhof von ZELL (1781). Die *Pfarrkirche* besitzt eine sehenswerte Ausmalung von Januarius Zick (um 1780), an den Wänden illusionistische Architektur, an den Decken visionär bewegte

Auferstehung und die beiden Pfingstwunder. Vom gleichen Künstler auch das Hochaltarblatt. – Die Pfarrkirche von DAUGENDORF ist an Wänden und Decken vollständig ausgemalt durch B. und G. Scotti (1767), starkbewegte Szenen in barocker schwerer Architektur. – GRÜNINGEN würde man seiner ursprünglich gotischen (Turm), dann barock umgebauten und 1741 von J. Wegscheider ausgemalten *Kirche* wegen allein kaum aufsuchen, wenn sie nicht mit dem *Schloß* zusammen ein so wirksames Bild gäbe. Nach der Zerstörung im 30jährigen Krieg wurde es 1686 wiederaufgebaut; südlich dürfte noch ein Teil der hochmittelalterlichen Anlage stehengeblieben sein – mit seinem unten runden, oben vieleckigen Eckturm. Im Schloßhof ein Marienbrunnen aus Heiligkreuztal, 1548 von J. Schmid aus Urach, im Übergang zur Renaissance. Im entgegengesetzten Teil des Dorfs fällt noch ein turmartiges Haus mit Renaissanceprofil im Gesims auf, es ist das aus einer hochmittelalterlichen Turmhügelburg umgebaute *Untere Schloß*. An der Straße nach Riedlingen die von mächtigen Bäumen beschattete *Schutzengelkapelle* (1668).
RIEDLINGEN, eine der fünf Donaustädte des vorderösterreichischen Gebiets, wurde um 1250 von den Grafen von Veringen gegründet und planmäßig angelegt. Rückgrat der Anlage ist die Hauptstraße, die zugleich Markt war. Der Ort hat sich sein altertümliches Stadtbild noch wohl erhalten. Zumal von der Donauseite aus baut er sich mit seinen Häusern und steilabfallenden Straßen malerisch auf. Wir folgen der berganführenden Straße, vorbei an hohen Fachwerkhäusern, bis zur Hauptstraße, deren Häuserflucht trotz modernisierter Bauten noch die z. T. typisch spätmittelalterlichen Krümmungen, Aus- und Einbuchtungen hat. Das hohe *Rathaus*, Mitte 15. Jh. als Fruchtkasten erbaut, mit drei dreischiffigen Geschossen in prächtiger gotischer Holzständerkonstruktion (bis auf die Erdgeschoßhalle verändert), hat gestaffelte Giebel; daneben ein Fachwerkhaus und ein einfaches Stadttor. Die *Pfarrkirche* St. Georg gehört zu jenen Basiliken des 14. Jh., denen man in Oberschwaben häufiger begegnet und die sich in Grundriß, Konstruktion und Dekoration wohl unter Einfluß der Reform- und Bettelorden Schlichtheit zur Regel machen: flache Decken, rechteckiger Chor, fast schmucklose Stützen und Arkaden. Schräg zur Hauptachse der Kirche steht der Turm, dessen Untergeschoß anscheinend zu einem in seinen Achsen verschwenkten ältesten Kirchenbau aus der Zeit der Stadtgründung gehört. Die Spätgotik hat dem Chor ein Netzgewölbe gegeben, das Schiff nach Westen verlängert und die Seitenschiffe erhöht (1486). Gute Innenrestaurierung 1960 f. Im Nordschiff großes spätgotisches Fresko mit Szenen aus der Passionsgeschichte, eingestellt in eine interessante Stadtdarstel-

lung (Jerusalem als spätmittelalterliche Stadt). Unter den spätgotischen Holzbildwerken ist vor allem das M. Erhart zugeschriebene Vesperbild erwähnenswert (gegen 1500). Eine malerische Gebäudegruppe bildet das ehem. *Spital* (gestiftet 1378) mit dem Glockengiebel zwischen dem Fachwerkhaus und der zweischiffigen, flachgedeckten Kapelle (heute Heimatmuseum mit sehenswerten Kunstwerken vor allem der Christian-Werkstatt). Gute *Fachwerkbauten* am Markt und in der Apothekergasse. Holzschnitzereien an der „Scheune des Mohrenwirts“, der sog. *Alten Kaserne* (1686), die ähnlich in der unteren Stadt wiederkehren. Von der Stadtbefestigung stehen noch das *Zwiefalter Tor*, der *Zellemeesturm* und der spitzhelmige *Mühlturm* mit Wehrgangsrest. In der Weilervorstadt die schön stuckierte und von G. A. Machein ausgestattete *Weilerkapelle* von 1721. Das ehem. *Kapuzinerkloster* von 1654–1658, vor der Stadt, besitzt in seiner Kirche Altarbilder von J. Depay (Anfang 17. Jh.) im Hochaltar und F. G. Spiegler im Fidelisaltar. – Ein stattlicher Neubau das östlich vor der Stadt gelegene *Kreiskrankenhaus*, 1957 von J. Krahn, dessen langgestreckter Bau an einem seiner Enden von einer weitgehend in Glaswände aufgelösten Kapelle flankiert wird.

In NEUFRA über Riedlingen neben der Kirche noch ein turmbewehrtes *Schloß* (16. Jh.) mit Innenhof und dem von einer Bogensubstruktion getragenen Lustgarten. Ein schönes Renaissanceportal läßt uns in den Schloßhof ein. Rechts die spätgotische *Kirche* von 1517f., deren Inneres einen Schatz von wertvoller Grabmalkunst birgt: das prächtige, überlebensgroße, holzgeschnitzte Standbild des Stephan d. J. v. Gundelfingen († 1507), Aufstellung wohl 1528, in vollständiger Ritterrüstung, ein Renaissancewerk in kräftiger, frischer Art, aber noch mit einem gotischen Nachklang in Stellung und Kopfhaltung. Als Künstler ist inschriftlich Niklaus Weckmann gesichert. An dem wohl gleichzeitig entstandenen Sandsteingrabmal Schweickharts d. Ä. v. Gundelfingen († 1513) fällt der trefflich gearbeitete Kopf, an dem rotmarmornen Grabdenkmal des Schweickart v. Gundelfingen († 1546) und seiner Frau Elisabeth († 1560), von K. Leschenbrand in Ulm, die würdevolle Reliefdarstellung der Marienkrönung auf. Das Bronzeepitaph des Grafen Georg v. Helfenstein († 1573), von W. Neidhard in Ulm, zeichnet sich durch seinen schönen Wappenaufsatz und die ziselierte Rüstung aus. Den Mischstil des frühen 16. Jh. vertritt charakteristisch das feine Montfortsche Epitaph. Aber auch der Kirchenraum verdient Beachtung: Mittelschiff und Polygonalchor sind netzgewölbt, die Seitenkapellen zwischen den eingezogenen Strebepfeilern haben Kreuzgewölbe; unter dem Chor eine Gruft. – Die von J. Cades 1899 großenteils neuromanisch erneuerte *Pfarrkirche* St. Georg in

ERTINGEN erhebt sich auf dem Kirchberg über dem Dorf. Schöne thronende Muttergottes, die F. J. CHRISTIAN bzw. J. A. HERBERGER zugeschrieben wird (gegen 1740). Am Rande des Orts die 1754 von Werkmeister SCHNEIDER aus Riedlingen neu erbaute und 1911 erneuerte *Marienkirche*, mit vor allem interessanten Seitenaltären aus dem Umkreis J. A. FEICHTMAYRS und Deckenmalerei von J. WEGSCHEIDER, 1758 (Esther vor Ahasver, Huldigung der Erdteile vor Maria). – In der Landschaft um HUNDERSINGEN finden wir noch Zeugen der ältesten Geschichte des Landes. So haben Grabungen auf der direkt über der Donau gelegenen *Heuneburg* die umfangreichen Reste eines großen Adelssitzes der frühen Eisenzeit (zwischen 600 und 400 v.Chr.) erbracht. Eine in unserem Klima ganz ungewöhnliche Mauer aus getrockneten Lehmziegeln war nach Vorbildern in den Mittelmeerländern errichtet worden. Die Burg spielte noch ein zweites Mal eine bedeutende Rolle in fränkischer Zeit, zwischen 600 und 800 n.Chr., und war noch in ottonischer Zeit Sitz eines großen Grundherrn. Riesige Grabhügel aus der ersten Blütezeit sind u.a. im Süden die sog. *Baumburg*, auf der im Mittelalter eine kleine Turmburg errichtet wurde, und vor allem die Gruppe mit und um den *Hochmichele* (le = lehel, d.h. Hügel), 2 km westlich der Heuneburg (die reichen Funde aus diesen Orten im Landesmuseum Stuttgart). – Aus nachbarschaftlichen Beziehungen zu Saulgau erklärt sich leicht, daß die *Frauenkirche* in MENGEN in ihrer unter den barocken Umgestaltungen noch erkennbaren gotischen Basilikaanlage (vor 1434) nach Saulgau weist. An Stelle des stuckierten und bemalten Plafonds ursprünglich eine Flachdecke; der 1625 vom einstürzenden Turm zerstörte Chor wurde damals ohne Wölbung neu aufgeführt, ebenso der Oberteil des Turms. 1734–1742 barocke Veränderung des Langhauses. Qualitätvolles Tafelbild von 1522 (Muttergottes und zwei Heilige). In der südlich angebauten Ölbergkapelle lebensvolle Tongruppen des Ölbergs und der Grablegung um 1530. Die *Martinskirche* dürfte im Grundbestand von Schiff und Turm romanischer Zeit entstammen, ist aber im Lauf der Zeit öfter verändert worden. Von Interesse sind die Reste von Wandmalereien an Chorbogen und -fenster im schöngeschwungenen Linienrhythmus des 14. Jh. Spätgotische Bildwerke. Bei all seiner Einfachheit möchte man den hohen Turm mit seinem lisenengeschmückten Giebel und schlichten Satteldach im Stadtbild nicht missen. Das Kreuzigungsrelief an der Südwand der Kirche von 1594 befand sich früher an einem Stadttor, das leider nicht mehr vorhanden ist. Der Wiederaufbau nach einem Brand 1819 hat dem Städtchen einen wesentlich neuzeitlichen Charakter aufgeprägt. In der Hauptstraße sind die Häuser auf einer Seite eng zusammengebaut.

Auch das mit einem Balkon geschmückte Rathaus ist an Stelle des abgebrannten neu erstellt worden. Wohl aber hat sich hinter der Pfarrkirche noch eine Anzahl älterer Fachwerkhäuser erhalten, dem Zug der alten Stadtmauer entlang, der hier noch gut zu verfolgen ist. Zu erwähnen ist das Geissche Haus mit Erker, 15. Jh., und bei der Martinskirche Haus Nr. 10, 16. Jh. Zwei vornehme Steinhäuser mit Fachwerkaufsatz („Fuchs" und „Katz") markieren die Ecken der Stadtbefestigung im Osten.

## 3. Das Illertal von Ulm bis Leutkirch

Ulm Seite 302. – Das im Jahr 1093 gegründete und mit Mönchen aus St. Blasien im Schwarzwald besetzte Benediktinerkloster WIBLINGEN ließ sich 1714f. einen großangelegten Neubau errichten. Wie üblich bei barocken Klosterneubauten, wurde mit den Konventsbauten begonnen. Baumeister waren zunächst CHR. und J. R. WIEDEMANN. Seit 1740 liegen Planungen des genialen J. M. FISCHER vor, auf den die *Kirche* (Abb. 103) in ihrer Grundidee zurückgeht. Erst nach seinem Tod wurde ihre Ausführung 1772f. durch J. G. SPECHT begonnen und durch den aus Oberschwaben stammenden, inzwischen zum Kurtrierer „Bau- und Verzierungsdirektor" aufgestiegenen, überaus begabten JANUARIUS ZICK vollendet. Wie aus der Erbauungsgeschichte begreiflich, durchdringen sich in ihr die Traditionen der Barockzeit mit den Forderungen des Klassizismus. Die ausgebauchte Fassade mit ihren zwei übereck gestellten Türmen, die aber nicht über die Höhe des Langhauses hinauskamen, scheint echte Barockkunst zu verheißen, das Innere zeigt deren Wesenszüge dann aber gebrochen und auf etwas Neues hin verwandelt. Der Grundriß zielt noch auf eine Lösung, die in anderer Form in Weingarten versucht worden ist, nämlich Längsbau und Zentralbau zu kombinieren, indem drei zentral angelegte Raumteile zu einem Ganzen vereinigt werden, hier jedoch ganz unter der ausgesprochenen Dominanz des zentralen Kuppelraums. Das quadratische Langhaus, von der Vorhalle aus zugänglich, wird von einer flachgewölbten Holzdecke überspannt. Die Wand nur durch eine kolossale korinthische Pilasterordnung gegliedert mit einfachem Gebälk und Konsolgesims. Zwischen den zwei Fenstergeschossen schwebt eine laufgangähnliche, auf Konsolen ruhende Balkonempore. Nun folgt als Mittelstück ein beiderseits durch flachbogige Ausbauten erweiterter Rundraum, über dem auf gedrückten Bögen und Hängezwickeln eine mächtige Flachkuppel ruht. Die heute etwas leer wirkende Mitte dieses Raumteils haben wir uns – ähnlich Vier-

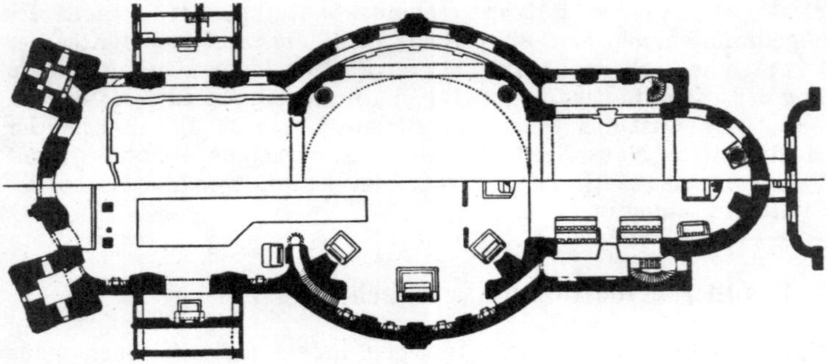

*Wiblingen, Klosterkirche, Grundriß*

zehnheiligen – mit einem ursprünglich großen, freistehenden Altar gefüllt zu denken. Zuletzt der eingezogene Chor, durch schmale Seitenräume zur Ausdehnung des Schiffs verbreitert und mit einer Apsis abschließend, die im Grundriß der Westvorhalle die Waage hält. Die *Ausstattung*, von ZICK entworfen, klassizistisch im Sinne eines Louis Seize mit manchen barocken Nachklängen: Die Bauglieder sind durch Vergoldung von den Flächen abgehoben, Malerei und Stuckplastik in weitestem Umfang beigezogen. Stuck von B. SPORER, Gipsfiguren von J. SCHNECK aus Brixen und F. MOCK in Sigmaringen. ZICKS Deckenfresken sind zugleich das in der Größe seiner Einzelbilder umfangreichste und vielleicht bedeutendste Werk der Freskomalerei im württembergischen Oberschwaben. Ihr warmer Farbton steht noch im Gegensatz zur Kühle der Architekturdekoration. Im großen Hauptkuppelfresko (Kreuzerhöhung) sind die das Bildfeld füllenden Wirbel von Engel und Heiligen der vorausgehenden Zeit verschwunden, das Geschehen spielt sich am Rande des Bildes ab, wo die Figuren – realistisch und im Sinn einer neuen Raumauffassung – wieder fest auf dem Boden stehen. Die Altäre in der Mitte sind bemerkenswert durch ihren Verzicht auf den architektonischen Kulissenaufbau, den das Rokoko noch liebte. Der große Kruzifixus über dem Kreuzaltar, M. ERHART zugeschrieben, hing ursprünglich im Triumphbogen am Eingang zum Chor des Ulmer Münsters. Der Hochaltar von B. SPORER ist in das bauliche Gefüge der Wandgliederung einbezogen. An den Chorstühlen, über denen Orgel und Blendorgel sich erheben, vergoldete Gispreliefs, wie immer bei den Meistern J. J. und F. J. CHRISTIAN von glanzvoller Ausführung. Die Statuengruppe der Aussendung der Jünger ist hervorzuheben. – Das *Kloster*, 1714–1760 nach Plan von

CHR. WIEDEMANN aus Elchingen, der eindrucksvolle Ostflügel von J. M. FISCHER, sollte sich zu beiden Seiten der Kirche, mit ihr je einen Hof bildend, anschließen. Die Südseite blieb unvollendet. Sehenswert ist der *Bibliothekssaal* (Abb. 104) mit Säulengalerie und Deckenbild (Allegorie der himmlischen Weisheit) von F. M. KUEN, 1744, noch ganz barock als Prunkraum behandelt. Der Klausur westlich gegenüber und mit ihr wiederum einen äußeren Hof umschließend, eine hufeisenförmige Anlage von Nebenbauten, so daß ein gut angeordneter, wohlabgewogener Gesamtlageplan entsteht. – Sehenswert ist auch die *Friedhofskapelle* (1611) mit klassizistischer Ausstattung und Fresken von M. DREYER. Kleine Schutzmantelmadonna aus Stein, um 1370. Das *ev. Gemeindezentrum* wurde von O. A. GULBRANSSON geplant und von K. H. SCHWABENBAUER 1961–1964 errichtet. Bemerkenswert die sechseckige Zeltkirche. – Die spätgotische Kirche in UNTERKIRCHBERG wurde im 18. Jh. verändert und ausgestattet. – OBERKIRCHBERG liegt, vom bayrischen Ufer aus gesehen, mit seinem umfangreichen, um 1770 von F. A. BAGNATO erbauten stattlichen *Schloß* auf der Höhe über der Iller. – ILLERRIEDEN besitzt in seiner in Chor und Turm spätgotischen, im später erweiterten Langhaus von J. C. BAGNATO errichteten Kirche spätgotische Bildwerke und ein Altarbild von K. HUBER. Unter den mannigfachen, mit Ziergliedern reich ausgestatteten Dorfkirchentürmen dieser Gegend steht der von DIETENHEIM im Illertal an erster Stelle (1588f.). Er ist ungewöhnlich hoch, fünfstöckig und mit teils spitzbogigen, teils rundbogigen Lichtöffnungen versehen. Besonders stattlich ist der obere Abschluß mit seinen sechseckigen Ecktürmchen und dem Lisenenschmuck der Giebel, die dem Ganzen das Ansehen eines städtischen Torturms geben. Unter den Ausstattungsstücken der Kirche sind einige spätgotische Holzbildwerke zu beachten. Gegenüber das *Rathaus* (mit offener Halle im Erdgeschoß), das einige Glasbilder (Wappenscheiben, 1573–1596) besitzt. Landschaftlich reizvoll ist der Blick zum Schloß *Brandenburg* (18. Jh.) hinauf. – Das Schloß in WAIN ist eine echte Schöpfung des vornehm kühlen Klassizismus, 1780 vielleicht nach Plänen LORENZO QUAGLIOS von E. F. KNOLL erstellt. Die äußere Gestaltung ist einfach: Mittelrisalit mit Dreiecksgiebel, Zahnschnitt und Urnenaufsätzen. Den Hof begrenzen beiderseits je eine rechtwinklig vom Schloß ausgehende, im Erdgeschoß offene Halle; im Innern treffliche Vorhalle und eindrucksvolles zweiläufiges Stiegenhaus. Gemälde von F. ZUCCARELLI. Die *Kirche* Umbau von 1687 mit altprotestantischer Einrichtung in der ursprünglichen Aufstellung. – Die Kirche in UNTERBALZHEIM verdankt ihren Reiz hauptsächlich der Lage auf dem hohen, ummauerten Kirchhof. 1583 wurde sie im Schiff umgebaut und mit architektonischen Motiven bemalt, indessen der dicke, viereckige Satteldachturm mit seinem Rundbogenfries beibehalten wurde. Renaissancegrabmäler der Ulmer Meister Schaller und Huber, schöner Altar und Kanzel um 1690. – In OBERBALZHEIM steht neben dem *Oberen Schloß*, einem einfachen Steinkasten mit Rundtürmen, die *Kirche* (1608) mit einem sehr hohen, oben ins Achteck mit Pilastergliederung umgesetzten Turm; Ausstattung wie auch die Rippen und Konsolen des Chorgewölbes in Renaissanceformen. Das *Untere Schloß* ein Winkelhakenbau mit interessanter Fachwerkdiele. Die Kapelle in SINNINGEN von 1598 wurde um 1730 neu ausgestattet. Ehem. Altartafel eines Zeitblom-Schülers (Verkündigung). Hervorragendes Wandkreuz aus der Mitte des 18.Jh. – Das Schloß in EROLZHEIM hat an Stelle der Rundtürme übereck gesetzte Erker und in der Mitte einer Langseite ein vorspringendes Treppenhaus. Die Kapelle „Maria im Busch“ im Schatten einer alten Linde auf dem Froberg birgt wie die Pfarrkirche gute spätgotische Bildwerke. – In BONLANDEN ovale *Heiligkreuzkapelle* von 1742 und Fachwerkhaus mit Laube von 1699. – In BERKHEIM ein spätgotischer Kirchturm (1513) und ein schloßartiger Pfarrhof (1529). – In der Pfarrkirche von OBEROPFINGEN (1721 f.) Muttergottes aus der Multscher-Schule (Mitte 15. Jh., Kind 18. Jh.). Kruzifix um 1500 (die beiden Schächer Mitte 16. Jh. !). – In der Kirche von ILLERBACHEN eine bemalte Holzdecke von 1707 und einheitliche Barockausstattung. – Die hohe Kirche und das Schloß in TANNHEIM versprechen schon von weitem einen bedeutenderen Eindruck. Tatsächlich gehen sie weit über den Durchschnitt dörflicher Leistungen hinaus und lassen auf einen vermögenden Bauherrn schließen: Der Ort war ein Klosteramt von Ochsenhausen und Sitz eines Statthalters, für den der imposante Pfleghof, jetzt gräfliches Schloß, 1696 erbaut wurde. Die *Kirche*, ein Werk des F. Beer, folgte 1702. Wir finden in ihr die Grundzüge des bekannten Vorarlberger Schemas wieder: Die schmalen Abseiten mit Durchgängen und Emporen, das letzte Joch – ein Querhaus andeutend – etwas verbreitert, der eingezogene Chor mit gerundetem Abschluß, Tonnengewölbe mit Stichkappen im Schiff (das in der Planung der Ostteile anscheinend an älteren Grundmauern gebunden war). Auch äußerlich macht sie Eindruck: Die Westseite hat einen Giebel in kräftigem Volutenprofil, nordöstlich steht der Turm mit welscher Haube. Hochaltarbild von J. G. Bergmüller (1716). Im Ort eine Anzahl schöner Fachwerkbauten.

Von Tannheim aus erreicht man das schon in romanischer Zeit gegründete ehem. *Prämonstratenserkloster* ROT an der Rot. Weltabgeschieden liegt es im Tal des gleichnamigen Flüßchens, und man ist nicht wenig überrascht, wenn man am Ende der schnurgeraden, den langen Wald durchschneidenden Straße auf ein liebliches Tal hinabblickt, in dem zur Linken die Gottesackerkapelle, zur Rechten der geräumige Klosterkomplex liegt. Hat man das äußere Tor des Klosters passiert, liegt links der von langgestreckten Gebäuden umzogene Wirtschaftshof, rechts die Kirche und, an ihre Südseite anstoßend, die Klausur. Die *Kirche* ist wie die Türme nach dem großen Klosterbrand 1661 mit teilweiser Bindung durch die Grundmauern des romanischen Gründungsbaus von 1126f. errichtet worden, der Chor 1777 von J. B. Laub, Vierung und Langhaus 1783, also bereits unter der Herrschaft des antikisierenden Zopfstils. Wie in Wiblingen läßt sich auch hier die klassizistische Umarbeitung der oberschwäbischen Barocktradition deutlich verfolgen. Das Äußere zielt auf Ruhe und Schlichtheit ab, insbesondere die gewaltige dorische Pilasterfassade. Die Langseiten verzichten auf jede Gliederung. Im Innern klingt das Vorarlberger Schema der Wandpfeilerkirche zwar nach – Vorbild war das rund 100 Jahre ältere Obermarchtal –, aber die Seitenkapellen haben ihre selbständige räumliche Bedeutung so weit verloren, daß der großartige Eindruck eines mächtigen, einheitlichen Raums entsteht. Nach dem fünften Joch eine Art Vierung, deren vier vortretende Pfeiler eine Flachkuppel tragen. Hier die in üppigster Barockschnitzerei (1693) ausgeführten Chorstühle. Nach der Verengung durch die Türme erweitert sich der Chor wieder und endet in halbrundem Abschluß. Die Deckenbilder von Januarius Zick (1784) im Schiff und

*Rot a.d. Rot, Klosterkirche, Grundriß*

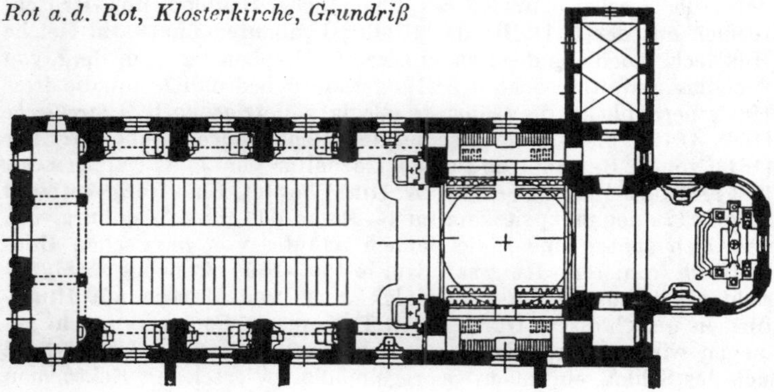

Mönchschor wirken noch heute durch die Frische ihrer Farbtöne, mehr noch aber durch ihre ungewöhnliche Qualität. Die Bilder im Altarhaus von MEINRAD V. AU. Der Stuck von F. X. FEICHTMAYR, desgleichen der Hochaltar. Die Orgeln von J. N. HOLZHAY. Altarbilder von C. WINK und J. ZICK. Überall empfinden wir in diesem Kirchenraum die wohltuende Stimmung einer edlen, maßvollen Würde. – Von den übrigen Klosterbauten ist die Sakristei der Kirche ihres frühbarocken Deckenstucks wegen sehenswert (1696). Von dem nach dem Brand neuerbauten Kloster stehen zwei Flügel, noch ganz barock empfunden in ihren türmchenbesetzten Vorsprüngen und dem schräggestellten Eckturm. Westlich schließt ein Torturm mit großem Reichsabteiwappen auf den Torflügeln den Klosterhof ab. – *Friedhofskapelle* von 1739 mit schöner Ausstattung und Deckenmalerei von J. M. BLEHLE. Der baldachinartige Hochaltar von J. G. RENSCH. Die gegen 1700 und 1889 (Chor) neugebaute Kirche in HASLACH besitzt eine Muttergottes aus der Zeit um 1460. Die übrigen Bildwerke zumeist 18. Jh. – Bei MARSTETTEN eine malerische *Burgruine*, deren Uranlage bis in die Zeit um 1100 zurückreichen mag. Haupt- und Vorburg durch einen Abschnittgraben getrennt. Als nördlicher Kopf der Hauptburg ein Bollwerk mit zwei dicht nebeneinander angeordneten Rundtürmen an den Ecken (spätmittelalterlich, d.h. schon aus der Zeit der Feuergeschütze). – Die Kirche in AITRACH von 1718–1724 wurde vor allem durch die Werkstatt von J. RUEZ ausgestattet (Ausmalung 1904). – Die Kapelle in AICHSTETTEN entstand 1711–1719. Kerkerchristus (Kopie des Wiesheilands). Votivbilder von 1750, 1763 und später. Bauernhaus mit Putzmalerei (1733, ehem. Kaplaneihaus). In ALTMANNSHOFEN neben der Kirche ein *Schlößchen*, ein einfacher Baublock mit vier Ecktürmen aus der 1. Hälfte des 17. Jh.; Umbauten im 18. Jh. Reiche Holzdecke noch aus der Erbauungszeit. – Droben auf dem Berg, von dem das gewaltige Schloß ZEIL geradezu bedrohlich auf die freie Heide herabblickt, die frühere Kollegiats-, jetzige kath. *Pfarrkirche* (1608–1612), die ein gutgeschnitztes Renaissancegestühl im Chor (1611 von J. BENDEL) und einen Hochaltar von J. A. FEICHTMAYR (1764, Mitarbeiter J. G. und F. A. DIRR) besitzt. Eine Burg Zeil wird schon 1123 genannt; sie kam im 14. Jh. an das Haus Waldburg, von dem sich später eine Linie danach nannte. Von bayrischen Baumeistern (u. a. JÖRG REUTTER) wurde 1597–1600 ein neues *Schloß* errichtet, ein ausgedehnter Komplex, rings von Mauern mit Rundtürmen umschlossen. Durch einen Torbau mit Fachwerkflügeln gelangen wir zum Schloßgarten mit herrlicher Aussicht. Hier erhebt sich das Schloß, ein mächtiges regelmäßiges Viereck mit Ecktürmen

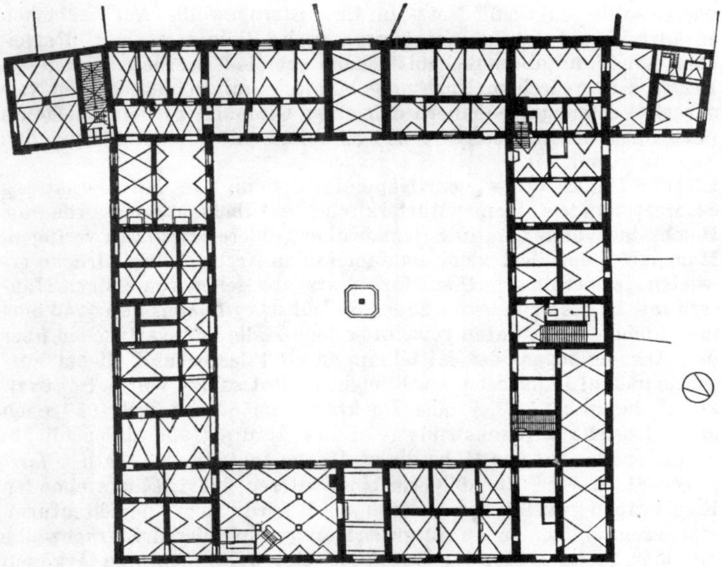

*Schloß Zeil, Grundriß*

und großem Binnenhof (Fassadenmalerei nach alten Befunden erneuert). Kein Zweifel, daß hier das Wolfegger Schloß Pate gestanden hat (vgl. dort). Im Durchgang zum Hof ein gewaltiges Denkmal des Erbauers, Truchseß Froben, im Binnenhof verschiedene Portale aus dem Anfang des 17. Jh. Im Truchsessenzimmer Kassettendecke (1612) und geschnitzte Türen; im Schreibzimmer ein holzgeschnitzter, zwölfarmiger Leuchter mit den vier Tugenden, Mitte 18. Jh. von K. Hegenauer. Bibliotheksräume in klassizistischer Ausstattung; im „Salettle" u.a. Wandbilder mit Jagdszenen. Die reichen Kunstsammlungen der Fürsten Waldburg-Zeil enthalten kostbare Schätze an Möbeln, Handschriften, frühen Drucken u.a. Jenseits des Schlosses der große Wirtschaftshof, von Gebäuden umzogen. In seiner äußersten Ecke ist der Standort der ursprünglichen Burg zu suchen. – Die *Kirche* in UNTERZEIL um 1511–1514. Das äußere Bild beleben die doppelgetreppten Streben samt dem Westturm, das innere die an Leutkirch gemahnenden Gewölbe: im Schiff Netz-, im Chor Sterngewölbe. Am vierfachen Rundstabprofil des Triumphbogens reiche Steinmetzarbeit, desgleichen am Wandtabernakel mit seinem schmiedeeisernen, rankenverzierten Gittertürchen. Noch umgeben feste, mit Schießscharten versehene Verteidigungsmauern den alten Kirchhof, zu dem ein hohes (allerdings neugotisches) Spitzbogenportal mit Zinnenkrönung den Zugang vermittelt.

LEUTKIRCH war, wie der Name des Orts und des Kirchenpatrons St. Martin andeutet, einst Mutterkirche des Nibelgaus und wurde freie Reichsstadt, ohne allerdings jemals über größeren Besitz zu verfügen. Man darf daher dort keine monumentalen Architektureindrücke erwarten. Immerhin gibt dem Marktplatz, abgesehen von einigen Häusern mit Lauben zu ebener Erde, das hübsche *Rathaus* von 1740 eine individuelle Note: unten gewölbte offene Halle mit Kartuschen über den Arkadenbogen, der Mittelbau durch Pilaster und Giebel ausgezeichnet (Stukkaturen – wie auch im Ratssaal – von J. Schütz). Dabei der hohe *Bläser*- oder Bockturm, im oberen Teil 1957 nach alten Ansichten rekonstruiert. In der Hauptstraße die schlichte *Spitalkapelle*. Auf der Höhe die stattliche spätgotische, kath. *Pfarrkirche* St. Martin, Nachfolgerin einer älteren, bis 1514 bestehenden Kirche, 1519 geweiht. Ein Hallenbau mit nördlichem Chorseitenturm, außen sehr einfach, innen von guten Raumverhältnissen. Sterngewölbe im Chor, Netzgewölbe im Langhaus. Die weitgespannten Arkaden werden von kapitellosen Rundpfeilern getragen. Das Mittelschiff ist, wie häufig bei den schwäbischen Hallenkirchen, etwas überhöht (Staffelhalle). Eine hübsche Stabwerkpforte führt in die gewölbte Sakristei. Die Ausstattung ist weitgehend neugotisch. Erwähnenswert unter den älteren Stücken eine spätgotische Gruppe (Anna Selbdritt). Hinter der Kirche ein ehem. *Franziskanerinnenkloster*, 1689 von F. Beer. Die *ev. Kirche* ursprünglich ein interessanter viereckiger und dreischiffiger Bau ohne Chor (1613–1615), mit hohem, oben achteckigem Südostturm, wurde um die Mitte des 19. Jh. neugotisch umgewandelt. Die *St.-Anna-Pflege* mit ihrem Gartenhäuschen war ein Patrizierschloß der Furttenbach (1636). An die mittelalterliche Stadt gemahnt noch der malerische *Pulverturm*. Auch ein Gang durch die altertümliche Gerbergasse mit ihren Holzlauben lohnt sich. – In dieser Landschaft herrscht das Einödsystem gegenüber den Dorfsiedlungen vor: stattliche Bauernhöfe, Wohnhaus und Scheuer unter einem Dach, oft von prächtigen Linden beschattet. Auf der Leutkircher Heide wohnten bis ins späte Mittelalter reichsfreie Bauern, deren Rechte bis in fränkisch-karolingische Zeit zurückgingen. Bei Haid stand das „Haidbild“, der Gerichtsstuhl auf der Heide.

## 4. Das Gebiet der Rot und der Rottum (Laupheim – Ochsenhausen)

In DELLMENSINGEN eine schöne *Barockkirche*, 1712 von Chr. Wiedemann, mit Renaissancegrabmälern der Ulmer Bildhauer M. und H. Schaller und G. Huber. – Die spätgotische Kirche in STETTEN wurde um 1730 barockisiert. Aus der ersten Zeit stammen eine Anna Selbdritt (Syrlin-Werkstatt) und die dem Meister des Ackeraltars zugeschriebenen Figuren der hll. Barbara und Dorothea. – Bei der Kirche in HÜTTISHEIM beanspruchen nur noch der spätgotische Turm und die ulmischen Holzbildwerke Aufmerksamkeit. Die *Antoniuskapelle* ein kräftiger und architektonisch gutgegliederter Barockbau von 1702. – Die Pfarrkirche in BIHLAFINGEN reicht im Kern z. T. bis in gotische Zeit zurück. Umbau 1784 (Stukkaturen im Chor 1934!). Holzbildwerke aus der Syrlin-Werkstatt (hll. Theodul und Erhard). – In der Kirche von ACHSTETTEN Altarbilder von K. Huber. Das mit der Kirche durch einen Gang verbundene und für einen Altshauser Komtur errichtete *Schloß* 1794f. von F. A. Bagnato. – LAUPHEIM, im Tal der Rottum gelegen, trägt durchaus neuzeitliches Gepräge. Der Marktplatz ist architektonisch ohne Bedeutung. Am *Kornhaus* (1778) vorbei führt der Weg zur *Pfarrkirche* hinauf. Neubau des Schiffs 1623f., Ausmalung 1730, Erneuerung vor allem des spätgotischen Turms 1902, Restaurierung 1957. Auf der Höhe *Schloß Großlaupheim* (16. Jh.) mit gebrochenem Dach und Ecktürmen, als beherrschender mächtiger Baublock das Städtchen überragend und weithin sichtbar. Dabei *Amtsvogtei*. Gegenüber dem Schloß ein Neubau um 1752. In der Art eines spätbarocken Palais wurde das *Schloß Kleinlaupheim* 1769 von J. G. Specht errichtet. Seine Ecken werden durch Doppelpilaster, das wenig vorspringende Mittelstück durch drei geschwungene Gesimse und Giebel betont. Es enthält ein Portal mit Bauinschrift und stuckierte Wappen. Sonst ist nur noch die spätgotische *Gottesackerkapelle* zu nennen, an die 1611 ein Heiliges Grab angebaut wurde. Sie ist ringsum von einer volkskundlich interessanten und als solches Dokument ganz selten erhaltenen sog. Leonhardskette umschlossen, die aus ehem. Hufeisen gefertigt wurde: Leonhard war der Vieh- und besonders der Pferdeheilige, zugleich Schutzpatron der Gefangenen (Kette!). – Schiff und Chor der Kirche in BURGRIEDEN wurden 1740 erbaut (älterer Turm). Holzbildwerk um 1470 (hl. Margarethe). Altarbilder von J. Esperlin. Zwei Jesuitenpatres vielleicht von J. B. Hobs. Die spätgotische Kirche in ROT wurde 1718 barockisiert und 1880f. verlängert. Muttergottes (2. Hälfte 15. Jh.). Nebenaltarblätter von K. Huber (1806). In der

Pfarrkirche von ORSENHAUSEN eine Muttergottes aus der Zeit um 1420, hervorragendes Werk des Meisters des Dornstadter Altars. Einfaches Schloß vom Ende des 18. Jh. In der 1725 und 1890 umgebauten Kirche von BUSSMANNSHAUSEN Relief (Auferstehung), Ende 16. Jh., H. MORINCK zugeschrieben; Epitaph von 1797. – SCHWENDI, im Tal der Rot, mit einfachem *Schloß* aus der Mitte des 19. Jh. Die *Pfarrkirche*, 1561 erbaut und 1724 barockisiert, enthält im Chor ein schöngeschnitztes Renaissancegestühl und figürliche Rittergrabmäler aus der Mitte des 16. Jh. Im Dorf die *St.-Anna-Kapelle* von 1484, mit Resten eines frühromanischen Vorgängerbaus und netzgewölbtem Chor; darin ein beachtenswertes Flügelaltärchen mit Malereien der ZEITBLOM-Schule und Schnitzfiguren um 1490. – Die Kirche in SCHÖNEBÜRG (1731 und 1934) besitzt zwei wertvolle Holzbildwerke vom Ende des 15. Jh. – In der Kirche von MIETINGEN eine Muttergottes von J. B. HOBS im Hochaltar. Die *Kirche* in BALTRINGEN (Chor spätgotisch, Schiff 19. Jh.) besitzt einen eigenartigen Turm. Sein mächtiger Unterbau entbehrt der Gliederung und wird nur durch Schießscharten erhellt; oben ein Rundbogenfries und gekuppelte rundbogige Klangarkaden, als Abschluß das übliche Satteldach, dessen Giebel mit fialenähnlichen Aufsätzen geschmückt sind. – In der 1726 veränderten Kirche von ÄPFINGEN Bildwerke der Immakulata und Mutter Anna von J. B. HOBS. – HEGGBACH war ein Zisterzienserinnenkloster, dessen Kirche aber durch zahlreiche Umbauten entstellt ist. Spätgotische Holzbildwerke. Die infolge eines Brandes zum Teil erneuerten Klausurgebäude sind ganz schmucklos gehalten, im Kreuzgang (1539) findet man zierliche Renaissanceornamentik. – In der 1954 umgebauten Kirche von MASELHEIM mehrere Holzbildwerke der Spätgotik (hervorragend eine Muttergottes aus der Zeit um 1420–1430). – Die Landkirche in LAUPERTSHAUSEN wurde 1714 f. durch das Biberacher Spital errichtet und ausgestattet. – In ELLMANNSWEILER ein schlichtes Herrenhaus, bei dem fast nur die malerischen Überreste von mittelalterlichen Mauern und Rundtürmen den Schloßcharakter in Erinnerung bringen. – Ein bedeutsames Werk ist die Kirche in REINSTETTEN. Die Art der Raumausbildung in den Ecken weist auf den großen JOHANN MICHAEL FISCHER als Baumeister der 1740 f. erbauten Kirche (Flachdecke 1954/55). Innen eine geschnitzte Frühbarockkanzel, eine spätgotische Gruppe der Krönung Mariä, durch den Schwung der Falten und die würdevolle Auffassung ausgezeichnet (Bildhauer M. ZEYNSLER). – Charakteristisches Renaissanceschloß in HÜRBEL. – Vom Zisterzienserinnenkloster GUTENZELL steht, abgesehen von den Nebengebäuden, nur noch die Kirche und vom Konvent ein Rest des Ostflügels (Pfarrhaus) sowie der nordöstliche, an die Kapelle anstoßende Gastbau (Schloß) mit reicher Gesims- und Pilastergliederung. Die *Kirche*, ein gotischer Bau von 1389, wurde 1755f. barock umgestaltet. Leiter der Arbeiten war DOMINIKUS ZIMMERMANN, dessen Handschrift an den bewegten Umrissen der Fenster deutlich wird. Auch in ihrer *Ausstattung* manches Sehenswerte, so der schöngeschmiedete Lichtständer, das anmutige Rokokochorgitter und zahlreiche Grabmäler. Großartige Deckenfresken von J. G. TIEFENBRONNER, gute Stukkaturen von F. X. FEICHTMAYR, J. RAUCH und I. FINSTERWALTER, Altarbilder von J. ESPERLIN. – Das Schloß in EDELBEUREN unterscheidet sich nur wenig von einem stattlicheren Bürgerhaus der Rokokozeit. – In der Antoniuskapelle in EICHEN eine gemalte Predella der ZEITBLOM-Schule und Figuren aus der Spätgotik und jüngeren Zeit.

Von der wahrscheinlich 1093 gestifteten romanischen Anlage der Benediktinerabtei OCHSENHAUSEN haben sich keine Reste mehr erhalten. Der weitere Klosterbezirk, der heute außer der Kirche mit Konvent in freier Gruppierung Gast-, Kanzlei- und Ökonomiegebäude aus dem 15.–18. Jh. umfaßt, ist von einer türmchenbesetzten Mauer umzogen und liegt auf der Höhe zwischen den Tälern der oberen und unteren Rottum. Einst schloß sich an die Kirche nach der Regel südlich die Klausur an, an deren Westseite noch die alte Prälatur steht; 1615–1647 und 1785f. wurde jedoch die ganze Osthälfte der Kirche von einem riesigen Klosterneubau umschlossen, der nun hinter ihr, den bescheideneren Kreuzgarten einschließend, einen großen Hof bildet. Die *Kirche*, 1489–1495 auf der Grundlage einer romanischen Vorgängerin von MARTIN ÖSTERREICHER als eine dreischiffige, querschifflose, spätgotische Basilika erbaut, deren Nebenschiffe die Chorjoche begleiteten, um dann flach abzuschließen. Sie wurde 1725f. durch CHR. WIEDEMANN barock umgestaltet durch Abänderung der Stützen, Bögen, Fenster und Einziehung von Stichkappen- bzw. Kuppelgewölben, und eine reichstuckierte Wandarchitektur aus Kompositpilastern, Fries, stark bewegtem Gesims und figurierten Gewölbeträgern. Fresken von J. G. BERGMÜLLER im Mittelschiff und (jünger) J. A. HUBER in den Seitenschiffen. Stuck von G. MOLA; Altarbilder von J. H. SCHÖNFELD und J. C. STAUDER. Reiches und schweres Chorgestühl 1686. Mehrere Holzbildwerke der Spätgotik, darunter die Madonna des Gnadenbilds. Klanglich berühmt die Westorgel (Prospekt 1732 von F. ERB, Werk von J. GABLER). Die Fassade spiegelt den Querschnitt der Kirche. Ihr ausgebauchtes Mittelstück wird von einer großen Pilasterordnung eingerahmt, darüber ein Giebel mit Salvatorstatue; die Seitenteile sind durch niedrige Anläufe mit dem

*Ochsenhausen,*
*ehem. Kloster, Grundriß*

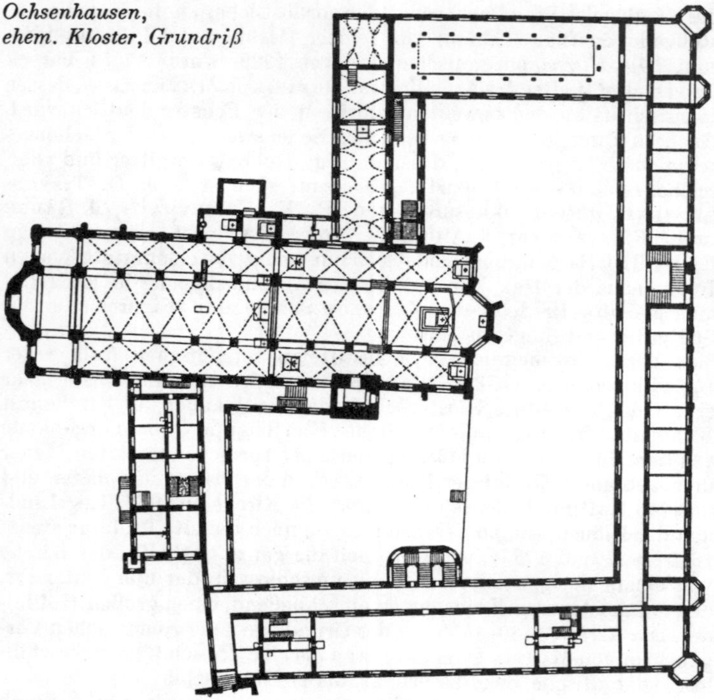

Mittelstück verbunden. Der Südostturm hat über seinem gotischen Viereck einen eleganten, schlank auslaufenden, zweistöckigen Aufsatz (1698). Ein Pendant dazu bildet die *Mariensäule* auf dem Vorplatz der Kirche. Vom alten *Kreuzgang* ist noch der Westflügel mit seinen Schlußsteinen im Netzgewölbe erhalten, und an ihn schließt sich die *Prälatur* mit ihrem Ecktürmchen und einer Freitreppe mit schönem Barockgitter an. Im Innern die Ende des 16. Jh. von TH. HEIDELBERGER gefertigten, virtuos geschnitzten Türrahmungen und Felderdecken, ausgezeichnete Beispiele für die schwere Pracht der Schreinerarchitektur in der deutschen Renaissance. Die Konventsgebäude geben dem Kloster vor allem in der Nordostansicht ein schloßartiges Ansehen; der Südflügel enthält ein lichtes, mehrläufiges *Treppenhaus* sowie das schwungvoll stuckierte *Refektorium.* Der Ostflügel hat durch Betonung der Ecken und des Mittelteils gutgegliederte Massenwirkung und eine imposante Schauseite. Der Nordflügel (1785–1791) enthält den zweigeschossigen klassizistischen *Bibliothekssaal*, dessen farbenfrohe allegorische Fresken von J. A. Huber sich, wie bei diesen Räumen üblich, auf das Verhältnis der Religion zu den Wissenschaften beziehen. Stuck von Th. Scheithauf.

## 5. Ochsenhausen – Bad Wurzach – Kißlegg – Wangen (Allgäu)

Ochsenhausen Seite 441. – Hoch über dem Dorf MITTELBUCH liegt die Pankratiuskirche, ein klassizistischer Bau von 1790–1792, die Ausstattung aus der gleichen Zeit. Altarblatt 1672 von J. Heiss (ursprünglich in Steinhausen a. d. Rottum). – In ROTTUM erhielt die spätgotische Kirche 1758 ein neues Querhaus und Chor. Lebensgroßer Kruzifixus aus dem frühen 18. Jh. Muttergottes Mitte 17. Jh. – Unter den Landkirchen heben wir STEINHAUSEN a. d. Rottum (1673) hervor, eine zweischiffige *Wallfahrtskirche* (Abb. 79) mit wirkungsvollem Westturm. Der seltsame Grundriß dürfte sich aus der Erweiterung einer einschiffigen mittelalterlichen Kapelle erklären. Das altberühmte, eindrucksvolle Gnadenbild, ein Vesperbild, gegen 1400. In der *Annenkapelle* mehrere Figuren der Spätgotik (eine Madonna wird Michel Erhart zugeschrieben, um 1480). – In der

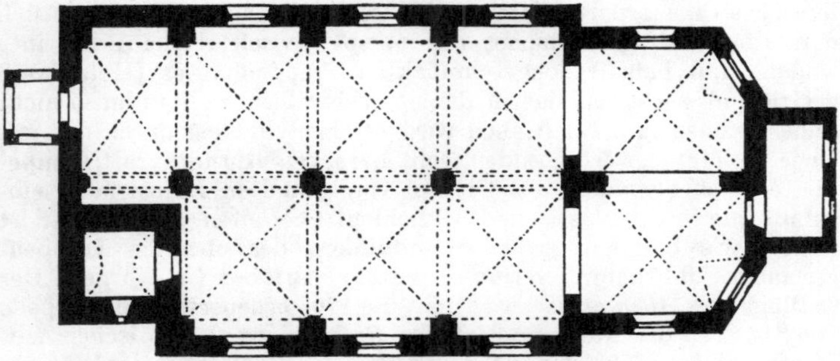

*Steinhausen a.d. Rottum, Pfarrkirche, Grundriß*

Kirche von BELLAMONT Holzfiguren der Muttergottes, des Petrus und Paulus, aus einem früheren Hochaltar des Klosters Ochsenhausen (1499), von Niklaus Weckmann (W. Deutsch). – In der zu

unserer Zeit durchgreifend veränderten Kirche in FÜRAMOOS eine Figur der Maria Magdalena, die als ein Werk M. ERHARTS gilt (um 1470). – Die Kirche in EGGMANNSRIED wurde 1722 von M. MOHR errichtet und in der Folge einheitlich ausgestattet. Holzfelderdecke mit Tafelgemälden von G. WEISS. Als Figurenersatz dienten die auf ausgesägten Holztafeln gemalten Figuren von Christus und den Aposteln. – Die immer wieder erneuerte Kirche in DIETMANNS reicht bis 1494 zurück; Muttergottes, um 1460.
Zu den interessantesten Orten gehören jene kleinen und kleinsten Residenzen von reichsfreien Herren, Grafen oder Fürsten, deren es im Heiligen Römischen Reich so viele gab. Oft bilden sie innerhalb eines Städtchens oder Dorfs noch heute einen guterhaltenen architektonischen Sonderkomplex, meist haben sie auch durch Anlage eines Parks oder von Alleen dem ganzen Ort ein vornehmeres Ansehen verliehen. Auf diese Weise hat das hoch oben am Ried gelegene BAD WURZACH in der sonst etwas eintönigen Hochebene als Waldburgische Residenz nur gewinnen können. Ein Tor führte einst in die im 18. Jh. regelmäßig angelegte Herrenstraße, dann in die Marktstraße, wo rechter Hand das *Spital* zum Hl. Geist (1695) mit tonnengewölbter Kapelle steht. Zwei Wachthäuser künden das *Schloß* an. Seit 1723 entstand, vielleicht durch J. C. BAGNATO, der dreiteilige Hauptbau mit überhöhtem Mittelrisalit und rechtwinklig vorspringenden Seitenflügeln. Der Mittelbau ist im zweiten Geschoß durch ein vielfach gebrochenes und gekröpftes Fenstergesims ausgezeichnet. Ein ionisches Pilasterportal führt in das Vestibül des Mittelbaus, wo sich dem überraschten Besucher das perspektivisch reiche Bild eines säulen- und balustradengeschmückten Treppenhauses (Holz, weiß gestrichen) darbietet, das in der oberschwäbischen Baukunst nicht seinesgleichen hat. Nach oben wird es abgeschlossen durch das mit einer an TIEPOLO erinnernden, echt barocken Illusionskraft komponierte Deckengemälde des Olymp, von gemalten Balustraden eingefaßt, die in die plastische Wirklichkeit überleiten. Der Meister ist ebenso wie bei den großen Wandbildern des obersten Treppengeschosses unbekannt; vermutet wird G. AMIGONI (A. Kasper). Der Ostflügel des *Alten Schlosses* enthält die 1708 erneuerte Schloßkapelle von 1612. In der Nähe das einfache *Rathaus* aus spätgotischer Zeit. Durch das Tor (1528) hindurch und über den Bach führt der Weg zur hochgelegenen *Pfarrkirche* St. Verena hinauf, einem klassizistischen Werk, 1776 unter dem direkten Einfluß von D'IXNARDS Buchauer Stiftskirche erbaut (von einer älteren Anlage der gotische Turm beibehalten). Im Grundriß ist der gerundete Übergang vom Schiff zum halbrundschließenden Chor, im Aufbau die Fensterbildung bemer-

kenswert. Im Innern ein beachtliches Deckenbild von A. Brugger, u.a. mit der Stiftung der Kirche in Anwesenheit der gräflichen Herrschaften. Von der Ausstattung beachte man die hübsche Zopfkanzel, mit einem an die Grenzen des Möglichen gehenden Überraschungseffekt im Herausstellen der Figur aus der Illusionssphäre des Kunstwerks, ebenso den baldachinförmigen Hochaltar und außen das schöne Grabdenkmal der Truchsessin Helena († 1515). Neben der Kirche ein 1514 gegründetes *Klösterlein* mit Treppenhaus von 1764 und Kapelle in Rokoko. Nicht weit vom Städtchen erhebt sich über dem Friedhof der Gottesberg, auf dem sich im Schatten der Bäume in stimmungsvoller Abgeschiedenheit die *Heiligkreuzkapelle* mit angebautem Bruderhaus birgt. Die Kapelle ist Nachfolgerin einer 1709/10 gegründeten Heiliggrabkapelle, die durch die 1717 geweihte heutige Kirche ersetzt worden ist. Von dem älteren Bau – mindestens als Idee herübergenommen – der nach dem Chor der zweiten Kirche geöffnete achtseitige Zentralbau mit dem Hochaltar von J. Ruez aus Tirol, eine figurenreiche Kreuzigungsgruppe in pathetischer Auffassung (1717). Am Ende der Pappelallee erblickt man das ehem. *Leprosenhaus*, ein Fachwerkbau von 1696 mit anstoßender Kapelle, der einst eine aufgemalte Pilasterarchitektur Schmuck verlieh. Um die Ansteckungsgefahr zu verringern, pflegte man diese Spitäler außerhalb der Ansiedlungen zu erstellen.

In EINTÜRNENBERG die *Pfarrkirche* St. Martin (Turm 12. Jh., Langhaus und Chor im 15. Jh. erneuert). Barockisierungen (Neuweihe 1742). – In ARNACH *Pfarrkirche* St. Ulrich und Margarete. Das 1744–1749 erneuerte Schiff und der Chor wohl ein Werk des Johann Georg Fischer. Einschiffiger Bau mit gerundeten inneren Winkeln nach dem Chor zu. Dieser geradegeschlossen mit gerundeten Ecken. Im Winkel der nördlichen Chormauer mit dem Langhaus ein älterer quadratischer Turm. Hochaltar aus der Zeit der Kirchenerneuerung. Altarbild von J. F. Sichelbein, 1700. – In REICHENHOFEN ummauerte spätgotische *Pfarrkirche* (Chor 1500, Turm 1534, „Vorkirche" 1739) und Kapelle *St. Wolfgang* mit Holzfiguren des 15. Jh.; in jener eine Madonna aus der Frühzeit des hier geborenen bedeutenden Bildhauers Hans Multscher. – Die Wallfahrtskirche St. Maria in RÖTSEE entstand um 1750, vielleicht z. T. als Umbau einer älteren Kirche (bereits für das 11. Jh. als magna basilica genannt). Gnadenbild, Ulmer Schule, Mitte 15. Jh. (überarbeitet).

Neben Wangen und Isny kann sich das von Seen umgebene KISSLEGG mit seiner Kirche und seinen Waldburgischen Schlössern behaupten. Zumal die kath. *Pfarrkirche* St. Gallus, 1734–1738 umgebaut, steht über dem Durchschnitt der auf dem Land üblichen

Barockbauten. JOHANN GEORG FISCHER aus Füssen hat in ihr mit Geschick aus einer mittelalterlichen Basilika einen wirkungsvollen Raum geschaffen, dessen Vierung von einer Flachkuppel, dessen Langhaus von einem Tonnengewölbe überdeckt ist, letzteres mit einem Deckengemälde von F. A. EHRLER. Fast zu schwer ruht dessen mächtige gemalte Architektur auf den Säulen der Scheidbögen. Hochaltar 1936 (!) mit alten Skulpturen und Altarblatt des 18. Jh. Grabdenkmäler des 16. Jh. Von den beiden *Schlössern* im Dorf wirkt das fürstlich Waldburg-Wolfeggsche noch ziemlich burgartig. Mit seinem Staffelgiebel, den Rundtürmen und dem gegen den Schloßhof merkwürdig abgetreppten Grundriß gibt es sich als ein aus spätgotischer Tradition erwachsenes Bauwerk zu erkennen (3. Viertel 16. Jh.). Das fürstlich Waldburg-Zeilsche Schloß ist in seiner jetzigen Anlage im Grundplan und den bescheidenen Schmuckformen ein Neubau von 1712–1727. Baumeister J. G. FISCHER. Haupttrakt mit zwei kurzen Seitenflügeln; prächtig die Drachenwasserspeier. Deckenbild im Innern der Kapelle von J. G. ROTH, 1726. Sehenswert sind in der Hauptstraße das bemalte Haus Nr. 27 von 1788 und am Ende das Spital mit seiner Kapelle (1718). Schöne Wirtsschilder. – Im NW vor dem Ort die Gottesackerkapelle St. Anna, wahrscheinlich von J. G. FISCHER, 1718. – Eine schöne Allee führt an der hübsch unter Bäumen gelegenen Loretokapelle vorbei nach dem nahen BÄRENWEILER, wo eine Gräfin von Hohenems 1619 eine Kapelle mit Spital stiftete. Das mit dem großen Spital zusammengebaute Kirchlein liegt samt dem Pfarrhaus, einem Fachwerkbau, stimmungsvoll im Schatten hoher Bäume. – Gut erhalten ist die Ruine PRASSBERG. Von ihr erhebt sich auf einem einsamen, waldigen Hügel ein starker Bergfried, unten in Quaderbauweise mit roh gebuckelten Ecksteinen, ganz spärlichen Lichtöffnungen und einem hochgelegenen Eingang auf der Seite des Wohnbaus. Der Wehrturm liegt auf der am wenigsten steilen Angriffsseite. Die Ringmauer und das Gemäuer des Wohnbaus aus Findlingssteinen neben der Schloßkapelle zum hl. Georg (1414 geweiht) sind noch vorhanden, während vom Schloßhof der Wald Besitz genommen hat.

Die Kreisstadt WANGEN verrät noch heute in ihrem stattlichen Rathaus und ihren ansehnlichen Bürgerhäusern an der Hauptstraße reichsstädtische Würde und Wohlstand. Die Stadt besteht aus der Oberen Stadt als hochmittelalterlichem Kern mit dem Rückgrat der Herrenstraße und der sich ihr anschmiegenden Unterstadt, die erst im 15. Jh. ummauert wurde. Zwei mächtige Tortürme, das *Lindauer Tor* (Abb. 95) mit seinen schönen Wasserspeiern und das im Umriß besonders hübsche *Ravensburger Tor* (heutige Gestalt 1607) mit seinen runden Ecktürmchen und flacher Haube, schließen den Hauptstraßenzug der Oberstadt. Das *Rathaus*, 1719–1721 von FRANZ ANTON KUEN aus Bregenz entworfen, hat eine mit Fenstergiebeln und Statuenschmuck reich ausgestattete, breitgiebelige Fassade und birgt auch im Innern Sehenswertes wie die prächtige Eisengittertür und ein schönes Portal. Auf der Rückseite noch der alte spätgotische Bau in seinen Umfassungsmauern erhalten. Mit dem zwischen die Häuser eingezwängten *Torturm* zusammen ein eigenartiges Bild. Daneben die *Stadtpfarrkirche* St. Martin, ein architektonisch unbedeutender, spätgotischer Bau (Turm 13. Jh.) mit vor allem spätbarocker und neuerer Ausstattung. Zu beachten ein Rittergrabmal von 1511. Altarbilder von J. A. GEGENBAUER (1820 und 1842). Gegenüber das *Landratsamt*, einst ein Patrizierhaus von 1542, mit einfachem Frührenaissanceportal und malerischem Hof mit Arkaden und rundem Wendeltreppenturm. In der Herrenstraße mit ihren Rokokobrunnen viele alte Häuser von der Gotik bis zum Klassizismus, teils mit dem Giebel, teils mit der Traufe gegen die Straße gestellt. Das *Finanzamt* am Ravensburger Tor war ehem. das Kanzleigebäude des Ritterkantons Allgäu, worauf die ritterlichen Embleme hindeuten; ein Werk des F. A. BAGNATO von 1789. Auf dem *Alten Friedhof*, dessen Mauern entlang reizvolle Wandelgänge mit Nischengräbern führen, steht die St.-Rochus-Kapelle von 1593, ein merkwürdiger Mischbau mit spätgotischer Konstruktion und Renaissancezierformen. Buntgemalte, leicht gewölbte Holzdecke. Alte Ausstattung: u. a. gegossene Renaissanceepitaphe. In der Unteren Stadt die barocke *Spitalkirche* von 1719 mit schöner Madonna aus dem Anfang des 17. Jh. (von H. ZÜRN?). Der *Pulverturm* sieht einem Kirchturm zum Verwechseln ähnlich. Über dem Parkfriedhof erhebt sich auf waldiger Höhe, hinter Laubbäumen versteckt, die *St.-Wolfgangs-Kapelle*. Im Grunde schmucklos, gewinnt sie durch die landschaftliche Lage hohen Reiz.

## 6. Leutkirch – Isny – Wangen (Allgäu)

Leutkirch Seite 438. – Die Kapelle St. Sylvester in TAUTENHOFEN wurde in nachgotischer Zeit 1594 umgebaut. Figürlicher Grabstein für Melchior Locher († 1598) und seine Familie. – Die Kirche in GEBRAZHOFEN wurde 1689/90 erbaut und 1801–1803 unter J. B. THUMB erneuert. Deckengemälde von F. X. HERMANN. Reste der älteren Ausstattung, darunter ein Vesperbild (um 1430). – Sehenswerte Altarwerke finden sich in der *La-Salette-Kapelle* in ENGERAZ-

HOFEN (1521), 1866 aus alten Bestandteilen neu zusammengesetzt. – Die Kirche in WUCHZENHOFEN besitzt im ehem. Turmchor Wandbilder (um 1500) und zwei barocke Holzbildwerke aus spätgotischer Zeit. – Die spätgotische Kirche in GRÜNENBACH wurde im 17. und 18. Jh. verändert. Stiftertafel der Familie Nusbomer aus der Mitte des 16. Jh. – URLAU besitzt einen schön stuckierten Chor (1743) und Hochaltar von J. Schütz sowie einen älteren, ungewöhnlich reichbehandelten Kirchturm (1583). Seine Klangarkaden sind als romanisierende Dreifenstergruppe ausgebildet, mit Säulchen, mittlerer Überhöhung und einem ebenso überhöhten Rundbogenfries. – In der Kirche von BEUREN, deren Turm von 1452 stammt, auf verschiedenen Altären Teile eines Altaraufsatzes von H. L. Schäuffelein aus Oberndorf bei Bopfingen. – Wirkungsvoll erhebt sich über FRIESENHOFEN die spätgotische Pfarrkirche (1490), die jedoch im Innern durch eine Ausstattung aus späterer Zeit geprägt wird. – Wenig südlich davon RIMPACH mit einer ursprünglich spätgotischen, im Rokoko 1755 umgebauten *Kapelle.* Wandmalereien aus dem 14. Jh., Stukkaturen und Malereien aus der Zeit des Umbaus von J. G. Specht, 1765. Das *Schlößchen* war einst ein Doppelbau beiderseits der Straße, dessen beide Teile durch einen – heute abgebrochenen – Zwischenbau über einem großen Bogen verbunden waren (18. Jh.). – Der Turm der Pfarrkirche von ROHRDORF hat ein hübschgeschweiftes Satteldach, wie auch der Chor mit seinen Fresken und die flachbogigen Fenster des Schiffs von der barocken Umgestaltung der dreischiffigen, spätgotischen Basilika kündet. Der westliche Vorbau ist Teil eines romanischen Baus. Spätgotische Bildwerke, u. a. hl. Augustin von Hans Multscher (Mitte 15. Jh.) und Marientod aus Ton vom gleichen Meister wie die Figuren in Amtzell. – In nächster Nähe von Isny liegt Schloß NEUTRAUCHBURG, ein kunstloser Bau der Zopfzeit (1776f.) mit Mittelgiebel und Mansardendach, von zahlreichen Wirtschafts- und Beamtenhäusern umgeben, aber hübsch in einem Park versteckt und mit schöner Aussicht auf die benachbarte Stadt.

ISNY trägt einen anderen baulichen Charakter als das benachbarte Wangen; sein Reiz liegt in der noch guterhaltenen Stadtbefestigung: reizende Wasserpartien am Zwinghof, malerisch die untere Stadtmauer mit dem Wehrgang, der *Espantorturm* mit seiner Holzgalerie und Stiege. Der Stadtgrundriß wird geprägt von einem Straßenkreuz, dessen Zentrum sich zum Marktplatz erweitert. Hier steht das Wahrzeichen von Isny, der hohe *Blaserturm*, dessen mittelalterlichem Viereck die Barockzeit ein schlankes Achteck mit Haube aufgesetzt hat. Die Arkaden im Erdgeschoß alter Patrizierhäuser am Markt mit ihrem Wechselspiel von Licht und Schatten sind ein nie versagendes Motiv malerischer Wirkung: Man betrachte die Stadtapotheke, das Spital mit seiner spätgotischen Pforte, die Lauben unter dem Erkerhaus von 1655 oder – den Stolz der Stadt – das *Rathaus*, erwachsen aus einer Gruppe von mehreren Patrizierhäusern des 17. Jh., mit seiner seltsam zurückspringenden Fassade, seinem wappengeschmückten Erker, seiner Altane und den prächtig geschnitzten Türen mit Oberlichtgitter. Auch im Innern zeugt die gediegene Ausstattung – die Täfelung, die wuchtige Stukkatur, der Winterthurer Kachelofen von 1682 u.a. – von der Wohlhabenheit der an der Handelsstraße nach Italien gelegenen zwar kleinen einstigen Reichsstadt, zugleich aber der jüngsten unter den oberschwäbischen (1365 reichsunmittelbar). Nahe beim schlichten Wassertorturm liegt das geistliche Viertel von Isny, die Kirchen und das frühere Kloster, eigentlicher Ausgangspunkt der Stadtentwicklung. Die *ev. Nikolauskirche*, aus einer ursprünglich dem Kloster unterstehenden Leutkirche hervorgegangen, hat von ihrer ersten Anlage (1288 geweiht) noch das merkwürdig lange, basilikale Schiff (10 Joche) erhalten. Die achteckige Form der Pfeiler und die Holzdecke von 1639f. Der hohe, von schönem Sterngewölbe (1508) übersprengte Chor entstammt dem 15. Jh. Auch der Turm trägt das Gepräge verschiedener Bauzeiten. Eine wertvolle alte Bibliothek mit rund 1800 Schriften vom 12. bis ins 18. Jh. in dem Raum über der Sakristei, der grün in grün ausgemalt ist. Neben der Kirche die doppelgeschossige ehem. Ölbergkapelle von 1480, verschiedentlich erneuert. Die *kath. Pfarrkirche* (Abb. 38) war bis 1803 Kirche eines 1096 von Graf Mangold von Veringen gestifteten Benediktinerklosters der Hirsauer Reform. Der erste Bau mußte nach einem Brand einem spätromanischen Neubau weichen; ein zweiter wurde seit 1660 von Giulio und Pietro Barbieri von Roveredo errichtet und später (1757f.) von dem Stukkateur H. G. Gigl und dem Maler H. M. Holzhey ausgeschmückt. Das Äußere ist unscheinbar; das Innere aber stellt sich als eine langgestreckte, wohlbeleuchtete dreischiffige Halle mit flachem Ostabschluß dar, deren sehr qualitätvolle, einheitliche Rokokostukkatur den freundlichen Raumeindruck noch erhöht. Von reicher und ungewöhnlicher räumlicher Wirkung der Altarraum. Die Altäre wahrscheinlich alle von J. Ruez, 1758f. Auf der den Mönchschor ersetzenden Empore um den Hochaltar ein Chorgestühl mit reichen Schnitzereien. In Verbindung mit der Kirche steht das 1803 in ein Schloß umgewandelte ehem. *Kloster* (heute Altersheim). Umbau und Ausstattung von den gleichen Meistern, die auch die Kirche errichteten und ausstatteten. Wichtig das ehem. Refektorium. *Marienkapelle* im Kern gotisch, im 17. Jh. umgestaltet;

Ausstattung 18. Jh. (Muttergottes frühes 15. Jh.). Und schließlich noch die *Josephskapelle*, weit draußen am Ende der Vorstadt, ein Ovalbau mit Westturm und zwei Seitenkapellen, 1752 entstanden. Reiche illusionistische Architekturmalerei an den Wänden und Decken von A. Dickh, 1753/54.
Die Pfarrkirche von EISENHARZ besitzt ein Vortragekreuz mit Christus von 1300 (Kupfer vergoldet). – Ein schöner Hochaltar, um 1780, in der sonst einfachen Barockkirche von EGLOFS 1765 (von J. G. Specht). – In der Kapelle von ALLESCHWENDE (19. Jh.) Schnitzaltar mit Schutzmantelmaria (um 1465). – In der Pfarrkirche von SIGGEN, die um 1680 errichtet wurde (Turm älter), ein Vesperbild aus dem frühen 15. Jh. und ein maßwerkgeschmückter Taufstein. – In der Kirche von CHRISTAZHOFEN schöne gotische Madonna, 1420 bis 1430. – Der Gesamtlageplan der BURG RATZENRIED mit Wall, Graben und Rundtürmen an den Ecken ist klar zu erkennen; in den erhaltenen Resten ganz aus gotischer Zeit und dem 16. Jh. – In bewohnbarem Zustand befindet sich noch die ehem. *Turmhügelburg* in OFLINGS, von Anfang an ein „Wohnturm“: behäbiger, viereckiger Block mit ausladendem Fachwerkstock, einst ein drohender Ritterhorst. – Im Hochaltar der Pfarrkirche von DEUCHELRIED glanzvolle, bei aller Leidenschaft der Bewegung doch zarte Immakulataskulptur, um 1720. – Wangen Seite 446.

## 7. Ehingen – Biberach – Waldsee

Ehingen Seite 423. – In der 1719 barockisierten Pfarrkirche von NIEDERKIRCH eine Beweinung (um 1500). In der Vorhalle des älteren Turms drei Kindergrabsteine (zwei 1599 von M. Schaller, einer vielleicht von P. Schmid). – In UNTERSULMETTINGEN gewinnt das architektonisch nicht besonders hervorragende Schloß durch seine enge bauliche Verbindung mit der reizvoll stuckierten Kirche. – Schloß OBERSULMETTINGEN (1725f.) erhebt sich als geschlossener Baukubus mit Mansardendach auf einem Hügelsockel. – Durch den Reiz ihrer Lage erfreut die Kirche von SCHEMMERBERG, die auf der Höhe über dem Rißtal, von Bäumen umgeben, neben dem stattlichen Pfarrhof mit seinem gebrochenen Walmdach liegt. Ihr spätgotischer Turm ist mit Bogenfries und fialengekrönten Lisenen geschmückt. – In der Pfarrkirche von ALTHEIM spätgotische Holzbildwerke (Muttergottes und hl. Blasius vom Meister des Ackeraltars, hl. Konrad; alle gegen und um 1500). – Fünf Holzbildwerke des Meisters des Ackeraltars auch in der Kirche von LANGEN-

SCHEMMERN. – Im neuen Hochaltar der Kirche von 1736f. in AUFHOFEN Bildwerke aus verschiedenen Zeiten, darunter eine Muttergottes aus der 2. Hälfte des 15. Jh. – In der Kapelle von ABETSWEILER stammen einige Bildwerke aus der Mitte des 16. Jh. Eine Marienkrönung wird der ZÜRN-Werkstatt zugeschrieben. – In der neugotischen Kirche zu ASSMANNSHARDT mehrere gute Holzbildwerke der Spätgotik: hl. Barbara vom Meister des Ackeraltars, hl. Nikolaus aus dem SYRLIN-Kreis, Kruzifix und Schmerzensmutter gegen Mitte 16. Jh. Antonius und Moses von M. ZEYNSLER (?). – In beherrschender Lage auf steiler Höhe steht das auch dem Literaturfreund aus der Biographie des Dichters Chr. M. Wieland bekannte *Schloß* WARTHAUSEN. Es stellt im wesentlichen einen in den Jahren nach dem Brand von 1623 wiederhergestellten Winkelhakenbau dar, indem sich an einem mit achteckigen Ecktürmen besetzten Haupttrakt ein niedrigerer Nordflügel stumpfwinklig anschließt; beide schmücken getreppte Giebel; stuckiertes Treppenhaus. Der dadurch gebildete Schloßhof war früher durch eine Mauer abgeschlossen. Qualitätvolle klassizistische Ausstattung im ersten Geschoß. – In den neugotischen Altären der Kirche von METTENBERG eine große Zahl spätgotischer Werke vor allem Biberacher Herkunft. Hochaltar mit auferstehendem Christus, geschnitzten und z. T. bemalten Innen- und Außenflügeln. Annenaltar mit 1537 gemalten Tafeln, Flügelreliefs und Schreinfiguren; Antependium. Marienaltar mit Geburt Christi im Schrein; die Flügel stark erneuert oder neu; gemalte Tafeln. In einer Nische Anna Selbdritt (Anfang 16. Jh.).

BIBERACH geht auf das Wirken Friedrich Barbarossas zurück und tritt uns nach 1200 als Stadt entgegen, die seit dem Ende des 14. Jh. schließlich volle Reichsfreiheit besaß. Die vor allem durch Weberei und Gerberei reichgewordene Stadt hat sich im 15. und 16. Jh. zu lebhafter Bautätigkeit aufgeschwungen, und die Werke dieser Zeit verleihen ihr ein vornehm bürgerliches Gepräge. Das Bürgerhaus zeigt in der Regel Fachwerk auf massivem Unterstock mit vorkragenden Geschossen und Giebel gegen die Straße. In der Gerbergasse noch ein paar Häuser mit den charakteristischen Holzgalerien zum Trocknen der Felle. Die Weber saßen auf dem Weberberg beim Weißen Turm, wo in den Kellern ihrer Häuser die Webstühle standen. Klosterhof von Schussenried, 1531; Brandenburgische Kaplanei (15. Jh.). Im Mittelpunkt der Stadt der dreieckige *Marktplatz* (Nr. 15: Stadteich, 1484; Nr. 22: Salzstadel, 1513; Nr. 4: die Gred, 1593 umgebaut), dem erkergeschmückten Haus zum *Kleeblatt*, Versammlungsort der Zünfte, dessen ausladende Obergeschosse auf geschnitzten Konsolen ruhen, und dem alten *Rathaus*. Dieses ein schlichter Fachwerkbau von 1432, verbunden mit dem neuen steinernen von 1497 bis 1503, dessen Staffelgiebel und Türmchen dem Bau einen lebendigen Umriß verleihen. Davor der erneuerte *Marktbrunnen*, auf dessen Säule ein Ritter mit Reichs- und Stadtwappen steht. Im Hintergrund der mächtige, hohe Turm der *Stadtkirche*, der 1585 erhöht wurde. Die Kirche war ursprünglich eine spätgotische, flachgedeckte Basilika mit Westturm, dessen gewölbtes Untergeschoß eine Vorhalle bildet. 1746f. wurde sie durch Veränderung der Stützen, Arkadenbögen, Einziehung einer Gipsdecke und Stuckierung des Chors dem barocken Stil angepaßt, wobei Joh. Zick die Oberleitung hatte. Von ihm das große Fresko des Mittelschiffs, das verschiedene Szenen der Heilsgeschichte zu einem einheitlichen Bild zusammenfaßt. Von der Einrichtung hervorzuheben sind der prunkvolle Hochaltar und vor allem das elegante Rokokochorgitter. Altarbilder und andere von J. H. Schönfeld, J. Esperlin, J. Bergmüller, J. A. Huber, B. Neher d.Ä. Seit 1649 dient die Kirche beiden Konfessionen. Außen an der Südseite eine hübsche Vorhalle: „Nonnenschopf“ (d.h. Kapelle der Franziskanerinnen), spätgotisch mit Renaissancegiebel. Eine große, bankartige Bedeutung bekam für die Stadt, wie häufig auch anderswo, das vor 1258 gestiftete *Spital* durch seinen Reichtum. Nach außen präsentiert sich der umfangreiche Komplex in drei Giebelfassaden, eine mit dem beliebten Blendnischenmotiv in Eselsrücken, eine mit zügiger, vertikaler Lisenengliederung, heute ein Bau des 16. Jh., mit den Städt. Sammlungen. Die ev. *Spitalkirche*, eine fünfschiffige Halle (1474), zeichnet sich durch ein prächtiges, mit schön reliefierten Schlußsteinen versehenes Stern- und Netzgewölbe aus, das auf schlanken Achteckpfeilern ruht. In der zum äußeren Spital vor der Stadt gehörigen *Heiliggeistkirche* (1649–1662), deren Westfront eine Vorhalle und ein Türmchen schmücken, farbenreiche Barockepitaphe von angesehenen Familien der Stadt. Auch das *Mesnerhaus* nördlich der Pfarrkirche mit malerischer, bedeckter Freitreppe und Staffelgiebel ist ohne Mühe als eine frühere Kapelle zu erkennen (Fresken Mitte 18. Jh.). In der *Magdalenenkirche*, 1404, Reste von Wandmalereien. Das Amtsgericht mit seinem Volutengiebel und Pilasterportal gehörte einst zum *Franziskanerinnenkloster*. Wer die städtische Architektur im einzelnen studieren will, wird noch manchen bemerkenswerten Bau, z.B. die in diesem Gebiet sehr ansehnlich vertretenen Pfarrhöfe, finden. Nicht baulich, sondern literaturgeschichtlich wichtig ist die *Stadtmetzig*, die 1650 zum Theater umgebaut und 1761 zum Ort der ersten deutschen Shakespeareaufführung („Sturm“) durch den hier wirkenden Dichter Chr. M. Wieland wurde. Von der Stadtbefestigung sind auf der Bergseite noch Reste erhalten. Das Hauptbollwerk

war der *Weiße Turm*, ein Rundbau mit Zeltdach (1476f.), an den sich beträchtliche Reste der Stadtmauer anschließen; solche auch beim hohen *Ulmer Tor* (Spitaltor) mit seinen Erkern und steilem Walmdach (1606 verändert), der Gigelturm, 1854 erneuert. Wertvolle Kunstsammlungen im Braith-Mali-Museum (vor allem Malerei des 19. Jh.). – Vor dem Ort, links von Ulm her kommend, zwei Wohnhäuser eines der Theoretiker der modernen Architektur, Hugo Häring, 1950 (Mettenberger Weg 15 und 17).
Eine Gruppe für sich bilden die Schlösser MITTELBIBERACH und Warthausen durch ihre Hofanlagen. Ersteres erinnert im Außenbau an die gleichzeitige Architektur der Patrizierhäuser und der städtischen Bauten in Biberach. Ein Schmuckstück ist der nördliche Giebel mit seiner Belebung durch Blendnischen und die übereck gestellten, fünfeckigen Erker. Von einem der Erker läuft – ein bei uns zulande seltenes Motiv – ein loggienartiger Wandelgang zum Torturm hinüber als eine überaus malerische Begrenzung des Schloßhofes. – In der Nikolauskapelle von ZWEIFELSBERG schöne Altarblätter von J. Esperlin (1740–1742). Die Kirche in STAFFLANGEN wurde vielleicht von J. Emele errichtet (1759–1770). In den Altären Figuren und Blätter noch des 17. Jh. – Die Pfarr- und Wallfahrtskirche in REUTE wurde 1624–1629 als Basilika errichtet. Deckenbilder von E. Gabriel. Muttergottes aus dem Umkreis Multschers (um 1450 bis 1460), aus gleicher Zeit ein hl. Nikolaus. Verkündigungsrelief von 1593. – In der spätgotischen Kapelle von RISSEGG einfaches Chorgestühl (15. Jh.). Hl. Nikolaus um 1510–1520, vielleicht von M. Zeynsler. Hochaltarrelief von einem Meister M. M. (Mitte 15. Jh.). – Das Schloß in UMMENDORF zeichnet sich vor dem Bürgerhaus aus derselben Zeit nur durch die runden Ecktürme aus, die eine äußere Gliederung bekommen haben (1558f., im Barock erneuert). Die zuletzt klassizistisch veränderte *Pfarrkirche* besitzt eine sehr gute Steinfigur der Muttergottes von H. Multscher, um 1450. Malerische *Johanniskapelle* mit Altarbild von J. G. Bergmüller (1737). – Das Bild des Schlosses HORN wird durch einen Umbau 1753 bestimmt. – In der Pfarrkirche von SCHWEINHAUSEN eine Muttergottes aus dem Kreis um M. Erhart (2. Hälfte 15. Jh.) und eine Anna Selbdritt (um 1500). – Die *Laurentiuskapelle* in DEGERNAU wurde 1763 barock ausgebaut (der Turm noch gotisch). Deckenmalerei von E. Gabriel. – In der Kirche von INGOLDINGEN eine Muttergottes aus der Werkstatt des jüngeren Strigel (um 1510). Ehem. Altarblatt von J. Esperlin (Muttergottes, von Heiligen verehrt). – Daß einst auch bedeutendere romanische Bauten im Bezirk waren, bezeugt die aus dem letzten Drittel des 12. Jh. stammende Westfassade der Pfarr-

kirche von UNTERESSENDORF. Die Barockzeit hat merkwürdigerweise deren romanische Wandgliederung durch Rundbogenfries, Lisenen und Portal mit Halbsäulengewände beibehalten. Vom romanischen Bau anscheinend die Außenmauern des Langhauses und die Querschiffarme erhalten. Der quadratische Turm mit den Findlingsbuckeln im Untergeschoß nachträglich eingesetzt. Erneuerung 1733/34. Hochaltarbild von CASPAR DE CRAYER (1666). – Die z.Z. teilweise abgebrochene Kirche in EBERHARDZELL soll einen weitgehenden Neubau erhalten. Grabungen erbrachten Reste älterer Vorgängerbauten. – In der Kapelle von WATTENWEILER ein Kreuzigungsrelief aus der 1. Hälfte des 16. Jh. Guterhaltene Muttergottes, um 1510. Die Wendelinkapelle in HAGNAUFURT ist ein kleiner Zentralbau von J. EMELE, 1768. – In der 1748 ebenfalls von J. EMELE erneuerten Kirche von WINTERSTETTENDORF eine große Muttergottes aus dem Kreis um GREGOR ERHART und ein Sippenrelief, das M. ZEYNSLER zugeschrieben wird. – WINTERSTETTEN läßt noch seine ursprüngliche Anlage als Stadt erkennen. Über dem Ort die Reste einer einst historisch bedeutenden Burganlage, im hohen Mittelalter eines der kulturellen Zentren Oberschwabens. – Die Kirche in MICHELWINNADEN besitzt Deckengemälde von E. GABRIEL. Im Hochaltar des 18. Jh. ältere Bildwerke aus der Schule der ZÜRN (Anfang (17. Jh.). Vesperbild frühes 16. Jh.

Die Stadt BAD WALDSEE liegt zwischen zwei durch die Steinach verbundenen Seen, dem Stadt- und dem Schloßsee, denen sie den Hauptreiz ihrer Lage verdankt. Der Name des Orts leitet sich dagegen, nach seiner ersten Nennung Walahse (851), von „welsch“ ab und war vielleicht eine Ansiedlung von Romanen. Am Stadtsee bietet die Stadt ihre eigentliche Schauseite dar: Längs dem Seeufer sich entwickelnd, erheben sich die beherrschenden Türme der Stadtkirche mit den benachbarten hohen Stiftsgebäuden, überragt von der kleinen Frauenkirche im Hintergrund auf der Höhe, und am Ende der Stadt (an der Wurzacher Straße) der massige Torturm. Die *Pfarrkirche* St. Peter, ehem. Eigentum eines 1181 gegründeten Augustiner-Chorherrenstifts, ist ein spätgotischer Bau aus den letzten Jahrzehnten des 15. Jh. (Baubeginn 1479, Chor vollendet 1508), dem das 18. Jh. gewaltsam den Stempel der spätbarocken Kunst aufgedrückt hat. 1712–1718 Chor und Mittelschiffwölbung. Einbau der Seitenschiffemporen durch Erhöhung der Außenmauern. Anlage des Daches über alle drei Schiffe. 1765–1767 Umbau der Westseite zur Zweitürmefront unter Leitung von JAKOB EMELE aus Schussenried. Anbau der Sakristei nördlich vom Chor. Während die äußeren Längsseiten einfach gehalten sind, wurde die Westfront gründlich umgebaut: Sie springt konvex vor und erhält ihren besonderen Akzent durch zwei übereck gestellte mächtige Türme mit Pilastergliederung und malerisch umrissenen Hauben. Im dreischiffigen Innern lassen die spitzbogigen Arkaden und Achteckpfeiler sowie die Chorfenster noch die ursprüngliche Anlage erkennen, die im übrigen durch Einbau von Emporen und Stukkaturverkleidung verändert ist. Ein wichtiges Werk ist der große Hochaltar des Dominikus Zimmermann. Angeblich schon 1714 geschaffen, läßt er noch nichts vom Rokoko verspüren, sondern ist ganz von der schweren Monumentalität des Hochbarock geprägt. Zwei von gedrehten Säulen getragene Gebälk- und Giebelstücke deuten einen zum Beschauer hin aufgebrochenen Raum an, auf dessen Grund wir – bildartig gerahmt, aber figürlich dargestellt – eine Marienkrönung sehen (Figuren des J. Bendel wohl aus einem früheren Altar von 1616; Tabernakelaufbau 1887). Die beiden Nebenaltäre von 1720 und 1724. Betrachtenswert: im Chor das kunstvoll geschnitzte Gestühl, 1725–1730, in der Mariahilfkapelle der Stuckmarmoraltar, in der Sakristei ein prächtiger Paramentenschrank und das Fresko von J. B. Zimmermann (1718). Am eindrucksvollsten aber ist das lebensgroße Grabdenkmal des Truchseß Georg I. von Waldburg († 1467), dessen Bronzebildnis mit besonderer technischer Feinheit ausgeführt ist, wobei die verschiedenen virtuosen Künste der Erzbehandlung zusammenwirken. – Die ehem. Stiftsgebäude um die Kirche herum sind in neuerer Zeit umgebaut worden. Wenige Schritte führen hinüber zum Schloßhof, in dem sich, von Wirtschaftsgebäuden umgeben, das fürstlich Waldburgische *Schloß* erhebt. Ein anspruchsloser Bau mit Rundtürmen, 1745 aus einer von vier Türmen flankierten Wasserburg aus der Mitte des 16. Jh. umgebaut, erhält es durch den Park einen überaus wirksamen Hintergrund. Runde Schloßkapelle. Noch streng barock angelegter Schloßgarten, der verwahrloste Seegarten im englischen Landschaftsstil. – Architektonisch aufschlußreiche Partien bietet in der Stadt vor allem die Hauptstraße: Das im Jahr 1426 erbaute, später mehrfach erneuerte *Rathaus* (Abb. 94) mit stolzer Giebelfassade, deren Dachschräge eine Maßwerkgalerie mit Zwischentürmchen trägt, während in der Mitte ein Halbturm mit Renaissancehaube emporsteigt. Ein darübergestülpter barocker Aufsatz mit der Rathausglocke krönt den eindrucksvollen Bau. Ihm gegenüber hat sich eine Gruppe von bemerkenswerten alten Häusern erhalten. Stattliches *Kornhaus* mit Staffelgiebel (15. Jh.). Vorbei am Ratskeller mit schönem Portal, am *Spital* in seinem neugotischen Aufputz, an einem ehem. *Franziskanerkloster* (Dreiflügelanlage von 1655 und 1735) kommen wir zu einem ehem. *Stadttor* (Wurzacher Tor), das ein erkerbesetzter und mit einem spätgotischen Bogenfries verzierter Turm schützte. Auf der entgegengesetzten Seite führt ein Kreuzweg zur *Frauenkapelle* (1471 und 1621) empor, einem schlichten spätgotischen Bau, dessen Hochaltar (1624) von Hans Zürn und seinen Söhnen geschaffen wurde. Auf die für die deutsche Bildhauerkunst an der Wende von der Renaissance zum Barock wichtigen Zürn-Werkstatt in Waldsee gehen z.T. auch die Figuren des linken Nebenaltars zurück (der rechte gegen 1670). Von der Kapelle aus hat man einen schönen Blick auf die Stadt und besonders das Schloß und seinen Park hinab.

## 8. Munderkingen – Uttenweiler – Buchau – Steinhausen – Schussenried

Munderkingen Seite 424. – In der Pfarrkirche von EMERKINGEN stehende Madonna, um 1430, über einer frühgotischen, sitzenden Madonna in barockem Glasgehäuse. – Die Pfarrkirche von HAUSEN am Bussen besitzt mehrere spätgotische Holzbildwerke, darunter eine Muttergottes aus der Multscher-Werkstatt (Mitte 15. Jh.). – Die farbenfrohe, lichte Kirche von J. C. Bagnato in UNTERWACHINGEN hat eine schöne Rokokoausstattung. Stukkatur von F. Pozzi und Deckenmalerei von I. J. Wegscheider, 1756. Altarkruzifix von J. J. Christian. Pfarrhof mit Fachwerk 1689. – In der seit 1453 immer wieder erneuerten Kirche von UNTERSTADION mehrere Holzbildwerke aus der Zeit um 1500. In OBERSTADION zeugt ein von den Bäumen des Parks malerisch umrahmtes *Schloß*, 1756f. aus einer spätmittelalterlichen Anlage umgebaut, mit gewaltigem, geschützfestem Renaissanceturm (1535) und barockem Mansardendach von dem berühmten Geschlecht der Grafen v. Stadion. Ebenso die *Kirche*, eine barock veränderte spätgotische, netzgewölbte Anlage (1473), die ein wahres Museum oberschwäbischer Altarmalerei und -schnitzerei, ein Schatzkästlein spätgotischer Kirchenkunst genannt werden darf. Nach den Überresten zu schließen, die auf die Altäre des 19. Jh. verteilt sind, müssen mindestens fünf große Altarwerke die Kirche geschmückt haben, wobei besonders die Ulmer Maler Jörg Stocker d. Ä. und d. J. stark beteiligt waren (Hochaltar, Annenaltar, Georgsaltar). Aber auch an der sonstigen Ausstattung haben hervorragende Künstler mitgewirkt, so der jüngere Syrlin mit seinem diskret verzierten Chorgestühl (1486) und dem etwas derb ausgefallenen Stadionschen Grabstein (1489); H. Morinck mit einem Grabrelief. – Die Ausstattung der Pfarrkirche von GRUNDSHEIM stammt einheitlich aus deren Erbauungszeit 1720–1723. Hochaltarfiguren von J. B. Hobs. Spätgo-

tische Muttergottes (2. Hälfte 15. Jh.). – Im stattlichen UTTENWEILER eine im Chor und Unterteil der Türme spätgotische, 1710 im Vorarlberger Schema umgebaute und 1911 restaurierte *Kirche* mit hervorragender alter Stukkatur im Schiff und Schnitzereien an Kanzel, Chorstühlen und Seitenaltären um 1730. Der erhaltene Flügel des Augustinerklosters jetzt Pfarrhaus. Ehem. *Schloß* von 1617. Fachwerk an der Mühle und am Gasthaus Hirsch. – In der Kirche von RUPERTSHOFEN ein Vesperbild aus dem Anfang des 15. Jh. – Die Pfarrkirche in ATTENWEILER wurde 1725 neu errichtet. Im Hochaltar ein Gemälde von F. J. SPIEGLER (1735). Reiches Chorgestühl. Das Pfarrhaus von 1732 war ursprünglich Sommersitz der Schussenrieder Äbte. – In der schöngelegenen und gut ausgestatteten Kirche von SEEKIRCH hat der Maler M. KUEN gewirkt. Stuck von F. X. SCHMUZER, Deckenbild im Chor von F. SIGRIST. – In der Kapelle von ALLESHAUSEN stammen aus der Zeit um 1500 mehrere Holzbildwerke (Beweinung, Muttergottes mit Heiligen, Vesperbild). – In der Oswaldkapelle von TIEFENBACH eine sitzende Muttergottes aus dem Kreis um MULTSCHER (um 1440). Altarfiguren aus der CHRISTIAN-Werkstatt. – In OGGELSHAUSEN reichverzierter spätgotischer Kirchturm und ansehnlicher Pfarrhof von 1715.
BUCHAU liegt an dem schon in vorgeschichtlicher Zeit dichtumsiedelten Federsee, der freilich weit zurückgegangen ist. Die vorgeschichtlichen und naturkundlichen Funde sind im sehenswerten *Federseemuseum* dokumentiert, das auch als Bauwerk einen Besuch

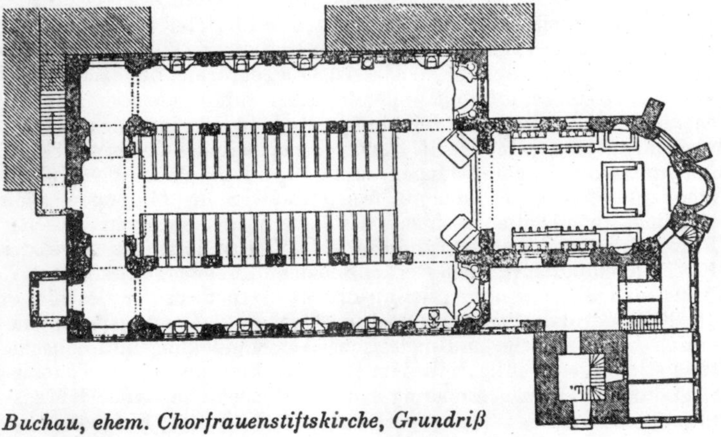

*Buchau, ehem. Chorfrauenstiftskirche, Grundriß*

lohnt: Es steht wie ein Pfahlbau im Wasser am Rande des Sees (Architekt M. Lehmbruck, 1967f.). Auf dem höchsten und sichersten Teil der Kern der Siedlung, das ehem. reichsfürstliche adelige *Damenstift*, wohl schon Anfang des 9. Jh. gegründet. Im äußeren Hof der Kavaliersbau von 1709, im inneren der Fürstenbau mit Risalit und stuckiertem Treppenhaus, 1744 von J. C. Bagnato, die anstoßenden Teile bis zum schnabelförmigen „Spitzbau" von M. d'Ixnard 1770–1774. Früheres Amtsgericht mit Staffelgiebel und Wappen von 1765. In baulichem Zusammenhang mit dem Stift steht die in ihrer älteren baulichen Substanz z. T. noch ungeklärte *Stiftskirche*, deren Westfront durch Einbeziehung in den Westflügel des Klosters architektonisch nicht weiterentwickelt ist. Moderne Eingangsvorhalle. Unter dem im unteren Teil seiner Kernsubstanz noch romanischen Chor (vgl. die auf seiner Nordseite freigelegten Architekturteile) eine dreischiffige Hallenkrypta. Zerstört die Gewölbedecke der Kreuzgratgewölbe auf Sichelgurten, von vier in den unteren Teilen erhaltenen Säulen getragen. Im östlichen Mittelschiffjoch ein Blockaltar mit Podest. Treppenzugänge von Süden und Norden. In der Mitte der Westwand eine Nische. Der Bau der Krypta wird anschließend an einen Brand 1032 datiert. Die heute stehende Kirche wurde von dem aus Nîmes stammenden, dann in Straßburg ansässigen Architekten Michel d'Ixnard entworfen und 1774–1776 ausgeführt. Der oben mit Blendnischen und Eselsrücken verzierte Turm wurde von einem gotischen Neubau beibehalten, desgleichen die im Grundbestand ältere Ostpartie und der polygonale, strebenbesetzte Chor. Das Schiff ist ein von hellstem Licht durchfluteter Hallenbau, mit einer Klarheit und Durchsichtigkeit der Raumform, die in Oberschwaben ihresgleichen sucht. Ein Klassizismus, der ganz unantikisch ist, vielmehr als Abschluß und Vollendung der vorausgehenden Bauentwicklung des Spätbarocks verstanden werden kann, in seinen Formen von einer gelösten Heiterkeit. Den Pfeilern, zwischen denen das Schiff umlaufend die Emporen hängen, sind korinthische Pilaster vorgelegt. Die hohen, breiten Fenster mit freien Maßwerknachbildungen sollen vielleicht auf die alte Geschichte des Stifts hinweisen, ein historischer Bezug, der in der Architektur dieser Zeit öfter zu finden ist und in der Kirche auch in dem großen Deckenbild des Maulpertsch-Schülers A. Brugger aus Langenargen sich ausdrückt (Szenen aus der Geschichte des Stifts, darüber Marienkrönung; im Chor: die 24 Ältesten der Apokalypse). Die plastische und malerische Ausschmückung und Einrichtung stimmt vortrefflich mit dem Baucharakter zusammen. Stuckierung durch J. Ruez. Ausmalung in den Nebenschiffen von J. G. Messmer. Besondere Beachtung verdient der Hochaltar, der von J. J.

Christian nach Entwurf d'Ixnards geschaffen wurde. Aus der Christian-Werkstatt u. a. auch das Chorgestühl, die Wanddenkmäler im Chor und die Reliefs an Kanzel, Emporenbrüstungen und -altären. Einige spätgotische Holzbildwerke ergänzen die Ausstattung. Gut in das Raumbild eingefügt die moderne Orgel auf der Westempore! Südlich der Kirche eine barocke Kreuzgruppe unter einem modernen Baldachin von O. H. Hajek (1958). Außerhalb des Stiftbereichs ehem. *Badgebäude* mit prächtiger Fachwerkfassade des 15. Jh. – Auf der Grenze von Buchau und Kappel die *Wuhrkapelle* mit barocken Dekkenbildern und einer interessanten Bauinschrift unter der Empore. – Die neuzeitliche *Pfarrkirche* von KAPPEL besitzt seitlich noch den alten romanischen Chor, in gotischer Zeit teilweise umgebaut (dreiseitiger Abschluß). Hier wurden wichtige romanische Wandmalereien freigelegt. Majestas Domini mit David und Engel, Apostel, Engel in gemalter Bogenstellung. Bei dem unverkennbaren Stilzusammenhang mit den Reichenauer Wandmalereien der Kirchen von Ober- und Niederzell sowie mit dem der gleichen Schule zugehörigen Zyklus von Burgfelden darf die Datierung um 1100 als wahrscheinlich gelten. Die jüngeren Wandbilder der östlichen Chorseite dürften noch aus der 2. Hälfte des 13. Jh. stammen.

Die Heiligkreuzkirche von ALLMANNSWEILER ist ein einfacher gotischer Bau mit Turm (1516/17) nördlich vom Chor. 1737 umgebaut. – In der Pfarrkirche von REICHENBACH aus dem 18. Jh. Altäre von J. Früholz, 1753. Vor dem Ort Wegkapelle mit spätgotischen Bildwerken. In der Marienkapelle von SATTENBEUREN eine schöne Schutzmantelmadonna aus dem Kreis von M. Erhart (um 1500).

STEINHAUSEN. In der 1728 begonnenen und 1733 geweihten *Pfarrkirche* St. Peter und Paul (eigentlich Wallfahrtskirche U. L. Frau) hat Dominikus Zimmermann ein glänzendes Denkmal seiner originellen Raumphantasie hinterlassen. Zwar knüpft er im Äußeren an die Tradition an und erweckt dadurch den Eindruck eines Längsbaus mit Querhaus und ausgefüllten Ecken; hinter dem giebelverzierten, westlichen Vorbau läßt er einen wohlgegliederten Turm aufsteigen und begnügt sich mit bescheidenem Schmuck. Aber es wäre ein Irrtum, wenn wir uns aus diesem äußeren Bild eine Vorstellung vom Innern machen wollten: Hier verfährt er mit vollkommener Souveränität und schafft durch Verschmelzung des querovalen Chorraums mit dem langovalen Langhaus einen durchaus einheitlichen Zentralbau. Über ihm schwebt, von einem Kranz bogenüberspannter Pfeiler getragen, eine Kuppel aus Stein. Die Dekoration stellt sich mit phantasievollen Umbildungen der üblichen Schmuckformen ganz in den Dienst der

Raumkunst. Wohlberechnet in ihren Krümmungen und Schwingungen und ihrem ganzen inneren Leben nimmt sie die Bewegung des Raums auf und leitet sie weiter nach oben. Beschreibt man den Bau zwar konstruktiv richtig als eine zum Oval geschlossene Halle, so trifft dies das Wesen des Raums nur zum Teil. In Wahrheit stehen wir hier in einer Mitte, die ringsum hinter Pfeilern von einer Raumschale umgriffen wird, nach oben aber, aufgebrochen, den Blick in die Landschaft des Freskos von J. B. Zimmermann öffnet. Dem Garten des Paradieses steht dort der „hortus conclusus", der verschlossene Garten mit dem Brunnen ewigen Lebens, gegenüber. Natur kündigt sich schon in der Architektur an: ein Vogelnest in einem der Fenster. Blumen und allerlei Getier an den überraschendsten Stellen. Ist Dominikus Zimmermann auch nicht der Erfinder des Raumtyps dieser Kirche, dessen Wurzeln bei Kaspar Moosbrugger und anderswo liegen, so hat er sie doch zur Vollkommenheit gestaltet, ja in Steinhausen vielleicht sein genialstes Werk überhaupt geschaffen, was Klarheit und Durchsichtigkeit der Form in ihrem Verhältnis

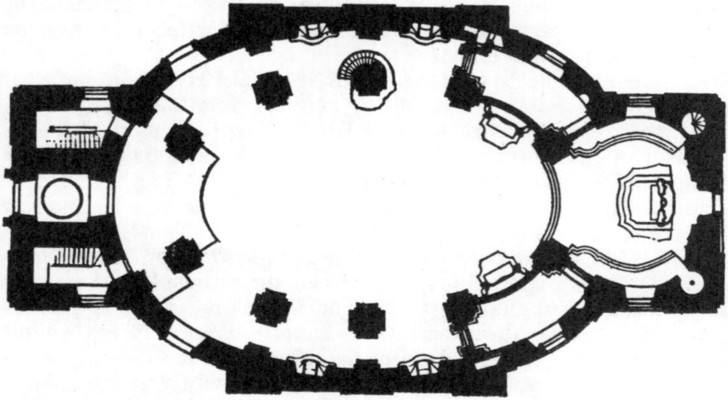

*Steinhausen, Wallfahrtskirche, Grundriß*

zum Aufwand betrifft. Selbstbewußt prangt sein riesiger Namenszug an der Empore. – Hochaltarblatt von Martin Kuen, Aufsatzblatt von F. X. Forchner, Altarfiguren von J. Früholz; das Gnadenbild (Pieta) um 1420. Bilder der Nebenaltäre von J. Esperlin. Kanzel und Beichtstühle von J.G.Prestel, 1732–1734. – Der Abt von Schussenried aber, Bauherr der Kirche, wurde wegen sechsfacher Überschreitung der Baukosten abgesetzt.

Unter den ehem. geistlichen Herrschaften steht Stift SCHUSSENRIED (Abb. 69) an erster Stelle. 1183 als Prämonstratenserkloster gegründet. Aus der Gründungszeit ist noch das dreischiffige basilikale Langhaus erhalten. Die Seitenmauern des Chorquadrats und, bis zur Firsthöhe des heutigen Kirchendachs, der nördlich an den Chor angeschlossene Turm von 1229. Vergrößernde Erneuerung des Chors 1493. Gewölbe des Mittelschiffs erneuert 1650. Stuckierung 1745/46 unter Leitung von JOHANNES ZICK aus München. Von diesem auch die Deckenmalereien des Mittelschiffs (Leben des hl. Norbert) und der Seitenschiffe (Leben des hl. Magnus); im Chor Werke von GABRIEL WEISS (Norbert erhält die Ordensregel). Orgelempore 1724/25. Orgel 1736 von JAKOB GABLER, die Bildhauerarbeit von J. G. PRESTEL. Hochaltar 1715 von J. TH. SICHELBEIN aus Wangen. Reich ausgestattetes, zweireihiges Chorgestühl, dessen Figurenüberfülle nach einem festen ikonographischen Programm geordnet ist, von G. A. MACHEIN (unten: die organische Welt mit Pflanzen und Tieren, weiter aufwärts: der Mensch und sein Tun; oben: die Erlösung und die Heiligen). Kanzel 1746. Hinweis verdienen schließlich drei plastische Bildwerke aus spätgotischer Zeit (eindrucksvolle Madonnenfigur; Christophorus, Marientod). Die Vorhalle der Kirche 1482, die Außenerscheinung durch Umbau von 1590. Wäre der Plan, den der Baumeister und Stukkateur DOMINIKUS ZIMMERMANN um 1720 für das Prämonstratenserstift im Moorland der Schussen entwarf, zur Ausführung gekommen, so wäre es eine der größten Klosteranlagen in Oberschwaben geworden: ein riesiges Viereck, durch vortretende Mittelbauten und Eckpavillons wohlgegliedert, das die Kirche in die Mitte genommen hätte (vgl. das Modell aus jener Zeit in der Bibliothek). Allein nur ein Drittel des Plans kam 1752–1770 unter der Leitung von JAKOB EMELE zur Ausführung. Hier bekommen wir aber einen der schönsten Räume der oberschwäbischen Barockkunst zu sehen: den prunkvollen *Bibliothekssaal* (Abb. 70), kein Aufenthalt zum düsteren, weltentrückten Sinnieren, sondern ein Raum voll heiterer, festlich glänzender Licht- und Farbenstimmung. Eine leicht geschwungene Galerie mit reizender Brüstung umzieht auf stuckmarmornen Doppelsäulen den Raum. Die Türen der Bücherschränke sind illusionistisch mit Buchrücken bemalt, auch die der Zugänge in den Raum. Sind diese geschlossen, befinden wir uns in einer in sich ruhenden Welt des Geistes, dessen Mitte in dem Deckenfresko (von F. G. HERMANN) durch das Lamm auf dem Buch als Symbol der göttlichen Weisheit sinnfällig gemacht ist. Zugleich ist es Zentrum eines umfangreichen humanistischen und theologischen Programms. Die Figuren vor den Säulenpaaren verkörpern z. B. die Kirchenlehrer im

Disput mit den Häresien, die als Puttengruppen mit jeweils typischen Kennzeichen dargestellt sind (1764 von F. Sporer). Der Stuck von J. J. Schwarzmann. – Den Zutritt zum Klosterbezirk vermittelt ein älterer Torturm. Im Ort ist das stattliche Schulhaus und die Apotheke mit ihren schön geschnitzten Fenstereinfassungen bemerkenswert.

## 9. Obermarchtal – Saulgau – Ostrach – Altshausen

Obermarchtal Seite 425. – In REUTLINGENDORF *Pfarrkirche* in verspäteter Gotik von 1603. Im Wald die vom 30jährigen Krieg bis ins 19. Jh. als Zuflucht benützten *Schwedenhöhlen.* – In der Pfarrkirche von DIETELHOFEN zwei Holzbildwerke aus der Werkstatt des Meisters des Ackeraltars. Ein hl. Joseph wird dem jüngeren J. Christian zugeschrieben. – Mehrere spätgotische Holzbildwerke in der Pfarrkirche von UIGENDORF: Vesperbild um 1420–1430, hl. Ulrich vom Meister des Ackeraltars (um 1485), hl. Sebastian und hl. Martin. – In DIETERSHAUSEN reizvolle Rokokokapelle, 1754 von F. Pozzi und Wegscheider stuckiert und ausgemalt. – In UNLINGEN Pfarrkirche mit schönem Hochaltar von J. J. Christian, 1772, Chorgestühl mit Reliefs der Verkündigung und Mariä Begegnung von F. J. Christian, um 1780. Stattlicher Pfarrhof und ehem. Frauenkloster mit gut ausgestatteter Kapelle. 1729 vollendet. – In einheitlichem Rokoko die Kirche zu GÖFFINGEN, 1763 von F.M. Kuen ausgemalt. – Ein Mittelpunkt der Herrschgewalt war seit vorgeschichtlicher (keltischer) Zeit einst der in kegelförmiger Gestalt über die Ebene aufsteigende BUSSEN. Er trug drei Burgen, von denen die eine der vorderen früh zerfiel, die hintere (Hauptburg) 1634 völlig ausbrannte. Ihr viereckiger Turm spielt im Landschaftsbild fast eine ähnliche Rolle wie die Waldburg im südlichen Oberschwaben. Die 1516 erbaute (Chor und Turm), 1960f. im Langhaus neugebaute und im übrigen ganz neugestaltete *Wallfahrtskirche* birgt die Kopie (um 1580) eines spätgotischen Vesperbildes und die Marmorstatue des segnenden Christus von J. Kopf. – Die Kirche in HAILTINGEN geht auf die Spätgotik zurück, wurde aber 1758 barockisiert. Unter der sonst weitgehend nachmittelalterlichen Ausstattung bemerkenswert ein Vesperbild aus der Zeit um 1500. – In HEUDORF ein einfaches Schloß von 1536. – In der Kirche von DÜRMENTINGEN ein Siebenzufluchtsbild von F. J. Spiegler, 1720. *Loretokapelle* mit hl. Petrus und Johannes d.T. (um 1500); ein Epitaph vermutlich von J. Christian. – In der Pfarrkirche von KANZACH ein Altarblatt von F. J. Spiegler (Antonius v. Padua), 1749. Kreuzgruppe aus der Christian-Werkstatt. Muttergottesfigur im Hochaltar aus dem 15. Jh. (überarbeitet). – Die Pfarrkirche in UNTEREGGATSWEILER wurde 1725 von M. MOHR errichtet. Deckenbilder von G. A. MACHEIN. Ein hl. Wendelin wird der CHRISTIAN-Werkstatt zugeschrieben. – Die im 18. Jh. umgebaute spätgotische Kirche von BRAUNENWEILER erhielt Deckenbilder von J. G. MESSMER, 1772.

Die Stadt SAULGAU – schon vor 1239 Stadt, seit 1299 habsburgisch – besitzt nur wenig bauliche Eigenart und kann auch nicht mit besonderen Reizen aufwarten, bis auf eine malerische Partie an der ehem. Stadtmauer. Dafür mag uns einigermaßen die *Pfarrkirche* St. Johannes d. T. entschädigen, die uns ein gutes Beispiel der in Oberschwaben häufig vertretenen hochgotischen Basilika gibt. Während sonst, z. B. im Unterland am Neckar, der aus konstruktiven Bestrebungen hervorgegangene gotische Stil folgerichtig mit gewölbten Räumen einsetzt, blieb man hierzulande, wo der richtige Anstoß dazu offenbar fehlte, bei der flachgedeckten Basilika und übernahm somit die gotischen Elemente mehr als Zierformen. Der Grundriß ist einfach: eine querschifflose Basilika, deren Seitenschiffe flach, deren Chor in fünf Seiten des Achtecks schließt; nördlich am Chor (1402 geweiht) der aus einem älteren Bauzusammenhang übernommene, ursprünglich freistehende romanische „Wendelstein", ein alter Hochwachtturm. Seine schlanke Gestalt endet in einem giebelgeschmückten, achteckigen Helm. Mit besonderer Liebe ist die kreuzgewölbte Vorhalle (um 1420) behandelt, die sich in hochgesprengten Spitzbogen öffnet (oben jüngere Altane). Sie verleiht dem Platz vor der Kirche eine bevorzugte Stellung in dem sonst etwas eintönigen Stadtbild. Von der *Ausstattung* eine spätgotische Madonna, ein teilvergoldetes Prozessionskreuz (Anfang 14. Jh.) und Turmmonstranz um 1520 bemerkenswert; Chorfenster 1957. In der Nähe des Bahnhofs steht die *Kreuzkapelle*, ursprünglich spätgotisch, ehem. „Weiße Kapelle zum Schindelbild". An das große romanische Holzkruzifix (wohl Anfang 13. Jh.; ähnliche in Sießen und Wolfartsweiler) knüpft sich die Legende von der wunderbaren Errettung der Stadt vor den Schweden, die in der Kapelle bildlich dargestellt ist. Baulich bemerkenswerter ist die *Frauenkapelle* auf dem Friedhof mit reicher Barockstukkatur (1741 f.). Die *Spitalkirche* (1664 und 1763) in der Hauptstraße; das angebaute *Spital* ursprünglich ein Franziskanerkloster (1665, Klausur erhalten). In der Pfarrgasse das *Buchauer Amtshaus*, ein spätgotisches Steinhaus mit Erdgeschoßlaube.

Die Pfarrkirche in HOCHBERG entstand 1719 f. unter Verwendung älterer Bauteile (Turm). Einheitliche Ausstattung aus der Erbauungszeit. Das Hochaltarblatt von J. A. MESSMER, 1824. – In SCHWARZ-

ACH liegt die baugeschichtlich interessante *Kapelle* der hll. Meinrad und Blasius; sie setzt sich aus einem Chor in Form eines Dreiviertelkreises und einem nach Westen nachträglich angebauten rechteckigen Kirchenschiff zusammen. Der Rundchor kann nach seiner für einen Turmunterbau zu geringen Mauerstärke kaum etwas anderes als die romanische Kapelle einer abgegangenen Burg gewesen sein. Der jüngere Kirchenanbau gotisch. Barocke Veränderung und Sakristeianbau. Ausstattung spätgotisch und 18. Jh. – In der 1763 und 1922 umgebauten Pfarrkirche von MIETERKINGEN eine eindrucksvolle Beweinungsgruppe (Anfang 16. Jh.), Immakulata 1741 von F. Hegenauer. – Wichtig in FULGENSTADT ein Kruzifix aus der 1. Hälfte des 13. Jh. Mehrere Holzbildwerke aus dem frühen 16. Jh. – In der Kapelle zu HOHENTENGEN ein Vesperbild (gegen Mitte des 14. Jh.). – Die *Pfarrkirche* von FRIEDBERG, 1731–1733 von J. C. Bagnato erbaut, anscheinend unter Benutzung von Bauteilen einer gotischen Vorgängerin. – In WOLFARTSWEILER ein Kruzifix aus der 1. Hälfte des 13. Jh. – Ein schöner Fußweg, teilweise von hohen Bäumen gesäumt, führt von Saulgau zu dem 1259 an seinen heutigen Ort verlegten Dominikanerinnenkloster SIESSEN, das 1803 aufgehoben, heute von Franziskanerinnen bewohnt ist. Hinter alten Bäumen ragt die hochgelegene Vierflügelanlage des *Klosters* mit seinen Eckpavillons auf (1716–1722 von Franz Beer und Chr. Thumb). Der Ostseite unmittelbar in der Mitte vorgelegt die *Kirche* des großen Dominikus Zimmermann, 1726–1733 entstanden, ein viel zuwenig bekannter Bau, jedoch nicht weniger bedeutsam als die häufiger besuchten Werke des Meisters. – Einschiffig, mit nur wenig ausladendem Querhaus und etwas eingezogenem, halbrundgeschlossenem Chor, von flachen Kuppeln zwischen Gurten überspannt, in denen Stukkatur und Malerei sich zu vorzüglicher Wirkung vereinigen; hierin wie in den bizarren, in Voluten gerahmten, dreiteiligen Oberlichtern kann man eine Vordeutung auf die originelle Steinhauser Wallfahrtskirche finden. Typisch für D. Zimmermann die Vereinheitlichung des Gesamtraums durch das nur geringe Absetzen der Raumteile gegeneinander und die Auflösung der Wand in eine Art „Raumschale", gebildet zwischen der eigentlichen Architektur und der kaum betonten Wandfläche. Die Pilaster an den Pfeilern mit reichen Kapitellen; auch die Schnitzereiwerke der Ausstattung in Kirche und Oratorium (Chorgestühl) harmonieren mit dem Stimmungscharakter des Ganzen. Leider wurde der für das Raumbild wichtige Hochaltar im 19. Jh. entfernt. Stuck von Kaspar Zimmermann; Deckenbilder von J. B. Zimmermann. – In BACHHAUPTEN eine reizvolle, auf beherrschender Anhöhe stehende *Kirche* des Frührokoko (1727) von

J. G. WIEDEMANN, mit Stuckdecke, Kanzel aus Stuckmarmor (geschnitzter Treppenaufgang), Rokokogestühl. Die Altäre von J. A. FEICHTMAYR, Altarblätter von F. J. SPIEGLER. Stattlicher *Pfleghof* des Klosters Salem, mit Stuckdecken in Gängen und Zimmern; Hofportal in Renaissance. – Die stattliche Kirche von OSTRACH, 1704–1706 erbaut von M. WIEDEMANN aus Elchingen, ist bis auf den Chor 1887 umgebaut worden. Der Turm (1569) hat Staffelgiebel. Das ehem. *Gefängnis* ein Bau des frühen 19. Jh. – Mehrere Holzbildwerke noch aus gotischer Zeit in der Marienkapelle von LAUBBACH (hl. Bischof gegen 1400; Christus, Muttergottes, Johannes und Nikolaus um 1500). – Ein neueres *Schloß* erstellte 1765–1768 MICHEL D'IXNARD im Dorf KÖNIGSEGGWALD in den vornehmen Formen des frühen Klassizismus. Schlichter dreigeschossiger Bau mit Balustrade, dessen Fronten eine Altane auf Doppelsäulen vorgelegt ist; vorzügliches Treppenhaus. Beamtenhäuser und Kanzleigebäude. Südlich der Kirche ein ehem. Franziskanerinnenkloster. Die *Pfarrkirche* St. Georg ist eine Stiftung des Konstanzer Domherren Johann von Königsegg von 1486–1490, der in seiner Heimat offenbar nach dem Vorbild der damals im Werk befindlichen spätgotischen Umgestaltung des Konstanzer Doms eine reichere Anlage entstehen ließ. Neuerdings freigelegte Fensterchen auf der Südseite und Reste des älteren Triumphbogens zeigen, daß weitgehend Bauteile einer romanischen Anlage übernommen wurden. Im dreischiffigen Langhaus, einer Staffelhalle, tragen je sechs Rundsäulen mit reizvoller Durchdringung am Kapitell die Arkaden, über denen sich drei Sterngewölbe mit teilweise figürlichen Konsolen spannen, desgleichen über dem Chor. (Grundriß mit Rücksicht auf älteren Turm verzogen.) Die gewölbte Empore hat eine Maßwerkbrüstung. Die *Ausstattung* verdient eingehendere Betrachtung: Fresko 1. Hälfte 14. Jh. (Kreuzigung), reiches Wandtabernakel, spätgotisches Taufbecken, schönes Epitaph an der Chorwand mit lebensvollem Relief, Reste eines Flügelaltars (St. Georg und Marienkrönung). – Eine ganze Reihe von mittelalterlichen Holzbildwerken können wir in der Pfarrkirche von RIEDHAUSEN finden (Petrus und Paulus, hl. Heinrich und Muttergottes noch aus dem 14. Jh.). – Die Burg KÖNIGSEGG ist der Stammsitz des gleichnamigen Geschlechts. Von der hochmittelalterlichen Anlage hat sich nichts mehr erhalten. In einer nachmittelalterlichen Kapelle Muttergottes aus dem späten 14. Jh. – Die Kirche in HOSSKIRCH besitzt noch einen sternrippengewölbten Chor aus der Spätgotik. Kreuzgruppe aus dem frühen 17. Jh.

Seit Mitte des 13. Jh. setzte sich im Saulgauer Gebiet der Deutsche Orden fest. 1268 wurde die von Heinrich v. Beienburg gestiftete

Deutschordenskommende nach ALTSHAUSEN verlegt (jetzt Sitz des Herzogs von Württemberg). Den Kern der ursprünglichen Anlage bildete eine Burg mit der *Kirche St. Michael*, 1413 als Pfeilerbasilika (Turm vom älteren Bau) neu erbaut, aber um 1748–1753 umgestaltet von J. C. BAGNATO und mit derben Stukkaturen und Malereien von J. APPIANI verziert (1770). Gruftkapelle der Komture. Hochaltar, Stuckmarmor mit Kreuzgruppe, Holz, von J. J. CHRISTIAN aus Riedlingen. Altarbild: Sturz des Luzifer. Zwei Nebenaltäre von 1630. Der von der mittelalterlichen Burg herrührende *Alte Bau* direkt neben dem Chor der Kirche wurde 1544 durch einen neuen Flügel, dem sog. *Kapuzinerbau*, erweitert; südlich von diesem im 17. Jh. der *Neue Bau*. Die Anlage ist für den Landkomtur der Ballei Elsaß und Burgund, einen der höchsten Würdenträger des Ritterordens, durch JOHANN CASPAR BAGNATO ab 1729 zu einem umfangreichen Schloßkomplex vergrößert worden, der jedoch nur bruchstückweise zur Ausführung kam. Marstall 1729/30, Torbau 1731/32, Reitschule, Theater 1733. Langgestreckte, nach Westen geöffnete, hufeisenförmige Dreiflügelanlage; von dieser, nach Nordwest abgesetzt, die *Reitschule*. Der erhaltene Plan zeigt eine großartige, symmetrisch gedachte Anlage. Der eindrucksvollste Teil ist jetzt das Torgebäude, das mit seinen geschweiften Giebeln und seinen Türmchen eine charakteristische Silhouette bietet. Hohe Giebelportale führen von außen wie vom Hof in die gewölbte, mit Stukkatur und Malerei verzierte Durchfahrt; rechts und links vom Torgebäude schräge Einfahrten in die vorderen Nebenhöfe. Tritt man ein, so liegt rechts der Reitstall, dessen Schmalseiten sich mit ihren Pilastern eigentümlich ausnehmen. Erfreulicher ist die gutgegliederte Reitschule. Die Wohnbauten liegen zur Linken; vorn das alte Schloß, ein hoher Kasten, durch einen Arkadengang mit dem neuen Südbau BAGNATOS verbunden. Dieser ein dreigeschossiges, langgestrecktes Palais, von dessen Enden kleinere Flügel ausgehen. An seiner (unzugänglichen) Ausstattung müssen tüchtige Kräfte beteiligt gewesen sein: Die in gemäßigtem Rokoko gehaltene Stukkatur weist auf feine Hände und hohen Geschmack hin, so im Treppenhaus mit seinen schönen Laternen und Plafondmalereien. Der erste Stock enthält die hohen, schloßartigen, spiegelverzierten Wohn- und Repräsentationsräume des Landkomturs mit bemerkenswerten Öfen und Kaminen; im oberen Geschoß die einfacheren Gelasse für die Ordensritter, bestehend aus je einem Wohnzimmer mit Alkoven, Garderobe und Dienerzimmer; kulturgeschichtlich von Bedeutung sind die gemalten Supraporten mit Darstellungen aus dem Kinderleben. Hinter dem Schloß zieht sich der Hirschgraben und ein Garten hin. *Orangeriegebäude* 1770 nach Entwürfen von J. C. BAGNATO. Vor dem Tor stehen die ansehnlichen Beamtenhäuser. Von außen betrachtet, nimmt sich der Schloßkomplex wie eine stattliche Residenz aus, während ein Blick in den Hof die Zusammenhanglosigkeit eines gescheiterten Projekts offenbart. Am Ortsrand verschiedene Kapellen: *Salvatorkapelle* von 1511, barock verändert; *Marienkapelle*, um 1400, im 17 Jh. verändert. *Kreuzkapelle*, 1660. Mitte 18. Jh. neue Ausstattung. Ein weitläufiger See vervollständigt das Ortsbild.

## 10. Waldsee – Wolfegg – Waldburg – Wangen – Langenargen

Waldsee Seite 454. – Die Kapelle in OSTERHOFEN wurde 1762 von E. Gabriel ausgemalt. – In HAISTERKIRCH wurde 1699f. eine romanische Basilika zu einer einschiffigen Anlage umgebaut. Erhalten noch ein Stufenportal aus der Zeit um 1200. – Hl. Sylvester um 1500. Die übrige Ausstattung aus der Neubauzeit. – Weithin sichtbar ist auf hoher Anhöhe über dem Dorf die *Klosterkirche* zu REUTE gelegen. Ein Bau von 1624–1629 mit basilikaler Überhöhung des Mittelschiffs, der noch seinen ursprünglichen Turm von einem bereits für das 13. Jh. nachgewiesenen Vorgänger beibehalten hat. Im Schiff und Chor Rokokofresken von E. Gabriel, 1766. Daneben das stark erneuerte Franziskanerinnenkloster, ein einfacher Barockbau. – Gotische Türme sind im Oberland nichts Seltenes, wohl aber ein so vollständig erhaltener romanischer Bau wie das Kirchlein in GAISBEUREN aus dem 12. Jh. Kein Monumentalbau, sondern ein dörfliches Kirchenbild von starkem Eindruck: Der niedrige, massige Turm aus unregelmäßigem, dickem Gemäuer, hinten mit dem Chor in eine Wand zusammenverwachsen, davor der grasbewachsene alte Kirchhof und die schattenspendenden Baumgruppen. Der in einem Mißverhältnis zu der kleinen Kapelle stehende mächtige Turm scheint Wehrturm einer Burg gewesen (Ortsadel 1291–1349 gen.) und die romanische Kapelle nachträglich an diesen angebaut zu sein. – Die Kapelle in GWIGG von 1718 enthält zwei Holzbildwerke aus der Werkstatt der Zürn (um 1620–1630). – Gleicher Herkunft ist eine Marienkrönung in der Kapelle von ABETSWEILER, die auch einige einfache Holzbildwerke aus dem 16. Jh. enthält. – In BERGATREUTE die *Wallfahrtskirche* St. Philippus und Jakobus, geweiht 1697; Chor erneuert. Einschiffiges Langhaus mit rechteckigem, in den Chor verschachteltem Querschiff. Reicher Hochaltar, 1730; Kanzel von Fr. Schmuzer 1718, stammt aus Weingarten!

Schon in der Beschreibung der Stadt Waldsee, die ehem. zum vorderösterreichischen Gebiet gehörte, begegnen uns die Truchsessen von

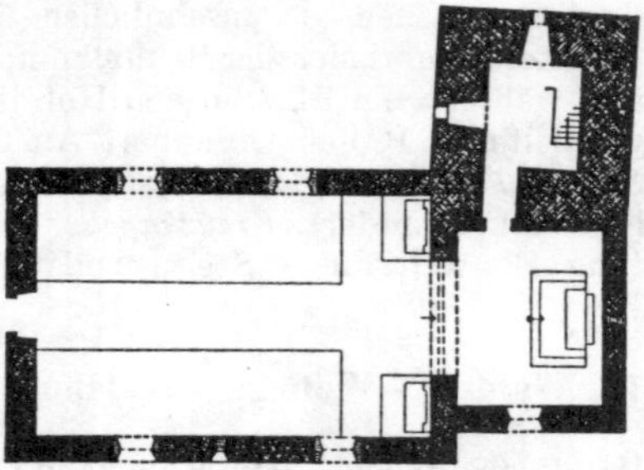

*Gaisbeuren, Kapelle St. Leonhard, Grundriß*

Waldburg auf Schritt und Tritt, neben Österreich einst die bedeutendste Herrschaft im Bezirk. Allein ihr Stammsitz Schloß WOLFEGG bietet Sehenswertes genug, das einen Besuch lohnt. Eine älteste Burg lag wohl vorn auf der Spitze des Bergsporns. Neubau nach Brand 1578; 1580 vollendet und nach einem weiteren großen Brand 1646 wieder instandgesetzt: ein vierflügeliger, rechteckiger Bau von regelmäßiger Anlage mit wenig überhöhten, gedrungenen Quadrattürmen an den Ecken. Er ist für die Entwicklung des Schloßbaus in Deutschland eine höchst bemerkenswerte Anlage, deren Vorbild in Südwestdeutschland im badischen Meßkirch steht und dessen direkte Wurzeln z.T. in Frankreich und im spanischen Escorial liegen mögen, wenn auch der Typ als Mehrflügelanlage mit Ecktürmen durchaus schon in der vorausgehenden deutschen Renaissancebaukunst vorbereitet worden ist (Schorndorf). Im zweiten Obergeschoß der Rittersaal mit Deckenmalerei und holzgeschnitzten Ahnenbildern (Figuren von 22 Truchsessen) aus der Mitte des 18. Jh.; schmiedeeisernes Gitter 1692. Vorburg mit Wehrgang auf der nordöstlichen Umfassungsmauer, Marstall, Wirtschaftsgebäude usw. Um das Schloß herum die Beamtenhäuser. Das Ganze ein malerisches Bild. An der Schloßauffahrt eine Mariensäule von J. G. Fischer und A. Barbacou, 1719. Die Kunstsammlungen im Schloß enthalten das berühmte „Hausbuch". Die ehem. *Stiftskirche* wurde als Nachfolgerin einer um oder bald nach 1500 gegründeten Klosterkirche von Johann Georg Fischer aus Füssen 1733–1742 erbaut (gut restauriert). Einschiffiges Langhaus, seitlich begleitet von einer flachen Raumschale zwischen den ganz von Durchgängen aufgelösten Wandpfeilern, nach dem Chor durch einspringende Pfeiler mit schräggestellten Ovalnischen abgeteilt. Es folgen ein kuppelgedeckter Quadratraum und eine halbkreisförmige Altarapsis mit einem auf deren verstärktem Scheitel aufgesetzten

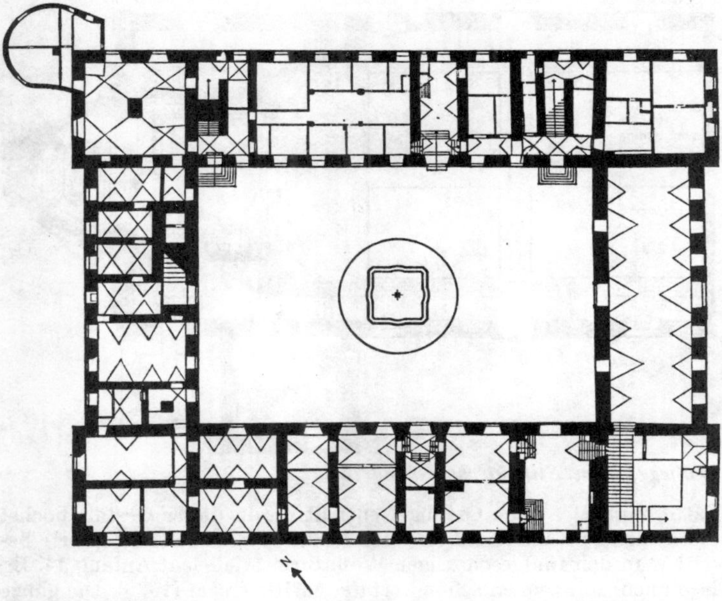

*Wolfegg, Schloß, Grundriß*

Turm. Zweigeschossige Südsakristei. Der Innenraum stuckiert von JOHANN SCHÜTZ. Deckenfresken von F. J. SPIEGLER (1735). Hochaltar (1736) mit Altarbild von dem Flamen CASPAR DE CRAYER, 1660. Am Choreingang Nebenaltäre von M. BERTELE aus Sontheim. Das Bild des nördlichen Altars von F. G. HERMANN, 1737. Chorgestühl von M. BERTELE, 1755.

Unter den weiteren Burgen des Gebiets ist um ihrer wunderbaren aussichtsreichen Lage wie ihrer denkwürdigen historischen Erinnerungen und ihrer trefflichen Erhaltung willen die WALDBURG an erster Stelle zu nennen, die Stammburg des gleichnamigen Truchsessen- und späteren Reichsfürstengeschlechts. 1221–1240 Aufbewahrungsort der Reichskleinodien. Selten wird man eine gotische Burg so intakt vorfinden: Auf steilem, kegelförmigem Hügel, dem höchsten Punkt Oberschwabens, erhebt sich der einfache donjonartige Bau, noch ganz von der Ringmauer umschlossen. Der winklige Burghof gibt uns einen Eindruck von den beengten Raumverhältnissen einer bescheideneren

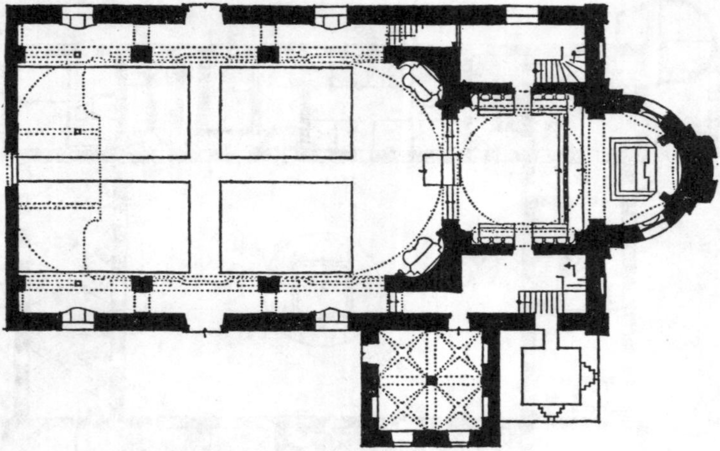

*Wolfegg, ehem. Stiftskirche, Grundriß*

Ritterburg. Der hohe Ostflügel enthält die in dieser Gestalt höchst merkwürdige Kapelle mit Empore. Durch eine Renaissancepforte betritt man den fünfgeschossigen Wohnturm (vielleicht Anfang 14. Jh. begonnen) mit seinem schön vertäfelten Rittersaal (1568). Die ganze Burg ist reich mit alten Einrichtungsgegenständen ausgestattet; von ihrer Altane aus aber überblickt man das oberschwäbische Land vom Abhang der Alb bis hinüber zu den Alpen. – Im Dorf WALDBURG eine Pfarrkirche, in der Anlage auf das 14. Jh. zurückgehend, mit Salvatorgruppe (14. Jh.) und Vesperbild (Ende 15. Jh.). Fachwerkhäuser aus dem 17. und 18. Jh.

Die *Pfarrkirche* von AMTZELL läßt deutlich drei Perioden unterscheiden. Der viereckige Turm mit seinen romanischen Schallfenstern entstammt dem 13. Jh. (ebenso der Taufstein mit seinem sonderbaren baumartigen Blattornament). Das spätgotische Schiff erinnert stark an die Pfarrkirche in Wangen, den Chor hat die Barockzeit zugefügt, die auch das Schiff umgestaltete (Baumeister wohl J. G. Specht). Aus dem 16. Jh. bemerkenswerte Bildwerke aus Holz, Stein und Terrakotta, so das wappenverzierte Grabmal von 1588. Etwas abseits steht das ehem. *Amtsschloß* mit Rundtürmen, ursprünglich in den behaglichen Proportionen der deutschen Renaissance, in der Rokokozeit 1752 mit französischem Dach versehen. – Idyllisch auch die Lage der *Wallfahrtskirche* von PFÄRRICH, die – im Wald versteckt – dem

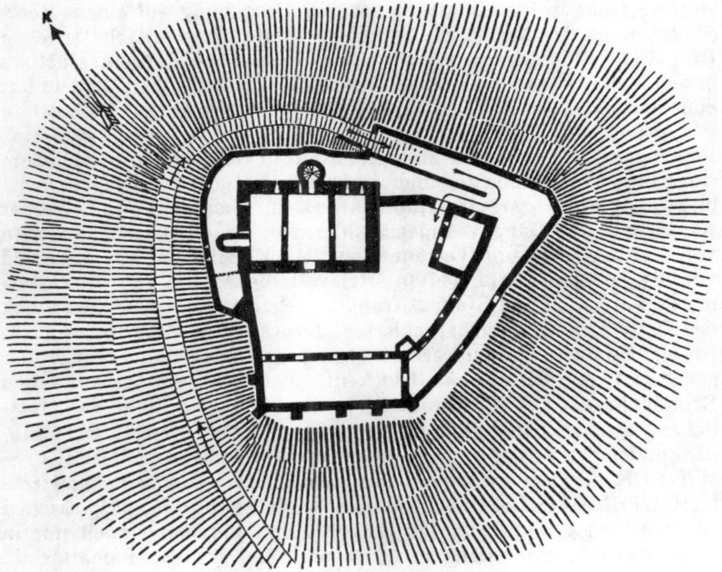

*Waldburg, Schloß, Grundriß*

Wanderer auf der Landstraße nach Amtzell nur ihren Turmhelm zeigt und wie eine Waldklause auf einsamer Höhe liegt. Der Chor mit trefflichem Barockblumengitter und Hochaltar von 1716 ist spätgotisch; das stattliche, weitgewölbte Schiff von 1686 hat in den durchbrochenen Wandpfeilern Laufgänge. Unterhalb der Kirche ein ansehnliches Gasthaus mit den üblichen ziegelgedeckten Simsverdachungen. – Wangen Seite 446. – Aus gotischer Zeit stammt die Pfarrkirche von NIEDERWANGEN, die jedoch später verändert wurde, aber auf ihren Altären spätgotische Bildwerke besitzt. – Die Pfarrkirche in HASLACH wurde 1607 errichtet, im 18. Jh. erneuert (Stuck 1882!). Ausstattung von 1723f. – Von der NEURAVENSBURG, die nach der Zerstörung im Bauernkrieg wiederhergestellt wurde, steht wenigstens noch ein romanischer Bergfried. – Die Kirche von ESSERATSWEILER ist ein schöner Barockbau von 1724; die Ausstattung aus der gleichen Zeit. Die Kirchtürme an beiden Orten z. T. noch spätgotisch. – ACHBERG bei Lindau besteht aus dem Schloß Achberg, einer ehem. Deutschordenskommende, mit zwei Pfarreien. ***Schloß***

*Achberg* steht in landschaftlich schöner Umgebung auf einem Bergrücken über der Argen. Es wurde an Stelle einer mittelalterlichen Burg 1693–1700 erbaut; massiv, aber in einfachen Formen, stattlich in den Maßen. Das vierstöckige Hauptgebäude mit hohen Giebeln hat zum Schmuck nur ein Portal mit Säulen, gebrochenem Giebel und Wappenaufsatz. Durch die ganze Länge des Erdgeschosses geht eine tonnengewölbte Halle, an die sich gewölbte Nutzräume anschließen. Gang und Wohnräume des Oberstocks haben stuckierte Decken, meist in sog. Quadraturarbeit (Rahmenwerk in Nachahmung hölzerner Kassetten). Im Gang Wappenschilder von Ordensrittern, umgeben von Laubkränzen und Ornamenten. Die Kapelle hat ein Altarbild von PH. A. ZEHENDER (1700). Reizvoll die Ausmalung der Altarnische mit Vasen und Blumensträußen (gegen 1800). Im dritten Stock der Rittersaal mit reichstuckierter Barockdecke, Akanthusranken, Emblemen und Figuren. Vermutlich haben Wessobrunner Gipser hier gearbeitet. Am Hoftor ein Glockentürmchen aufgesetzt auf einen Brunnenkranz. Der Kameralhof vor dem Schloß besteht aus stattlichen Fachwerkbauten mit massiven Staffelgiebeln (1693). Die Grabdenkmäler der Schloßherren stehen in der Kirche von SIBERATSWEILER, die dem Anfang des 18. Jh. angehört. – Die *Dionysiuskirche* in HILTENSWEILER darf um ihres schön gewölbten spätgotischen Chors willen genannt werden (1516), zumal sie, wenn auch nur in Bruchstücken, eine spätgotische Kanzel, ein großes Hochaltarbild (Grablegung Christi) von CAMILLO PROCACCINI (Anfang 17. Jh.) und eine schöne Muttergottesfigur (2. Hälfte 18. Jh.) enthält. Gedeckte *Holzbrücke* über die Argen aus dem 18. Jh. Im romantischen Argental GIESSEN mit seiner *Holzbrücke* (1822–1824) und der heute in der Hauptsache aus einem Bau des 15. Jh. bestehenden ehem. *Wasserburg* von unregelmäßig sechseckigem Grundriß mit sechs nach innen offenen Rundtürmen an den Ecken. An der Ostseite Torturm mit Pechnase über dem Tor und Schlüsselscharten für Feuerwaffen. Im südwestlichen Teil des Berings der einfache Bergfried und der jüngere Wohnbau von 1482f. mit Staffelgiebel. – Die Eligiuskapelle in KRESSBRONN entstand 1748–1752. Hochaltar um 1750. – In der Kapelle von TUNAU (1659) ein romanisches Vortragekreuz, nächstverwandt den aus der gleichen Werkstatt stammenden, in den Schatzkammern der Reichenauer und Zwiefaltener Münster befindlichen (2. Viertel 12. Jh.). – Neben Tettnang war auch LANGENARGEN ein Hauptsitz der Grafen v. Montfort. Auf einer weit in den See vorspringenden Landzunge hatten sie sich eine Burg erbaut, an deren Stelle 1858 durch König Wilhelm ein maurisches, von PFEILSTICKER aus Ravensburg erstelltes *Schloß* trat. Fährt man vom Schweizer Ufer zu Schiff herüber auf Langenargen zu, so bietet sich ein Bild, das im Schein der Abendsonne bisweilen wie eine Erscheinung aus südlichen Landen anmutet. Mag das maurische Schloß die Illusion hervorrufen, so wird sie doch durch die gesamte Lage des Orts wie durch die hinter Bäumen versteckte *Pfarrkirche* St. Martin (1718–1722) begünstigt. Sie bildet mit dem angebauten *Spital* eine architektonische Einheit. Der hohe Turm, der zusammen mit einem nicht weiter ausgeführten eine prächtige Fassade ergeben hätte, überragt die Bäume und schaut weit auf den See hinaus. Im Innern ein bewegt aufgebauter Hochaltar. Altarbild (Kreuzabnahme) v. F. A. Bronnenmayer (1723). Unter den Ausstattungsstücken ziehen der eisenbeschlagene und -verzierte Opferstock und das schön verschlungene Barockgitter der Marienkapelle aus der Erbauungszeit die Blicke auf sich. Das wichtigste Werk aber ist ein Altarblatt in dieser Kapelle (Schutzengelbild), das der hier geborene, später in Wien zu hohem Ansehen gelangte Maler Franz Anton Maulpertsch in seiner Spätzeit geschaffen hat (letztes Viertel 18. Jh.). Der Chor der ersten, spätgotischen Pfarrkirche ist jetzt *Friedhofskapelle* (Wandtabernakel 1442). Ehem. *Amtshaus*.

## 11. Schussenried – Aulendorf – Ravensburg – Tettnang

Schussenried Seite 461. – Die Gegend um Schussenried barg, wie die benachbarte Saulgauer, bis in neuere Zeit manche vorzügliche Beispiele für den Bauernhaustyp des sog. oberschwäbischen Einhauses; konstruktiv interessant wegen der die gesamte Haushöhe durchlaufenden mächtigen Firstsäulen und der Bohlenausfachung der Wände. Das einzige noch wirklich sehenswerte Beispiel (allerdings ohne Firstsäulen) steht heute bei KÜRNBACH und wurde um 1664/65 errichtet (erneuert). – OTTERSWANG besitzt eine *Pfarrkirche*, die als einheitlich durchgeführtes Werk von 1777 (wahrscheinlich von Jak. Emele) mit ihrem hohen, schön umrissenen Turm schon von fern einen lohnenden Besuch verheißt. Was in Steinhausen Aufgabe einer Raumfolie war, ist hier wieder ganz von der Wand übernommen, die, bewegt und ausgebuchtet, durch große Fenster geöffnet, dennoch keine feste Raumgrenze bildet. Reich ausgemalt durch Meinrad von Au und stuckiert von F. X. Gull (1778/79). Reizvoll daneben das Pfarrhaus von 1719 mit großem Volutengiebel. – Neben den Waldburgern spielten die Grafen von Königsegg eine Rolle in diesen Gegenden. Ihr Schloß in AULENDORF gibt Anlaß zu einem interessanten Vergleich zwischen dem

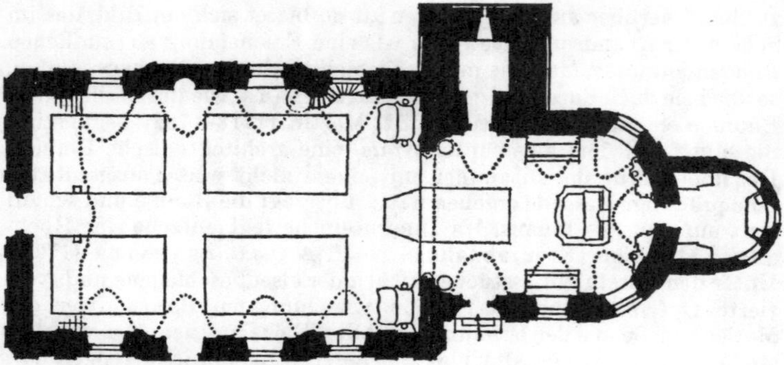

*Otterswang, Kirche, Grundriß*

älteren Teil, der noch stark an die feste Burg erinnernden Baugruppe, die mit Doppelgiebel und Treppenturm von ihrer Höhe ins Schussental herabblickt, und dem vornehmen wohnlichen neuen Flügel in klassizistischem Geschmack. Die ältere Baugruppe zerfällt baugeschichtlich in zwei Abschnitte, einen östlichen sechseckigen Bau mit romanischen, z.T. bis zu 3 m starken Mauern, und eine jüngere westliche Gruppe, bestehend aus einem mit dem älteren Ostbau durch zwei Treppentürme zusammenhängenden kürzeren Parallelflügel und einem an dessen NW-Ecke schräg nach NNW angesetzten kurzrechteckigen Flügel. Mit dem an diesen in der gleichen Richtung 1699–1701 angesetzten Verlängerungsbau gewinnen wir die erste sichere Datierungsgrundlage. Diesem folgt ein 1740/41 errichteter und von Michel d'Ixnard 1778–1781 weiter ausgebauter Flügel gegen die ostwärts gelegene *Kirche* St. Martin. Diese war ursprünglich (Grabung 1932) ein einschiffiger, wahrscheinlich spätromanischer Bau mit einspringendem, querrechteckigem Chor und einer Apsisrundung. Gleichzeitig mit diesem romanischen Bau entstanden die Untergeschosse des an der Südseite stehenden quadratischen Glockenturms. Gotischer Ausbau der romanischen Kirche zur dreischiffigen Basilika. Die weitmaschigen Netzgewölbe des Seitenschiffs und die Sterngewölbe der südlichen (Rippen aus gebranntem Ton) wohl vom Erneuerungsbau 1498. Chorneubau 1559–1562. Sebastianskapelle 1629. Stichkappenwölbung im Mittelschiff 1711. Spätgotischer Flügelaltar, innen geschnitzt und außen gemalt (Anbetung der Könige und Heilige). – Die gotische Josephskapelle in STUBEN wurde im 17. und 18. Jh. verändert. Der Hochaltar von 1521 im 19. Jh. restauriert. In der Sakramentsnische Muttergottes des 13. Jh. – Auf der Hochfläche über der Schussen WOLPERTSWENDE. Die *Pfarrkirche* St. Gangolf mit spätromanischem Turmchor, der sich einst in einer Apsis erweiterte, wurde in späterer Zeit verändert. Die Kirche besitzt ein wertvolles romanisches Vortragekreuz aus versilberter und vergoldeter Bronze, um 1200 (sog. Gangolfkreuz). Die Holzfiguren vor allem aus der Spätgotik (Madonna, MULTSCHER-Schule). Die primitive, sechseckige *Gangolfskapelle* trägt den romanischen Ursprung deutlich zur Schau. Der *Hatzenturm*, Überrest einer Burg der Ortsadeligen, läßt sich aufgrund der Bauweise – riesige Findlingssteine – nicht eindeutig datieren. Ein im Mauerwerk ausgesparter Laufgang spricht für die Zeit gegen oder auch um 1200. – In der Wallfahrtskapelle von STAIG ein Vesperbild des 15. Jh. und Muttergottes aus dem MULTSCHER-Kreis (um 1450–1460). – Die Männer- und Frauenklöster der Zisterzienser im württembergischen Oberschwaben verhielten sich in ihrer Bautätigkeit im 18. Jh. den anderen Orden gegenüber seltsam zurückhaltend. So ist uns in der Klosterkirche zu BAINDT noch die spätromanische Grundanlage der 1241 geweihten ersten Kirche erhalten: ein in ansehnlichen Dimensionen, noch im räumlichen und konstruktiven Empfinden der romanischen Kunst, aber bereits mit ersten gotischen Einzelmotiven erstelltes Münster am Saum des Altdorfer Waldes. Der Ordensregel entsprechend ohne Turm und mit rechteckigem Chorschluß; rundbogige Arkaden auf acht viereckigen, gefasten Pfeilern bzw. Halbpfeilern trennen die Schiffe, über die die Spätgotik wie gewöhnlich unbekümmert um die Zerstörung der Raumverhältnisse ihre Netzgewölbe gespannt hat (1560). Die westliche Nonnenempore wurde im 19. Jh. abgebrochen. Die Gotik kündigt sich in den Spitzbogen des sonst noch ganz romanisch gedachten Westportals und der Lichtöffnungen, dagegen nicht in Konstruktion und Raumgliederung an; auch der äußere Schmuck, Rundbogenfries mit Lisenen, ist (außer am nördlichen Seitenschiff) noch konservativ. Im Innern ein gotisches Pestkreuz mit erschütterndem, ausgemergeltem Kruzifix, um 1350. Sonst großenteils barocke Ausstattung. Deckenbild von F. M. KUEN. Die meisten Klostergebäude samt Kreuzgang im 19. Jh. abgebrochen. – In der Blasiuskapelle von BRIACH ein sitzender Bischof aus der 1. Hälfte des 14. Jh.

In WEINGARTEN stehen wir am Ausgangspunkt der Geschichte des Ravensburger Raums. An Stelle des Klosters lag der erste Sitz der mächtigen Welfen, an dessen Siedlung mit Urpfarrkirche die Ortsbezeichnung Altdorf noch erinnert. Das seit 1056 von Benediktinern bewohnte Kloster (zugleich Grablege der Welfen) errichtete eine große romanische Kirche, die sich baulich eng an Hirsau anschloß.

Nur noch ein kleiner Baurest rechts der heutigen Fassade erinnert an sie, aber auch daran, daß ganz Oberschwaben einmal eine vor allem durch bedeutende romanische Bauten geprägte Landschaft war. Kirchenneubau 1715f. nach Verhandlung und Planung mit verschiedenen Architekten schließlich, wohl aufgrund seiner Entwürfe, durch den Schweizer Kaspar Moosbrugger. Sehr schneller Baufortgang. 1717–1719 liefert D. G. Frisoni (vgl. Ludwigsburg!) Entwürfe für Fassadengiebel und Türme sowie für die Konventsbauten. 1724 Weihe. Ein Plan von 1723 nach Vorlagen Frisonis verrät uns, welch großartige Gesamtanlage vorgesehen war. Das Münster sollte sich westöstlich durch das Viereck der Klausurgebäude schieben, die

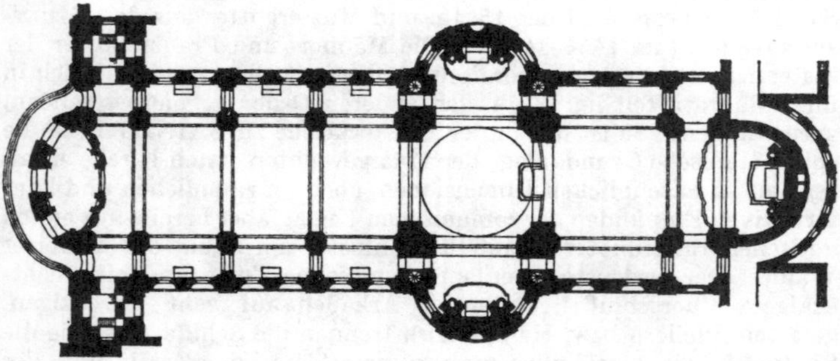

*Weingarten, Klosterkirche, Grundriß*

geschweiften Linien der Fassade sollten sich außerhalb des Konvents in niedrigen, Höfe umschließenden Bauten fortsetzen, Terrassen die Verbindung zur Stadt herstellen – das Ganze ein Projekt von größter einheitlicher Konzeption. Schade, daß nur ein Stück der nördlich an die Kirche anschließenden Prälatur zur Ausführung kam. Die *Kirche* (Abb. 100–102) dagegen bietet in Fassade und Raumbild den wohl gewaltigsten Barockeindruck, den uns das württembergische Oberschwaben zu vermitteln vermag. Bereits der Treppenaufstieg im Westen, von der Stadt herauf, ist wirkungsvoll. In der monumentalen Westfassade flankieren zwei Türme einen vorschwingenden Mittelbau, ein Baugedanke, der auf die Kollegienkirche in Salzburg zurückgeht. Der mächtig in die Länge gestreckte Grundriß der Kirche zeigt eine Vereinigung der in Oberschwaben wohlbekannten Wandpfeilerkirche mit dem Gedanken der Zentralanlage. In der Mitte der Längsachse thront über einer Vierung eine Kuppel auf hohem lichtspendendem

Tambour; auch die gleichförmigen, halbrunden Abschlüsse der Lang- und Querarme erinnern an Zentralbauten. Das Hauptschiff überspannen flache Hängekuppeln, die Nebenschiffe Tonnen; in ihrem Erdgeschoß sind durch Durchgänge verbundene Kapellen, darüber brückenartige Emporengalerien, deren kühn geschwungene Einziehung nach den Außenwänden Haupt- und Seitenschiffe zu einem einheitlichen, weitgedehnten Raumbild vereinigt. Von stärkster Lichtwirkung die durch große Fenster weitaufgerissenen Flächen zwischen den Wandpfeilern. Der schon aus den ungewöhnlichen Dimensionen zu erschließende Gedanke der Erbauer, etwas Großartiges hinzustellen, ist in der inneren Raumwirkung voll gelungen. Man durchblicke nur die Längsachse von der Vorhalle bis zum breiten, hohen, mit Umgang versehenen Chor, oder umgekehrt vom Hochaltar gegen Westen! Für die wuchtigen, anspruchsvollen Formen der tragenden und getragenen Glieder ist die Struktur von Fr. Schmuzer fast etwas zu fein, während C. D. Asams farbenfrohe Fresken zu dem Prunk und der Größe der Architektur trefflich stimmen, diese z.T. in der Malerei sogar noch fortsetzen (Lamm Gottes und die 24 Ältesten; Pfingstfest; Triumph der Kirche; Mariä Himmelfahrt; hl. Benedikt; hl. Blut; Geburt Christi). Die Einzelbetrachtung findet in der Ausstattung genug des Schönen: die Altäre nach Frisoni; das aus liturgischen Gründen neuerdings leider nach hinten versetzte Chorgitter; das Chorgestühl von F. J. und J. A. Feichtmayr, mit trefflicher Unterscheidung des Flächenschmucks von der Verzierung der Glieder; die Orgel mit dem klanglich berühmten Werk von J. Gabler; die Kanzel, ein munteres Rokokogebilde von F. Sporer; Altarfiguren von D. Carlone, Bilder von G. Benso, F. J. Spiegler und C. Carlone. – Unter den älteren Klostergebäuden südlich der Kirche interessiert besonders der spätgotische *Kreuzgang* und der *Kapitelsaal.* Im *Audienzsaal* ein Fresko von G. B. Götz, 1742. – Eine ursprünglich romanische Säulenbasilika ist die Kirche in BERG (1897 verändert); mit ihrem gotischen Chor (1424), massigen Turm und dem Barockvorbau (1692) von interessanter Außenwirkung.

RAVENSBURG, die Metropole Oberschwabens, ist von den Welfen gegründet worden, die ihren Sitz im 11. Jh. von Altdorf bei Weingarten auf die sicherer gelegene, nachmals Veitsburg genannte Feste über der Stadt verlegt hatten. Der älteste Kern ist die Marktstraße (1152 genannt) oben bei der Burg. Von dem Welfenhaus, dessen berühmtester Sproß, Heinrich der Löwe, hier geboren ist, kam es an die Staufer, die oftmals in der Stadt weilten, auch Hoftag dort hielten. Um 1250 Erweiterung der Stadt nach Norden (Liebfrauenkirche). Im Jahr 1276 ist sie zum erstenmal als freie Reichsstadt belegt und schwingt sich nun zu einer blühenden Handelsstadt auf; besonders die Papiermühlen und die Leinenindustrie machten ihr einen weitbekannten Namen. Etwa zwischen 1340 und 1365 ist die große, rasterartig regelmäßig angelegte Unterstadt mit eigener Pfarrkirche (St. Jodok) entstanden. Das 15. und 16. Jh. bezeichnet die Blütezeit der aus den angesehensten Patrizierfamilien bestehenden Ravensburger Handelsgesellschaft, und eben diese Zeit der Spätgotik ist es auch, die dem heutigen Altravensburg den Stempel aufgedrückt hat. Den bedeutendsten Eindruck verschafft uns die Fernsicht von Westen, etwa von der Haupteisenbahnlinie herüber. Da bieten die 15 verschieden gestalteten Türme der alten Stadtbefestigung zusammen mit den Kirchtürmen ein vielversprechendes Stadtbild, dem die dahinter ansteigenden Höhen mit der Burg und dem reizend gelege-

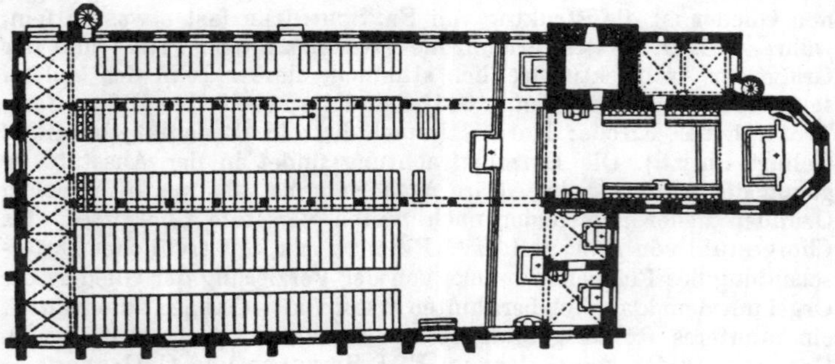

*Ravensburg, Frauenkirche, Grundriß*

nen St. Christina einen trefflichen Hintergrund verleihen. Beginnen wir unseren Rundgang in der Stadt beim *Untertor*, einem jener hohen, gewaltigen Tortürme, die den Stolz der Reichsstädter bildeten. Sein getrepptes Satteldach weist in die Zeit zwischen 15. und 16. Jh., wo die Befestigung so ausgebaut wurde, daß die Stadt, wie viele andere Städte und Burgen, für „uneinnehmbar" gelten mochte. Daneben das *Spital* mit seiner Kapelle (1498 geweiht), deren Netzgewölbe von einer Mittelsäule getragen wird. Auch das Wandbild des Jüngsten Gerichts und die überaus schöne Marienfigur stammen aus spätgotischer Zeit. Vom Spitalturm folgen wir dem Stadt- oder Hirschgraben bis zum früheren *Karmeliterkloster* (ev. Kirche). Seine Kirche war wohl, ähnlich dem Einfluß der Bettelorden im Innern Schwabens, vorbildlich für den einfachen, ja nüchternen Grundzug des Ravensburger Kirchenbaus

im 14. Jh. Sie ist eine dreischiffige, ursprünglich flachgedeckte Basilika mit geradem Chorschluß; die Formen der Arkadenbögen und tragenden Säulen sind so schlicht wie Grundriß und Aufbau. Im Chor spätgotische Fresken. Es ist bezeichnend, daß erst die im 15. und 16. Jh. angebauten Südkapellen in ihren Kunstformen über das Notwendigste hinausgehen. Die Gesellschaftskapelle nördlich des Chors, 1452 geweiht, gestiftet von der Ravensburger Handelsgesellschaft, mit Grabdenkmälern (zwei aus Bronze von 1521 und 1527). Glasbilder aus der 2. Hälfte des 15. Jh.
Der 55 m hohe Rundturm „*Mehlsack*" (Weiße Turm) wurde im 14. Jh. von den Bürgern deshalb in dieser Höhe errichtet, um einen Einblick in die Burg zu bekommen. Nicht weit davon ein früheres *Franziskanerinnenkloster* aus dem Anfang des 18. Jh. Trotzig mutet der oben flach endigende *Schellenbergturm* an, der aus den Resten der Stadtmauer aufsteigt, während sonst die Türme bei aller stattlichen Erscheinung doch etwas unvermittelt in der modernen Stadt stehen. Der Spitalturm, Untergeschoß 14. Jh.; der Bemalte Turm oder Pestturm in der NW-Ecke der Stadtmauer; der Runde (Grüne) Turm, unterer Teil, 14. Jh. Das *Obertor*, 14. bis Anfang 16. Jh. mit Pechnasen und Staffelgiebeln. Besonders eindrucksvoll wird das Stadtbild bei der Stadtpfarrkirche, wo sich vier verschiedengestaltige Türme darbieten. Die *Obere* oder *Liebfrauenkirche* ist eine dreischiffige, sehr lange Basilika des späten 14. Jh., ursprünglich auch im Chor ganz flachgedeckt. Neun Achteckpfeiler ohne Kapitelle tragen die schmucklosen Arkaden. Der Raumeindruck ist durch die Verbreiterung des Südschiffs im 15. und 19. Jh. beeinträchtigt. Die einzigen architektonischen Schmuckformen waren die Tier- und Pflanzenkapitelle an den emporetragenden Säulen. Ganz kahl ist das Äußere geblieben, bis auf ein Tympanonrelief (Marienthemen, um 1380). Auch der hohe Turm auf der Nordostseite ist wie ein Festungsturm – man betrachte nur den nahen Frauentorturm – ohne architektonische Gliederung. Beachtenswert im Chor Glasgemälde (Apostel, Marienleben, Jugend Christi; 1415–1419), ein figürlicher Flügelaltar (datiert 1517) mit Predella, ein Wandtabernakel und das Chorgestühl. Kreuzaltar und Kommunionbank von O. H. HAJEK. Schöne lettnerartige Empore auf der Westseite des Schiffs. Neben der Frauenkirche das *Frauentor*, Mitte 14. und Anfang 16. Jh., mit Staffelgiebeln. Von ähnlicher Anspruchslosigkeit ist die *Untere* oder *St.-Jodokus-Kirche* aus gleicher Zeit. Innen besitzt sie ein Wandtabernakel mit Marienkrönung von 1401 und ein Chorfresko. Das weltliche Altravensburg lernen wir am besten „am Platz", d.h. auf dem *Marktplatz*, kennen, den (ähnlich Isny) der hohe *Blaserturm* des Hochwächters beherrscht. Das *Waag-*

*haus* ist ein geräumiger Kaufhausbau von 1498. Gegenüber der Block des *Rathauses* (Abb. 61); Ende 14. Jh. begonnen, im 15. Jh. größert und 1876 umgestaltet. Reizvolle Fensterreihen im ersten Geschoß und ein Erker von 1571 beleben das äußere Bild. Von der Ausstattung eine spätgotische Bank, Figurengruppe (Liebespaar) und Wappenscheiben (Glas) von 1440–1450 bis 1616 bemerkenswert. Spätgotisch getäfelte und mit Holzdecken segmentbogenförmig überdeckte Ratsstuben; Zimmer mit Renaissancemalerei. Von den vom Platz ausgehenden Straßen ist die Marktgasse mit der *Brotlaube* (1625), den zahlreichen über dem Erdgeschoß vorgebauten Häusern – auch ein hübscher Erker fehlt nicht – und ihrem gewundenen Lauf noch unverdorben. Das *Humpißhaus*, ein neuerdings freigelegter alemannischer Fachwerkbau, erinnert an das mächtige Ravensburger Patriziergeschlecht. Westlich vom Rathaus haben sich am *Lederhaus* (1574) und an dem 1408 gestifteten *Seelhaus* Proben von Wandmalerei erhalten. Um uns noch das Stadtbild aus der Vogelschau zu besehen, ersteigen wir die Höhe, wo die um 1080 errichtete *Ravensburg* stand, nach der sich die Welfen seit dem Anfang des 12. Jh. nannten. Der spätere Name Veitsburg leitet sich von der ehem. Burgkapelle ab. 1647 brannte die Burg ab und 1751 erstellte F. A. Bagnato, der Erbauer eines Deutschordenshauses in der Stadt, an ihrer Stelle das „Schlößchen“, das in unserer Zeit einen Aussichtsturm bekam. Weit über die Stadt hinaus schweift von hier oben der Blick nach allen Seiten, nordwärts gegen das imposante, kuppelgekrönte Kloster Weingarten, östlich zur Waldburg, südwärts zum Bodensee und seinem majestätischen Alpenhintergrund. – In der Kirche von *St. Christina* zwei schöne spätgotische Holzbildwerke.

In nächster Nähe, südlich der Stadt, WEISSENAU, eine Prämonstratenserabtei, 1145 von einem welfischen Ministerialen Gebizo gegründet. 1628 f. wurde der Chor der romanischen Kirche durch den noch erhaltenen Neubau M. Barbieris ersetzt. Seit 1708 begann Franz Beer mit dem Umbau der Klausurgebäude im Osten und Süden. 1717 wurde er wiederum berufen, um mit dem westlichen Hofbau (Aula) und der Kirche nördlich das Klosterviereck zu schließen. Betritt man den umfangreichen, durch frühere Beamtenhäuser, Wirtschaftsgebäude, Klosterschenke und dgl. eingefaßten Klosterbezirk, so stellt sich die *Kirche* mit stattlicher Zweitürmefront dar. Die ganze Anordnung der Schauseite zielt auf einen gemäßigten, ruhigen Eindruck ab. Das Innere ist bezeichnend für das Schema der Vorarlberger Baumeister: eine Saalkirche mit breitem Mittelschiff und engen, emporenbesetzten Kapellen zwischen den Wandpfeilern auf den Seiten. Der räumliche Eindruck wird dadurch stark beeinträchtigt, daß man den älteren, niedrigen und langen Chor stehenließ, der in seinen Abmessungen zu den Verhältnissen des hochgewölbten Schiffs nicht mehr paßt. Geplant war eine mächtige Chorhalle, die dem rhythmischen Wechsel der Joche – querschiffartige Verbreiterung im zweiten und vierten Joch, säulenbetonte Vierung – den richtigen Abschluß gegeben hätte. Entschädigt wird man einigermaßen durch die vorzügliche Stuckdekoration der SCHMUZER. Deckenfresken (auf Leinwand und stark nachgedunkelt) von C. STAUDER. Das Chorgestühl von 1625 zeigt reichgeschnitzte Rückenteile mit Heiligen in Ranken; oben eine (spätere) durchbrochene Akanthuskrönung. Hochaltarbild von CHR. STEINMÜLLER (1628). Fresko der Chorbogenwand von J. A. HAFNER (1743). Im Marienaltar nördlich des Chorbogens großartige Madonnenfigur von GREGOR ERHART, spätgotisch. Klassizistischer Kreuzaltar der Salemer Schule. – Im Kloster sind noch verschiedene Räume mit Stuckausstattung zu sehen, so der *Festsaal*, dessen Rankenzier noch auf SCHMUZER hindeutet, während der von F. P. MARAZZI stuckierte *Kapitelsaal* unter der Bibliothek neben Figürlichem naturalistische Blumen- und Früchtemotive in ganz anderem Stil aufweist. – Die *Friedhofskirche Mariatal* war ehedem Kirche eines Weißenau unterstellten Frauenklosters. Der gotische Bau wurde 1756f. barockisiert. Das Lustschlößchen *Rahlen* der Äbte von Weißenau stammt ganz aus der Rokokozeit. – In der Pfarrkirche von OBERZELL (1749/50) eine Muttergottes aus der Zeit um 1470–1480, J. RUSS d. Ä. zugeschrieben. Nebenaltäre 1614/15. Hochaltar um 1770. – Im Chor der Kirche von ESCHBACH Wandbilder aus dem Ende des 15. Jh. (Passion, Heilige, Gregorsmesse). Aus der gleichen Zeit das Vesperbild. – Aus dem 16. Jh. stammt das *Schloß* in LIEBENAU (1581), seine Burgkapelle von 1620.

Im Bereich um Tettnang begegnen wir vielfach den Spuren eines mächtigen Dynastengeschlechts, der Grafen v. Montfort (Vorarlberg), einer Seitenlinie der Pfalzgrafen von Tübingen. Sie mußten jedoch im Lauf der Zeit Stück für Stück von ihrem Besitz schwinden sehen und den Rest 1780 an Österreich abtreten. 1260–1780 war TETTNANG Residenz eines nach der Stadt genannten Zweigs der Grafen. Ein stolzes Schloß erinnert noch an ihren Namen. Zeitlich älter als dieses ist das sog. *Torschloß*, an dessen ältesten, wohl hochmittelalterlichen Rechteckbau 1464 als unregelmäßiges Viereck ein gedrungener Torturm angesetzt worden ist. An seiner dem Schloß zugewendeten Seite die Toröffnung, von einem Eselsrückenbogen eingerahmt. Darüber eine romanisierende Wandgliederung aus Lisenen und zweiteiligem Rundbogenfries, der auf eine Anpassung an ältere romanische Bauteile des Schlosses deutet. Der eigentliche Schloßbau im 18. Jh. ver-

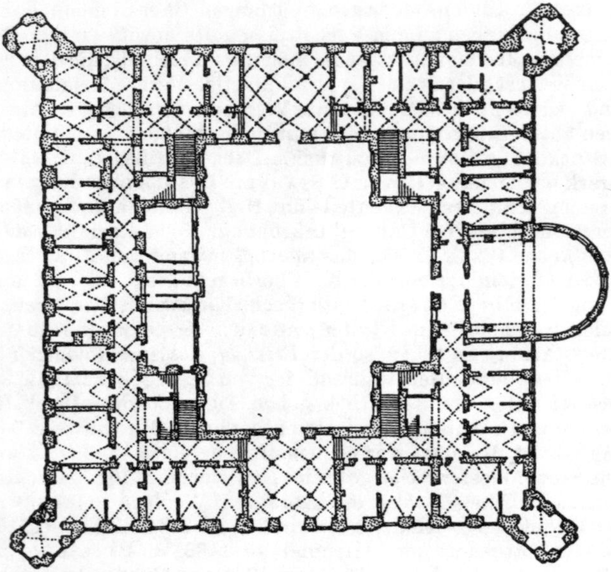

*Tettnang, Neues Schloß, Grundriß*

ändert. Schon im 17. Jh. wurde ihm ein Verlängerungsbau angefügt. 1579 die Kapelle. Das *Neue Schloß* wurde 1712, an Stelle eines älteren von 1488 und 1633 durch Brand zerstörten, von CHR. GESSINGER aus Isny neu erbaut; nach einem weiteren Brand 1755 durch J. EMELE aus Schussenried in die heutige Gestalt gebracht. Vierflügelquadrat mit diagonalgestellten rechteckigen Ecktürmen. An der inneren Ausstattung waren die Stukkateure A. MOOSBRUGGER, 1758f., und J. A. FEICHTMAYR, 1760/61, beteiligt. Die Schauseite zeigt uns einen dreigeschossigen Bau mit durchgehender Kompositpilasterordnung und wenig vortretendem Mittelstück. Ein barocker Gedanke ist die Schrägstellung der mit Aufsätzen gekrönten und dadurch pavillonartig wirkenden Seitenteile. Dennoch steht das Schloß vom Bautyp her noch ganz in der Tradition der von Meßkirch ausgehenden Renaissanceschlösser Oberschwabens. Wie ein Nachklang aus jenen Zeiten mutet gerade der Binnenhof an mit seinen vier Ecktürmen, zwischen denen flache Flügel mit Dachstockaufsatz laufen, die im Erdgeschoß teils

Blendarkaden, teils offene, kreuzgewölbte Hallen bilden. Die dreistöckigen Treppenhäuser haben zwar bescheidene Raumverhältnisse, erfreuen aber durch Rocaillestuck und heitere Deckenbilder von A. Brugger, der auch die Schloßkapelle ausgemalt hat. Sehenswert vor allem auch der Bacchussaal mit seinem großen Deckenbild von A. Brugger und dem auf einem von Faunskindern gestützten Faß reitenden Bacchus. Nicht weit vom Schloß das große erneuerte *Rathaus*, ein altes Stadtschloß von 1667 mit Staffelgiebel und einem Blendgiebel auf der Langseite, und die *St.-Georgs-Kapelle*, 1682 von H. Bader. Ein ansprechendes Straßenbild eröffnet sich von hier aus durch die ausgebuchtete Zeil; besonders die Schulgasse hat noch hochgieblige Häuser des 16. und 17. Jh. Die hochgelegene *Pfarrkirche* stammt aus dem 19. Jh., bis auf den Turm, dessen gotischen Unterteil das 18. Jh. mit einem barocken Aufbau krönte. Im Innern ein schönes Montfortsches Grabdenkmal in klassizistischen Formen. Folgen wir der Hauptstraße, so gelangen wir zur ehem. *Spitalkapelle* von 1659, die ihren Reiz durch den nach außen hin dreikonchenförmig wirkenden Ostabschluß erhält. An der Lindauer Straße die *St.-Anna-Kapelle*, ein spätgotischer, im 18. Jh. etwas veränderter, zierlicher Backsteinbau. Außen am Schiff stützen dreieckige Strebepfeiler, am eingezogenen Chor Lisenen das feine Netzgewölbe im Innern, die Fenster ziert Maßwerkornament, im Westen eine profilierte Eselsrückenpforte. – Die Kirche in MARIABRUNN mit dem Waldbruderhaus von 1746–1752. – Nicht weit von der Schussenmündung liegt ERISKIRCH, um seiner spätgotischen *Wallfahrtskirche* aus dem Ende des 14. Jh. willen eines Besuchs wert. Ihr stattlicher Turm ist weithin sichtbar; im Innern aber hat die Kunst des 15. Jh. in der trefflichen Ausstattung sich ein Denkmal gesetzt. Die bedeutenden Wandmalereien (alttestamentlicher Zyklus, Szenen aus der Passion u.a.) Anfang 15. Jh. Die Glasfenster im Chor aus dem 2. Jahrzehnt des 15. Jh. (Stifter mit Heiligen, Hl.-Kreuz- bzw. Helena-Legende). Spätgotische Holzbildwerke (drei Madonnen). Weitere Figuren des „Meisters von Eriskirch" in der Lorenzkapelle in Rottweil.

## 12. Altshausen – Friedrichshafen

Altshausen Seite 466. – WILHELMSDORF ist eine von der Brüdergemeine 1823 angelegte Kolonie, die ihren Namen zu Ehren König Wilhelms I. von Württemberg erhielt. Regelmäßiger Siedlungsplan in Form eines Kreuzes. – In der Kirche von ESENHAUSEN mehrere spätgotische Holzbildwerke: hl. Barbara und eine Heilige mit Buch,

J. Russ d.Ä. zugeschrieben; Muttergottes, hll. Anna und Martin, aus einem Altar; Petrus und hl. Lucia; Kruzifix. – Eine ganze Reihe gleichzeitiger Bildwerke können wir auch in der Pfarrkirche von ZUSSDORF finden. Mehr noch und bessere in der Friedhofskapelle (Muttergottes, hll. Katharina und Barbara werden M. Zeynsler zugeschrieben). – In der Kirche von DANKETSWEILER eine Muttergottes aus der Zeit um 1520. Relief mit Geburt Christi aus dem frühen 16. Jh. Weitere Bildwerke aus dem späteren 16. und dem 18. Jh. – In FRONHOFEN der Stumpf eines Turms gleicher Bauart wie in Wolpertswende (vgl. Seite 475). – In BETTENREUTE eine spätmittelalterliche *Wasserburg.* Hufeisenförmige Anlage mit älterem Turm als Kern, von einem doppelten Wassergraben umschlossen. Im äußeren Bering die heute verschwundenen Wirtschaftsgebäude. Entstehungszeit wohl 16. Jh. – Die Kirche in HORGENZELL von 1431 wurde im 18. Jh. umgebaut. Ausmalung 1763 durch J. G. Bergmüller, Pfarrhaus mit Malerei auf dem Putz etwa zur gleichen Zeit entstanden. – Die spätgotische Kirche in ALBERSKIRCH wurde 1727 barockisiert. Hochaltar mit schönem Vesperbild aus der Zeit um 1770. Muttergottes aus dem Anfang des 15. Jh. – In der Pfarrkirche in BAVENDORF eine Muttergottes aus dem Ende des 15. Jh., die als ein Werk aus der Werkstatt G. Erharts gilt, und einige spätgotische Holzfiguren. – Die *Pfarrkirche* in BROCHENZELL geht auf eine karolingische Gründung zurück. Der Turm in seiner Ostmauer vielleicht noch romanisch, sein Westteil und die Glockenstube jünger. Die Kirche barock verändert, nachdem sie um 1730 in den Besitz von Weingarten übergegangen war. Geschmackvoll mit Intarsien und Schnitzerei behandeltes barockes Chorgestühl. Neben der Kirche das *Schlößchen*, das sich die ehem. Ortsherren, die Humpiß, im 16. Jh. erbaut haben; mit zwei Rundtürmen bewehrt, ein gutes Beispiel eines ländlichen Rittersitzes. – Die reizvoll gelegene Pfarrkirche von HIRSCHLATT ist ein Neubau des frühen 16. Jh., mit einem an der Nordseite angeschlossenen (romanischen?) Turm. Südlich der Kirche ehem. *Pfleghof* des Klosters Kreuzlingen, bestehend aus einem älteren westöstlichen Bau, an den 1751 nach Norden ein kürzerer Flügel angebaut worden ist. – In AILINGEN wurde die stattliche *Pfarrkirche* zu Beginn des 16. Jh. erneuert. Niedriger, breitgelagerter Chor mit Sterngewölbe; hoher Turm auf Findlingssockel nördlich angeschlossen, mit siebenfach gestaffeltem Giebel. Pfarrhaus von 1775. – Die romanische Kapelle von MEISTERSHOFEN hat einen rechteckigen Hauptraum, einen eingezogenen Rechteckchor und im Westen einen quadratischen Glockenturm. Dieser sitzt auf einem älteren langrechteckigen Turmunterbau. Aufbau in vier Stockwerken, Ecklisenen,

Rundbogenfries und abgetreppte Umrahmung der gekuppelten Schallöffnung mit Konsolnase über der Mittelstütze.
Fast jeder der Bodenseeorte hat sein Wahrzeichen, an dem man ihn schon weit draußen auf dem See erkennen kann. Für FRIEDRICHSHAFEN sind es die aufragenden Türme der ehem. Klosterkirche, die der Seeseite der Stadt ihre so leicht in der Erinnerung haftende Bildwirkung geben. Selbst die historische Entstehung der Stadt drückt sich in diesem Bild aus: Sie verdankt ihr Dasein und ihren Namen der Verschmelzung des bereits 1085 als Nonnenkloster gegründeten Hofen mit dem gleichfalls an Württemberg gefallenen kleinen Reichsstädtchen Buchhorn durch König Friedrich I., der zwischen beiden die Neustadt als Verbindung anlegen ließ. Bald darauf wurde das frühere Kloster zu einem Schloß und das davorgelegene Rebengelände zu einem prächtigen Blumengarten und Park umgestaltet, der auf der Westseite mit seinen dunklen Baumgruppen das Stadtbild einrahmt, indessen auf der anderen Seite die in sanftem Bogen eingezogene Bucht durch das „Horn" abgeschlossen wird. Großartige Denkmäler reichsstädtischen Bürgerstolzes konnte man hier nie suchen, zählte doch Buchhorn am Ende des 18. Jh. nicht mehr als 800 Einwohner. Unbedeutend auch die *Pfarrkirche* St. Nikolaus; 1745 aus einer spätgotischen Anlage umgebaut unter Beibehaltung des barock veränderten Chors und des stattlichen Turms, der im Stadtbild den Klostertürmen das Gegengewicht hält (im letzten Krieg stark zerstört). Im Rathaus von 1955 befindet sich das Bodenseemuseum, das auch eine ganze Reihe von Kunstwerken aus dem oberschwäbischen Raum enthält. Der Neubau der kath. Kirche zum Guten Hirten, 1960–1962 von W. Beck-Erlang, wurde als ein konstruktiv interessanter Stahlbeton-Schalenbau errichtet.
Das ehem. Kloster *Hofen*, als Nonnenkloster bereits um 1085 gegründet, kam an Weingarten und wurde durch dieses 1419 aufgehoben. Umwandlung in eine Propstei (seit 1702 Priorat).
Das Hauptinteresse lenkt die ehem. *Klosterkirche* (jetzt ev. Schloßkirche; Abb. 23) auf sich. Sie bildete mit dem Kloster zusammen ein Viereck und wurde 1695–1701 im Auftrag des Klosters Weingarten als Prioratskirche von Christian Thumb aus dem Bregenzer Wald erbaut, einem der damals in Oberschwaben vielbeschäftigten Vorarlberger Meister. So stimmt denn die Kirche in der Grundanlage des Innern mit der von seinem Bruder Michael begonnenen und von ihm vollendeten Klosterkirche in Obermarchtal überein, während der äußere Eindruck durch die zwei kräftigen Türme auf der Westseite und den baulichen Zusammenhang mit den Klausurgebäuden im Osten bestimmt wird. Ohne Zweifel ist zum Verständnis der Anlage jedoch

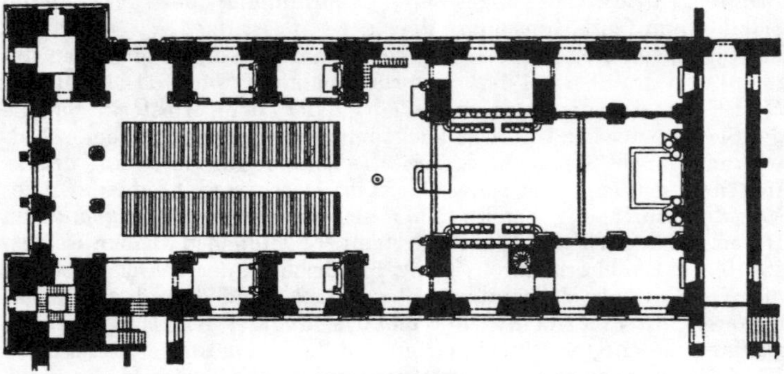

*Friedrichshafen (Kloster Hofen), ehem. Klosterkirche, Grundriß*

auch die kurz zuvor von CHR. THUMB miterbaute Wallfahrtskirche auf dem Schönenberg bei Ellwangen heranzuziehen, mit der unsere Kirche in der Gestaltung der Turmfront übereingeht. Die Langseiten sind wie üblich einfach behandelt, um so reicher dafür das Innenbild. Es stellt einen tonnengewölbten Saal mit Seitenkapellen zwischen den eingezogenen Wandpfeilern dar (darüber Emporen). Bemerkenswert ist das im Grundriß und in der Außenansicht kaum noch besonders in Erscheinung tretende Querhaus, auch im Innern nur durch die zurückgesetzten Emporen und die Stellung der Altäre als solches gekennzeichnet. Dieser anspruchslos disponierte Raum ist von den berühmten Wessobrunner Stukkateuren JOHANN, FRANZ und JOSEF SCHMUZER mit einer verschwenderischen Fülle von Stuckornamentik überzogen worden (nach Zerstörungen im letzten Krieg gut erneuert), jedoch in wohlüberlegter Anordnung: Die aus trefflich modellierten Girlanden, Fruchtkränzen, Kartuschen und dgl. bestehende Dekoration ordnet sich den architektonischen Grundformen unter, zieht sich den Graten der Kappen entlang, füllt leere Zwickel aus oder rahmt Felder ein im Unterschied zu der späteren Rokokostukkatur, die sich wie ein Netz in spielender Anmut über ein Bauwerk ausbreitet. Auf Farbenschmuck verzichten die Meister. Die nur noch an den Gewölben der Chorseitenräume erhaltenen Deckengemälde (Leinwand) von J. HILDEBRANDT, 1705. Hochaltar aus Stuckmarmor von FRANZ SCHMUZER, 1711/12. Prächtig geschnitztes Chorgestühl von M. HÖFLE (1701), das Rankenwerk von J. M. FEICHTMAYR. – Das ehem. *Kloster* wurde 1824f. zum Schloß für die württembergische Herzogfamilie umgebaut. Es entstand als Neubau an Stelle einer ebenfalls vormals romanischen Anlage 1654f. durch die Baumeister MICHAEL BEER, MICHAEL und CHRISTIAN THUMB.

## 13. Mengen – Kloster Wald – Liggersdorf – Hohentwiel

Mengen Seite 430. – Eine romanische Kapelle des 12. Jh. ist in ROSNA erhalten, allerdings verändert. Man erkennt noch Spuren einer Apsis, aus der ein viereckiger Altarraum gemacht wurde. Kloster HABSTAL wurde 1259 als Dominikanerinnenkloster gestiftet und wird heute von Benediktinerinnen bewohnt. Die Kirche, ein einfacher Barockbau, 1681 von Bruder EUPREPIUS und Baumeister JODOKUS BEER erbaut, mit eingebautem Chorbogen und geradem Chorschluß, bildet den Nordflügel des regelmäßigen Gebäudevierecks. Altarbild von M. ZEHENDER (1691). Reizvoll die Verbindung von Altar und Wandarchitektur: Vier Säulen mit Gebälkaufsatz umfassen das Hochaltarblatt und die dieses flankierenden Fenster. Leichter Rocaillestuck um das Deckenbild von G. B. GÖTZ aus Augsburg (1748). Auf dem Nonnenchor geschnitztes Gestühl, barock. Das Kloster hat auch in den oberen Stockwerken offene Umgänge gleich dem Kreuzgang. In einer Ecke die Wohnung der Priorin und darüber die Fürstenzimmer. In der gewölbten Küche zwei Mittelsäulen. Im Treppenhaus ein Schmiedeeisengeländer, Deckenbild und Stukkatur. – EINHART a. d. Ostrach hat eine schöne Barockkirche (1717) mit spätgotischem Chor und Turm (1524) sowie Resten von gleichzeitiger Rankenmalerei am Netzgewölbe. Spätgotische Holzbildwerke. Vortragekreuz mit Christus von 1200. – Die Kirche von LEVERTSWEILER (1840) hat noch einen gotischen Chorturm mit Staffelgiebeln. Mehrere spätgotische Holzbildwerke. Der Pfarrhof besitzt ein prächtiges Rokokoportal mit dem Wappen von Salem (1753). – In MAGENBUCH eine einfache Kirche von 1725 mit Resten der spätgotischen Ausstattung. Wohl im 12. Jh. entstanden der Bau der Kirche von LAUSHEIM, der Ausstattungsstücke vor allem nachmittelalterlicher Zeit enthält. Wandbecken (sog. Piscina) in Form einer frühgotischen Säule mit Knospenkapitell. Ein älteres fürstliches Landhaus, das *Alte Schloß* zu KRAUCHENWIES, aus einer Wasserburg entstanden, stammt vom Ende des 16. Jh., umgestaltet in der Rokokozeit und zum Ende des 19. Jh. Baumeister 1597 war HANS WALDNER von Ravensburg. Zum Gebäude gehört eine ehem. Kapelle im abgerundeten Westflügel (Glockentürmchen). Nördlich daran angrenzend die Küche. Marstall (1789) mit Stuckzier am Portal. Garten- und Parkanlagen. In der

*Pfarrkirche* ein spätgotischer Grabstein mit Totengerippe als Wappenhalter. Turm mit Zwiebelhaube (1736). – In der Pfarrkirche von ABLACH zwei Holzbildwerke der Spätgotik (hll. Katharina und Dorothea). – BITTELSCHIESS bei Krauchenwies besitzt ein reizendes, fast unberührt erhaltenes Rokokokirchlein, 1758 erbaut von MARTIN ILG aus Dornbirn (dem Baumeister der Sigmaringer Pfarrkirche), wahrscheinlich stuckiert von J. J. SCHWARZMANN; Altargemälde von MEINRAD V. AU.

Kloster WALD (Abb. 39), zwischen Meßkirch und Pfullendorf, war 1212–1806 ein Zisterzienserinnenkloster. Das Klostergebäude, dessen Rückseite sich in einem Weiher spiegelt, gehört teils der Spätgotik und Frührenaissance, teils dem Barock an. Die Anlage ist ausgedehnt; sie würde, wäre sie ausgebaut, zwei Höfe umschließen. Der östliche Hof ist das eigentliche Kloster, mit dem Kreuzgang und der Kirche, die den Nordflügel bildet. Der vordere Teil, 1721–1728 von den Brüdern CHRISTIAN und HANS GEORG WIEDEMANN erbaut, war für die Äbtissin und die Gäste bestimmt. Vor ihm liegt ein schöner freier Platz mit Baumreihen und weltlichen Gebäuden, wie dem Gasthaus. Die *Kirche* wurde 1696–1698 von dem Vorarlberger Baumeister FRANZ BEER erbaut, einschiffig, mit eingezogenem Chor und tiefer Westempore (Nonnenchor). Ausstattung in Rokoko 1751–1753, sehr fein und gut erhalten, im Schiff noch völlig unberührt. Das Gewölbe, eine Tonne mit Stichkappen, auf Pilastern ruhend, ist mit Deckenbildern MEINRADS V. AU und Stukkaturen von J. J. SCHWARZMANN ausgestattet (Besuch der Schwester des hl. Bernhard bei ihrem Bruder in Clairvaux; im Chor: Die vier Weltteile verehren das Altarsakrament). Altäre aus Holz mit Gemälden. Kanzel und Wanderker der Äbtissin in vorzüglicher Schnitzarbeit, Beichtstühle, Bänke und andere, z. T. kostbare Ausstattungsstücke geben dem schön abgemessenen Raum eine überreiche Formenhülle. Kruzifix aus der Mitte des 12. Jh. im Hochaltar. Die mit einem älteren Schmiedeeisengitter (1700) durchsichtig verwahrte Empore enthält eine reichverzierte, auch im Werk noch erhaltene Orgel von J. G. AICHGASSER aus Überlingen. Spätgotische Holzbildwerke ergänzen die Ausstattung. – Im Kreuzgang Netzgewölbe mit verzierten Rippen aus Ton, teils Spätgotik, teils Frührenaissance (um 1535). Ältere Räume im Westflügel (sog. Jennerflügel), dessen Oberstock eine Halle mit Balkendecke und Holzsäulen ist. Darunter eine reichgeschnitzte Säule mit Wappen (um 1536). Süd- und Ostflügel erbaut um 1685 von JODOKUS BEER, z. T. mit Stuckdecken und Portalen (Konventsaal, Prälatensaal).

In WALBERTSWEILER an einem Bauernhaus (Nr. 19) Grablegungsrelief des Konstanzer Meisters HEINRICH (um 1320). – Die Pfarrkirche LIGGERSDORF (1710f.) besitzt einen Hochaltar von J. HAGENAUER aus Pfullendorf. Kreuzigungsgruppe 16. Jh. Der stattliche Turm ist noch spätgotisch. – Schloß *Hohenfels* über KALKOFEN gehörte dem Deutschen Orden. Es liegt auf einer Bergzunge, mit dem Herrenhaus nach Süden gekehrt, mit dem Tor nach Norden. Die Gebäude umgeben einen Hof. Den Südflügel, in dem das Herrenhaus eine unregelmäßige Stellung hat, fassen zwei Ecktürme ein, von denen einer – wie außen auch die Kapelle – spätgotische Formen hat. Der Hauptbestand des Schlosses stammt aus der Mitte des 16. Jh. Das Tor ist barock, mit Bossenquadern eingefaßt. In der Kapelle im Westflügel eine Rokokoausstattung (1761). Das Herrenhaus hat Staffelgiebel, einen Wendeltreppenturm, am Westgiebel ein Wappen des Komturs (1553). Im Erdgeschoß des Ostflügelbaus Renaissancearkaden auf Rundpfeilern und Kreuznahtgewölbe. Am Giebel ein Wappen des Komturs, der um 1760 den oberen Stock erbaute (Baumeister J.C.BAGNATO aus Altshausen). In den Innenräumen noch reiche Stuckdecken und alte Öfen. Die barocke *Eulogiuskapelle* mit Ausstattung um 1760. *Haus Schernegg* 1723 von J. HARING.

Der HOHENTWIEL war bis vor kurzem württembergische Exklave im Hegau und gehört seit 1968 zum badischen Landesteil. Seit 1521 ist der Berg württembergisch. 1800 wurden die Befestigungen auf Befehl Napoleons geschleift. So großartig die Doppelfestung und so eindrucksvoll ihre Ruinen samt der romantischen Lage und Umgebung von Felsen und Waldgewächs sind, so wenig Kunstformen bieten sie im einzelnen. Die meist von Herzog Karl Alexander um 1735 angelegten Bastionen und die Häuser der Unteren Festung (Tor 1559) sind ganz schmucklos. Erst das letzte, achte, Tor zeigt Wappenschmuck Konrad Widerholds, mit Ornamentwerk und Gestalten, 1667. Einige Pforten, Scharten und Gesimse von den Ringmauern, Zwingern, Rondellen und Sternschanzen deuten durch ihre Stilformen besonders auf die Zeit des Herzogs Ulrich, der neben anderen durch den Allgäuer Maurer KONRAD ZELLER von Martinszell hier bauen ließ. Das unter Herzog Christoph 1554 erbaute Fürstenschloß hat noch einen runden Eckturm, Rundbogentüren, weite Kellergewölbe, Bogenstellungen. In ihm verbergen sich auch Reste des mittelalterlichen Palas aus dem 14. Jh. Eindrucksvoll ist der Blick von der unteren zur oberen Festung: wie der Weg an jähen Wänden hinaufgeführt ist über Brücken und Gewölbe, durch Tore und Basteien; und wie die Werke mit dem Felsen verwachsen sind, der durch sie in die Breite wuchs. Über alle Beschreibung herrlich aber ist oben die Rundschau auf die Basaltberge und Burgen des Hegaus, auf den Bodensee und die Alpen.

# 1. Erklärung wichtiger Fachausdrücke

Ädikula: (lat. = Häuschen). Kleiner Aufbau, in den eine Figur hineingestellt ist; oder auch Umrahmung von Portalen, Fenstern und Nischen mit einem Aufbau aus Säulen, Gebälk und Giebel.

Antependium: Frontseitige Verkleidung des Altartisches.

Apsis: Runder oder polygonaler Chorabschluß eines Schiffs, meist im Osten, zuweilen auch im Westen.

Ausgeschiedene Vierung: Die Vierung ist durch Triumphbögen auf allen Seiten von Chor, Querhausflügeln und Schiff abgetrennt.

Bandelwerk: Eine barocke Schmuckform mit verschlungenen Bändern, Vorform des Rokokoornaments.

Basilika: Kirchenform mit hohem Mittelschiff mit Fenstern und niedrigeren Seitenschiffen mit Fenstern.

Beschlagwerk: Ornamentform aus aufgelegten schmalen Bändern, die geschmiedete Beschläge nachahmen (17. Jh.).

Dormitorium: Im Kloster Schlafsaal oder -gebäudetrakt der Mönche.

Dreipaß: Aus drei Kreisabschnitten gebildete Maßwerkfigur.

Dürnitz: Das dem Palas der hochmittelalterlichen Zeit entsprechende große Wohn- und Festsaalgebäude einer gotischen Burganlage.

Epitaph: Denkmal eines Verstorbenen, an der Wand oder am Pfeiler aufgestellt oder aufgehängt, also nicht über dem Grab wie das Grabmal.

Ern: Flur oder Diele im Bürger- und Bauernhaus, auch in einfachen Schlössern.

Fachwerk: Wandkonstruktion aus einem Holzbalkengerüst, dessen Räume ausgemauert sind. Man unterscheidet in der Konstruktion landschaftliche Sonderformen: in unserem Gebiet das sog. alemannische und fränkische Fachwerk; Bezeichnungen, die jedoch mit den gleichnamigen Volksstämmen nichts zu tun haben.

Fiale: Zierliches, spitzes Türmchen zur Bekrönung und statischen Belastung eines Strebepfeilers.

Gebundenes System: Da ein Kreuzgratgewölbe normalerweise gleiche Scheitelhöhe der Gewölbebögen erfordert, können von ihm nur quadratische Räume überspannt werden. Das Quadrat ist daher die grundlegende Maßeinheit der romanischen Gewölbebasilika. Um das Vierungsquadrat legt sich je ein Quadrat als Chorjoch und für die Querarme; das Langhaus besteht aus einer Reihung mehrerer Quadrate. Die genau halb so breiten Seitenschiffe weisen die doppelte Zahl entsprechend kleinerer Quadrate auf. Das gotische Rippengewölbe ermöglicht durch unterschiedliche Steigung der spitzen Gurt- und Scheidbögen die Überwölbung rechteckiger Räume und damit die Lösung vom gebundenen System.

Gurtbogen: Bogen zwischen Gewölbejochen.

Hallenkirche: Mehrschiffige Kirchenform mit gleicher Höhe der einzelnen Schiffe. Fenster nur in den Seitenschiffen.

Joch: Durch ein einzelnes Gewölbe- oder Deckenfeld und vier Stützen oder Wandvorlagen begrenzter Raumabschnitt.

Kannelierung: Gliederung der Oberfläche eines Säulen- oder Pfeilerschafts durch eingetiefte senkrechte Rillen.

Kapitell oder Kapitäl: Kopf einer Säule oder eines Pfeilers, entweder von rein geometrischer Form (Würfel, Kelch) oder umkleidet mit pflanzlichen (Blatt-, Knospenkapitell), oder figürlichen Motiven.

Kapitelsaal: Versammlungsraum innerhalb der Klausur eines Klosters (Kapitel: Konventsversammlung).

Kassettendecke: Flache oder gewölbte Decke mit vertiefter Feldergliederung.

Kenotaph: Grabdenkmal eines Verstorbenen, der an einem anderen Ort bestattet ist.

Knorpelwerk: Ornament von weicher, teigiger oder knorpelartiger Form in oft bizarrer Phantastik.

Konche: Halbkreisförmiger, von einer Halbkugel überwölbter Bauteil.

Krypta: Tiefliegender gewölbter Raum unter dem Chor, oft auch unter dem Querschiff. Ursprünglich ein Raum, der das zunächst noch unter dem Altar befindliche Grab einer Reliquie zugänglich macht. Später Grabstelle bedeutender geistlicher und weltlicher Machthaber (Stifter). Frühformen: Confessio, Stollen- oder Gangkrypta. Reife Form: Hallenkrypta. Die Krypta darf nicht mit einer Unterkirche bei doppelgeschossigen Kirchenanlagen verwechselt werden (Denkendorf).

Laterne: Rundes oder viereckiges Türmchen mit Fenstern oder unverglasten Öffnungen zur Bekrönung einer Kuppel (Kuppellaterne) oder einer Turmhaube (Haubenlaterne).

Lettner: Zwischenbau zwischen Chor und Langhaus mit einem oder mehreren Durchgängen, im Gegensatz zur Chorschranke mit Empore und Treppenanlage.

Lisene: Wandvorlage ohne Basis und Kapitell.

Maßwerk: Geometrisch-ornamentale Unterteilung des gotischen Fensters, besonders des Fensterkopfes. Das Blendmaßwerk dient der Gliederung von Flächen. Das aus Fischblasenformen gebildete Fischblasenmaßwerk ist ein Kennzeichen der Spätgotik.

Obergaden: Fensterfolge des Mittelschiffs bei einer Basilika.

Palas: Repräsentativer Saalbau der hochmittelalterlichen Burg; zugleich meist auch Wohnbau.

Palier: An mittelalterlichen Baustellen der Bauführer, häufig zugleich auch der den Bauplan entwerfende Baumeister (Architekt).

Palladio-Motiv: Eine auf Andrea Palladio (1508 bis 1580) zurückgehende Fensterform aus drei gekuppelten Fenstern, wobei die beiden seitlichen oben gerade und das mittlere rundbogig geschlossen sind.

Pilaster: Wandpfeiler, im Gegensatz zur Lisene mit Basis und Kapitell.

Polygonaler Chorabschluß: Vieleckiger (z. B. 4-, 5-, 6seitiger) Chorabschluß, hauptsächlich in der Gotik. $^5/_8$-Schluß = Chor mit 5 Seiten eines Achtecks.

Predella: Untersatz, Unterbau eines Flügelaltars oder einer Altartafel, oft mit gemalten oder geschnitzten Darstellungen.

Randhausburg: Burganlage, bei der die wichtigsten Gebäudeteile (Palas u.ä.) an die Ringmauer angelehnt sind.

Refektorium: Gemeinsamer Speisesaal der Mönche in einem Kloster.

Retabel: Mit bildlichen Darstellungen versehener Altaraufbau auf der Altarmensa (Altartisch).

Risalit: Aus der Fluchtlinie eines Bauwerks flach vortretender Gebäudeteil.

Rollwerk: Schmuckform mit eingerollten, oft ineinandergesteckten Enden oder Seiten (Renaissance).

Scheidbogen: Arkaden, die das Hauptschiff von den Nebenschiffen scheiden.

Schildbogen: Bogen an der Wand.

Schildmauerburg: Burganlage, bei der an Stelle eines Bergfrieds eine sehr starke Mauer (bisweilen mit Kammern und Treppen) auf der Hauptangriffsseite zur Verteidigung dient; manchmal auch mit einem Turm kombiniert. Vor allem im nordwürttembergischen Gebiet verbreitet (Berneck, Amlishagen, Tierberg).

Staffel- oder Stufenhalle: Hallenkirche mit etwas höherem Mittelschiff, das aber keine Fenster hat.

Strebepfeiler: Der Kirchenwand außen vorgelegte Pfeiler zum Abfangen des Gewölbeschubs.

Travée: Gewölbefeld, siehe Joch.

Triforium: Nach innen offener Laufgang, jeweils drei Arkaden zusammengefaßt; in den Wänden gotischer Kirchen zwischen

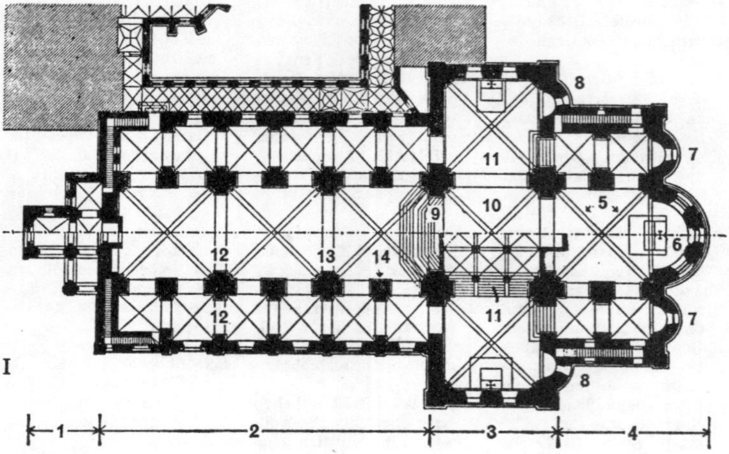


I

Grundriß einer romanischen Basilika (Beispiel Ellwangen) I

1 Vorhalle
2 Dreischiffiges Langhaus in gebundenem System
3 Querschiff
4 Altarhaus mit Haupt- und 2 Nebenapsiden
5 Bandrippengewölbe
6 Halbkuppelgewölbe
7 Nebenapsiden
8 Apsidiolen (kleine Nebenapsiden)
9 Triumphbogen
10 Vierung
11 Querhaus-Abseiten
12 Gurtbögen
13 Hauptpfeiler
14 Nebenpfeiler

Grundriß einer gotischen Kirche (Beispiel Marbach am Neckar) II

1 Westturm (Einturmfassade)
2 Dreischiffiges Langhaus mit Seitenkapellen
3 Altarhaus mit Abschluß aus 5 Seiten eines Achtecks (sog. $^{7}/_{8}$-Schluß). Andere Möglichkeiten eines Abschlusses sind z. B. $^{3}/_{6}$-, $^{5}/_{8}$-, $^{7}/_{12}$-Schluß
4 Strebepfeiler
5 Seitenkapellen zwischen Wandpfeilern (d. h. in das Schiff eingezogenen Strebepfeilern)
6 Sterngewölbe (vgl. Grundform des Rippenmusters)
7 Netzgewölbe (Parallelrippengewölbe)

II

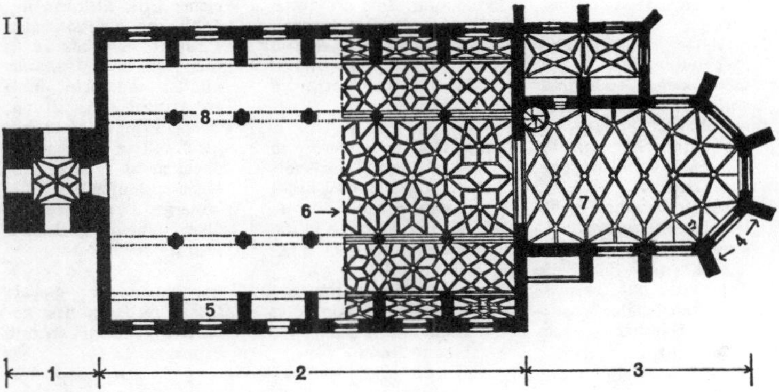


Grundriß einer mittelalterlichen Burg (Beispiel Tierberg) III

1 Burghof (meist mit Brunnen)
2 Bergfried
3 Schildmauer
4 Wohnbau (Palas)
5 Zwinger
6 Zwingermauer
7 Flankierungsturm
8 Geschützbastion
9 Wirtschaftsbau (Stall, Scheuer)
10 nachmittelalterliche Einbauten

III

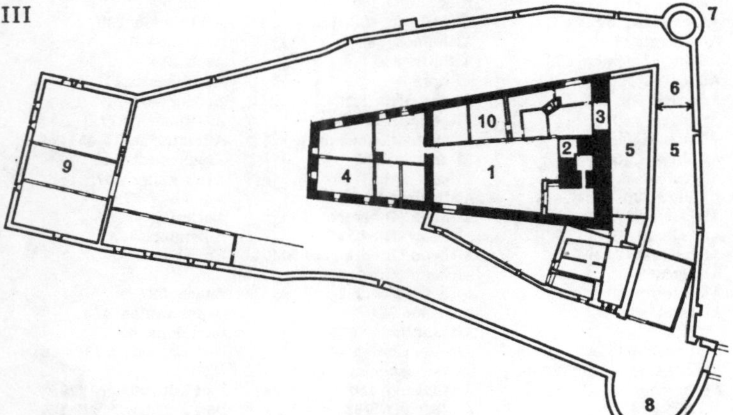

Scheidarkaden und Obergaden.

Triptychon: Dreiteiliger Flügelaltar mit Mitteltafel oder Mittelschrein und zwei Seitenflügeln.

Triumphbogen: Bogen, der das Mittelschiff von der Vierung oder dem Chorraum trennt.

Tumba: Grabmal mit rechteckigem steinernem, oft plastisch verziertem Unterbau, auf dem die Grabplatte mit Inschrift und Relief oder plastischer Darstellung des Toten ruht.

Tympanon: Das oft durch eine plastische Darstellung gefüllte Bogenfeld über einem romanischen oder einem gotischen Portal.

Vesperbild (deutsche Form der ital. Pieta): Maria mit dem Leichnam Christi auf dem Schoß. Vesperbild, weil Vorgang in die Abendstunden des Karfreitags verlegt wird.

Vierung: Der durch die Überkreuzung von Mittelschiff und Querschiff gebildete Raum.

Weicher Stil: Stilform der deutschen spätgotischen Plastik (1380 bis 1430) mit „weicher" Gewandbildung und zarter, inniger Ausdrucksgestaltung.

Welsche Haube: Mehrfach geschweiftes Zwiebeldach, meist in einer Laterne auslaufend.

Wimperg: Der Ziergiebel über einem gotischen Portal oder Fenster.

Zwerchhaus oder -giebel: Quer zum Hauptfirst gestellter Dachaufbau mit Frontgiebel.

## 2. Ortsverzeichnis

Ziffern in Normaldruck: Hinweis auf Textseiten, in Fettdruck auf Tafelbilder

## 3. Künstlerverzeichnis

Abkürzungen: (A) Architekt, (Bh) Bildhauer, (Bm) Baumeister, (Bü) Büchsenmacher, (Dm) Dosenmacher, (E) Erzgießer, (Ga) Gartenarchitekt, (Gl) Glasmaler, (Go) Goldschmied, (Gs) Glasschleifer, (M) Maler, (O) Orgelbauer, (Schl) Kunstschlosser, (Schr) Kunstschreiner und Bildschnitzer, (Stm) Steinmetz, (Stu) Stukkateur, (U) Uhrmacher, (Wm) Werkmeister, (Z) Zimmermeister.

# 4. Literaturhinweise


*Grundlegende Werke*

Dehio-Piel, Handbuch der Deutschen Kunstdenkmäler, Baden-Württemberg. 1964.
Fleischhauer, Werner, Barock im Herzogtum Württemberg. 1958.
Handbuch der historischen Stätten. 6. Bd., Baden-Württemberg. Hg. v. M. Miller. 1965.
Kasper, Alfons, Kunst- und Reiseführer, Bd. I–IV Oberschwaben, Bd. V–VI Allgäu. 1963f.
Koepf, Hans, Die Baukunst der Spätgotik in Schwaben. 1958.
Die Kunst- und Altertumsdenkmäler im Königreich Württemberg. 1889f.
Die Kunst- und Altertumsdenkmäler in Württemberg. 1924f.
Die Kunstdenkmäler Hohenzollerns. 1939–1948.
Die Kunstdenkmäler in Württemberg. 1937f.
Lieb, Norbert, und Dieth, Franz, Die Vorarlberger Baumeister. 1960.
Schahl, Adolf, Kunstbrevier Neckarschwaben. 1966.
Schahl, Adolf, Kunstbrevier Oberschwaben. 1961.
Schmidt, Richard, Burgen und Schlösser in Schwaben. 1958.
Die Stadt- und Landkreise in Baden-Württemberg. Hg. v. Statist. Landesamt Baden-Württemberg. 1953f.
Wentzel, Hans, Die Glasmalerei in Schwaben. Corpus Vitrearum Medii Aevi, Deutschland, Bd. 1. 1958.
Württembergisches Städtebuch. Hg. v. E. Keyser. 1962.


Die jeweils neueste Literatur zu einzelnen Sachgebieten wie zu einzelnen Orten verzeichnet auch für den kunstgeschichtlichen Bereich vollständig die fortlaufend erscheinende Reihe: Württembergische Geschichtsliteratur, Beihefte zur Zeitschrift für Württembergische Landesgeschichte. 1952f.

# 5. Quellennachweis

Die *Grundrisse*, *Schnitte* und *Lagepläne* sind folgenden Büchern entnommen:
(Die Ziffern weisen auf die Textseiten unseres Buches hin.)

F. Arens, Die Königspfalz Wimpfen. Berlin 1967: 138
Arens-Bührlen, Die Kunstdenkmäler in Wimpfen am Neckar. Mainz 1954: 146
Fiechter-Baum, Kunst- und Altertumsdenkmale im ehem. Donaukreis. Esslingen 1926: 322
G. Himmelheber, Die Kunstdenkmäler des ehem. Oberamts Künzelsau. Stuttgart 1962: 173, 174
Aus dem Institut für Baugeschichte an der Universität Stuttgart stammen: 23, 47, 81, 95, 415, 476
A. Schahl, Die Kunstdenkmäler des ehem. Kreises Waldsee. Stuttgart 1943: 474
R. Schmidt, Hohenloher Land. München 1956: 156
Staatl. Amt für Denkmalpflege, Tübingen: 437, 460, 469
Stuttgarter Beiträge 4/1968: 35

*Bildtafeln*

Albrecht Brugger, Stuttgart 18, 46
Hellmut Hell, Reutlingen 38, 57
Robert Holder, Urach 81, 84, 85, 87
Landesbildstelle Württemberg 2, 6, 9–11, 15, 19, 20, 22, 31, 34–36, 39, 41, 42, 47, 53, 54, 60, 61, 65, 68, 70, 72, 75, 76, 79, 80, 89, 90, 93, 97–103, 105, 107, 108
Walter Lindenmayer, Besigheim 5
Gebr. Metz, Tübingen 3, 88, 106
Helga Schmidt-Glassner, Stuttgart 13, 28, 33, 43, 56, 92
Staatl. Amt für Denkmalpflege, Stuttgart 50
Alo Storz, Stuttgart 86
Alle übrigen Vorlagen Belser-Archiv

## ÜBERSICHTSKARTE ZU KAP. I:

Im altwürttembergischen Unterland

**ÜBERSICHTSKARTE ZU KAP. II:**

Im Fränkischen

**ÜBERSICHTSKARTE ZU KAP. III:**

Im ostschwäbischen Landesteil

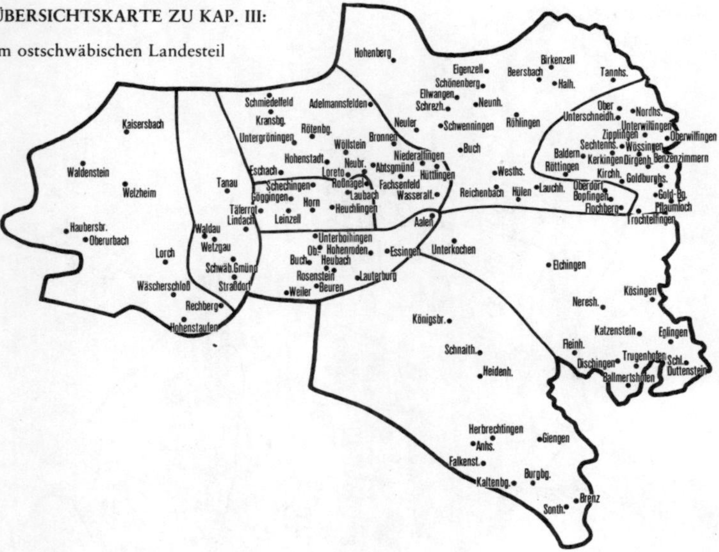

# ÜBERSICHTSKARTE ZU KAP. IV:

Im Gebiet der Alb

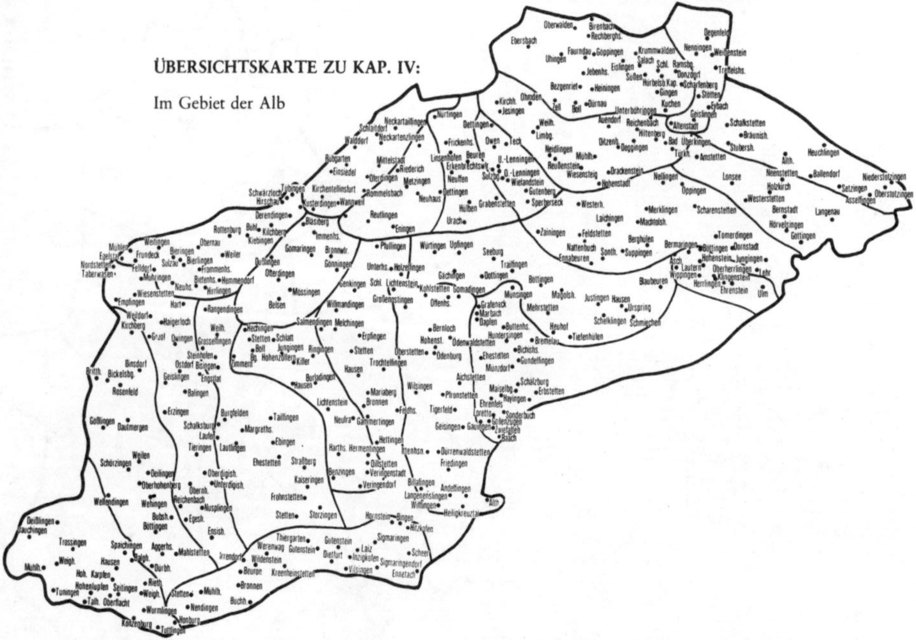

ÜBERSICHTSKARTE ZU KAP. V:

Im Schwarzwald

## ÜBERSICHTSKARTE ZU KAP. VI:

In Oberschwaben

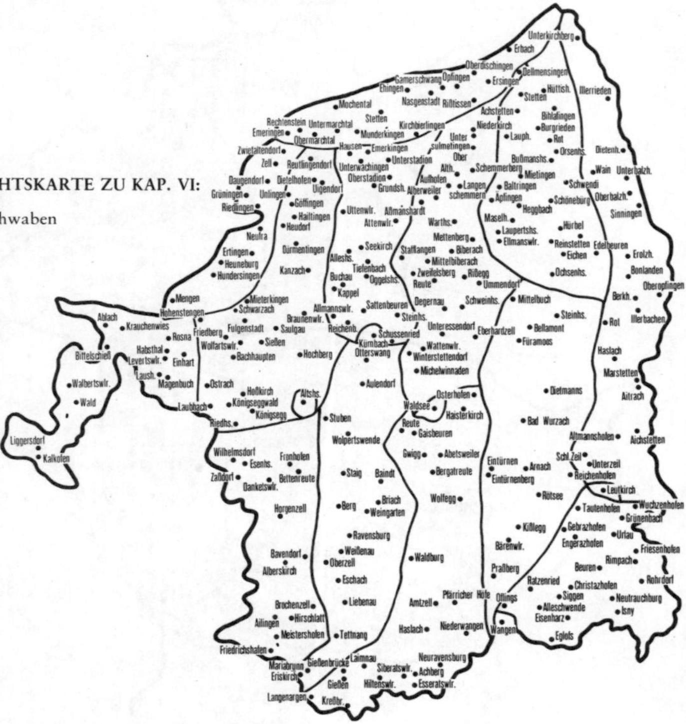

1 Alpirsba [illegible]

2 Alpirsbach *ehem. Klosterkirche, Inneres nach W.*

3 Bebenhausen *ehem. Zisterzienserkloster*

4 Berneck

5 Besigheim *Stadtkirche und Oberer Turm*

6 Biberach *Marktplatz*

7 BIETIGHEIM *Rathaus*

8 Blaubeuren *Klosterkirche, Chor nach W.*

9 Blaubeuren *Klosterkirche, Hochaltar (Ausschnitt)*

10 Calw *Brückenkapelle St. Nikolaus*

11 CREGLINGEN *Herrgottskapelle, Riemenschneider-Altar*

12 DENKENDORF *ehem. Chorherrenstiftskirche, Chor*

13 DENKENDORF *ehem. Chorherrenstiftskirche, Vorhalle*

14 ELLWANGEN *Stiftskirche und Jesuitenkirche (links)*

15 Ellwangen-Schönenberg *Wallfahrtskirche*

18 Esslingen *Blick auf Marktplatz und Stadtkirche*

19 ESSLINGEN *Frauenkirche, Glasfenster (Ausschnitt)*

20 Esslingen *Rathaus, Südseite*

21 Faurndau *Kirche von O.*

22 FREUDENSTADT *Stadtkirche, Lesepult*

23 FRIEDRICHSHAFEN *Schloßkirche, Langhaus*

24 GROSSCOMBURG *Gesamtansicht von NO.*

25 GROSSCOMBURG *ehem. Abteikirche, Inneres nach O.*

26 GROSSCOMBURG *Romanischer Zentralbau*

27 HAIGERLOCH *Schloßkirche von O.*

28 HAIGERLOCH *Wallfahrtskirche St. Anna, Inneres nach O.*

29 HEIDENHEIM *Schloß Hellenstein*

30 HEILBRONN *Kilianskirche (vor der Zerstörung)*

33 Heimsheim *Schleglerschloß*

34 HERRENBERG *ehem. Stiftskirche*

35 HIRSAU *Kloster, Blick auf den Eulenturm*

36 HIRSAU *St. Aurelius, Inneres nach O.*

37 Hohenrechberg

38 Isny *ehem. Klosterkirche, Inneres nach O.*

39 Kloster Wald *Inneres nach O.*

40 Schloss Langenburg *Hof*

41 Liebenstein *Schloßkirche*

42 Lorch *St. Peter und Paul, Inneres nach W.*

43 LUDWIGSBURG *Schloß, Neues Corps de Logis*

44 Markgröningen *Rathaus*

45 Maulbronn *Kloster, Herrenrefektorium*

47 Maulbronn *Kloster, Madonna*

48 Mergentheim *Deutschordensschloß*

49 Murrhardt *Stadtkirche, Walderichskapelle*

50 Neckartailfingen *Pfarrkirche, Inneres nach O.*

51 NERESHEIM *Klosterkirche, Fassade*

52 NERESHEIM *Klosterkirche, Inneres nach SW.*

53 Neresheim *Klosterkirche, Deckengemälde*

54 Niederalfingen *Fuggerschloß*

55 OBERMARCHTAL *Kloster, Chor*

56 OBERMARCHTAL *Kloster, Gestühl im Kapitelsaal*

57 OBERNDORF *ehem. Augustinerkloster, Decke des Langhauses*

58 Oberstenfeld *ehem. Stiftskirche, Krypta*

59 Oberstenfeld *Friedhofskirche*

60 Öhringen *Stiftskirche St. Peter und Paul, Choraltar*

63 Rottweil *Kapellenturm (ältere Aufnahme)*

64 Rottweil *Kapellenturm, „Brautrelief“ (Kopie)*

65 ROTTWEIL *Lorenzkapelle, hl. Magdalena*

66 Schöntal *Kloster von NW.*

67 Schöntal *Klosterkirche, Inneres*

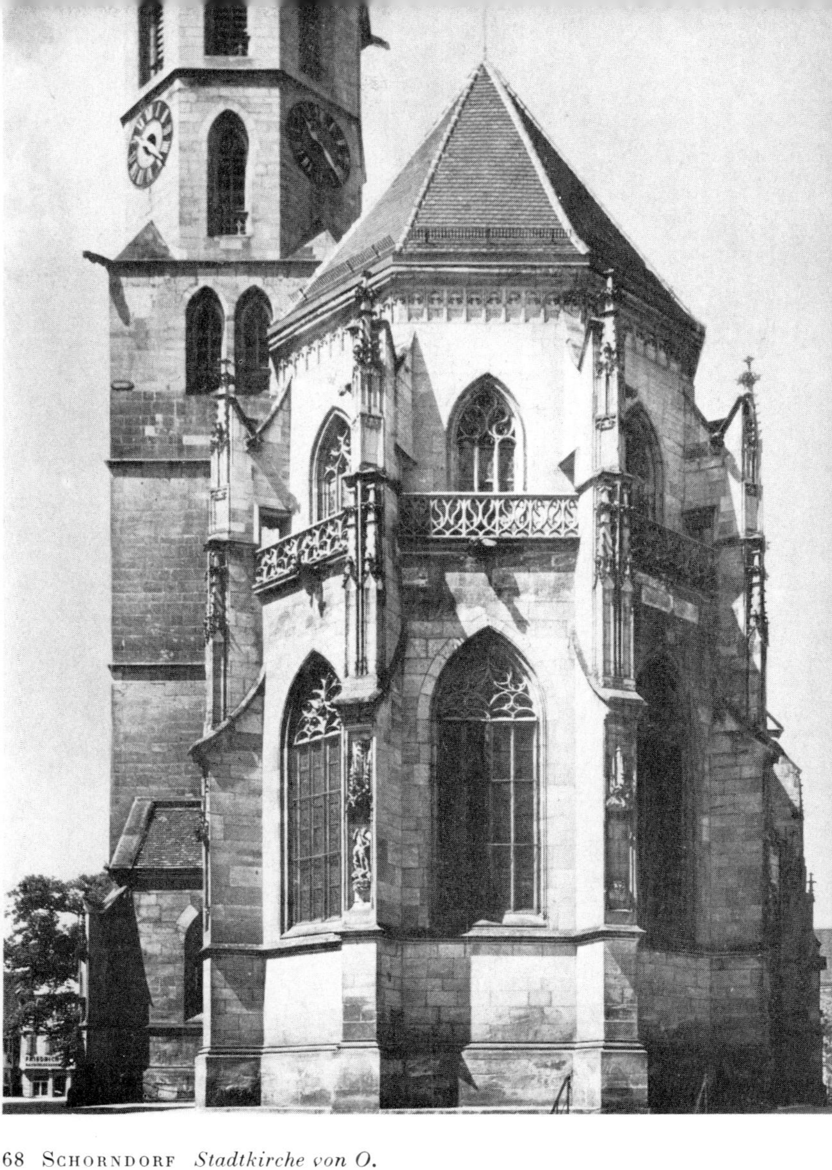

68 SCHORNDORF *Stadtkirche von O.*

69 Schussenried *ehem. Abteikirche, Inneres*

70 SCHUSSENRIED *ehem. Klosterbibliothek*

71 Schwäbisch Gmünd *Heiligkreuzkirche, Inneres nach O.*

72 SCHWÄBISCH GMÜND *Heiligkreuzkirche, Südportal (Ausschnitt)*

73 Schwäbisch Gmünd *Johanniskirche von O.*

74 SCHWÄBISCH HALL *Michaelskirche, Inneres nach O.*

75 Schwäbisch Hall *Michaelskirche, Netzgewölbe im Chor*

76 Schwäbisch Hall *Michaelskirche, Vorhalle*

79 STEINHAUSEN *Wallfahrtskirche St. Marien, Pfeilerbekrönung*

80 STUPPACH *Madonna von Matthias Grünewald*

81 STUTTGART *Stiftskirche und Schillerdenkmal*

82 STUTTGART *Stiftskirche, Grabmal des Grafen Ulrich und seiner Gemahlin*

83 STUTTGART *Stiftskirche, Kruzifixgruppe an der Chorsüdseite*

84 Stuttgart *Altes Schloß, Innenarkaden (Wiederaufbau)*

85 Stuttgart *Neues Schloß, Anlagenseite*

86 STUTTGART-MÜHLHAUSEN *Veitskapelle, Chor*

87 STUTTGART-ROTENBERG *Grabkapelle*

88 TÜBINGEN *Stiftskirche, Inneres nach O.*

89 Tübingen *Stiftskirche, Grabdenkmal im Chor (Mechthilde)*

90 Ulm *Münster (vor der Zerstörung)*

91 Ulm *Münster, Mittelschiff nach O.*

94 WALDSEE *Marktplatz mit Rathaus*

95 WANGEN *(Allgäu)* *Lindauer Tor*

96 WEIKERSHEIM *Zugang zum Schloß*

97 Weikersheim *Schloß, Rittersaal*

98 WEIL DER STADT *Stadtmauer und Stadtpfarrkirche*

99 Weilheim *(Teck)* *Stadtkirche, Inneres nach O.*

100 WEINGARTEN *Klosterkirche, Westfassade*

101 Weingarten *Klosterkirche, Kuppelblick*

102 WEINGARTEN *Klosterkirche, Chorgitter (Ausschnitt)*

103 WIBLINGEN *ehem. Klosterkirche, Chorgestühl (Ausschnitt)*

104 WIBLINGEN *ehem. Kloster, Bibliothek*

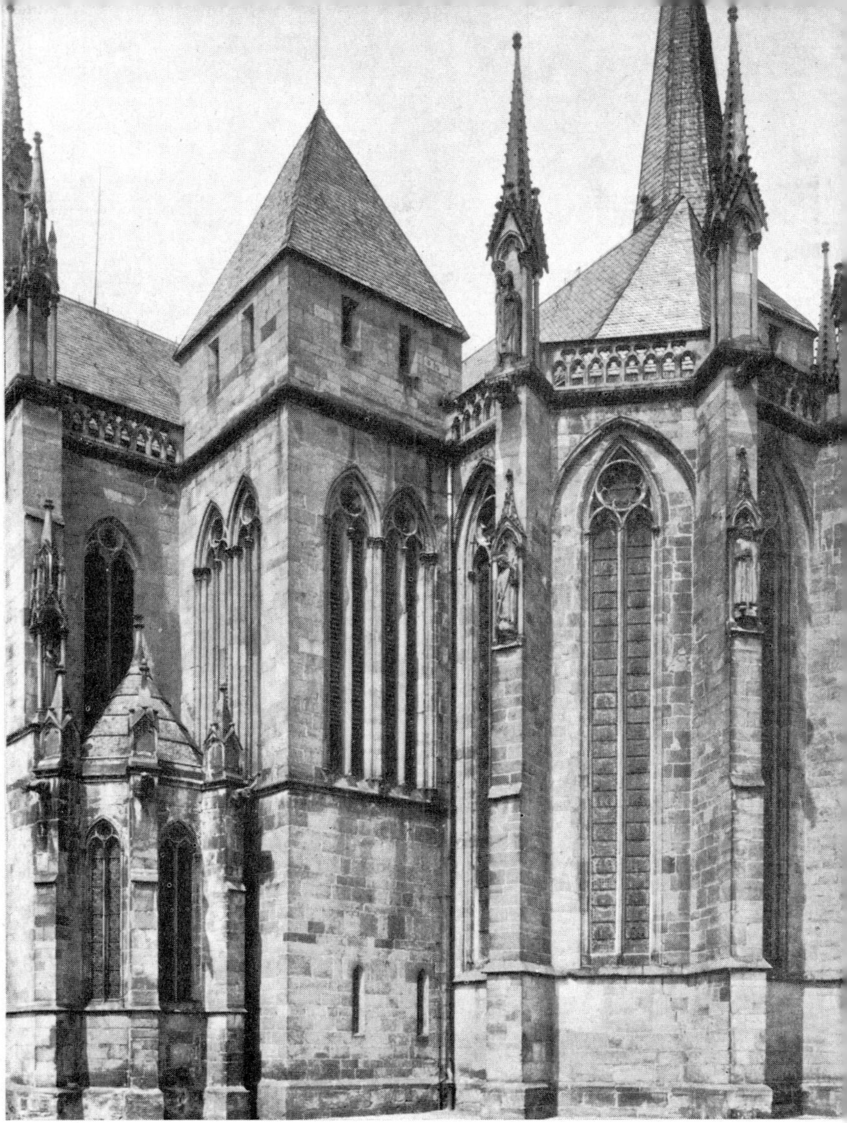

105 Wimpfen im Tal *Stiftskirche St. Peter und Paul von SO.*

106 Wimpfen am Berg *Pfalz mit Palas, Steinhaus und Blauem Turm*

107 ZWIEFALTEN *ehem. Klosterkirche, Sockel des Ezechiel*

108 Zwiefalten *ehem. Klosterkirche, Westfassade*